U0940010

—◇敬启◇—

尊敬的各位读者：

感谢您多年来对中国政法大学出版社的支持与厚爱，我们将定期举办答谢读者回馈活动，详情请登录我社网站或拨打咨询热线：

www. cuplpress. com

010 –58908302

期待各位读者与我们联系。

21世纪普通高等教育法学精品教材

罗马私法学

主　编　费安玲
副主编　丁　玫
撰稿人（以姓氏拼音为序）
陈　汉　丁　玫　费安玲
刘家安　罗智敏　薛　军
曾尔恕
统稿人　费安玲

中国政法大学出版社

写给读者的话

“罗马法”是法律学子耳熟能详的一个“名词”。虽然无论从历史的视角抑或从法律文化的视角，对于初学法律者而言，罗马法有着显而易见的遥远时空感。但是，在学习法律尤其是学习民法的过程中，罗马法却又总是时隐时现地存在于学习内容中，而且其内涵与外延的丰富性已经不是一个“名词”所能包容得下。故而，对现代中国法学而言，学习、研究罗马法以探究现代法律体系与制度的历史之源和现实意义是一个重要的课题。

我国法学界对罗马法的学习与研究始于20世纪初，但直至80年代，对罗马法原始文献的翻译、介绍和研究始终徘徊在较低水准状态上。90年代，几个已过而立之年却充满学习热情、具有勤奋素养且心怀使命感与责任感的中国学者来到了世界文化名城罗马，作为罗马法高级研究班的成员，与来自不同国家的年轻学者们在有着近700年历史的罗马大学法学院内，倾听世界知名罗马法学家们讲授有关罗马法研究的成果，在蒙森等著名罗马法学家曾经进行研究活动的图书馆内，全身心地投入到罗马法的学习与研究中。这样的情形在后来陆续被派往意大利学习罗马法的青年学子身上一直持续着。在他们回国后，一系列的有关罗马法原始文献的翻译成果、罗马法学习与研究的成果不断出现。本书的作者基本上出自于这些学者之中。除一人留学于美国外，其他人均留学于意大利学习过罗马法，其中有三人获得了罗马法学博士学位。

本书的写作特点在于：

第一，文献性。本书始终遵循着以罗马法原始文献为基础进行分析与研究的宗旨，尽可能地以罗马法原始文献为支撑来构筑罗马私法学的研究框架和分析基础。本书在系统地介绍和研究罗马私法的同时之所以特别注重罗马法原始文献的引用与注明，其目的有二：其一，强化读者对罗马法原始文献的了解；其二，为本书的读者进行深层性或扩展性研究提供基础依据。

第二，学术性。本书的写作不局限于一般性地罗马私法知识的介绍，更注重从学术视角上，运用历史分析方法和比较分析方法对罗马私法中的基本术语和基本制度进行深层次的学术探讨，以期使读者在了解罗马私法基本知识的同时，获得更多的学术上的引导与启示。

本书作者的分工如下（以姓氏拼音为序）：

陈　汉　第九章

丁　玫　第七章、第八章

费安玲　曾尔恕　第一章

费安玲　第三章、第十章

刘家安　第二章、第四章

罗智敏　第五章

薛　军　第六章

此外，刘丽娜参加了本书的部分校对工作。

费安玲

2009年3月26日

引注体例说明

1. 费译《婚姻·家庭和遗产继承》系指[意]S. 斯奇巴尼选编:《民法大全选译·婚姻·家庭和遗产继承》,费安玲译,中国政法大学出版社 2001 年版。

2. 黄译《人法》系指[意]S. 斯奇巴尼选编:《民法大全选译·人法》,黄风译,中国政法大学出版社 1995 年版。

3. 黄译《正义与法》系指[意]S. 斯奇巴尼选编:《民法大全选译·正义与法》,黄风译,中国政法大学出版社 1992 年版。

4. 黄译《法学阶梯》系指[古罗马]盖尤斯:《法学阶梯》,黄风译,中国政法大学出版社 1996 年版。

5. 黄译《司法管辖权·审判·诉讼》系指[意]S. 斯奇巴尼选编:《司法管辖权审判诉讼》,黄风译,中国政法大学出版社 1992 年版。

6. 徐译《法律行为》系指[意]S. 斯奇巴尼选编:《民法大全选译·法律行为》,徐国栋译,中国政法大学出版社 1998 年版。

7. 徐译《法学阶梯》系指[古罗马]优士丁尼:《法学总论——法学阶梯》,徐国栋译,中国政法大学出版社 2005 年版。

8. 徐译《债·私犯之债(Ⅱ)和犯罪》系指[意]S. 斯奇巴尼选编:《民法大全选译·债·私犯之债(Ⅱ)和犯罪》,徐国栋译,中国政法大学出版社 1998 年版。

9. 刘译《买卖契约》系指[意]S. 斯奇巴尼选编:《学说汇纂·第十八卷·买卖契约》,刘家安译,中国政法大学出版社 2001 年版。

10. 丁译《契约之债和准契约之债》系指[意]S. 斯奇巴尼选编:《民法大全选译·契约之债与准契约之债》,丁玫译,中国政法大学出版社 1998 年版。

11. 米译《用益权》系指[意]S. 斯奇巴尼选编:《民法大全选译·用益权》,米健译,中国政法大学出版社1999年版。

12. 米译《债·私犯之债·阿奎利亚法》系指[意]S. 斯奇巴尼选编:《民法大全选译·债·私犯之债·阿奎利亚法》,米健译,中国政法大学出版社1992年版。

凡文中脚注"参见……",系该罗马法原始文献的片段没有出现在罗马法原始文献的中文系列翻译中。

目 录

◎ 第一章 罗马法概述

纵观现代世界各国法的历史演进，虽不同国家各有自己的演进起源与轨迹，但是，在法的历史上，从欧陆国家到亚洲国家，从拉美国家到非洲国家，其法律制度多受罗马法的影响已经成为不争之事实。关于罗马法的重要性及其对后世法律的影响，德国著名法学家耶林（Rudolph von Jhering）在他的《罗马法在其不同发展阶段的精神》一书中有一段广为人知的评价："罗马曾三次征服世界、统一了诸民族：第一次是在罗马民族尚强健有力之时，使诸民族有国家之统一；第二次是在罗马民族业已衰败之后，使诸民族有教会之统一；第三次则是由于中世纪对罗马法的继受，使诸民族有法之统一。武力因罗马帝国的灭亡而消失，宗教随着民众思想觉悟的提高、科学的发展而减少了影响，唯有法律对世界的征服是最为持久的"〔1〕。在历史上以充满批判精神而著称的伟大学者马克思和恩格斯，对罗马法却称赞有加，他们认为罗马法是"以私有制为基础的法律的最完备形式"的体现，"凡是中世纪后期的市民阶级还在不自觉地追求的东西，都已经有了现成的了"〔2〕；"是商品生产者社会的第一个世界性法律"，"以至于后来的法律都不能对它做任何实质性的修改"。〔3〕

第一节　法与罗马法

凡欲了解一个法律制度、法律观念或法律规定，必先要搞清楚它的基本概念，这是法学学习的重要方法。故而，本书在第一章第一节中便开门见山地要与大家共同分析一些基本概念。但是，这不应当被认为是在搞概念游戏，相反，它

---

〔1〕 Rudolph von Jhering, *Geist des römischen Rechts auf den verschiedenen Stufen seiner Entwicklung*, 1. Teil 5. Aufl. Leipzig, 1891, S. 1. ［德］鲁道夫·冯·耶林：《罗马法在其不同发展阶段的精神》，第一编，莱比锡 1891 年第 5 版，第 1 页。德文原文：Drei Mal hat Rom der Welt Gesetze dictiert, drei Mal die Völker zur Einheit verbunden, das erste Mal, als das römische Volk noch in der Fülle seiner Kraft stand, zur Einheit des *Staats*, das zweite Mal, nachdem dasselbe bereits untergegangen, zur Einheit der *Kirche*, das dritte Mal in Folge der Reception des römischen Rechts im Mittelalter zur Einheit des *Rechts*. 笔者在此对张彤教授和金可可教授的帮助表示真挚的谢意。

〔2〕《马克思恩格斯全集》，人民出版社 1979 年版，第 3 卷第 143 页，第 21 卷第 454 页。

〔3〕 前揭书，第 3 卷第 395 页，第 4 卷第 248 页。

可以使我们更好地了解罗马法基础知识的一部分。

一、法与法律的意义

在古代罗马社会，拉丁文是官方用语。因此，在罗马法中，“法”与“法律”以不同的拉丁文单词分别进行表达，“法”通常用拉丁文“ius”表达，而“法律”则用拉丁文“lex”表达。准确地讲，这不是一个简单的用词表达问题，而是一个体现法学观念的问题。

（一）“ius”的理解

1. 语言学上的理解。拉丁文“ius”一词，在现代语言中多被称为“法”。[4]事实上，拉丁文中的“ius”有四个主要意思：法、正义、权利和资格[5]。把“ius”翻译成为“法”和“权利”，这在欧洲语言中多可以找到继受者。例如意大利语、法语、德语、西班牙语、葡萄牙语、俄语等。将“ius”理解为“正义”，来源于对它的词源的考察，因为从词源上讲，“ius”一词来源于“iustitia”（意为“正义、公正”）。

值得注意的是，罗马人在语言的表达上，将“ius”一词既表示为“法”，同时也表示为“权利”。它明确地向我们传递了罗马人在认识“法”与“权利”方面的思维进路的信息，即法与权利在客观上是不可分的。法之所以存在，确认和保护权利应当是其基本目的。与此同时，权利的存在与获得救济，完全依赖于法的规则提供保障。因此，法与权利之间无法断然分离。这实质上就是罗马人对法与权利之间关系的统一性观念。罗马人的这一观念对欧陆国家影响巨大，这从欧陆国家的语言上即可窥见一斑，例如意大利语“diritto”、德语“recht”、法语“droit”、西班牙语“derecho”、葡萄牙语“direito”和俄语“право”中，均同时包含“法”和“权利”的意思。

2. 法学上的理解。从法学角度而言，“ius”实际上是一个有着多种不同理解的法律术语，古罗马社会的学者们给它的不同解说使得“ius”这一法律术语呈现出多元化的学说内涵。

（1）“ius”系善良与公正的技艺之说。在罗马法中，有一句名言曰“法是关于善良和公正之术”[6]。无论是在罗马社会还是在近现代社会的西方国家中，这个观点在法学界最被人们所接受。将法看做是一门体现着人类刻意追求的善良与

---

〔4〕在现代多数欧洲国家的中学教育中，拉丁文依然是其中一门重要的课程，在意大利、德国的一些中学，学生要学习5年的拉丁文课。拉丁文在西方国家的法学语言中依然占有重要的一席之地。当西方不同国家的语言在法律表达上有歧义时，拉丁文则往往被作为一致选择的语言以便能够准确表达意思表示者的意思。此外，拉丁文在医学、林学等学科术语中也经常被使用着。

〔5〕L. Casyiglioni, S. Mariotti, *Vocabolario della lingua Latina*, Loescher Editore, p. 626.

〔6〕罗马法原始文献D. 1, 1, 1pr.：“ius est ars boni et aequi”，乌尔比安语。

公正目的之术（ars），这一观点首先由公元2世纪的著名学者杰尔苏斯[7]提出，在公元3世纪时被著名法学家乌尔比安[8]所称道，并因有关该观点的阐述被列在《学说汇纂》第一卷第一编第一章的首段而闻名于世。在这里，“ars”所表达的“术”并非一般意义上的艺术或雕技之术，而是指将体现着以正义为宗旨、以善良和公正为内涵的人类行为规则通过一定方式加以表现的活动。善良与公正的判断没有绝对标准，它们是在与恶、与不公正的比较中获得认同的。在该情形下，对“正义”这一法的宗旨的认识十分重要。乌尔比安对正义的解释是：“正义就是给每个人以应有权利的稳定而永恒的意志[9]。”在此基础上，乌尔比安认为法的准则应当是：“诚实地生活，不损害他人，使每个人获得其应得的部分”[10]。也就是说，法包含着如下三个准则：法应当能够使人们正直地、诚实地、有尊严地生活着；法应当能够使人们不要损害他人的利益；法应当能够使每个人都可以获得自己应当得到的利益。显然，乌尔比安在对法的解释中不仅融入了强烈的规则观与伦理观，而且在解释法的准则时也将行为规则与伦理价值判断紧密联系在一起，这是因为罗马人已经意识到“法是针对所有的人而制定的”[11]。

(2)“ius”三意义之说。这是公元3世纪的著名法学家保罗的观点。与乌尔比安的观点有所不同，保罗认为“ius”可以被理解为三个层面上的意思[12]：①“ius”是公正善良的事物，在这个看法上保罗与乌尔比安是一致的，同时保罗又进一步指出，在罗马社会，人们把在任何时候都表现出公正和善良的事物均称之为“ius”，例如人们说自然法时就将其称为“ius naturale”；②“ius”是指对城邦中的所有人或多数人有利的事物，例如市民法、裁判官法甚至裁判官作出的判决均被认为如此；③“ius”也被理解为执法的地点，“其依据来自于人们在执法地点所做的事情。我们可以用此说法确定这个地点：无论裁判官决定在什么地点执法，只要他们保持自己权力的尊严并遵守祖先的习俗，这个地点都有理由被称为‘ius’”。

(3)“ius”系知识和科学之说。乌尔比安虽然赞成杰尔苏斯关于“ius是善

---

〔7〕Iuventius Celsus Filius，尤文第乌斯·杰尔苏斯·费里乌斯，也被译为“杰尔苏”，公元2世纪著名的法学家。

〔8〕Domitius Ulpianus，多米提乌斯·乌尔比安努斯，多被直接称为“乌尔比安”，公元3世纪上半叶的法学家，是罗马社会公认的最著名的法学家之一。

〔9〕罗马法原始文献D. 1，1，10pr.，乌尔比安语，黄译《正义与法》，第39页。

〔10〕罗马法原始文献D. 1，1，10，1，乌尔比安语，前揭书，第39页。该著名之句的拉丁文原文是“iuris praecepta sunt baec：boneset vivere，alterum non laedere，suum cuique tribuere.”

〔11〕罗马法原始文献D. 1，3，8，乌尔比安语，前揭书，第56页。

〔12〕罗马法原始文献D. 1，1，11，保罗语，前揭书，第40页。

良与公正目的之术”的观点，但是他同时认为，“‘ius’（复数是iuris）”也是一种科学，“‘ius’是关于神和人的事物的知识；是关于正义和非正义的科学”。[13] 所以，“ius”也被称为法学，它以人们对神与人的认识、理解及其总结、归纳等为内容，对社会生活中的各种现象作出是否正义的判断，它是一种人们对社会进行认识并作出判断的知识与科学。

（4）“ius”系某种法律关系之说。在公元3世纪的著名学者艾鲁斯·马尔恰努斯（Aelius Marcianus）看来，“ius”也可以被看做是表示亲属法律关系，因为人们在表达姻亲关系和血缘关系时也用“ius”。[14]

3. 客观法与主观权利。在罗马社会的法学家对“ius”的阐述中，大量的作品体现出学者们分别从客观的角度和主观的角度使用“ius”这个词来表达“法”与“权利”，但是，罗马的法学家们并没有提出诸如“主观权利”的理论。不过，由于法与权利终究有其不同的意义，因此，后世学者基于罗马人对“ius”使用的不同价值判断而提出了客观法与主观权利的理论。[15]

客观法体现着罗马人对法学体系的价值判断，例如罗马人以“ius”来表达市民法、万民法、公法、私法等。客观法将不同的法按照一定的特性进行归纳，构成彼此之间有明显不同特质的法的体系。客观法在一定程度上展示了罗马法学家们对法的敏锐观察力、严谨的思维方法、务实的态度和法学研究的经典成果。

主观权利体现着罗马人对人、对人支配物和人与利益之关系的价值判断，因此，罗马人也以“ius”来表达主体的权利，即主体可以按照自己的意愿从事一定活动的能力与可能。

（二）“lex”的理解

1. “lex”的意义。“lex”在罗马法原始文献中也是频频出现的一个词，它的意思是“法律”，被用来表达由有专门立法目的的机构或立法权的皇帝制定和颁布的法律规范。

2. “lex”的特征。法律（lex）的特征在于它所表现出来的自身品质的特有表征。公元3世纪著名法学家帕比尼安（Papinianus）[16] 对法律有一段极为著名的分析：“法律是所有人的共同规范；是智者们的决定；是对有意或因无知而实

---

[13] 罗马法原始文献 J. 1，1，1，“Iuris prudentia est divinarum atque humanarum rerum notitia，iusti atque iniusti scientia”，徐译《法学阶梯》，第11页。

[14] 罗马法原始文献 D. 1，1，12，马尔西安语，黄译《正义与法》，第40页。

[15] Mario Talamanca，*Istituzioni di diritto romano*，Giuffre，1999，pp. 5 ~ 16，66 ~ 67；Matteo Marrone，*Istituzioni di diritto romano*，Palumo，1994，pp. 21 ~ 22.

[16] Aemilius Papinianus，也被称为“帕比尼亚努斯”，系公元3世纪的著名法学家。

施的犯罪的惩罚；是整个共和国民众间的共同协议。”[17] 从他的阐述中，我们不仅可以得知罗马社会的人们将法律视为社会不可或缺的规范要素，而且我们还可以从中梳理出“法律”的特征：

（1）法律具有共同规范性。法律是一个社会中全部成员的行为规范。它适用于所有的人和所有的情况。在彭波尼、杰尔苏、保罗、乌尔比安和尤里安等学者的作品中均有这样一个明确的观点，即法律是为普遍的、正常的情况并且是为所有的人制定的，而不会为偶然出现的、罕见的事物或个别人制定法律[18]。

（2）法律具有理性的智慧性。法律的制定需要智慧，并且不是一般性的智慧，而应当是理性智慧。将善良与公正体现在人们行为规则之中，是理性智慧的体现。因此，法律是以决定的方式形成体现智慧和理性思考的最终结果。民众的智慧和那些善于吸收民众的智慧、善于发现社会中的问题、善于对问题进行严肃思考并提出解决方案之人的智慧，构成了法律的理性智慧的内容。

（3）法律具有强制性。法律的功能在于命令、禁止、允许和惩罚[19]，人们的行为只能在法律未禁止的范围内实施。对法律以命令、禁止的方式产生的规则，人们只能遵守而无选择余地。凡违背法律的行为，尤其是那些危害社会的犯罪行为，无论行为人是故意所为还是因为对法律的无知所为，均必须受到应有的惩治。法律的强制性更多地体现在法律的威慑力与对违法行为尤其是犯罪行为的责任追究力上。

（4）法律具有社会契约性。法律以确认和保护人们的权利为己任，这是民众的公意，必须获得民众的认可，当民众共同认可的事情成为法律时，即形成了民众所共同认可的社会契约。所以在著名学者卢梭的《社会契约论》中，我们看到了他所描述的罗马社会中法律形成的情形：“然而十人会议本身却从来没有要求过仅凭他们自身的权威，便有通过任何法律的权利。他们向人民说‘我们向你们建议的任何事情，不得到你们的同意就决不能成为法律’”。[20]

在罗马社会中，人们还认为法律包括两部分内容，一是公共的法律（leges publicae），即由专门立法机构制定的对社会公众均具有约束力的法律；二是私人的法律（leges privatae），即人们之间的约定，该约定对各缔约人具有约束力。这

---

〔17〕“Lex est commune praeceptum, virorum prudentium consultum, delictorum quae sponte vel ignorantia contrahuntur coercitio, communis rei publicae sponsio.”参见罗马法原始文献 D. 1，3，1，帕比尼安语，黄译《正义与法》，第 54 页。

〔18〕罗马法原始文献 D. 1，3，3～6，彭波尼语、杰尔苏语和保罗语；罗马法原始文献 D. 1，3，8 和 D. 1，3，10，乌尔比安语和尤里安语，前揭书，第 55～57 页。

〔19〕罗马法原始文献 D. 1，3，7，莫德斯汀语，前揭书，第 56 页。

〔20〕［法］卢梭：《社会契约论》，何兆武译，商务印书馆 1987 年版，第 56 页。

些约定通过私人之间的协商而提出，其目的是调整和规范由私人之间发生的财产关系和对私人财产进行处分的条件，因此，在罗马人看来，双方的约定、团体内部基于协商而产生的行为规则也可以被称为“lex”（亦表达为“leges”）。在罗马法的原始文献中，常常可以看到要式买卖约款（leges mancipii）、买卖约款（leges venditionis）、团体约法（leges collegii）等。

二、罗马法

在罗马法研究中，罗马法被划分为两种状态：一是以时间为标志的罗马法；二是以法律领域为标志的罗马法。

（一）以时间为标志的罗马法

以时间为标志的罗马法通常是指自公元前754年至公元565年历时1300余年所形成的罗马国家的法律制度与规范的总称。该划分标准获得了欧洲罗马法学者的公认。其原因在于，罗马法历经一千多年的发展，至优士丁尼时代（公元527年~565年在位）通过梳理和整合而形成了我们现在所看到的成熟而又较为体系化的罗马法。

（二）以法律领域为标志的罗马法

以法律领域为标志的罗马法是指在罗马社会中存在着的罗马私法和罗马公法的总称。在罗马法中，体系完整、内容丰满、充满理性、影响巨大的是罗马私法，与之相比较，罗马公法部分比较薄弱，这与当时的罗马国家政治体制发展相对不甚发达的状态有关。作为历史研究，罗马公法有着其不可忽视的研究价值，但是罗马公法的制度创制与影响力远不如罗马私法。罗马私法所创设的大量制度被后世不少国家立法所继受，如所有权、占有制度、取得时效制度等。在《法国民法典》、《德国民法典》、《意大利民法典》以及不少拉美、亚洲国家的民法典中，均可以找到罗马私法的制度继受的显迹。

三、罗马法的原始文献

近现代欧美国家以及受欧美法学影响较大的亚洲国家如日本、韩国等的法学教育中，罗马法是法科学生应当学习的重要内容。罗马法的学习应当以罗马法的原始文献为基础。罗马社会的法学家们为后人留下了许多十分有益的作品，其中最为有名的作品有两部：盖尤斯（Gaius）的《法学阶梯》（公元2世纪）[21] 和优士丁尼（Justinianus）的《法学阶梯》（亦称《法学总论》，公元6世纪）。它们是罗马法学习中的必读作品，是罗马法原始文献中的精品。但是，这两部作品

---

〔21〕 对于盖尤斯的生平与活动，人们除了从他的作品中能够获得极少的信息外，其他几乎一无所知。盖尤斯的《法学阶梯》的发现也颇具有故事情节性：该作品是在维罗纳牧师会图书馆内一部被擦去旧字另写上新字的羊皮纸手稿上发现的。

由于篇幅有限，有大量的罗马法的规则与制度规范没有被放置其中。因此，在学习罗马法的过程中还需要对其他原始文献进行阅读。

（一）罗马法原始文献的基本构成

从整个罗马法原始文献的内容看，主要包括如下内容：

1.《十二表法》。《十二表法》（Lex XII Tabularum）产生于公元前451年~公元450年。虽然《十二表法》产生的时期距今十分遥远，但是，为现代社会人耳熟能详的一些私法制度规范在《十二表法》中已有具体规定。该法的内容主要包括：传唤、审理、求偿、家父权、继承和监护、所有权和占有、土地和房屋（包括相邻关系）、私犯、公法、宗教法等。

2. 优士丁尼《国法大全》。优士丁尼《国法大全》（Corpus Iuris Civilis，在我国也将其称为“民法大全”），是自公元528年到公元565年期间内所编纂的法律之总称。目前各国所使用的文本是德国学者蒙森〔22〕整理的文本。自我国清末民初刚刚接触罗马法时，学者即多将其称为“国法大全”〔23〕，以彰示它采民法为主兼具公法的内容并且在罗马社会作为国家重要大法的地位。从历史角度和法的内容来分析，将其称为“国法大全”有一定道理。现在的翻译多从直译的角度出发，将其称为“民法大全”。在本书中，均采“国法大全”之称谓。《国法大全》的编纂由下列内容构成：

（1）《学说汇纂》（Digesta，简称“D”，亦称Pandectae）。《学说汇纂》是具有法律效力的法学理论的汇编。从公元530年开始，历代罗马著名法学家的学说著作和法律解答被分门别类地汇集、整理，进行摘录，凡收入的内容，均具有法律效力。全书共50编，除3编外，其他编划分为带标题的章，选入的片段都标明了作者的姓名和作品的出处。《学说汇纂》自公元530年12月15日开始编纂，于公元533年12月16日公布，同月30日生效。《学说汇纂》的内容大体可分三部分：第一部分是有关市民法的著作摘录，以萨宾学派的学说为主；第二部分是有关裁判官法的著作摘录，以乌尔比安的学说为主；第三部分是有关各种实用性的法律问题及案件的著作摘录，以帕比尼安的学说为主。《学说汇纂》的内容广泛涉及自然人、婚姻、家庭、财产的享有与转让、遗产继承、贸易、债务处理、私法及其责任、损害赔偿的救济、团体的设立与活动、国家及其能够支配的财产、犯罪行为的认定与惩处等社会生活诸多方面，其中多数规范属于私法规范。

---

〔22〕特奥多尔·蒙森（Theodor Mommsen，1817~1903），德国著名的罗马法学家，由于他不仅在罗马法研究方面有着丰硕成果，而且由于他的作品广泛涉及那个时代的社会、政治、文化、经济和历史等领域并给人们带来了巨大的启迪，故他被尊称为德国19世纪的法学思想之父。

〔23〕陈允、应时：《罗马法》，商务印书馆民国版，第26页。

(2)《优士丁尼法学阶梯》(Justiniani Istitutiones，简称“I”[24])。这是优士丁尼皇帝为便于青年们学习罗马法的基本法律理念、制度与规则，下令由几位法学家以盖尤斯同名著作为蓝本，参照其他法学家的著作改编而成的。它是阐述罗马法原理的法律简明教本，也是官方指定的“私法”教科书，具有法律效力。《优士丁尼法学阶梯》分为四编：第一编人法（自然人和家庭法）；第二编物、所有权、他物权和遗嘱继承；第三编无遗嘱继承、债和契约；第四编私犯之债和诉讼，其内容广泛涉及正义与法、人法、婚姻、家庭、监护、保佐、物之分类、用益权、使用权、居住权、取得时效、占有、遗嘱、遗赠、债、债权人和债务人、保证人、合意之债、私犯之债、不法侵害、诉权、四足动物致人损害、诉讼担保、抗辩、令状等内容。此外，《优士丁尼法学阶梯》中不仅有法律规范的内容，而且还从历史演进的角度介绍了罗马法制度规则在罗马社会早期的情况、在不同时代的变化以及优士丁尼时代进行的修改与理由等知识背景性的信息。《优士丁尼法学阶梯》是在编纂《学说汇纂》过程中决定编辑的，它于公元533年11月21日公布，公元533年12月30日生效。

(3)《优士丁尼法典》(Codex Justinianus，简称“C”)。它是皇帝谕令的汇编，共12编。它于公元528年2月13日开始编纂，公元529年4月7日公布，同月16日生效；公元534年11月16日公布第二版，同年12月29日生效。这是一部罗马历代皇帝的谕令大全。从公元528年开始，法典编纂委员会对历代皇帝谕令进行整理、审订和汇编，删除业已失效或同当时法规相抵触的内容，于次年颁布施行。后因发现一些新谕令尚未列入，又重新进行增补修正，于公元534年再度颁行。法典共12卷，每卷分章节，所载谕令一律按年月日顺序编排，并标出颁布各项谕令的皇帝名字。第1卷教会法和国家公职人员的权利义务；第2卷至第8卷私法；第9卷刑法；第10卷至第12卷行政法。

(4)《优士丁尼新律》(Novellae，简称“N”)。它是将《国法大全》编纂结束后优士丁尼颁布的新的谕令（公元535年~565年）汇编在一起。主要涉及公法内容。

（二）罗马法原始文献的翻译

罗马法原始文献是学习和研究罗马法的基础，因此，无论是罗马法的源地意大利，还是以罗马法为基础构架自己法律体系的欧洲大陆国家和亚洲国家，也无论是受到罗马法影响较少的普通法国家，对罗马法原始文献的翻译与研究均十分重视。在意大利，由拉丁文和古希腊文写成的罗马法原始文献早在19世纪就被翻译成了意大利文，但是对于现代人而言，那是比较难懂的古意大利文。因此，

---

〔24〕 在拉丁文中“I”和“J”是通用的。

一项由意大利著名罗马法学家桑德罗·斯奇巴尼教授负责的将罗马法原始文献全部翻译成现代意大利文的工作自2000年开始启动，从2006年开始陆续出版翻译完成的成果。在此之前，罗马法原始文献已经被全部翻译成法文、德文、俄文、西班牙文和英文。

在我国，截止到2008年底，罗马法原始文献中相当一部分内容已经被翻译成为汉文[25]。主要有：《民法大全选译·正义和法》、《民法大全选译·人法》、《民法大全选译·家庭》、《民法大全选译·遗产继承》、《民法大全选译·物与物权》、《民法大全选译·用益权》、《民法大全选译·法律行为》、《民法大全选译·债·契约之债（I、II）》、《民法大全选译·买卖合同》、《民法大全选译·债·私犯之债·阿奎利亚法》、《民法大全选译·债·私犯之债和犯罪》、《民法大全选译·司法管辖权·审判·诉讼》、《民法大全选译·公法》、《民法大全·第48卷》、《民法大全·第1卷》。从2000年始，对罗马法中最重要的内容《学说汇纂》，开始了逐卷翻译的工作。此外，盖尤斯的《法学阶梯》和优士丁尼的《法学阶梯》亦均有汉文译本。

上述罗马法原始文献中，有相当一部分是关于私法的内容。这些罗马法原始文献是我们学习罗马私法过程中应当了解的基本内容。那种学习罗马法却根本不看其原始文献的做法，十分不利于对该课程的学习，尤其对培养认真、踏实的学习习惯与良好的思维方法极为有害。

第二节　罗马简史和罗马法的演进

我们在前面已经介绍，罗马法的内容不是一蹴而就的，它是1300多年的历史产物。故而，与现代立法所表现出的体系完整、规范确定、条款标志清晰等立法特征不同，罗马法的内容呈现出它在不同历史阶段中所逐渐形成的制度规则。例如，在优士丁尼的《法学阶梯》中，不仅强调了自《十二表法》始形成的市民法有关取得时效的规定与立法原因，如“市民法规定：诚信地从非所有人、但被相信为所有人的人买得物，或根据赠与或因其他正当原因收受物的人，如果该物为动产，在任何地方都是在1年内；如果是不动产，在2年内，但以在意大利的土地上为限，他以时效取得该物，以免物的所有权处于不确定状态。之所以作出这一决定，乃是因为古人认为：上述期间足以使所有人寻找自己的物”。而且，也将优士丁尼的新规则作出了明确表述与解释：“朕坚持更好的主张，以免所有

〔25〕 截止到2008年，参加罗马法原始文献翻译的人员包括（按照参加这个工作的时间顺序）：黄风、米健、丁玫、范怀俊、费安玲、徐国栋、张礼洪、刘家安、薛军、罗智敏、陈汉。

人过快地被骗取其物，也避免这种恩惠被限于特定的地方，因此，朕就这一问题发布了一项谕令，以之规定：动产物经3年，确实以时效取得；但不动产通过长期占有，换言之，在邻近的人之间，经过10年；在不邻近的人之间，经过20年，以时效取得，以这种方式，不仅在意大利，而且在由朕的谕令权统治的全部土地上，都根据事前发生的正当的占有原因，物的所有权被取得”。[26]

所以，了解罗马法的演进及其时期划分，十分有助于理解不同历史时期罗马法制度规则的变化及其历史背景。

一、罗马王政时期（公元前8世纪～公元前510年）

（一）罗马早期社会制度和权力机构

虽然由于历史久远且史料有限，但是已有的资料确切地告诉我们罗马社会的政体从王政时期开始[27]。在希腊人建立雅典城邦的时期，地处欧洲地中海中部亚平宁半岛上的古代意大利人也在拉丁平原形成另一个城邦——罗马。传说罗马城是由罗慕卢斯于公元前753年建立的，从此开始了罗马历史上的王政时期。传说王政时期先后经过7个王，约统治了250年。罗马的城址初建在巴拉丁山冈上，后扩至附近的7座山冈。流经拉丁平原的台伯河灌溉着两岸，肥美的土地适于种植葡萄和谷物，也为畜牧提供了良好的条件。土地始终是罗马人进行生产和投资的对象，也是罗马法中最被关注的物。

从地理上看，不同的村落通过地界的划分、城墙与城堡的修筑而逐渐成为了一个罗马城，而罗马城中的政体也在这个地理变化的过程中逐渐形成，即统一的罗马城开始有了自己的统一的首领——王（rex）。支持王政存在的社会组织主要表现为氏族和罗马家庭。值得注意的是，罗马家庭不是指由婚姻关系所构成的自然意义上的家庭，而是罗马社会中的一种政治组织。罗马家庭以家父为全权支配者，由家父及处于家父支配下的“家子”或“父权下的子女”及奴隶共同构成[28]。

罗马早期社会是建立在血缘基础上的氏族社会，每个氏族有共同的祖先、共同的土地、公共的墓地和宗教节日。氏族成员有使用氏族名称、选举氏族首长、收养外人入族等权利，氏族的财产保留在氏族内，氏族内部不得通婚，同氏族的成员有相互保护和援助的义务。最早定居在罗马的氏族有300个，每10个氏族组成1个胞族称“库里亚”（Curia），10个胞族组成1个部落称“特里布斯”（Tribus），整个罗马共有3个部落。公元前7世纪，分散的氏族部落联合成为具

---

〔26〕罗马法原始文献J. 2，6pr.，徐译《法学阶梯》，第147～148页。

〔27〕［意］G. 格罗索：《罗马法史》，黄风译，中国政法大学出版社1994年版，第27～30页。

〔28〕［意］P. 彭梵得：《罗马法教科书》，黄风译，中国政法大学出版社2005年版，第86页。

有宗教和军事性质的联盟，逐渐形成罗马城市国家（urbs status）。当时社会的权力机构有：民众大会亦称“库里亚会议”（comitia curiata）、氏族长老组成的元老院（senatus）和王（rex）。

罗马早期的民众大会是对罗马社会生活中有关宣战、收容新氏族、选举君王、裁判重大案件等进行讨论并付诸表决的政治性机构，其名称渊源于投票表决以库里亚为计算单位。参加库里亚会议的人是各氏族的成年男子。当时的罗马社会有30个库里亚，每个库里亚在民众大会上有1票表决权，超过15票即形成决议。库里亚长老出身贵族，由他们组成的元老院和国王一起处理国事。元老院起源于古代氏族领袖的会议，拉丁文“元老院”（senatus）由“长者”（senex）衍化而来。元老的人数为300人，与氏族同数。元老院形式上是国王的咨询机关，但有极大的权威性，凡一切重大事件，尤其是新法的制定，须先交元老院讨论，再交民众大会通过实行。元老的任期是终身的。西塞罗曾经对元老院从属于国王的尊贵地位和权力有过如下描述：“在塔提乌斯故去，全部权力重新归罗慕卢斯之后，尽管他曾经同塔提乌斯一起挑选了一些杰出人士组成王政议事会——这些人士被尊称为长老，……尽管所有这些在塔提乌斯在世时即已实行，但在塔提乌斯被杀后，罗慕卢斯甚至更进一步依靠长老们的威望和意见掌权〔29〕”。“在那些时代，元老院使国家处于这样的状态：人民虽然享有自由，但只有很少的事情通过人民，绝大部分事情由元老院决议、法规和习俗决定……”〔30〕王政时期的君王（rex）“同样也是军事首长、最高祭司和某些司法的审判者。他不掌握民政方面的权力，也绝没有处理公民的生命、自由和财产的权力，除非这些权力来自军事首长的惩戒权或法庭审判长的判决执行权”。〔31〕君王由元老院在贵族家族中选出，由库里亚民众大会通过，其职位不是世袭的。在就职仪式中，新选出的王要经过占卜师进行占卜，以获得神的批准。所以，在神面前，王是罗马国家与民众的代表，也是最高宗教领袖。但他仍是人，并不具有超人的神性。举行凯旋式时，王身穿金星紫袍，脸涂成朱红，乘坐四马战车，装扮成朱庇特神的样子，但他仍然是人而不是神。有一个奴仆站在他身边对他不断呼喊：“不要忘记你是个凡人！”〔32〕

所以，在王政时期，王的权力主要体现为军事权力和宗教权力。辅助王权的政体机构是元老院和民众大会。元老院决议和民众会议决议均是王政时期的法律渊

〔29〕［古罗马］西塞罗：《论共和国　论法律》，王焕生译，中国政法大学出版社1997年版，第70页。
〔30〕前揭书，第91页。
〔31〕［德］恩格斯：“家庭、私有制和国家的起源”，载《马克思恩格斯选集》第4卷，人民出版社1972年版。
〔32〕杨俊明：《古罗马政体与官制史》，湖南师范大学出版社1998年版，第32页。

源。但是，该时期的法律渊源更多的是习惯法。由于该时期的罗马人亦被称为“奎里迪人”（Quirites），因此该时期的法律也被称之为“奎里迪法”（ius Quiritium）。

公元前7世纪以后，随着铁器的普遍流行、手工业和农业的分离以及交换的发展，罗马氏族内部出现财产不平等和阶层分化。富有的家族通过攫取氏族的土地财富形成氏族贵族（patricius），那些经济和社会地位低下的人，包括被解放的奴隶和贫民，依附于贵族为之服役或为亲兵，成为“受庇护人”。与此同时，奴隶制度也发展起来。在氏族贵族的家庭和土地上开始使用奴隶，奴隶的来源主要是战俘。但这时的奴隶还不多，并保持着家长〔33〕奴隶制的形式。此外，在罗马居民中还出现了“平民”（plebes）这一特殊阶层。一般认为平民的来源主要是拉丁姆境内的被征服地区的居民和移居罗马的外来工商业者。他们的人身是自由的，从事工商业和农业，可以有财产，承担纳税和服兵役的义务。可是由于他们处于罗马的氏族之外，不能与罗马人一样享受同等的权利，例如不能参加民众大会、不能参与被征服土地的分配、不能担任公职、不能与贵族通婚、不能参加宗教仪式等。这种只尽义务，不能享受权利的地位，引起平民与贵族之间的尖锐斗争，客观上加速了罗马氏族制度的瓦解。

（二）塞尔维乌斯·图利乌斯的政治改革

公元前6世纪前后，由于平民为争取权利进行长期斗争，氏族贵族被迫让步。相传王政时期的第六王塞尔维乌斯·图利乌斯（Servius Tullius，约公元前578年～公元前534年）时实行了向平民让步和有利于氏族贵族统治的重大改革。改革的主要内容是：①通过强制性的“财产调查”，将罗马人分为五个等级，确定相应的权利义务。凡有财产达10万阿司〔34〕及超过10万阿司以上者为第一等级；第二等级包括那些财产在7.5万至10万阿司的人；第三、四、五等级依次为财产在5万、2.5万、1.1万阿司的人。②废除原来以血缘关系为基础的三个氏族部落，按地域原则将罗马城划分为四个区域部落。每个区域部落有自己的名称和界限，居民在自己所住区域登记财产和户籍。③公民以军队方式按连队编组，每队100人，称百人团，设立百人团会议，每个百人团有一票表决权。这次改革是罗马国家和法产生的重要标志，恩格斯对此评价道：“这样，在罗马也是尚在王政废止以前，以个人血统关系为基础的古代社会制度便被破坏了，代之而创立了一个新的以地域划分及财产差别为基础的真正的国家制度。”〔35〕塞尔

〔33〕在本书中，表述为“家长”的，如无特别说明，即指“家父”。

〔34〕罗马最早的基本货币单位，计重纯铜0.3359公斤。后来重量渐减，价值日趋低落。参见任炳湘选译：《罗马共和国时期》（上），三联书店1957年版，第2页。

〔35〕［德］恩格斯：“家庭、私有制和国家的起源”，载《马克思恩格斯选集》第4卷，人民出版社1972年版。

维乌斯创立的国家制度除新设立的百人团会议外，仍旧保留了王、元老院、贵族会议等组织机构形式。

（三）王政时期的法律及君王的废除

王政时期的法律主要是从氏族社会的传统习惯演变而来的不成文的习惯法，因此保留着许多氏族社会习惯的原始形态，其内容主要是宗教和道德习惯。祭司有着掌管和解释习惯法的权利。西塞罗在《论法律》中记述道："为了使个人生活中和国家生活中的这一切都能符合传统，遵行如仪，要让不明教规的人向祭司们学习。""让战和事务祭司作为协商条约、讨论战争与和平的使节……各种奇迹、异象，如果元老院决议，应交由埃特鲁里亚占卜师解释，让埃特鲁里亚人向统治者们传授这一科学。""妇女不要参加夜间献祭，那些按习惯为人民举行的除外；她们不得参加任何祭礼，除了按习俗对希腊的克瑞斯的祭祀。""凡不能净赎的亵渎行为，让它们不受净赎；凡可以净赎的罪行，让国家祭司去净赎。"〔36〕

据说王政时期还有成文法，如贵族大会制定的有关家长权、保护人和被保护人的关系、宗教仪式和历法等的法律。〔37〕第六王塞尔维乌斯也颁行过有关契约和侵权行为的法律约50条，但内容失传。

王政时期最后的统治者是伊达拉里亚人塔克文家族。公元前510年，由于第七王塔克文破坏塞尔维乌斯建立的法律制度，实行专横暴戾的统治，引起罗马人的普遍仇恨而被放逐。罗马从此不再设立国王，由贵族中选举产生的一年一任的两名"执政官"（consules）代替"王"作为行政首脑，建立了罗马共和国。

二、罗马共和国时期（公元前510年～公元前27年）

（一）平民与贵族的斗争

经过塞尔维乌斯改革，罗马平民被纳入罗马社会生活中。但在共和国初期氏族制度的残余仍未被扫除干净，平民仍无权占有公有土地、无权与公民通婚、无权担任国家官职。由于对外战争，平民的军役频繁、赋税加重，土地很少、破产负债的平民不能清偿债务，遇有讼争，掌握司法权的贵族利用习惯法的不确定性徇情枉法，袒护贵族。因此绝大多数平民要求占有公有土地和免除债务压迫。在平民中也有部分人随着罗马经济的发展成为富裕的上层，他们要求在政治上与贵族有同样的权利，例如参加官吏的选举、参加元老院。这样，在共和国的前150年中，在罗马市民社会中形成的两大阶层间的内部斗争，即贵族和构成其人口主

---

〔36〕［古罗马］西塞罗：《论共和国　论法律》，王焕生译，中国政法大学出版社1997年版，第224～225页。

〔37〕周枏：《罗马法原论》，商务印书馆1994年版，第33页。

体的平民阶层间的斗争成为这一时期的主要社会现象。平民斗争的手段是利用外敌压境的战争条件，携带武器“撤离”战斗。最早的“撤离”发生在公元前494年，贵族被迫向平民让步，承认平民获得推举保民官的权利。保民官由同时出现的平民会议选举产生，有权否决执政官和元老院侵害平民利益的命令。保民官的身体神圣不可侵犯，凡用暴力危害保民官人身安全的人将被处以死刑。公元前456年，平民获得占有公有土地的权利。

公元前462年保民官特兰提留提议编纂成文法典，贵族被迫让步，先是成立由贵族组成的十人立法委员会，于公元前452年至公元前451年编成10表条文，经民众大会通过，元老院批准，镌刻在10块铜版上，公布在罗马广场。次年，即公元前450年，又改组十人委员会，另增加了两表作为补充，镌刻在铜版上，连同前10表共12表，称为《十二表法》(Lex Duodecim Tabularum)。

《十二表法》标志着平民反对贵族斗争的胜利，在它之后，平民又通过斗争取得了一系列胜利。根据公元前445年公布的卡努列亚法（lege Canuleja)，平民获得了与贵族通婚的权利；根据公元前367年的《李锡尼—绥克斯图法》（Lex Licinius - sextius）及其后的立法，平民获得了担任执政官和其他高级官吏的权利；根据公元前326年的《波提利阿法》(Lex Poetelia)，平民获得了废除债务奴役制度的胜利。公元前287年《霍腾西阿法》（Lex Hortensia）规定平民会议的决议可以不经过元老院的同意而发生法律效力，从而又使平民会议成为具有完全立法权的机构。至公元前3世纪前后，旧的氏族贵族的特权基本被取消，平民在政治、经济和法律上都取得了与贵族平等的地位，获得了完全的市民权。罗马市民成为既与奴隶对立，又与没有市民权的自由人相区别的一个统一的等级概念。平民上层与旧贵族重新组合成的新贵族，掌握罗马政权，平民的概念成为罗马贫民的别称。古罗马社会和罗马法进入到新的历史发展阶段。

（二）共和政体

废除王政建立的罗马共和国作为一个小城邦主要以农业生产为基础，但已经取得某些贸易上的重要地位，并且通过战争表现出使它后来将其边界扩张到地中海之外的军事才能。公元前4世纪中期到公元前3世纪初期，罗马战事频繁，经过3次对萨莫奈人的战争，征服了意大利中部和南部地区，继而陆续击败意大利南部的希腊各城邦，统治了全部意大利半岛。

贵族阶级为了适应新环境的需要，在共和国的政治组织设计上作出了重大变革。国王由两名选举产生的执政官取代，任期1年。两名执政官的职权相同，每个人对另一人的行动有反对权，所以，对于重要的行政事务两人必须共同行动。在军事危急时，为了统一军权，执政官可以通过元老院，指定一名任期不得超过6个月的独裁官（dictator)。执政官在执行职务时有12个护卫，每人肩荷一束象征君王权威的笞棒加战斧组成的“法西斯”（fasces）随侍在他左右，以显示最高权力。

公元前443年罗马首次设立了监察官（censors），负责审查元老院成员名单，有权对被认为在公共生活中或私人生活中行为不端之人作出剥夺其公权力的决定。

共和国时期设立的与私法有最重要联系的官职是裁判官（praetor）。该官职创设于公元前367年，目的是接替执政官与民事司法权有关的职责，处理罗马市民的民事纠纷。公元前242年又增设裁判官一人，专门审理“异邦人”之间或“异邦人”与罗马公民之间的财产案件。因此，称前一裁判官为内事最高裁判官，后一裁判官为外事最高裁判官。

与王政时期比较，共和国时期的元老院在形式上没有发生变化，人数依然是300人，但其权力却得到极大扩充，成为实质上在共和国宪政中最具实力的组织。它拥有的权力主要包括：颁布有关公共设施及社会治安的一般决议；讨论批准一切重要行政措施；批准和否决民众大会通过的议案；制订国家财政预算、决定税率、监管国库。元老院由氏族长老、退任的执政官等组成。

共和国时期，由塞尔维乌斯创立的百人团会议取代了王政时期的民众大会。最初百人团会议具有明显的军事性质，后来发展成政治性的民众会议。它的权力很广泛，包括有权制定或否决元老院提出的法案；根据元老院的提名选举执政官；决定并宣布战争、缔结和约；审判有关剥夺被告公民权、判处死刑的重大案件。

（三）罗马的对外扩张和罗马社会的变革

罗马统治意大利地区后，一跃成为西部地中海的强国。为了攻城略地开辟海外市场，从公元前264年到公元前147年，罗马与西部地中海的迦太基进行了三次大的战争，最终占领了原属迦太基的广大领土，成为西部地中海的统治者。同时，罗马开始向东部地中海的马其顿、希腊、叙利亚、埃及诸国进攻，逐渐征服原属于它们统治的广大地区，从而使自己成为地中海沿岸的霸主。

长期海外侵略的结果是土地迅速增加、海外贸易蓬勃发展、奴隶劳动被广泛使用，奴隶制经济得到空前发展。到公元前2世纪中叶，罗马的奴隶人数已超过自由公民，罗马奴隶制由早期以生产直接生活资料为目的的家长制发展为以生产剩余价值为目的的典型的奴隶社会，罗马成为庞大的奴隶制国家。奴隶的来源主要有战俘、债务奴隶、海盗贩卖的奴隶。在法律上他们没有人格，只是主人的财产，没有任何权利。但是，奴隶是罗马生产的直接承担者，很多来自东方，带来了先进的生产技术。那些流入罗马，有技能、有文化的奴隶对于传播东方和希腊文化有重要作用。奴隶主对奴隶的残酷剥削引发了规模不同的奴隶起义。

对外征服的另一个结果，是出现了大批没有罗马公民权的异邦人（peregrinus）。他们绝大部分是被征服地区的未被降为奴隶的居民，还有由于商品经济的发展而日益增多的从事商业和手工业的移民。他们虽然是自由人，甚至有些人还是奴隶主，但是他们不享有与罗马公民同等的公民权，不能参加罗马的民众大会、不能担任官职、不能与罗马公民通婚，每年却要向罗马国家交纳高额的捐税。因此，罗马奴隶主与外邦人之间的斗争也贯穿了整个罗马共和国时期。

对外征服也引起罗马公民内部的急剧分化。那些在战争中专门经营军事给养、承包工程、贩运奴隶、包揽对征服地区的税收、发放高利贷的人（他们被称作“骑士”）成为新兴的富有阶层。在政治上，由于豪门贵族垄断了高级官吏的职位，“骑士”阶层受到排斥，导致了二者之间的尖锐斗争。在战争中失去土地的农民大批流入城市，又无力与廉价的奴隶劳动力竞争而变成游民无产者，他们为要求重新得到土地掀起的农民运动从公元前132年至公元前123年绵延不断。

（四）共和国时期的法律

在公元前6世纪之前，习惯构成了当时主要的法律渊源。公元前5世纪以降，改变了自君王时期延续存在的习惯法占主导地位的情形，陆续出现了以成文形式表达的、有一定技术含量的立法如《十二表法》及一百多项法令。关于《十二表法》，法律史学家梅因写道：“世界上最著名的一个法律学制度从一部‘法典’开始，也随着它而结束。从罗马法历史的开始到结束，它的释义者一贯地在其用语中暗示着，他们制度的实体是建筑于《十二表法》，因此也就是建筑于成文法的基础上的”。[38]《十二表法》公布后的第60年，即公元前390年，高卢人入侵罗马，该法连同建筑物被焚毁。现在所知的内容是后世学者从各种文献中收集整理而成。

共和国前期是罗马市民法形成时期。以《十二表法》为基础，包括民众大会和元老院通过的具有规范性的决议以及习惯法规范所构成的市民法，仅适用于罗马市民，其内容主要涉及国家管理、诉讼程序、婚姻家庭关系和继承等方面的规范，而较少涉及财产关系，其交易行为须经严格程式，这些构成了该时期法律的主要特点。这些特点源于罗马城当时不发达的社会生产状态，简朴的乡村生活、自然性的农村经济、以农业利益为基础的所有权使得物物交换被套在固定的程式中，唯有遵循了这些固定程式的行为方有产生法律效力的可能，如要式买卖、誓约、要式口约等行为效力均与固定程式的实施有着不可割断的联系。

公元前3世纪后，由于经济生活的日益发展和复杂化，市民法无法满足新兴大商人和大土地所有者的要求，罗马居民也迫切要求在法律关系方面进一步明确

〔38〕［英］梅因：《古代法》，沈景一译，商务印书馆1984年版，第1页。

私人之间的权利义务。公元前367年罗马设立最高裁判官，主要管辖罗马公民之间的诉讼案件，所以又称“内事最高裁判官”。至共和国末期，由于罗马疆域的扩大和商业的发展，被征服地区居民与罗马公民之间，以及被征服地区居民之间适用法律的矛盾日益突出。古老的市民法在适用法律上采用的属人主义原则，只赋予罗马公民以法律权利，对于居住在罗马的异邦人和被征服地区的广大居民则不予保护。为了解决罗马公民与被征服地区居民之间以及被征服地区居民之间的权利义务关系，罗马国家于公元前242年又设立“外事最高裁判官”专事这类案件。随着罗马行省的增多，裁判官的数量不断增多，公元前1世纪已达到16名。

裁判官在保证市民法适用的同时，通过审判实践和发布“告示”的方式，制定了许多新的法律规范。这些通过司法实践建立的法律规范密切联系实际，相对于其他各项因素来说，对罗马法发挥着更为重要的改造作用。经过长期积累，至共和国末期裁判官告示形成了一整套固定、统一的法律规范，独立于市民法之外，称作“裁判官法”。裁判官法扩大了罗马法的适用范围，较之市民法灵活而不拘形式，体现出“公平合理”的原则。它为“万民法”的兴起开辟了道路。

共和国时期也是法学家开始产生并令法律走出祭司垄断的阴影的重要时期。按照公元2世纪的法学家彭波尼的介绍，这是一个逐渐演进的过程：

从公元前6世纪起，君王颁布的一些库里亚法和其他的法律就被一位细心的人布布里·帕皮里[39]以文字的形式收集成册，构成了《帕皮里市民法》。帕皮里并没有在其中加入自己的想法或创作内容，只是将已经公布的散乱的法律汇集在一起而已。共和国初期公布了《十二表法》，并由此而引出了完全成文形式的市民法以及由市民法产生的诉讼规则。这在客观上就产生了对法律条文和诉讼活动作出解释的需要。例如，《十二表法》中的第四表第1条规定“对畸形怪状的婴儿，应即杀之”；第八表第26条规定“夜间在城市内举行扰乱治安集会的，处死刑”，然而何为“畸形怪状”？何为“治安”？何时为“夜间”？均需进行解释。长期以来，罗马早期的司法程序由经选举产生的行政官即执政官执掌，在诉讼的争执要点被确定后，当事人从事诉讼的规则由大祭司秘密保存，法律解释的权力掌握在大祭司手里，审判者和私人都要向他们求教法律问题。所以，大祭司是罗马最初的法学家，他们对法律所作的解释是最早的法学文献。

这种情况持续到公元前307年时发生了变化。执政官阿皮乌斯·克劳迪乌斯（Appius Claudius）把有关这些诉讼的资料进行了收集与整理，他的文书［一个被解放的奴隶的儿子福拉维乌斯（Flavius）］把这本书拿走并将其公布于众。福拉维乌斯的这个举动获得了民众的欢迎，故这个包含诉讼内容的法被称为《福拉

〔39〕 Publius Papirius，公元前6世纪的法学家。

维乌斯法》（Jus Flavianum），从而打破了祭司集团垄断法律知识的局面[40]。公元前254年，平民科伦卡纽斯（Tiberius Coruncanius）担任了祭司团的首领，公开传授法律知识，解答法律问题，法律进入到公开时期。

共和国末期罗马法学家阶层进一步扩大，他们把解释法律看做是对公共社会生活的贡献，不接受报酬，其主要活动一方面包括法学论著的撰写、法学教育，另一方面影响着当时的法律实践。他们告诉裁判官如何拟订自己的告示，如何在具体的案件中提供救济手段；他们帮助个人起草法律文书和实施其他的法律行为，帮助他们在裁判官面前进行诉讼。然而他们只是法律顾问，不是具体的实践者，并不出庭就具体案件进行辩论。这一点对于判决的公正无私和包容广阔是大有帮助的。所以，与现代意义上的法学家不同，罗马法学家既有学者的特点，又有实务律师的特点。在法学领域内，他们不仅从事著书立说和法学教育活动，也对法律实践有着巨大影响。他们的经验所产生的效果对后世同样影响不少，因为尽管罗马社会的法学家们“培育的是罗马世界民众的实践经验，但是却以一种异乎寻常的能力预见到了永恒存在的法律问题，并且赋予他们的著述以放之遥远的时代和遥远的地域而皆准的普遍意义”。[41]

三、帝国时期（公元前27年~公元565年）

罗马共和国末期，战乱不已。公元前82年出现了第一个军事独裁者苏拉的统治，其后有“前三雄”即庞培、克拉苏、恺撒的统治和安东尼、雷必达、屋大维“后三雄”的统治。公元前27年屋大维（Octavianus，公元前27年至公元14年在位）称帝，被尊称为“奥古斯都”（Augustus，意为“崇高的”）。从该皇帝始，在罗马国家中“奥古斯都”即成为唯有皇帝可以使用之词。从此，罗马共和制被废止，进入帝国时期。在理论界，按照专政制度确立的程度将帝国时期分为两个阶段：“元首政治”时期（公元1~3世纪）；“君主政治”时期（公元3~5世纪）。

（一）元首制的建立和经济的发展

屋大维统治罗马时，顾及罗马的共和传统，没有公开称帝而称“元首”（princeps）。但在元首制下，皇帝的权力实际上扩展到统治的所有领域。帝位继承由元老院选举，表面上不采用世袭制，每任10年，但实际上皇帝在世时就已经指定自己的亲属为继承人。民众大会虽然没被废除，但逐渐形同消亡，其立法活动不过是对皇帝的意愿加以批准而已。屋大维曾对元老院进行了改组，名单由其亲自确定，吸收党羽扩大势力。帝国初期，元老院作为贵族阶级的堡垒，尚具

〔40〕 罗马法原始文献D. 1，2，2，2-7，彭波尼语，黄译《正义与法》，第43~46页。

〔41〕 ［英］F. H. 劳森：“罗马法对西方文明的贡献”，黄炎译，载《比较法研究》1988年第1期。

有包括选举高级官吏、司法审判、立法、行政等职权。但是，随着元首权力的加强，这些职权都受到限制而逐渐削减。元首在选举中利用自己的威望推荐候选人、控制候选人的提名，许多有着真正权力和较高荣誉的职位由元首直接任命。除旧有的行政机构和官吏外，皇帝新设了高级官吏，其中包括军政长官、保安司令、宵警官等。这些新设置的官吏不但削弱了旧有官吏的势力，并且有权依照行政程序直接审理在其职权范围内发生的案件，而不再沿用旧的诉讼方式。公元129年哈德良帝（Hadrianus）时，为了限制裁判官的权力，命令法学家优里安（Julianus Salvianus）将历代裁判官的告示编纂成“永久令”（Edictum Porpotum）。从此，凡法律未规定的问题不再由裁判官发布的告示解决，而由皇帝自己发布的命令解决，裁判官的立法权实际上被剥夺，告示所蕴涵的创新精神和原则被停止，皇帝的谕令成为最重要的法律渊源。经过清洗的元老院在行使司法权时也受到元首的干预，尤其是那些涉及元首本人的安全和利益的“大逆罪”案件的审理基本取决于皇帝的意愿。

元首制建立后，对行省实现了规范化管理。除了由元老院进行治理的行省外，叙利亚、西班牙、高卢是直属元首的行省，埃及特区是元首的私产。元首在元老院所辖的行省中，有权选择代行政长官、招募军队、征收军税、管理地产。

（二）元首制时期的法学

1. 萨宾学派和普罗库勒学派。共和国时期在古罗马没有任何正式的法律教育，实践中的口头教育一直是罗马法的特征之一。年轻人追随某位法学家参加日常的法律实务，讨论法律问题，以私塾的方式获得法律的实际知识。随着罗马法的繁荣，这种情况在帝国前期发生了变化，罗马法学界逐渐形成两大法学家派别，一个是萨宾学派（Scuola Sabiniana），一个是普罗库勒学派（Scuola Proculiana）。这两个学派是由奥古斯都时期的法学家卡比多（C. Ateius Capito）[42] 和拉贝奥（Marcus Antistius Labeo）[43] 分别创立的。卡比多属于保守者，以遵从君主意志和维护传统规范而著称。拉贝奥则追求思想自由，其知识视野十分开阔，广涉自然科学和人文知识领域。在法学领域中拉贝奥有许多创新。对于两个学派之间的差别，20世纪意大利著名的罗马法学家朱塞佩·格罗素（Giuseppe Grosso）评价道：“说它们是不同学派，并不意味着它们代表着不同的思想流派，而应当从学校的意义上来理解，它们是有着不同驻地的教学机构，在那里法学大师们相互联系。两个学派的法学家在许多问题上存在分歧；它们之间存在着可能发生在各不同学派之间的对立和对抗，但这种对立和对抗并不表现为法学方法或观

---

〔42〕 公元1世纪的法学家。

〔43〕 公元1世纪的法学家。

念上的一成不变的路线斗争。充其量，人们可以发现对立和倾向的某种关联性，这些对立和倾向可能在选择老师问题上产生影响（比如，萨宾学派擅长于系统的工作，而普罗库勒学派则喜欢进行个案分析；普罗库勒学派似乎以独立为特点；等等）。"[44] 两个学派之间的区别到公元2世纪初逐渐消失。

2. 法学家和法学研究。这个时期法学发展逐步进入鼎盛时期。注重法学研究、允许学术研究中的百家争鸣成为该时期法学发展的显著特点，伴随而来的自然是大量的法学著作的出现。许多著名的罗马法学家都生活在这个时代，如传播自然法思想的西赛罗（Cicero）、治学严谨并将私法科学地划分为人法、物法和诉讼法且为后人留下了传世之作《法学阶梯》的盖尤斯（Gaius）、据说写过四百卷书的拉贝奥（Labeo）、对市民法有着深入系统研究的尤里安（Iulianus）、彭波尼（Pomponius）、佛罗伦汀（Florentinus）、斯凯沃拉（Scaevola）和帕比尼安（Papinianus）等，以及著名的多产著作者、法学家保罗（Paulus）、乌尔比安（Ulpianus）和莫德斯汀（Modestinus）等。这些法学家对法律的理论研究和探讨，通过皇帝授予他们法律解答权而被作为法律确认下来。他们对罗马法的发展起到了关键性的作用。在优士丁尼的《国法大全》中，完全由法学家学说所构成的《学说汇纂》占据着极为重要的地位。所以，在罗马法中，著名的伟大人物不是法官，而是法学家如盖尤斯、乌尔比安、保罗、帕比尼安等，以及对罗马法的传播作出巨大贡献的皇帝如优士丁尼等。源于罗马法的这个传统，迄今为止依然在大陆法系国家中继续存在着。

罗马法学家的地位和作用变化有一个演进的过程。在共和国时期以前，法学家一般只是教师，或是教科书的作者，或是提供法律咨询的人。法学家们进行这些工作无需任何特许，但同时他们的意见对执法官亦无约束力。到了帝国初期，为了规范法学家的学说对执法者的影响，奥古斯都下令，凡以他名义提供法律意见者，其意见对执法者有约束力。取得这一特权的前提是获得皇帝的特许，于是在罗马帝国产生了"特许的法学家"。这些法学家往往承担高级官职，成为皇帝在法律问题上的代言人。

在法学家们的作品中，盖尤斯的《法学阶梯》是罗马法的经典作品之一，也是学习罗马法的重要入门作品之一。人们对盖尤斯所知甚少，据说他出生于外省，生活于哈德良皇帝（公元117年～138年）和安东尼皇帝（公元138年～180年）在位期间。他是一名教师，自称属于萨宾学派。除成名著作《法学阶梯》外，另有对《行省告示》的评注30卷、对《十二表法》的评注6卷以及其他专论。此外，还有一部专著《日常事件法律实践》。《法学阶梯》是唯一被保

---

〔44〕［意］G. 格罗素：《罗马法史》，黄风译，中国政法大学出版社1994年版，第353页。

留下来的盖尤斯的著作，它是通过在意大利维罗纳牧师会图书馆内发现的一份公元5世纪的手抄本而流传至今的。《法学阶梯》约成书于公元161年，在其后的300年里一直是学习罗马法的教科书。由于它是以教科书的形式撰写的，所以格外重视系统的方法。全书分为4编，盖尤斯提出了“所有的法或涉及人或涉及物或涉及诉讼”[45] 的观点，并据此形成了法的三大构成要素：人法、物法、诉讼法。其中人法中主要包括人、奴隶与解放奴隶、罗马家庭、婚姻和监护，物法中主要包括物、物的转移方式、所有权取得方式、遗嘱继承、遗赠、遗产信托、无遗嘱继承、契约之债和私犯之债等。这种层次结构准确地反映了复杂的私法关系，恰当地界定了个人利益的具体情况。此外，盖尤斯在其《法学阶梯》中提出了市民法、万民法的划分并对罗马法的渊源进行了分析。盖尤斯在其《法学阶梯》中所创制的法的体系与方法，伴随着帝国的扩张而被传播。《法学阶梯》总结和概括了罗马法在当时发展的成果，反映了当时社会发展变化的经济生活和财产关系，产生了在当时而言极为罕见的诸多法律规则，例如时效取得规则，有体物与无体物、不动产与动产、公有物与私有物、要式物与略式物等物的划分规则,先占、添附、加工等获得所有权的规则，契约之债和私犯之债的划分标准等。

（三）君主制的建立

罗马的国家制度在戴克里先统治时期（公元284年~305年）完成了从元首政治向君主制的转化。

公元217年罗马皇帝卡拉卡拉死后，罗马的国势日渐衰微。大规模的内战、瘟疫、奴隶暴动和蛮族的入侵，使罗马的奴隶制政治经济体系发生深刻危机。公元284年戴克里先皇帝即位，实行皇帝专制统治，将元首制改为君主制。为解决危机，防止人民革命和抵御蛮族，他把帝国分为四个区域，扩充军队，实行税制和币制改革。其后，君士坦丁皇帝即位，由于当时帝国西部在经济上已经衰落，而东部比较繁荣，君士坦丁将首都迁至希腊殖民地拜占庭旧址，定名君士坦丁堡。君士坦丁堡在军事和地理形势上处于东西交通要冲，便于控制帝国广大领土，从此，罗马城失去了它的重要性。由于社会秩序混乱，君士坦丁皇帝以连续不断的命令禁止城市市民离开住地或改换职业。罗马帝国于公元395年正式分裂成东西两部分。公元476年西罗马帝国灭亡。

（四）君主制时期的法律编纂

在元首权力加强的情况下，到公元2世纪哈德良帝在位时，确立了元首的立法权。元首发布的谕令成为新的重要法律渊源。此后，随着皇权的加强，皇帝的

---

[45] 这句话的拉丁文原文是：“Omne autem ius, quo utimur, vel ad personas pertinent vel ad res vel ad actions.”

谕令取代了民众大会和元老院的立法权。帝政后期，谕令成为唯一的法律渊源。皇帝所发布的谕令有四种：①敕谕，是对全国发布的有关公法和私法方面的命令，具有普遍的法律效力；②敕裁，是对重大案件和上诉案件所作出的裁决，其效力原则上仅及于该案的当事人，但该裁决如果涉及法律上的原则问题，公布后可对同类案件发生效力；③敕示，是对官吏训示的命令，一般是对各省总督发出的指示，多属于行政性质；④敕答，是对官吏和民间所询问的法律事项作出的批示答复。其中，敕谕最为重要，是帝国中后期的重要法律渊源。

帝政后期，皇帝和法学家致力于法典的编纂是该时期罗马法的显著特点。因此，学界将这一时期称作法典编纂时期。最初几部“法典”是私人的作品，以其编纂者的名字命名，其中第一部为《格利哥里安法典》（Codex Gregorianus），约公布于公元291年，主要内容包括从哈德良皇帝到戴克里先皇帝的谕令。第二部为《赫摩根尼安法典》（Codex Hermogenianus），约公布于公元314年至324年间，其主要内容是从公元294年到324年包括君士坦丁和李奇安皇帝共同执政时期的谕令，实际上是《格利哥里安法典》的续编。

第一部正式编纂的官方法律汇编是《狄奥多西法典》（Codex Theodosianus）。公元429年狄奥多西二世任命了一个由7名官员和1名法学家组成的八人委员会，以上述两部“法典”为样板，不仅对自君士坦丁皇帝以来的谕令进行汇编，而且把法学家的著作也包括在内，但没有成功。公元435年又成立一个新的委员会，仅对谕令进行汇编，于公元438年编成，共16卷，内容包括自君士坦丁皇帝以来的谕令3000多种。

公元4世纪末和5世纪初，还出现了一些皇帝谕令和法学家著作合集。如1321年在梵蒂冈图书馆发现的“梵蒂冈残片”（全书共232页，但只发现28页，因而得名为“残片”）；公元4世纪末、5世纪初编成的“摩西律法和罗马法对照”，其中包括一些皇帝的谕令和五大法学家的著作选段。此外，还有《叙利亚~罗马法汇编》、《保罗士格言》等，都是皇帝谕令和法学家著作合集。

公元6世纪优士丁尼为皇帝期间，法律的编纂活动达到了顶峰。后人所知的罗马法的信息，多从该时期编纂的法律中获得。优士丁尼（Iustinianus，公元527年~565年在位）于公元482年出生在达尔达尼（Dardania）山区一个小村庄内的农民家庭。他早年去君士坦丁堡，投靠其担任高级将领的舅舅优士丁（Iustinus），并在那里受教育。其舅舅做皇帝（公元518年~527年在位）后，因为无嗣把他收为养子，并授予他要职。公元527年他第一次担任辅助其舅舅的朝政要职，同年他舅舅去世，优士丁尼继承皇位成为皇帝。为重建和振兴罗马帝国，优士丁尼一方面对内加强政治、法治、宗教领域内建设，另一方面对外进行大规模军事活动，先后占领了北非、意大利和西班牙[46]。但是，他最出色的活动是在法律领域内。从其即位的第二年起，便成立了由杰出的精通法律业务的官员如前财政大臣特里波尼亚和学者如狄奥菲尔等参加的编纂委员会，进行法典和具有法律效力的学者作品的编纂工作。从公元528年到534年，先后完成了《优士丁尼学说汇纂》、《优士丁尼法学总论》（又名《优士丁尼法学阶梯》）和《优士丁尼法典》的编纂工作。有关它们的比较详细的信息已经在本章第一节中予以介绍。上述三部法律编纂完成之后，优士丁尼颁布谕令，宣布今后适用法律均以它们为准，凡未被汇入其内的其他法律，一律作废；凡未被《学说汇纂》收入的其他法学家的作品，一律不得引用。有关三部法律汇纂的疑问，均由皇帝作出解释。此后，优士丁尼又先后颁布谕令168条。在他死后，法学家们将这些谕令汇编成册，称《优士丁尼新律》。

以上四部法律汇纂，至公元16世纪统称为《国法大全》，与当时通行的《教会法大全》相对应。它的问世，标志着罗马法已发展到在当时而言最发达、最完备的程度。

优士丁尼的法典编纂活动对罗马法的发展有着直接且重要的影响，主要包括以下方面：

（1）法典编纂活动总结了法学家研究罗马法的成果，使罗马法最先对私法法律关系作出最详尽的抽象概括的规定，从而推进了罗马法的学理化进程。罗马法最先对私法制度与规则作出比较体系化、详尽和概括的规定，尤其是《学说汇纂》有2/3的内容是罗马法学家对私法研究的精辟论述，使罗马法所确立的各种私法法律关系体系、制度、概念和原则都达到了古代法的最高成就。这使得其在古代法中独领风骚。

（2）法典编纂活动推进了罗马法的法典化、体系化进程。罗马社会法律的复杂和浩繁是促使开展法典编纂活动的一种强大动力，优士丁尼曾说他编纂法典的动机和理由是“我们发现我们全部的法规，好像是从罗马城建立以来，从罗慕洛斯时代以来的法规都传给了我们，这所有的法规是如此的混乱，这种状态漫无边际，已经超出了人的能力范围”。[47]《国法大全》中的《学说汇纂》、《法典》、《法学阶梯》等内容体现了罗马法对法律体系的思考，也为后世提供了可供参考的范例。

（3）法典编纂活动形成了罗马法的法典化汇编模式。在法典编纂活动之前，罗马法的渊源呈现为多元化和分散化特点，习惯、告示、民众大会的决议、元老

---

〔46〕“优士丁尼及其《民法大全》”，参见黄译《法学阶梯》，第14~15页。

〔47〕［美］沃森：《民法法系的演变及形成》，李静冰、姚新华译，中国政法大学出版社1992年版，第132页。

院的决议、法学家的解答、皇帝的谕令等均是在罗马法发展的各时期出现的法律渊源。但是，其弊端是无体系性。优士丁尼所推动的法典编纂活动，在客观上形成了一种立法模式，即法典化的立法模式。罗马法的法典化立法模式为后世大陆法系所继受。

第三节 法的类型

在罗马社会中，由于受到希腊哲学思想和思维方法的影响，同时也由于那个时代罗马法学研究者不仅善于进行法律的社会实践，而且还善于对法律进行一定的抽象思维与归纳，所以至少自公元前2世纪开始，罗马人即探索着按照不同的标准将法划分为不同的类型。这些法的类型划分对近现代各国法学理论有着奠基般的影响，例如罗马法中有关公法与私法、成文法与不成文法、一般法与特别法的类型划分，无论是在大陆法系国家抑或在英美法系国家中，均构成法学教育中必须传授的基本知识，同时也直接引导或影响着不同国家的立法与司法活动。

根据罗马法原始文献所记载的内容，法被划分为如下主要类型：

一、公法与私法

这种划分源于乌尔比安提出的观点。乌尔比安认为，对法的研究，应当从公法与私法两个角度进行。公法与私法的具体划分来源于乌尔比安对国家与私人利益关系的观察。在现代人看来，这是古罗马学者从法的最宽泛的视角出发，对法的一种科学分类。

（一）公法

公法（ius publicum）是涉及罗马国家稳定昌盛的法，是造福于公共利益的法[48]，它的规范涉及国家宗教事务、宗教机构和国家管理机构等领域。公法的特点是：

1. 公法强调国家的政治关系、政治利益和国家追求发展、稳定的目的。法律通过对国家管理机构、公共财产管理、宗教事务和宗教机构的规范来实现罗马国家的稳定与昌盛。

2. 公法的规范具有强制性，需要人们无条件地遵守。因此，公法规范表现出明显的强制性：①当社会一般利益与个体利益发生竞合时，重其公法性质而薄其私法性质。“私人协议不得变更公法”[49] 就突出体现了这个特点。例如，人们

---

〔48〕 拉丁文原文是：“pubblicum ius est quod ad statum rei Romanae spectat，privatum quod ad singulorum utilitatem，”参见罗马法原始文献 D. 1，1，1，2，乌尔比安语，黄译《正义与法》，第35页。

〔49〕 罗马法原始文献 D. 50，17，45，1，乌尔比安语，丁译《契约之债与准契约之债》，第15页。

不得对诈欺作出不承担责任的约定，公法也不承认这样的约定有效。②当法律规定了对当事人的照顾时，如果该法律照顾涉及国家利益的，当事人不得放弃。例如，在嫁资制度中，有许多旨在保护妇女的嫁资不受损害的规定，这被称为“法律照顾”，由于嫁资是用于帮助家庭稳定的制度，而家庭稳定涉及国家稳定，因此，妇女不得放弃该法律照顾。

但是，在罗马社会，除非涉及公共利益和国家稳定，否则罗马国家通常不干涉私人事务。

（二）私法

私法（ius privatum）是与公法相对应的表达，是指造福于私的利益的法。[50]在拉丁文中，“privatum”意为“个人的、个体的”，它与“国家的”、“共同的”的表达相对应。根据罗马法原始文献内容来判断“私的利益”所涉及的主体，我们发现它包括个人、家庭和非公法意义上的团体。私法规范尤其是有关契约的规范，具有明显的任意性，人们可以通过协商来产生行为规则。私法广泛涉及人、婚姻、家庭、继承、物、所有权、他物权、契约、私犯行为等内容。罗马法将涉及私利益的，都纳入私法范围内，甚至将诸如“诚信之诉”、“诈欺之诉”、“对人之诉”、“对物之诉”等大量涉及私利益的诉权和程序都放入私法之中，这样做是因为有关程序的规定被认为是为了个人利益而进行的。一些在现代法看来属于公法领域的问题，如盗窃、诽谤等，在罗马社会相当长时期内被纳入私法的领域，因为，罗马人认为其行为侵犯的是私利益。当然，在古代社会普遍存在的民刑不分的现象在罗马法中也存在。

根据乌尔比安的观点，私法由三部分构成，即自然法、市民法、万民法。[51]

二、非成文法与成文法

这一划分不是罗马人的首倡，而是来自于希腊人。在乌尔比安的作品中有这样一段话揭示了这一划分的渊源：“我们的法由成文法和非成文法组成，就像希腊人说的那样：‘法律有的写成文字，另一些则未写成文字’。”[52]

（一）非成文法

非成文法（ius non scriptum）泛指习惯（consuetudo，mos），它是指获得民众广泛认可的长期习俗。在罗马社会中，当没有成文法时，那些长久形成的习惯常常被作为法律得到民众的自觉遵守。尤里安[53]在解释习惯能够成为非成文法的渊源

〔50〕 罗马法原始文献 D. 1，1，1，2，乌尔比安语，黄译《正义与法》，第 35 页。

〔51〕 罗马法原始文献 D. 1，1，1，2，乌尔比安语，黄译《正义与法》，第 35 页。

〔52〕 前揭书，第 38 页。

〔53〕 Salvius Iulianus，公元 3 世纪著名的法学家。

时指出："在不采用成文法的情况下，必须遵守由习俗和习惯确定的那些规范……我们遵守它们仅仅是因为人民决定接受它们。那些在无成文法的情况下人民所接受的东西，也有理由被所有的人所遵守。"

罗马社会中的非成文法具有如下特点：

1. 习惯被民众自觉地遵守。习惯能够成为法律的组成部分不仅是因为它获得了人们的共同认可，更重要的是因为人们对它的遵守完全是自发的而非依赖外力的强制。

2. 习惯的法律价值同于成文法。习惯同样具有作为人们行为规范的法律价值。当人们将习惯当做一般性规范来自觉遵守时，便具有了与成文法相同的信念与价值判断。

3. 习惯来自于民众之间的默示。习惯成为行为规则，是长期获得民众认可并且被长久自觉遵守的结果，因此，虽然习惯没有被写成文字，但是它在民众之间获得共同的默认。有罗马学者甚至认为习惯是民众间的默示协议。[54]

当然，在对某习惯是否构成非成文法存在争议时，可以通过调查该习惯是否曾在争讼的裁判中被确认过来作出判断。塞维鲁皇帝为此有一个批复，阐述了这样的观点："对于产生于法律的疑问，习惯或长期以同样方式确定的有效判决应当具有法律的效力"。[55]

（二）成文法

成文法（ius scriptum）是指由有着明确目的的立法机构通过一定程序所制定的以文字表示的法律。王权时期的"库里亚民众会议"、"部落会议"的决定、决议，共和国时期的平民会议决议、裁判官的"年度告示"、法学家解答、元老院决议、皇帝谕令等都是成文法。

在罗马法中，成文法与非成文法相辅相成。习惯并不因未以文字表达产生对抗成文法的效果，相反，常常给成文法以补充。

三、一般法与特别法

罗马人从法的体系的角度出发，对法与适用主体、适用情况之间的逻辑关系进行了观察与思考，提出了影响至今的一般法与特别法的划分理论。

（一）一般法

一般法（ius commune）是指适用于所有人和所有情况的法。凡法律没有特别规定适用情形的，均具有一般法的品质。

---

〔54〕 赫尔莫杰尼安即持有这样的见解，参见罗马法原始文献 D. 1，3，35，黄译《正义与法》，第63～64页。

〔55〕 罗马法原始文献 D. 1，3，38，卡里特斯拉特语，前揭书，第64页。

（二）特别法

特别法（ius singulare）是指针对特殊情况适用的法。必须针对特殊情况给予特殊的规定，这就是特别法，又被译称"个别法"，它强调"立法者为了某些利益引入的、背离法原理的一般规则的法"[56]。在罗马社会中，人们已经注意到，由于社会生活的复杂纷繁，针对一般情形适用的法律可能在某些情况中不能适用，否则会发生有失公平或者违背法的基本精神的现象。例如，人们在立遗嘱时，应当遵循法律规定的程序要求，即必须当着7名证人的面一次性完成遗嘱的写作，并经证人在场签字和盖章，尤其是继承人的姓名必须由遗嘱人或证人亲笔书写。这样的遗嘱方为有效遗嘱。但是这样的要求对正在和将要作战的军人而言是不合适的。为了保护军人利益以使他们安心完成军事任务，罗马皇帝们纷纷以谕令或批复等方式对服役期间的军人立遗嘱的行为作出特别规定，例如免除服役期间的军人遵守上述立遗嘱程序的义务，即使没有达到法定证人人数也没有按照程序立遗嘱，不影响其遗嘱的效力[57]。

将法律进行一般性规定的同时，对特别情况确需给予规定的也作出特别规定，这是一个相当重要的立法思想，它对近现代法有着观念上的重要影响。

四、自然法、市民法与万民法

乌尔比安将私法明确划分为三部分：自然法、市民法和万民法。

（一）自然法

古希腊哲学思想尤其是斯多葛学派（the Stoic School of philosophy）对罗马时代的法学家有着很大影响，其主要表现在罗马的法学家们纷纷将对自然法（ius naturale）的认识引入法学理论中。在乌尔比安之前已经有法学家提出了自己的见解，其中最为著名的是盖尤斯。盖尤斯在其《法学阶梯》中对自然法作出如下解释："根据自然原因在一切人当中制定的法"。在他的解释中，自然法与万民法合为一体。在此之前，法学家们只知道万民法和市民法之分而尚未意识到它们与自然法之间的关系。盖尤斯则揭示了万民法的本质就是自然法。显然，作为公元3世纪的法学家，盖尤斯的思想是受到了公元前1世纪著名学者西塞罗对自然与理性之关系的思想影响。曾经专程到雅典学习斯多葛学派理论的西塞罗，十分推崇斯多葛学派如下的观念：整个宇宙乃是由一种实质构成的，这种实质就是理性。自然法就是理性法。人作为宇宙自然的一部分，本质上就是一种理性动物。理性作为一种遍及宇宙的普世力量，乃是法律和正义的基础。神圣的理性寓于所有人的身心之中，不分国别或种族，因此，存在着一种基于理性的普遍的自

---

〔56〕罗马法原始文献 D. 1, 3, 16，保罗语，前揭书，第58页。

〔57〕［古罗马］优士丁尼：《法学阶梯》，张企泰译，商务印书馆1989年版，第77～78页。

然法[58]。为此，西塞罗在其作品《论共和国》中强调："真正的法律乃是一种与自然相符合的正当理性"[59]。

与盖尤斯不同，乌尔比安将自然法与万民法区分开来。他认为自然法应当是不同于万民法的一种规则，也就是说，"自然法是大自然传授给一切动物的法则"[60]。不过，在我们看来，这个概括存在两个问题：一方面，这个概念显得有些过于广泛，因为我们不宜说人和动物有共同的法律关系或者法律规范，而只能说有一些共同的需要；另一方面，这个概念又有些过于狭窄，它能够适合于自然界的全部生灵所固有的自然属性，例如生命、繁衍等，但是大自然启发和传授给人类的很多交易性活动如物的转让、买卖等，虽然也被罗马人从制度层面上称为自然法的制度，不过它们却是人类所特有的。

法学家保罗亦认为，自然法是"永远公正和善良的东西"并"总是保持稳定和不变"。[61]

从罗马法的原始文献上看，罗马人所阐释的自然法，更多的是一种观念，一种对法律本质的探索。

（二）市民法

按照盖尤斯的解释，"各民族为自己制定的法是其城邦专有的法，它被称作市民法"[62]。因此，市民法（ius civile）是适用于罗马人的法律制度与法律规范的总称。市民法是我们研究罗马法时所关注的主要内容之一，其中有相当多的理念和制度如所有权、占有、占有时效、保佐等，对后世影响巨大。市民法的渊源包括罗马社会中的习俗、平民会议决议、元老院决议、皇帝谕令和法学家具有法律效力的解释。

市民法产生于罗马社会早期，虽然伴随着社会发展而有所进步与变革，但是依然明显地表现出其法律制度不甚成熟的一面，具体而言：①适用主体的有限性。罗马市民法仅适用于罗马人，而在罗马城中进行生产、贸易活动的许多非罗马人被排除在可适用的主体之外。②内容的诸法一体性。在罗马市民法中，有关国家利益和宗教活动的公法、有关私利益的私法、有关诉讼活动的法律均被放置在一起，形成了一个庞大的混合性的法律。③在法律活动中明确追求行为形式且过于僵化。著名的要式买卖和拟诉弃权就是市民法的结晶。虽然在贸易活动十分

---

〔58〕［美］E. 博登海默：《法理学：法律哲学与法律方法》，邓正来译，中国政法大学出版社 2004 年版，第 16～17 页。

〔59〕前揭书，第 17 页。

〔60〕罗马法原始文献 D. 1，1，1，3，乌尔比安语，黄译《正义与法》，第 35 页。

〔61〕罗马法原始文献 D. 1，1，11，保罗语，前揭书，第 40 页。

〔62〕罗马法原始文献 D. 1，1，9，盖尤斯语，前揭书，第 39 页。

不发达的罗马古典法时代尚能够适用，但是在共和国时期便开始凸现出弊端。直到优士丁尼时代，市民法的这些弊端一直被罗马社会历任立法者努力矫正着。

准确地讲，在现代民法中所强调的平等、自由、关注人性等观念，并非完全来自于罗马社会早期的市民法，相反，是融合了罗马社会发展中被不断矫正的市民法，以及万民法、裁判官法尤其是法学家们孜孜以求的对法学精神与规则的探讨而逐渐形成的思想与制度结晶。因此，罗马法所具有的适合于商品经济发展需要、关注人、关注权利、关注程序与权利保护之关系等诸多品质与制度价值，是其经过一千多年历史的发展与锤炼所产生的结果。

（三）万民法

万民法（ius gentium）是罗马社会各民族均适用和应当遵守的法[63]。万民法的产生源于地中海沿岸各民族的经济与文化的共存性。他们有着共同的文化起源，古老而又频繁的交往、共同的经济和文化的发展需要，在这些民族中形成了大量的共同习惯和规则。在罗马社会，当时的罗马城是地中海盆地与沿岸各民族进行贸易往来的重镇，对交易规则的客观需要促成了万民法的出现。万民法的特点在于，将已经形成的习惯中各民族特有的成分抽取出去，形成了没有民族特点的为罗马人和其他民族所共同接受并遵守的规范。此外，外事裁判官在解决有关罗马人与非罗马人纠纷的案件中所创立的一些规则也成为万民法的渊源之一。万民法在有关买卖、租赁等合同之债的规则制定与体系思维等方面为后世提供了宝贵而丰富的遗产。此外，从一定角度而言，万民法中有关贸易的规范，构成了现代国际商法的起源。

在公元3世纪上半叶之前，万民法与市民法并存且互渗互补，构成罗马私法体系主要的组成部分。尤其是万民法中所注重的诚信原则（bona fides）对矫正市民法中一些僵化性制度起到了重要作用。212年，随着卡拉卡拉皇帝将罗马市民权授予在罗马境内的所有人，市民法与万民法的区别便丧失了其存在的意义。

五、市民法与裁判官法

有关市民法的解释我们在前面已经作出阐述。下面我们对裁判官法作出分析。

裁判官法（ius honorarium）是裁判官为了公共利益而引入的法。裁判官法的内容主要是由裁判官发布的告示和令状所组成，同时也包括执政官、市政官、行省总督发布的告示。也就是说，裁判官法来源于裁判官、执政官、市政官和行省总督的司法实践活动。这些司法实践活动多通过年度告示的方式进行。裁判官法的“宗旨是辅助、补充或修正市民法，人们也称其为荣誉法，这一称谓来自于执

---

〔63〕 罗马法原始文献D. 1，1，4和D. 1，1，9，乌尔比安语和盖尤斯语，前揭书，第36～37、39页。

法官职位的荣誉"[64]。

裁判官（praetor）出现于公元前367年。由于当时的执政官忙于与邻国的战争而无暇顾及罗马城内的执法活动，于是就设立了一名裁判官作为执政官的助手，主要负责对罗马城内的事务行使司法权。他被称为"城市裁判官"。随着罗马与其他地区贸易交往的日益频繁和罗马城内的异邦人的大量涌入，又设置了专司非罗马人事务的裁判官。因此，裁判官被划分为"内事裁判官"（即城市裁判官）和"外事裁判官"[65]。到公元2世纪初，罗马城邦内有18名裁判官同时在行使着司法权。

裁判官没有权力直接修改市民法，但是裁判官可以在任职时颁布年度告示（edictum）以阐明自己的对市民法适用范围的判断与适用程序，从而使市民法的一些规范被扩大适用。例如，司法官作出错误判决而导致诉讼当事人损失的，司法官由不承担责任到必须要承担损害赔偿责任的变化，就是来自于裁判官法。市民法没有承认的大量无名契约也是通过裁判官法获得了法律的救济。此外，在市民法无法提供救济的情况下，裁判官还可以根据一方当事人的请求而发出要求或禁止对方当事人实施一定行为的令状（interdictum）。

在市民法的规则比较僵化的情况下，裁判官法通过裁判官等执法官的司法活动对市民法进行变革，在很大程度上弥补了市民法的不足。

第四节 罗马法的渊源

罗马法在其形成的1300多年的历史进程中，长久的习惯、制定法、元老院决议、裁判官告示、法学家的解释和皇帝谕令构成了罗马法的主要渊源。

一、长久的习惯

如前所述，习惯法（consuetudo）是指获得民众广泛认可的长期习俗。习惯法多由社会习惯、民族传统、部落内解决纠纷的惯例等组成。当没有成文法时，长久形成的习惯就具有了法律的效力。罗马早期社会中的习惯法多涉及宗教内容，与成文法相比较，具有更多的不确定性，比较缺乏宏观的和理性的判断。在帝国时期，尽管习惯被人们想起的时候多是在成文法没有规定或规定不明确的情况，但是，对习惯法的效力，无论是一般民众还是法学家均没有质疑，保罗对此的评价是："甚至，这种法被认为具有极大的权威，因为它不需要写为成文法就

---

〔64〕 罗马法原始文献D. 1，1，7，1，帕比尼安语，前揭书，第38页。

〔65〕 罗马法原始文献D. 1，2，2，28，彭波尼语，前揭书，第49页。

被认可了"。[66] 基于对习惯的效力的认识，莫德斯汀认为习惯是法（ius）产生的三大来源之一："所有的法，或由于协议而产生，或由于需要而制定，或由习惯而确定"[67]。

二、制定法

制定法（lex）是通过以立法为明确目的的机构按照程序而通过的法律。法律体现着人们对社会认识的理性、对制度价值的追求、对法律本质的认识，因此，"法律是所有人的共同规范；是智者们的决定；是对有意或因无知而实施的犯罪的惩罚；是整个共和国民众间的共同协议"[68]。

罗马社会对法律的产生，有一定的准则，极值得后世人关注与研究：

1. 不为罕见的情况立法。立法旨在调整人们的行为，因为"法律的功能在于，命令、禁止、允许和惩罚"[69]。它所针对的情形，应当是社会中正常出现的情况而非只在某种偶然状态下出现的个别情况。

2. 不为个别人立法。法律作为指导人们行为的规则，应当在人们之间具有普遍适用性。因此，"法不是为个别人制定而是普遍针对所有的人"[70] 就成为罗马社会制定法产生的准则之一。当然，不为个别人立法的准则与特别法的制定完全不是同一层面上的问题。特别法是为了某些特别利益而进行的立法，这些特别利益会涉及特别的主体，但不是仅涉及个别人，而是涉及特别的主体群组。例如，为胎儿制定的特别立法，其涉及的利益主体是全部胎儿。

三、平民会议决议

在本章第二节中，我们对平民会议（plebiscitum）及其决议进行了阐释。平民会议决议是罗马社会特有的法律渊源之一，它是平民与贵族之间为各自利益进行斗争的结果。公元前3世纪，由于对平民会议决议争议不断，《霍尔腾西法》遂确定平民会议决议为法律[71]，其适用于所有的罗马市民。平民会议决议的内容多属私法，如取消对贵族与平民通婚进行限制的《卡努雷伊亚法》（Lex Canuleia）、有关私犯的《阿奎里亚法》（Lex Aquilia）、有关限制赠与的《琴恰法》（Lex Cincia）等。平民会议决议在共和国末期消失。但是，平民会议决议的一些规则继续作为罗马法的内容流传下来。

---

〔66〕 罗马法原始文献 D. 1，3，37，保罗语，卡里斯特拉特语，前揭书，第64页。

〔67〕 罗马法原始文献 D. 1，3，40，莫德斯汀语，前揭书，第65页。

〔68〕 罗马法原始文献 D. 1，3，1，帕比尼安语，前揭书，第54页。

〔69〕 罗马法原始文献 D. 1，3，7，莫德斯汀语，前揭书，第56页。

〔70〕 罗马法原始文献 D. 1，3，8，乌尔比安语，前揭书，第56页。

〔71〕 罗马法原始文献 D. 1，2，2，8，彭波尼语，前揭书，第46页。

四、元老院决议

元老院决议（senatusconsultum）是在难以把民众召集起来进行批准法律的活动的情况下产生的。在民众难以完全被召集在一起进行公共事务的讨论与决定的情况下，便将对公共事务的管理交给了元老院[72]。因此，元老院决议是以元老们的商议来取代民众商议的结果。元老院决议具有与制定法同等的效力，主要涉及有关家父权、保护人与被保护人的关系、宗教仪式、继承等内容。在共和国末期，贵族与平民的差别逐渐消失，元老院决议除被制定法所确认的以外，多不再具有约束力。在优士丁尼《法学阶梯》中保留了一些元老院决议的内容，例如规定信托遗产继受人享有继承人诉权的《特雷贝里亚努斯元老院决议》（SC Trebellianum）、规定被要求交付遗产的继承人享有 1/4 遗产权的《佩加西亚努斯元老院决议》等。

五、裁判官告示

如前所述，裁判官告示（edictum praetorinum）是裁判官、执政官、市政官和行省总督等执法官为了公共利益而发布的不同于市民法的告示与令状的总称。裁判官告示的产生旨在辅助、补充或修正市民法。

裁判官告示是司法活动的重要基础，也是罗马社会的执法者在司法活动中注意利益衡平保护与诚信的结果体现。例如，在涉及错债清偿（solutio indebiti）争纷时，裁判官根据利益衡平的判断而作出接受清偿者应当向给付人返还清偿物的判断。对于一些人经常带有猛兽出现于公共活动场所而市民法对此未有禁止性规则的情况，市政官发布了在人们经常通行的地方禁止携带猛兽的告示[73]。在简化立遗嘱形式上，裁判官告示发挥了重要作用。市民法要求遗嘱人必须按照“曼西帕蓄”方式立遗嘱，而裁判官通过告示将其繁琐的形式简化为有 7 个证人的印章即足矣，如果在偏僻的乡村则仅需 3 名证人。因此，裁判官告示以其特有的方式推动了罗马法的发展。裁判官告示包括专司罗马市民事务的城市裁判官告示（edictum praetorium）和非罗马市民事务的外事裁判官告示（edictum peregrinum）。

六、法学家的解释

法学家的解释（responsa prudentium）产生于罗马早期社会祭司们对法律文献和有关规则进行解释的传统，只是祭司们对法律文献的解释旨在对法律解释的垄断，而法学家的解释则旨在使法律的规则更加清晰与协调。根据史料的记载，法学家的解释出现于公元前 254 年，一位著名的祭司长提比留·科伦卡尼

---

〔72〕 罗马法原始文献 D. 1，2，2，9，彭波尼语，前揭书，第 46～47 页。

〔73〕 罗马法原始文献 I. 4，9，1，徐译《法学阶梯》，第 497 页。

(Tiberius Coruncanius) 以宣传和教学的方式向公众提供其法律解释意见[74]。其后，不断地有法学家以各种方式阐释自己对法律的理解。自公元1世纪初，皇帝开始给一些优秀的法学家以"公开解答权 (ius publice respondendi)"。享有公开解答权的法学家所作出的解释具有法律约束力。但是，如果不同的法学家对同一现象作出不同解释的，则由案件裁判者作出选择，按照他所同意的解释处理案件[75]。公元426年狄奥多西二世皇帝 (Theodosius Ⅱ) 和瓦伦丁尼安三世皇帝 (Valentinianus Ⅲ) 颁布了《关于援引的法律》的谕令，对法学家的解释及其运用加以规范，仅承认盖尤斯、乌尔比安、帕比尼安、保罗和莫德斯汀的学说具有法律效力，在他们的解释中所援引的其他法学家的解释与论述也相应地被认可具有法律约束力。

后世的人们对法学家们解释的了解，主要借助于优士丁尼《法学阶梯》和《学说汇纂》。

七、皇帝谕令

皇帝谕令 (decretum principum) 是罗马国家所有的皇帝以签名书信、对审结案件作出决定或者通过告示等方式阐释的规则之总称。皇帝谕令构成罗马法的渊源之一。皇帝的谕令之所以能够成为法律的渊源，其主要原因是"民众根据所通过的关于君主立法权的君王法 (Leges Regiae)，把自己的全部立法权和支配权授予给他并委托君王进行立法活动"[76]。

第五节　罗马法的学习目的与学习方法

一、研习罗马法的目的

1. 获得法学理智并寻溯法理渊源。罗马法的制度架构孕育着丰富的法律理智和法学理念，乃至于后世的法学家们、哲学家们往往从罗马法中去寻找思想的源泉。无论是在对罗马法的褒扬性的评价和研究中，还是在对罗马法的批判性的研究中，我们均可以看到这样的情形，例如霍布斯1651年完成的《利维坦》，孟德斯鸠1734年出版的《罗马盛衰原因论》、1748年出版的《论法的精神》，卢梭1755年完成的《论人类不平等的起源》、1762年出版的《社会契约论》，黑格尔1821年出版的《法哲学原理》，蒲鲁东1840年出版的《什么是所有权——或对权利和政治的原理的研究》等诸多伟大的作品。

---

〔74〕 罗马法原始文献D. 1，2，2，35，彭波尼语，黄译《正义与法》，第50页。

〔75〕 罗马法原始文献G. 1，7，黄译《法学阶梯》，第4页。

〔76〕 罗马法原始文献D. 1，4，1pr.，乌尔比安语，黄译《正义与法》，第66页。

罗马法在其立法技巧上也给后世以丰富的可资借鉴的经验，正如意大利著名的罗马法学家P. 彭梵德所揭示的那样，“罗马法真正的不朽价值在于解释新法典方面仍具有重要意义，在于罗马法家技艺的完美无瑕……”〔77〕虽然罗马法是社会发展至奴隶制时代的产物，但是它的诸多内容与法学理念已经在很大程度上突破了奴隶制的思想约束。人类社会的发展就是在对前人的东西进行“吸优弃劣”中进行的。

罗马法对近现代尤其在大陆法系国家中有如此巨大影响，其主要原因有三：①罗马法在法学理念、立法智慧和技巧上令近现代社会颇受启发；②欧洲大陆法律文化的共同渊源与历史演进使得近现代社会的法律具有了接受罗马法影响的文化共源性；③罗马帝国时期的强制推广和相关国家的自愿继受互存互融的结果。罗马帝国时期扩张战争不断，其统治者以战争方式向其他国家强制推广自己的法律，在客观上使罗马法的影响被极度扩散。但是，与此同时，由于罗马法自身所具有的法学理性与立法技巧等魅力，使得接触到罗马法的国家也愿意将罗马法中有益的内容与本土法律相结合。这亦在客观上使得罗马法的影响得到认可。

2. 了解法律制度尤其是私法制度的演进历史。通过学习罗马法，可以使我们了解大陆法系国家的法律变迁之历史脉络，尤其在了解私法制度方面将获益匪浅，因为罗马法的魅力之一就在于“……它是唯一能让人追溯其一千多年的历史发展，因而它是为我们研究法律沿革的有机规律提供了最佳园地的法学”〔78〕。

3. 获得对欧陆私法学与私法制度进行比较法学习的基础。如果要了解欧陆私法学与法律制度，如果要对这些法律制度从比较法的视角进行学习，了解罗马法则是十分重要的基础。因为罗马法是欧陆国家法律的共同基础之一，包括法国、德国等重要的大陆法系国家均概莫能外。以德国为例，从中世纪到文艺复兴时期，由于博洛尼亚大学〔79〕法学家的讲学活动，也由于历史和社会原因的影响，罗马法逐渐成为所有拉丁民族和日耳曼民族的共同法。在1900年之前，罗马法在未颁布法典的日耳曼国家中发挥着重要作用，在德国被称作《学说汇纂法》，并被作为“德意志普通法”的主要部分。随着颁布于1896年并于1900年生效的《德国民法典》的出现，罗马法作为能够成为审理案件依据的最后一块显要领地便不复存在了。〔80〕

---

〔77〕［意］P. 彭梵得：《罗马法教科书》，黄风译，中国政法大学出版社1992年版，第3页。

〔78〕同于注释77。

〔79〕意大利博洛尼亚大学（universita' degli studi di Bologna）是欧洲最古老的大学，其诞生于1088年。

〔80〕同于注释70。

二、罗马法的学习方法

在罗马法的学习中，应当注意从如下几方面入手：

1. 要从罗马法产生的背景出发，历史地去学习和研究罗马法的内容。任何法律制度均有其产生的历史背景。其经济、文化的不同背景导致了不同法律关系的产生，从而也就导致了不同的法律制度的产生。作为现代人的我们，不应当从现代历史背景的角度去考察罗马法的内容，而应力求站在当时的历史背景下去思考罗马古人的观点，这叫“历史角色转换的思考”。

2. 要从罗马法的原始文献中学习罗马法的内容。任何对古人法律制度的学习与评价，均必须来自于准确的依据。就罗马法而言，这一准确的依据就是罗马法的原始文献。这叫“从原始文献中获得准确信息”。

3. 要动态地学习罗马法的内容。“罗马城不是一天建起来的。”罗马法的形成与发展经过了一千余年（从《十二表法》的公元前450年到优士丁尼《国法大全》的公元565年）。罗马法的内容也在不断演变着。在寻觅古罗马人的法律思想轨迹的过程中，我们从中发现现代法所依据的或者需要借鉴的法学思想理性和制度设计技术。当然，这其中也有不少是当时社会的特定产物如奴隶制度，在我们学习过程中应当立足于当时的社会背景来看待它。

◎ 第二章 人　法

盖尤斯在其《法学阶梯》中称："我们所使用的一切法，或者涉及人，或者涉及物，或者涉及诉讼。"[1] 罗马法中涉及人的这部分内容即构成"人法"，它与有关物及诉讼的内容共同构成了罗马法的基本表述体系。人法，至少就盖尤斯和优士丁尼的《法学阶梯》的内容而言，不仅包括有关人格、法律能力、监护和保佐等内容，而且也包括婚姻、家庭法律制度在内。本教材并不严格遵循《法学阶梯》的这一传统，而是采用读者较为熟悉的现代私法的表述体例，在"人法"部分仅讨论相当于主体的权利能力、行为能力等方面的问题，而将婚姻、家庭等问题放在"家庭法"中讨论。

第一节　人格

一、罗马法上的人

（一）罗马法上的"人"

在现代私法上，"人"并非指称生物学意义上的人类或其个体，它是一个技术性的术语，指所有能够享有权利和承担义务的法律主体，因此"人"实际上等同于"法律主体"或"权利能力者"。在现代法上，一方面，所有自然人都具有权利能力，都是法律意义上的"人"；另一方面，"人"这个法律术语所指向的对象也不限于自然意义上的人，而是包括由成员或财产所构成的具有独立权利能力的实体（即法人）在内。

罗马法上所称的"人"（persona），并不具有上述技术内涵。就像今天我们的日常语言使用"人"这一用语的情形一样，罗马法上的"人"仅指生物学意义上的自然人，而不问这个人是否适于作为权利义务的承受者。盖尤斯曾对"人"做过如下界定："毫无疑问，'人'这个词涵盖了女人和男人。"[2] 这表明，至少到盖尤斯生活的时期，罗马法上仍未出现与自然意义上的人相区别的、法律主体意义上的人的概念。罗马法并未创造出一个专门的法律术语将具有权利

---

〔1〕 罗马法原始文献 Gai. 1，8，黄译《法学阶梯》，第4页。

〔2〕 罗马法原始文献 D. 50，16，152，盖尤斯语，黄译《人法》，第1页。

能力的人与不具有权利能力的人相区分。

罗马法上未产生技术意义上的“人”的概念，其原因在于：首先，尽管罗马法也个别地认可团体可以作为权利义务关系的承受者，但“法人”的观念并不属于罗马法，也就是说，罗马法并不一般地承认自然人以外的权利能力者。于是，与承认法人主体资格的现代法不同，罗马法无须创造出一个抽象的“人”的概念，以此来作为“自然人”和“法人”的上位概念。其次，罗马法缺乏抽象的、统一的“权利能力”观念，因此，一方面，并非所有的人都必然享有权利能力；另一方面，权利能力本身也存在多种情形。实际上，罗马人通过法律地位设置多种“身份”（status）来具体界定每一个人的法律地位。由于“人”不必然具有“权利主体”的意义，因此，奴隶也是人，尽管他们不具有主体资格，而且可以成为权利的客体。此外，奴隶毕竟不同于一般的物，除存在基于伦理、宗教等原因而给予他们特别保护的需要外，奴隶可以通过解放而成为自由人，并因此而获得权利能力，从这个意义上讲，作为人的奴隶至少也是潜在的权利能力者。这或许就是罗马法未将奴隶真正排除在“人”的范畴之外的一个原因。

（二）人格

罗马法上无抽象的法律人格的概念。“人格”（caput，persona），实际上是对拉丁词“status”的翻译，status 意指“地位、身份”。因此，我们在罗马法上所说的人格是指某种身份或法律地位。人格不是抽象的，而是具体的。在罗马法上，一个人可能涉及的身份有三种：自由身份（status libertatis）、市民身份（status civitatis）与家庭身份（status familias）。自由身份旨在解决某个人在法律上是自由人还是奴隶的问题；市民身份涉及是否具有罗马公民权的问题；家庭身份则界定某人在家庭中的法律地位。原则上，一个人只有同时具备这三种身份——是自由人，是罗马公民，并且在家庭中是家父或至少不处在他人权力之下——才具有完整的权利能力，这类人被称为“自权人”（sui iuris）。其余不享有完整权利能力之人因处在他人权力之下而被称为“他权人”（alieni iuris），其权利能力或者根本不被承认，或者受到各种限制。

由此可见，罗马法上并不存在现代法上“权利能力平等”这种观念，在罗马法上，不仅存在有没有权利能力的问题，而且还涉及拥有什么样的权利能力的问题。

（三）出生与死亡

任何法律上的能力，无论是权利能力还是行为能力，均以人之存在为前提。无论人们具有什么样的身份，作为法律事实的出生和死亡都将产生重要的法律后果。人之存在以出生为起点，以死亡为终点，它构成了法律人格最基本的要件。

原则上，出生须具备以下要件：①必须完全与母体相分离；②与母体相分离时，孩子必须是活体，孩子在出生后能否存活在法律上并不重要，但只有在出生时为活体的孩子，才有可能获得权利能力；③新生儿必须具有人的形态，不具有人类外形的怪胎不能算是孩子。

但是，务实的罗马法也承认在特定情形下胎儿（nasciturus）具有某些权利能力。法学家保罗曾这样说过："每当人们就其出生时的利益提出疑问时，应将在母体中的胎儿当成人一样保护；尽管，在出生之前他不能以任何方式给他人带来利益。"〔3〕另一位法学家尤里安甚至略为夸张地提到了胎儿的权利能力："对于那些在母体中的孩子来说，几乎所有的市民法规则都将其视为已存在于自然之中。"〔4〕

至于死亡，古罗马法学家极少讨论它在法律上的标准。死亡时间顺序推定是一个有意义的问题。罗马法确立了这样一项原则：如果父母和儿子在同一事件中死亡，那么，在儿子未成年的情况下，推定儿子先死亡；如果儿子是成年人，则推定父母先死亡。〔5〕

二、自由身份与奴隶

（一）自由人和奴隶的区分

在罗马法上，享有权利能力的首要前提是必须具有自由身份（status libertatis）。具有自由身份者为自由人，否则即为奴隶（servus）。按照盖尤斯的说法，自由人与奴隶的区分是人法中最为重要的区分。〔6〕

罗马法上存在两类自由人：生来自由人（ingenus）与解放自由人（libertinus）。前者指基于出生而取得自由身份之人，根据罗马法，凡自由人妇女（不论其为生来自由人或解放自由人）所生之子女，无论其为婚生子还是非婚生子，均为生来自由人；后者则指奴隶因受解放而摆脱法定奴役地位，从而成为自由人之人。

奴隶制度既是罗马市民法上的制度，同时也是万民法上的制度。就前者而言，至迟至《十二表法》颁布之时（公元前5世纪中期），有充分证据表明，罗马市民法已承认奴隶的存在，奴隶作为要式移转物构成了"市民法所有权"的客体。就后者而言，在古罗马时代，奴隶制为各个民族所普遍承认，因此，如同盖尤斯所指出的那样，对奴隶的支配权来自于万民法。〔7〕不过，在乌尔比安看

---

〔3〕罗马法原始文献 D. 1，5，7，保罗语，黄译《人法》，第2页。

〔4〕罗马法原始文献 D. 1，5，26，尤里安语，前揭书，第4页。

〔5〕罗马法原始文献 D. 34，5，9，4、D. 34，5，22（23）以及 D. 34，5，23（24），特里佛宁语、雅沃伦语及盖尤斯语，前揭书，第19~20页。

〔6〕罗马法原始文献 Gai. 1，9，黄译《法学阶梯》，第4页。

〔7〕罗马法原始文献 Gai. 1，9，前揭书，第4页。

来，奴隶制尽管起源于万民法，但它与自然法相悖，因为根据自然法，所有的人都是生而自由的。〔8〕

奴隶身份的产生主要基于以下原因：①基于出生。根据罗马法，女奴所生之子，生而为奴隶。②在战争中被俘，这也许是奴隶的最初起源。古罗马法学家佛罗伦汀曾考证，在词源学上，拉丁文“servus”（奴隶）一词来自“servere”（挽救、保留），因为军队的首领经常卖掉俘虏，通过这种办法使他们生存（servare），而不是将他们杀死。〔9〕因战争被俘而由自由人沦为奴隶，这一规则既适用于被罗马人俘获的敌人，也适用于落入敌手的罗马自由人。为避免因被俘而在国外沦为奴隶的前罗马自由人在返回罗马后仍被作为奴隶看待，罗马法上确立了一项古老的规则，即“复境权”（ius postliminii）制度。根据此项制度，因被俘而在敌国成为奴隶的前罗马市民，一旦返回祖国，在跨越国境的那一刻，其自由身份和市民身份立刻恢复。

奴隶身份除因上述两种主要原因而产生外，在不同历史时期，罗马法还承认其他相对次要的奴隶产生原因。例如，①根据《十二表法》的记载，在早期法上，不能清偿债务的债务人可以被作为奴隶卖到罗马以外的地区；②根据盖尤斯的描述，现行盗窃者可以由执法官直接判给事主为奴；〔10〕③根据古罗马法学家马尔西安（Marcianus）的描述，如果某年满20岁的人为了分得出卖的价款而将自身出卖，他将成为奴隶。〔11〕

（二）奴隶的法律地位

1. 奴隶无任何权利能力。在法律上，奴隶是物，是权利的客体，而非权利的主体。因此，奴隶无任何权利能力可言。这不仅是指奴隶原则上不得自己拥有财产，以及奴隶无法对自己的人身拥有任何私权，而且还包含以下各方面的法律后果：奴隶间的两性结合不具有任何婚姻的意义；奴隶与其子女间尽管具有血缘关系，但却不具有法律上的关系，而是同属于奴隶主人的财产等。

同时，如前所述，奴隶也是人，只不过这里的“人”并不具有后世法律上的“权利能力者”这样的技术意义。尽管在罗马法上，有关奴隶的规定在“人法”而非“物法”中，但是，奴隶属于“他权人”的一种，服从于其主人的“市民法上的所有权”。原则上，奴隶的主人可以像对待牲畜一样对待奴隶，可以对他们行使生杀予夺的权利。只是到了公元1世纪后，人们才开始试图对主人

〔8〕 罗马法原始文献D. 1，1，4，乌尔比安语，黄译《正义和法》，第36～37页。

〔9〕 罗马法原始文献D. 1，5，4，2，佛罗伦汀语，黄译《人法》，第38页。

〔10〕 罗马法原始文献Gai. 3，189，黄译《法学阶梯》，第268页。

〔11〕 罗马法原始文献D. 1，5，5，1，马尔西安语，黄译《人法》，第38页。

处置自己奴隶的权利进行某些限制，如主人可能因滥用自己的权利而须承担一定的刑事责任，但这只是公法上的保护手段，它并不意味着奴隶获得了某种私权。

盖尤斯在其《法学阶梯》中对奴隶的法律地位及其在古典时期的法律待遇做出了如下描述："奴隶处于主人的支配权下。这种支配权来自于万民法。实际上在所有的民族那里我们都可以发现：主人对奴隶拥有生杀权；而且所有通过奴隶取得的东西，均由主人取得"；"但是在今天，任何罗马市民和其他一切受罗马国家权力管辖的人均不得过分地和无故地虐待自己的奴隶。实际上，根据安东尼皇帝的一项谕令，无故杀死自己奴隶的人所承担的责任不亚于杀死他人奴隶的人所承担的责任……"。[12]

2. 奴隶的行为能力。在现代民法上，一切自然人均享有权利能力，而行为能力则以当事人的年龄、精神状态等加以判断，也就是说，只有具备一定的意思能力，才能通过自己的行为为自己获取权利或使自己负担义务。在罗马法上，如前所述，奴隶无任何权利能力可言，但是，正如我们在前引盖尤斯的论述中所看到的那样，奴隶主人可以通过奴隶来获取财产。这不仅是指奴隶主人可以获取奴隶的直接劳作成果，而且也指主人可以享有奴隶所实施的法律行为的利益。因为奴隶也是具有理性的人，和自由人一样，奴隶也具有事实上的意思能力，可以为其主人实施一定的法律行为。因此，从某种意义上讲，奴隶虽没有权利能力，但却具有一定的行为能力。当然，这里所说的行为能力不是指以奴隶的意思而使其自己享有权利或负担义务，而是指由奴隶主人来承受奴隶所实施的一定的法律行为的后果。如果用现代的法律原理来表述，奴隶可以充当其主人的代理人，或者更准确地说，奴隶可以充当其主人的"机关"，因为，对于奴隶所实施的某些法律行为，无论其是以其主人的名义所实施的，还是以其自己的名义所实施的，法律直接将其效果归属于其主人。

罗马法上并没有完善的代理制度，所以参与法律行为的奴隶的角色也并非完全就是代理人的角色。根据罗马法，原则上，只有在奴隶的行为纯粹为其主人带来利益时，其主人才直接承受这一行为的法律后果。奴隶能够作为要式买卖（mancipatio）和让渡（traditio）行为的接受方以及要式口约（stipulatio）行为的受承诺方与他人实施法律行为，并直接使其主人承受该行为的后果。但是，奴隶的行为不能恶化其主人的经济状况。原则上讲，奴隶实施的处分行为和承担债务的行为是不发生效力的，因为：一方面，奴隶自己欠缺权利能力，既没有可供处置的权利，也无从使自己负担债务；另一方面，处分行为和负债行为的后果将恶化其主人的经济状况，因此，其主人也不受该行为的约束。但是，在奴隶拥有特

---

〔12〕 罗马法原始文献 Gai. 1，53，黄译《法学阶梯》，第 18 页。

有产的情况下，将适用不同的规则。

（三）奴隶特有产

1. 特有产的法律归属。从古老的时期开始，罗马人就逐渐实行了这样一种做法，即将一笔“特有产（peculium）”授予奴隶，奴隶对属于特有产范围内的财产可以进行经管、控制。随着罗马商业的发展，奴隶主人常常利用奴隶进行商业活动，授予奴隶特有产的做法也越来越普遍。特有产既可以是一笔金钱，也可以是其他种类的财产，甚至可以是其他奴隶和不动产。

奴隶本身没有权利能力，因此，尽管特有产表面上归特定的奴隶经管，但其法律上的所有权仍归属于奴隶的主人。主人可以随时撤销特有产，主人的债权人也可以要求以奴隶的特有产偿债。另外，主人在出卖拥有特有产的奴隶时，可以保留其特有产。

2. 特有产对奴隶所实施的法律行为效力的影响。尽管特有产在法律上归奴隶主人享有，但特有产的存在对奴隶所实施的相关法律行为的效果将产生重要的影响。一方面，在特有产的范围内，奴隶的处分行为将发生权利移转的效果；另一方面，奴隶在实施负债行为后，以特有产作为清偿的，也将发生清偿的法律效果，奴隶主不得再以奴隶的处分行为和负债行为对其不利为理由要求受让人和清偿受领人予以返还。然而，须指出的是，如前所述，尽管奴隶在拥有特有产的情况下可以因法律行为而负债，但是，该项债务的性质应属自然之债，也就是说，法律不保障其强制执行——如果奴隶就其特有产对债权人做出了清偿，则清偿效力发生，债权人有权保有清偿利益，无论是奴隶还是其主人都不得要求清偿利益的返还；但是，如果奴隶在实施了负债行为后，未自愿地做出清偿，则债权人无法强制奴隶做出清偿。这是因为，这种情况下奴隶的负债并不被视为奴隶主的负债，债权人无从向奴隶的主人主张诉权；而奴隶本身又没有任何权利能力，因此也没有作为被告参与诉讼的能力。如果用罗马法的规则来表述，可以说，此时，债权人的债权不受诉权的保护，而仅受抗辩之保护，即当奴隶主提出清偿利益返还时，债权人可以债权的存在——尽管是自然之债——进行有效的抗辩，从而避免给付利益的返还。

3. 奴隶主人的责任。由以上规则可以看出，罗马市民法倾向于维护奴隶主人的利益，与奴隶进行交易者须承担一定的法律风险。随着奴隶越来越多地从事商业活动，在实践中产生了更为周全地保护与奴隶进行交易之相对人的利益的需要。为满足这种实践需求，自公元前2世纪开始，裁判官在维持上述市民法规则框架的同时，基于对奴隶主人的利益与第三人利益的公正衡量，通过发布告示，创制了几个裁判官法上的诉权，使奴隶主人在特定情形下向第三人承担补充责任。与前述第三人对奴隶本人所拥有的仅受抗辩保护的自然之债的债权不同，第三人对奴隶主人所拥有的权利受到裁判官法上诉权的支持。

根据罗马法，与奴隶进行交易的第三人可能对该奴隶的主人行使的裁判官法诉权主要包括：

（1）受命之诉（actio quod iussu）。如果奴隶主直接向第三人表示，有关交易的事项，后者可与某奴隶进行商洽，则奴隶的主人应为此授权而承担奴隶所实施行为的一切后果。[13]

（2）航海经营之诉（也称“船东之诉”，actio exercitoria）。如果奴隶主指派奴隶作为船长开展航海经营活动，则与该奴隶进行航海交易的第三人有权就其债权向奴隶主提起该诉权，使奴隶主承担连带责任。[14]

（3）经管人之诉（actio institoria）。如果奴隶主指定某奴隶为某类经营活动的“经管人”（institor），则对于该经管人在经营中所发生的债务，奴隶主也应负责。[15]

（4）特有产和转化物之诉（actio de peculio et de in rem verso）。这个诉权的结构相当复杂，诉讼请求的对象存在两种情形：①仅以特有产的价值为限，债权人可以在特有产的价值范围内，请求奴隶主人承担债务清偿责任，此种情形针对的是无转化物的情形；②债权人不仅可以就特有产的价值要求奴隶主人承担责任，而且还可以要求后者在转化物的价值范围内承担责任。“转化物”是指奴隶主人通过奴隶所缔结的一项债的关系所获得的利益。例如，奴隶从他人处借贷，其中部分借贷的金钱用于偿还其主人所欠之钱款，或为他的主人购买其家庭生活所需的食品，则奴隶主因此所受的利益即为“转化物”。[16]

（5）分配之诉（actio tributoria）。奴隶在其主人知晓的情况下，利用特有产进行交易，并且奴隶主人和第三人都对奴隶产生了债权，那么在第三人为行使“特有产之诉”而计算奴隶的特有产时，如果仅计算净值（即扣除奴隶主人的债

---

〔13〕 盖尤斯《法学阶梯》第四编第70段：“首先，如果事务是根据父亲或者主人的指令办理的，裁判官设置了针对父亲或主人的连带诉讼，因为那些参与办理此事务的人更为信任的是父亲或者主人，而不是儿子或者奴隶。”参见黄译《法学阶梯》，第322页。

〔14〕 盖尤斯《法学阶梯》第四编第71段：“……船东之诉可在下列情况下提起：父亲或者主人指派儿子或者奴隶担任船长负责一条船，并且某项事务是由该人根据上述指派而经管的。既然有关事务也被视为是根据父亲或者主人的意愿商定的，对他提起连带诉讼看起来就是极为公平的……”参见黄译《法学阶梯》，第322～323页。

〔15〕 盖尤斯《法学阶梯》第四编第71段：“……在下列情况下还可以提起经管人之诉：某人指派儿子、奴隶或者任何一位家外人（无论是奴隶还是自由人）负责一个店铺或者任何一项事务，并且某项事务是由该人根据上述指派而经营的。之所以称为经管人之诉，是因为那个被指派负责店铺的人被叫做经管人（institor）。这种诉讼同样是连带的。”参见黄译《法学阶梯》，第323页。

〔16〕 罗马法原始文献 Gai. 4，72a，黄译《法学阶梯》，第324页。

权额后的余额)，则会使奴隶主人的债权具有清偿的优先性。为避免第三人因此而遭到损失，裁判官创制了“分配之诉”：在特有产不足时，奴隶主人应与其他债权人一样按照份额比例分配奴隶的特有产；如果奴隶的主人预先从特有产中扣除了自己的债权，则第三人可以自己得到的份额少于应得的份额为由，就差额部分向奴隶主人提起分配之诉。〔17〕

在上述五种裁判官法诉讼中，除最后一种分配之诉在性质上属于事实诉讼外，其余四种均为“主体置换诉讼”，即相关诉讼程式的“原告请求”部分指向奴隶，而判决要旨部分则直接针对奴隶的主人。通过这种主体置换的方式，裁判官解决了债的缔结与最终的责任主体不同的问题。另外，在这五种裁判官法诉讼中，前三种诉讼如果成立，奴隶主人须就整个债务负责，奴隶是否拥有特有产及其数额多少并不重要；而在后两种诉讼中，奴隶主人可能承担的是一种有限责任，即在特有产及其转化物的范围内，或在其多受分配的数额范围内，对奴隶的债权人承担责任。

（四）奴隶身份的终止：奴隶的解放

奴隶虽然因为受奴役的身份而没有权利能力，但是，奴隶的身份可以终止，一个奴隶可以转变成一个拥有权利能力的自由人，这或许也是罗马法仍然将奴隶作为“人”来加以看待的一个原因。奴隶的解放是奴隶身份终止的最主要的原因。

1. 市民法上的解放。罗马市民法承认三种解放的方式，它们分别是诉请解放（manumissio vindicta，也可翻译为“执杖解放”）、登记解放（manumissio censu）和遗嘱解放（manumissio testamento）。其中，前两种解放的方式是生前行为，而最后一种则属于死因行为。

（1）诉请解放。诉请解放属于要式行为，其实质是一种虚拟的诉讼，采取与拟诉弃权类似的形式。诉请解放的形式（至少就其最初的形态而言）大致如下：欲解放奴隶的主人将奴隶带至法庭；在法庭上，一位预先安排好的释奴人使用一根短木杖（vindicta，此种解放方式因此而得名）触及奴隶，并主张该奴隶是自由人；面对释奴人的这一主张，奴隶的所有人保持沉默；于是，裁判官即宣告该奴隶为自由人。明显地，诉请解放是一个虚拟的“自由身份之诉”。说它是虚拟的自由身份之诉，是因为，一方面，在当事人之间实际上并不存在法律上的争议，相反，释奴人和奴隶所有人是在事先商量好的情况下才进行此项“诉讼”的；另一方面，在真正的自由身份之诉中，一旦裁判官判决某人为自由人，则该人的自由身份被认为自始（至少在诉讼进行之前）就存在，而在诉请解放这种

〔17〕 罗马法原始文献 Gai. 4，72，前揭书，第324页。

虚拟的诉讼中，正是裁判官的宣告才产生了一名奴隶转变成自由人的法律效力。后来，诉请解放对诉讼形式的借用这个特点越来越淡化了。根据盖尤斯的说法，诉请解放虽然仍须在一名执法官（执政官、裁判官等）面前进行，但已无须在法庭上进行，当事人甚至可以在裁判官去剧场或者沐浴场的路上进行。另外，释奴人也无须由释放奴隶的人自行安排，而是一律由裁判官的一名侍从官担任。[18]

（2）登记解放。与诉请解放一样，登记解放也是一项古老的市民法制度。在古代罗马，从很早的年代开始，就出现了人口登记普查制度。人口的登记普查由监察官负责，每5年进行一次。登记解放就是在主人的同意下，由监察官将奴隶登记在市民的名单中，使其直接成为具有自由身份的罗马市民。到共和国末期，基本已不进行人口登记，登记解放制度逐渐消亡。

（3）遗嘱解放。遗嘱解放同样是古老的制度，它至迟在《十二表法》时期就已确定地存在了。[19] 奴隶的所有人可以在遗嘱中使用专门的套语（如“我的奴隶史蒂古将成为自由人”）规定，在他死后，他的一名或数名奴隶将成为自由人。与诉请解放和登记解放不得附加条件和期限不同，遗嘱解放可以附加条件和始期，如规定被解放的奴隶须向继承人支付一笔金钱等。遗嘱解放简便易行，而且由于是死因行为，它对遗嘱人的利益也不会产生影响，因此，到共和国末期，这种奴隶的解放方式变得相当流行。

上述三种奴隶解放方式中所涉及的相关法律行为是市民法上的法律行为，它将产生完全的法律效力：奴隶摆脱被奴役地位，取得自由身份，与此同时，也直接取得市民身份。

2. 非正式解放。强调特定形式的重要性是罗马市民法的一个主要特点。根据罗马市民法，只有符合上述正式解放的形式要求，才能产生奴隶解放的法律后果。如果仅有奴隶所有人解放奴隶的意思，但意思的表达不具备这些形式，则不能发生奴隶解放的法律后果。相反，裁判官更多地注重行为的本质，对某些非正式表达的解放奴隶的意愿也给予了有限的承认。裁判官承认具有一定法律效力的非正式解放主要有两个类型：在朋友面前（inter amicos）解放和通过书信（per epistulam）解放。前者指奴隶的所有人在多个朋友面前表明解放奴隶的意愿，后者指通过简单地书写信件，表明解放奴隶的意愿。

---

〔18〕［美］巴里·尼古拉斯：《罗马法概论》，黄风译，中国政法大学出版社2000年版，第73页。

〔19〕《十二表法》第七表第12条规定了遗嘱解放，该条的规定如下：“如果遗嘱人在遗嘱中规定，其奴隶将在满足‘向继承人支付1万阿司’的条件下被解放，那么，即便该奴隶被继承人出卖，只要该奴隶向受让人支付这笔金钱，他就可以获得自由身份……”

由于裁判官法不能直接改变市民法，而根据市民法，奴隶并不能因非正式解放而取得自由身份，因此，裁判官不能将非正式解放的效力与正式解放相等同。实际上，裁判官只是承认，奴隶在经过非正式解放后，可以在事实上——而非在法律上——作为一个自由人那样生活。为达到这一目标，在奴隶被非正式解放而开始像自由人那样生活后，如果奴隶的主人又提起一个确认奴隶身份的诉讼，那么，尽管该奴隶在法律上并未取得自由身份，裁判官也将否认奴隶所有人的诉权，从而使该奴隶能够继续自由地生活。然而，在法律上，他仍然是奴隶，所以他不能自己提起诉讼，他不能拥有任何财产（他事实上拥有的财产将被视为是从主人那里得到的特有产），他的子女也将是奴隶。

由此可见，裁判官法对被非正式解放的奴隶的保护也是有限度的。为强化对此类被解放奴隶的保护，公元 19 年通过了一项《尤尼亚法》（Lex Iunia Norbana），赋予这些人以殖民地拉丁人的身份，他们也被称为“尤尼亚拉丁人”。由于拉丁人并不具有罗马市民身份，所以与经正式解放的奴隶在取得自由身份的同时也取得市民身份不同，在《尤尼亚法》颁布之后，经非正式解放的奴隶取得自由身份，但并不取得罗马市民身份。

3. 解放自由人的地位。奴隶经正式解放后，取得自由身份和罗马市民身份。然而，罗马法区分解放自由人和生来自由人，前者的社会地位和法律地位均劣于后者。例如，解放自由人不得担任执法官和元老院议员，不得从事特定的职业等。

更为重要的是，在私法上，尽管解放自由人摆脱了被奴役地位，但其与其前主人（解放自由人的前主人被称为“庇主”）间仍有一定的从属关系，由此产生了庇主的权利（ius partonatus）。庇主对解放自由人拥有相当广泛的权利，在早期，甚至还包括生杀予夺的权利，就像家父能够向家子行使的权力那样。后来，庇主与解放自由人的关系主要表现在后者对前者的服从和尊重的义务。例如，在未经裁判官的事先许可的情况下，解放自由人不得对其庇主提起诉讼。此外，解放自由人往往还需要向庇主提供一定的劳务。事实上，人们通常在解放奴隶之前要求奴隶以宣誓的方式保证将来为庇主提供劳务。根据《十二表法》的记载，解放自由人与庇主之间的法律关系还包括：在解放自由人死亡时，如未立遗嘱且无当然的继承人，则其遗产归其庇主享有；庇主对未成年的解放自由人有法定监护权等。

庇主对解放自由人的权利不因庇主的死亡而消灭，庇主的继承人将继续对解放自由人行使权利。而解放自由人在被解放后所生的子女则为生来自由人，不受制于其父母庇主的权利。

三、市民身份

（一）市民身份的法律内涵

在罗马法上，市民身份（status civitatis）是影响法律人格的第二个重要因素。罗马市民法是属人法，原则上讲只有具备罗马市民身份，才可能根据罗马市民法享有权利。罗马的市民身份类似于我们今天说的“国籍”，但是，现代法上国籍之有无主要影响的是公法上的权利享有的问题（如国籍是享有选举权的前提），而在罗马法上，市民身份不仅是公权的基础，而且也是私权享有的前提。

与具有罗马市民身份者相对的是“异邦人”，他们是自由人，但不具有罗马市民身份，因此在罗马市民法上不具有权利能力。在早期，异邦人在罗马不受法律的保护。后来，随着贸易和文明的发展，尤其是随着外事裁判官的出现以及裁判官法的发展，异邦人开始受到万民法的保护，人们开始承认他们在有关万民法的关系中具有权利能力。因此，可以说，万民法的发展明显地缓解了异邦人在罗马的无权能状态。但是，从总体上看，罗马市民法仍然是对异邦人封闭的。

（二）市民身份的取得

奴隶无国籍可言，因此，市民身份以自由身份为前提。与现代国家的国籍取得方式相类似，罗马法也承认出生和入籍两种市民身份的取得方式。

1. 出生。罗马市民法系属人主义的法，新生儿的身份由其父母的身份而定。具体而言，因出生而取得罗马市民身份的其情形有三：①两个罗马市民缔结合法的婚姻，在婚姻关系中生育；②罗马市民和享有通婚权的异邦人可以缔结合法有效的婚姻，如果新生儿的父亲是罗马市民，而母亲是一个异邦人，则孩子的身份从父，取得罗马市民身份；[20] ③如果一个孩子在合法的婚姻关系以外出生，而其母亲是罗马市民，则孩子的身份从母，取得罗马市民身份。由此可见，罗马人所实行的原则是：婚生子女身份从父，而非婚生子女身份从母。由于确立子女与父亲的关系是合法婚姻的一个重要效力，因此上述规则是很容易理解的。

2. 入籍。除因出生而自动取得罗马市民身份外，罗马国家也通过授予或承认市民籍的方法，使先前的非罗马市民取得市民身份。就广义的入籍而言，解放自由人取得市民身份也属于这种罗马市民身份的取得方式。在早期，奴隶因正式解放不仅取得自由身份，而且也直接取得市民身份，成为具有罗马市民籍的自由人。至奥古斯都时，主要是出于政治方面的考虑，法律开始为解放自由人取得罗马市民身份设置限制性规定。根据盖尤斯的描述，被解放的奴隶，凡同时具备以

---

〔20〕 盖尤斯在其《法学阶梯》里（Gai. 1，56）明确写道：“……如果市民娶罗马女子、拉丁女子或者与其可以通婚的异邦女子为妻；由于通婚导致子女随父亲的身份，因而，他们不仅将变成罗马市民，而且也将处于父亲的支配权下。”参见黄译《法学阶梯》，第20页。

下三项条件者，将变为罗马市民：超过30岁；他的主人根据市民法而对他拥有权力；他被以正当的和合法的方式解放，如采用诉请解放、登记解放或遗嘱解放的方式。〔21〕

随着罗马国家的不断强大，罗马人逐渐开始具有了高人一等的种族优越感，因此，他们并非总是慷慨地将罗马市民身份授予异邦人和拉丁人。实际上，罗马人总是基于恩赐和奖赏的原因授予罗马市民籍。市民籍的授予既可以针对单一的个人，也可能针对整个族群，如在战争中给予了罗马人强有力支持的民族。公元212年，罗马皇帝安东尼·卡拉卡拉发布《安东尼谕令》，原则上将罗马市民身份授予帝国境内的一切居民。从此，罗马市民与异邦人之间的区分逐渐失去了原有的重要性。

（三）异邦人与拉丁人

与罗马市民相对应的是异邦人，即不具有罗马市民身份的自由人。异邦人，既包括来自于其他国家的外国人，也包括居住在罗马行省（殖民地）的属民。在私法关系上，这些人适用其所属共同体的法律，并且在与罗马人发生关系时，适用万民法的规范。

异邦人原则上不适用罗马市民法。然而，基于实际的需要，罗马人也承认异邦人具有一定的市民法上的资格或能力。有些异邦人的“交易能力”（ius commercii）获得认可，另有少数外邦人享有“婚姻能力”（ius connubii）。交易能力在罗马法上有特定的内涵，它是指通过要式买卖（mancipatio）移转或取得财产的资格，而婚姻能力则是指与罗马市民缔结合法有效婚姻的能力。

“拉丁人”是异邦人中的一个特殊类型。从罗马市民法的观点来看，他们的法律地位要高于其他的异邦人。罗马法上存在三个类型的拉丁人：

（1）早期拉丁人。他们是自古以来就居住在罗马城附近的拉齐奥地区的居民，他们与罗马人具有古老的同盟关系，形式上，这些拉丁民族享有主权，但实际上它们均依附于罗马。早期拉丁人享有“迁徙能力”（ius migrandi），即他们可以通过迁徙定居于罗马并登记在一个部落的名下而成为罗马市民。在罗马法上，此类拉丁人还享有“交易能力”和“通婚能力”，而且还具有依遗嘱从罗马市民那里接受遗产的资格。

（2）殖民地拉丁人。随着罗马的对外扩张，它开始设立许多殖民地。对于定居在这些殖民地的前罗马市民或异邦人，罗马法逐渐将他们视为一种具有类似于拉丁人的法律地位的人，他们因此而被称为“殖民地拉丁人”。显然，“殖民地拉丁人”旨在界定一类人在罗马法上的权利能力状态，而非真正种族意义上的

---

〔21〕 罗马法原始文献Gai. 1，17，黄译《法学阶梯》，第6页。

拉丁人。殖民地拉丁人享有“交易能力”，但一般不享有“通婚能力”。

(3) 尤尼亚拉丁人。“尤尼亚拉丁人”的称谓来自于《尤尼亚法》(Lex Iunia Norbana)，因为该项法律将殖民地拉丁人的身份授予未经正式解放——从而不能因解放而取得罗马市民身份——的奴隶。

在异邦人中，法律地位最为低下的是“归降人”(peregrini dediticii)。按照盖尤斯的定义，他们是指“那些曾经手拿武器参加反对罗马共同体的战争，后来因被战胜而投降的人”。〔22〕归降人自己民族的法律被罗马所废止，因此不能再拥有自己的法，他们唯一能够适用的仅仅是万民法。

随着时间的经过，位于罗马帝国境内的异邦人之间的差异逐渐消失，这些异邦人逐渐地被视为市民。在这个过程中，最著名的两个事件是：①公元前1世纪初期，爆发了同盟战争，最终罗马将市民资格授予了意大利同盟，至此，尚未取得罗马市民籍的早期拉丁人以及在意大利境内的殖民地拉丁人基本上都取得了罗马市民资格；②公元212年，卡拉卡拉谕令授予帝国境内的一切居民（尤尼亚拉丁人和归降人除外）以罗马市民资格。

四、家庭身份

在现代法律上，尤其是在亲属法的领域内，家庭具有重要的法律意义。但是，家庭并不被视为具有一个独立于其成员的人格，家庭的每一个单一的成员都拥有相互独立的法律人格。单一的个人——即使他事实上生活在一个家庭之中——而非具有家庭形式的个人结合体，才是法律的基本主体。

古代罗马法的情形有很大的不同。如前所述，在古罗马时代，只有具备自由身份和市民身份，才有可能享有权利能力。但是，仅满足这两方面的身份要求其实仍然是不够的，一个自由的罗马市民还需要具备“家庭身份(status familias)”，即在自己的家庭中是“自权人”，才能享有完整的权利能力，成为一个法律上的完人。

尽管有许多民族的古代法都强调家庭的团体性以及“一家之长”的特殊权力，但是，罗马法是其中最为系统地将家庭构建成一个法律单元的法律体系。这与罗马人的家庭观是不可分的。乌尔比安对“家庭”作出了如下解释：“我们在法律上所称的家庭是指这样一群人：他们根据自然规则或在法律上服从于某一个人的权力。”〔23〕意大利学者彼德罗·彭梵得在探讨罗马家庭的实质的时候，极其睿智地指出了它所具有的政治组织的属性。家庭是政治组织系列的一个环节，城邦作为最高的政治机构（从而也是通常意义上的法的载体），并不像今天的国家

〔22〕罗马法原始文献 Gai. 1, 14，前揭书，第6页。

〔23〕罗马法原始文献 D. 50, 16, 195, 2，乌尔比安语，费译《婚姻·家庭和遗产继承》，第5～7页。

那样直接对个人发号施令，而是对下级政治团体（部落、氏族、家庭等）行使权力，这种权力不是受个人自由的制约，而是受这些团体或其首领的权力的制约。因此，家庭也就成了一个自成体系的主权体，在这个主权体中，普通家庭成员服从于家长的权威。在私法关系上，无论是家庭成员间的内部关系还是外部关系，罗马国家都尊重罗马家庭这一特有的自主权以及家长的重大权力。在整个真正的罗马时代，罗马私法就是“家父”或家长的法。[24]

因此，在罗马法上，只有在家庭内处于支配控制地位的人，也就是不服从于他人权力的人才是法律上的主体。一方面，他在家内对服从他权力的人行使绝对支配的权力（在早期法上甚至包括生杀予夺的权利），从而排除了国家法律对家内其他成员直接进行规制的可能性；另一方面，在家庭的对外关系上，他又是整个家庭所参与的法律关系的唯一承受者，家内服从于他的权力的其他成员并不具有独立的利益与意志，因此，也不具有法律上的能力。

1. 自权人。在家庭内不从属于任何他人之权力的人，称为“自权人”（sui iuris），而从属于他人权力之人，称为“他权人”（alieni iuris）。如前所述，只有自权人才享有市民法上完整的权利能力。

在罗马法上，自权人主要指向的是“家父”（pater familias）。罗马家庭是以宗亲属关系为基础建立起来的，它完全通过男性亲属系列延续。一般来说，一个自由的罗马市民处在最年长的男性直系长辈的父权之下，该最年长的男性直系长辈不服从任何他人的权力，所以他就是“家父”，是自权人。举例来说，如果某罗马市民的父亲与祖父都活着，那么他（以及他的父亲）就处在他的祖父（即“家父”）的支配权之下；如果他的祖父死亡，则他的父亲成为自权人，他开始处于他父亲的支配权之下；如果他的父亲死亡，则他自己将成为自权人，成为“家父”，他自己的子女将服从于他的权力。

由此可见，“家父”并非指亲属法意义上的“父亲”。一方面，如前例所示，某人的“家父”可能是他的祖父，此时他的父亲并非家父，他也不处在他父亲的支配权之下；另一方面，“家父”完全不必是一个真正意义上的父亲——至少就男性而言，它与“自权人”基本上系同义词，因此，如果一个新生儿的父亲死亡，同时他也没有其他长辈直系男性亲属（祖父、曾祖父等），那么，他自己就是“家父”。乌尔比安就此说到：“被称为‘家父’者，指的是在家内拥有支配权的人。即便他没有儿子，依然可以恰当地使用这个称谓，因为我们并不是仅仅在指他这个人，而是在指他的法律地位。”[25] 同样是根据乌尔比安的论述，一

---

〔24〕［意］P. 彭梵得：《罗马法教科书》，黄风译，中国政法大学出版社 1992 年版，第 114 ~ 115 页。

〔25〕罗马法原始文献 D. 50，16，195，2，乌尔比安语，费译《婚姻 · 家庭和遗产继承》，第 5 ~ 7 页。

个儿子在“摆脱父权”（emancipatio）后，也可以成为“家父”，因为在摆脱父权后他拥有了自己的家庭。

“自权人”并不以男性为限。不处在他人权力之下的女性罗马市民同样也是自权人。女性即使没有了男性直系尊亲属，也未必就是自权人，因为如果她缔结了有夫权婚姻，那么她将因服从于其丈夫的夫权而成为“他权人”。另外，由于子女只服从其男性直系尊亲属，因此，女性自权人无论如何都不可能在法律上享有类似父权一样的支配权。但是，同“家父”一样，女性自权人也享有完整的权利能力，具有享有权利和承担义务的资格。

2. 他权人。他权人，是指处于他人权力支配之下的人。从家庭身份的角度来看，他权人主要是指处于“家父”权力之下的“家子”（filii familias）；而在广义上，它还包括奴隶和处于受役状态的人在内。

如前所述，在一个罗马家庭内，只有辈分最高的男性才是自权人，其晚辈直系亲属，无论辈分和年龄如何，都处在他的“父权”的支配之下。这些受“父权”支配的人被称为“家子”。作为自由的罗马市民，“家子”在公法上具有与“家父”相同的法律地位，但是，在私法领域，他们基本上不享有任何权利能力，他们在法律上不能拥有财产，他们事实上所取得的一切财产利益都归属于“家父”所有。尤其是在罗马早期的法律上，“家子”的法律地位类似于奴隶；“家父”对“家子”也拥有生杀予夺这样的权力；与“奴隶特有产”相类似，罗马法也承认“家子特有产”等。

与“家父”并非指亲属意义上的“父亲”一样，“家子”也并非仅指“儿子”。从性别构成上来看，“家父”的父权支配之下的一切家庭成员，无论是男性还是女性，都属于“家子”[26]；从辈分和年龄上看，“家父”的一切直系卑亲属，无论是他的儿子、孙子还是曾孙子，都属于“家子”的范畴。这些“家子”所服从的是“家父”所享有的具有支配权（potestas）性质的“父权”（patria potestas）。

原先不属于“家父”家庭的妇女也可以因为“归顺夫权”——缔结“有夫权婚姻”——而成为该家庭中的他权人：如果她嫁给了一个“家父”，那么她就在法律上取得了相当于“家女”的地位；如果她的丈夫本身是“家子”，那么她则处于“准孙女”的地位之上。这些妇女因服从于同样具有支配权属性的“夫权”（manus）而成为他权人。

在“家父”所拥有的对人的支配性的权力中，除上述“父权”与“夫权”外，还包括对奴隶所拥有的所有权（支配权，potestas）以及对处于受役状态的人所拥有的买主权（mancipium）。

---

〔26〕 罗马法偶尔也提到“家女”（filia familias），但在通常的用法上，“家子”一词就包含“家女”在内。

奴隶作为财产所有权的对象，一方面是权利的客体，是要式物；另一方面作为自然意义上的人，他们也被罗马法归入他权人的范畴。

“家父”对“家子”拥有的广泛的权力，其中就包括将“家子”出卖或因为损害投偿而交出，在早期法上还存在为担保债而交出“家子”的实践。被出卖或交出的“家子”在法律上处于“受役状态”，落入第三人的“买主权”之下。“买主权”也是罗马法上一种对人的支配权，处于受役状态的人虽然不是奴隶，仍保有自由身份，但他们也被称为“准奴隶”。因此，这些处于受役状态的人也属于他权人。

在罗马法上，他权人一律处于无权能状态。即便是拥有自由身份和市民身份的他权人，也不能拥有财产，不能实施由自己承受法律效果的行为。

五、人格减等

（一）人格减等的意义

根据盖尤斯的定义，人格减等（capitis deminutio）是指“先前法律地位的变化”。[27] 如前所述，人的地位涉及自由身份、市民身份和家庭身份三方面的要素，一个人在生存期间可能发生上述身份地位方面的变化，因此会发生“人格变化”或“人格减等”的问题。

盖尤斯等古典法学家将人格减等区分为三种情形，即最大人格减等、中人格减等和最小人格减等。

（二）最大人格减等

当某人同时丧失市民身份与自由身份时，即发生“最大人格减等”（capitis deminutio maxima），由于市民身份以自由身份为前提，所以它实际上是指罗马市民失去自由身份而沦落为奴隶的情形。

一个罗马的自由人可能会由于多种原因而变成奴隶，并同时丧失罗马市民身份。例如，被俘的罗马人不仅在敌国的法律上成为奴隶，而且罗马自己的法律也将被俘的事实视为最大人格减等的原因。不过，罗马法同时也承认“复境权”（ius postliminii）。根据一项极为古老的习惯法的规定，当被俘的罗马市民以任何方式回到祖国并意图留下时，他当然应当恢复自己的权利。盖尤斯还提到，如果一个自由人妇女不顾奴隶主人的意愿和告诫而仍然同奴隶结合，则该妇女即变为该奴隶主人的女奴。

最大人格减等将导致权利能力的完全消灭，它被“等同于死亡”。[28] 例如，属于人役权的用益权（权利人对他人之物拥有终身的使用收益权），除因权利人

---

〔27〕 罗马法原始文献 Gai. 1，159，黄译《法学阶梯》，第60页。

〔28〕 罗马法原始文献 Gai. 3，153，前揭书，第252页。

死亡消灭外，也因权利人发生人格大减等而发生消灭。又如，合伙也因人格减等而解散。

（三）中人格减等

中人格减等（capitis demintio media），是指罗马市民丧失市民身份而成为拉丁人或异邦人。一方面，如果某人发生中人格减等，他的自由身份并不因此丧失，所以这种人格减等的剧烈程度要弱于最大人格减等；另一方面，罗马的家庭身份以市民身份为前提，市民身份的丧失也一定会导致家庭身份的丧失，因此，这种人格减等的剧烈程度又要强于仅仅导致家庭身份变化的最小人格减等。换句话说，这种人格减等介于最大人格减等与最小人格减等之间，故称为中人格减等。

有一些情形可能导致罗马市民丧失市民身份，例如，因犯有某些罪行而被流放的罗马市民，尽管仍保有自由身份，但是他将因此而丧失罗马市民身份。

中人格减等的直接后果是使当事人丧失了市民法上的权利能力，他“不享有市民法上的权利，但享有万民法所规定的权利”。〔29〕

（四）最小人格减等

拥有自由身份和市民身份的人，或者作为自权人或者作为他权人，生活在罗马的家庭之中，并依宗亲关系确定各自在家庭中的权利地位。最小人格减等（capitis deminutio minima）是指，在不改变自由身份和市民身份的情况下，个人在家庭宗亲关系上的身份变化。这种家庭身份的变化可能有三种情形：自权人变成他权人，如自权人被他人收养；他权人改变权力服从关系，处在另一人的权力之下，如他权人收养；他权人变成自权人，如因家父死亡而成为自权人。以上三种情形中，只有第一种情形构成真正意义上的“减等”，但是，罗马法也将第二种情形归入“最小人格减等”的范围。第三种情形则明显地改善了当事人的法律地位，因此并不包含在“人格减等”的范围之内。当然，法律地位的变化与生活状况的改变其实并不是一回事。有时，一个自权人变成他权人，例如非婚生子女被生父认领，尽管法律地位有所削弱，但是或许生活就从此有了保障；相反，一个他权人变成自权人，如家子的解放，却可能意味着他被其家庭抛弃了。

具体来说，构成最小人格减等的原因包括：①自权人被收养；②自权女子缔结有夫权婚姻；③非婚生子女被生父认养；④他权人被他人收养；⑤他权女子缔结有夫权婚姻；⑥他权人被家父出卖后处在买主权之下。其中，前三种情形导致自权人变成他权人，而后三种情形则是他权人所服从的权力主体的变化。

最小人格减等的后果是引起宗亲关系的变化。由于罗马家庭是以宗亲关系为

---

〔29〕 罗马法原始文献 D. 48，19，17，1，马尔西安语，黄译《人法》，第51页。

基础建立的，因此这种变化会在许多方面产生法律后果。盖尤斯曾举例说，如果父亲使两个子女之中的一个摆脱了父权，那么，在其死后，两个子女中的任何一人都不能根据宗亲关系成为对方的监护人。[30] 然而，尽管宗亲关系因人格减等而消灭，血亲关系却不因此而改变，因为市民法的制度可以改变市民法的权利，却不能改变自然法的权利。[31]

六、影响权利能力的其他因素

（一）概述

如前所述，作为自由民的罗马市民，如果其为自权人，则享有完整的权利能力。然而，这一原则也并非是绝对的。权利能力平等是现代观念的产物，实际上，罗马法的许多具体规则都表现出了不同人之间法律能力上的差异。

需要指出的是，罗马法并不像现代法那样明确区分权利能力与行为能力，因此，这就引出了这样一个问题：罗马法在某一方面对某类人的能力限制究竟是对权利能力的限制，还是对行为能力的限制？一些罗马法学者通过笼统地阐述权利能力与行为能力的方式回避了这个难题。但是，既然我们不可避免地需要利用现代法的术语和观念去表述古代罗马法的规则，那么我们也不妨运用现代法关于权利能力和行为能力的区分标准来界定这个问题。对于实施法律行为的某种能力限制是否针对的是行为人权利能力的问题，可以运用两个识别标准来加以判断：①对权利能力的限制与智力上的无能力不相关，也就是说，凡不是出于行为人精神、智力方面的缺陷而对其能力加以限制的，即有可能是对其权利能力本身的限制；②这种能力限制是绝对的，因此，它是不可补正的，即使通过他人（如代理人）的行为仍不能实施限制范围的行为。依据上述这两项标准基本上能够准确地区分对权利能力的限制与对行为能力的限制。以年龄因素而导致的能力缺陷为例，一方面，年龄与智力发育有密切的关系，对未成年人能力的限制恰恰是基于其智力发育上的不成熟而作出的；另一方面，未成年人可以通过其监护人的行为（如“准可”）来完成法律行为，因此，这就是一个行为能力限制而非权利能力限制的问题。

另外，权利能力的不完满不仅是就其私法上的能力而言的，而且它有时也表现为在公法上的能力缺陷。

（二）影响权利能力的几个因素

1. 性别。相对于古代希腊而言，妇女在古代罗马社会中的地位要高得多。但是，与男子相比，她们的权利能力要低得多。在公法上，她们不能行使政治权

---

〔30〕 罗马法原始文献 Gai. 1，163，黄译《法学阶梯》，第62页。

〔31〕 罗马法原始文献 Gai. 1，158，前揭书，第60页。

利，不能担任一切公共职务。在私法上，他们不能行使“父权”，不能进行收养，不能担任监护人和保佐人；她们不能为他人利益提起诉讼，不能在诉讼中代表他人；公元前169年的一项法律（Lex Voconia）禁止最富裕的市民阶层将妇女确立为遗嘱继承人；而根据公元46年的一项元老院决议，妇女不得为他人进行担保，也就是说，她们不能为他人利益而承担债务。

2. 社会身份和职业。因社会身份或职业而使权利能力受限的情形有许多，例如：解放自由人除不具有公法上的能力外，还被禁止向其庇主提起诉讼；根据公元前445年的一项法律（Lex Canuleia），平民与贵族之间不能通婚；根据公元前220年的一项法律（Lex Claudia），属于元老院阶层的人不得拥有一定吨位以上的商船；行省长官不得在本省取得财物，不得在本省经商，不得娶本省妇女；从事某些低贱职业的人（例如戏子）不得与生来自由人结婚等。

3. 宗教信仰。古代罗马社会曾是一个宗教宽容的国家，各个民族都有自己的宗教，尊重宗教信仰似乎是一个再自然不过的现象了。基督教的出现，使得这种状况有了改变。在基督教开始在罗马帝国境内传播的初期，罗马统治阶层对基督教徒和希伯来人进行了迫害，但是，它并未正式颁布过任何限制基督徒权利能力的法律。

公元313年，君士坦丁皇帝颁发著名的《米兰告示》，最终确定了对基督教信仰的容忍。公元353年，基督教被宣布为罗马国家唯一的宗教，由此开始了一个真正的宗教不宽容的时代，相继出现了一系列针对异教徒的不利规定：异教徒不能充任见证人，不能参与死因继承；希伯来人不得担任公共职务，其与基督徒通婚将被视为通奸；希伯来人不得拥有基督徒奴隶等。实际上，优士丁尼《法典》的第一编中充满了大量因宗教信仰原因而规定的刑罚以及对权利能力的限制。

4. 不名誉。不名誉（infamia）也称“丧廉耻”，它是罗马法上使有关当事人权利能力减损的一项法律制度。下列原因可以导致“不名誉”：因可耻行为被从军队中开除；重婚；在服丧期内安排新婚姻的妇女；从事卖淫、拉皮条、喜剧表演、角斗等低贱职业的人；在公共审判中被判定犯有诬陷罪或渎职罪；因诈欺、盗窃、暴力抢劫、侮辱行为等被判罚；因违反“诚信”，在有关合伙、监护、委任、寄托等诉讼中被判罚等。

丧廉耻者不能担任一切公共职务，不得为他人利益提起诉讼，不得代理他人参与诉讼，也不得为自己指定诉讼代理人。根据帝国时期法律的规定，某些丧廉耻者（名声败坏的妇女）不得继承遗产或接受遗赠。

七、团体

（一）概述

正如其他许多法律制度一样，后世的法人制度是奠基于罗马法的团体制度。

罗马法始创了承认团体具有“权利能力”即独立享有权利和承担义务的能力的理念与规范。例如，在D. 3，4，7，1中，乌尔比安这样说道：“如果对一个团体（universitas）负有某种给付义务，那么并不是对构成它的个别成员负有义务；同样道理，这些成员对于团体所负的义务也不承担责任”。但是，这样的规范在罗马法中为数不多。

“法人”这个抽象的概念以及相关的理论最早出现在中世纪的教会法中。罗马时代的法学家未提出一个完整、系统的法人理论。在后世法律所认可的社团法人和财团法人这两个法人类型中，在罗马法上具有明显雏形的是社团法人。至于财团法人，则几乎完全是教会法的创造，罗马法只是在未继承的遗产和帝政后期出现的“慈善团体”等方面有限地承认集合财产的法律主体资格。

（二）社团

如前所述，罗马法承认某些自然人团体具有独立的权利能力。这些团体既包括现代意义上公法人，也包括私法人，但以公法人为主。罗马法所承认的社团包括：

1. 罗马国家。罗马国家（populis romanus）是由全体罗马市民所组成的政治组织。罗马国家的独立权利主体地位得到了罗马时代法学家的普遍认可。例如，在D. 5，1，76中，法学家阿尔芬在论及罗马国家人格的独立性时曾这样说道：“……现在的国家与百年前的国家仍被视为同一个国家，即便是当年的市民已无人存活至今”。

值得注意的是，罗马国家是作为一个公法主体而非私法主体而出现的，这表现在以下几个方面：①罗马国家的财产与私人财产所有权不同，罗马法从来不用“奎里蒂法上的所有权”这样表述私人所有权的典型术语来指称罗马国家的财产，罗马国家的财产是由“公有物”（res publicae）构成的；②通过执法官或行政官员所进行的买卖或租赁与私人间进行的买卖或租赁适用不同的法律规则，同样，以罗马国家为受益人的死因行为也不适用有关遗产、遗赠以及继承法的其他制度；③在争议解决机制方面，私人与罗马国家之间的法律诉讼并不适用法定诉讼或程式诉讼等普通程序，而是适用特别程序。

2. 市民团体。市民团体（civitates）包括自治市（municipia）和殖民区（coloniae），它们是指罗马城以外的、在行政上享有自治权的市镇共同体。其中，自治市是由罗马市民组成的，而殖民区是由殖民地拉丁人组成的。在公元212年的卡拉卡拉谕令发布之后，罗马帝国境内一切享有自治权的市镇中心都成为自治市，因此，罗马法学家更倾向于使用“市民团体”这个术语。

与罗马国家只是公法主体不同，市民团体在私法领域也享有一定的权利能力。

3. 自然人社团。自然人社团（collegia）是指罗马国家以及市民团体以外具有一定权利能力的自然人团体。此类团体设立的目的是多样化的，它既可以为祭祀或宗教崇拜之目而设立，也可以是为安葬死者而设立（即“殡仪会”），同时它也可以是手工业者或商人的行会组织。

早期罗马社会对罗马市民的结社未予限制，只要不违反法律，人们就可以自由地设立社团。在整个共和国时期，这种结社自由都未受到法律的进一步限制，只是由于某些政治原因而强行解散了一些社团。到帝政时期，除个别情形外，所有社团的设立都须经由元老院或皇帝的批准。

社团必须由数个成员组成，罗马法学中经典的表述是“3 人即可成立社团”〔32〕。但是，如果在社团设立后其成员减少到 3 人以下的，社团可以继续存续。

在财产关系的许多方面，市民团体与社团都具有与自然人相似的权利能力。它们可以拥有财产所有权（市民法上的所有权），可以对财产进行占有，可以享有债权和承担债务，可以拥有和解放奴隶，可以接受遗赠。

（三）集合财产

根据罗马继承法的规则，在被继承人死亡之后、继承人决定继承之前，遗产不属于任何人所有。它强调了遗产归属取决于主体的意思表示的价值取向。但是，该规则也带来了一系列问题。例如，如果在遗产被继承之前，属于遗产范围的一名奴隶通过法律行为取得了某项财产，那么该财产应归谁所有呢？依通常的规则，奴隶所取得的财产应归其主人所有，而此时该遗产恰恰属于无人所有的财产。为解决类似问题，罗马法学家提出，在必要时，遗产可以被视为个人，或者说，遗产可以替代所有人。正是在罗马法学家这种观点的基础上，中世纪的法学家才明确提出了具有独立权利能力的财团法人理论。

另外，在后古典时期，受基督教精神的影响，为宗教或慈善之目的而遗赠或为生前赠与成为一种很普遍的做法，此类捐赠财产被称为“慈善事业”（piae causae）。在晚期的一些皇帝谕令中，出现了这样的观念：并非接受捐赠财产的社团，而是“慈善事业”本身，才是该财产的权利人，该“慈善事业”可以实施处分行为，可以因受赠与或接受遗赠而取得财产。显然，中世纪的财团法人理论与罗马法的这种观念具有一定的渊源关系。

有关上述团体的详细内容请阅读本章第三节。

---

〔32〕 罗马法原始文献 D. 50，16，85，马尔切勒语，黄译《人法》，第 104 页。

第二节　行为能力

一、概述

行为能力是指行为人以独立的意思表示而使其行为发生法律上效果的资格。它是现代法上的一个概念，属于法律行为制度的范畴。罗马法上没有抽象、统一的法律行为制度，因此也缺乏行为能力的概念。但是，罗马法同样承认一些具体的法律行为，如用于转移要式物所有权的要式买卖，以固定形式的问答缔结的要式口约，以及通过简单的合意所达成的买卖契约等。与现代法律行为制度一样，在罗马法上，这些具体的法律行为要想发生效力，同样对行为人的认知能力和意志能力有所要求。在罗马法上，年龄、性别、精神状态等因素对行为人所实施的适法行为的效力是有影响的，例如，保罗曾经提出："自权的、适婚的和心智健全的家父可以承担债务。非经监护人的授权，被监护人不能承担市民法的债"〔33〕。盖尤斯也阐述类似的观点："精神病人，不管他是作为债务人还是作为债权人，不能有效地为任何行为。"〔34〕

就行为能力与权利能力的关系而言，在现代法上，前者以后者为前提，也就是说，只有首先享有权利能力，才有可能（但不必然）具备行为能力。但是，罗马法的情形有所不同。如前所述，在罗马市民法上，只有具有罗马市民身份且同时在家庭内具有"家父"身份的自由人，才具有完整的权利能力，才是"自权人"。这些自权人可能是儿童，可能是精神病人，也可能是罗马人认为不能独立处理法律事务的妇女，因而他们的行为能力是有缺陷的。相反，奴隶、家子等不具有权利能力的"他权人"却可能是心智健全的人，因此，他们所实施的一些适法行为可以产生相应的法律后果，这尤其体现在他权人为"家父"或主人取得财产的行为。

就行为能力与监护的关系而言，无论是在现代法上还是古代罗马法上，二者都具有密切的联系。但是，如后文所述，罗马法的监护制度——尤其是在这种制度的早期阶段——有其区别于后世监护制度的特殊之处。现代法对行为能力制度的设计以行为人的认知能力和意志能力为出发点，这是现代民法肯认私法自治的逻辑要求，因此，行为能力制度的设计并不受监护制度的影响。在古代罗马法上，意思自治似乎并不是隐含在法律规范背后的一个强有力的价值因素，行为能力并非从一开始就着眼于行为人的意志能力，实际上，行为能力制度受到了具有

---

〔33〕 罗马法原始文献 D. 44，7，43，保罗语，徐译《法律行为》，第5页。

〔34〕 罗马法原始文献 D. 44，7，1，12，盖尤斯语，前揭书，第5页。

特殊功能的监护制度的极大影响。关于这一点，我们将在后文中加以具体说明。

二、年龄与行为能力

年龄是影响行为能力的一个重要因素。这是因为，行为能力实际上表现为人的认知能力和意志能力，而人类的这些能力与年龄具有极大的关联，尤其是在人的成长发育期，这种关联表现得更加明显。尽管由于个体之间存在的差异，将某个年龄与某种行为能力状态直接挂钩的做法的确有失精确，但是，无论对于交易当事人，还是处于裁判地位的法官来说，对每一个当事人的认知能力和意志能力进行“事实”判断，不仅意味着极大的困难和交易成本，而且也意味着不确定性的风险。有鉴于此，现代法几乎一无例外地以年龄作为行为能力最重要的判断标准，从而以一种类似法律拟制的做法简化了这一问题。

在罗马法上，从行为能力角度观察，与年龄相关的基本分类是适婚人（puberi）与未适婚人（impuberi）。

适婚人是指在生理上具备了生育能力的人，而非适婚人则指尚不具备生育能力的人。关于“适婚”的判断标准，罗马法对男性与女性做出区分。就女性而言，在较早的时期就已确立将年满 12 岁作为具有生育能力的统一标准。而就男性而言，最初人们根据身体检查情况逐一地判断每一个人是否具有生育能力。这个标准一直到古典法时代的前期，为萨宾学派的法学家们所坚持。但是，普罗库斯学派认为应当根据岁数判断男子是否已成年，并将此年龄标准确定为 14 岁。[35] 在古典法时代的后期，普罗库斯学派的主张占了上风，逐渐成为了判断生育能力的通用标准。公元 529 年，优士丁尼皇帝的一项谕令明确宣布：“为废除在确定男性适婚年龄时所使用的那些不体面的检查方法，我们命令：女性在满 12 岁后均被列为适婚人，男性在满 14 岁后也均被视为适婚人；停止实行那些不光彩的身体检查。”[36]

罗马法之所以选择“适婚年龄”作为行为能力的界限是有其特殊原因的。现代法上一般将成年年龄作为取得行为能力的标准，这个成年年龄不仅指身体发育的成熟，而且还意味着智力发展、社会经验方面的初步成熟，从而具有行为能力的基础。罗马法将生育能力作为完全行为能力开始的界限，并非由于此时行为人已具有了足够的认识能力，这种规则主要是由罗马监护制度的特殊目的所决定的。罗马的监护制度最初时是为监护人的利益而设的。监护人往往是被监护人最近的宗亲属，而根据法定继承（被监护人无遗嘱能力）的规则，监护人同时又是被监护人的继承人。因此，监护人介入被监护人的财产管理，与其说是保护被

〔35〕 罗马法原始文献 Gai. 1，196，黄译《法学阶梯》，第 74 页。

〔36〕 罗马法原始文献 C. 5，60，3，优士丁尼皇帝致大区长官梅那，黄译《人法》，第 11～12 页。

监护人的利益，不如说是对其自身潜在的继承利益的维护。在被监护人具备生育能力之后，他就能够生养自己的子女，并且他们的子女有权继承他们的财产，而监护人的继承资格就会被排除。于是，监护的目的就不再存在了，监护也就应该终止了。监护既然终止，先前的被监护人就开始具有完全的行为能力了。从罗马早期监护制度的特殊目的出发，有助于我们理解罗马法上行为能力的标准。

从行为能力的角度来看，未达到适婚年龄的未成年人又可区分为幼儿（infantes）和儿童（infantia maiores，直译为“较大的幼儿”）。区分幼儿与儿童的标准是视其是否具有基本的说理能力，到古典时期，这一标准被规定在年满 7 周岁上，也就是说，年满 7 周岁的未适婚人为儿童，不满 7 周岁者为幼儿。

幼儿为无行为能力人，不能独立实施任何法律行为。如果幼儿是自权人，那么他的财产必须由其监护人予以管理，相关法律行为也必须由监护人实施。儿童具有一定的行为能力。如果儿童实施的是能够为其带来权利的行为，则他可以独立地完成，而无须监护人的同意；相反，如果他实施的行为旨在使其负债，或者旨在转移他的一项权利，那么该行为只有获得监护人的认可后，才能产生效力。也就是说，儿童仅能实施“纯获利益”的行为。

三、性别与行为能力

在现代法上，男女两性在行为能力方面是平等的，原则上讲，无论男性还是女性，在达到成年年龄之后，即具有完全行为能力。而在罗马法上，由于并不存在两性平等的观念，妇女与男子在行为能力方面存在着重大的差异。

在罗马法上，如前所述，达到适婚年龄是被监护人摆脱监护从而具有完全行为能力的开始。然而，准确地说，这一规则仅对男性适用。男性自权人在达到适婚年龄之后，即开始具有完全行为能力。后来出现的保佐制度也未改变适婚男性具有完全行为能力的基本规则。相反，在罗马法上，女性被视为需要终身受到监护，因此，即使是适婚女性也需要监护人，也就是说，她不具有完全的行为能力，其独立实施的行为原则上需要获得监护人的许可，才能发生效力。到了古典时期之后，随着妇女地位的提高，成年妇女的监护逐渐流于形式，妇女甚至可以基于某些理由摆脱监护，因此，对女性行为能力的限制也逐渐被放宽了。

四、心智条件与行为能力

除年龄外，心智条件也是影响一个人的认识能力以及意志能力的重要方面。即使是成年人，也有可能因心智条件的欠缺而无法对自己的行为负责。在罗马法上，精神病人和浪费人就属于行为能力受限的两类人。

精神病人（furiosi）是指患有精神疾病从而不能正常认识和理解事物的人。罗马法学家把不具有理解能力和意思能力的精神病人看做是不具有完成任何法律行为能力的人,[37] 但是认为患有间歇性精神病的人在未发病期间的行为能力应当得到承认。[38] 精神病人的病情痊愈后，将重新获得行为能力。

浪费人（prodigi）是指有肆意挥霍财产习性从而不具有管理自己财产能力的人。有关对浪费人处置财产的能力加以限制的做法可以上溯到古老的习惯中，并且可以在《十二表法》中找到具体的规则。根据《十二表法》第五表的规定，一个挥霍其通过法定继承所取得的祖产的浪费人，可以被裁判官宣告为禁治产人，从而丧失部分行为能力，不得对其财产做出处分行为，也不得使自己负债。但是，即使被宣告为禁治产人，浪费人也可以独立实施那些使其获利的行为。由此可见，浪费人的行为能力类似于年满 7 周岁的未适婚人，具有限制行为能力。其行为能力的欠缺，将通过保佐人予以补足。

第三节　团体

一、概述

（一）法人的雏形

罗马法学并未创造出“法人”这一概念，也未系统地提出关于组织体的独立法律人格的理论。众所周知，关于法人的系统理论是由中世纪的教会法学发展完善的。但是，作为近现代私法各项制度重要渊源的罗马法仍然包含了法人制度的雏形。

从术语的使用情形来看，罗马法从未使用“人”（persona）这一术语来直接指称任何自然人以外的团体。罗马法有时使用 corpus 或 universitas 等术语来指称具有法律人格的团体，有时则直接使用表明团体类别的术语，如 populus romanus（罗马人民）、civitates（市镇团体）、collegia（社团）或 sodalitates（互济团体）等，但这些术语都不具有严格的技术内涵。总之，罗马法欠缺用于表明抽象团体人格的专门术语。

尽管缺乏专门的术语和系统的抽象理论，但是，在罗马法的文献中仍然可以发现法人理念的雏形。

（二）团体的独立人格

在罗马法上，团体的法律人格是逐渐地以非系统的方式得到承认的。在由自

---

〔37〕 罗马法原始文献 Gai. 3，106：“精神病人不能完成任何行为，因为他不理解他所做的事情。”参见黄译《法学阶梯》，第 234 页。

〔38〕 罗马法原始文献 J. 2，12，1：“……如果精神病人在其疯狂状态的中断期间订立了遗嘱，他们被认为合法地订立了遗嘱。”参见徐译《法学阶梯》，第 185 页。

然人组成的团体中，最能体现团体独立人格的规则应该就是团体与其构成成员的人格分离，而罗马法的文献中恰恰包含了此方面的一些重要规则。其中，乌尔比安在其所著《论告示》中的以下表述最为突出："如果有什么东西应给付给团体，那么它不应被给付给该团体的成员；同样，团体的成员也不应承担团体的债务"。〔39〕阿尔芬（Alfenus）在谈及民众共同体时说道，"……今天的民众共同体与100年前的民众共同体被视为是相同的，尽管后者的成员现今无一生存"。〔40〕

具有独立人格的团体可以自己的名义享有权利并承担义务。罗马法文献中体现这种团体人格的规定至少包括以下这些方面：团体可以通过其代理人(actores)在法庭上起诉或应诉；团体可以解放奴隶，对其行使庇护权，并有权对被解放者的财产实行法定继承；团体可以接受遗赠等。

二、团体的类型

（一）公共团体

在现代民法上有"公法人"与"私法人"的区分，而这种区分同样适用于罗马法。这里所称的公共团体是指由市民组成的具有独立人格的政治组织，它包括罗马国家和地方自治体，而后者又包括自治市与殖民区。

1. 罗马国家。在古代罗马，罗马国家被称为"罗马民众共同体"（populus romanus)，它是由罗马市民组成的政治实体。由全体民众组成的罗马国家是一个独立的权利主体，但对于罗马人来说，这个权利主体主要属于公法的层面，因此私法规范往往对其并不适用。例如，罗马国家可以拥有财产，但是，它的财产从来不被等同于私人的所有权，罗马法的文献从来不用"奎里蒂法上的所有权"（dominium ex iure Quiritium）这个典型的私法称谓来指称罗马国家的财产。罗马国家的财产被归入"公有物"（res publicae）的范畴。又比如，由执法官或其他公共官吏实施的买卖或租赁遵循的是一套与私人间的买卖或租赁完全不同的规则。类似的例子还包括，以罗马国家为受益人的死因行为并不遵循私人间有关继承、遗赠等方面的规定。同样，在罗马市民与罗马国家之间所发生的纠纷并不通过法定诉讼或程式诉讼来加以解决，而是适用特别的程序。因此，可以说，罗马国家的独立主体地位基本不表现在私法的层面。

2. 地方自治体。地方自治体是指罗马城以外由民众组成的具有行政上自治权的城市实体。它包括自治市（municipia）与殖民区（coloniae）两个类型，前者是罗马市民的集合体，而后者则由"殖民地拉丁人"组成。在公元212年卡拉卡拉谕令发布后，罗马帝国境内所有的居民都被授予了罗马市民身份，于是，由

---

〔39〕 罗马法原始文献D. 3，4，7，1，乌尔比安语，黄译《人法》，第103页。

〔40〕 罗马法原始文献D. 5，1，76，阿尔芬语，前揭书，第97页。

罗马行使主权的一切城市都成为“自治市”，“殖民区”逐渐成为了一个历史概念。

与罗马国家原则上仅具有公法上的主体资格不同，地方自治体在私法上享有较为充分的权利能力。他们可以拥有自己的财产，而且其对财产的权利与私人的所有权（“奎里蒂法上的所有权”）并无区别；他们可以对物实施占有；他们可以享有债权和承担债务；他们可以解放奴隶并对其行使庇主的权利；他们有权从他人处取得遗赠。当然，与自然人相比，他们享有的权利能力的范围仍有一定的局限性。

（二）私人社团

私人社团并不具有公共团体所具有的那些政治与行政职能。通常，它是为宗教、职业、丧葬、商业等目的而由私人组成的团体。

私人团体早在《十二表法》之前就已经在罗马得到了承认。根据古典时期法学家盖尤斯的描述，[41] 早期私人社团的成员能够自主地决定社团的章程，只要其内容不违反公法的规定。在整个共和国时期，这种结社的自由都未受到进一步的限制。但是，出于政治原因以及公共利益方面的考虑，一些社团被强令解散。后来，在凯撒、奥古斯都及其继任者的介入之下，除一些最为古老和最富有传统的社团外，所有私人社团均被解散。帝国所确立的新规则是：设立新的社团，必须事先征得元老院或皇帝的批准。于是，自由设立或准则主义的社团设立原则被特许主义所取代，私人的结社自由受到了很大的限制。

社团是由多数成员构成的，这一规则同样适用于罗马法。法学家马尔切勒告诉我们“3 人可形成社团”。[42] 但是，在成立之后，如果社团的成员缩减为不足 3 人，该社团仍可有效存在。

私人社团拥有私法上的权利能力，其具体范围与前述地方自治体的权利能力范围相似。

（三）关于财产性实体

对于罗马法上是否存在财团法人的问题，在学者间存在争议。权威的观点认为，财团法人制度不是罗马法的制度，罗马人甚至缺乏财产集合本身即为权利主体的基本观念。但是，罗马法的研究者们仍然希望在罗马法中发现财团的踪迹，这样，罗马法的几项制度就进入了研究者的视野。

1. 未继承之遗产。未继承之遗产（hereditas iacens），是指在被继承人死亡到继承人自愿接受遗产期间的遗产。根据罗马继承法的规则，无论是在遗嘱继承

〔41〕 罗马法原始文献 D. 47，22，4，盖尤斯语，前揭书，第 106～107 页。

〔42〕 罗马法原始文献 D. 50，16，85，马尔切勒语，前揭书，第 104 页。

中，还是在无遗嘱继承中，如果继承人是家外继承人（非必要继承人），则经由继承人的接受才能取得遗产。于是，在继承人接受遗产前，遗产在法律上就成为无主财产：它既不归属于被继承人，因为他由于死亡已经丧失了主体资格；同时，它也不属于继承人，因为他尚未接受继承；遗产的占有人在完成取得时效前也不能取得所有权。罗马法的规则的确承认未继承的遗产属于无主财产。例如，在很长的时间里，对未继承遗产的秘密窃取并不构成盗窃，因为被盗窃之物必须属于他人所有。

未继承遗产的无主带来了一系列难题。例如，如果属于遗产范围的一名奴隶在此期间取得了一笔财产，那么这个财产取得行为可能无法发生效力，因为根据罗马法的规则，奴隶只能为其主人取得财产，而当时该奴隶却没有主人。又如，如果在此期间遗产物遭到他人的损毁，那么无法提起“阿奎利亚法之诉”，因为该诉权属于物之所有人享有，而该物此时并无所有人。

为解决这些问题，自古典时期的初期开始，裁判官采用了“拟制诉讼”这一技术：假定在奴隶取得财产或遗产物受到损害时继承人已经接受了继承，从而使继承人后来对继承的接受事实上具有了溯及力。显然，此种解决方案与财产本身的人格化观念毫无关系。

而罗马时代的另一种学说则认为，在前述这些无法将权利或法律关系确定到一个人的情况下，未被继承的遗产将“替代”死者的地位。乌尔比安就曾写道：“遗产不是代替继承人，而是代替死者，这已被市民法的许多规定所证实。”[43]罗马法的文献中还包括遗产本身可以替代所有人的记载。因此，尽管罗马法本身尚未指出未继承之遗产本身即享有独立的法律人格，但是，正是在罗马法的这种“替代”观念的基础之上，中世纪的法学才创造出了财团法人的理论。

2. 慈善事业。帝制后期出现的慈善事业（piae causae）也被认为是后世财团法人的雏形。其实，在更早的时代就出现过这样的实践：私人将财产遗赠给地方自治体，并使后者承担将其收益用于全体市民或其中部分人群（主要是贫困人口）的负担。到帝制后期，向宗教团体遗赠财产并将收益用于宗教崇拜或慈善目的的做法变得相当普及。在晚期的一些皇帝谕令中，逐渐出现了将慈善事业本身视为法律主体从而将其法律人格与接受财产的社团之人格相分离的观念。于是，作为具有特定慈善目的的财产集合就具有了法律的人格，他（而非接受财产的社团）享有财产权利，并可以直接实施财产的处分行为。

---

〔43〕 罗马法原始文献 D. 41，1，34，乌尔比安语，费译《婚姻·家庭和遗产继承》，第511页。

◎ 第三章 婚姻与家庭

第一节 婚姻

在罗马社会，婚姻被认为是一种重要的社会关系。这取决于婚姻对家庭乃至于对社会的重要意义。罗马社会中的婚姻制度，包括订婚、结婚、离婚、嫁资、姘合等主要内容。

一、订婚

（一）订婚的意义

对何谓订婚（sponsalia），佛罗伦汀[1]的解释被认为代表着罗马学者对这个问题的普遍认识："订婚是关于未来婚姻的相互允诺"[2]。乌尔比安则从词源与习惯的角度对订婚作了进一步的诠释："'订婚'一词来自于'允诺'（a spondendo），事实上是就未来的妻子所进行的缔约与允诺（stipulari et spondere），这是古人的一种习惯。"[3]

罗马人把订婚的男女双方分别称为"未婚夫"和"未婚妻"。

（二）订婚的条件

有效的订婚，必须具备如下条件：

1. 订婚人的同意。订婚必须要有订婚人的同意，但是对同意的意思表示并没有特别要求，相反，"一个简单的赞同便可以使订婚得以产生"[4]，甚至也并不要求订婚人的同意表示必须在订婚仪式上作出。无论是订婚人亲自参加订婚仪式并在现场作出同意的意思表示，还是虽缺席订婚仪式但通过书信或者通过其他方式作出的订婚允诺，均被认为是有效表示。在罗马社会，通过使者传达同意订婚的意思并进一步商讨相关内容是十分常见的情况。

做出是否同意的意思表示，罗马人认为这是一种自由，不过有一定限制，例

---

〔1〕 佛罗伦汀（Florentinus）系公元2世纪罗马著名的法学家之一。

〔2〕 罗马法原始文献 D. 23，1，1，佛罗伦汀语，费译《婚姻·家庭和遗产继承》，第19页。

〔3〕 罗马法原始文献 D. 23，1，2，乌尔比安语，前揭书，第21页。

〔4〕 罗马法原始文献 D. 23，1，4pr.，乌尔比安语，前揭书，第21页。

如当父亲选择的未婚夫是一个有陋习或者是一个下流之徒时，女儿有对父亲的意见持有异议的自由。但是，强制订婚行为的效力不受到认可，保罗就强调了这样的观点：如果以交付罚金为要挟而强制订婚的，当事人可以提出恶意诈欺抗辩。因为以交付罚金为要挟，强行缔结未来婚姻是不公平的。[5]

2. 支配权人的同意。“支配权”（potestatis）在罗马家庭中意味着父权，即家父对家子、家女们的管控之权，它体现着家父在罗马家庭中至高无上的地位与权威。所以，没有享有支配权的家父的同意，订婚无效。

3. 年龄。订婚人的年龄约定不小于7岁。罗马人把7岁至14岁的男性和7岁至12岁的女性定位于不能结婚的少男少女，但是，只要他们满7岁便可以订婚。罗马人认为7岁的少男少女们尽管年龄小，但是明白彼此之间的所作所为。

此外，如果订婚的男性是已满25岁的、担任国家公职的成年人，罗马法中有一个明确的限制，即他不得与其担任公职所在地的女性订婚，除非订婚行为是在他担任公职之前已经完成。该规定的主要目的是防止有人利用自己的公职强迫女方与其订婚。

（三）订婚的效力

订婚行为一旦完成，对于订婚的男女双方便具有了约束力：

1. 负有结婚义务。订婚的双方当事人在达到结婚年龄后应当结婚。罗马市民法规定满14岁的男性和满12岁的女性属于适婚人。至于达到结婚年龄后何时结婚，法律没有强制性规定。在没有解除婚约的情况下，订婚人不能与第三人结婚。

2. 侵辱诉权的扩展。通常，提起“侵辱之诉”的人应当是遭到侮辱、侵害的本人。但是，当订婚的一方受到他人侵辱时，却被看做也是对订婚的另一方的侵辱。例如，如果有人对一名男性的未婚妻进行了侮辱，对此，乌尔比安明确提出：“未婚夫亦应被允许提起‘侵辱之诉’，也就是说，任何对他未婚妻的侮辱即被看做是对他的侮辱”[6]。

3. 身份关系的制约。虽然订婚人与对方父母之间尚不能构成完全意义上的女婿与岳父母关系或儿媳与公婆关系，但是他们之间已经受到相应的制约，例如，一名男性的未婚妻不能嫁给该男性的父亲，尽管她尚未被称作“儿媳”[7]。

为了强化订婚的效力，罗马法律中还规定了订婚保证物（arrha sponsalicia）制度，要求订婚的男女双方相互给付一定价值的金钱和其他财物，以保证婚约

〔5〕罗马法原始文献D. 45，1，134pr.，保罗语，前揭书，第25页。

〔6〕罗马法原始文献D. 47，10，15，24，乌尔比安语，前揭书，第27页。

〔7〕罗马法原始文献D. 23，2，12，2，乌尔比安语，前揭书，第27页。

的履行。如果一方实施了妨碍构成婚姻的行为致使婚约无法履行，其不仅将丧失对订婚保证物请求返还的权利[8]，而且还应当返还另一方给付的保证物，在优士丁尼时代法律要求返还的保证物价值当是给付的保证物价值的两倍。

（四）订婚的解除

订婚可以被解除。戴克里先皇帝和马克西米皇帝于公元293年明确宣布“不禁止已订婚的女性放弃未婚妻的身份而与其他男性结婚”。[9]

罗马法中确认的解除订婚的原因主要包括：①未婚夫或未婚妻明确宣布放弃自己的订婚，这也被称为“弃未婚夫”、“弃未婚妻”。② 未婚夫或未婚妻患有无法结婚的疾病，如性病等。③ 未婚夫或未婚妻死亡或被判处死罪。④未婚夫或未婚妻在异国逗留3年以上时间的。瓦莱里亚诺皇帝在公元259年曾经就此有一个批复，他认为：如果某人的女儿等待她在国外逗留的未婚夫已经超过3年而不想再等待时，她可以同其他人结婚。因为这一婚姻的希望是渺茫的。她不能蹉跎出嫁的好时光。她可以寄一书信给未婚夫告知她已改变了想法，其效果如同当面通知一样。[10] ⑤对女儿有支配权的家父声明解除订婚。在罗马市民法中，当女儿还在家父权控制之下时，家父可以寄一封信给女儿的未婚夫，声明解除订婚。但是，如果女儿脱离了家父权，则家父无权力解除订婚。

在解除订婚时，已经给付的订婚保证物应当予以返还，除非有证据表明给付保证物的一方存在故意妨碍缔结婚姻的行为。

二、结婚

（一）结婚的意义

对结婚（nuptiae）的理解，莫德斯汀的主张最具有代表性：“结婚是男女间的结合，是生活各个方面的结合，是神法和人法的结合”[11]。显然，在罗马人看来，结婚不仅是人的自然属性的体现，也是人所无法抗拒的神的意志。罗马人对婚姻的认识，不仅涉及对婚姻自然属性的讨论，而且他们的注意力更多地集中在对婚姻社会属性的讨论上，例如婚姻的合法性、公正性与理性等。莫德斯汀在其所著的《论婚姻习俗》中强调：“在婚姻问题上深思熟虑，不仅具有合法性而且还具有公正性。”[12] 由于婚姻问题将法律、道德与人类繁衍的使命等诸多内容交

---

〔8〕 罗马法原始文献C. 5，1，3，克拉迪雅诺皇帝、瓦伦丁尼安皇帝和狄奥多西皇帝致大区长官埃乌特洛彼，前揭书，第29页。

〔9〕 罗马法原始文献C. 5，1，1，戴克里先皇帝和马克西米皇帝致阿诺纳里埃，前揭书，第29页。

〔10〕 罗马法原始文献C. 5，17，2，瓦莱里亚诺皇帝和卡里埃努皇帝及瓦莱里亚诺太子致保莉娜，前揭书，第29页。

〔11〕 罗马法原始文献D. 23，2，1，莫德斯汀语，前揭书，第31页。

〔12〕 罗马法原始文献D. 23，2，42pr.，莫德斯汀语，前揭书，第41页。

织在一起，因此，罗马人对婚姻的法律问题采取了给予缜密制度规范的思路，虽然在现代人看来有诸多缺陷，但是依然体现出他们对自己所能够理解的法律公正性的追求。

（二）结婚的要件与禁止性规则

1. 结婚的条件。在罗马市民法中，对结婚有一定条件要求。这些条件历经千年演进后受到优士丁尼的确认，最终适用于罗马帝国全体民众的结婚。这些条件是：

（1）年龄。罗马市民法对结婚男女的年龄的规定，在《十二表法》第五表已有体现，即“适婚年龄”。但是我们现在看到的适婚年龄标准是优士丁尼时代最终确定的：凡男性满 14 岁、女性满 12 岁的，均可以结婚。达到这个年龄底线的男女被称为“适婚人”。但是，适婚人不一定是成年人，因为 25 岁方为成年人。因此，如果未达到法定适婚年龄的人与他人结婚的，不是合法的妻子或丈夫。对此，彭波尼有一个解释：“如果一名不满 12 岁的女子成为他人之妻，在婚姻期间满了 12 岁，她便成为合法的妻子”〔13〕。按照这样的解释，在该女子的婚姻期间曾经有一段时间并不具有婚姻的合法性。因为在她没有达到适婚年龄时，其妻子身份并不合法。

（2）同意。同意是指结婚的男女双方或对他们有支配权的家父认可该婚姻的意思表示。罗马人对结婚之人是否有同意结婚的表示极为关注。乌尔比安提出：“不仅要有同居而且要有婚意，婚姻方可成立。”〔14〕 保罗的观点则更为直截了当：“如果没有当事人的同意，婚姻不能成立。”〔15〕 狄奥多西皇帝和瓦伦丁尼安皇帝在他们的批复中强调：即使婚礼或其他任何结婚仪式都未举行，但是男女双方之间的婚姻关系依然可以基于双方同意并在朋友作证的情况下产生效力〔16〕。优士丁尼为皇帝则在公元 533 年 11 月专门发布指令：“我们命令：任何一名男性经父母同意，或者没有父母时完全按照自己的愿望，只要双方有结婚的意愿，则婚姻有效。尽管嫁资未给付（dare），或者就嫁资未写任何文字依据，但是，在这种情形下如同文件写成一样，婚姻是有效的。因为，婚姻不是通过嫁资而是通过双方结婚的意愿所缔结。”〔17〕 显然，在罗马社会，同意是构成婚姻的最基本条件。

〔13〕 罗马法原始文献 D. 23，2，4，彭波尼语，前揭书，第 31 页。

〔14〕 罗马法原始文献 D. 50，17，30，乌尔比安语，前揭书，第 43 页。

〔15〕 罗马法原始文献 D. 23，2，16，1，保罗语，前揭书，第 47 页。保罗所指的“当事人”是指婚姻双方及对他们有支配权的人。

〔16〕 罗马法原始文献 C. 5，4，22，狄奥多西皇帝和瓦伦丁尼安皇帝致大区长官依埃里奥，前揭书，第 43 ~ 45 页。

〔17〕 罗马法原始文献 C. 5，17，11pr.，优士丁尼皇帝致宫廷总管赫尔莫杰尼，前揭书，第 45 页。

同意的表示形式通常是书面的。在戴克里先皇帝时代，则对无书面形式的同意也给予认可，前提是除了没有书面形式的同意表示之外，法律要求的其他结婚的条件均具备[18]。

在罗马社会中，尤其是家父权作为市民权的主要内容之一的时期，同意包括本人同意和家父同意。

本人同意是结婚的基础。戴克里先皇帝和马克西米安皇帝在致提兹友的一封信中强调："任何人既不能被强迫缔结婚姻，也不能被强迫重新恢复一个业已离异的婚姻。因此，你很清楚，不应当使缔结和解除婚姻的自由权变成一项义务。"[19] 因此，子女不被强迫娶亲或出嫁在罗马社会已经形成了一个基本原则。

在本人同意的同时，如果该本人是处于父权之下的子女，则还需要家父的同意，尤其是没有脱离父权的子女，其结婚需要家父同意是必需的。不过有一些例外：①已经脱离父权的家子没有家父的同意可以娶亲；②如果父亲没有正当理由拒绝同意，甚至是不法地禁止处于父权之下的子女进行嫁娶，例如强行让家子娶一个身份不符的女子为妻，则子女有权通过行省执政官强迫为父者同意他们选择的婚姻。

（3）均是未婚人。在罗马社会，一夫一妻原则很早即已确立。在公元 285 年 12 月 13 日戴克里先皇帝和马克西米安皇帝致塞巴斯蒂安娜的一封信中我们可以很清晰地看到这点："众所周知，一个被罗马城统管的人不能同时有两个妻子。因为在裁判官告示中，这种同时有两个妻子的人被认为是可耻的、不名誉的人。"[20] 因此，在缔结婚姻时，男女双方必须都是与他人没有婚姻关系的人。

2. 禁止性规则。在 1300 余年的历史中，罗马法形成了一系列的禁止结婚的规则，主要包括：

（1）精神病人不得结婚。婚姻必须要有本人同意的表示（consensus），鉴于正在患病的精神病人无法理智地表达自己的看法，因此正在患病期间的精神病人不得结婚。但是，在结婚之后患精神病的，不妨碍已有婚姻的效力[21]。

（2）为夫服丧期内的女子不得结婚。在罗马早期社会，失去丈夫的女子必须要为他服丧。公元 2 世纪以后，为亡夫服丧的习惯逐渐被认为不是失去丈夫的女子必须履行的义务。但是，裁判官法有关女子为夫服丧期内不得出嫁的规定依然得到了法学家们的肯定。因为在丈夫去世之后的一定期间内，妻子不能出嫁以

---

〔18〕 罗马法原始文献 C. 5，4，13，戴克里先皇帝和马克西米安皇帝致奥内西莫，前揭书，第 43 页。

〔19〕 罗马法原始文献 C. 5，4，14，戴克里先皇帝和马克西米安皇帝致提兹友，前揭书，第 49 页。

〔20〕 罗马法原始文献 C. 5，5，2，戴克里先皇帝和马克西米安皇帝致塞巴斯蒂安娜，前揭书，第 33 页。

〔21〕 罗马法原始文献 D. 23，2，16，2，保罗语，前揭书，第 31 页。

防止发生“血之混合”而导致判断何夫之子女的困境，这完全符合婚姻的伦理道德观。当然，如果在丈夫去世后的10个月内生了孩子的妇女，则可以马上结婚[22]。

（3）有直系关系的亲属不得结婚。如果要了解在有直系亲属关系的人之间不得缔结婚姻的规则，无论是在皇帝的谕令还是在法学家们的解释中，极易寻找到相关内容。将这些规则归纳为一句话：无论是近亲、远亲亦无论是血亲关系还是拟制血亲的直系亲属之间不得缔结婚姻。例如，父亲和女儿、祖父和孙女、母亲和儿子、祖母和孙子，以及按此无限类推在那些有尊亲属和卑亲属地位的人之间，均不能缔结婚姻。法律禁止在他们之间发生不道德的、乱伦的婚姻关系。这一限制同样适于有收养关系的人，例如脱离父权的养子不能娶曾是养父之妻的女性，因为她具有养母的身份；收养了儿子的家父，在养子脱离自己的父权后不能娶养子之妻为妻子，因为她过去已经具有了儿媳的身份。

（4）对旁系血亲的禁止。在罗马法中，虽然对旁系血亲的限制要少于对直系血亲的限制，但是依然有明确的禁止性规范，主要包括：兄弟与姐妹之间，无论是同父母还是异父母所生，均禁止结婚。在收养关系存续期间，基于收养而产生的兄弟姐妹关系对婚姻亦构成障碍。但是，如果娶父亲的养女的女儿，则被认为不违反自然法和市民法。因为在罗马社会，两兄弟或两姐妹的子女、或兄弟和姐妹的子女均可以结婚。

对旁系血亲的婚姻限制还被扩展适用于尊亲。即男子不得娶具有尊亲地位的姑妈、姨妈、岳母和继母为妻。

（5）对监护人、保佐人和公职人员的禁止。在禁止结婚的规则中，有一些涉及监护人、保佐人的禁止性规定。例如，监护人或者保佐人不仅不能娶被监护或被保佐的未成年女性为妻，也不能娶被监护或者被保佐的成年女性为妻。元老院曾经有一项决议案亦规定：监护人不能将受其监护的女性嫁给自己的儿子或孙子。公元3世纪的法学家卡里斯特拉特认为，元老院的这一规则还应当适用于监护人的所有继承人[23]。

公元3世纪，通过法学家的解释，在某一行省内任职的公职人员不得娶有本省籍贯的女性或者居住在本省的女性为妻的规定被纳入法律规则中。但是法律不禁止他们订婚。此外，如果男子为结婚而放弃其在该行省的公职，则结婚的障碍消除[24]。

---

〔22〕 罗马法原始文献D. 3，2，11，2，彭波尼、乌尔比安语，前揭书，第41页。

〔23〕 罗马法原始文献D. 23，2，64，1，卡里斯特拉特语，前揭书，第39页。

〔24〕 罗马法原始文献D. 23，2，38pr. 和D. 23，2，65，1，保罗语，前揭书，第39页。

（6）对不同身份者之间的结婚禁止。身份是罗马人在结婚时考虑的问题之一。在早期罗马社会，平民与贵族之间的结婚禁止被明确纳入成文法中，《十二表法》第十一表规定："平民不得与贵族通婚"。元老院的一项决议认定：如果一名元老院成员的女儿嫁给了解放自由人则该婚姻无效。此外，如果一名女性的解放自由人嫁给了一位在职的元老院成员，则该女性不具有妻子的名分，只有在他放弃了元老院显贵的高位后，她才具有妻子的名分。后来由于平民的抗议和护民官的努力，《十二表法》和相关的法律规定被明确废除。但是，罗马人在婚姻上依然强调结婚双方所在家庭的社会身份的对等。那种"下层男性只能娶社会地位显赫之人不能娶的女性为妻、社会地位显赫的男性不能娶下层女性"的观念在罗马社会依然流行[25]。至于奴隶，由于他们并无结婚资格，所以自由人不得与奴隶结婚构成了一个基本规则。

（三）结婚的效力

符合罗马法律规则而缔结的婚姻是合法婚姻，将产生法律认可的一系列效力，主要包括：

1. 在身份方面。

（1）妻子在婚后成为丈夫所在地区的居民，应当承担该地区的义务。但是，在她被强迫要求同时承担自己出生地的义务时，她有权拒绝[26]。

（2）在婚姻期间所生子女系婚生子女，将获得父亲的法律地位，而非婚生子女则只能具有母亲的法律地位[27]。

（3）配偶双方的亲属构成姻亲关系。如果在有姻亲关系的男女之间发生新的婚姻关系，则受到法律相关规则的约束。

2. 在配偶权利义务方面。

（1）丈夫有保护妻子的权利和义务。当妻子遭受他人侵辱时，丈夫被认为有权以妻子的名义提起"侵辱之诉"。事实上这不仅是丈夫的权利也是其义务，即保护自己的妻子不遭受任何他人侵辱的义务。但是，有一个例外，如果她嫁给了被同一个保护人所解放的自由人，则其丈夫不能对保护人提起"侵辱之诉"。这渊源于解放自由人制度：虽然法律规定了侵辱人要被追究法律责任，也规定了提起诉讼的程序而且认定要求侵辱人给予受害人损害赔偿是合法的，但是，如果对解放自己的人提出诉讼，在罗马社会被认为是忘恩负义，属于不名誉行为。

（2）住宅使用权。按照罗马法律，如果一个人被遗赠了一项住宅使用权，

---

〔25〕罗马法原始文献 D. 23，2，49，马尔切勒语，前揭书，第41页。

〔26〕罗马法原始文献 D. 50，1，38，3，帕皮里·尤斯特语，前揭书，第53页。

〔27〕罗马法原始文献 D. 1，5，19，杰尔苏语，前揭书，第53页。

但是该人却远走他乡而未利用该住宅直至规定的丧失使用权期间来临，通常该人将丧失该住宅使用权。但是，由于该人有自己的配偶，且在其远在他乡的时间内一直使用着这个住宅，则使用权将继续存在[28]。

（3）配偶之间的赠与无效。从罗马早期社会的习惯到后来的成文法，均规定夫妻间的赠与无效。“其目的在于使他们的婚姻是基于彼此之间的爱情，并使一方的财产不因赠与给对方而丧失。[29]”罗马人对夫妻之间的赠与保持一种惕醒之心很有先见之明。客观而言，夫妻之间的赠与，在婚姻期间很难看出对婚姻和配偶双方的不利影响，正如盖尤斯所说：“赠与的效果在夫妻关系终止时方显示出来”[30]。

（4）配偶之间不得实施有损对方名誉的行为。配偶不得随意相互提起诉讼，尤其不得相互提出刑事指控或提起可能导致对方“不名誉”的诉讼，例如对妻子提起“盗窃之诉”被认为是不恰当的。虽然当时的法学家们观点并不一致，如萨宾（Sabinus）[31]和普罗库勒（Proculus）[32]认为妻子也可能如同女儿会盗窃父亲的东西那样对丈夫的财产进行盗窃，但是多数法学家如内尔瓦、卡西、尤里安、保罗等人则认为：对妻子盗窃丈夫的财产连想都不要想，因为她同丈夫共同生活而使她获得了女主人的身份[33]。因此不得对妻子提出影响其名誉的指控。此外，当针对一名妇女从何处获得财产引起争端且她又无法证明这些财产来源时，彭波尼赞成库伊特·穆齐（Quintus Mucius）[34]提出的解决该问题的原则是：“应当认为她是从丈夫那里或者是从其他处于丈夫支配权下的人那里得到的，这样既颇符合事实而且是合理的”，以避免在争端中对该妇女提出“以不道德的方式获得利益的”有损于其名誉的主观猜测性的指控。

三、婚姻的解除与离婚

（一）婚姻解除的原因

婚姻的解除（solution matrimonii）涉及多种原因，按照保罗的说法，离婚、一方死亡、一方因被囚禁而丧失自由、一方发生了被奴役（例如失去自由人身份）情况等均导致婚姻解除[35]。这些原因归纳起来主要包括如下几类情形：

1. 因非人力可控制的原因而导致婚姻解除。主要指因配偶一方的自然死亡

---

〔28〕罗马法原始文献 D. 7，4，22，彭波尼语，前揭书，第 57 页。

〔29〕罗马法原始文献 D. 24，1，1，乌尔比安语，前揭书，第 57 页。

〔30〕罗马法原始文献 D. 24，1，10，盖尤斯语，前揭书，第 63 页。

〔31〕公元 1 世纪的法学家。

〔32〕公元 1 世纪的法学家。

〔33〕罗马法原始文献 D. 25，2，1，保罗语，前揭书，第 55 页。

〔34〕公元前 3 世纪的法学家。

〔35〕罗马法原始文献 D. 24，2，1，保罗语，前揭书，第 65 页。

致使婚姻关系当然解除。

2. 因法律规定而导致婚姻解除。主要指：①配偶一方根据法律规定丧失自由人身份。在市民法中，一名自由人如果丧失了自由人身份将构成人格最大减等，其法律结果是该人虽在生理上存在但在法律上已经死亡。②被敌方俘获者，根据早期市民法的规定，婚姻将被解除，因为被敌方俘获将视为人格发生最大减等从而导致婚姻解除。即使另一方配偶非常希望婚姻继续存在，并继续留在家中，婚姻的解除效力不受影响。如果配偶双方均被俘且被关押在一起，则在他们共同返回罗马国家时，婚姻关系被认为没有解除。[36] 到公元3世纪，法律的规则发生变化。被敌方俘获、被判决流放者，如果其配偶不愿意解除婚姻关系，则他们的意愿获得尊重。

3. 双方没有了继续婚姻的意愿。这包括单方无继续婚姻的意愿和双方合意解除婚姻关系。这两种情形均是离婚的具体状态。

（二） 离婚

1. 离婚的意义。离婚（divortium），按照盖尤斯的解释，是指由于配偶双方有不愿使婚姻继续存在的想法或一方有令婚姻无法持续的行为导致婚姻解除[37]。

在离婚中，丈夫与妻子有解除婚姻的合意是产生离婚的主要情形。但是，配偶一方有抛弃（repudium）对方的行为也可以产生离婚的后果，因为根据罗马法律规定，弃夫或弃妻同样导致婚姻的消失。不过，抛弃行为不仅可以发生在已婚的男女双方之间，也可以发生在订婚的男女之间[38]。

2. 离婚的意愿、表示形式与原因。

（1）离婚的意愿。离婚的意愿表现为两种状态：①双方均有离婚的意愿即离婚合意。在该状态下，“如果离婚的双方没有真正要永远分开的想法，这不是离婚”[39]。②一方以弃夫或弃妻的方式要求离婚。离婚的意愿必须是认真的，“仅在偶然情形下或者在发火的气头上讲离婚并没有法律效力”[40]。

（2）离婚的表示形式。离婚作为罗马市民法的制度之一，必然体现出其程式化特点。因此，离婚意愿的表示方式也很重要。例如，“在弃夫弃妻时，也就是在解除婚姻的通知中，要有下列词句：‘你带着你的物品’，也可以这样写：‘把你的物品带走’”。[41] 如果表达不符合法律的规定，婚姻依然有效。在公元5

---

〔36〕 罗马法原始文献C. 5，17，1，亚历山大皇帝致阿维迪娅娜，前揭书，第69页。

〔37〕 罗马法原始文献D. 24，2，2pr.，盖尤斯语，前揭书，第69页。

〔38〕 罗马法原始文献D. 50，16，191和D. 50，16，101，1，保罗语和莫德斯汀语，前揭书，第71页。

〔39〕 罗马法原始文献D. 24，2，3，保罗语，前揭书，第73页。

〔40〕 罗马法原始文献D. 24，2，3，保罗语，前揭书，第73页。

〔41〕 罗马法原始文献D. 24，2，2，1，盖尤斯语，前揭书，第71页。

世纪的时候，狄奥多西皇帝和瓦伦丁尼安皇帝特别强调，虽然缔结婚姻根据双方的同意即可以，但是离婚则需要书面表示，“我们规定婚姻可以依简单的赞同而缔结，但是，在没有寄出离婚文书的情形下该婚姻不能解除。因为照顾子女的义务迫使我们解除婚姻相当困难”。[42]

(3) 离婚的原因。虽然双方均同意的离婚并不需要原因，但是在一方提出离婚而另一方不同意的情况下，考察是否存在可以离婚的原因就成为执法官的责任。在罗马法律中，构成对单方提出离婚给予支持的原因主要包括：

第一，生理原因。①已结婚两年的丈夫因天生阳痿而不能与妻子结合，当妻子或其父亲提出离婚时，她不丧失嫁资但结婚前的赠品要留在丈夫处；②配偶一方患有精神病的，另一方可以据此提出离婚主张。

第二，过错原因。罗马法针对女性的过错作出了明确规定，主要有：①妻子故意流产；②因淫欲而与男人们在公共浴场沐浴；③在婚姻存续期间另找了一个丈夫[43]。

第三，犯罪原因。配偶一方犯有叛逆罪或者因严重犯罪行为被判刑，另一方可以依此提出离婚。

四、嫁资

(一) 嫁资的意义

嫁资（dos）是罗马法中特有的一个术语，嫁资制度是罗马法中最古老的制度之一。嫁资是指妻子、妻子的家父或第三人向要承担婚姻重荷的丈夫给付的财产。在罗马法中，嫁资是与婚姻相伴而生的一种法律制度。“没有‘婚姻’一词，也就不会有‘嫁资’一词。”[44]

以法律的方式设计嫁资制度的目的在于使丈夫在承担婚姻的重荷时有一定的物质条件，因此，“哪里有婚姻的重荷，哪里就有嫁资”[45]。法律直接赋予丈夫在婚姻存续期内对妻子带来的嫁资有利用权，甚至为家庭利益而支配嫁资的权利。乌尔比安认为：“出于公正的考虑，应当由丈夫享有嫁资的孳息，因为是他本人承担婚姻的重荷，他本人获得嫁资的孳息是公道的。”[46] 不过，如果我们再继续观察罗马法设计嫁资制度的深层目的，婚姻、家庭与社会、国家之间的利益

---

〔42〕 罗马法原始文献 C. 5，17，8pr.，狄奥多西皇帝和瓦伦丁尼安皇帝致大区长官奥尔米斯达，前揭书，第 75 页。

〔43〕 罗马法原始文献 C. 5，17，11，2，优士丁尼皇帝致宫廷总管埃尔莫杰内·梅斯德罗，前揭书，第 77 页。

〔44〕 罗马法原始文献 D. 23，3，3，乌尔比安语，前揭书，第 79 页。

〔45〕 罗马法原始文献 D. 23，3，56，1，保罗语，前揭书，第 79 页。

〔46〕 罗马法原始文献 D. 23，3，7pr.，乌尔比安语，前揭书，第 81 页。

关系便会清晰地浮现。保罗将这种关系表达为："女性要有完整的嫁资方能结婚是符合国家利益的。"〔47〕显然，嫁资制度的出现不仅是为了增强丈夫承担婚姻重荷的物质能力，也不仅是能够因嫁资制度的出现而使家庭趋于稳定，更重要的是家庭稳定得以使社会稳定。因此，嫁资制度的存在符合国家利益。

（二）嫁资的形成

嫁资形成的前提是婚姻必须成立。甚至围绕着嫁资而出现的合同及其诉权，也必须以婚姻的存在为前提，因为罗马人"公认的是，因嫁资而订立的契约要包含下列条件：只要婚姻成立。因此，如果婚姻成立，基于上述条件可以提起诉讼，这也是大家公认的。但是，如果婚姻不成立，那么上述条件无效"。〔48〕

嫁资必须是女方家庭在女儿出嫁之前准备的财产。准备嫁资是女方家庭尤其是父亲的义务。因此，如果他人将一定数额的财产赠给父亲，其所附的条件是：该财物是父亲给女儿的，根据乌尔比安和尤里安的观点，"这样的财物不是嫁资的组成部分"〔49〕。因为父亲把这些财产交付给女儿是根据赠与人的要求而负有的给付义务，该给付义务与作为父亲将准备的嫁资交付给女儿的给付义务是两个性质不同的给付。如果父亲没有将他人赠与的财产交付给女儿，则他将被提起"返还之诉"。

在这里，作为嫁资的财产是广义的，既包括有体物如牛、金币、衣物等，也包括无体物如债权、不动产用益权等。

鉴于嫁资有可能产生孳息，如母牛生出小牛，对嫁资的孳息是否构成嫁资的组成部分。罗马法的规则是：嫁资的孳息是在婚姻存续期间得到的，该孳息不属于嫁资。但如果是在婚礼前获得的孳息，则该孳息变成嫁资，除非双方在结婚之前有例外的约定。

（三）嫁资的权利归属与权利制约

1. 在婚姻存续期间内给予的嫁资财物，所有权归丈夫。结婚之前给予的嫁资财物，其权利归属稍有不同：

（1）如果未婚妻有将嫁资财物立即归未婚夫所有的意愿，则该财物所有权立即属于未婚夫。

（2）如果女方的意愿是"从她成为他的妻子时起该财物马上归丈夫所有"，则在她被宣布成为妻子时，该财物立即归丈夫所有。不过，如果婚姻不成立，即意味着女方将"财物马上归丈夫所有"的条件没有出现，该财物不属于男方。

---

〔47〕罗马法原始文献 D. 23，3，2，保罗语，前揭书，第79页。

〔48〕罗马法原始文献 D. 23，3，21，乌尔比安语，前揭书，第85页。

〔49〕罗马法原始文献 D. 23，3，5，9，乌尔比安语，前揭书，第81页。

如果婚姻没有成立而财物已经交付给男方，法律确认女方享有提起“确认产权之诉”或“返还之诉”的权利。但是，在没有确定婚姻不成立之前，女方就提起“确认产权之诉”的，则男方可以“实施欺诈”为由进行抗辩，所涉及的嫁资之物不应返还。[50]

总之，在婚姻存续期间，嫁资属于丈夫的财产[51]。不过，丈夫对嫁资的利用与处分的权利受到限制，因为“尽管嫁资是丈夫财产的一部分，但从一定意义上讲亦属于妻子”[52]，这取决于嫁资制度设立的目的，即妻子给丈夫交付嫁资，旨在增强丈夫承担婚姻重荷的能力。

2. 丈夫对嫁资的权利主要受到如下制约：

（1）履行管理义务。“对嫁资之物的损失，无论是诈欺还是过错，丈夫都应承担责任，因为丈夫是为自己的利益接受女方嫁资的。丈夫要像管理已物一样用心地管理嫁资。”[53]

（2）未经妻子同意禁止出售或抵押嫁资田宅。根据《尤里亚法》，禁止丈夫在没有妻子同意的情况下出售嫁资田宅以及禁止未经妻子同意的抵押。“丈夫不仅不能未经妻子的同意将嫁资田宅进行抵押，而且亦不能出售之。因为要避免丈夫利用妻子的软弱使她迅速地变得贫穷。”[54]

（3）在婚姻存续期间，于法律规定的情形下将嫁资归还给妻子。在婚姻期间，因发生下列情形丈夫应当将嫁资归还给妻子：为了养活她自己及其子女；为了购买合适的田宅；为了给被流放的或放逐于海岛上的父亲提供食物；为了扶养陷于贫穷中的与其他男子所生的孩子或她自己的兄弟姐妹。[55]

（四）婚姻解除时嫁资的归还

根据罗马法的规定，在解除婚姻时，妻子恢复对嫁资的所有权[56]。因为伴随着婚姻的人为解除，嫁资也就失去了其功能与作用，丈夫亦没有了享有这些嫁资权利的理由。此外，罗马法学家们还认为，保护好妇女的嫁资符合国家利益，因为有了嫁资财产，可以使女性在生育和喂养子女方面获得保障，其结果是满足增加城市人口的目的。[57] 需要返还的不仅涉及不动产如田、宅，也涉及丈夫不

---

〔50〕 罗马法原始文献 D. 23，3，7，3，乌尔比安语，前揭书，第 83 页。

〔51〕 罗马法原始文献 D. 50，1，21，4，保罗语，前揭书，第 95 页。

〔52〕 罗马法原始文献 D. 23，3，75，特里佛宁语，前揭书，第 93 页。

〔53〕 罗马法原始文献 D. 23，3，17pr.，保罗语，前揭书，第 95 页。

〔54〕 罗马法原始文献 C. 5，13，1，15 和 C. 5，13，1，15b，优士丁尼皇帝致君士坦丁堡和所有行省的民众，前揭书，第 99～101 页。

〔55〕 罗马法原始文献 D. 23，3，73，1，保罗语，前揭书，第 103 页。

〔56〕 罗马法原始文献 D. 23，3，78pr.，特里佛宁语，前揭书，第 93 页。

〔57〕 罗马法原始文献 D. 24，3，1，彭波尼语，前揭书，第 103 页。

能随意处分的可称量计重的动产。因此，如果丈夫在婚姻期间肆意按照自己的意愿处置动产嫁资，不意味着返还义务会随着动产的消失而消失。正如盖尤斯说的那样："可称量计数的嫁资物品使丈夫面临着风险，因为丈夫依自己的意志将其处分掉，但在该婚姻瓦解时，或是他本人，或是他的继承人只能以同种类和质量的物品进行返还。"〔58〕

如果双方就婚姻解除时的嫁资返还有约定而该约定违背法律或良俗，则该约定无效。彭波尼（Pomponius）〔59〕在其作品《论萨宾》中写道，如果妻子与丈夫约定：在返还嫁资时不以嫁资财产的范围为限而是以他的全部的财产进行返还。是否应遵守这一约定？彭波尼的观点是不能遵守该约定。乌尔比安明确支持这个看法，认为该约定违反良俗，没有给丈夫以应有的尊重〔60〕。保罗也认为："不能就嫁资达成下列简约：对妻子的不良习惯不起诉她或者在返还嫁资时或多或少地扣除她的财产。私人简约不能废罢公法（ne publica coercitio privata pactione tollatur）。"〔61〕

五、姘合

（一）姘合的意义

姘合（concubinatus）是指没有合法的婚姻关系却又共同生活在一起的男女关系。早期罗马市民法中对什么是姘合并没有规定，完全是法学家们作出解释。保罗在《论尤里亚和巴比亚法》中对此有一个介绍："马苏利乌斯（Massurius）〔62〕在《回忆录》一书中写道：根据古人的思想，'妾'（pellex）是指与男人共同生活但不是妻子的女性。在现今又被叫做'情妇'（amicam），更确切的名称叫'姘合之妇'（concubinam）。克拉克尼乌斯·佛拉古斯（Granius Flaccus）在《论巴比里亚努斯法集》（Papirianus）一书中写道：现在常将与已有妻子的男人发生关系的女性称为'妾'。但有些人这样解释：她是没有举行婚礼但在家中处于妻子位置的人，这便是希腊人称的'妾'。"〔63〕

值得注意的是，罗马人所讲的"妾"或"姘合之妇"不是丈夫在有妻子的情况下又另外有一个共同生活的没有婚姻关系的女性，因为"在婚姻存续期间有姘合之妇是完全不允许的"〔64〕。姘合的存在是因社会身份等法律障碍致使男女双

---

〔58〕 罗马法原始文献 D. 23，3，42，盖尤斯语，前揭书，第95页。

〔59〕 公元2世纪的法学家。

〔60〕 罗马法原始文献 D. 24，3，14，1，乌尔比安语，前揭书，第109页。

〔61〕 罗马法原始文献 D. 23，4，5pr.，保罗语，前揭书，第111页。

〔62〕 即尤里安。

〔63〕 罗马法原始文献 D. 50，16，144，保罗语，前揭书，第145页。

〔64〕 罗马法原始文献 C. 5，26，1，君士坦丁皇帝致民众，前揭书，第147页。

方无法举行婚礼成为合法夫妻。但是，姘合不是犯罪行为，“并不因为有姘合关系而构成通奸罪”[65]；相反，姘合关系在法律上被承认有其效力。

(二) 姘合的必要条件

(1) 姘合之妇的年龄不得小于12岁。

(2) 姘合之妇必须具有自由人身份，“女解放自由人和女生来自由人都可能成为姘合之妇，特别是她出生于出身卑微的家庭或从事卖淫职业”。[66]

(3) 女性出于自愿。一名女性成为姘合之妇，必须是自愿或其行为表明她有这个意愿。

(4) 男女之间缔结婚姻存在法律障碍。例如，根据罗马市民法的规定，元老院成员如果与女性解放自由人结婚存在法律障碍。但是，“如果一个男子愿意有一个生活正派和生来为自由人的女子作为妾而没有证据证明他们不能或不愿缔结婚姻，则不允许她为姘合之妇。在这种情况下，他必须要娶其为妻，如果不同意则属于诱奸”[67]。

(5) 没有违反法律禁止性规定。例如，某人与其姊妹的女儿姘居，尽管该女子是获得自由的女奴，仍然构成乱伦[68]。该姘合行为被禁止。

(三) 姘合的效力

由于没有婚姻关系，基于姘合关系所生子女被称为“亲生子女”。无论有几个姘合所生的子女，父亲只能将他的财产中的1/12留给亲生子女和他们的母亲进行继承。如果没有子女而只有姘合之妇，则姘合之夫只能给她留下1/24的财产。因为“超过上述允许份额的部分必须要依法给婚生子女、或婚生子女的母亲、或其他的继承人”。[69]

第二节 家庭概述

一、罗马社会早期的家庭

“家庭”(familia)一词，是罗马法原始文献中出现的最为频繁的表达之一。众所周知，家庭作为一种特别的社会团体，表现出强烈的社会属性。尤其在古代，不同社会、不同国家对“家庭”的理解各有不同。罗马社会的家庭也概莫能外。

---

[65] 罗马法原始文献D. 25，7，3，1，马尔西安语，前揭书，第147页。

[66] 罗马法原始文献D. 25，7，3pr.，马尔西安语，前揭书，第147页。

[67] 罗马法原始文献D. 25，7，3pr.，马尔西安语，前揭书，第147页。

[68] 罗马法原始文献D. 23，2，56，乌尔比安语，前揭书，第147页。

[69] 罗马法原始文献C. 5，27，2，阿卡丢皇帝和奥诺里皇帝致大区长官安德密奥，前揭书，第149页。

在罗马社会早期，由于家庭既涉及财产，又涉及人，所以，家庭有时被理解为是“财产”（res），例如在《十二表法》中有关于“……最近的宗亲属继承未立遗嘱而死亡的人的家庭”的规定，即表达了家庭“是财产”的认识；有时家庭又被理解为“单独的人”，例如《十二表法》在涉及保护人和解放自由人时，使用“从那个家庭中”或者“在那个家庭中”的表达时，就是把“家庭”理解为“单独的人”。[70]

二、罗马家庭的意义

在罗马法中，通常认为“familia”的特有内涵是指隶属于同一个家父权（pater familias）下的多个自由人组成的实体。这些自由人可能产生于自然血亲关系，也可能产生于收养等拟制血亲关系。学者们将这样的家庭称为“罗马家庭”。

罗马家庭最大的特点是“家父制”。家父并非完全是指血缘意义上的父亲，没有儿子甚至没有结婚的成年男性依然可以被称为家父，因为“家父不仅仅是指他这个人，也是指一种支配权”[71]。被称为“家父”的人在家中有着最高的地位，他对罗马家庭成员有着人身与财产上的支配权。对家庭成员的人身支配主要表现为在罗马社会早期家父可以将家子卖为奴隶。在罗马早期社会中，唯有家父具有独立人格，其他家庭成员都是家父的“手足延伸”。在罗马早期进行的5年一次的人口普查中，在人口登记簿上唯有家父的名字。当一个家父死亡时，被他监护的人和在家父死亡时隶属于他的人们可以有其单独的家庭，他们也可以成为家父。同样，解放自由人在被解放后也可以变成家父。在罗马社会后期，家父及家父权的功能与作用逐渐淡弱。

如果从社会角度观察，罗马家庭实际上就是罗马社会中以家庭形式构成的一种政治组织。罗马社会生活的诸多内容，如进行宗教祭祀、家庭成员及家庭财产的管理、婚嫁活动的举行等，都是由家父亲自掌控或必须取得家父的许可。

在当时的法学界，对罗马家庭有广义与狭义的理解，乌尔比安的观点最具代表性：“‘家庭’的意义可理解为由多个人组成的实体。该实体可分为‘狭义家庭’和‘广义家庭’”。[72]

乌尔比安所说的“狭义家庭”是指无论是基于自然，或基于法律都处于同一个支配权之下的多个人，比如家父、家母、家子、家女以及以后接替他们位置

〔70〕 罗马法原始文献D. 50，16，195，1，乌尔比安语，前揭书，第5页。

〔71〕 罗马法原始文献D. 50，16，195，1，乌尔比安语，前揭书，第5页。

〔72〕 罗马法原始文献D. 50，16，195，2，乌尔比安语，前揭书，第5页。

的孙子、孙女，并一代代地如此循序渐进。其中只有“家父”是自权人（sui iuris),其他家庭成员均属于他权人（alieni iuris）。当家父死亡或者丧失自由权或市民权后，其与隶属于他的罗马家庭成员之间的服从和隶属关系随之消失，该家庭中的男性“家子”由他权人变成为自权人，可以设立自己的罗马家庭并成为家父。

乌尔比安所说的“广义家庭”则由全部的有血亲关系或宗亲关系的人构成的家庭。在这些人中不乏有多个家子后来成为了家父并有了各自隶属于他们的家庭，但是他们都是曾经处于同一父权之下的人，都是来自于同一个宗族即同一家庭的成员。

三、家庭亲属制度

（一）家父权与家庭关系

如前所述，罗马家庭是由享有支配权的家父与其他处于该家父支配权下的家庭成员所构成的实体。因此，对罗马家庭亲属关系的理解，不能忽视家父权对亲属关系的影响。

按照罗马市民法的规定，罗马家庭中的家子、家女及其后代所生的直系卑亲属，均处于家父支配权之下。这是罗马市民特有的规定之一。[73] 罗马家庭客观上就是罗马社会中一种以家庭形式表现的政治组织。因此，罗马家庭中，家父与家子等之间的支配权人（即自权人）与被支配权人（即他权人）之间的关系，是罗马家庭亲属关系中的特有状态。

（二）亲属关系

1. 血亲、宗亲与姻亲。罗马社会的法学家们把血亲、宗亲和姻亲纳入他们的研究视野，以便于为处理相关法律问题提供理论依据。因为在处理诸如遗产继承和监护时，需要对宗亲作出判断、在处理遗产占有时需要涉及血亲的判断、在涉及刑事诉讼案件时则常常涉及姻亲者和宗亲者是否可以作证人的问题[74]。

“血亲”（cognatio）一词来自希腊语，它是指出生于或者来自于一个共同祖先的人们之间的亲属关系[75]。

“宗亲”（adgnatus）是指基于父系而形成的同一家庭的亲属关系。事实上，仅仅是同一母亲所生的人才被认为是兄弟。因此，当他们是同父异母时，也是宗亲属[76]。在罗马社会，隶属于父权之下的人们被认为是宗亲属中关系最近的

---

〔73〕 罗马法原始文献 D. 1，6，4 和 D. 1，6，3，乌尔比安和盖尤斯语，前揭书，第 9 页。

〔74〕 罗马法原始文献 D. 38，10，10pr.，保罗语，前揭书，第 11 页。

〔75〕 罗马法原始文献 D. 38，10，10，1 和 D. 38，10，4，1，保罗和莫德斯汀语，前揭书，第 13 页。

〔76〕 罗马法原始文献 D. 38，10，10，6，保罗语，前揭书，第 15 页。

人[77]。宗亲是血亲的组成部分，早在《十二表法》中就已经把有宗亲属关系的人也称为血亲。但是，基于母系出生的亲人则仅被称为血亲而非属于宗亲[78]。宗亲属又被细分为直系宗亲属（recta linea）和旁系宗亲属（cognati exlaterilus）。直系宗亲属包括父母亲、祖父母、曾祖父母及其他所有的依次往上排列的祖先。旁系宗亲属则包括兄弟姐妹及他们所生的子女，叔爷、伯爷、姑奶、姨奶、叔、伯、姑、舅、姨及其配偶等[79]。

血亲与宗亲属之间的关系是属与种的关系。因为凡是宗亲属者同时亦是血亲者，而凡是血亲者并非一定是宗亲属者。因为宗亲属是市民法上的概念，血亲则是自然法上的概念[80]。

"姻亲"（adfines）也是罗马法中确认的一种亲属关系。配偶一方的血亲对另一方而言就是姻亲。姻亲关系产生的原因是婚姻，即婚姻将两种不同的血亲关系联系在一起[81]。岳父和公公、岳母和婆婆、女婿、儿媳等均属于之。

2. 尊亲属与卑亲属。在罗马法中，学者们根据具有亲属关系的人之间不同的辈分，提炼出尊卑亲属的划分标准。尊亲属包括父母、祖父母、曾祖父母及其他所有的依次往上排列的祖先[82]。与之相对应的是卑亲属，他们不仅包括处于家父权支配之下的人，而且还包括这个家庭中曾经是他权人后成为自权人的所有男性后代、女性后代和由女儿所生育的后代[83]。

3. 亲等。在罗马法中，学者们不仅提出了血亲、姻亲等划分标准及其理论，而且还提出了亲等（gradus）理论。对何为亲等保罗有一个形象化的解释："'亲等'类似于阶梯或者斜坡之状，我们由前至后地行进在该阶梯或斜坡中，这就如同第二个阶梯是从第一个阶梯产生出来的一样。"[84]

判断一个人处于哪一亲等，需要从该人的亲属关系入手进行分析。保罗提出了具体的分析方法："如果他是直系亲属上或下一亲等的人之一者，如果我们在每一个亲等中都考虑最近亲属之人的话，我们便很容易地找到上一亲等或下一亲等。事实上，离我最近的人对我而言他是第二亲等；同样，离我越远的亲等，数字越大[85]。在旁系的亲等中亦应这样为之。为此，兄弟处于第二亲等，因为生

---

〔77〕 罗马法原始文献 D. 38，10，10，3，保罗语，前揭书，第 15 页。

〔78〕 罗马法原始文献 D. 38，10，10，2，保罗语，前揭书，第 13 页。

〔79〕 罗马法原始文献 D. 38，10，10，8，保罗语，前揭书，第 17 页。

〔80〕 罗马法原始文献 D. 38，10，10，4，保罗语，前揭书，第 15 页。

〔81〕 罗马法原始文献 D. 38，10，4，3，莫德斯汀语，前揭书，第 19 页。

〔82〕 罗马法原始文献 D. 50，16，51，盖尤斯语，前揭书，第 11 页。

〔83〕 罗马法原始文献 D. 50，16，56，1，乌尔比安语，前揭书，第 11 页。

〔84〕 罗马法原始文献 D. 38，10，10，10，保罗语，前揭书，第 17 页。

〔85〕 即从第二亲等往第三、第四及其后的亲等类推下去。

育我和兄弟的父亲或母亲在亲属关系中被认为处于第一亲等。”[86]

在罗马法中，亲等被考虑止于第六等。对此，莫德斯汀的解释是：“当确认是否有血亲关系时，不易考虑到第七亲等，因为事物的自然性决定着不可能有超过这一亲等的生命的存在”[87]。需要注意的是，姻亲不存在亲等[88]。

4. 亲属关系与自然法、市民法。如果将现代社会不同国家有关亲属立法的内容与罗马法有关亲属的法律内容做出比较分析，显然，罗马法中亲属关系理论对现代亲属关系理论影响很大。一个产生于公元前2世纪，成熟于公元3世纪的罗马亲属关系理论，之所以对后世产生如此大的影响，主要来源于法学家们对亲属关系的本质之认识。对此，我们可以从莫德斯汀的一段话中获得启示：“罗马人的亲属关系之实质要从两方面理解：亲属关系一方面是基于市民法而形成，另一方面则基于自然法而形成，有时亲属关系的发生是基于市民法与自然法的融合。事实上，存在着只有自然法的而没有市民法的亲属关系，例如妇女分娩的非婚生子女。市民法上的亲属关系，即法律上的亲属关系，也存在着并非基于自然法而形成的亲属关系，例如通过收养产生的亲属关系。当儿子基于合法的婚姻关系出生时，该亲属关系既基于自然法又基于市民法而产生。但是，自然亲属关系仅此一名称，而市民法的亲属关系则还有更确切的名称，称作‘宗亲属关系’(adgnatio)，因为该亲属关系产生于男性一方”[89]。

同时，罗马学者们也注意到了自然法与市民法之间对待奴隶的不同态度，按照自然法理念，人们“在讨论血亲时，还应当涉及奴隶的问题。我们通常讲奴隶父母、奴隶子女、奴隶兄弟。但是市民法不涉及奴隶的亲属关系”[90]。这是罗马社会的法律所具有的历史局限性的典型表现之一。

四、家庭扶养关系

家庭扶养关系（alimenta）是依自然法而存在的一种家庭关系，它体现为具有血亲关系的家庭成员之间相互扶助的权利和义务关系。在罗马学者的作品中，这种家庭扶养关系被解读为构建在“衡平和血缘之爱的原则”[91]和“仁爱之观念”基础上的家庭关系，它揭示出罗马人对家庭扶养关系所持有的自然伦理观。

根据罗马法原始文献的记载，家庭扶养关系主要体现为：

1. 父母与子女之间的扶养关系。父母要抚养子女，子女也要赡养父母。即

---

[86] 罗马法原始文献 D. 38，10，10，9，保罗语，前揭书，第17页。

[87] 罗马法原始文献 D. 38，10，4pr.，莫德斯汀语，前揭书，第17页。

[88] 罗马法原始文献 D. 38，10，4，5，莫德斯汀语，前揭书，第19页。

[89] 罗马法原始文献 D. 38，10，4，2，莫德斯汀语，前揭书，第13页。

[90] 罗马法原始文献 D. 38，10，10，5，保罗语，前揭书，第15页。

[91] 罗马法原始文献 D. 25，3，5，2，乌尔比安语，前揭书，第137页。

使子女是非婚生的，父母也要承担起抚养的义务，自然，非婚生子女也要承担赡养父母的义务。

不过，乌尔比安认为，在判断父母子女之间是否存在扶养关系时，应当注意查明两种情况：①需要抚养的子女是否处于父权之下或者尚是解放自由人的子女，或者他们基于其他原因而变成了他权人。按照他的观点，不处于父权之下的子女应当被父亲抚养，相应的他们也要赡养父亲。②子女必须要赡养的仅仅是父亲，还是宗亲属或是曾祖父即父系及其他男性亲属的父亲，或是还有母亲和她的亲属及其他外戚。乌尔比安认为："最为合理的是裁判官的裁决要有利于双方，例如既满足双方的需求，又能医治双方的疾病。基于衡平和血缘之爱的原则，裁判官要衡平各方的需要。"[92]

在罗马法中，父母拒绝履行抚养子女的义务不仅是一般性地违反法律，而且可能构成犯罪。根据法律规定，那些弃孩子于街头而拒绝抚养他的人、将孩子抛弃于公共场所让他人怜悯的人，均被认为是杀害孩子的人[93]。

但是，如果儿子能够自己养活自己，则裁判官就要考虑是否不要求父亲抚养儿子。比友皇帝曾经发出谕令，曰："审理案件的裁判官们来到你这里，肯定你是个工匠，不过因为健康原因，使你虽然能工作但却不能养活自己，在这种情况下，裁判官将裁决你的父亲要依其经济情况来抚养你"。[94]

显然，在罗马社会，父母子女之间是否具有扶养关系，裁判官对事实的认定与裁决十分重要。因此，乌尔比安就裁判官作出有关父母子女扶养的裁决，提出了一定规则：

（1）在父亲否认儿子是己出而拒绝承担抚养义务时，或在儿子否定某人是己父时，裁判官们应当对此进行及时而又清楚的调查。如果查明儿子或父亲的主张是正确时，才能够作出承担扶养义务的裁决。如果他们的主张都不正确，则不就扶养问题作出裁决[95]。

（2）如果有扶养义务之人拒绝履行扶养义务，裁判官要根据扶养人的经济能力给予裁决。如果扶养人拒绝依裁决履行扶养义务，则裁判官为了执行裁决，可以将扶养人的财产进行抵押。[96]

（3）裁判官面对着扶养请求，还应当考虑直系亲属或父亲不愿抚养其子女是否有一定道理。马尔克皇帝曾下谕令给特雷巴兹友·马里诺（Trebatius Mari-

---

〔92〕 罗马法原始文献 D. 25，3，5，1 和 D. 25，3，5，2，乌尔比安语，前揭书，第135、137 页。

〔93〕 罗马法原始文献 D. 25，3，4，保罗语，前揭书，第 135 页。

〔94〕 罗马法原始文献 D. 25，3，5，7，乌尔比安语，前揭书，第 137 ~ 139 页。

〔95〕 罗马法原始文献 D. 25，3，5，8，乌尔比安语，前揭书，第 139 页。

〔96〕 罗马法原始文献 D. 25，3，5，10，乌尔比安语，前揭书，第 139 页。

nus）曰：如果儿子将父亲赶了出去，则父亲拒绝抚养儿子是公正的[97]。乌尔比安提出："根据自然规则，儿子必须要赡养父亲，但是谕令规定道：儿子不应承担履行父亲债务的义务。"[98]

（4）服兵役的儿子也应当赡养父母。

（5）儿子的继承人不被强迫承担儿子生前基于孝顺而进行赡养的义务，除非儿子的父亲陷入贫困的境地[99]。

2. 祖父对孙子女的抚养义务。比友皇帝（Pius）曾经在其作出的规定中确认：祖父对孙子女负有抚养的责任。不过，法学家马尔切勒对此有一个限定性的解释，即通常而言，祖父不承担对儿子的子女的抚养义务，外祖父也不承担女儿的子女的抚养义务，因为女儿的孩子不是由外祖父而是应当由孩子的父亲来抚养，"除非孩子的父亲已经去世或是穷人"[100]。

五、家子身份的出现与终止

家子身份的产生渊源于其出生时与家父的关系，也就是说，当一名男婴出生在罗马家庭中的时候，该男婴就作为家子立即处于了家父权的支配之下。只要家父未亡，包括家子在内的家庭成员作为他权人均处于家父的支配权下。

1. 在作为家子期间，家子具有如下几个重要的活动资格：

（1）缔结婚姻的资格。作为自由人并具有市民身份的家子，具有缔结婚姻的自然能力。当然，根据罗马市民法的规定，家子的婚姻必须经过家父的同意，这是缔结婚姻的前提条件。

（2）成为监护人的资格。家子如同家父那样，也可以被指定为监护人[101]。

（3）成为债务人的资格。家子可作为债务人与他人缔结债的关系，"家子如同家父一样，可以承担所有的债务，为此，能够像起诉家父一样地起诉家子"[102]。但是，《马切多元老院决议》规定禁止贷款给处于家父权之下的家子。

（4）主张遭受严重不法侵害的资格。在罗马法中，对因遭受不法侵害所受到的损害要进行评估，以对行为人做出相应的法律处罚。不法侵害行为如果被评估为严重的，则要遭受严厉的惩罚。在优士丁尼《法学阶梯》中列举了一些行为，例如某人被他人打伤或遭到棍棒殴打、某人在露天剧场或公共集事场所或当

---

〔97〕 罗马法原始文献 D. 25，3，5，11，乌尔比安语，前揭书，第 139 ~ 141 页。

〔98〕 罗马法原始文献 D. 25，3，5，16，乌尔比安语，前揭书，第 141 ~ 143 页。

〔99〕 罗马法原始文献 D. 25，3，5，17，乌尔比安语，前揭书，第 143 页。

〔100〕 罗马法原始文献 D. 25，3，8，马尔切勒语，前揭书，第 143 页。

〔101〕 罗马法原始文献 J. 1，14pr.，徐译《法学阶梯》，第 67 页。

〔102〕 罗马法原始文献 J. 3，19，6，徐译《法学阶梯》，第 363 页。罗马法原始文献 D. 44，7，39，盖尤斯语，费译《婚姻·家庭和遗产继承》，第 191 页。

着裁判官的面被实施不法侵害、执法官蒙受不法侵害、元老院成员遭到地位低下者的不法侵害、家父或恩主遭到了子女或解放自由人的不法侵害等情况。在评估中，对家子实施的不法行为与对家父实施的不法行为很少有区别，均属于严重的不法侵害[103]。

(5) 独立承担自己实施的不法侵害行为的后果。与家父分开居住的家子，如果实施了对他人的不法侵害行为时，例如从其居住的楼房内抛掷物品或倒泼污水，再如他摆放的或悬挂的物发生了坠落导致他人受到损害，那么，被害人是起诉家父还是起诉家子？法学家尤里安作出的具有法律效力的解释是：不发生对抗家父的任何诉权，而是必须要起诉家子本人。[104] 在罗马社会早期的规则中，规定在家子或家女致人损害的情况下，家父可通过交出他们免除自己的责任，即发生损害投偿权[105]行使的情况。但这种习惯后来被废除，因为把自己的儿子尤其是女儿作为加害人交给他人进行人身处置，既不合家庭伦理道德，也是对粗野行为的过分纵容，所以“这样的粗野必须唾弃，要从所有的共同习惯中完全消失掉”[106]。因此优士丁尼作出决定，损害投偿诉权只能适用于奴隶，而家子本人可因自己的不法侵害行为被提起诉讼。

针对家子在诉讼中可能发生的死亡情况，罗马法也作出了体现其缜密思维特点的规定，法学家乌尔比安的具有法律效力的解释突出体现了该特点：“对家子既可基于契约又可基于私犯而提起诉讼。但是，在争讼阶段儿子死亡的，该诉讼的裁决要转由父亲承担。他只在特有产和把父亲的财产返还于特有产之中的财产范围内承担责任”。[107]

2. 家子身份的终止主要产生于如下情形：

(1) 家父解放家子。这是最常见的家子身份终止的情况。但是，在优士丁尼之前，家父在解放家子时，根据已有的谕令，家父有权从摆脱其支配的家子家女们的财产中扣留 1/3 份额，这显然带有以此作为摆脱父权而付出代价的意思。优士丁尼认为一些不人道的事情就是由于这样的规定所导致的，例如家子虽然被从家父权下所解放，但是“由于这样的解放而丧失了其财产的一部分所有权，换言之，自权人地位的取得是以财产的减少为对价”。因此，优士丁尼作出新的规定：家父可以获得被解放的家子家女财产的 50% 的用益权而不是所有权。优士丁尼认为这种方式的优势是，既可以让摆脱家父权的家子、家女获得完整的财

---

〔103〕 罗马法原始文献 J. 4，4，9，徐译《法学阶梯》，第 451 页。

〔104〕 罗马法原始文献 J. 4，5，2，前揭书，第 455 页。

〔105〕 有关损害投偿权的知识请参见本书“私犯之债”一章的相关内容。

〔106〕 罗马法原始文献 J. 4，8，7，徐译《法学阶梯》，第 495 页。

〔107〕 罗马法原始文献 D. 5，1，57，乌尔比安语，费译《婚姻·家庭和遗产继承》，第 191 页。

产，又可以使家父获得了一半财产的用益权，家父对其可利用的财产数额被扩大了[108]。

（2）皇帝的特许。家子成为军人甚至成为元老或执政官，不会自然使其摆脱家父权，他们仍处在家父权下。因为在优士丁尼之前，军人或执政官的身份并不把家子从家父权下解脱出来。对此，优士丁尼皇帝认为这实际上是对皇帝的崇高权威的一种挑战，因此，优士丁尼发布了一个谕令，规定当某人被皇帝授予最高贵族等级身份时，他便立即从家父权下解脱出来[109]。

六、家子特有产

（一）特有产的理解与范围

家子特有产（peculium）是罗马家庭财产制度中一种不同于一般规则的制度。按照罗马市民法的一般规则，罗马家庭中只有家父享有财产所有权，家子没有自己的独立财产。不过，由于家子是家父的手足延伸，大量应当由家父进行的经济活动基于各种原因需要由家子完成，为此即产生了家子特有产。家子特有产是指家父交付给家子或家子根据法律规定获得在能够自由经营或支配的财产。特有产的范围最初仅包括一些简单的动产和金钱，但是，由于在社会活动中特有产制度适用范围的逐渐扩大，特有产不仅包括了动产和不动产的全部类型物品，还包括了特有产中的奴隶、特有产中的奴隶的特有产以及债权[110]。此外，家子基于自己的节俭而衍生的财产、基于其职位而得到的赠与和报酬等均被认为是特有产的内容。

（二）特有产的主要类型

1. 父授特有产。这是指家父交付家子供其经营或支配的财产。该类型的特有产的特点是家子对特有产有按己意愿进行使用甚至最终支配。使用主要针对不动产，最终支配主要针对动产，如将粮食与他人之物进行互易。尽管家子的支配行为涉及所有权的转让，但是，从法律意义上讲，父授特有产的所有权却属于家父。家父不仅可以按自己的意愿有权随时收回该特有产，而且在家子脱离父权时，家父也可以要求家子归还该特有产。当然，如果家父没有要求归还特有产的，则财产所有权转归已脱离父权者所有。

2. 法授特有产。这是指法律确认家子可以持有的特有产。“法授”是指法律对家子持有的特有产的认可。它们主要包括家子自有特有产和军役特有产。

---

〔108〕罗马法原始文献 J. 2，9，2，徐译《法学阶梯》，第167页。

〔109〕罗马法原始文献 J. 1，12，4，前揭书，第59页。

〔110〕罗马法原始文献 D. 15，1，1，4，乌尔比安语，费译《婚姻·家庭和遗产继承》，第207页；罗马法原始文献 D. 15，1，7，4，乌尔比安语，前揭书，第209页；罗马法原始文献 D. 15，1，39，佛罗伦汀语，前揭书，第213页。

（1）家子自有特有产是家子不具有赠与等自由处分权能的特有产。它们产生于家子的节俭所衍生的财产、家子因其职位而获得的赠与或报酬等。

（2）军役特有产（peculium castrense）指家子在服兵役期间获得的财产，如在战争期间获得的战利品、家父向服兵役的家子进行的赠与、服兵役者为战争而买受的财产等。家子对自己的军役特有产享有处分权，甚至家子可以把军役特有产卖给家父，这是法律给家子的特权，因为一般的规则是“父亲与儿子之间不能缔结买卖契约”[111]。军役特有产的转让不产生家父承受家子债务的后果，对此，马尔西安的解释是“父亲不因儿子对军役特有产订立契约所产生的债务而被他人提起‘特有产之诉’。但是，如果父亲自愿应允被提起‘特有产之诉’，则将像所有辩护人为儿子提供连带担保一样。那么，如果败诉，责任的承担不应当限于儿子的军役特有产范围内，而应限于父亲的全部财产范围内”。[112]

父授特有产与法授特有产的不同主要表现在特有产的归属上。父授特有产属于家父，家子享有自由经营和按照家父指令进行支配的权利，收益归属于家父。家子尽管有自由经营父授特有产的自由，但是如果他随意将特有产赠送给别人，则被认为是对特有产的浪费而遭到禁止。家父可以随时将特有产收回。法授特有产属于家子，虽然由于受到法律的制约而不是完全的所有权，但是，家子可以用法授特有产与家父进行交易活动。家父对家子的特有产有用益权，不能随意剥夺家子对法授特有产的权利。在家子死后，家父对家子的法授特有产有遗产继承权。

罗马法对家子特有产的权利规则有一个变化过程。在优士丁尼之前，法律的规则是：包括家子在内的卑亲属对父授特有产有经营的权利，基于经营而取得的全部新的财产均属于对他们有支配权的家父。家父有权将这些财产进行赠与、出售或以其愿意的任何方式归于其他家子或家外人。对此，优士丁尼认为这不人道，通过发布谕令而确定了如下规则：“如果某物是基于父授财产取得的，根据古老的规则，该物全部为家父取得（因为基于家父提供的机会所得的，又归之于他，有什么该受谴责呢?）。但家子根据其他原因为自己取得的财产，家父当然取得其用益权，而所有权留给家子，以免他因辛劳或好运增加给他的，因要归他人取得，而使他获得痛苦”[113]。

---

[111] 罗马法原始文献 D. 18，1，2pr.，乌尔比安语，费译《婚姻·家庭和遗产继承》，第225页。

[112] 罗马法原始文献 D. 49，17，18，5，马艾西安语，前揭书，第227页。

[113] 罗马法原始文献 J. 2，9，1，徐译《法学阶梯》，第165页。

第三节　监护与保佐

一、监护

（一）监护的意义

监护（tutela）是罗马法中一个比较古老的制度，迄今在现代社会法律中依然作为人法的主要内容。在罗马法中，监护是指“由市民法规定的、对那些因年龄原因和法律规定的原因不能自我保护的自由人给予的保护”的制度[114]。该制度的目的是对被监护人的财产与人身进行保护。监护规则在公元前450年的《十二表法》中即已存在。

在罗马法中，监护被认为是监护人的一种权利。保罗认为：“‘监护人’（tutor）的意义来源于他们对被监护人的保护。他们犹如看守寺庙的人被称为寺庙保护人一样。”[115] 监护人基本上是家父，但是法律也允许家子被指定为监护人。根据监护人产生方式的不同，监护人主要包括遗嘱指定监护人、法定监护人、公务人员指定的监护人等。被监护人（pupillus）则是“指因父亲死亡或脱离父权而终止了处于父权状态下的未成年人”[116]，此外还包括未适婚人、作为自权人的妇女、被解放的奴隶。

（二）监护人资格

具有监护人资格的人必须是具有自由人和市民身份的男性，原则上是自权人，即家父。但是在法律允许或皇帝特许的情况下也允许家子被指定为监护人。总之，在罗马法中，凡法律不禁止的自由人均可以成为监护人，但是，裁判官还需要对应被指定之人的品德加以考查。因为只有具备了良好的习惯和高尚的品德，才能维护监护人的尊严和加强对监护人的信任[117]。

不过，聋哑人、精神病患者、女性以及不识字者不能成为监护人。当时的法学家们对此的解释很有启发：

（1）聋哑人不能成为监护人。当时多数法学家们认为，聋哑人不能成为监护人是因为他们无法通过听、说来履行监护职责，而这对于被监护人是十分重要的[118]。

（2）精神病人不能成为监护人。不仅在学者的解释中，而且在元老院的决

[114] 罗马法原始文献 D. 26，1，1pr.，塞尔维、保罗语，费译《婚姻·家庭和遗产继承》，第151页。

[115] 罗马法原始文献 D. 26，1，1，1，保罗语，前揭书，第151页。

[116] 罗马法原始文献 D. 50，16，239pr.，彭波尼语，前揭书，第151页。

[117] 罗马法原始文献 D. 26，5，21，5，莫德斯汀语，前揭书，第173页。

[118] 罗马法原始文献 D. 26，1，1，2 和 D. 26，1，1，3，保罗语，前揭书，第153页。

议中，均强调由于精神病人在精神状态上的非正常、非理智的情形而不能成为监护人。如果已经是监护人的，必须要被替换下来。[119]

（3）女性不能成为监护人。按照内拉蒂的解释，这是“因为监护是男人的职责，除非她特向皇帝恳求成为自己子女的监护人”[120]。

（三）监护人的类型

监护人的出现主要是来自于指定，包括按照立遗嘱人的意愿进行的指定、按照法律规则进行的指定、由公务人员进行的指定。指定监护人的法源是什么？乌尔比安给出的答案是：监护人的指定既不是依支配权，也不是依司法权，而仅仅是依照法律，或者依照元老院的决议，或者依照皇帝的谕令[121]。

1. 遗嘱指定监护人。以遗嘱方式指定监护人是罗马法中产生较早的一种制度，在《十二表法》即有相关规定：“只要儿女处于父权之下，就允许父亲通过遗嘱给儿子或女儿指定监护人”[122]。但是，该指定应当具备一定的条件，即：虽然父亲去世了，但是如果子女出生时父亲活着的话，他们肯定会处于父权之下，而且他们的出生不使遗嘱无效。在上述条件存在的情况下，父亲通过遗嘱给遗腹子女或遗腹孙子女指定监护人是合法的。[123]

市民法对遗嘱指定有一定限制。家父可以给是继承人的或被剥夺继承权的儿子指定监护人。但是，母亲不能给儿子指定监护人，除非儿子被指定为继承人，因为对监护人的指定与其说是为了人，不如说是为了财产[124]。妇女不宜以遗嘱的方式给子女指定监护人。总之，遗嘱指定监护人应当符合相关规范，即由有资格指定的人指定可以被指定之人及这种指定是以规定的方式并在可以进行的地方进行的。因为通过遗嘱，家父要给处于父权之下的子女或孙子女规范化地指定监护人。

如果监护人是被无权指定的人所指定，例如被母亲、保护人或家外人所指定，该指定并非当然无效，而是要依裁判官的裁决或者行省执政官的命令，经资格调查之后给予是否确认的认定[125]。如果该指定瑕疵不能被执政官的权力所补救，还可以根据皇帝谕令的允许获得救济[126]。

因此，原则上公权力对家父通过遗嘱指定监护人通常不予干预。不过，如果

---

〔119〕 罗马法原始文献 D. 26，1，17，保罗语，前揭书，第 153 页。

〔120〕 罗马法原始文献 D. 26，1，18，内拉蒂语，前揭书，第 153 页。

〔121〕 罗马法原始文献 D. 26，1，6，2，乌尔比安语，前揭书，第 171 页。

〔122〕 罗马法原始文献 D. 26，2，1pr.，盖尤斯语，前揭书，第 159 页。

〔123〕 罗马法原始文献 D. 26，2，1，1，盖尤斯语，前揭书，第 159 页。

〔124〕 罗马法原始文献 D. 26，2，4，莫德斯汀语，前揭书，第 159 ~ 161 页。

〔125〕 罗马法原始文献 D. 26，3，2pr.，内拉蒂语，前揭书，第 165 页。

〔126〕 罗马法原始文献 D. 26，3，1，1，莫德斯汀语，前揭书，第 163 ~ 165 页。

监护人是由其他人指定的，则行省执政官要进行调查并作出是否给予确认的决定[127]。

在罗马法中，对遗嘱指定监护人的意思表示判断也有所规定，例如当有人在遗嘱中这样写道："我给我的儿子们指定监护人"时，其潜台词是：给儿子的指定亦是给女儿的指定。因为，提到了儿子也就包括了女儿在内[128]。此外，如果家父有孙子女时，被监护人是否包括孙子女呢？乌尔比安认为："最好的解决办法是：如果在遗嘱中写的是'卑亲属'（liberi），则被指定的监护人也要监护孙子女。相反，如果称之为子女（filii）则不包含孙子女在内。事实上，称呼他们为'filii'（子女），不同于称呼他们为'nepots'（孙子女）。无疑，若写的是遗腹出生的子孙（postuis）则既含有遗腹子女，也包括遗腹孙子女在内。"[129]

2. 法定监护人。法定监护人不是任何人都可以随意进行指定的，只能按照法律规定产生。《十二表法》第五表规定："未被以遗嘱方式指定监护人的人，宗亲为其监护人。"《十二表法》内所称宗亲属是指在亲属关系中男性一方的亲属。例如，同一父亲生的兄弟，兄弟的儿子或者兄弟的孙子，还有叔伯及叔伯的儿子或叔伯的孙子[130]。之所以规定宗亲可以作为法定监护人，乌尔比安作出的解释比较有说服力，即由于宗亲是那些能够接受法定继承的人，因此，指定具有财产继承资格的宗亲担任法定监护人，这样"由希望继承的人管理财产，就使财产不会被挥霍掉"[131]。

但是，如果兄弟被敌人俘获，则不能由下一亲等的人进行监护。同样，当保护人被敌人俘获时，不能由保护人的儿子实施监护。在该情形发生时，要由裁判官来指定"临时监护人"。

如果宗亲属有多人时，则与被监护人关系最近的宗亲属作为监护人。如果同一亲等中有多人时，他们全部都可以是监护人[132]。

就法定监护人与遗嘱监护人的关系而言，如果家父死亡时未立遗嘱的，监护人由宗亲属承担。应当注意的是，未立遗嘱不仅是指家父没有立遗嘱，而且也包括他虽立遗嘱但未提及他的子女的监护人。因为从监护的角度看，这种情形仍属于未立遗嘱[133]。此外，就遗嘱监护与法定监护的关系而言，适用遗嘱监护就要

---

[127] 罗马法原始文献 D. 26，3，1，2，莫德斯汀语，前揭书，第165页。

[128] 罗马法原始文献 D. 26，2，16pr.，乌尔比安语，前揭书，第161页。

[129] 罗马法原始文献 D. 26，2，6，乌尔比安语，前揭书，第161页。

[130] 罗马法原始文献 D. 26，4，7，盖尤斯语，前揭书，第169页。

[131] 罗马法原始文献 D. 26，4，1pr.，乌尔比安语，前揭书，第165～167页。

[132] 罗马法原始文献 D. 26，4，9，盖尤斯语，前揭书，第169页。

[133] 罗马法原始文献 D. 26，4，6，保罗语，前揭书，第169页。

终止法定监护[134]。

3. 公务人员指定监护人。法律允许行省执政官和城市执政官指定监护人，但是，这种许可仅限于监护人是执政官执政所在省、市的人，或者他们的住所地在执政官的省辖区内、或市辖区内以及隶属于该城市郊外农村的人[135]。

除上述监护人指定的不同情况外，罗马法规定裁判官可以指定监护人的助手。“当监护人不能单独进行监护管理时，允许裁判官给监护人指定助手。但是监护人要承担这一指定所带有的风险。”[136]

（四）监护人的职责

1. 对被监护人经其许可而进行的活动承担相应后果。没有监护人的许可，被监护人实施的行为不具有任何法律意义。杰尔苏在其作品中特别指明了这点：“如果没有监护人的许可，处于被监护时期的未适婚人不能对任何一种法律的行为做出表示。因此，对每一个法律的行为做出表示必须有监护人的允许。”[137] 尤其是在债的关系形成过程中，如果未经监护人许可，被监护人与他人进行的买卖行为，在被监护人与交易对方之间不产生债的关系。不过，如果有证据证明被监护人因此而获得利益时，被监护人要在获得利益的范围内承担责任。

许可通常是事先的，但是在被监护人已经实施行为的情况下，事后追认的许可也同样能够产生效力。因此，“只要监护人对被监护人已完成的行为表示赞同时，这就是监护人的许可，并且是有效的许可，因为这意味着监护人给予了许可”。[138]

罗马法禁止监护人以给予被监护人许可的方式进行非诚信行为。例如，监护人通过第三人来购买被监护人的物品，同时又作为监护人给被监护人进行出售行为的许可，那么该购买行为无效，因为该购物行为被认为是非诚信的。塞维鲁皇帝和安东尼皇帝对此有过明确的批复[139]。

2. 品德的培养。“作为监护人，不仅要负责被监护人的财产，还要负责他的品德的培养。”[140] 因此，监护人不仅自己要负责对被监护人的品德培养，而且对那些给被监护人进行教育的教师，监护人应当给予与被监护人的财产和身份相符的报酬。

3. 对财产进行监管。监管被监护人的财产，是监护人的主要义务之一。罗

---

〔134〕 罗马法原始文献 D. 26，2，11pr.，乌尔比安语，前揭书，第 161 页。

〔135〕 罗马法原始文献 D. 26，5，3，乌尔比安语，前揭书，第 171 页。

〔136〕 罗马法原始文献 D. 26，1，13，1，彭波尼语，前揭书，第 155 页。

〔137〕 罗马法原始文献 D. 50，17，189，杰尔苏语，前揭书，第 173 页。

〔138〕 罗马法原始文献 D. 26，8，3，保罗语，前揭书，第 173 ~ 175 页。

〔139〕 罗马法原始文献 D. 26，8，5，3，乌尔比安语，前揭书，第 175 页。

〔140〕 罗马法原始文献 D. 26，7，12，3，保罗语，前揭书，第 177 页。

马法甚至通过特殊的市民法之诉来强迫监护人对被监护人的财产进行管理。[141]同时，为对财产进行有效的监管，法律还要求监护人对被监护人的财产及时进行清点。凡没有进行财产清点的监护人都被认为是故意不进行清点，除非他能够举出一些必要的理由来证明他不能进行清点。因此，如果有人被认定是故意不进行清点，他就要对直至判决时所遭受到的损害承担责任[142]。

监护人的职责还涉及他管理财产的账目，他要将账目交给被监护人进行检查。如果他没有为之，将在“监护之诉”中被追究责任。

（五）监护人的责任承担

在《十二表法》中，规定了针对监护人的诉讼，如果通过该诉讼确认被指控的监护人实施了损害被监护人利益的行为时，包括监护人对被监护人的财产管理不善的，监护人将被撤销监护权。撤销监护权的判定，在罗马由裁判官进行，在行省则由行省长官进行[143]。

对共同监护人的自盗行为，《十二表法》第八表规定：“如果诸监护人偷了被监护人的物，授予双倍之诉对抗他们。每人都对全部赔偿承担责任”。由此可知，被监护人可以请求双倍赔偿，而且每个实施盗窃的行为人承担的是连带责任。

如果监护人在进行监护时拿了被监护人财产中的一些财物，他要被提起“侵吞财产之诉”。

此外，双重刑事处罚也是对监护人责任的追究方式，即通过“偷盗之诉”和“要求返还被盗物之诉”对监护人进行责任追究。通过这两个诉讼他要被追究刑事责任。一个诉讼的进行不妨碍另一个诉讼的进行。如果被监护人获得了被拿走的东西，则他不能提起“侵吞之诉”，因为被监护人已经取回了被盗财产，他已经不缺少任何东西，因而对监护人的“侵吞”指控也就不能成立。在该诉讼中，实际上是对监护人进行的双重刑事处罚，但是，只有当指控者要求返还被盗物而监护人不归还时，他才受到双重处罚[144]。

总之，当监护人因故意、过失而对被监护人做出了应做却未做的事，或者做出了不应当做的事时，或者监护人未履行自己的勤谨监护义务的，应当承担责任[145]。

当家子被裁判官指定为监护人时，如果家父知道这一监护，则应当承担连带责任（in solidum debet teneri）；如果不知道这一监护，则家父仅以儿子的特有产

---

〔141〕罗马法原始文献 D. 26，7，1pr.，乌尔比安语，前揭书，第 177 页。

〔142〕罗马法原始文献 D. 26，7，7pr.，乌尔比安语，前揭书，第 177 页。

〔143〕罗马法原始文献 D. 26，10，1，3，乌尔比安语，前揭书，第 179 页。

〔144〕罗马法原始文献 D. 27，3，2，2，保罗语，前揭书，第 181 页。

〔145〕罗马法原始文献 D. 27，3，1pr.，乌尔比安语，前揭书，第 181 页。

承担责任。“知道”是指或亲自进行监护，或对儿子进行的监护活动给予赞同，或以某种方式参与监护事宜。因此，如果给家子写道：“你要认真地进行监护，你知道我们要承担的风险”，这种情形表明父亲是知道的。相反，如果是儿子单独所为，父亲只是给儿子以建议和劝告，不认为是知道[146]。

（六）监护人资格的终止

在发生下列情形时，监护人资格即终止：

（1）监护人死亡。其监护资格自动终止。

（2）被监护的未适婚人被他人收养，或其遭到流放，则监护终止，监护人资格亦终止[147]。

（3）监护人自己沦为奴隶。奴隶没有监护资格，因此，一个具有监护人身份的自由人变为奴隶时的结果之一就是其监护资格当然终止[148]。

（4）监护期间届满。在罗马社会中，存在着指定或规定一定期间的监护，因此，在“期间届满时监护终止”[149]。

（5）监护人遭到丧失监护权的刑事指控。当一个监护人被提起“使监护人丧失监护权的刑事诉讼”并被判定丧失监护权时，其监护资格终止[150]。

（6）监护所附加的解除条件成就。当指定的监护附有解除条件且条件成就时，监护人的资格即终止[151]。

此外，如果监护人被敌人俘获，则其监护人资格暂时消失，被监护人的事宜将由指定的保佐人负责。对此，乌尔比安提出了他的看法：“父亲被敌人所俘获，显然他不能给儿子指定监护人。但是，如果他已经指定了监护人，该指定要考虑是否终止。在处于悬而未决的情况下，我不认为这种指定是有效的。因为父亲返回之后会重获父权，如同从未被敌人俘获过一样。相反，为了在此期间财产不被滥用，要指定一名保佐人”。[152]

二、保佐

（一）保佐的意义

保佐（cura）是对未适婚人之外的其他人的财产与事务进行管理的行为。未适婚人以外的其他人主要包括浪费人、精神病人等，他们又被称为被保佐人。保

[146] 罗马法原始文献 D. 26，1，7，乌尔比安语，前揭书，第183页。
[147] 罗马法原始文献 D. 26，1，14pr.，乌尔比安语，前揭书，第157页。
[148] 罗马法原始文献 D. 26，1，14，1，乌尔比安语，前揭书，第157页。
[149] 罗马法原始文献 D. 26，1，14，3，乌尔比安语，前揭书，第157页。
[150] 罗马法原始文献 D. 26，1，14，4，乌尔比安语，前揭书，第157页。
[151] 罗马法原始文献 D. 26，1，14，5，乌尔比安语，前揭书，第157页。
[152] 罗马法原始文献 D. 26，1，14，2，乌尔比安语，前揭书，第157页。

佐人（curator）应当是具有自由人身份、具有财产和相关事务管理能力的人。保佐人的职责是保护被保佐人财产、照顾被保佐人的身体和精神病人的健康[153]。

保佐人产生的情形主要包括：享有财产所有权的人由于有浪费的恶习或精神病而无法管理好自己的财产、监护人为共和国事务外出而无法履行自己的监护职责、父亲被敌人俘获以及法律规定的其他情况。其中，当保佐人代替因为共和国事务而外出的监护人履行职责时，并不意味着监护人已被撤销资格[154]。

（二）保佐人的指定

保佐人可以通过遗嘱指定、罗马城或行省执政官指定等产生。按照罗马人的法律，对于那些不能管理自己财产的人，行省执政官可以直接指定保佐人，也可以确认家父遗嘱指定的保佐人，或者由执政官发布命令要求进行指定，例如行省执政官以命令方式指定一名保佐人，要求该保佐人为他自己尚未出世的孩子管理财产（例如孩子在尚未出世时已经被遗赠了财产并已交付给其父）。执政官的命令中包括要求保佐人做出对被保佐人的财产进行保护的允诺、命令保佐人像一个有智慧的人那样管理财产等内容。但是，并非所有的保佐人都被要求做出允诺。如果保佐人是经调查后被指定的，可以不必做出允诺；相反，如果保佐人是未经调查而被指定的，则他必须要做出允诺[155]。

对儿子是否可以被指定为父亲的保佐人，当时的罗马法学家们持有不同见解，保罗认为："无疑，儿子也可被指定为父亲的保佐人"[156]；乌尔比安认为"禁止将不得管理自己财产的人的财产管理权转给儿子[157]"；而比友皇帝的一个谕令则提出："对于患精神病的父亲而言，如果儿子是个品德好的人，该财产管理权转给儿子"。[158]

对保佐人的指定可以发生变更。例如，已经依《十二表法》的规定，给精神病人或浪费人指定了一名保佐人，但是，当保佐人被认为不适宜管理财产时，裁判官可以指定另一个人作为保证人对被保佐人的财产给予管理[159]。

（三）保佐的类型

1. 对浪费人的保佐。浪费人（prodigus）是指有肆意挥霍财产习性从而不具有管理自己财产能力的人。浪费行为的特点在于大肆利用自己的财产却无任何正

---

〔153〕罗马法原始文献 D. 27，10，7pr.，尤里安语，前揭书，第 189 页。

〔154〕罗马法原始文献 D. 26，5，16，保罗语，前揭书，第 173 页。

〔155〕罗马法原始文献 D. 27，10，8，乌尔比安语，前揭书，第 187 页。

〔156〕罗马法原始文献 D. 27，10，2，保罗语，前揭书，第 185 页。

〔157〕罗马法原始文献 D. 27，10，1，1，乌尔比安语，前揭书，第 185 页。

〔158〕罗马法原始文献 D. 27，10，2，保罗语，前揭书，第 185 页。

〔159〕罗马法原始文献 D. 27，10，13，盖尤斯语，前揭书，第 189 页。

当理由。为此，《十二表法》第五表的规则明确禁止浪费人管理自己的财产，这是根据惯例而产生的一项原则。当裁判官们或行省执政官们发现一个人随时地、无节制地挥霍他的财产，或者破坏性地滥用他的财产时，则必须给该人指定保佐人。浪费人直到恢复了良好习惯为止，始终处于被保佐状态中。但是，当他们有了良好的习惯时，被保佐状态直接依法终止[160]。此外，丈夫对生活奢侈的妻子可以禁止其管理财产[161]。

2. 对精神病人的保佐。对精神病人（furiosi）进行保佐同样来自于《十二表法》的规定。对精神失常而无法管理自己财产与事务的人，其近亲属中的一人被指定为保佐人，负责精神病人的财产管理并照顾精神病人的健康与生活。但是，“丈夫不应当做有精神病的妻子的保佐人”[162]，而应当是其监护人。

3. 对不满25岁未成年人的保佐。公元前191年《普莱多里法》（Lex Plaetoria）规定，不满25岁的未成年人（minorum XXV annorum）可以要求裁判官为自己指定一名保佐人协助自己处理一些特定事务以防受到他人欺骗。但是，马可·奥勒留皇帝发布谕令，将这种为某些特定事务指定保佐人的做法变成为不满25岁的未成年人设置财产处置保证人，凡其处置财产时必须得到保佐人的同意。

4. 对胎儿的保佐。乌尔比安认为，丈夫死亡后留有遗腹子（postumus）的，可以从为遗腹子指定的监护人中、或从亲属或姻亲中、或从替补人、死者的朋友或债权人中，指定合适的人作为即将出生的胎儿（nasciturus）的保佐人，代表胎儿参加遗产继承并且保管分配给胎儿的财产[163]。

5. 对财产破产人的保佐。当有人发生财产破产时，裁判官要给其指定保佐人。保佐人不仅负责管理破产人的财产，而且有权代表债权人对债务人提起保利安之诉（actio Pauliana）以对抗债务人有意减少自己的财产导致债权人损失的行为，并追究债务人的诈欺责任。保佐人提起保利安之诉权实际上是一种对抗债务人实施诈欺的诉权，其诉权的行使需要具备如下条件：①债务人在主观上有以减少自己财产的手段致使债权人无法得到清偿的故意；②在客观上对债权人造成了损害；③受让财产的第三人对债务人的欺诈行为知情。该诉权从知道债务人欺诈行为时起的1年内行使[164]。

---

〔160〕 罗马法原始文献D. 27，10，1pr.，乌尔比安语，前揭书，第185页。

〔161〕 罗马法原始文献D. 27，10，15pr.，保罗语，前揭书，第187页。

〔162〕 罗马法原始文献D. 27，10，14，帕比尼安语，前揭书，第187页。

〔163〕 罗马法原始文献D. 37，9，1，23，乌尔比安语，黄译《人法》，第7页。

〔164〕 罗马法原始文献D. 42，8，1pr.，乌尔比安语，丁译《契约之债与准契约之债》，第53页。

◎ 第四章 法律行为

第一节　法律行为概述

一、法律事实

（一）法律事实的意义与分类

法律事实是指能够引起法律关系发生、变更或消灭的事实，也就是说，它是能够产生法律后果的事实。“法律事实”是一个意义十分宽泛的法律术语，它的包容性很强：从契约到遗嘱，从人的出生、死亡到时间的经过，从适法行为到不法行为，都能够包含在这一概念中。从权利变动的角度分析，法律事实是法律使某一权利的取得、丧失和变更赖以发生的条件。[1]

由于“法律事实”概念的宽泛性，因此有必要对其进行分类。法律事实首先应区分为事件与行为。事件是不受人们意志支配的客观事实，其所引起的法律效果直接由法律规定。自然灾害、人的出生和死亡、时间的经过等都属于事件。行为则是能够引起一定法律效果的人的有意识的活动。

行为又可分为适法行为和不法行为，前者指法律允许的行为，后者则是为法律所禁止的行为。在适法行为中最为重要的是“法律行为”，即私人通过意思表示追求特定法律效果的行为。这种以意思表示为基础的行为的特殊之处在于，其法律效果是由私人在该意思表示中设定的效果意思所决定的。对于法律行为以外的适法行为而言，尽管行为本身是在行为人意志支配之下实施的，但其法律效果却是由法律直接规定的。

在上述法律事实体系中，“法律行为”是最为重要的范畴，它是实践私法自治的工具，因此本章也以探讨罗马法上与法律行为相关的制度范畴为主。

（二）罗马法上的相关范畴

以上关于法律事实的概念及其分类都是近现代法学理论上的范畴，尤其是19世纪潘德克顿学派所提出的法律范畴。古代罗马法上缺乏这些抽象的、技术化的概念，更没有以这些抽象概念为基础的规范体系。罗马法学家使用了“ne-

---

〔1〕［意］P. 彭梵得：《罗马法教科书》，黄风译，中国政法大学出版社1992年版，第56页。

gotium”（有交易、行为、事务等意思）、“actus”（行为）和“factum”（事实）等，但这些语词并没有专门术语的意义，法学家们基本上是在这些词的通常意义上使用它们。例如，在罗马法的所有文献中都找不到潘德克顿学派所提出的“法律行为”的踪迹。这种情形不仅是由于罗马法学固有的不注重理论抽象的风格所决定的，而且也受到了其以诉权（而非实体权利或法律关系）为核心的思维方法的影响。

但是，这决不意味着罗马法与后世法律行为理论的发展没有任何关系。实际上，罗马法学家在具体法律行为的层面上（如各种契约以及遗嘱等）详细地讨论了意思问题：意思的形成及其正确表达的问题；类型问题；形式问题；原因问题；附条件问题；无效问题；解释问题等。因此，现代法律行为理论中的构成要素几乎都已隐含在罗马古典法学家的论述中了。从中世纪的注释法学派和评注法学派开始，这些记载在《民法大全》（尤其是《学说汇纂》）中的古典法学的成就不断地得到解释和利用，最后才经由潘德克顿派法学家之手成就了现代的法律行为理论体系。

因此，可以说，借用罗马法上不存在的现代法学的术语（如“法律行为”）来表述罗马法的规则，这不仅是基于表述便利的需要，而且在实质上也是具有一定合理基础的。当然，在使用现代的法律概念和体系框架来表述罗马法的规则时，我们也应注意现代法与罗马法在观念和法律技术方面的实质差异，应尽可能地重现原本意义上的罗马法。

二、法律行为的类型

（一）法律行为类型的封闭性

现代民法上的法律行为制度是与私法自治的理念密不可分的。根据私法自治的理念，法律主体可以通过意思表示自由地设定其所希望达到的法律效果，而国家的法律只有在具有正当理由的情况下才可对这种自由加以限制。在此观念之下，不言而喻，法律行为必然是一个完全开放的体系，任何实在法都不可能以规范的方式穷尽法律行为的类型。基于相同的理由，这一观点对其亚类型也是适用的，如契约自由当然意味着契约类型的自由。

现代法把法律行为定位为法律主体自愿实施的、追求其意志指向的特定效果的行为。虽然罗马法中并无如此精确的定义，但是，就罗马法中所涉及的具体的法律行为而言，依然彰显出法律行为与私法自治的关系。尽管罗马时代的法学家并不着意强调“私法自治”这一理念，但这一观念仍然隐含在其对公法和私法的区分之中了。乌尔比安曾说过，“私人协议不得变更公法”，〔2〕言下之意，私

〔2〕 罗马法原始文献 D. 50，17，45，1，乌尔比安语，丁译《契约之债与准契约之债》，第15页。

法性规范要让位于私人间的协议，或者毋宁说，私人协议才是真正意义上的私法。

然而，我们应特别注意罗马私法与现代私法在法律技术上的一个重大差异：前者是一个以诉讼救济为核心的法律体系，而后者则是一个实体权利的体系，救济是权利当然所具有的效力。对罗马法而言，如果缺乏特定的诉讼救济手段(actio)，权利或法律关系根本就没有意义，而原则上罗马法又恰恰缺乏一般的、具有广泛涵盖面的诉讼类型。尽管随着法律实践的发展，尤其是裁判官法的发展，诉的类型也有所增加，但它们的数量仍然是相对有限的。这就意味着，现代法上许多受保护的法律关系（权利），在罗马时代由于缺乏针对此情形的诉讼类型是得不到保护的。如果说由于缺乏相应诉权的设置而使得当事人希望获得的法律效果不能获得法律的支持，那么当事人的行为就已经不具有现代法上“法律行为”的意义了。与现代法的情形相比，罗马法实际上大大压缩了私法自治的空间，当然这一结果并不是运用价值判断的结果，而是法律技术使然。如果要举一个现代法的例子来说明罗马法的这种一般状况的话，物权法定主义之下的物权创设行为或许是相当具有可比性的情形了：当事人只能在法律预先设定的类型中自主地实施创设行为。

因此，在罗马法上并不存在一般的、抽象的、类型开放的“法律行为”，相反，在罗马法的法源中所出现的都是具体的、类型固定的法律行为，而且每一种法律行为都有其自己的特定结构和规则。在这些个别的法律行为中，有时意思表示的形式起关键的作用（如要式买卖、要式口约等），有时则是由意思表示的内容来决定法律行为的类型（如“诺成性契约”）。

罗马法上法律行为类型的封闭性显然会对当事人的私人自治产生不利的影响，但是，罗马法几项制度的发展同时也大大缓解了法律行为体系的封闭性给私人自治带来的问题，其中最为突出的是要式口约与无名契约。要式口约的拘束力来自订立其的特定口头问答形式，其类型的独特性也正体现于此。在此特定形式下，口约的内容不受限制。因此，当事人只需要采取此种特定形式即可实现自己希望达致的法律效果。无名契约原本并不具有法律上的效力，因为它不对应特定的诉权。后来，在一个双务的无名合意中，如果一方当事人已经履行了自己的给付，那么，基于公平的考虑，裁判官就允许其向对方当事人提起“事实之诉”，要求获得对待的给付。通过此种方式，“无名契约”也逐渐获得了保护。[3]

---

〔3〕 需注意的是，罗马法上所称“无名契约”与现代法上的无名契约间具有相当大的差异，详见本书债法部分的论述。

(二) 法律行为的分类

1. 单方法律行为与双方法律行为。根据法律行为当事人(意思表示)的数量进行分类,可以将其区分为单方法律行为与双方法律行为。

单方法律行为是指由一方当事人独自实施意思表示而成立的法律行为,如遗嘱行为、遗赠行为等。

双方法律行为则是指经由两方当事人的意思合一而成立的法律行为,如所有的契约类型。值得注意的是,罗马法上的"契约"(contractus)专指"债权契约"。要式买卖、拟诉弃权、交付等产生物权变动效果的法律行为不构成契约,但它们仍具有双方法律行为的属性。

某些法律行为(如合伙契约)可以由两个以上的多方当事人实施。

2. 有偿法律行为与无偿法律行为。根据当事人在承担法律义务的同时是否受有对价进行分类,可以将其区分为有偿法律行为与无偿法律行为。

有偿法律行为的当事人在承担某项对自己不利的法律义务的同时也获取了相应的对价(利益),从而在付出与所得间具有一定程度上的平衡关系。有偿法律行为均为双方或多方法律行为,如买卖、租赁等。

无偿法律行为的当事人在承担使自己有所付出的法律义务时并不从他方获得某种形式的报偿。与现代民法一样,罗马法所承认的使用借贷契约也属于无偿契约。但是,在法律行为的有偿与无偿方面,罗马法与现代民法的差别至少体现在:①现代法上最典型的无偿法律行为是赠与契约,而罗马法不承认赠与为一独立的法律行为,它往往只能作为其他抽象法律行为的原因(causa)发挥作用,于是,如果以赠与为原因,要式买卖、拟诉弃权、交付、要式口约等就具有了无偿行为的特点;②消费借贷在现代法上既可为无偿,也可为有偿,而在罗马法上只能是无偿契约,这主要是由其所具有的要物性及其相应的诉讼救济手段所决定的;[4] ③现代法上的保管契约、委任契约同样既可以是无偿的,也可以是有偿的,而其在罗马法上则只能是无偿契约,其理由在于,一旦委托他人保管物品或处理事务而给予报酬,则该契约类型已不再是保管或委任,而落入了租赁契约的范畴(劳务性租赁)。

3. 生者间的行为与死因行为。根据法律行为效力指向的对象是生存之人或是在行为人死后针对他人发生效力,可将法律行为区分为生者间的行为与死因

---

[4] 罗马法给予消费借贷出借人的救济是向贷入人要求特定金额之货币或特定数量之其他种类物的返还之诉(condictio),也就是说,此种诉讼仅支持与出借数量相等之金钱或其他种类物的返还。因此,此种诉讼结构决定了作为要物契约的消费借贷必然是无偿契约。当然,如果出借人希望获得利息,那么他可以与贷入人另行就此利息达成一项具有独立效力的要式口约。参见前引[意]P. 彭梵得:《罗马法教科书》,黄风译,中国政法大学出版社 2005 年版,第 363 页。

行为。

法律行为原则上系生者间的行为，其效力约束的是参与法律行为之现实生存之人。通常之法律行为，无论其为单方行为，抑或系双方乃至多方行为，其性质均为生者间的行为，不以行为人之死亡为生效要件。

死因行为是法律行为的特殊类型，其效力自行为人死亡时开始。此类法律行为由当事人做出后，并不立即发生效力，其效力处在停止状态，行为人在死亡前往往可以自由地废弃该法律行为或更改其意思。只有在行为人死亡时，此类法律行为才依当事人生前最后合法的意思发生效力。死因行为主要指遗嘱行为。

4. 不要式行为与要式行为。根据法律行为的生效是否需要具备特定的形式，可以将其区分为不要式行为与要式行为。在现代民法上，此一要式主要是指书面形式，也可能包括公证、鉴证等特殊形式；在罗马法上，此一要式也包括特定的书面记载形式，但更多地则表现为某种具有固定程式（由特定语言、动作等构成）的庄严、郑重的仪式。

不要式行为的成立不要求特定的形式，当事人仅需将发生特定私法效果的意思对外表达出来即可使法律行为成立。在近现代民法上，法律行为的形式原则上是不要式的，这是意思自治原则的内在要求。而在罗马法上，由于早期法所具有的原始特点（受宗教、习俗等的影响），法律行为往往都要求具有特定的形式，因此不要式反而成为例外的情形。从某种意义上讲，罗马法的发展演进历史也是法律行为从要式不断走向不要式的历史。在古典时期的罗马法上，最典型的不要式法律行为是“诺成性契约”，包括买卖、租赁、委任和合伙这四种契约类型。

就要式行为而言，其意思表示的外在形式受到法律的严格约束。当事人即便具有追求特定私法效果的意思表示，但如果该意思表示未依法律要求的特定形式做出，其行为并不能产生预期的法律效果。起源于罗马民族古老习俗传统的市民法尤其强调形式的重要性，几乎一切重要的法律行为，如移转要式物所有权的要式买卖、拟诉弃权以及设定债之关系的要式口约等，都具有特定的形式要求。未依此形式要求实施法律行为者，不产生市民法上的效力。裁判官法的发展逐渐弱化了此形式要求，裁判官通过设立抗辩、裁判官法上的诉权等方式，赋予欠缺形式要求的某些要式行为一定的效力，但无论如何，此种具有形式瑕疵的行为的法律效力至少都是不完整的。

5. 负担行为与处分行为。负担行为与处分行为是近现代民法（尤其是德国民法）上对法律行为所作的一个重要分类。其区分标准在于，法律行为系直接产生权利变动的效果（如所有权的移转或限定物权的设定），抑或是仅导致一项给付义务的发生，前者为处分行为，而后者为负担行为。

以此标准来审视罗马法，可以发现，罗马法上也存在着这一基本区分。而且，相对不明显区分二者的后世法律体系而言，这种区分在罗马法上具有更为重要的意义。负担行为与处分行为的区分在买卖契约及其标的物所有权移转的规则之上表现得尤为明显。在罗马法上，作为诺成性契约的买卖契约从来都不能产生直接移转标的物所有权的法律效果，它只能产生债法上的效力：出卖人负有义务将标的物交付给买受人，并保证后者能够和平地对其加以享用，而买受人则有义务支付价金。要想发生所有权移转的效果，则还需要专门的法律行为达致此目的：在要式物，当事人须实施要式买卖或者拟诉弃权；在非要式物，当事人须完成物的交付。用现代的术语来表述，罗马法上的买卖契约（以及其他所有 contractus）系债权契约，系负担行为，而要式买卖、拟诉弃权和交付则属于处分行为。一方面，负担行为不导致物权变动的效果，而且，即便最终发生了物权的变动，负担行为也不会被认为是导致这种变动的原因；另一方面，专门用于产生物权变动的那些行为也根本不具有导致债的发生的效力。

6. 要因行为与不要因行为。要因行为与不要因行为的区分是 19 世纪德国普通法学的产物，无因性理论也因为《德国民法典》的采纳而成为现代民法中的一个重要理论。

要因行为与不要因行为的区分标准在于，法律行为自身是否需要法律原因的支持。这里的法律原因是指当事人所追求的某种社会经济目的，如在买卖合同中，出卖人之所以愿意出让标的物的所有权，是因为他希望从买受人那里获得一笔价金；在租赁关系中，承租人之所以向出租人支付金钱，是因为他希望获得租赁物的使用利益。于是，买卖、租赁和其他绝大多数债权契约都属于要因行为，因为它们都需要此种法律原因的支持。

无因行为又称抽象行为，在这种行为中，当事人追求某种特定私法效果的意思表示能够独立地产生效力，无须考虑当事人行动的基础为何。如根据《德国民法典》的物权行为无因性设计，当事人间移转标的物所有权之物权契约的效力是独立的，其基础行为是否存在、有效并不影响此物权契约的效力。

罗马法承认多种类型的不要因行为。究其原因，主要是因为罗马法注重特定形式的重要意义。就许多法律行为而言，与其说是当事人的意思导致了特定法律效果的产生，不如说是特定的外在形式导致了这种效果的发生。就现代术语意义上的“处分行为”而言，罗马法上用于移转要式物所有权的“要式买卖”和“拟诉弃权”均为抽象行为，只要当事人严格地完成了相应的仪式，要式物的所有权即发生移转，至于当事人因何原因实施该行为以及此种原因行为是否有效等，均非所问。不仅如此，在罗马法上，“要式口约”这种最一般的债权契约形式也具有抽象行为的基本特性。当事人间具有特定内容的口头问答即可产生债的效力，至于债务人因何愿意承担债务则非所问。

第二节 法律行为的基本制度

一、法律行为的构成因素

(一) 概述

现代法认为法律行为是当事人通过意思表示以求产生特定私法效果的行为。判断一个行为是否能够引起特定的法律效果，需要对该行为的构成要素加以分析。

现代的法律行为理论往往区分法律行为的成立要件和生效要件：缺乏成立要件者，法律行为不成立或者说是不存在；而仅缺乏生效要件者，法律行为成立但不能发生预定的效力。对成立要件和生效要件的区分具有相当高的抽象性，而且其思辨价值要超过其实践价值。

但是，在重视法律的实际运作而厌恶过多理论抽象的罗马法中，这种对成立要件与生效要件的区分是不可能被提出来的。实际上，罗马法并不区分以下这两种情形：法律行为不存在、法律行为存在但无效。从实践的立场来看，二者的后果几乎是完全一致的。

罗马法文献主要使用三个术语对法律行为的构成因素进行了分析，它们分别是：法律行为的必备因素（essentialia negotii）、法律行为的常素（naturalia negotii）以及法律行为的偶素（accidentalia negotii）。

(二) 必备因素

根据现代法中有关法律行为的定义，意思表示是一切法律行为的必备要素（essentialia negotii）。意思表示是行为人将发生一定私法上效果的意思表现于外部的行为。如前所述，罗马法缺乏系统的法律行为理论，因此，罗马法学也不可能对抽象的意思表示理论作系统的研究和阐述。但是，“意思表示”这个法律范畴显然已经大量隐含在罗马法的具体规则之中了。例如，罗马法已经设计出了有关“错误”的规则，这说明内在意思与外部表达之间不一致的问题已经进入了法律的视野。作为法律行为的“必备因素”，意思表示的缺失将导致法律行为的不存在，正是在此意义上，后世法学将意思表示界定为法律行为的成立要件。

罗马法区分要式的法律行为与不要式的法律行为。在前者，意思表示需要具备特定的形式。在以古老的罗马民族习惯为基础的市民法上，一些重要的法律行为，如要式买卖、要式口约等，都要求以特定的方式做出。与后世法律强调书面等形式不同，罗马法上真正的“要式”是采用固定套语的、庄严的口头表达。而万民法所承认的法律行为，如买卖契约等合意性契约，则多为非要式的法律行为，意思表示的形式不受限制。

就非要式法律行为而言，意思表示既可为明示，也可为默示。默示的意思表示，经由行为人的态度和行为来推知其意思，罗马人称之为“以事实表示”(re)。至于沉默（tacere)，则通常不能作为意思表示，只有在法律明确地和正面地规定的情况下，沉默才产生特定的效力。[5]

如前所述，意思表示是一切法律行为的必备因素，而各种类型的法律行为，由于其自身的特点，也可能需要具备其各自必备的因素。例如，就要式行为而言，特定的形式是该类行为必备因素；而就要因行为而言，原因是该类行为的必备因素。另外，对于更为具体的法律行为类型而言，它们也有其自身的必备因素，如价金即为买卖契约的一个要素。与意思表示这个所有法律行为的要素缺失将导致法律行为无效（不存在）一样，这些特定要素的缺失也将导致相应类型法律行为的无效。

（三）常素

法律行为的“常素”(naturalia negotii)，它指的并非是法律行为必须具备的要素，而是隐含在特定类型法律行为中的当然因素，也就是说，对于这些因素，无须当事人在意思表示中加以明确表达即可成为意思表示内容的构成部分，并因此产生其法律上的效力。

由前述定义可知，罗马人所称的“常素”，其实与后世法典上的“任意性规范”具有类似的功能。即便是在最体现意思自治的契约法领域，现代法典仍会针对各种契约类型设置诸多“任意性”规定。作为典型的裁判规范，这些规定于法律行为的当事人在相关方面没有明确的意思表示（从而为自己设立规则）时即可直接被加以适用。在私法自治的理念之下，这些规范的效力来源可以被解释为：它们实际上是当事人可推知的意思。这一点可以被这些规范的“任意性”所证实：一旦当事人做出了与法律的标准设计不同的意思表示，则这些任意性规范的效力立刻被排除，当事人仅受自己（于意思表示中）所创制之规则的约束。由于罗马法并不是一个经过系统法典化的法律体系，它并不像后世法典那样为典型的法律行为预先设计一个任意性规范体系，在解释上，罗马法学家更倾向于将法律行为的效力直接归属于当事人的意思。而当这种直接归属遭遇到当事人意思的空白时，他们似乎只有两种选择：要么尊重这一意思缺失的事实而不承认某一特定法律效果的发生（但这有可能导致不公平的结果），要么是将一种“推知的意思”解释为法律行为当然的内容，从而循着意思自治的思路认可法律行为的某一特定效果。在一些法律情境中，罗马人基于公平的考量，选择了后者的法律技术，并将当事人推知的意思称之为法律行为的“常素”。

---

〔5〕［意］P. 彭梵得：《罗马法教科书》，黄风译，中国政法大学出版社2005年版，第46页。

“常素”被视为附着于特定法律行为的当然要素而无须当事人就其内容做出明确的意思表示，但是，此种意思推定并不能根本违背当事人的自治。因此，对于“常素”，行为人终究可以相反的明确约定将其排除出法律行为的内容。

关于罗马法上法律行为“常素”的典型例子是有关买卖契约中出卖人的瑕疵担保义务方面的规则。如果双方买卖的是非要式物,〔6〕而出卖人对物的权利具有瑕疵（如对标的物无处分权），那么，在早期罗马法上，买受人并不当然地对出卖人享有诉权。实践中，买受人通过以下这种方式获得保护：在达成无任何形式要求的合意性买卖契约之时，买受人要求出卖人就权利瑕疵问题另行向其做出一项要式口约，后者承诺在物被追夺时由其向前者给付双倍价金。这一实践做法变得相当普遍，以至于人们逐渐将其视为附随于买卖契约的当然内容，也就是说，即便当事人事实上并未就此权利瑕疵问题做出特别的要式口约，这一口约内容也被视为包含在了订立买卖契约的意思之中了。先前，在订有要式口约的情形，如果发生了物的追夺，买受人必须向出卖人提出“要式口约”之诉，而非基于买卖契约的“购买诉”；而在追夺担保被视为买卖契约的当然条款之后，买受人可直接向出卖人主张“购买诉”。当然，即便在此“常素”得到法律承认之后，当事人仍然可以通过明确的约定（如“出卖人不对瑕疵承担责任”）来排除其效力。

（四）偶素

法律行为偶素（accidentalia negotii）是指既不属于法律行为的必备因素（从而在其缺乏时并不导致法律行为的无效），同时又不属于法律行为的常素（从而在当事人缺乏相关意思表示时不能当然地发生特定法律效果），而由当事人通过明确的意思表示而附加于特定法律行为的内容。

偶素的理论之所以在罗马法上具有比较重要的意义，其根本原因在于前文所述及的法律行为的封闭性。罗马法并不承认抽象的、仅以意思表示为要素的法律行为，而是仅以固定类型的诉权作为保护手段对特定类型的法律行为以救济，因此，将某个行为归入某个诉权之下（即归入某个法律认可的法律行为类型之中）就成为了获得法律保护的重要前提。在此情况下，可以附加于各种具体法律行为类型同时又不会改变法律行为属性的偶素就成为了扩张当事人意思、改善封闭的法律行为类型带来的僵化性的重要手段。

---

〔6〕 如果标的物系要式物，而买卖双方也的确践行了要式买卖，那么在出卖人的权利存在瑕疵时，买受人可直接依产生于要式买卖的“合法性之诉”（actio auctoritatis）向出卖人主张权利。这一诉权具有相当古老的起源。关于“合法性之诉”，可参见黄风编著：《罗马法词典》，法律出版社2002年版，第6页。

在罗马法上，此一可以附加于法律行为的偶素主要包括条件、期限和负担这三种类型。对此我们将在后文中加以专门论述。

二、法律行为的形式：要式法律行为

（一）概述

现代民法以意思自治为其基本理念，而法律行为则是私人实现意思自治的最为重要的工具，同时，作为法律行为基本要素的意思表示，其形式的自由又是意思自治理念的基本表现和内在要求。因此，在现代法上，不要式乃是法律行为制度的基本原则，只有在具有充分理由时法律才能要求当事人的意思以特定的方式加以表示。

相反，罗马法（尤其是早期的罗马法）则具有强烈的形式主义特点。罗马市民法（ius civile）所认可的法律行为几乎都是具有特定形式要求的要式行为。考虑到罗马市民法古老的起源，这一点似乎并不太难理解。一方面，在现代民法上，我们将法律行为的效力基础归于私人意志的作用力，而这种思想观念是很难在古代社会中寻找到踪迹的；另一方面，古人有着强烈的宗教意识，起源于古老习惯的法律不可避免地会被打上宗教思想的烙印。通过实施法律行为去达成某种所欲的法律效果，这是一种精神世界的活动，它与向神灵祈祷或起誓并通过神灵的力量来实现现世的某种目标这种宗教思想有着密切的联系。

罗马法上的要式行为的确充满了宗教色彩。它们一般都具有仪式性和庄重性的特点。与现代法上的要式主要指书面、公证等形式不同，罗马法上的要式行为主要是口头性的，不过这些口头的表述绝不是自由的，行为人必须采用特定的套语（certa verba）。而且，在许多要式法律行为的形式要求中，还将包含其他一些必备的要素，如：做出特定的动作；特定物品的在场；某些与行为法律效果无关之人的到场或参与等。行为人必须严格遵循相应法律行为固定的话语、动作等的要求，在这些方面任何的缺漏、错误都将导致法律行为的无效。很明显，在古代罗马人的观念中，这些要式法律行为的效力根源与其说是实施者的意志，不如说是这些特定仪式产生了魔法般的效力。当然，就行为人可以自由地且是有目的地通过实施这些仪式而追求特定法律效果这一点而言，它与现代法律行为制度的精神和基本构造仍然是一致的。

罗马市民法上有许多种要式法律行为，它们涵盖了婚姻亲属（如收养、夫权取得）、遗产继承（如“会前遗嘱”）、所有权移转（如要式买卖、拟诉弃权）和债的发生（如要式口约）等各个法域，而且每一种要式法律行为都有其自身的形式要求。在此，我们主要描述几种最常见也是最为重要的要式法律行为——要式买卖、拟诉弃权和要式口约。

(二) 要式买卖[7]

1. 要式买卖的形式。要式买卖(mancipatio)是一种古老的法律行为,它源于罗马市民古老的习惯(mores maiorum),而且也体现在了《十二表法》之中。它属于典型的市民法上的法律行为,原则上只在具有罗马市民身份的人们之间可以实施。

与"债务口约"(nexum)以及"称铜式清偿"(solutio per aes et libram)一样,要式买卖也属于"称铜式行为"(gesta per aes et libram)。此类古老的市民法行为具有共同的仪式:在这些仪式中,均使用铜块和秤(以秤为铜块称重,后来转化为象征意义);一方通过说出固定的套语(certa verba)将某一利益转让给他方;由五个成年罗马市民在场作证,并由另外一名成年罗马市民担任"司秤"。

起初,要式买卖是一种即时清结的买卖形式,这一点可以从以秤为铜块称重并立刻交付的形式中得到验证。随着无须以称重方式确定价值的铸币的使用,在要式买卖的仪式中,称重已不再是一个必需的环节。逐渐地,要式买卖演变为一种虚拟的买卖,它以下列方式进行(假定对象是一名奴隶):受让人(mancipio accipiens)在五名见证人和一名司秤面前,手持铜块并说:"我根据市民法说,这个人是我的,我用这块铜和这把秤取得它";然后,他用铜敲击秤并将其交给出让人(mancipio dans)。[8]

2. 要式买卖的抽象性。要式买卖是一种虚拟买卖,而其真正的法律意义已演变为要式物所有权的让渡。这就意味着,要式买卖变成了一种专门用于在罗马市民之间移转要式物所有权的抽象行为。于是,即便当事人的确是因买卖的原因而移转要式物的所有权,其所涉及的法律行为也不再是单一的要式买卖,而是首先确立一个经双方合意即可发生效力的买卖契约(此契约仅产生债的效力,即出卖人承担交付标的物于买受人的义务,而买受人承担支付价金于出卖人的义务),然后,出卖人再通过实施要式买卖这个行为将作为标的物的要式物的所有权移转于买受人。以后世法学(尤其是德国法学)的语言来描述,这里发生了物权行为(要式买卖)与债权行为(买卖契约)的分离。

进一步而言,既然要式买卖成为抽象地移转要式物所有权的"物权行为",那么它就可能以买卖、赠与、嫁资设立等多种情形为原因。要式买卖之产生移转所有权的效力,其基础完全在于要式买卖这个要式行为本身是否恰当地做出,其

---

[7] 对 mancipatio 这个拉丁术语,我们采用意译法将其翻译为"要式买卖"。国内亦有学者主张采用音译法,将其译为"曼兮帕蓄"。相对音译法而言,"要式买卖"的译法可以使读者大致了解这种法律行为的基本内容,但是,这种译法也可能会产生一种误导,使人以为 mancipatio 是买卖的一种特定形式,而认识不到它是一种主要用于移转要式物所有权的抽象行为。

[8] 罗马法原始文献 Gai. 1, 119,黄译《法学阶梯》,第 44 页。

原因关系根本无从直接影响该要式行为的效力。于是，要式买卖就成为了后世所说的“无因行为”，也就是说，即便原因关系存在瑕疵，要式买卖的效力（即移转要式物所有权）仍不受影响。不过，如果这种所有权的移转的确缺乏原因支持的话，出让人可以视情形向取得要式物所有权的受让人主张不当得利返还（condictio）。

3. 要式买卖的适用范围。如前所述，要式买卖首先而且也主要是适用于要式物所有权的移转。要式物与非要式物的区分是罗马市民法上对物所作的最为重要的区分，因为二者的物权变动规则有着根本的不同。意大利土地、奴隶、用于负重和牵引的牲畜等要式物的所有权并不能通过单纯的交付来实现移转，而必须实施要式买卖或拟诉弃权。在实施要式买卖行为时，当事人应将标的物带到现场，并在该行为中将其占有转移给受让人。如果标的物是土地，起初要求当事人在该土地上实施要式买卖，以便受让人能够实施某种代表占有的举动；到古典时期，对土地的要式买卖已不再要求在现场进行。[9]

到后古典时期，随着要式物与非要式物的区分逐渐被取消，而且交付（traditio）成为了让渡物之所有权的一般形式，要式买卖这种仪式化的要式行为也就消失了。

需要特别指出的是，要式买卖的功能不仅限于移转要式物的所有权，它还被用于其他一些市民法权利的变动，如：①乡村地役权的创设，该权利本身就属于要式物；②在“买卖婚”（coemptio）中，取得对妇女的夫权；③取得对他人“家子”的“买主权”（mancipium）；④在作适当调整后，它还可适用于遗嘱。

（三）拟诉弃权

与要式买卖一样，拟诉弃权（in iure cessio）也是一种移转市民法上所有权的行为，是市民法上所有权继受取得的一种方式。拟诉弃权出现的年代要晚于要式买卖，但要早于《十二表法》的颁布，因为后者对其进行了确认。

与要式买卖的参与者皆为作为私人的罗马市民不同，拟诉弃权以虚拟诉讼的形式进行，因此须有罗马国家的执法官参与。该法律行为以虚拟的“对物的誓金法律诉讼”（legis action sacramenti in rem）的形式进行，以移转一名奴隶的市民法上所有权为例，拟诉弃权的具体程序如下：出让人与受让人带着奴隶来到一名罗马国家的执法官（如裁判官）面前；受让人抓住奴隶并庄严地宣告：“我认为，这个人根据罗马法是我的”；裁判官询问出让人是否也提出自己的权利主张；出让人作出否定回答或保持沉默，[10] 于是裁判官终结诉讼，将奴隶判给主张所

〔9〕 罗马法原始文献 Gai. 1，121，前揭书，第44～46页。

〔10〕 在真实的对物誓金诉讼中，被告也将提出自己对讼争物的主张，从而形成双方的争讼。

有权的人，即受让人。[11] 拟诉弃权虽采用诉讼的形式进行，但裁判官仅起消极的作用，出让人和受让人之间移转所有权的合意——在程序中表现为出让人放弃争讼——是其中最为重要的一个因素，因此拟诉弃权可以被归入私法上的法律行为的范畴。

拟诉弃权不仅被用于移转标的物——可以是要式物，也可以是非要式物——的市民法上所有权，而且还可被用于以下这样一些方面：地役权和用益权的创设和放弃；在收养程序中取得父权；妇女监护的转移等。事实上，它可能更多地应用于后面这些情形，而不是被用于移转市民法上所有权。诚如盖尤斯所言，"我们通常，甚至总是采用要式买卖。实际上，我们可以当着朋友的面自己做的事情，不必更为费力地在裁判官面前或者在行省总督面前进行"。[12]

与要式买卖一样，拟诉弃权也是抽象行为，在其程序进行过程中，法律行为的原因并不显现。当事人实施拟诉弃权，可以是基于买卖的原因，可以是基于赠与的原因，也可以是基于嫁资的设立等原因。原因关系的瑕疵不影响经由裁判官的宣告所实现的所有权变动。

到后古典时期，拟诉弃权这种特定的要式行为发生了消亡。

（四）要式口约

要式口约（stipulatio）也是罗马法上一种重要的要式法律行为，它源于更为古老的"誓约"（sponsio）。后者是罗马市民法最古老的产生债的法律效果的一种方式，只能在罗马市民之间实施，而且它也属于严格意义上的市民法"严法行为"。经由誓约发展而来的要式口约仍属于市民法的"严法行为"，但其适用性已不限于罗马市民，非市民亦可实施。因此，可以说，要式口约的法律效果是市民法的，而其适用性却是万民法的。

要式口约采用一种由特定套语构成的双方口头问答的方式来进行：要约人（stipulator）向承诺人（promissor）提问，要求后者回答是否愿意承担某项给付，后者则使用与前者相同的动词并用第一人称作出肯定的回答。例如，要约人向承诺人提问："你承诺给我100个金币吗？"后者回答说："我承诺。"古罗马法学家彭波尼曾这样描述要式口约："要式口约由一套固定的词句构成，一个人以要式口约的词句形式提问，另一个人以同样的形式回答是否给付被问及的物品或去做被要求的事情。"[13] 要式口约不仅应采用特定的套语，而且还要求提问和回答在时间上必须是连续的。

---

〔11〕 罗马法原始文献 Gai. 2，24，黄译《法学阶梯》，第86页。

〔12〕 罗马法原始文献 Gai. 2，25，前揭书，第86页。

〔13〕 罗马法原始文献 D. 45，1，5，1，彭波尼语，丁译《契约之债与准契约之债》，第109页。

要式口约实际上是一种典型的契约，双方的合意体现在了严格一致的问答之上。不过，罗马人注重的是要式口约的外在形式，因此，可以说，使要式口约产生拘束力的因素与其说是双方的合意，不如说是其所采取的庄重的问答形式。要式口约是典型的债权契约，其所创设的是以给付为客体的债，包括移转标的物所有权的义务（dare）以及实施其他行为的义务（facere）。要式口约是市民法上债的发生原因，对于债务的履行，债权人（要约人）受“要式口约诉”（actio ex stipulatu）的保护。

一项口头的合意如果未采取要式口约的形式，或者说要式口约的形式存在瑕疵，则当事人不受“要式口约诉”的保护。如果当事人订立的是没有任何形式要求的“合意性契约”（如买卖、租赁等），则该契约成立，并受相关诉权的保护。如果它不构成此类型的契约，那么只能将其作为“简约”来对待。在早期市民法上，简约不具有法律意义，后来才受到裁判官法一定程度的保护。

要式口约的拘束力来自其外在的形式，而其设定的债的内容又可包罗万象。该要式行为的这一特性具有两方面的重要意义：①如前所述，罗马法通过赋予相应诉权所承认的法律行为类型是有限的，作为产生债的效力的契约亦如此，而绝大多数契约的类型又都由其内容所决定，这样，类型的法定性就会影响当事人创设新类型的债的关系。要式口约以其内容的包容性极大地缓解了契约类型法定主义带来的问题。②与要式买卖和拟诉弃权一样，要式口约对形式的强调使该法律行为具有抽象性、无因性，承诺人因要式口约的做出而负有给付义务，至于其为什么要使自己负债则属于该要式行为本身并不显示的原因关系，而原因上的任何瑕疵并不影响要式口约产生债的拘束力。例如，承诺人在要式口约中向要约人承诺给付100个金币，前者立即因此而负有给付义务；前者之所以做出这样的承诺，可能是为了向后者支付买卖关系中的价金，可能是为了支付租赁关系中的租金，也可能仅是向后者为赠与，无论属于何种原因，也无论该种原因是否存在瑕疵，要式口约的效力都不受影响。用现代法的语言来表述，要式买卖与拟诉弃权属于“无因物权行为”，而要式口约则属于“无因债权行为”。

三、法律行为的效力

（一）法律行为的成立与生效

法律行为是当事人追求特定私法效果的意思表示行为。法律行为的有效，是指特定法秩序认可当事人所追求的法律效果并以法律的手段确认并维护这一效果。民法虽奉行意思自治之原则，但私人的意思要获得法律的认同，仍须经法律的评价。

纳入效力评价的对象应为意思表示，因为，如前所述，意思表示乃法律行为的必备要素。在此意义上，意思表示是法律行为的成立要件而非生效要件。不构成意思表示者，根本不成立法律行为，也就更谈不上有效与否的问题了。至于意思表示的构成要素，罗马的法学家并未进行系统的探讨，但他们的著作中也不乏对一些具体情形的分析。例如，根据现代民法的意思表示理论，意思表示须具备效果意思，即发生私法上效果的意思；罗马法学家虽未系统地提出该理论，但他们认为，戏谑的（ioci causa）表示或演示性的（demonstrandi causa）〔14〕表示，即便采取了要式口约这样庄重的形式，仍不可能发生法律上的效力。

（二）法律行为的效力状态

总体而言，法律行为的效力状态可以区分为有效和无效两种情形，后者又可进一步区分为当然无效和可得使之无效这两种具体情形。可得使之无效，是指某人有权要求宣告该行为无效，其效力状态也称"可撤销"。

当然无效和可撤销之间存在着明显的区别：前者是绝对的无效，任何人在任何时候都可以主张法律行为的无效，法官所作的无效宣告也仅是对先前已经存在的无效状态的确认而已；后者只是相对的无效，须由特定的撤销权人在法定期间内提出撤销之诉，法官所作的撤销宣告直接改变了先前的法律状态，使相关法律行为从有效变成了无效。法律行为的这两种效力瑕疵状态为当今各国民法所普遍承认。

然而，罗马法的情形却有所不同。在罗马法的法源中，当然无效这种效力状态十分常见，而"可撤销"这一概念对罗马法却是陌生的。实际上，罗马法并不承认一种原本有效但却可因撤销而归于无效的法律行为效力状态，罗马法的文献中也不存在此类"撤销之诉"的记载。

然而，随着古罗马法学的发展，法学家们开始意识到一些在市民法上确定有效的法律行为可能会导致不公正的结果，与此同时，市民法的严格性又不允许裁判官将这些在市民法上确定有效的法律行为确认为无效。于是，主要是基于衡平方面的考虑，在维持这些法律行为的市民法效力的同时，裁判官们开始运用一些裁判官法上的手段来弱化甚至是消除它们的法律效果，这些裁判官法手段主要包括抗辩（exceptio）、否认诉权（denegatio actionis）和恢复原状（in integrum restitutio）等。在这些裁判官法上的救济手段被运用之时，其所指向的法律行为在市民法上仍是有效的，只不过其法律效果的实现被阻止了。于是，这些裁判官法救济手段就与后世可撤销行为中撤销权的行使具有了类似的功能，因此，有时人们为表述上的方便，将罗马法的这一法律技术表述如下：法律行为在市民法上是有效的，但在裁判官法上却是无效或可撤销的。

---

〔14〕 罗马法原始文献 D. 44，7，3，2，保罗语，前揭书，第17页。

（三）无效的各种原因

法律行为可能基于许多方面的原因而产生无效的结果：

1. 主体欠缺权利能力或行为能力。无权利能力者，如奴隶或家子，无从为自己取得权利或负担义务，因此其以自己名义所实施的法律行为当然无效。

有关行为能力的认定以及其对法律行为效力的影响问题，已于人法一编中做出了介绍，需特别注意者有二：①奴隶等无权利能力人虽不得为自己实施法律行为，但由于其具有意思能力，所以可以为其主人或家父等实施法律行为；②处于保佐之下的未满25周岁的成年人，其实施的法律行为在市民法上是有效的，但是，由于他们受到裁判官法的特别保护，因此，通过抗辩、恢复原状等裁判官法的救济手段，可以说，其行为在裁判官法上是无效的。

2. 违反禁止性规范。法律行为的效力判定当然包括对其是否符合特定法秩序所认可之价值的判断，因此，违反禁止性规范的法律行为往往应被判定为无效。但是，古代罗马法学家敏锐地识别出了禁止性规范的多个类型，并依这些类型的差异而对相关法律行为的效力做出了区别对待：

（1）完善法（leges perfectae）。此类法律规范确立了一个禁止实施的行为，同时也明确了与该禁令相悖之法律行为的无效后果。例如，罗马法上禁止夫妻间为赠与的规范即为此类规范，夫妻之间实施的赠与行为在私法上不具有效力。

（2）不完全完善法（leges minus quam perfectae）。此类规范确立了一个禁止实施的行为以及违反此规范需要受到的制裁，但未将违反此规范所实施的法律行为确定为无效。例如，一项颁布于公元前200年的《关于遗嘱的富里法》（Lex Furia testamentaria）规定，遗赠的价值不得超过1000阿司，对于超过此限额的部分，受遗赠人应支付4倍的罚金，或者予以充公。这一规定意味着，价值超过1000阿司的遗赠在私法上仍是有效的。

（3）不完善法（leges imperfectae）。此类规范禁止某一行为，但它既未确立对违反此禁令的制裁，同时也未规定违反此禁令的法律行为无效。例如，公元前204年的一项《关于馈赠的琴其亚法》对向特定亲属以外之人的赠与行为加以了最高限额限制，但是，该法既未规定违反此禁令的制裁措施，同时也未规定违反此禁令所为之赠与的无效。

3. 特别生效要件的缺失。在罗马法所承认的法律行为类型中，有许多是要求具备特定形式的要式行为。对于要式行为而言，如果当事人未践行相应的形式，则其行为不能发生相应的效力。当特定法律行为要求具有原因时，该原因的缺失也将导致行为的无效。

四、意思瑕疵

（一）意思瑕疵概述

意思瑕疵是指法律行为中所表现的意思与当事人真实意愿之间存在差异的情形，也就是说，当事人所表达的与其真实希望的意愿不符。

在现今的民法上，意思表示的真实往往都是法律行为的一项生效要件，如果存在意思表示不真实的情形，法律行为通常即为无效或可以被意思表示人撤销。

在意思表示瑕疵对法律行为效力影响的问题上，罗马法的规则比现代的规则要更为复杂。原则上，应首先在市民法上的要式行为与其他非要式行为之间做出区分：就合意性契约和其他非要式行为而言，原则上，真实意思的缺失将导致法律行为的无效，法律行为不能发生预期的效果；相反，对于要式买卖等市民法上的要式行为而言，特定形式的践行即为法律行为效力的充分必要条件，实际上，对于此类仪式化的行为，不存在作出不同意思解释的空间——当事人一旦践行了相应的仪式，其所指向的法律效果立刻发生，而无需考虑当事人的真实意愿为何。[15] 至后古典时期，随着市民法上要式行为的消亡，当事人意愿对于法律效果的必要性成为一项普遍的规则。

（二）真意保留与虚假行为

1. 真意保留。真意保留是指表意人在明知的情况下向他人做出不符合自己真实意愿的意思表示。也就是说，尽管外在的表示行为指向特定的法律效果，但当事人内心明确对该效果予以保留（不愿使其发生）。

在存在真意保留时，尽管表意人内心缺乏真实的效果意思，但其表示在外的意思仍应发生效力。其理由在于：一方面，对于意思表示的相对人而言，其对表意人的内心保留根本无从知晓，如果表示在外的意思清晰可见，没有理由不承认其对这种外在表示的信赖；另一方面，就表意人而言，与意思表示错误的情形不同，他明知自己不欲发生特定的效果却将这种法律效果对外表达并因此造成了相对人的信赖，因此没有理由考虑其“真意”而对其加以保护。

真意保留涉及表意人纯粹的内心意思，很难加以证实，因此这种意思瑕疵的类型往往仅具有理论价值。即便如此，罗马法的文献也讨论到了该问题。例如，罗马法学家杰尔苏（Celsus）在 D. 2，15，12 中这样说到：如果某当事人就通过遗嘱遗赠给他的财产一般地与他人达成和解，而事后又声称该和解协议仅针对该遗嘱第一部分所包括的财产，则该人的主张不应得到支持。

---

[15] 对同属于要式行为的要式口约（stipulatio）而言，由于法学的作用，似乎已经突破了上述原则。乌尔比安在一段著名的论述中（罗马法原始文献 D. 2，14，1，3）提到了下述规则：在当事人间所达成的一切契约，包括要式口约在内，均要求具备当事人的意愿，否则法律行为无效。

2. 虚假行为。虚假行为与前述真意保留不同。如前所述，在真意保留，相对人对于表意人事实上不欲发生其所表示的法律效果根本不知情；而在虚假行为，尽管表意人也不欲其所表示的法律效果发生，但相对人却对此完全知晓，而且双方恰恰对此达成了合意。因此，虚假行为除有一个外显的意思表示外，还有一个隐藏在双方当事人之间的合意。

虚假行为还可进一步区分为绝对虚假行为与相对虚假行为。前者是指，当事人表示欲使某一法律效果发生，但实际上并没有任何效果意思。而在后者，则存在两个法律行为：一个是表示在外的但当事人却不欲其发生效力的虚假行为；一个是被隐藏而当事人却希望其发生效力的隐藏行为。

关于虚假行为的效力问题，在罗马法的法源中缺乏一般性的讨论，而且相关规则也并不统一。这主要是由于罗马法对要式行为与非要式行为的区分所导致的。

对于不要求特定形式的非要式行为（如买卖、租赁等合意性契约等）而言，当事人真实的效果意思是法律行为的要件，因此，此类行为中当事人的虚假通谋将导致行为的无效。这一规则与后世民法关于虚假行为无效的一般规则是一致的。

然而，对于市民法上要求具备特定庄严形式的要式行为而言，如前述，特定形式的践行不仅是法律行为的必要条件，而且也是其充分条件。这就意味着，此类行为的效力并不取决于当事人"真实"的意思，因此，即便在当事人间存在着虚假的通谋，相关要式行为仍因形式的具备而发生市民法上的效力。但是，当事人间关于虚假行为不发生效力的合意也可能具有法律上的意义。在罗马法看来，这个合意构成一项简约。而自裁判官开始承认对简约的法律保护以后，对于依要式虚假行为——该行为在市民法上有效——而行使诉权要求履行的另一方当事人，被请求的当事人可以主张"既有简约的抗辩"（exceptio pacti conventi）来加以对抗。于是，依前文的界定，此类要式虚假行为的效力可以被描述为：在市民法上是有效的，而在裁判官法上则是无效的（因抗辩而不能实际发生效力）。

至于在相对虚假行为中被隐藏之行为，原则上它是有效的。《优士丁尼法典》确立了这样一个规则："实际所欲的行为要比虚假行为更为有效[16]。"当然，要想发生效力，隐藏行为也须符合该法律行为生效的所有实质要件和形式要件。如果虚假行为所掩盖的行为本身具有不法性，则隐藏行为也不能发生效力。例如，如果一对夫妻订立了一项买卖契约，而实际上出让财产的一方无意收取对价，也就是说，双方实际上希望进行的是一项赠与，那么，一方面，该虚假行为

---

〔16〕 参见罗马法原始文献 C. 1，4，22。

无效，因为买卖契约属于合意性契约，要求当事人必须具有真实的意愿；另一方面，其所隐藏的行为也是无效的，因为根据罗马市民法的规则夫妻间的赠与是无效的。

（三）错误

当事人内心真实的意愿与外在的表达之间可能存在差异，如果这种差异是表意人故意造成的，则属于前述真意保留或虚假行为的范畴；如果这种差异不是表意人故意造成的，则属于意思表示错误（error）的范畴。

罗马人相当广泛地讨论了错误的问题，但却未以系统化的方式加以表述，而且在其中的许多问题上还存在着不同法学家之间的分歧。尽管如此，我们仍可以从罗马法的法源中总结出一些基本的规则。

需要指出的是，在罗马法上，同样的错误出现在不同的法律行为中可能会具有不同的意义。对于有庄严形式要求的要式行为而言，如前所述，具有法律意义的是意思表达的形式而不是表意人的意思，表意人的“真实”意愿根本就不是一个考量因素，因此，在此类行为中履行庄严仪式的表意人的错误是一个不相关的因素，不会影响法律行为的效力。

而对于其他非要式行为而言，从罗马法学发展的早期开始，人们就承认意思表示的错误可能会带来法律行为无效的后果。除了针对具体错误情形的探讨外，罗马法的文献中也包含“发生错误者无意愿”（errantis nulla voluntas）[17] 这样较为一般的规则。然而，即便对于要求对真实意愿加以考虑的非要式行为而言，显然也并非所有的错误都会导致法律行为的无效。因此，有必要区分不同的错误类型。

1. 法律错误。法律错误（error iuris），也称“法律无知”（ignorantia iuris），是指由于不知悉法律或对法律规范的误解而发生的错误。原则上，法律错误不应被加以考虑，也就是说，法律行为不因当事人发生法律错误而影响其效力。[18] “对法律的无知是不可原谅的”（ignorantia iuris non excusat），因为法律应该平等地适用于所有社会成员，而不论其是否被正确地理解，否则任何人都可能以不知道或未正确理解对其不利的规范来为自己的行为辩解。

上述原则在罗马法上也存在若干例外。对于某些人而言，法律错误也发生对其有利的效果，这些人包括：完全愚昧无知的人（rustici）；不满25周岁的人；妇女和士兵。如果他们在实施法律行为时发生法律错误，依古典时期的法律规

〔17〕 参见罗马法原始文献D. 39，3，20。

〔18〕 罗马法原始文献D. 22，6，9pr. 中记载了保罗的一段话：“通常的规则是：对法律的无知会使任何人都遭到损害，而对事实的无知则不然。”

则，法律行为应归于无效。

2. 事实错误。事实错误（error facti）是指对意思表示所涉及的事实要素发生认识或表示错误的情形。与法律错误不同，事实错误常常应被纳入考量，并因此而影响法律行为的效力。然而，并非所有的事实错误都会导致法律行为的无效。原则上，只有实质性的错误才会对法律行为的效力构成影响。在何种错误才构成实质性错误的问题上，透过对罗马法文献的解释，人们确立了以下类型区分：行为性质错误（error in negotio）、当事人错误（error in persona）、标的物错误（error in corpore）、物质属性错误（error in substantia）、品质错误（error in qualitate）、数量错误（error in quantitate）和原因错误（error in causa）。

（1）行为性质错误。行为性质错误是当事人对其所实施的法律行为的性质认识发生的错误。行为性质错误构成实质性错误，它应导致相关法律行为的无效，其最典型的情形发生在双方法律行为中。就此，乌尔比安曾举例说："如果我想送你一笔钱而将这笔钱给了你，而你却以为是消费借贷，那么，尤里安认为赠与不成立。我们来看一下消费借贷是否成立。我认为，消费借贷亦不成立。因为，这笔钱不能属于基于不同意愿接受它的人"。[19]

（2）当事人错误。当事人错误是在相对人或其他人的身份上所发生的错误。当事人错误是否构成实质性错误并进而影响法律行为的效力须依情形而定。在遗嘱、遗赠等死因行为，当事人错误一律构成实质性错误。而在生者间的行为，原则上，只有相对人的身份构成意思表示人信赖的基础时，当事人错误才是实质性错误，例如，在消费借贷中，出借方往往注重借入方的支付能力，因此，如果前者将某一支付能力差的人误认为另一个支付能力好的人而与其订立消费借贷合同，则此消费借贷合同可因此当事人错误而无效。如果法律行为并不着重强调对方的身份，那么这种当事人的错误就是无关紧要的。

（3）标的物错误。标的物错误是指在法律行为所指向的标的物的同一性上发生的认识错误，例如，将 A 物当成 B 物出卖。标的物错误都是实质性错误，它将导致相关法律行为的无效。

（4）物质属性错误。物质属性错误，也被称为材料错误（error in materia），是指在标的物的物理构成方面发生的认识错误。例如，当事人将一黄铜制品当作金器买卖。物质属性错误的概念在罗马法学上发展得较晚，而且法学家们在物质属性错误影响相关法律行为效力的问题上也出现了很大的分歧。乌尔比安在 D. 18，1，9，2 中的一段论述或许代表了古典法学的主要立场："随后，有人问，如果对标的物本身并未发生错误，但却将其物质属性搞错了，例如将醋当作葡萄

〔19〕 罗马法原始文献 D. 12，1，18pr.，乌尔比安语，丁译《契约之债与准契约之债》，第 69 页。

酒，将铜当作金，将铅或其他类似银的东西当作银加以出卖，则买卖是有效的吗？马尔切勒在其《学说汇纂》第6卷中写道：买卖有效，因为尽管在标的物的物质属性上发生了错误，但对标的物本身却存在合意。我在葡萄酒的事例上表示同意，因为葡萄酒变酸即可成为醋，因此二者几乎是同一种物质。但是，如果标的物并非是葡萄酒变酸后而生成的醋，而是从一开始就是醋，例如用其他植物制成的醋，则看来这里是将一种东西当作另一种东西出卖了。在其他发生物质属性错误的情形下，我认为买卖也是无效的。"[20] 因此，至少在“诚信诉讼”中，物质属性错误通常是一个实质性错误，它的存在将导致相关法律行为的无效。

（5）品质错误。品质错误，是指当事人未对标的物的物质属性发生认识错误，而是对标的物的品质发生错误。例如，将黄铜制品当作金器属于物质属性错误，而如果在金器的黄金含量上发生认识错误则属品质错误。品质错误不属于实质性错误，不影响相关法律行为的效力。[21]

（6）数量错误。错误也可能发生在标的物的数量之上。关于数量错误，罗马法的文献给出了不同的规则：它们有时认为数量错误将导致法律行为无效（如D. 19，2，52）；有时则认为法律行为在较少的数量上发生效力。

（7）原因错误。原因错误是指在实施法律行为的动机方面发生的认识错误，罗马人将这种动机的错误称之为“错误原因”（falsa causa）。原则上，动机错误不构成实质性错误，不影响相关法律行为的效力。罗马人将这一规则总结为“错误原因不损害什么”（falsa causa non nocet）。

值得注意的是，与后世民法将错误定位为法律行为可撤销的原因不同，在罗马法上，实质性错误使相关法律行为当然地无效。如前所述，这是因为罗马法上不存在“可撤销”这种法律行为的效力类型。

（四）诈欺

与错误一样，诈欺（dolo）也是导致意思瑕疵的原因之一。错误是由意思表示人自己的原因造成的，而在诈欺的情形，存在诈欺行为之人故意欺骗他人，使后者陷于错误从而做出其原本不会做出或仅会以其他条件做出的意思表示。拉贝奥对诈欺给出了如下定义：一切为蒙蔽、欺骗、欺诈他人而采用的计谋、骗局和手段。[22]

罗马人区分“恶意的诈欺”（dolus malus）和“善意的欺骗”（dolus bonus）。

---

〔20〕 罗马法原始文献D. 18，1，9，2，乌尔比安语，刘译《买卖契约》，第15页。

〔21〕 保罗在罗马法原始文献D. 18，1，10中说到：“此外，我们说，如果标的物是黄金，只不过其品质比买受人认为的要差，则此时买卖有效。”前揭书，第17页。

〔22〕 罗马法原始文献D. 4，3，1，2，乌尔比安语，徐译《法律行为》，第45页。另外可以参见罗马法原始文献D. 2，14，7，9。

善意的欺骗是指交易惯例中通常存在的夸大其词（如商贩对其出售的商品加以吹嘘）。此类带有吹嘘性质的欺骗在交易上是可以容忍的，因此，原则上，它不应影响相关法律行为的效力。[23] 相反，恶意的诈欺则是那种蓄意误导对方陷于错误从而做出意思表示的情形。以下讨论的就是这种诈欺的形态。

诈欺尽管影响了相对方意思的真实，但是，在市民法上（iure civili），法律行为并不当然地因此而无效。这一规则不仅适用于以特定形式为其充要条件的要式行为，而且甚至也适用于非要式行为。在发生诈欺的情形，尽管意愿存在瑕疵，但毕竟当事人具有实施法律行为的意愿。当然，如果因诈欺的存在而使表意人陷入了实质性的错误，那么法律行为可能会归于无效。不过，此时导致其无效的原因并非诈欺而是表意人发生的实质性错误。

随着裁判官法的发展，针对上述市民法原则，开始出现了越来越多的例外规则。裁判官首先是在“诚信诉讼”中针对诈欺行为给予相对方救济。在罗马法的诚信诉讼上，承审员应根据诚信的标准来决定被告是否应承担债务，而诈欺与诚信显然是互相排斥的。如果被告承担特定债务是原告对其诈欺的结果，那么，依诚信原则被告不应承担任何责任。如果诈欺行为的受害者在不知情的情况下已经向实施诈欺行为的对方履行了义务，那么他可以提起同样的诚信诉讼要求履行利益的返还。于是，借助诚信诉讼中对“诚信”因素的考量，受诈欺而实施法律行为的当事人实际上不受其行为的约束，在此意义上，相关行为当然地（ipso iure）无效。

大约在公元前1世纪中期，裁判官开始经常性地在程式诉讼中引入“欺诈抗辩”（exceptio doli）。对于诚信诉讼而言，被告无须借助欺诈抗辩的手段保护自己，因为原告是否存在欺诈本来就应纳入诚信的考量；而对于诚信诉讼以外的诉讼而言，欺诈抗辩是保护受欺诈之被告的重要手段：尽管实施欺诈行为的原告可能享有市民法上的诉权（如前所述，欺诈事实的存在并不使相关行为当然无效），但被告可以通过提出“欺诈抗辩”证明原告存在欺诈从而免于承担责任。举例来说，如果被告在原告的欺诈下向其做出了一项要式口约，那么在被告不履行口约中承诺的义务时，原告可以对其提起“要式口约诉”；由于要式口约诉不属于诚信诉讼，所以承审员不能直接依诚信作出判决，但是，如果被告在法律审阶段提出了“欺诈抗辩”并被记载在程式之中，则承审员就可以在事实审阶段

---

〔23〕 罗马法原始文献 D. 18, 1, 43pr.：“出卖人为吹嘘自己的物品而说了大话，如果事实是清晰可见的，则这些话不约束出卖人，例如，某人说奴隶多么英俊，建筑物造得多么好等。但如果说某奴隶具有文学修养或是一名手艺人，则出卖人须因此而受约束。因为，出卖人因为这样的吹嘘可以获得更高的价格。”刘译《买卖契约》，第53页。

对该抗辩是否成立进行审查，即审查原告是否实施了欺诈行为；如果抗辩成立，被告即应被开释。如前所述，裁判官救济手段的发展，使我们可以将受诈欺所实施之法律行为的效力描述为：市民法上有效，而在裁判官法上无效。

然而，裁判官法所引入的"欺诈抗辩"还不足以使被诈欺的当事人获得完全的保护：如果在一个不属于诚信诉讼范畴的法律关系中，受欺诈人在不知情的情况下做出了履行行为，那么他将如何受到保护呢？此时，欺诈抗辩对他已没有帮助，因为抗辩是一种防卫的手段，当事人不能据此向对方提出权利主张。考虑到此种情形下诈欺行为受害人的救济，在公元前70年至公元前60年之间，在罗马法上引入了"欺诈之诉"（actio de dolo）。

"欺诈之诉"具有如下特点：①它属于罚金之诉，不过其罚金仅为单倍（simplum），也就是说，罚金数额相当于原告所遭受的损失；②它针对的是严重的行为，被判罚者将被宣告为"不名誉"；③它属于"仲裁之诉"，被告可以通过应承审员之请主动赔偿损失的方式避免受判罚；④它属于补充性的诉讼，也就是说，只有在缺乏对受诈欺者的其他救济手段时才能运用此种诉讼。

（五）胁迫

胁迫（metus，或者 vis metus）也是导致意思瑕疵的情形之一，它是指通过暴力（vis）威胁而使他人产生恐惧并因此做出违背其真实意愿的意思表示。以暴力手段强制他人做出意思表示，存在两种类型：一类是对身体直接施加的暴力强制，也称"绝对强制"（vis absoluta）。例如，对于要求当事人亲自出席的法律行为，有关人采用武力强制其出席。另一类则是对他人的精神加以强制，使他人因恐惧受到损害而不得不做出意思表示。在绝对强制的情形，当事人实际上并没有表示的意思，可以说，此种强制直接排除了当事人的意愿，因此，相关法律行为当然不能发生效力。绝对强制并非典型的胁迫行为，罗马人所称的"胁迫"（metus）是指精神的强制。这种胁迫应该是一种严重的精神强制，它应足以使受胁迫者在遭到被威胁的损害和实施对自己不利的法律行为二者之间选择后者。

在受胁迫而实施法律行为的情形，当事人仍表达了他的意愿，只不过这种意愿是有瑕疵的。这一点与诈欺的情形其实十分相似，因此，有关胁迫的法律规范及其演进发展的情形在许多方面都与诈欺的规则相似。

原则上，尽管受到胁迫，当事人所实施的法律行为在市民法上仍是有效的。在这个问题上，罗马法学的代表性观点认为，尽管受到了强制，但当事人毕竟是有意愿的。如保罗所言："尽管在意志自由的情况下我可能会不愿意，但是，在强制之下我却有此意愿。"[24]

---

〔24〕 罗马法原始文献 D. 4，2，21，5，保罗语，徐译《法律行为》，第31页。

上述市民法规则可能会导致对被胁迫者的不公，于是，与诈欺的情形相似，裁判官法也对受胁迫的当事人提供了如下的救济：

（1）如果因受胁迫而实施的行为属于善意诉讼的范畴，那么，负责事实审的承审员应依诚信的标准判断被告是否应承担责任。受胁迫的被告即便在法律审中未提出任何抗辩，他仍可在审判中证明原告对其实施了胁迫行为，而一旦原告胁迫的事实被证实，承审员即应认定“依诚信”（ex fide bona）被告不应负责，从而应判决开释被告。如果被胁迫人已经履行了其义务，则为履行利益的返还，他可以提起诚信诉讼。而在此诉讼中，法官应判定，依诚信胁迫者向被胁迫者返还履行利益。

（2）在共和国末期，裁判官通过其告示创造了“胁迫抗辩”（exceptio quod metus causa〔25〕）。在不属于善意诉讼的情形（如“严法诉讼”或对物之诉），当受胁迫者因其实施的行为而被诉请履行时，他可以援引此“胁迫抗辩”来免于承担责任。此种抗辩的成立，并不要求胁迫行为必须是原告的行为，第三人的胁迫同样也可以成为被告的抗辩事由。

（3）如果在一个不属于善意诉讼的情形中受胁迫人已经做出了履行行为，那么，为使履行利益能够回复到受胁迫人手中，裁判官法提供了不同的救济手段。其中，最重要的救济有两类：“胁迫之诉”（actio quod metus causa）和“因胁迫而恢复原状”（in integrum restitutio propter metum）。“胁迫之诉”是罚金之诉——在1年内提起的，可以要求所受损害4倍的罚金；超过1年提起的，仅能要求1倍的罚金。“因胁迫而恢复原状”也是一种针对胁迫行为的裁判官救济手段。通过“恢复原状”这种救济手段的运用，因受胁迫所实施之法律行为的效果被视为未发生，于是，受胁迫人就可以要求利益的返还。

五、法律行为的原因

（一）原因的意义

“原因”（causa）这个术语经常出现在罗马法的法源中，但文献却缺乏对它的抽象定义，而且，罗马法学也是在多种意义上使用这个术语。就其与法律行为的相关方面而言，原因是指法律行为的法律效果中所体现的直接目的，或者说是法律行为所欲追求的社会经济功能。于是，买卖契约的原因即为一标的物与一笔金钱之间的交换；赠与的原因即为无偿地使他人获取利益。就双方法律行为来说，原因对双方当事人而言是一致的。

与原因具有完全不同法律意义但又容易发生混淆的是动机。任何人在实施法律行为时都会有行为的个人动机，正是这种动机在推动人行动。例如，一个人订

〔25〕 该抗辩的名称来自创造此抗辩的告示的第一句话（exceptio quod metus causa factum est），参见罗马法原始文献 D. 44，1，7，1。

立买卖契约购买房屋，其动机可能是为了自己居住，也可能是预期其价格将上涨并希望获得投资利益；一个人订立消费借贷合同借入金钱，其动机可能是为了个人消费，也可能是为了将该笔金钱投入一项营利性的经营活动。动机是行为人的内在考虑，无须对外表达，而且相对人往往并不知晓。原则上，动机不具有法律上的意义。如前所述，动机错误一般不影响法律行为的效力。

与动机不同，原因具有重要的法律意义。人们之所以将一个交易称之为买卖，并不是因为交易当事人如此称谓它，而是因为这个交易反映了物与金钱之间的交换关系。同样，人们之所以称一个交易为消费借贷，是因为其欲实现的经济目的是消费物的借贷（现实的获取和将来同种类物品的返还）。因此，可以说，原因构成了这些法律行为的一个客观要素。该客观要素因法律行为类型的不同而存在差异，并最终决定了法律行为的类型。于是，如果不存在物与金钱的交换目的，则相关法律行为就不应归入买卖契约的范畴。

（二）抽象行为与其效果

原因对于法律行为的意义因要因行为与抽象行为的区分而有根本的差别。要因行为，顾名思义，是指原因作为其构成要件的法律行为。凡此类行为，必须具有法律所认可的原因。如果原因不存在或不合法，法律行为不能发生预定的效力。

在罗马法中，除前述买卖、消费借贷等须具备特定原因的要因行为外，尚有不以原因为要件的抽象行为。如前所述，对罗马法上一些强调须具有庄重形式的要式行为（如产生物权变动效果的要式买卖、拟诉弃权以及产生债之效果的要式口约）而言，一方面，对形式的强调使得当事人的真实意思往往无须被考虑，从而使得意思中包含的原因更无法被衡量；另一方面，此类法律行为在结构上就具有实现各种各样的社会经济目标的可能性，因此，也不可能以某一具体原因作为其要件。例如，尽管具有买卖的形式，但要式买卖（mancipatio）早已发展成为一种抽象移转要式物所有权的手段，成为了一种“虚拟买卖”，于是，当事人间实施要式买卖，其原因并不限于实现买卖（物与金钱的交换）的目标，而且当然也可能实现其他目标，如实现赠与的目的、实现嫁资财产的移转等。而对产生债之效果的要式口约而言，通过要式的问答，它仅表现为一方对另一方承诺履行一定的行为，至于承诺人何以要承受此债务则非所问——其原因可能是为了实现赠与，可能是为了使消费借贷中的贷出方获取利息，可能是嫁资的设立人承担在未来给付嫁资的义务等。

除要式买卖、拟诉弃权和要式口约外，罗马法上的抽象行为还包括“铜和秤式的清偿”（solutio per aes et libram）以及“正式免除”（acceptilatio）等。另外，许多学者也认为，“交付”（traditio）也属于抽象行为，尽管其本身并不属于要式行为。

在抽象行为，即便原因不具备或原因不法，法律行为仍在市民法上发生效力。但是，自前古典时期开始，对因欠缺原因的抽象行为引起的法律效果而受损害的当事人，法律给予了一定的救济：如果抽象行为所指向的利益变动尚未发生（如要式口约之债尚未履行），则相关当事人可以提出“抗辩”（exceptio）；如果已发生了此种利益变动，则受损害的当事人可以提出对人性的不当得利返还之诉（condictio）。

抗辩的救济手段在要式口约这种抽象债权行为中经常被援用。例如，如果某人向另一人做出要式口约承诺向后者给付一笔金钱，他之所以做出此承诺是因为他认为自己已经或一定会从对方处取得对其贷与的金钱。如果实际上他并未从对方取得此笔借贷的金钱，而对方却向其提出了“要式口约诉”（actio ex stipulatu），那么，由于要式口约的抽象性，对方的确享有此诉权，也就是说，在市民法上承诺人的确负有履行其承诺的义务。但是，此时受承诺人提起要式口约诉显然是不正当的，所以法律允许承诺人提出“欺诈抗辩”（exceptio doli）来对抗对方当事人。如前所述，抗辩这种救济手段属于裁判官法上的救济。

如果抽象行为已引起了利益关系的变动，而这种变动又缺乏合法的原因支持，那么，一方面依原有的权利关系（如所有权）已不足以为受损的当事人提供保护，因为抽象行为恰恰已经实现了此种权利的移转；另一方面，由于利益已经发生了变动，所以前述防御性的抗辩手段也不可能再被运用。此时，能够起作用的是对人性的不当得利返还之诉（condictio）。与抗辩的裁判官法属性不同，不当得利之诉具有市民法的性质，它是从古代法上的“关于返还的法律诉讼”（legis actio per condictio）发展而来的，其目的在于回复缺乏合法原因的利益变动。例如，如果某人以清偿债务的意思与另一人实施了要式买卖行为，向后者移转了某要式物的所有权，但后来发现其根本不负债；或者，某人以设置嫁资的目的通过要式买卖移转了要式物的所有权，但后来婚姻并未缔结，那么，他均可以通过“不当得利返还之诉”要求自己给付之物的所有权回复。原则上，“不当得利返还之诉”针对的是一个所有权移转的行为（datio），而非占有的返还，这一点进一步证明了抽象行为的非要因性：正是因为先前欠缺合法原因的法律行为仍然实现了所有权的变动，所以要求所给付之物返还的诉权就不可能再是对物性的“原物返还之诉”（rei vindicatio），而只能是针对特定人（所有权取得人）要求所有权回复的“不当得利返还之诉”了。

六、法律行为的解释

（一）解释的必要性和可能性

法律行为以当事人的意思表示为其成立要件，而意思表示是当事人将内心所追求的某一特定法律效果的对外表达。无论采取何种形式（口头的、书面的、隐含于行为中的），意思的对外表达均须加以识别和确定。而在此识别和确认过程中，可能会存在若干疑问，于是，就需要对意思加以解释。

与现代法相比，罗马法中进行法律解释的需要和进行此种解释的可能性似乎要低得多。也有不少学者认为，只是到了优士丁尼时期（或至少是后古典时期），罗马法上才出现了法律行为解释的规则。这主要是因为，罗马法上存在大量要式的、仪式化的行为。这些行为通过语言、动作等所表达的意义具有典型性，对其不太可能作出与其典型目的不同的解释。例如，如果当事人实施要式买卖，那么一定意味着一方愿意出让要式物的所有权而另一方有意获取其所有权，不可能有其他的解释。

然而，即便是在上述要式行为中也存在着可变动的、取决于当事人个人的意思因素，如要式口约中具体的给付内容，如遗嘱中指明的继承人姓名，如遗赠财产的范围与受遗赠人的姓名等。所有这些因素都可能会由于表意人的原因或客观原因而表现出不精确、含糊或非确定性，从而需要加以解释确定。例如，遗嘱中指明"全部遗产归提兹继承"，而遗嘱人的近亲属中有两人名叫提兹，需要解释确定遗嘱人所指的究竟是谁。另外，罗马法上毕竟也存在许多非要式的法律行为，它们的内容时常会出现含糊不清的情形，须根据一定的解释规则加以确定。因此，我们有理由相信，在面对实务中经常出现的解释需求时，罗马的古典法学有必要而且也有可能确立一些解释的规则。

（二）解释的方法与规则

在罗马法的文献中，缺乏对法律行为解释的系统规定。有关意思解释的规则主要散见于《学说汇纂》的各卷之中。这些解释规则主要包括：

1. 关于意思主义与表示主义。作为解释规则，意思主义是指意思的解释须探究表意人内心的真实意愿并以此作为解释依据；而表示主义则强调意思对外表达所形成的客观意义，也就是说，以一般人对于表意人表达在外的意思的理解作为解释的依据。在当事人的内心意愿与这种意愿的外在表现形式存在分歧时，遵循意思主义或表示主义的解释规则将可能得出相当不同的解释结果。

在罗马法上，意思主义的解释方法（对表意人"真意"的探究）尤其体现在遗嘱的解释之上。遗嘱的解释特别强调对遗嘱人意愿（mens testantis）的探究，[26] 其原因有二：首先，遗嘱是单方法律行为，而且意思表示无相对人，因此无须考虑他人对遗嘱内容的理解；其次，对于遗产取得人而言，因遗嘱而取得

---

〔26〕 例如，罗马法原始文献 D. 50, 17, 12："对遗嘱的解释，应充分考虑遗嘱人的意愿。"保罗语，徐译《法律行为》，第105页。

财产系无偿取得，因此对遗嘱继承人之信赖加以保护的必要性也不大。

相反，在生者间的行为，尤其是在有偿的双方法律行为中，对表意人真意的探究需要受到相对人理解的限制。如果在此类法律行为中一味地强调以表意人的真实意愿作为解释依据，而意思的外在表达又具有与前述意思不同的意义，那么相对人的信赖就可能会受到损害。此时，需要以意思表示所具有的通常意义对其加以解释。

如果在双方法律行为的当事人间达成的意思一致与他们表示在外的语言所具有的通常内容不符，那么，由于此种情形并不涉及一方信赖保护的问题，因此应以当事人实际达成的意愿为准。〔27〕

2. 倾向于有效的解释规则。在法律行为的效力存在疑问（可能作有效的解释，也可能作无效的解释）的情况下，一般应作有效的解释。这一规则尤其适用于遗嘱行为（favor testamenti）与嫁资设立行为（favor dotis）。例如，在讨论遗嘱的效力有这样两个片段："……在有疑义时，应将遗赠解释为有效……"〔28〕、"在有疑义时，最好认为嫁资设立有效"〔29〕。

另外，在解放奴隶之相关行为的效力存在疑问时，在导致奴隶获得自由或否认其取得自由这两个选项中，应作导致前者效果的解释，也就是说，对该解放行为作有效的解释（favor libertatis），例如"如果解放奴隶的意愿不清晰，应作获得自由的解释"。〔30〕这一解释规则的确立首先是受到了斯多葛学派思想的影响，后来在后古典时期和优士丁尼法上又受到了基督教思想的影响。

3. "对要约人不利"的解释规则。在要式口约中，如果口约的内容不清晰需要加以解释，则应作对要约人不利的解释。这是因为，在要式口约的口头问答形式中，口约的内容都是由要约人提出的，承诺人（承担债务者）仅限于做出肯定的回答。因此，在有疑义时，应作对口约内容的提出者不利而对承诺人有利的解释。〔31〕

这一适用于要式口约的解释规则后来被扩大适用于买卖契约和租赁契约：在有疑问时，应作对出卖人或出租人不利的解释，这是因为，交易条件通常都是由

---

〔27〕 例如，罗马法原始文献 D. 18，1，6，1："……因为在买卖中，人们考虑的应该是当事人的实际意向，而不仅仅是他们的语言表述。"参见刘译《买卖契约》，第 9 页。

〔28〕 参见罗马法原始文献 D. 28，4，2。

〔29〕 参见罗马法原始文献 D. 50，17，85。

〔30〕 参见罗马法原始文献 D. 50，17，179。

〔31〕 罗马法原始文献 D. 45，1，38，18，乌尔比安语，丁译《契约之债和准契约之债》，第 21 页；还可以参见罗马法原始文献 D. 34，5，26 。

出卖人或出租人提出的。[32] 以这一解释规则为基础，后世的学者提出了更为一般的“有利于债务人”的解释规则。

4. 其他解释规则。罗马法文献还提及了其他方面的一些解释规则，包括：

（1）整体解释，即不孤立地对语词和表述加以解释，而是将其放在行为的背景下进行整体的解释。

（2）惯例解释，即以习惯性做法或地方惯例（mos regionis）作为确定意思的标准的解释方法。

（3）交易性质解释，即以交易的性质来决定解释的规则。

第三节　法律行为的约款：条件、期限及负担

一、条件

（一）条件的意义与要件

条件（condicio）是指当事人约定以未来客观上不确定的事实作为法律行为效力发生或消灭的决定性因素的约款。在罗马法的术语使用上，“条件”（condicio）一词既可指前述约款，也可指约款中决定法律行为效力走向的事实。

从前古典时期开始，法律行为的条件就成为了一个被罗马法学家们广为讨论的话题，当然，与罗马法学一贯的不作过多抽象的风格相符，他们往往并不抽象地讨论条件的一般规则。对条件的讨论甚至影响了罗马法学家们对法律行为的概念区分：他们逐渐开始将受条件约束的法律行为称为“附条件行为”，而将不附条件的行为称为“纯粹的行为”。

作为控制法律行为效力的约款，条件必须符合以下几方面的要求：

1. 条件必须是未来的事项，也就是说，不得以现实的或过去的事项（in praesens vel in praeteritum）作为条件。现实的或过去的事项不具有条件所要求的不确定性，因此不能作为条件。当事人以现实或过去的事项作为“条件”的，该行为并非真正附条件。如果该事项确已发生或正在发生，则法律行为在做出时立刻发生效力；如果属于相反的情形，则法律行为根本不发生效力。

2. 条件必须是未来发生与否不确定的事项。一方面，条件不是必然要在将来发生的事项，以未来必然要发生的事项作为条件的，不具有条件的属性，只能解释为不确定的期限或一个无效的条件；另一方面，条件也不能是不可能发生

---

〔32〕 例如，罗马法原始文献 D. 18，1，21：“拉贝奥写到，协议的含混不清所损害的应该是出卖人，而非买受人。因为出卖人在契约完成之前，本可以更清楚的方式表达他的意愿。”参见刘译《买卖契约》，第 25 页。

的，即在法律上和事实上须有在未来发生的可能。盖尤斯曾举过一个将不可能出现的情形作为要式口约条件的例子（“用手指摸天”），并指出该要式口约因此而无效。[33]

3. 条件必须是当事人为控制法律行为的效力而特别确定的。就某些法律行为而言，即便当事人未附加条件，也只有在未来某个特定的事实发生时，才能开始发生效力。例如，设立嫁资的嫁资声言（dotis dictio）只有在婚姻成立时才能生效；遗嘱只有在遗嘱人死亡时才能发生效力。有罗马法学家将这种情形称之为“法定条件”（condicio iuris），但实际上它并非真正意义上的条件。

4. 条件必须合法正当。原则上，不合法的条件（condicio turpis）可被视为（法律上）不可能的条件，从而将导致法律行为的无效。但在早期法上，附加非法条件的要式口约在市民法上仍然是有效的，后来，随着裁判官法和法学的发展，此类行为才开始被认定为无效。另外，就死因行为而言，尤其是到了后古典时期，非法条件的附加往往会被认定为相当于未附加条件，法律行为因而可以发生效力。

（二）条件的适用范围

并非所有的法律行为都可附加条件。在罗马法上，这一规则主要指向的是“严法行为”（actus legitimi）。

严法行为是市民法所承认的一类要式的法律行为，包括要式买卖、拟诉弃权、正式免除（acceptilatio）、诉请解放（manumissio vindicta）等。这些法律行为都具有相当严格的口头要式（可能还包括作特定动作等仪式化形式），而且其效力依赖于仪式的严格遵守，这就使得附加条件和期限成为不可能。

如果此类严法行为被当事人附加了条件或期限，那么整个法律行为都将无效（而不仅是所附加的条件或期限无效）。

（三）条件的类型

依不同的标准，可以将条件区分为不同的类型。

1. 积极条件与消极条件。根据法律行为的效力取决于条件的成就还是不成就，可以将条件区分为积极条件与消极条件。前者将法律行为的效力系于条件的成就，即条件成就时法律行为生效（就停止性条件而言，下同）；而后者则将法律行为的效力系于其不成就，即只有在条件不成就时法律行为始发生效力。

2. 意定条件、偶成条件与混合条件。根据条件的成就是否依当事人的意思

---

〔33〕 罗马法原始文献 Gai. 3，98，黄译《法学阶梯》，第230页。在同一段落中，盖尤斯告诉我们，萨宾学派认为，如果一个不可能的条件是附加在一项遗赠之上的，那么遗赠行为仍有效，视为未附加此条件，而对立学派（普罗库斯学派）则持相反的观点。

为转移，可以将其区分为意定条件（condicio potestativa）、偶成条件（condicio causalis）和混合条件（condicio mixta）。

意定条件是指其成就必须取决于利害关系人意志的条件。对此类条件，需要强调的一点是，如果将某项条件的成就完全系于对其将产生不利影响的当事人的意志，那么附有此种意定条件的法律行为是无效的。例如，当事人间订立如下要式口约："你是否承诺，如果你愿意的话，你就给我100个金币"，"我承诺"。在这个要式口约中，当事人将承诺人（债务人）的意志设置为条件，从而使法律行为根本失去约束力，因此该行为没有法律意义。

偶成条件是指其成就不取决于当事人的意志，而取决于客观事实或第三人意思的条件，前者如"如果从亚洲来的船舶能够到达"，后者如"如果我哥哥同意的话"。

混合条件则是指其成就须同时取决于当事人的意志和客观事实或第三人意思的条件，如"如果你同某人结婚"。

3. 停止条件和解除条件。依条件对法律行为效力的影响，可以将其区分为停止条件与解除条件。在前者，法律行为成立后，其效力处于停止状态，而在条件成就时始发生效力；在后者，法律行为成立后立即发生效力，但在条件成就时，其效力则发生终止。停止条件与解除条件的区分是后世法学上对条件所作的最为重要的一个分类。

罗马法在此方面有其特殊的规则。原则上，罗马法仅承认停止条件，而不承认解除条件。就一项意在使法律行为的效力因其成就而终止的条件而言，如果它被附加于前述根本不允许附加任何条件的"严法行为"，则不仅条件无效，而且整个法律行为都将无效；如果它被附加于"严法行为"以外的其他法律行为（如要式口约），则将被视为未有条件的附加，也就是说，法律行为的效力不受其影响。随着法律的发展，裁判官开始将"某条件成就时法律行为效力终止"的意思解释为当事人间的一项简约（pacta）[34]，并开始以"既定简约之抗辩"（exceptio pacti conventi）对主张条件成就的当事人提供保护。由于有关解除的简约本身是一项独立的行为，因此，条件就成为附在简约之上的停止条件，也就是说，简约在成立时并不立刻发生效力，而是在当事人所设置的条件成就时才发生效力。通过这一巧妙的法律技术，解除条件以法律认可的停止条件的面目出现，并最终通过"既定简约之抗辩"的方式发挥其功能。

（四）条件的效力

如前所述，罗马法原则上仅承认停止条件，因此这里只讨论停止条件的效力

---

〔34〕 关于简约的效力及保护问题，参见本书债法部分的内容。

问题。条件，依其成就与否的情形，可以分为三种状态：悬止状态（condicio pendet）、欠缺状态（condicio deficit）和成就状态（condicio existit）。在各种状态之下，法律行为的效力各自不同。

1. 悬止状态。悬止状态是指条件尚未成就但在未来仍有成就可能的不确定状态。此时，法律行为不发生效力，而且其未来是否发生效力也不得而知。但是，法律行为本身已经成立，而且它也产生了某种期待。

由此，罗马法学承认此时法律行为已经具有了某些方面的法律意义。例如，如果在条件处于悬止状态时当事人一方发生了死亡，则法律关系将由死者的继承人继承；另外，如果一项设定债权债务关系的法律行为附有条件，而该条件又处于悬止状态，那么即便在此阶段上该预设的债的关系仍可被正式免除和更新。

在悬止状态下，如果利害关系人故意阻碍条件的成就，则根据一项古老的罗马法规则，条件将视为已成就，法律行为从而确定地发生效力。

2. 欠缺状态。欠缺状态是指条件确定地不成就的状态。此时，法律行为确定地无效，而且可被认为是自始不发生任何效力。

3. 成就状态。成就状态是指条件设定的事实已实现的状态。此时，法律行为确定地发生效力。问题是，法律行为的效力自何时发生，是自条件实现时才开始具有效力呢，还是可以溯及既往地自行为成立时生效？原则上，罗马法不承认溯及效力，也就是说，法律行为的效力开始于停止条件成就之时（ex nunc）。只有在例外的情形下，古典法学时期的法学家才认可条件成就的溯及力，将法律行为生效的时间提前至其成立之时。[35] 到优士丁尼时期，开始出现一种倾向，即条件成就的溯及效力越来越多地得到承认。

二、期限

（一）期限的意义和特征

期限（dies）有两层意义：它既指以未来确定发生的某个事实作为法律行为效力开始或终止依据的约款，同时也指该确定会发生的事实本身。

期限与条件一样，也属于法律行为的偶素，其是否附加于法律行为取决于当事人明确的意思，法律行为的性质不因期限的附加而改变，不过其效力的开始或终止将受到影响。

---

〔35〕 例如，在罗马法原始文献 D. 20，4，2，1 中，盖尤斯讨论了这样一个问题：如果某甲基于一项附条件的要式口约成为某乙的债权人，后者在其所有的某物上为前者设立了一个抵押；后某丙也成为某乙的债权人且未附条件，同时也在某乙的同一个物上取得了一个抵押权；后要式口约所附条件成就。那么，在某甲和某丙二人中，谁的抵押权更为优先呢？这里适用的规则是“时间在先，则权利优先”，而盖尤斯认为，某甲的抵押权优先于某丙的抵押权，因为在条件成就时，要式口约自其成立时即开始其效力。

与条件不同，期限是未来必然要发生的事实，如未来某个时日的到来或某人的死亡等。由于期限必将到来，所以附期限法律行为具有相当高的确定性，其涉及的法律问题也不像附条件法律行为那样复杂，因此罗马法学家对期限的讨论相对较少。

（二）期限的类型

1. 始期与终期。以期限对所附法律行为效力的作用力，可将其区分为始期（dies a quo）和终期（dies ad quem）。附始期的法律行为，于期限届至之前，法律行为虽已成立但尚未发生效力，一旦期限届至，法律行为立刻发生效力。附终期的法律行为，在行为成立之时立刻发生效力，而一旦期限届至，该行为的效力即告终止。

2. 确定期限和不确定期限。期限为将来必然发生的事实，而依此种事实何时发生是否于做出法律行为时即可确定为标准，可以将期限区分为两个类型：确定期限与不确定期限。前者为未来发生时间确定的事实，如约定买卖“于明年1月1日生效”；后者尽管也是必然发生的事实，但当事人在实施法律行为时尚不能确定该事实究竟于何时发生，如当事人约定租赁合同效力至“出租人死亡时终止”。

（三）期限的适用范围

与附条件的情形一样，并非所有的法律行为均能附加期限。在罗马法的期限适用问题上，存在以下规则：

1. 原则上，“严法行为”不能附加任何期限，无论是始期还是终期，其理由与前述此类行为不能附加条件的理由相同。严法行为被附加期限的，不仅期限条款不生效力，而且它还将导致整个法律行为的无效。例外的一个情形是：如果以“拟诉弃权”的形式设定用益权，由于此种权利本身具有期限性，因此允许为其附加一个终期。

2. 在其他一些法律行为中，允许附加始期，如果附加终期，则视为未附加（法律行为仍有效）。此类行为包括遗嘱解放（manumissio testamento）、交付（traditio）、遗赠以及要式口约。而就要式口约而言，与附解除条件的情形相同，裁判官对终期附款给予一种“既定简约抗辩的保护”，也就是说，如果接受口约的一方在所附期限到来后仍诉请做出口约一方履行的，后者可以提出此抗辩来对抗前者的主张。于是，附终期的约款以这种特别的方式获得了实际效果。

（四）期限的效力

在期限届至以前，附始期的法律行为尚不发生其效力，此种效力仅在期限届至时才发生。但是，考虑到期限必将到来，因此即便在期限届至以前，附始期的法律行为也应产生一定的法律效果。在罗马法上，此种法律效果至少应该包括：①如果在期限届至之前债务人就履行了债务，则债务人不得以不当得利为由要求履行利益的返还（相反，在附停止条件法律行为的条件成就之前，如果“债务人”履行的，可以向对方要求不当得利的返还）；②期限未届至的债务可以作为正式免除和更新的对象；③期限未届至的法律关系可以通过继承的方式移转于继承人。

对于可以附加终期的法律行为而言，它一经成立即发生效力，而一旦期限届至，该法律行为的效力立刻自动终止。

三、负担

（一）负担的意义

条件与期限是现代民法普遍承认的法律行为的两种约款。而在罗马法上，法律行为的偶素除了条件和期限二者外，还包括负担（modus）。

负担是当事人在法律行为的一般效力外所附加的特别义务，它通常见于无偿行为。根据此类无偿法律行为的基本内容，一方当事人取得利益本不需付出代价，但负担的附加使得他必须履行特定的义务。在此意义上，负担构成了利得的对价，从而使无偿行为的性质发生了变化。

负担与停止条件中的意定条件有类似之处，二者均指向了受行为人意志支配的行为，但二者之间也存在着根本的区别。在附条件的法律行为中，条件的成就与否决定了法律行为的效力，如果这种条件又属于取决于行为人意志的意定条件，那么包括条件所指向行为在内的整个法律行为的效力都取决于该行为人的意志自由。也就是说，一方面，行为人在法律上并不负有实施条件所指向之行为的义务；另一方面，如果他不这样做，则法律行为中本身包含的效果意思也不能生效。相反，在附负担的法律行为中，在受益人履行负担之前，法律行为即已生效，只不过他负有了履行负担的义务。

（二）负担的作用方式

罗马法上的负担主要被附加在几种典型的无偿行为之上，包括遗赠、遗产信托、指定遗嘱继承人、赠与等。附负担的法律行为，其目的主要在于确立受益人的一项义务，因此，关键的法律问题是，须借助何种法律手段才能够达成这一目的。如前所述，罗马法并不像现代法那样普遍地承认意思的作用力，而且任何给付的义务都需要特定的诉权的支持，因此，负担也须以特定的方式来取得它的效力。实际上，罗马法上并不存在一种专门针对负担之履行的法律工具，其解决方案因其所附加之法律行为的不同而各有差异，而且有时还需要将附负担的法律行为归入其他类型的制度来加以解决。

从共和国末期开始，罗马法学家开始讨论负担这个问题。最早的讨论系就附负担的遗赠（legato sub modo）而展开的。在这里，负担所包含的法律义务采取了要式口约（stipulatio）或裁判官要式口约（cautio）的形式，即受遗赠人通过向继承人做出要式口约负有了实施特定行为的义务。如果受遗赠人在未履行此项负担的情况下就对继承人提起诉讼要求给付受遗赠的财产，那么后者可以有效地提出一项“欺诈抗辩”（exceptio doli）来对抗前者的诉讼主张。

如果受遗赠人所承受的负担是向继承人以外的第三人做出特定行为，那么继承人就会因无利益而不能主张前述“欺诈抗辩”。根据罗马法文献，这种情形被视同为遗产信托，[36] 因此，第三人可以通过向承担负担者（受遗赠人）主张“遗产信托要求”（petitio fideicommissi）的方式要求负担之义务的履行。

负担还经常被附加于生前赠与，此时，在罗马法的制度框架内，负担可以两种方式发挥效力：①赠与在罗马法上构成所有权变动的一种原因，而所有权变动本身则需要移转所有权的行为（要式买卖、拟诉弃权、交付等）。如果赠与被附加了负担，那么此项负担也将同赠与一样，成为所有权变动的原因（datio ob rem）。如果负担未被履行，其结果就是所有权的变动失去了原因的支持，于是，出赠人就可以向受赠人提出一项不当得利返还之诉（condictio），要求出赠物的返还。②附负担的赠与实质上也构成了一项无名契约，于是，出赠人可以借助无名契约的保护手段——即“前书诉”（actio praescriptis verbis）——来要求受赠人履行负担。

〔36〕 根据罗马法原始文献 C. 6，45，2 的记载，推动这种解决方案的是罗马皇帝塞维鲁（Septimius Severus）。

◎ 第五章
罗马诉讼法

第一节 罗马诉讼法的基本制度

一、罗马诉讼法的意义及发展

古罗马法学家盖尤斯在其著作《法学阶梯》中，将法分为三部分进行阐述，即人法、物法和诉讼法。“诉讼”（actio）表现了从“自力救助”到“司法救助”的过程。如果从实体权利与对其进行保护的诉讼手段来观察罗马法律制度的发展，可以看出，罗马法的发展过程充分体现了“诉讼”与“权利”的密不可分，甚至有些权利直接来自于诉讼。诉讼在罗马法中有多种，但在有关罗马私法的教科书中，一般只论及民事诉讼。

与我们现代意义上的诉讼理念不同，在古罗马，进行实体审判的人不是一个公职官员，而仅是承担审判任务的私人。在程式诉讼中，他由执法官任命，根据执法官预先书写的程式（formula）进行审理。在更古老的法律诉讼时期，审判员也由私人担任，只是不是根据执法官的程式进行审理。当然，最古老的民事诉讼起源于类似同态复仇的制度，像任何社会一样，当社会发展到一定阶段，个人之间的矛盾不能总是通过私人自己来解决，个人不得不求助于国家，古罗马也颁布了一些法律如《十二表法》就规定了个人之间的争议通过向执法官提起诉讼来解决，这就开始了最初的诉讼制度。

罗马民事诉讼制度的发展经历了三个时期，即法律诉讼、程式诉讼和非常审判时期。它的发展是一个漫长的过程，三个不同时期之间并没有截然的划分，每一个新程序的诞生都是在旧程序基础上逐渐发展而来的，甚至新旧程序长期并存。

二、罗马诉讼法的基本原则和制度

在罗马诉讼制度漫长的发展时期里，逐渐形成了一些基本的原则和制度，这些基本原则和制度对现代诉讼制度的形成与发展无疑具有重要影响，其中主要包括：

1. 一事不再理原则。一事不再理原则在罗马诉讼法中得到充分体现，即对同一案件不得提起两次诉讼（bis de eadem re ne sit actio）。在法律诉讼时期该原则就已被规定，如果对某事已经提起诉讼，随后在法律上就不能就同一事实再提起诉讼。[1] 在程式诉讼时期，该原则的效力发生在对法律审和事实审两个程序具有承上启下作用的争讼程序（litis contestatio）中，争讼程序意味着双方当事人同意将该问题交由审判员审理，此协议对双方当事人均有约束力，他们不能对已经提出的争议再次要求审判。对于已经作出的判决，如果相同的当事人对同一问题再次提起诉讼，被告可以根据“已决案抗辩”（exceptio rei iudicatae）反驳对方的要求。

2. 诉讼代理制度。诉讼代理制度是在程式诉讼时期逐步确立并得到充分发展的。在法律诉讼时期，除了四种情况外，[2] 是不允许代理人进行诉讼的。后在，在荣誉法时期执法官根据自己的权力在实践中创造了诉讼代理制度，他将被代理人的名字列入原告请求中，而将代理人的名字写在判决程式中，诉讼代理人以被代理人的名义进行诉讼，其诉讼后果由被代理人承担。除了监护人和保佐人可以代替他人起诉外，还有专门的诉讼代理人，称为 cognitor 或者 procurator，前一种代理人的指定必须由对方当事人在场并且通过一些宣誓的言语进行，而后一种代理人的任命无需特别形式，这两种代理人的诉讼行为对当事人产生的效力也略有不同。在优士丁尼时期，被称为 cognitor 的诉讼代理人不复存在。

3. 举证和证据制度。在罗马诉讼法中就已经存在“谁主张谁举证”的制度，因为“举证责任属于提出主张之人而不是否定该主张之人”。[3] 根据这项原则，原告在起诉时应该举出证据以证明自己的主张，被告也可以做出答辩以维护自己的权利。在诉讼中，可以作为证据使用的有书证、物证和人证等，对于各个证据的效力等级，在罗马法中也有一定的规则可循。比如，书证的效力大于人证；在书证中，公职人员出具的证据的效力大于私人文书的效力，而人证的效力也随着其身份和社会地位的不同而有所区别[4]；另外，在一定情况下，可以使用推定来证明尚未证明的事实。

除此之外，体现在罗马诉讼法中的对现代诉讼制度具有极大影响的还有回避制度、时效制度和不告不理制度等。

---

〔1〕 罗马法原始文献 Gai. 4，108，黄译《法学阶梯》，第 340 页。

〔2〕 在优士丁尼《法学阶梯》（J. 4，10）中提到，除了为民众、为自由、为监护以及后来根据《霍斯蒂利法》（Lex Hostilia）的规定以缺席者的名义提起盗窃之诉外，都不得以他人名义起诉。

〔3〕 罗马法原始文献 D. 22，3，2，保罗语，黄译《司法管辖权·审判·诉讼》，第 57 页。

〔4〕 罗马法原始文献 D. 22，5，3，2，卡里斯特拉特语，前揭书，第 60 页。

第二节 法律诉讼

一、法律诉讼的特征

法律诉讼（legis actiones）在罗马诉讼法的发展中是最早的一种诉讼形式，主要具有以下几个特征：

1. 有法律依据者方可诉讼。法律诉讼是一种合法的诉讼，必须有法律的规定才可以起诉。

盖尤斯在其《法学阶梯》中提到五种诉讼：扣押之诉（pignoris capio）、拘禁之诉（manus iniectio）、誓金之诉（sacramentum）、请求审判员或仲裁员之诉（iudicis postulatio）以及请求给付之诉（condictio）[5]，所有这些诉讼都有一个共同的特征，它们都是由法律规定的，之所以被称为“法律诉讼”也是因为如果不是根据一项明确的法律就不能提起[6]，因此，如果法律没有作出规定，即使自己的权利受到侵害也不能提起诉讼。

2. 严格的形式主义。法律诉讼具有严格的形式主义特征。在法律诉讼中，当事人必须遵循法律规定的套语和手势，否则将会败诉。比如，由于《十二表法》中规定人们可以据“砍树”事由提起诉讼，但某人如果在诉讼中使用的语言是“葡萄树”，则败诉，因为他应该严格按照法律的规定使用“树”这个名词。[7] 再比如，在诉讼中要求自己的权利时要使用固定的手势：在对物之诉中，当事人应携带所争之物到执法官面前，如所争之物无法带到法庭，应该带它们的一部分如一根羊毛或一个柱子到执法官面前，用木棒接触该物以表示该物为其所有，双方当事人都要使用固定的语言和手势佯作争斗，在执法官说停止后再按照法律规定的程序继续诉讼，犹如表演一般。[8]

3. 法律诉讼分为法律审与事实审两个阶段，两审均实行公开审理。前者由执法官主持，后者由审判员作出判决。除了扣押之诉（pignoris capio）之外，双方当事人必须亲自到庭，亦不允许诉讼代理。

二、法律诉讼的程序

（一）法律审

除了扣押之诉（pignoris capio）外，双方当事人应该在听讼之日进行诉讼，

---

〔5〕 可参阅盖尤斯的《法学阶梯》第四编。

〔6〕 罗马法原始文献 Gai. 4，12，黄译《法学阶梯》，第290页。

〔7〕 罗马法原始文献 Gai. 4，11，前揭书，第290页。

〔8〕 罗马法原始文献 Gai. 4，16，前揭书，第292～294页。

由执法官主持。

在法律审（in iure）中，需要双方当事人在场：传唤被告由原告进行，如果被告不回应原告或者拒绝，原告可以请第三人作证，使用武力强迫被告一同前往。在法律诉讼中，任何一方不能由第三人代理。[9] 由于在法律审中不能进行缺席判决，因此如果不是在双方都到场的情况下，法律诉讼不能够完成。[10]

法律诉讼必须在执法官面前进行。最初，判决的权利属于王，随着共和国的建立，王的所有权力都转移到了执政官的手中。在公元前367年，新设了一个官职即裁判官，由他来行使司法权，他享有绝对的司法权威。[11] 当然，除了裁判官外，还有营造司在法律诉讼时期也享有有限的司法权。同时，在罗马行省还设有具有营造司权力的财务官。[12] 由于在罗马和意大利及行省只能在裁判官和行省管理者面前进行法律诉讼，这样对处于罗马之外和远离行省管理者的罗马公民造成极大不便，因此，裁判官在一些地方任命了一些具有审判权的地方执法官，他们可以根据被委托的权力进行审判；在行省，行省管理者本人亲自到某些地方听审或者在行省的主要城市建立法庭，委托使者进行审判。

在法律审阶段，执法官的地位较为被动，他不进行具体的审理，只是听取双方当事人的陈述，核实双方当事人的身份及诉讼理由。他既不能同意进行法律没有规定的诉讼也不能够拒绝法律规定的诉讼，同时也不能对审判员做出任何指示以进行审判。如果被告不抗辩，则意味着争讼不能成立，他可以允许原告自己执行；如果被告加以抗辩，他可以指定审判员进行判决。

此外，审判的时间和地点都要遵守一定的规则。执法官必须按照宗教历法所规定的日期或时辰进行审理。

（二）事实审

在事实审（in iudicio）中承担审判任务的有时是一个团体，比如十人法官（decemviri litibus iudicandis）审理一些有关身份的案件；有时是私人，即宣誓了的民选审判员，在这种情况下，他是独任审判员（unus iudex），根据审判任务的性质有时他被称为审判员（iudex），有时被称为裁判官（arbiter）。[13] 他由双方当事人共同选任，如果有不同意见，双方当事人可以在审判员候选人名单中进行

---

〔9〕罗马法原始文献 Gai. 4，82，前揭书，第330页。

〔10〕罗马法原始文献 Gai. 4，29，前揭书，第302页。

〔11〕参见罗马法原始文献 D. 1，2，2，27，彭波尼语，罗智敏译《学说汇纂》第一卷，中国政法大学出版社2008年版，第41页。

〔12〕罗马法原始文献 Gai. 4，16，前揭书，第292~294页。

〔13〕罗马法原始文献《十二表法》（XII Tab.）2，2，周枏：《罗马法原论》，商务印书馆1994年版，第1008页；罗马法原始文献《十二表法》（XII Tab.）9，3，前揭书，第1016页。

选择，在早期名单中的成员都由元老组成。在由审判团来进行审判的案件中，审判员也是以类似的方式被选任，一般而言由 3 人组成。

审判员也必须公开审判，他们可以在执法官不能出席的日子里审判，但也不是没有限制，一般而言，在娱乐日和采摘葡萄及收获日里都不能审判。与法律审不同的是，在事实审中几乎排除了形式主义，比如可以进行缺席审判。如果一方当事人无合法理由没有出席，可以一直等到正午，过时仍不到场就为败诉。[14] 如果在当日日落之时仍未结束，审判员必须停止庭审，进行宣判，[15] 到此为止，审判员的任务结束。如果该判决对原告有利，他就开始进行执行程序。

三、法律诉讼的主要类型

（一）扣押之诉[16]

盖尤斯在《法学阶梯》的第四卷讲到了扣押之诉（pignoris capio），它其实是债权人对不履行债务的债务人之物在诉讼之前所实施的一种强制手段。对于扣押之诉是否为法律诉讼古罗马法学家意见也不一致，因为它不是在执法官面前进行，而且通常是在对方当事人不在场的情况下进行的，甚至可以在不允许进行法律诉讼的凶日进行，这种救济手段相对于国家救济而言实际上属于一种自我救济。一般而言，在以下情况中债权人可以进行扣押：

（1）在军事方面，如果涉及军饷、骑兵的军马价金以及军马饲料费，针对负有缴纳义务而不缴纳的人，士兵可以对其财产直接扣押。

（2）在公共财政方面，对应该向国家纳税而拖欠的包税人和承包人，根据监察官法（Lex censoria）的规定，可以扣押他们的财产。

（3）在宗教方面，根据《十二表法》的规定，对为了与祭神有关的出卖和出租的债权，在债务人没有履行债务时可以直接扣押其财产。

如前所述，扣押可以在债务人不在场时甚至在一个不是听讼的日子里执行。与执法官所实施的扣押不同，债权人在扣押时要使用一定的言语，以此区别一个合法的行为与抢劫行为。由于这种程序在两个私人之间进行，因此可能出现扣押是否合法的诉讼，被告可以提起诉讼要求退回所扣押之物。

（二）拘禁之诉[17]

拘禁之诉（manus iniectio）在盖尤斯的《法学阶梯》和《十二表法》中都

---

〔14〕 罗马法原始文献《十二表法》（XII Tab.）1，7，前揭书，第 1007 页。

〔15〕 罗马法原始文献《十二表法》（XII Tab.）1，8，前揭书，第 1007 页。

〔16〕 罗马法原始文献 Gai. 4，26～29，黄译《法学阶梯》，第 300～302 页。

〔17〕 罗马法原始文献 Gai. 4，21～25，前揭书，第 298～300 页。

有大量描述,[18] 从广义上来看，这是一种债务执行的程序。债权人在执法官面前抓住债务人，如果债务人不立即偿还债务或者没有得到一个担保人的帮助，那么债权人可以将其扭至自己的家中拘禁60日，如果仍未得到偿还，债权人可以将债务人处死或者出售国外为奴。

1. 拘禁之诉的程序。拘禁之诉分为三个阶段：将债务人扭送到执法官面前；将其拘禁至家中60日；将其杀死或卖为奴隶。

在第一阶段，只有在债务人在债务到期后或在判决之日起30天之内仍未偿还，债权人才有权利将其扭送到执法官面前。[19] 在执法官面前，债权人要将其手放置在债务人身上，同时说一些套语，指出债务的数额、理由等[20]，债务人不得提出拘禁是错误的。只有出现以下两种情形才可能阻止债权人继续进行，即债务人还债或者担保人的帮助，这两种情况都可以使债务人获得自由。[21] 自然，如果出现担保人之后，由担保人继续进行与原告的诉讼。如果担保人败诉，则应该付双倍的债务数额。如果债务人既没有还债也没有出现担保人，那么在执法官裁判之后他将被移交债权人拘禁。

这之后就进入了了第二阶段，即债务人被债权人拘禁在债权人家中60日。《十二表法》规定，债权人可以将其囚禁在家牢中并拴上铁链，给其食物。由于债务人不是奴隶，他可以得到外面送来的食物并且与债权人和解。另外，《十二表法》还有一条规定，在60日之内，债权人应该3次牵着债务人到市场上，并且高声喊叫将其拘禁的理由和所负债务的数额，以使得第三人了解情况替债务人偿债。[22]

最后，如果没有人为债务人偿还债务，在60日之后，债权人就可以杀死债务人或者将其卖到国外为奴。根据《十二表法》中的规定，如果债权人不止一人，他们甚至可以将尸体分割，债务人的财产当然属于债权人所有。实际上这种残忍的方式不会实施，因为60天的宽限期很充足，一般债权人都会达到债务偿还的目的。后来，《博埃泰利亚和帕比利亚法》（Lex Poetelia Papiria）取消了债务奴隶，并且禁止债权人将债务人杀死或出售。

---

〔18〕 罗马法原始文献 Gai. 4，21～25，前揭书，第298～300页；罗马法原始文献《十二表法》（XII Tab.）3，1～6，周枏：《罗马法原论》，商务印书馆1994年版，第1008页。

〔19〕 罗马法原始文献《十二表法》（XII Tab.）3，1～2，周枏：《罗马法原论》，商务印书馆1994年版，第1008页。

〔20〕 罗马法原始文献 Gai. 4，21，黄译《法学阶梯》，第298页。

〔21〕 罗马法原始文献《十二表法》（XII Tab.）3，3，周枏：《罗马法原论》，商务印书馆1994年版，第1008页。

〔22〕 罗马法原始文献《十二表法》（XII Tab.）3，5，前揭书，第1008页。

2. 拘禁之诉的种类。盖尤斯将拘禁分为三类，即已判决之拘禁（manus iniectio iudicati）、准判决之拘禁（manus iniectio pro iudicato）和纯粹拘禁（manus iniectio pura）。

（1）已判决之拘禁是在一个判决之后而进行的，实际上是对该判决的执行。

（2）准判决之拘禁是在假设已经有了一个判决的情况下进行的。《关于誓约的富里法》（Lex Furia de sponsu）就曾规定，如果存在数个担保人为同一债务人提供担保，超过自己份额进行担保的人可以对债务人实施拘禁。另外，《关于誓约的普布里利法》（lex Publilia de sponsu）规定，担保人在清偿了被担保的债务后可以对债务人提起拘禁之诉。

（3）纯粹拘禁在没有判决的情况下也可以进行，但是被告有权利针对拘禁的合法性进行抗辩，抗辩无效承担加倍偿还责任，同时他还有权利作为自己的保人。对于纯粹的拘禁，最初是由单独的法律赋予债权人此项权利的，比如，《关于遗嘱的富里法》（Lex Furia testamentaria）规定继承人对于超过法定特留份请求可以进行拘禁之诉；后来，约公元前 200 年至公元前 120 年颁布的《瓦里法》（Lex Vallia）规定除了判决和准判决的拘禁之外，将所有的拘禁变成了纯粹的拘禁。这被认为减轻了拘禁之诉的效力，但是并没有取消债权人所具有的权利：债权人总是可以在没有进行任何程序的情况下实施拘禁之诉，可以在没有一个判决的情况下执行，然而对于既没有拘禁也没有扣押权利的债权人，在执行之前，必须进行另外一个法律诉讼以使他们有权利执行。

（三）誓金之讼[23]

誓金之诉（sacramentum）是双方当事人针对一项权利的归属产生争议，诉至法庭，根据案件的重要与否交纳一定的誓金（从 50 阿司到 500 阿司不等）以证明其权利的一种诉讼，此誓金归于国家。誓金之诉分为对人的誓金之诉（saramentum in personam）和对物的誓金之诉（sacramentum in rem），前者主要针对债权，后者针对所有权等物权。

在对人的誓金之诉中，原告要庄严地肯定其债权，被告如不承认该债权，为了避免立即进行拘禁之诉，应该庄严地否认该债权的存在。此后，原告进行宣誓，被告同样进行宣誓，双方各自缴纳誓金或进行誓约，随后即到任命审判员阶段。后来，根据《皮纳利亚法》（Lex Pinaria），在双方宣誓之后，暂停程序，由双方进行出庭保证，在 30 日内选择审判员，重返到执法官面前。[24] 在此期限结束之后，任命审判员，进行第三日审判通知程序，双方当事人互相许诺在通知后

---

〔23〕 罗马法原始文献 Gai. 4，13～16，黄译《法学阶梯》，第 290～294 页。

〔24〕 罗马法原始文献 Gai. 4，15，前揭书，第 292 页。

的第三日在审判员面前出席。[25]

对物的誓金之诉程序与对人的誓金之诉基本相同，只是有些部分有所差异。在对物的誓金之诉中，没有原被告之分，双方均针对对方为原告。他们要亲自来到执法官面前，并且携带争执之物，如一个动物或一个奴隶，在双方用固定的言语和动作肯定所争执之物的所有权后，执法官责令一方先暂时占有或保管标的物，并要求该方提供诉讼保证人以担保在其败诉之后退还该物及在此期间产生的孳息，到期由审判员审理。在事实审中，审判员根据证据，判决二者誓言的真伪。可见这种誓金之诉具有明显的宗教色彩，因为双方在赌誓中发誓如说假话将会承受神的惩罚，双方象征性搏斗也具有早期神明裁判的特点。

关于誓金之诉的执行，在对物的誓金之诉中，由于有保证人，判决的执行直接得到保障；对人的誓金之诉的判决，债权人通过诉讼享有了拘禁的权利，一般也容易执行。但是并不是根据判决就当然享有拘禁权利，因为拘禁的前提是债务人所欠的金钱债务，如果债务不是金钱而是其他的物就需要采取一种办法使债变成确定的金额，要求仲裁员进行估价，只有在确定数额之后才能进行拘禁之诉。

（四）请求审判员或仲裁员之诉

请求审判员或仲裁员之诉（iudicis postulatio）是当事人请求执法官指定审判员或仲裁员进行判决的诉讼。原被告来到执法官面前，如果被告承认债务，审判不用继续进行，如果被告拒绝承认债务，原告则宣布："既然你否认，我要求裁判官指派一名审判官或仲裁员"，执法官可以任命一个审判员进行审理。关于这种诉讼适用的范围，由于缺乏原始文献的记载，罗马法学者们有不同的意见。根据罗马法学家保罗·菲特里阔·基拉尔特（Paolo Federico Girard）的看法，此类诉讼一般发生在处理一种事实状态（如分析财产、划分疆界、裁判员估价等）的情况下，因此不需要做出肯定或否定的誓言。[26]

（五）请求给付之诉

请求给付之诉（condictio）是一种债权人为维护其债权而进行的诉讼。最初规定在《西利法》（Lex Silia）和《坎布尔尼亚法》（Lex Calpurnia）中，前者针对确定的金钱，后者针对确定之物。该诉讼从原告向被告提出清偿债务的请求开始，如果被告拒绝偿还，原告则可以请求被告在30日内到执法官面前，接受执法官任命的审判员的审判。请求给付之诉相对誓金之诉而言程序简单，无需繁琐的程序要求，也不带有私人搏斗和宗教的痕迹。

---

〔25〕 罗马法原始文献 Gai. 4，15，前揭书，第292页。

〔26〕 Paolo Federico Girard，*Diritto romano*，Milano，1909，Carlo Longo，p. 1006.

四、法律诉讼的消亡

由于法律诉讼程序繁琐，需要使用固定的法律术语和动作，并且要求严格，如不符合法律的要求，哪怕出现极其细小的错误都会败诉。执法官也不能受理法律没有规定的诉讼，他没有权力根据新的需要而创设新的诉讼和改善所存在的诉讼的不足。审判员也只能完全依照法律的规定进行审理，不能根据具体的案情而进行自由裁量。此外，由于严格的形式主义，对于穷人和弱者而言，诉讼成本昂贵，有时需要找到担保人才能免除拘禁的危险，并且在誓金之诉中还可能丧失50阿司到500阿司。

当然，《瓦里法》（Lex Vallia）已经允许自己作为担保人，而且在对人之诉中，一些新的法律也规定了请求给付之诉，不像誓金之诉那样繁琐、拘于形式，这些在一定程度上弥补了法律诉讼的不足。但是随着经济的发展，法律诉讼越来越不符合现实的要求，逐渐引起人们的厌恶，执法官便根据其权力创造了程式诉讼。[27] 然而，法律诉讼并没有完全消失，而是与程式诉讼共存。大约公元前2世纪颁布了《爱布兹法》（Lex Aebutia），确定了程式诉讼的地位，逐步废除了法律诉讼。后来，在公元前17年颁布的两个尤利亚法（Lex Iulia iudiciorum privatorum 和 Lex Iulia iudiciorum publicorum）正式取消了法律诉讼。

第三节 程式诉讼

一、程式诉讼的产生

程式诉讼（processo per formulas）是执法官在实践中发展起来的一种新的诉讼形式，执法官依照原告的请求制定一个书面指示，即程式（formula），交给审判员，审判员依照程式的要求进行审理。程式诉讼产生的具体时间没有确切的原始资料加以证明，根据盖尤斯的叙述[28]，一般认为其产生经历了两个阶段：首先是《爱布兹法》（Lex Aebutia）的颁布，然后是两个尤利亚法（Lex Iulia iudiciorum privatorum 和 Lex Iulia iudiciorum publicorum）的颁布。

理论界对《爱布兹法》的意义和颁布的时间还有争议。《爱布兹法》的名称很可能来源于提出该法建议的人，但是不可能是个人的创新，很可能在早期就已经存在了这种新的模式。罗马法学家普遍认为古老的法律诉讼在《爱布兹法》颁布之后仍然存在，《爱布兹法》一方面引入了一种新的诉讼形式，另一方面并

〔27〕 理论界认为程式诉讼主要产生于外事裁判官的司法权，参见塔拉曼卡（M. Talamanca）：《罗马法教科书》（*Istituzione del diritto romano*），米兰，1990年，第298页及以下。

〔28〕 罗马法原始文献 Gai. 4，30，黄译《法学阶梯》，第302页。

没有完全废除法律诉讼。[29] 公元前17年的两个尤利亚法的颁布，基本上废除了法律诉讼，只有在两个领域中才能找到法律诉讼的痕迹。[30]

二、程式诉讼的基本特征

程式诉讼作为一种新的民事诉讼形式，相对于法律诉讼而言，主要具有以下特征：

1. 简化了诉讼手续。虽然程式诉讼仍分为两个阶段，但简化了诉讼手续。审判过程相对于法律诉讼更为合理，不再要求当事人必须严格遵循固定手势与言语。根据原告的请求，执法官书写一个关于审判的程式，审判员在审判中依其执行。在法律审与事实审中间起承上启下作用的争讼程序对整个诉讼具有重要作用。

2. 扩大了执法官的自由裁量权。在程式诉讼中，当事人并不只是在法律规定的情况下才可以起诉，有时即使没有法律规定，执法官也会通过程式而赋予其诉权。正是执法官（主要是裁判官）这种灵活创造性，使得当事人的权益及时得到保护。此外，裁判官还可以根据其权力对诉讼进行干预，如裁判官要式口约、特准占有、令状及恢复原状等，因此执法官的权力在程式诉讼中相对于法律诉讼而言有明显的不同。

3. 扩大了诉讼适用范围。法律诉讼只适用于罗马公民，不具有罗马公民权的人则不能进行该诉讼。而程式诉讼可以适用于非罗马公民，不仅扩大了适用范围，而且进一步加强了诉讼的实用性和灵活性。

三、程式诉讼的主要类型

（一）对物之诉与对人之诉[31]

法律诉讼时期就有对物之诉（actio in rem）与对人之诉（actio in personam）之划分，对物之诉是保护物权的诉讼，可以主张某物为自己所有或者自己享有某项物权，所针对的对象是不特定的人；对人之诉则针对特定人之诉，原被告之间存在特定的法律关系，即债的关系。一般而言，在对物之诉中，在原告请求中不写明被告的名字，而在对人之诉中则要写明。此外，对物之诉与对人之诉的诉讼规则也有所不同，在对物之诉中，如果被告不进行防卫，则丧失物，对其个人不会产生后果，但是在对人之诉中，如果被告不进行防卫，则会对其人身或财产产生不利后果，如被监禁或财产被占有。但这种对物与对人的划分也不是绝对的，

---

〔29〕 参见塔拉曼卡（M. Talamanca）：《罗马法教科书》（*Istutuzine del diritto romano*），米兰，1990年，第302页；布里埃塞（G. Pugliese）：《罗马民事诉讼Ⅱ程式诉讼》（*Il processo civile romano II il processo formulare*），米兰，1963年，第76页。

〔30〕 罗马法原始文献 Gai. 4，31，黄译《法学阶梯》，第302页。

〔31〕 罗马法原始文献 Gai. 4，1～3，前揭书，第288页。

有的诉讼具有混合性质，如遗产分割之诉（actio familiae erciscundae）。

（二）确定诉讼与不确定诉讼

确定诉讼（actio certa）与不确定诉讼（actio incerta）的划分标准在于原告请求标的确定与否，前者的诉讼标的是确定的，如债权数额确定的对人之诉或标的确定的对物之诉；后者诉讼标的不确定，如对人之诉中如果债权数额不确定的情形。区别的意义在于在确定诉讼中不需要审判员决定原告的权利范围，因此原告应该注意不要提出过分请求，而在不确定诉讼中，审判员除了需要确定原告请求是否成立之外还要决定权利的范围，比如损害赔偿诉讼。

（三）诚信诉讼与严法诉讼

诚信诉讼（actio bonae fidei）与严法诉讼（actio stricti iuris）区分标准在于审判员是否有一定的自由裁量权，在诚信诉讼中，审判员享有一定的自由裁量权，他有权考虑双方当事人是否遵守诚信原则，按照案件的具体情况根据公平的原则进行判决，比如有关买卖、租赁、无因管理、委托、寄托、信托、合伙、监护等案件的审理属于诚信诉讼；[32] 而在严法诉讼中，审判员必须严格遵照执法官程式中的要求进行审理，没有自由裁量权。

（四）先决诉讼与非先决诉讼

先决诉讼（actio praescriptis）也称预备审诉讼，是指为主诉讼做准备的诉讼，其任务是审查主诉讼中所涉及的条件是否具备（比如是否是自由人等），不必进行判罚或开释，之后进入主诉讼即非先决诉讼以解决具体问题，如继承等。在先决诉讼中，一般在程式中只包括法官的任命和原告请求。

（五）市民法诉讼与执法官法诉讼[33]

市民法诉讼（actio civilis）是由市民法所规范确定的诉讼，当事人直接根据法律的规定进行诉讼；而执法官法诉讼（actio honoraria）则是执法官根据自己的权力按照实际情况而创设的诉讼。执法官法诉讼中包括拟制诉讼（actio ficticia）与扩用诉讼（actio utilis），都是对市民法诉讼的变通执行。拟制诉讼假设某种要素已经存在而赋予当事人诉权，比如假设没有某项资格的人有该资格，扩用诉讼则是将已经存在的法定诉讼形式扩用到类似的情况中。在市民法诉讼的程式中，原告的请求都是法律规定的，而在执法官法诉讼中，原告的请求可以包含拟制的权利，最典型的就是“布布里奇诉讼”（Actio Publiciana）所规定的善意占有之诉。[34]

---

〔32〕 罗马法原始文献 Gai. 4，62，前揭书，第320页。

〔33〕 因为具有司法权进行审理的执法官在古罗马主要是裁判官，因此学者也称之为裁判官法诉讼。

〔34〕 罗马法原始文献 Gai. 4，36，黄译《法学阶梯》，第304～306页。

四、程式诉讼的程序

（一）法律审

1. 程式诉讼的开始。

（1）传唤受审。无论法律诉讼还是程式诉讼，都分为两个阶段，即法律审与事实审。就法律审而言，程式诉讼与法律诉讼完全不同，它不再是当事人双方庄严的宣誓，而是表现为在执法官面前陈述纠纷以求解决，因而不能缺席判决。

传唤仍然由原告进行，原告通知被告，要求其与自己一起向执法官出庭，如果被告拒绝或不提供担保人，原告可以使用武力将其拖至执法官面前。此外，裁判官还允许原告对不出庭的被告提起一种旨在进行罚款的诉讼，同时允许扣押和出售被告的财产。[35] 出席也可以通过出庭保证的方式进行，被告据此向原告保证在确定的日期出席。

所有的执法官都必须在规定的听讼日公开出庭审理，听讼日不再像法律诉讼中那样被严格限制，听讼的日数增加，至少在马可·奥留（Marco Aurelio）皇帝之后，规定为230天。[36]

（2）在执法官前的程序。双方当事人来到执法官面前，不必像在法律诉讼中那样遵守固定的套式、使用固定的手势和言语，而是可以用任何一种形式简单地解释自己的要求，也可以由诉讼代理人进行。执法官听取双方的要求，根据他认为合适的方式来指导诉讼。

原告提出的诉讼可以是市民法诉讼也可以是一种执法官法诉讼。原告可以向被告提出询问并根据其回答要求确定一个程式。在向被告提出请求后，原告也可以不向执法官要求程式，而是要求被告宣誓，被告必须做出，否则败诉。对于不是必须宣誓的情况，针对原告的请求，被告可以完全按照原告的要求执行，或者拒绝该要求；如果被告既不明确同意也不拒绝，那就是承认原告请求或不进行适当的防卫。

在程式诉讼中引进了抗辩制度，即针对原告的诉讼请求，被告不仅可以反对该请求，还可以提出另外的事实来证明，用该事实否定原告的请求；原告也可以针对被告的抗辩提出答辩。而在以前的诉讼程序中，被告只能针对原告的请求进行否认，而不能提出与原问题不同的其他要求。

执法官决定是否同意原告的请求和被告的抗辩，并决定诉讼的程式。如果被告同意原告的请求或者承认了原告请求或没有进行适当防卫，或者原告要求被告进行宣誓但遭到拒绝，在这些情况下，执法官并不书写程式，因为已经意味着原

---

〔35〕 罗马法原始文献 Gai. 4，46，前揭书，第310页。

〔36〕 Paolo Federico Girard，*Diritto romano*，Milano，1909，Carlo Longo，p. 1017.

告的诉讼请求应当予以确认。同样，如果执法官从一开始就确认程式对原告不会有任何作用时，也不会拟定程式，比如如果被告进行了有效的抗辩。最后，在某些情形下，执法官可以驳回原告的请求，也不会拟定程式。[37]

在一些情形下，即使原告享有权利或者需要进行诉讼，如果被告不予以配合，执法官也不会同意诉讼，但是对被告可以采取强制措施。因为程式的前提是双方当事人的自愿协议，如果缺少任何一方的意愿，诉讼就不会成立。这种双方合意的程式诉讼的特征决定了在罗马诉讼中不能够出现缺席判决。同样，如果双方中一方不执行诉讼中的规则，比如提供担保或者任命审判员，诉讼也不能成立。

在一些程序中由双方当事人要求的担保应该在书写程式前在执法官面前交纳，有时候由原告交纳，有时要求被告交纳。被告交纳担保一般是在对物之诉中，有时也出现在对人之诉中；而原告交纳担保的情形一般与诉讼的代理制度有关。[38] 如果原告不交纳担保，诉讼将被拒绝；如果被告不交纳的话，在对物之诉中将会被惩罚，由原告直接对其物进行占有，在对人之诉中将会受到强制措施。在这些情况中既不会成立诉讼也不会拟定程式。

任命审判员也同样需要双方的配合。在程式诉讼中，审判员与法律诉讼一样由私人担任，可以由双方当事人共同自由选择，或者从审判员的名单中选出。[39] 如果是唯一的审判员，则以由一方当事人提议另一方接受的形式任命。审判也可以由多个审判员组成，在这种情况下则由执法官抽签来决定，双方当事人还可以要求回避。无论如何，都需要双方的同意，如果被告拒绝，在金钱之债中则被认为已判决；在其他诉讼可对其不防卫实施强制措施。

(3) 争讼程序。当双方当事人完成以上行为时，意味着双方达成协议将争议交由审判员处理，执法官应该拟定并发送任命审判员的程式，向审判员指出其任务，要求他审查是否存在某些事实，如果存在则判罚，如果不存在则开释，此时就进入了争讼程序。

争讼程序，是指通过见证人在场，指出诉讼已经被接受，从而进入了事实审阶段。首先，根据争讼程序产生了一个新的权利，即获得审判的权利，审判的所有要素都规定在程式中，确定了诉讼当事人及诉讼标的。关于人的要素，即进行

---

〔37〕 罗马法原始文献 Gai. 4，133，黄译《法学阶梯》，第 352 页。

〔38〕 罗马法原始文献 Gai. 4，88，前揭书，第 332 页；罗马法原始文献 Gai. 4，102，前揭书，338 页。

〔39〕 该审判员名单中的成员随政治变化而有所不同，开始全部由元老院成员组成，后来则由骑士组成，随后在一段时期内是元老院成员和骑士共同组成；在帝国时期由四个阶层人组成，后又根据财产状况包含了五等人。见蒙森（T. Mommsen）Bonfante 译：《罗马公法摘要》（*Disegno del diritto pubblico romano*），米兰，1973 年，第 71 ~ 72 页。

审判的审判员及双方当事人都不能再进行更换。如果情势需要，比如审判员或者当事人一方死亡，或审判员不能进行审判，可以由执法官进行审判转换程序。至于诉讼标的，一旦拟定了程式就不能再改变。除非执法官允许原告避免过分请求或者允许被告加入忘了加入的抗辩，而允许恢复原状（in integrum restitutio）。其次，争讼程序使得以前的权利消失，因此针对同一请求不能再提起诉讼。

2. 程式的构成。程式由主要部分和辅助部分共同构成，主要部分包括请求原因（demonstratio）、原告请求（intentio）、判决程式（condemnatio）和分配裁判（adiudicatio）；辅助部分则包括前书（praescriptiones）和抗辩与答辩（exceptio et replicatio）。并不是说所有程式中都应该包括主要组成部分，但无论哪种程式都不能缺少原告请求和判决程式，在一些诉讼中根据具体的情形，可以包括或不包括辅助部分。

（1）主要组成部分。

第一，请求原因。请求原因是指诉讼程序中的事实问题，记载叙述事实及原告的请求。请求原因不是在每一个诉讼的程式中都存在，一般在对人的诉讼且无确定标的时才在任命审判员后加以记载。[40]

第二，原告请求。原告请求是任何程式中都不能缺少的部分，[41] 该部分明确指出了原告的请求，这曾是裁判官发挥其创造性的中心部分。裁判官并不是只允许法律规定的市民法诉讼，即使法律没有作出规定，裁判官也可以赋予当事人诉权，为此需要一些不同的程序，其中就体现在程式里的原告请求中。比如事实之诉和扩用之诉就是裁判官创造性的体现，裁判官在原告请求中假定法律中规定而事实上不存在的要素已经存在，或者将类似的事实扩用到法律规定的事实中去，使得原告请求得以合法存在。

第三，判决程式。判决程式是在程式中授权被任命的审判员根据对原告请求的审查而对被告进行判罚或开释的部分。如果原告请求不成立，审判员就应该开释被告；如果原告请求合理，那么审判员应对被告进行判罚。在原告请求成立的情况下，裁判官指示审判员判处被告给付一定的金钱，无论原告的请求是什么性质的。[42] 这种金钱判决可能是确定数额的判罚，也可能是不确定数额的判罚。前者裁判官要求审判员判决被告给付原告固定数额[43]，后者则允许审判员按照案情来确定数额，而对于估价的标准，裁判官会在程式判决中指出或者根据标的

---

〔40〕 罗马法原始文献 Gai. 4，40，黄译《法学阶梯》，第 308 页。

〔41〕 罗马法原始文献 Gai. 4，41，前揭书，第 308 页；罗马法原始文献 Gai. 4，44，前揭书，第 308 ~ 310 页。

〔42〕 罗马法原始文献 Gai. 4，48，前揭书，第 312 页。

〔43〕 罗马法原始文献 Gai. 4，49，前揭书，第 312 页。

物的价值，或者根据原告的利益损失，或者根据公平标准来确定。[44]

第四，分配裁判。分配裁判一般在分析家产诉讼中存在，指裁判官授权审判员转移所有权。[45]

(2) 辅助组成部分。根据具体的案情，可以写在程式中的辅助部分主要有以下两种构成：

第一，前书[46]。前书在程式中写在任命审判员之后原告请求之前，以限定诉讼请求的范围。有为原告利益的前书[47]和为被告利益的前书[48]，前者旨在阻止原告的权利在审判中灭失，有时如果原告不确定权利范围，经过争讼程序之后就不能再提出该请求，所以在他只想请求债权中的一部分时可在前书中声明以保留对其他部分的诉权；后者旨在保护被告在某些情况下不被判罚。

第二，抗辩与答辩。抗辩实质上就是被告针对原告请求而提出的答辩，位于原告请求之后。[49] 抗辩不直接否定原告的请求，而是提出另外一个事实来反对原告请求，比如，如果原告提出被告负有债务，被告在抗辩中不直接否认，而是提出原告在法律行为中有诈欺，这样审判员不仅要审查原告请求是否成立也要审查原告是否有诈欺行为。抗辩与直接否定原告权利的防卫是有所区别的。从程序上看，原告提出的请求是保护自己的权利，针对该权利是否存在，被告可以在审判员面前直接进行否定，无须在法律审中进行防卫；而抗辩则不然，被告必须在事实审之前的法律审中将抗辩纳入到程式之中，否则在事实审中审判员只对原告的权利是否存在进行审查，而不会考虑没有纳入到程式之中的抗辩。当然，在有些情况下，抗辩也可以不在程式中提出而在判决之后才提出，如在已决案之诉中；再如被告如因错误而未使用无限期抗辩，他可以被恢复原状。从实质上看，抗辩实际上可以使原告的权利陷于瘫痪，但抗辩不是绝对的，因为通过原告的答辩又可以使看似瘫痪的原告权利再重新具有效力。

根据不同标准，可以将抗辩进行不同的划分：

首先，根据抗辩的期限可以分为无期限的抗辩和有期限的抗辩。[50] 前者是指那些永久有效并且不能被避免的抗辩，比如关于诈欺或恐吓的抗辩，当被告的某一法律行为是在原告采用诈欺或胁迫手段的时候而做出的，在原告提出要求履

---

〔44〕 罗马法原始文献 Gai. 4，41，前揭书，第 308 页。

〔45〕 罗马法原始文献 Gai. 4，42，前揭书，第 308 页。

〔46〕 罗马法原始文献 Gai. 4，130～137，前揭书，第 350～354 页。

〔47〕 罗马法原始文献 Gai. 4，131，前揭书，第 350～352 页。

〔48〕 罗马法原始文献 Gai. 4，133，前揭书，第 352 页。

〔49〕 罗马法原始文献 Gai. 4，119，前揭书，第 344～346 页。

〔50〕 罗马法原始文献 Gai. 4，120～124，前揭书，第 346～348 页。

行义务的诉讼时，被告可采用抗辩相对抗，这种抗辩是永久的；后者指那些在一定期间内有效的抗辩，比如关于诉讼分割抗辩，如果某人针对自己债权的一部分已经提起诉讼，在审理该案的同一执法官任职期间又就该债权的另一部分提起诉讼，被告可以提起诉讼分割抗辩以对抗原告。无期限的抗辩具有恢复原状的效力，如果在诉讼中忘记使用，可以恢复原状以追加这种抗辩，但是对于有期限的抗辩能否使用恢复原状并不确定。[51] 无论是有期限的还是无期限的抗辩，都会使原告败诉。

其次，根据抗辩的来源可以分为市民法抗辩和裁判官法抗辩，前者规定在市民法之中，后者是裁判官在程式诉讼中所引进的借以纠正法律不公平的抗辩，比如诈欺抗辩（exceptio doli）。

对于被告的抗辩，原告还可以进行答辩，同样被告针对原告的答辩还可以进行再抗辩，原告提出再答辩，依此类推。

（二）事实审

诉讼进入了争讼程序后，就结束了法律审而进入事实审阶段，审判员根据执法官写在程式中的指示对案件事实进行审理并作出判决。与法律诉讼不同，审判员在程式中享有更大的自由裁量权。

1. 审判员的职权。程式诉讼中的事实审又分为法律审判（iudicia legitima）和依权审判（iudicia imperio continentia）。[52] 法律审判由独任审判员审理罗马市民之间的争议，该审判必须在罗马城内或者城外方圆1000步[53]的地方进行，此外，根据《关于审判的尤利亚法》（Lex Iulia iudiciaria）的规定，法律审判必须在18个月内进行，否则诉讼不复存在；依权审判在罗马城外1000步以外的地方进行，争议发生在罗马市民或罗马市民与异邦人之间，审判需在执法官仍享有权力期间进行。

审判员审理案件要在公共场合进行，听讼可以在一日或多日内进行，并无严格的规定。双方当事人进行辩论并提交证据之后，由审判员根据事实进行自由判断，不必受证据的拘束。然而他必须完全按照程式的要求进行审判。因此，即使程式有错误，审判员也无权进行修改。

如果原告请求错误，其请求少于本应当要求的数额，对没有要求的那部分在一定的期限内他仍然可以起诉，但是如果对此没有程式的指示，审判员无权就那

〔51〕 罗马法原始文献 Gai. 4，125，前揭书，第348页。

〔52〕 罗马法原始文献 Gai. 4，103～109，前揭书，第338～340页。

〔53〕 古罗马计量单位，1000步等于1457.05米。

部分进行宣判。但是，如果原告的请求超出了自己的权利范围，在提出过分的请求[54]的时候，将会被审判员驳回，并且根据“对于同一案件不得提起两次诉讼”（bis de eadem re ne sit actio）的规则，他不能再提起诉讼，从而丧失自己的权利。请求过分可以是对物的请求过分（re），比如原告寄托了一个物，但在请求原因中说寄托了两个以上的物；也可能是请求履行的时间过分，在债权到期之前提起诉讼；或者请求履行的地点过分，比如在不是履行给付的地点起诉；或是原因请求过分，如应该进行种类物请求却请求特定物。以上的过分请求都发生在确定数额之诉中，对于不确定数额的诉讼，除了时间过分请求之外，不可能有过分请求。[55] 由于审判员必须严格遵守程式的指示作出判决，在原告提出过分请求的情况下，有可能损害原告的利益，针对这种情况，裁判官创造了一些补救的手段以保护原告，比如对于一些可以谅解的错误，使用恢复原状的办法以保护原告的利益。

根据程式的指示，审判员审查原告的权利是否存在以及被告的抗辩是否成立，如果原告的主张成立，则判决被告支付一定的金额，如果原告的主张不成立则开释被告。判决由审判员公开口头宣读，随后其任务即告终结。

2. 判决的效力。判决作出之后，产生已决案的效力，即针对同一案件不得再次审理。已决案的效力的理论来自于争讼程序的消灭效力。案件进入争讼程序后，原告不得再针对同样的权利提起诉讼，因为一个诉权只能进行一次，无论是对被告判罚还是开释，都不得对同一被告进行第二次审判，但并不是说同样的问题不能进行重复审理，比如胜诉的原告能够被诉，这是因为被告还没有行使诉权。已决案的效力则有所不同，一个争议经过正常的审判并作出判决后，当事人都不得再提出诉讼。当判决作出以后，原告就获得了一个新的权利，针对被告不履行义务的行为，原告可以提出“已决案之诉”，要求强制执行。针对已经判决的争议，任何人再提出诉讼请求时，可采用已决案抗辩以驳回其请求。

（三）执行及其补救办法

1. 执行。在法律诉讼时期，一般而言，对物诉讼由保证人担保执行，而在对人之诉中，如果债务人在判决之后的30日内不履行债务，债权人则可以实施拘禁之诉。在已判决之拘禁中，债权人将债务人囚禁在家中，最后将其出售或杀死，直到《博埃泰利亚和帕比利亚法》（Lex Poetelia Papiria）禁止杀死或出卖无清偿能力的债务人。在程式诉讼中，“已决案之诉”代替了拘禁之诉，对于不执行判决的被告，原告可以提出已决案之诉，要求被告履行债务，在诉讼中被告也

---

〔54〕 罗马法原始文献 Gai. 4，53，黄译《法学阶梯》，第314页。

〔55〕 罗马法原始文献 Gai. 4，54，前揭书，第316页。

可以提出异议，但是要提供保证人或交纳保证金，并且一旦败诉则要给付原判双倍的数额。判决有对人的执行和对物的执行。

（1）对人执行。对于既不履行又不抗辩的被告，执法官可以裁定交由原告将其拘禁在自己的家中，直到他清偿债务为止，或者以劳务进行抵偿。这是一种强制措施，在整个古典法时期都使用。

（2）对物执行。除了对人执行外，在程式诉讼中还有一种对物执行，在这种执行程序中，债权人向执法官提出请求，占有债务人的财产，经过一定的时间通过一定的形式，债权人可以将债务人的财产拍卖给出价最高之人，即财产拍卖。这种执行是一种从属的执行措施，只有在人身执行无法实现的时候（比如债务人缺席或躲避起来）或者债权人更愿意选择这种方式时才使用。

财产拍卖要经过以下程序：首先是财产占取，如果债务人不履行债务，缺席或逃跑，债权人可以申请执法官作出保全扣押的裁定，接管债务人的财产以免债务人私自处理。该债权人要发布公告使其他人了解财产占取，这样其他债权人能够参加进来，债务人的亲友也可以替债务人清偿或者为其辩护。债权人也可以要求裁判官任命一个破产财产保佐人以管理债务人的财产。接着，进入拍卖前的准备程序，在公告发布一段时间后[56]，如果债务人不实行财产转让[57]的话则会导致"不名誉"，裁判官接着会颁布一个命令债权人在他们之间选择一个财产托管人的告示，该财产托管人与破产财产保佐人不同，他仅在拍卖程序的过程中从债权人中选择。财产托管人负责清点托管的财产，并发布公告[58]，说明拍卖的条件、债权人优先和买受人应提供的担保等。最后进入拍卖程序，由财产托管人将债务人的财产卖给出价最高的人。财产拍卖对买受人的效力表现在财产买受人作为裁判官法中的继承人，他接替债务人的法律地位，一方面成为债务人全部财产的权利人，可以通过占有令状和其他诉讼以获得该财产；在拍卖活人财产时，可以使用鲁提里程式（Formula Rutiliana），即在诉讼请求中列入债务人的名字，而在诉讼判决程式中列入买受人而非债务人的名字；在拍卖死人财产时，则使用塞尔维程式（Formula Serviana），即将其拟制为债务人的继承人。[59] 另一方面财产

---

〔56〕 公告的时间根据债务人是活是死而有所不同。如果拍卖活人的财产，则连续占有 30 天后发布拍卖告示，但如果拍卖死人的财产，占有时间则为 15 天。参见罗马法原始文献 Gai. 3，79，前揭书，第 222 页。

〔57〕 即无过错的债务人可以自愿向债权人转让自己的全部财产而避免强制执行，这规定在《关于财产转让的尤利法》（Lex Iulia de bonis cedendis）中，参见黄风编著：《罗马法词典》，法律出版社 2001 年版，第 41 页。

〔58〕 如果拍卖活人的财产，则在 10 天内进行，如果是死人的财产，则在 5 日内进行。见罗马法原始文献 Gai. 3，79，黄译《法学阶梯》，第 222 页。

〔59〕 罗马法原始文献 Gai. 4，35，前揭书，第 304 页。

买受人接受债务人的全部债务，他要代替债务人接受清偿债务的判决。

上述的财产拍卖是指对债务人的全部财产进行整体拍卖，还有一种处理债务人财产的办法是财产零售。与财产拍卖不同，财产零售由保佐人主持，直接向债权人进行，不是将债务人的财产整体拍卖，而是将债务人的财产单件零售，直到清偿了债权人的债务为止。财产零售不会导致债务人不名誉，这种措施开始只针对元老院成员，属于一种特殊待遇。

2. 针对执行的补救措施。在程式诉讼中还有对执行的补救措施，以免损害被告的利益，主要有以下几种：

（1）执法官的否决。否决权是执法官相互间行使的权力，在审判领域，一个裁判官可以否决其他裁判官的行为，但只针对执法官的行为而不能针对审判员所作出的判决。

（2）判决的撤销。针对原告提出的已决案之诉，被判罚的被告可以提出原判决具有形式或实质的瑕疵，要求撤销判决，但是要提供担保并且一旦败诉就要给付原判的双倍数额，如果胜诉则不需要执行判决。因此，被判罚的被告可以通过判决的撤销来针对审判员作出的判决。

（3）恢复原状。当事人任何一方如果不满意一个判决或任何诉讼行为，在符合告示规定的情况下，可以直接请求执法官进行恢复原状，一旦被宣布，判决就当作没有作出，并产生一个新的诉讼。

（4）上诉。上诉本是帝国时期发展起来的制度，有些罗马法学家认为其似乎来自于行省执法官更改由他们任命的使者所作出的判决。上诉可以由双方当事人任何一方在判决作出后的一定期限内提出，不需要特殊理由，可以书面或口头进行，在此期间原判决暂缓执行直到由上级作出新的判决，而该判决同样可以再次被上诉到更高一级的执法官那里。但是对于民选审判员按照程式的指示所作的判决是否能够提起上诉并不确定。

五、执法官根据其权力对诉讼的干预

在程式诉讼时期，执法官除了根据其司法权组织审判外，还根据其享有的权力对诉讼进行干预，其干预诉讼的方式主要有以下四种：裁判官要式口约（stipulatio praetoria）、特准占有（missio in possessionem）、令状（interdicta）和恢复原状（restitutio in integrum）。

（一）裁判官要式口约

裁判官要式口约（stipulatio praetoria），更广泛意义上也包括营造司的要式口约[60]，在罗马是指裁判官或营造司命令一方当事人向另一方当事人签订要式口

〔60〕 罗马法原始文献 J. 3，18，2，徐译《法学阶梯》，第357页。

约，以保证如果出现某种事件，向另一方当事人支付一定的金额。这种要式口约实质上是一种保证约据，其效力在于当出现某种事件时产生对抗保证人的一种债权，如有第三人提供担保则可以对抗担保人。如果保证人不履行保证，另一方则可以提起诉讼，裁判官可以发布占有令状。这种方式不但比一般的诉讼程序简单，而且具有防止危害发生的作用。比较典型的裁判官要式口约如关于潜在损害而缔结的裁判官要式口约，如果具有倒塌危险的房屋所有人与邻居缔结的裁判官要式口约，一旦房屋日后倒塌而致邻人受损，他要承担赔偿责任。

（二）特准占有

特准占有（missio in possessionem）是指执法官授权一方当事人可以占有他人的一项或多项财产。这实际上是一种暂时性的措施，针对不执行判决或者不进行防卫的被告。与财产占取不同，特准占有授权占有单项财产，而财产占取则占有全部财产。

（三）令状

令状（interdicta）是享有权力的执法官根据当事人的申请而发布的命令，这是针对紧急情况而做出的临时性司法措施，表现为命令某人做或者不做某件事，或者出示某物。令状在程式诉讼之前就已经产生，执法官不用审查事实就可以颁发令状，因此令状能够迅速解决问题，简便灵活。

1. 令状的种类。令状种类繁多，根据不同的标准可以做出不同的分类，最主要的分类有以下几种：

（1）根据令状的目的，可以分为出示令状（interdicta exhibitoria）、恢复令状（interdicta restitutoria）和禁止令状（interdicta prohibitoria）。出示令状是执法官命令某人出示某物的令状，比如在他人恶意剥夺一个自由人的自由时，任何人都可以向裁判官申请令状要求出示该自由人[61]；恢复令状是执法官命令某人返还某物或者恢复原来状态的令状，如要求违法施工者恢复道路以前的状态[62]；而禁止令状是执法官命令禁止做某事的令状，如禁止改变水流方向的令状。[63]

（2）根据令状的双方当事人的地位，可以分为简单令状（interdicta semplicia）和双重令状（interdicta duplicia）。[64] 简单令状有原被告之分，双重令状则双方当事人每一方既为原告也为被告。恢复令状和出示令状都是简单令状，而禁止令状有一些是简单令状，一些则是双重令状。

---

〔61〕罗马法原始文献 D. 43，29，3，9。

〔62〕罗马法原始文献 D. 43，8，2，35，乌尔比安语，徐译《债·私犯之债（Ⅱ）和犯罪》，第 131 页。

〔63〕罗马法原始文献 D. 43，13，1pr.，乌尔比安语，前揭书，第 135 页。

〔64〕罗马法原始文献 Gai. 4，156～160，黄译《法学阶梯》，第 362 页。

（3）根据令状所保护的利益的不同可以分为民众令状（interdicta popularia）[65] 和私人令状（interdicta privata），前者的目的是保护公共利益，申请者可以是任何公民，后者则是为了自己的利益而由利害关系人申请的令状。

2. 令状的程序。令状必须在双方当事人在场的情况下由执法官宣布，如果被告缺席，将会与诉讼中的不辩护一样被执行。[66] 执法官发布令状之后，如果当事人执行令状，就结束了令状的程序。但是如果被告否认原告的主张，那么就要根据是否具有罚金性质而由两种不同的诉讼程序解决。

第一种诉讼具有罚金的性质，称为誓约程序，这是一种很复杂的程序，可以追溯到法律诉讼时期，双方当事人通过宣誓和反宣誓来进行诉讼。进行这种程序是因为被告没有立即申请仲裁员或者因为涉及的是禁止令状而不允许申请仲裁员，或者因为被告不想遵守令状，在这种情况下，只能进行誓约程序。在这种程序中，又根据令状是简单令状还是双重令状而有所不同。

第二种诉讼不具有罚金性质，称为仲裁程序（per formulam arbitrariam,），该程序受一定的条件限制：①执法官发布的令状是出示令状或恢复令状，而不能是禁止令状；②被告必须在执法官发布令状后立即要求任命裁判员。[67] 执法官任命裁判员后，在程式中命令裁判员查清令状是否得到遵守，如果被告没有按照令状的要求出示或返还物则判被罚，如果令状得到遵守则开释。

（四）恢复原状

恢复原状（restitutio in integrum）是指执法官认为一项法律行为显失公平时，命令撤销该行为而恢复该行为没有做出之前的法律状态。[68] 一旦执法官作出恢复原状的决定，就会产生较为严重的后果，因为执法官的其他干预形式无论是授权占有还是裁判官要式口约都不会直接消除当事人的权利，而恢复原状则是使现

---

〔65〕 比如，保护公有物的令状主要有以下几种：①保护公共道路的令状：禁止令状——禁止在该道路上非法施工（D. 43，8，2，20）；恢复令状：如果非法行为已实施，要求违法者恢复道路以前的状态（D. 43，8，2，35）；对于阻止对公共道路禁止维修的禁止令状（D. 43，11，1）；对于禁止使用公共道路的禁止令状（D. 43，8，2，45）。②保护公共河流和河岸的令状：对于阻止航行的非法施工行为的禁止令状（D. 43，12，1）、恢复令状（D. 43，12，1，19）；对于改变水流的行为的禁止令状（D. 43，13，1,）、恢复令状（D. 43，13，1，11）；对于阻止维修河流的行为的禁止令状（D. 43，15，1）；对于阻止河流使用行为的禁止令状(D. 43，14，1)。③公共下水道非法施工行为的禁止令状和恢复令状（D. 43，23，1，15）。④新施工令状（D. 39，1，16，17），当所有人在自己土地上开始的作业有可能损害公共利益时，任何人可以申请令状要求作业人提供潜在的损害保证或者停止施工。⑤有关公共场地令状：禁止损害公共财产令状（D. 43，7，1；D. 43，8，2，11～12）。

〔66〕 罗马法原始文献 D. 43，29，3，14。

〔67〕 罗马法原始文献 Gai. 4，164，黄译《法学阶梯》，第 364 页。

〔68〕 参见罗马法原始文献 D. 4，1。

存的法律状态无效从而直接消灭当事人已经取得的权利，因此，恢复原状决定的作出除了执法官认为显失公平外，还需要满足一定的条件：

1. 应该有正当的原因。一般而言，根据申请人是否大于25岁而有所不同。

（1）对于小于25岁的人，因为其缺乏经验而与他人签订了契约或做出其他法律行为而使自己蒙受损失的，《普莱多里法》（Lex Plaetoria）规定他可以申请恢复原状撤销该契约或法律行为。

（2）对于大于25岁的人，因以下原因可以申请恢复原状：①缺席，根据有关恢复原状的告示规定，似乎这种情况更古老一些，[69] 如果某人由于合法原因缺席，如作战被俘、不可抗力的延误等而丧失权利，可以申请恢复原状；②人格小减等，人格减等相当于市民法上的死亡，但是人格小减等之人的债权人可以申请恢复原状；③错误，由于当事人对一事实产生不正确的认识或者因误解而导致意思瑕疵，可以申请恢复原状；④最后，当事人还可以因胁迫、诈欺而提出申请恢复原状。

2. 应该在一定的期间内申请。恢复原状的申请必须在一定期间内提出，在古典法时期要在1年的有用期间内提出，优士丁尼时期改为连续4年，计算时间从障碍停止开始。

3. 除了恢复原状外没有其他的救济方法。如果当事人能够通过市民法或者裁判官法的诉讼而保护自己的权利，则不能申请恢复原状。

恢复原状的程序与令状不同，执法官在作出决定之前必须进行审查，经过双方辩论之后才能作出。其效果在于视原来的法律行为自始未发生，并不会出现当事人想要达到的结果，因为申请人获得恢复原状的决定后还要再行起诉才能达到自己的目的。

第四节　非常审判

一、非常审判的产生

程式诉讼具有固定的形式规则，不仅双方当事人而且执法官本人也要遵守，尽管与法律诉讼相比，程式诉讼更加自由灵活，执法官有权接受或拒绝诉讼，并且还可以在实践中创造新的诉权，但是执法官并不享有完全的自由裁量权，主要表现在以下方面：①在诉讼开始阶段，被告的传唤应该由原告来完成，执法官不能使用自己的权力迫使被告出庭；即使传唤受审时被告缺席，执法官也不能因此确认原告的请求，而只能通过判定财产占有等措施来对抗被告；②即使双方同意

---

〔69〕 参见罗马法原始文献D. 4，6。

通过诉讼解决纠纷，执法官也不能自己作出实质判决，判决由民选审判员作出；③对于审判员作出的判决，如果被告拒绝执行，执法官也不能依据其权力而迫使被告执行，由于诉讼的私法性质，只能在原告提出已决案之诉后，才能根据诉讼的规则采取强制执行措施；④执法官只能在规定的日期和地点进行审判，而不像行使其行政权一样在任何时间和地点都可以实施。

以上这些规则都制约着执法官行使司法权，但是一旦争议不属于司法权而属于行政权，执法官便可以使用一切他能使用的措施。最初，执法官只能针对公法中的争议全权审理，后来即使涉及的是私人利益的事情，他也可以直接使用自己的权力使被告出庭并亲自作出裁决，如果被告不执行判决，不必经过原告再次起诉，执法官可主动使用强制措施执行。但是，这些变化不是一日形成的，在共和国末期最初由行省管理者在行省实施，因为行省管理者的权力集中，在罗马由罗马城市长官或者禁军长官、或者执政官、裁判官或其他执法官审理的所有案件，在行省由行省管理者或者行省总督审理[70]。行省管理者使用这种新的程序解决纠纷更迅速有效，最初主要在刑事和行政领域实施这种新的程序，后来也适用到民事诉讼。在公元2世纪中叶以后，除了皇帝的行省外，在元老院的行省也逐渐不再适用程式诉讼。[71]

在罗马和意大利用这种行政模式解决私人之间的争议始于帝国初期，首先，皇帝可以根据当事人的请求直接解决私人争议，也可以对执法官在解决争议时向他提出的法律做出批复，针对皇帝的决定不能上诉；其次，随着新的帝国官员的设立，如罗马城市长官（praefectus urbi）、治安警长官（praefectus vigilum）、禁军长官（praefectus praetorio）等，他们在各自的权限内直接审理案件。在罗马程式诉讼残留时间较长，但是公元3世纪末程式诉讼完全被这种新的诉讼程序所代替，程式诉讼彻底退出了历史的舞台。由于这种新的诉讼程序从始至终全由执法官负责，不再区分法律审与事实审，因而被称为“非常审判”（cognitio extra ordinem）程序。

二、非常审判的特征

非常审判显示了其迅速有效的特征：

1. 诉讼具有统一性，不再区分法律审与事实审。从争讼开始到作出判决全部由执法官一人负责，不再由民选的审判员作出判决，从而使民事诉讼的私法审判特征逐渐消除，国家干预明显增强。

---

〔70〕 参见罗马法原始文献D. 1，18，10～11，参见罗译《学说汇纂》第一卷，第245页。

〔71〕 参见塔拉曼卡（M. Talamanca）：《罗马法教科书》（*Istituzione del diritto romano*），米兰，1990年，第364页。

2. 执法官与当事人在诉讼中的地位有明显的变化。无论法律诉讼还是程式诉讼，都表现为私人审判的特征，尽管在程式诉讼时期执法官具有相对的自由裁量权，但仍处于较为被动的地位，诉讼活动大部分要由当事人主动进行，从传唤到执行都取决于原告的诉讼活动；在非常审判时期，执法官主导地位明显，整个诉讼过程由执法官负责，无论传唤受审还是判决的执行都具有公共权威性。

3. 诉讼规则更加灵活。当事人参加不再是必需的，在一方当事人不在的情况下，也可以缺席判决；诉讼不仅可以通过当事人的口头陈述进行，也可以通过诉状进行，并且在帝国后期，由律师拟定诉状已经相当普遍；判决形式多样，不再只限于金钱支付判决，可以作出履行一定义务的判决，如归还某物、不作为等；审判不再是完全公开进行；上诉制度完全确立。

三、非常审判的程序

非常审判由以下程序组成：

（一）传唤

在法律诉讼与程式诉讼中，传唤被告由原告进行，而在非常审判中，传唤被告由执法官负责。传唤主要有两种形式，一种是诉讼通知，其在程式诉讼时期就已经存在，在狄奥多西法典中已经是正式的形式。这是一种由原告制作的书面传唤通知，一旦经过执法官批准，可将其送达给被告，说明原告的请求，传唤被告在规定时间出庭。这种形式在优士丁尼时期被另一种更具有行政色彩的正式传唤书所代替，这是一种由执法官根据原告的起诉状而制定的正式传唤书状，被告应该向法官提交答辩状。

（二）庭审程序

在优士丁尼法时期，即使一方当事人拒不出庭也不影响审判的正常进行，法庭可以在一方缺席的情况下缺席判决，缺席判决已经成为一种技术性用语。

在双方均出庭的情况下，可以进行以前就已经存在的法律审问。法律审问在非常审判之前必须在诉讼开始阶段由原告进行，并且只有在告示所规定的案件中才可以使用，但是在非常审判时期，双方当事人可以在任何案件、诉讼的任何阶段进行。当庭供认也继续存在，只是失去了其原来的特征，非常审判时期已经不只针对金钱的案件才具有已决案的效力，而是在所有性质的案件中被告的当庭供认都与判决效力相同。

全部的审理程序只在一个执法官面前进行，不再区分法律审与事实审。争讼程序的名称仍然存在，但是已经失去了在程式诉讼中具有的消灭权利的效力。在非常审判中，它表明诉讼已经进行到了一定的阶段，即双方当事人针对原告的请求确定了自己的地位，诉讼已经成立。[72] 同时，它也可能产生一定的效力，比如确定争议的标的，排除抗辩等。[73]

执法官或帝国官员享有更多的自由裁量权，可以根据双方的辩论和提交的证据形成自己的确认来作出判决。在审判时他要受证据制度的约束，一般而言，言词证据的效力较小。根据其自由心证，可以作出以下判决：如果被告已经满足原告的要求，可以开释被告；如果原告提出对物的过分请求或者部分抗辩时，可以适当修改其请求标的；如果原告针对的是有体物，要求物的所有权、占有或者出示该物，无论他提出的是对人之诉还是对物之诉，执法官可以对被告作出金钱义务之外的判决，只有当被告有作为或不作为的义务而无法履行时，才判决被告履行金钱义务。

（三）上诉

在帝国时期，上诉已经成为一项基本制度。不服判决的人可以在判决作出后的一定期间内（优士丁尼时期为10天）向一审执法官提出上诉状，一审执法官应写一份报告并将上诉状一起递交给上诉执法官。在上诉审中，双方当事人可以提交新的证据，提出新的请求和答辩。上诉使一审的判决效力中止，一旦上诉失败，上诉方将受到处罚。

上诉最初没有审级的限制，优士丁尼皇帝将上诉限制为两次，三审为终审判决，除非通过一种特别的上诉方式，即当事人直接向皇帝恳请亲自审理案件或者指定官员重审案件。

（四）执行

如前所述，在非常审判中对判决的执行不再由私人进行，充分体现了国家干预的特征。对于上诉的判决和一审中不能上诉的判决，应该返还原物而败诉者不予以返还的，执法官可以通过负责强制执行判决的官吏强迫返还或者出示该物；对于不能通过原物履行的，执行可以通过两种方式进行，一种是司法质押（pignus in causa indicati captum），另一种是财产零售（distractio bonorum）。

司法质押是指执法官的司法官员占有被告的财产，如果在限定的期间内被告仍不履行债务的话，司法官员将其财产拍卖，但以清偿债务为限。财产零售与程式诉讼的执行大致相同，即将被告的财产全部扣押，然后分别变卖以抵偿债务。但是做出此项执行措施必须由两个以上共同债权人申请或者债务人自己主动声明将其财产予以抵偿债务，在债权人的住所相同时，经过2年才可以变卖，如果债权人住所不同，经过4年之后才可以变卖。

---

〔72〕 参见塔拉曼卡（M. Talamanca）：《罗马法教科书》（Istituzione del diritto romano），米兰，1990年，第367页。

〔73〕 同上。

◎ 第六章[1]

物权与占有

第一节　物

一、物的理解

（一）物的意义

在现代的法律术语中，物是指能够成为财产性权利的客体的现实世界的任何一个部分。罗马法基本上也在这一意义上使用物（res）的概念。但是，罗马法上的物的概念，在某些特殊的语境下，比现代法上的物的概念的外延更加宽泛。这是因为，在现代法学理论上，人们通常区分物的概念与财产的概念。财产的概念比物的概念要宽，其中既包括了属于物质世界的组成部分之一、具有物质性存在的有体财产，还包括了不具有物质性存在的无体财产。典型的无体财产是知识产品。在罗马世界中不存在对诸如知识产权这样的无体财产给予关注的法律现象。但是，罗马人已经注意到，就对人的有用性而言，存在着比有体物的概念更加宽泛的物的概念。

（二）无体物的意义

罗马法上的物的概念的特殊性，主要与有体物与无体物的划分有关。这一划分由盖尤斯提出来，他在其《法学阶梯》中指出："有些物是有体的，有些物是无体的。有体物是那些可以触摸的物品，例如：土地、人、衣服、金子、银子以及其他无数物品。无体物是那些不能触摸的物品，它们体现为某种权利，比如：遗产继承权、用益权、以任何形式缔结的债。"[2]

盖尤斯的这一划分，受到了西塞罗在《论题术》[3]提出的"本来意义上的物"与"观念上的物"区分的影响。但是，西塞罗的区分是在哲学和辩证法层

---

〔1〕本章的编写主要参考了一下意大利文本的罗马法教材：①Mario Talamanca, Istituzione di diritto romano, Milano, 1990；②Pasquale Voci, Istituzioni di diritto romano, quarta edizione, Milano, 1994；③Matteo Marrone, Istituzioni di diritto romano, seconda edizione, Palermo, 1994；④Vicenzo Arangio-Ruiz, Istituzioni di diritto romano, nonaedizione, Napoli, 1947.

〔2〕罗马法原始文献 Gai. 2, 13－14，黄译《法学阶梯》，第 82 页。

〔3〕参见西塞罗著《论题术》Top 26～27。

面上对现实与观念之间进行区分的结果，因此只具有哲学和修辞学的意义，并没有严格的法律意义。盖尤斯在希腊哲学的影响之下做出的关于有体物和无体物的区分，在其理论体系中却具有非常重要的作用。盖尤斯在其《法学阶梯》中，采用了“人 — 物 — 诉讼”的三分法的体系，通过无体物的概念，把所有的财产性的法律关系都包括到“物”的范畴中来，在其中包括了所有权、其他物权、债和继承。事实上，盖尤斯的三分法的体系要成为可能，就必须采用有体物与无体物这样的二分法，然后建构一个具有很大的包容性的“物”的范畴。

虽然盖尤斯关于有体物和无体物的划分在他所处的古典法时代是一种相当独特的物的分类，但是，由于这一划分符合拜占庭时代的法学思维习惯，它得到强调并且也成为优士丁尼的《法学阶梯》体系建构的基础。

但是，有体物和无体物的划分存在内在的逻辑不一致的问题。在盖尤斯的体系中，所有权本身被认为是有体物，同时其客体也是有体物；其他的权利被认为是无体物，但是其他的权利也可能以有体物作为客体。盖尤斯并没有解释为什么能够将所有权与有体物相等同，而其他的权利与无体物相等同，因为所有权和其他权利都是一种法律现象，按照盖尤斯的逻辑，它们都可以被看做是无体物。这表明，在罗马法上，在观念上并没有把所有权和所有权的客体清晰地区分开来。

二、罗马法上物的分类

现代法上存在的关于物的分类有些可以追溯到罗马法，有些是中世纪法的理论成果，有些则是德国潘德克顿学派基于对民法大全（Corpus Iuris Civilis）的研究而发展出来的分类。即使在罗马法上，物的分类也随着法学家的不同而存在区别。并且，同样的物的分类，在不同法学家使用的语境中也可能存在差别。

（一）神法物和人法物

盖尤斯提出的物的最基本的划分是神法物（res divini iuris）和人法物（res humani iuris）。[4] 这一划分鲜明地体现了罗马人对城邦生活的理解：城邦是一个神与人共同生活的世界，神灵也参与城邦的法律生活。[5] 神法物不能够成为人法的法律关系的客体，对神法物而言，不适用人法物上才存在的财产观念，因此神法物是非财产物（res extra partrimonio）。另外，由于神法物不能够成为私人法律关系的客体，因此它们都属于非交易物（res extra commercium）。

神法物可以分为神圣物（res sacrae）和安魂物（res religiosae），后来又加上了神护物（res sanctae）。

---

〔4〕 罗马法原始文献 Gai. 2，2，前揭书，第80页。

〔5〕 罗马法上关于法的定义中也包括了神的存在。罗马法原始文献 J. 1，1，1：“法学是对神和人的事务的认识，关于正义和不正义的科学。”徐译《法学阶梯》，第11页。

1. 神圣物。神圣物是那些用于对地位崇高的神的祭祀的物，安魂物是用于对低品阶的神，特别是死者的亡灵的祭祀的物品。典型的安魂物是埋葬了尸体的坟墓。罗马人在祭祀的问题上非常慎重。他们在虔诚祭祀神的同时，也尽量避免去触犯死者的亡灵，以避免灾难的降临。这就是罗马人意义上的宗教。

属于神圣物的有被献祭给神灵的庙宇、祭坛、不动产，但也可以是动产，比如说用于祭祀的物。某一个物要进入神圣物的范畴，必须被用于公共祭祀，并且根据罗马人民的批准而供奉。如果某个物属于私人所有，经过所有权人的同意，它也可被用于公共祭祀，因此成为神圣物。私人祭祀中使用的物品并不成为神圣物。因此，从法律上来说，某物要成为神圣物，必须要经过两个步骤：首先是把物的用途指定用于祭祀（dedicatio），如果所涉及的物属于人民的财产，那么一般是通过法律或元老院决议来完成这一指定；其次是供奉（consecratio），进行这一仪式的权能属于宗教当局，主要属于祭司。对神圣物的管理和保护的职责，属于祭司和其他祭祀团体。

虽然在法学理论上，并没有明确地提出神对神圣物享有某种形式的所有权，但是，在罗马的一般社会观念中，这样一种信念流传甚广，也就是说，神圣物是由神享有所有权的物，神栖居于其中；对神圣物的侵犯，就是对神的权利的侵犯。

如果某个用于对神的祭祀的建筑建造在行省土地上，因为行省土地不属于市民法所有权的客体，在这种情况下，只有当它经过罗马人民的批准，用于祭祀的时候才成为神圣物。这种批准权在元首制时期根据所涉行省是皇帝行省还是元老院行省而分别由皇帝或元老院来行使。因此，仅仅有那些对该土地拥有行省所有权的人所从事的行为是不够的。

在罗马帝国后期，基督教成为国教。受到基督教关于人与神的关系的观念的影响，早期罗马人的由神享有的所有权的观念逐渐消失了。在基督教会组织中，用于宗教祭祀的物品的所有权属于各个教堂，对这些财产一般不得进行法律上的处分。教堂的法律地位非常类似于现代法上的财团法人。

2. 安魂物。安魂物通常是那些用来埋葬死者的地点。对于坟墓，与神圣物不同的是，它不需要一个正式的由当局加以确认的行为，而只需要一个简单的事实，也就是在某个地点进行了葬礼，埋葬了某个死者，这就能够使相关的地点成为安魂物。需要指出的是，虽然在罗马法上不承认奴隶的法律人格，但是在一个地点埋葬死去的奴隶，也会使安葬地成为安魂物。但如果仅仅是预先建造好，准备在某个人死后用于埋葬的墓地不属于安魂物。单纯纪念用的，并没有埋葬死者的纪念碑也不属于安魂物。

在某个土地上埋葬的权利，一般属于土地所有权人，或者属于对该土地拥有墓葬权（ius sepulchri）的人。安魂物不受私人法律关系的调整，而是根据圣法来决定谁有权在一个已经存在的坟墓里进行埋葬。拥有行省土地的人，由于他不是土地的所有权人，因此在行省，坟墓不被认为是安魂物，但是在法律上仍被视为等同于安魂物[6]，适用在实质上相同的规范。在基督教时代，坟墓的非交易性仍然得以维持。

3. 神护物。神护物（res sanctae），在严格的意义上不是神法物。盖尤斯说，它只是在一定的意义上成为神法物。[7] 神护物一般是指城邦的城墙和城门。它们不用于对神的祭祀，但是在罗马人的观念中认为，由于城邦是神与人共同生活的世界，城墙和城门具有一定的神圣性的特征，受到神的直接的保护。在实质上，它们是一种受到从圣法的角度给予特别保护的公有物（res publicae）。随着社会宗教观念的变化，特别是基督教的兴起，神护物的内涵发生了变化，是指那些在受到侵犯之后，侵犯者会受到特别的刑事制裁的物。[8]

（二）私有物和公有物

在人法物中，最主要的划分是私有物（res privatae）与公有物（res pubblicae）。

1. 私有物。私有物是指那些作为私人法律关系客体的物。它包括那些现实的处于某人的支配之下的物；也包括无主物，即在性质上可以成为私人所有权的客体，但是在现实中还没有一个所有人的物。

2. 公有物。公有物是指那些其所有人是罗马人民（populus romanus）的物。罗马人民对公有物享有的权利具有公共的性质，这是一种不同于市民法上的所有权的权利。公有物服务于不同的功能，并且涉及公有物的法律体制也不尽相同。公有物中有公用物（res in usu publico），也就是那些可以被共同体的单个成员为自己利益直接使用的物，比如公共的道路和广场。公有物中还包括那些不能被共同体的单个成员直接使用，而是被用于共同体的某些特定目的的物，比如说用于战争的武器和装备。公有物中还包括那些被共同体进行经济性利用的物，比如公共土地和行省土地，共同体可以将其出租或授予私人使用、经营以获取租金。在罗马法上，对公有物的法律保护，一般并不通过私人性质的诉讼程序来实现，而是通过行政性质的程序来实现。

由于“罗马人民”的概念与“城邦”的概念并不是一回事，所以在严格的意义上，属于由罗马人建立的城邦（civitates romanae）的物并不是公有物。如果说城邦在法律性质上类似于一个由自由人组成的合伙，那么属于城邦的物，应该

---

〔6〕 罗马法原始文献 Gai. 2，7，黄译《法学阶梯》，第80页。

〔7〕 罗马法原始文献 Gai. 2，8，前揭书，第80页。

〔8〕 罗马法原始文献 J. 2，1，10，徐译《法学阶梯》，第115页。

属于该城邦的成员共有，而非由罗马人民所共有。

在罗马法原始文献中，塞维鲁斯时代的法学家马尔西安，提出了一个非常独特的“由一切的人共有的物”（res communes omnium），作为一个与公有物相对的概念。[9] 它是指那些为一切的人——不考虑他们是否属于某个特定的共同体——共有的物，比如空气、流水、海洋和海滩。马尔西安的这一范畴首先体现了自然主义的思路：对那些不能进行独占性质利用的资源——比如说空气，干脆就宣告其属于一切的人所有；在另外一个方面，这一范畴也体现了一种普世主义，认为所有的人构成一种最广义上的共同体，他们共同拥有某些物。但是这一范畴的提出，其理论意义大于规范意义。并且在实践中，如何在公有物和由一切的人共有的物之间划出准确的界限也比较困难。在马尔西安本人的理论中，在一些情况下，对河流、海岸的性质的界定，本身就比较模糊。

（三）要式物和略式物

在私有物的范畴之中，罗马法上的最重要的区分是要式物（res mancipi）和略式物（res nec mancipi）。

要理解罗马法上的要式物与略式物的区分，首先必须提到动产和不动产的划分。一般而言，动产是指那些能够被移动、或者能够自主移动，并且这样的移动不损害其经济社会功能的物。不动产是指构成土地表面的一个部分，以及所有与土地结合在一起，与其不可分离的部分。在中世纪法和现代法上，动产和不动产的划分具有重要的法律意义。在罗马法中，在某些情况下，动产和不动产的划分也具有一定的法律意义，比如说《十二表法》在关于时效取得的问题上就区分土地和其他的物[10]；在对占有的保护上，也区分动产与不动产。在罗马帝国后期，也出现了赋予动产和不动产的区分以法律意义的趋势，比如说，涉及动产和不动产的买卖，它们在形式要件上有所不同。但总的来说，与现代法不同的是，在罗马法上，动产和不动产的区分并不具有特别重要的法律意义。这主要是因为，动产和不动产的区分的制度功能，主要被要式物和略式物的划分所替代，因此罗马法上没有发展出一个特殊的关于不动产的法律规范体系。

1. 要式物。要式物是指那些必须通过要式买卖才能够转移所有权的物。属于要式物的有：意大利土地；奴隶；乡村地役权；可以被驾驭的动物，比如马、牛、骡、驴等。

---

〔9〕 罗马法原始文献 D. 1，8，2－4，马尔西安语，范译《物与物权》，第 2 页；罗马法原始文献 J. 1pr. －1，徐译《法学阶梯》，第 11 页。

〔10〕 罗马法原始文献《十二表法》（XII Tab. ）6，3，周枏：《罗马法原论》，商务印书馆 1994 年版，第 1011 页。

2. 略式物。除要式物以外的其他的物是略式物。要式物的范畴在很早的时代就已经固定下来，所以，大象和骆驼都不属于要式物。之所以有这样显得没有什么内在理由的划分，只是因为，在确定要式物与略式物的区分的时候，大象和骆驼还不为罗马人所知。〔11〕

要式物与略式物划分的意义在于：在共和国后期和古典法时期，要式物和略式物的区分主要体现在其流转方式的不同上。对要式物的市民法上的所有权只能通过要式买卖和拟诉弃权来转让；而对于略式物来说，通过交付就可以转让所有权，当然，对略式物采用拟诉弃权的方式来转让所有权也是可以的。在其他方面，法律上对这两类物的规范完全等同。

罗马法学理论上长期讨论要式物与略式物的划分的起源和意义，并且提出了许多种解释。目前占据主导地位的理论认为，要式物和略式物的划分主要体现在这一划分所具有的社会经济功能之中。实现了一定程度的发展之后的任何社会组织，都会划分出一些具有特别重要性的物的类型，并且在法律上赋予特别的保护。在罗马法上的要式物和略式物的区分中，前者往往是具有较大的经济价值的物。盖尤斯对此也予以确认〔12〕。通过对要式物所包含的物的类型的考察，可以发现，要式物中所包含的主要是农业和畜牧业时代作为重要的生产工具的物品，而这正是罗马起源时期的社会经济状况。要式物与略式物在法律上的唯一差别只在于它们的流转形式的不同。这表明，当时的人做出这一划分的主要目的是试图把属于要式物的物品尽量保留在单个的家庭之中，因此要求在进行转让的时候，必须采取更为庄重的形式。

但是，物品的经济价值在不同的社会环境下是会变化的。要式物和略式物的区分，随着罗马社会经济的发展越来越显得没有意义，而且导致法律实践复杂化。古典法学家显然对此有清楚的理解，在萨宾学派和普罗库勒学派之间讨论动物何时才被纳入到要式物的范畴中的时候，萨宾学派认为动物在出生时就应该纳入，而普罗库勒学派则认为必须在它们被驯服，也就是可以被驾驭的时候才属于要式物。后者实际上是通过限制性的解释来尽量消除这一区分的实际意义。

要式物和略式物的区分，在戴克里先时代仍然在形式上具有效力，但是在事实上早就失去意义。行省所有权重要性的增加，以及行省土地和意大利土地在法律地位上相类似，特别是司法保障层面上程式诉讼最终的衰落，导致市民法上的所有权与裁判官法上的所有权即“善意拥有”（in bonis habere）的区分变得没有任何法律意义，这些因素都导致要式物和略式物的区分完全失去了价值。

---

〔11〕 罗马法原始文献 Gai. 2，16，黄译《法学阶梯》，第 84 页。

〔12〕 罗马法原始文献 Gai. 1，192，前揭书，第 72 页。

优士丁尼在公元 531 年明确废除了这一区分。[13] 在要式物范畴消灭以后，并没有出现一个替代性的、用来概括属于贵重物品、因此在法律层面上需要特别保护的物品的范畴。取代这一划分的是后来的动产与不动产的划分。随着要式物与略式物的区分的消失，优士丁尼法上对动产和不动产的划分，开始逐渐显示出其法律意义。但是，即使不动产在经济和社会层面上构成了一个独立的范畴，在优士丁尼时代，关于不动产的流转也仍然没有形成一个独立的法律体制。在罗马帝国东部的希腊诸行省，不动产的法律地位具有优越性，为了转移不动产，必须要订立书面合同，但这只是实践中的习惯做法，从正式的法律规范看，书面性的要求并没有被优士丁尼时代的法典编纂者所接受。

（四）罗马法上其他物的分类

1. 可替代物（res fungibili）与不可替代物（res infungibili）。在罗马法原始文献中，已经出现了被现代法叫做可替代物的范畴，它与不可替代物相对。可替代物，根据盖尤斯的表述，是指那些通过重量、数目和尺寸来确定其价值和社会经济功能的物。[14] 典型的可替代物是一定数量的金钱、一定重量的谷物、酒之类。一般而言，可替代物属于种类物，但是在一些特殊的情况中，一定的种类物的集合体可以具有自己的独特性，比如说，被寄存的一袋谷物。一般来说，可替代物不会发生绝对灭失的情况。相反，以特别的性质表现其社会经济功能的物是不可替代物，比如说，一块土地、一幢房屋、一个奴隶、一匹马之类。它们具有特定性和不可替代性，因此可以发生绝对灭失的情况。

2. 消耗物（res consumabili）与非消耗物（res inconsumabili）。这种区分的主要依据是某物是否可以重复使用。如果在对物进行使用的时候，一次性的使用导致物的毁坏或重大的改变，就属于消耗物。典型的消耗物是粮食、燃料、钱等。可以重复使用，并且每次使用都不显著改变物的性状的物是非消耗物。消耗物与非消耗物的区分，在法律层面上的意义在于，对于消耗物只能成立消费借贷而不能成立使用借贷，而成立消费借贷的时候，伴随着相关物品的所有权的转移，在消费借贷到期之后，借贷人有义务返还相同种类的物品。与此不同的是，在成立使用借贷的时候，物品的所有权不发生转移，转移的只是物品的使用权，在使用借贷到期的时候，使用人承担的是返还原来的物品的义务。

3. 可分物（res divisibili）与不可分物（res indivisibili）。不可分物不能够在不毁坏或显著减少其价值的情况下被分割，如活的生物或者一个宝石。在物质上

---

〔13〕 罗马法原始文献 C. 7, 31, 1pr.，优士丁尼皇帝致大区长官乔万尼，范译《物与物权》，第 63～64 页。

〔14〕 罗马法原始文献 Gai. 2, 196，黄译《法学阶梯》，第 152 页。

被认为是不可分的物，在法律上也可能被认为是可分的，因为对这些物，不同的人可以享有共有权。只有一些权利即使在最严格的法学意义上也是不可分的，比如说地役权（因为地役权只能够被完整地行使），才具有不可分性。

4. 简单物（res semplice）与组合物（res composte）。这是由法学家彭波尼提出的分类。[15] 它与上面提到的可分物与不可分物的区分存在一定的联系。简单物，是指那些在观念上被看做是一个独立单元，按照彭波尼的说法是“只包含了一个灵魂”的物。这种意义上的简单物包括一个人、一个动物、一株植物等。组合物是指那些由多个简单物组合而成的物。根据其统一性的不同程度，组合物又可以分为“合成物”和“集合物”。合成物虽然由多个简单物组成，但是在组合之后已经具有自己的新的统一性和独立性。典型的合成物是房子、船舶、书柜、衣橱等。集合物则完全是由相互独立的物简单地集合而成，其中各个组成部分仍然保持事实上的独立性。典型的集合物是羊群。集合物，也是名副其实的物，但是法律上对其存在特别的调整规则。罗马法上的集合物，类似于现代法上所讲的动产的集合体。有时候，现代法学理论将之称为事实上的集合体，以区分于法律上的集合体。法律上所说的集合体，最典型的例子是，所有处于遗产中的财产一起构成总体的遗产。事实上的集合体可以成为法律关系的客体，因此可以取得或丧失，并且这样的取得或丧失与事实上的集合体之中的某一单个物的变化不存在联系。

5. 孳息物（res fruttifere）和非孳息物（res infruttifere）。孳息物是指那些定期产生新物的物。这种新产生的物在自然的意义上被称为产出，并且不因为这样的产出而使得其母体消失。比如说，果树结果实，土地上长庄稼，动物分娩，母牛产奶，羊产羊毛，森林产出木材等。但是，在罗马法上，女奴所生的子女不被认为是产出。与上述自然的产出相类似的矿藏生产出矿产，采石厂生产出石块，也被类比于孳息，虽然这种产出事实上导致产出的母体逐渐消失。关于孳息的归属问题，在与母体分离之前，孳息被认为是母物的一个构成成分。在被分离之后，它们就被认为是法律上独立的客体，并且通常被母物的所有人取得，除非母物被另外一个主体善意地占有。在后一种情况下，孳息将由占有人取得。在有的情况下，非所有人也可基于其他物权，如用益权，而取得孳息；或者基于某一债的关系，例如对乡村土地的租赁，而由承租人取得土地上产出的物的所有权。需要指出的是，有权获得孳息的非所有人，只有通过对孳息的收取（perceptio），获得对孳息的实际控制的时候，才取得孳息的所有权。因此，当孳息与母物的分离在时间上与有权获得孳息的人对孳息的获取，不发生在同一时刻时，孳息将被

---

〔15〕 罗马法原始文献 D. 41，3，30pr.，彭波尼语，范译《物与物权》，第26～27页。

所有人取得。因此，如果一个小偷摘取一块被出租的土地上的没有被摘取的果实，被分离的果实的所有权将由土地的所有人取得。但是，如果土地的承租人在小偷离开之前抓住小偷，取回赃物，那么他就在那一时刻获得对果实的所有权。

与自然孳息相对的是法定孳息。法定孳息是指让他人有偿使用某一物而获得的对价。

第二节　罗马法上的所有权

一、罗马法上的对物之诉

在现代法学体系中，物权是一种与债权相对的典型的实体权利类型。由于在罗马法上并未提炼出如同现代法中体系化的实体意义上的权利概念，因此也不存在物权这一名词。作为现代物权概念前身的“对物权”（ius in re）是中世纪罗马法学家的创造。但是，虽然罗马法上不存在被抽象出来的物权与债权的概念，不过物权与债权的区分理论却来自于罗马法。与罗马人更多地从救济、保障的角度来看待法益的思维方式相对应，罗马法上区分“对物之诉”（actio in rem）与“对人之诉”（actio in personam）。一般认为，这一区分就是现代民法上的物权与债权区分的起源。

（一）区分对物之诉与对人之诉的标准

根据盖尤斯的论述[16]，区分对物之诉和对人之诉的标准是“诉讼请求”（intentio）：对人之诉中的诉讼请求是请求确认被告的一个法定义务，请求被告“给、做或者履行”；对物之诉则是请求确认某物属于原告或者原告有权以一定的方式对某物从事某种活动，或者是被告不享有某项相同的或者是类似的权利。对物之诉之所以得名，主要是因为诉讼所指向的对象不被认为是被告，而是争议所涉及的物。在对物之诉中，被告只处于从属的地位，他之所以被牵涉进来，只是因为他构成了原告实现他与物之间的支配关系的一个障碍，这种障碍正是需要通过对物之诉来予以排除的。相反，对人之诉所针对的则是被告，并且在罗马法早期的诉讼结构中，对人之诉的目的也的确是针对被告人的人身：被告人由于没有实现其担保要实现的事项，因此要承担人身责任，他的人身成为诉讼的标的；至于被告人担保要实现的事实，也就是给付本身，则处于次要的地位。

罗马法上的对物之诉的结构，突出地表明了古代人的物权观念：物直接地、绝对地归属于某个人；对物的关系，被理解为一种直接的人与物之间的关系；在这种人与物之间的关系中，其他人处于其范围之外。

---

〔16〕 罗马法原始文献 Gai. 4，2～5，黄译《法学阶梯》，第288页。

（二）罗马法上的对物之诉对现代法的影响

罗马古人的物权概念甚至影响到现代法学理论。物权基本理论上的对物关系说就认为物权关系是人与物之间的直接的关系。对物关系说并不否认其他社会成员应该尊重这样的关系，但是该理论认为物权的本质就在于人对物的直接支配的关系，对这样的关系，其他人应该尊重，不得干扰。但是，对物关系说存在明显的缺陷：在实践的层面上，物的所有权人、用益权人、租赁人、占有人都与作为客体的物存在直接的关系，对物关系说并不能精确地对这些状态进行区分。要进行区分，必然要根据其他社会成员面对这种实践层面上的人与物的结合关系，具有何种法律上的地位来作出划分。

基于这种考虑，现代物权法上通常采纳对人关系说。这种理论把物权理解为一种特殊类型的法律关系，是一个人与其他的所有的社会成员之间的关系（对世关系），在这一关系中，所有的其他社会成员承担着消极的不作为义务。

物权关系的内容究竟是人与物的关系还是人与人的关系，可以从法律规范的功能的角度加以说明。法律规范的功能在于规范、调整和限制每个人的自由。权利的存在，是以一种特定的方式赋予权利人可以基于其自身利益的考虑，请求从他人那里获得一定的作为（或不作为）。在一个即使没有物权制度的社会中，也不会缺乏实践层面上的人对物的占取和控制，但是如果缺乏对他人对物的占取和控制的事实状态的尊重，每个人都试图去获得更多的物，那么每个人都会为了每个物而互相使用武力来进行争夺。从这个角度看，创立关于所有权的法律规范的目的，不是为了确认人与物的关系，而是为了避免人与人之间的武力争斗：赋予某人以物权，就意味着禁止别人去侵入物权人可以对物进行自由处分的空间。所以，物权关系在本质上仍然是社会成员之间的法律关系。

但是，对物关系说并非没有合理之处。它强调人与物的直接关系，其实是强调了物权中体现出的一种特殊的利益实现形态：这种利益的实现表现为对物上利益的直接支配和享用，不需要别人的积极配合。他人对这种利益形态的尊重就表现为消极的不干预义务。换言之，如果某种利益的实现需要别人的积极配合，那就不是物权。正是因为这一特征，对物关系说，强调了物权的直接支配性的特征，它与对人关系说所强调的物权的排他性特征结合在一起，构成对物权的法律特征的完整说明。

物权是一种绝对权，从消极方面来说，它导致所有其他社会成员的一种消极的不作为义务。这一义务要求他人不去干预物权权利人和物之间的支配关系。如果这样的消极不作为义务被违反的话，对物之诉就被用来保障和恢复权利人对物的直接支配。

与对物之诉的特征相联系，对物之诉中的消极主体，也就是被告，并不如同对人之诉中的被告那样有义务来为自己辩护。如果某物的占有人被他人提起所有物返还之诉，他完全可以通过放弃处于争议中的物来达到使诉讼结束的目的。因为正是被告对所有人与物之间的直接支配关系的干预，导致对物之诉的发生，因此，从理论上来说，只要消极主体停止干预，那么导致对物之诉的任何理由都消失了。这也就意味着，对物之诉中的被告需要做的不是一种辩护，而只是停止某种事实性的行为。

二、所有权

(一) 所有权的理解

在罗马法原始文献中，所有权有两种表达：dominium 和 proprietas。其中“dominium”是罗马社会后古典法时期用的一种比较笼统的表达，它有市民法上所有权的意思，但是同时也有对行省土地的占有和用益权、善意拥有（裁判官法所有权）以及主人对奴隶的支配权的意思。而“proprietas”是具有被现代法所继受的关于主体对自己的物享有排他性支配权之意。

在《民法大全》中，没有一章专门论述“所有权”，也没有所有权的定义，“所有权的概念基本上是由‘此物是我的’（banc rem meam esse aio）来确认，是由某物属于某人并由此人‘直接’行使对该物的那种归属权所确认。所有权的意思被表述为‘可以合法地使用、获取孳息、拥有和占有’，但是它不被认为是一个定义。”[17]

在罗马法中的物法体系内，所有权居于核心的地位。罗马人在一种宽泛的意义上把所有物返还之诉（rei vindicatio）等同于对物之诉（actio in rem）就是这一观念的表达。通过对罗马人在漫长时期中形成的制度规范的归纳，在理论上可以作出如下表达：所有权系指主体能够合法地使用、获取孳息、享有利益和占有的一系列的权利总称。所有权体现着罗马人所追求的一种观念和理想：即所有权人可以充分地、排他地对所有权的客体进行享有和支配。该享有和支配的资格通过具体制度加以规范，并且被限定在“合法”的范围内。

(二) 所有权的特征

在罗马法中，法学家们在理论上和法律规范上把所有权与他物权进行了有效的区分。但需要注意的是，从所有权与他物权在罗马法规范上出现的状态看，最初的法律规范并无他物权而仅有所有权。他物权规范在所有权之后出现，取决于社会经济发展的需要，主要是满足非所有权人对所有权中的某些权能的特殊需求。在他物权中，最先产生的是乡村地役权。信托所有权、质押权和抵押权在共和国最后一个世纪开始出现。地上权被看做是一种他物权则是后古典时代的事

---

〔17〕 参见 S. 斯奇巴尼为《民法大全选译·物与物权》汉译本所做的说明，范译《物与物权》，第 3 页。

情。与前述他物权不同的是，永佃权是来自行省的法律制度。古典时代的对赋税田享有的权利（ius in agro vectigali）可以看做是这一权利的雏形，但是它只是在罗马帝国后期才被引入到罗马法制度中来。

所有权与他物权的存在，使得我们可以对罗马法原始文献中的所有权与他物权进行对照。所有权的特征便得以彰示：

（1）所有权的内容极为宽泛。所有权是对某物的主宰权，这种权利赋予权利人的权能无所不包，导致对所有权内容的界定只能够通过设定一些消极的限制来实现。相比之下，他物权只赋予权利人受到严格限制的、部分的、特定的权能，并且总是对处于他人所有权之下的物来行使。这也是他物权（iura in re aliena）得名的由来。罗马法中的他物权主要包括用益权、地上权、永佃权等。

（2）所有权具有弹力性。就所有权与他物权的联系而言，所有权人的权利虽然可能在特定情况下被他物权人所享有，导致从表面上看所有权人在该特定情况下无法实际利用这些权利，但是，一旦他物权不存在，所有权就会自动恢复其全部的权能。所有权的这种弹力性，或者说自动回归力，是所有权相对于他物权而言所具有的优越性的表现。

（3）在实在法的层面上同时存在不同的所有权类型。在罗马法演进的过程中，先后出现了市民法上的所有权、裁判官法上的所有权、公共土地与行省所有权等不同类型的所有权。它们先后存在，遵循着不同的法律规则，在交互影响与相互吸收的过程中逐渐形成了对后世法律制度产生重要影响的所有权制度。

第三节　罗马法上所有权的类型

一、罗马法上所有权的观念与类型架构

要理解罗马法上的所有权的类型，首先要注意的是罗马法上的所有权观念与现代法上的所有权观念存在类型上的不同。现代法上占据主导地位的是从19世纪开始发展起来的统一的所有权概念。根据一物一权的原则，一个物上只能存在一个所有权，并且法律体制中的所有权的类型也是统一的。但是在罗马社会中，这样的所有权概念并不存在。在罗马社会中，从共同体最早的时候开始就存在氏族所有权和个体所有权之分。后者是一种私人所有权和对公共土地的占有。后来又出现了市民法上的所有权、裁判官法上的所有权即“善意拥有”和行省所有权。由此可以看出，即使是在罗马社会中，不同时代对所有权的观念也存在区别。

由于存在观念类型上的差别，所以我们在运用现代的所有权的术语去描述罗马人的法律经验的时候，一定要注意到概念所指向的实际内容而不能仅仅关注概念本身。所有权的概念充其量只是一种约定俗成的产物，并不存在一个先验的所

有权的概念。如果某一法律体制允许私人对某物拥有绝对的处分权，这种法律地位是否可以被界定为一种所有权，其实是一个术语体系选择的问题。如果严格地把所有权与市民法上的所有权相等同的话，那么就不能用所有权的概念去指称其他与此类似，但是的确存在一定的差异的法律地位。当然，如果在宽泛的意义上用所有权的概念去指称法律通过排除第三人的干预而赋予私人对某物的处分权的话，那么，所有权这一概念之下就可以包容不同类型的法律地位。本书就是在后一种意义上，论述罗马法上的不同类型的所有权的法律架构。

二、罗马社会中的私人所有权及其起源

私人所有权被认为是罗马法最先关注的所有权类型。自然人基于生存的最基本需求而主张的“此物是我的”（banc rem meam esse aio）的观念，获得了来自社会的广泛认可，由此产生了某物属于某人并由此人对该物直接进行完全的、排他的享有与利用的保护性规范。

罗马法上的个体性质的所有权起源于拉丁国王期间。这种所有权的主体是单个的家父，客体包括不动产。个体所有权的法律结构也处于变化之中。古典时代的所有权具有财产性的特征。但是，对更早的时代来说，它表现为一个更为宽泛的家父对处于其权力之下的物和自由人的统一的权利。这种统一的权利体现在所有权（dominium）这一术语的意义中。不过，dominium这一概念只是在公元前一世纪才开始出现。在此之前，这种统一性的权利被以不同的方式加以称呼：权力（potestas）、夫权（manus）和支配权（mancipium）。

罗马法在其成熟时期的市民法上的所有权（dominium ex iure Quiritium，其主体仅为私人）就是从早期的《十二表法》以及更早时代中的罗马法上的所有权形态发展而来。但是，成熟时期关于所有权的规范与《十二表法》中关于所有权的规范之间并不存在明显的差别。无论是从所有权的内容、转移所有权的行为、时效取得、相邻关系以及地役权等方面来看，都是如此。这种现象之所以出现，主要是因为，在《十二表法》的编纂中，市民法上的所有权就已经表现出相当程度的抽象性，并且相关的法律规范集中关注所有权人对物的自由的利用。这种所有权的法律结构，即使对于很多世纪以后那些强调所有权的自由特性的法律体系来说也是一种非常理想的模式，因此不需要作出什么变化。

由此需要解释的就是，为什么罗马法在如此早的时代就已经发展出了这样一个自由的、绝对的所有权的法律范畴。观察罗马社会的演进可知，一方面，由于罗马家庭在社会生活中具有重要的政治功能，家父对处于家庭领域内的事务具有绝对的、自由的处分权，它构成了早期自由的、绝对的所有权的历史基础；另一方面，罗马早期社会是由自由的农民和渔民所组成，他们的生产活动表现出充分的自由性，这是早期自由的、绝对的所有权的经济基础。此外，早期法律体制对抽象的所有权的认识尚处萌芽状态，其法律体制滞后性自然会在对所有权行使的限制不足上表现出来。客观而言，人类早期社会中的人与人之间的复杂联系和氏族社会中的连带关系，在事实上限制了个体权利自由运作的空间，所以，习惯法中对所有权的限制是客观存在的。但是，在人类早期社会的结构发生变化之后，上述习惯法上的实质性限制趋于解体，而制定法上的限制尚未架构起来，所以给后人造成了罗马法中的所有权是一种自由的、绝对的所有权的印象。就此而言，当我们说罗马早期法上的所有权表现出高度的自由和绝对的特征，也许不过是依据我们的形式主义、实证主义的法律观念去描述罗马人的法律、道德和习俗相互交错的所有权制度时所产生的一种先入为主的印象。[18]

三、市民法上的所有权与裁判官法上的所有权

罗马法上的所有权制度的最重要的特征就是在实在法的层面上同时存在不同的所有权类型，且不同所有权之间存在着辩证的对立和交错关系。这一现象需要结合罗马法独特的法律渊源体系加以解释。因为如果我们把受到特定法律制度保护的利益概括为某种权利的话，那么该权利就必然依附于该特定的法律制度而存在。当社会中存在着多元的法律制度且不同的法律制度都对某种利益给予保护时，这就很容易出现该利益被从不同的标准划分为不同的权利类型（在罗马法的语境中，表现为不同的诉的形态）的现象。

罗马法上的多元的所有权类型，正是罗马法独特的、多元的法律渊源体制的产物。

（一）市民法上的所有权

市民法上的所有权（dominium ex iure Quiritium）是指被市民法的规范加以调整并受到市民法所规定的诉来保护的所有权。市民法对所有权的规定主要涉及市民法上所有权转移的问题。至于市民法对所有权的保护，主要是通过“所有物返还之诉”（rei vendicatio）以及针对市民法的所有权的客体才存在的新施工警告和潜在损害担保的法律保障来实现。由于市民法的发展和进化主要是通过法学家的解释来实现，因此在市民法的发展过程中，裁判官干预的重要性并不突出。

（二）裁判官法上的所有权

裁判官法上的所有权，又称为“善意拥有”（in bonis habere），它是指未遵守市民法所有权转让形式而获得的、受到裁判官法保护的事实上的所有权。这是晚于市民法上的所有权而产生的一种罗马法上的所有权。善意拥有是裁判官对一些需要给予司法救济的事实所有权提供保护，从而在实体法层面上产生了法律效

---

〔18〕［意］F. 德·马尔蒂诺：“个人主义与罗马私法”，薛军译，载徐国栋主编：《罗马法与现代民法》（第4卷），中国人民大学出版社2004年版，第30页。

果的司法实践的产物。

根据市民法的规则，因受让而获得的所有权，必须符合市民法所要求的转让所有权的程式。如果未遵循这个程式，则市民法将拒绝承认和保护该所有权。但是，如果这个事实所有权的取得是善意的，则裁判官将给那些未遵守市民法所有权转移程式而取得受让所有权的人以抗辩权，使其成为受到裁判官法保护的事实上的所有权人。对此，盖尤斯在其《法学阶梯》中有一定的描述："在异邦人处只有一种所有权，一个人或者是所有权人，或者不被认为是所有权人。在罗马人中也曾经遵循过这样的法则：根据罗马人的法律，一个人可以是所有权人，或者不被认为是所有权人。但是，后来，人们接受了这样一种划分：有的人可以根据市民法成为所有权人，有的人可以善意拥有（alius posit esse ex iure Quiritium dominus，alius in bonis habere）。"〔19〕

裁判官法上的所有权的产生，取决于在社会发展中市民法所有权存在的明显的弊端，例如所有权主体的特权性即由罗马市民独有、所有权转移方式的繁琐性、对非罗马人的保护不公平、不能满足经济发展的客观需要等。为此，一方面民众需要寻求变革，另一方面作为司法活动的主要参与者的裁判官在其活动中有义务履行维护公平、正义及保护买受人基本利益的职责。

裁判官法上的所有权的特点主要表现在：

首先，不公开否定市民法的效力，但承认要式物因"交付"而归属于买受人，赋予买受人以"物已出售并交付的抗辩权"。

其次，扩大了所有权主体范围，非罗马市民也可以成为所有权人。裁判官给那些未遵守市民法所有权转移形式取得受让所有权的人以抗辩权，使其成为事实上的所有权人。如果以后出让人以合法所有权人的身份要求追还物时，或者受让人事实的所有受他人侵害时，受让人得行使抗辩权，保护自己的事实所有权。裁判官法上的所有权主要通过"善意占有之诉"（actio Publiciana）及"物已出让并交付之抗辩"（exceptio rei venditae et traditae）获得保护。根据通说，善意占有之诉是保护根据惯例从所有权人处获得要式物的占有人和时效取得人的一种诉讼。在此之前，市民法上有一种诉讼叫"诈欺抗辩之诉"，也可以被买受人用来保护自己的利益。但是该诉权的行使必须以行为人有诈欺为要件，不能对抗善意的次受让人，且在"诈欺抗辩之诉"中买受人必须证明对方有诈欺行为。显然，对于买受人而言，这种诉讼所给予的保护并不充分。而在善意占有之诉中，买受人未经要式买卖或拟诉弃权而获得的物，如果被他人占有，买受人只须证明其被占有的财产之取得是作为善意买受人或者通过接受交付、死因赠与的接受、给予

〔19〕 有关该内容请参阅罗马法原始文献 I. 2，40，黄译《法学阶梯》，第64页。

的嫁资等而获得，即可要求他人将财产返还。因为在该诉讼中，裁判官给善意占有人以诉权，使其收回原物和孳息。这样，在市民法中，以交付形式转移的要式物的所有权不发生转移的效力，依然是让与人的财产，但是根据裁判官法的规定，它已是受让人的财产，受到法律的保护，即实际享有了市民法上所有权的各种利益而成为真正的所有权人。此时的让与人在名义上仍然是市民法上的合法所有权人，但已名存实亡，是“虚有权人”（nudum dominium ex iure Quiritium，也称为 duplex dominium，直译为“双重所有权”）。因此，虽然权利外观和效力有一些区别，但是，由于裁判官法上的所有权人的权利与对该物享有市民法上的所有权人所享有权利的内容基本相同，这就导致某物上可能存在双重所有权，也就是说，在某个存在市民法上所有权的物上，还存在着受裁判官法救济的利益，那么市民法上的所有权人的实际地位就被掏空了。对这种现象，理论上称为“裸体的市民法上的所有权”。

“善意占有之诉”（actio Publiciana）及“物已出让并交付之抗辩”（exceptio rei venditae et traditae）是裁判官对裁判官法上的所有权（善意拥有）所采取的程序法上的措施。在通常的情况下，这些程序法上的保障措施被赋予那些对物实施能导致时效取得之占有的占有人（possessor ad usucapionem）。这些占有人从物的市民法上的所有权人那里获得对要式物的通过交付的方法进行的让与（对于前者，也就是善意占有之诉而言，也包括从非所有人处取得）。还需要指出的是，能够享有上述程序法上的保障措施的不限于善意拥有，也包括遗产占有（bonorum possessio）。此外，上述保障措施还适用于财产拍卖。在财产拍卖中，买受人通过“塞尔维之诉”（actio Serviana）或“鲁第里之诉”（actio Rutiliana）得到保护。在这种情形中，买受人对抗的是处于破产的债务人，因为，此时破产的债务人仍然是有关财物的市民法上的所有人，保护的方式是通过赋予恶意抗辩来对抗主张自己的市民法上的所有权的破产的债务人。

在同一个物上存在着市民法上的所有权与裁判官法上的所有权的冲突的情况下，为了保护裁判官法上的所有权人的利益，裁判官一般采取那些类似于市民法上的诉的方式来进行干预，这特别体现在用益权和地役权领域。而要对有关的物进行直接遗赠——也就是赋予受遗赠人以主张所有物返还之诉的遗赠——的话，还需要尼禄元老院决议的介入。后来，随着罗马法法律渊源中的市民法与裁判官法之间的对立越来越淡化，二者在保护手段上的区分也趋于淡化。对裁判官法上的所有权人，也就是善意拥有人，也以扩用的方式赋予那些本来只限于保护市民法上所有权的程序保障措施，比如说潜在损害担保，新施工警告，排放雨水之诉，调整地界之诉，以及在共有的情形下的共有物分割之诉。

由此所导致的结果就是，市民法上的所有权与裁判官法上的所有权，只是在形式上存在差别，并且这种差别只是与罗马法法律体制的二元化特征存在联系，并不与所有权的功能以及对物的绝对的处分权联系在一起。市民法上的所有权与裁判官法上的所有权，二者都具有高度的抽象性，并且都保障权利人拥有最广泛的利用其所有物的自由。

四、公共土地与行省所有权

（一）公共土地与行省所有权的关系

在本部分中之所以将罗马法上对公共土地的规制与行省所有权的产生放在一处，主要是因为，罗马法上的行省所有权的产生，就其起源而言，实际上是罗马人对公共土地的法律规制变迁的产物。

在王政时期，就已经存在着国家对某些公共土地不仅仅行使主权性质的行为，也同时从事一些具有获利性质的措施，比如说以收取一定的租金为代价，允许私人占有使用公共土地。不过，这些措施与私人所有权的行使，其形式并不相同。

在罗马早期，一方面，氏族土地处于逐渐的私有化的过程中；另一方面，从公元前5世纪后期开始，伴随着罗马在意大利中部以及在整个意大利半岛上的扩张，通过没收被征服的城邦的土地的方法，罗马人的公共土地迅速膨胀。这构成了共和国时期作为私人所有权客体的土地的增加之主要来源。由公共土地转化为私人土地，主要通过分配的程序来进行。分配是对公共土地进行私有化的一种程序，它一般依据法律或平民会决议来进行。分配可以具体到每一个家父。这种分配程序通常是在建立一个罗马城邦的殖民地的时候进行，获得分配的人获得对土地的市民法上的所有权。在有的时候，如在设立拉丁殖民地的时候，也进行同样的活动。但是在这种情况下，那些获得分配的人并不获得市民法上的所有权。在行省，对赋税田（ager vectigalis）进行分配的时候，只导致获得行省所有权。

对土地的私人所有权的另一个来源在于对其他的共同体的合并。在合并其他的共同体将之作为罗马城邦的自治市之后，自治市的市民也成为罗马市民，对其也适用市民法。因此对那些他们在此之前根据他们所属的城邦的法律体制拥有所有权的土地，就拥有了罗马市民法上的所有权。

对公共土地的利用并不总是采取向私人进行分配的方式。对那些产出丰富的土地，特别是坎帕尼亚的土地，通常只规定一个比较短的，通常是5年的出租期限，将公共土地出租给私人。这一活动通常由监察官来负责，所以通过这种方式获得的土地也被称为监察官田（ager censorius）。获得这种土地的人显然并不拥有对土地的处分权。他们只具有一种类似于私人性质的租赁关系中的承租人的法律地位。而这种租赁之所以通常只持续5年，主要是因为在罗马的政制中，每5年选举一次监察官。

（二）占有田

罗马人对公共土地利用的最普遍的方式是“占有田”（ager occupatorius）。这种方式是让私人（直到公元前367年的《里其尼·塞斯提法》制定之前，只能够由贵族占有）自由地占有公共土地并且进行利用。对于这种占有的法律性质，理论上存在争议。很可能在最初的时候，这种占有并不导致占有者负担支付任何税收的义务。而且，任何个人在进行占有的时候也不需要事先获得某种形式的授权。但是，对于哪些公共土地可以被私人占有，很可能需要由元老院和执法官以某种明确的方式加以确定。

在理论上讲，被私人占有的占有田，完全可以被国家收回。但在实践中，这种收回的权利从来没有被实际地行使过。进行占有的人由此就在事实的层面上巩固了其对占有的土地的处分权。另外，从社会经济的层面来看，有关的土地在被占有之前，通常并没有被整治并且主要是被用于从事畜牧业和粗放式的农业，而在被占有之后，占有人往往花费很大的人力和财力对其进行改良，有时候甚至对其进行精耕细作。这种开垦和改良上的投入，也在某种意义上，支持着占有者占有地位的正当性。但是，被占有的土地可以被收回的法律层面上的可能性，并没有因为实践上从来没有得到行使而被质疑。直到公元前133年，提比略·格拉古通过一系列《土地法》的时候，仍然宣布由国家来收回公共土地并且重新进行分配。这些法律不仅针对那些被私人非法持有的公共土地，也包括那些被个人超过其可以占有的份额而占有的土地。这个份额对于单个家父来说是500亩，然后再根据子女的数量按人头增加。但是，在格拉古的改革中，我们还是可以看到当法律与事实背离的时候，事实所具有的力量：虽然格拉古的做法在法律依据上并不存在问题，但是由于它与长期的事实层面上的实践相冲突，并且侵犯了相当多的占有人的既得利益，所以引起了非常激烈的反应，并且最终导致罗马共和国的覆灭。

从法律层面上看，国家对私人占有的占有田可以收回，导致占有人的地位与市民法上的所有权人对其所拥有的物所具有的永久性、无期限性的权利之间存在根本的差别。严格说来，这种占有在市民法的层面上只是纯粹的事实状态，毫无法律意义。它在严格的市民法诉讼的体系中得不到任何司法性质的保护。但是，在裁判官法的层面上，它可能通过占有令状而得到一定程度的保护。不过这种保护与所有权人所获得的保护在性质上是完全不同的。因为，它不赋予土地的占有人一种绝对的可以对抗任何第三人的法律地位。这就导致，虽然在事实层面上，对占有田的占有，构成了家父的财产中的最重要的财产性利益，但是它们在法律层面上并不被认为是一种所有权。

上述情况在共和国最后3个世纪中发生了一定程度的变化。在这一时代，对公共土地，特别是对财务官田（ager quaestorius）的利用形式，在法律性质上与先前时代的纯粹事实性质的占有田不同。财务官田也是公共土地的一部分，但是由财务官为了支持国家必要的财政开支而出卖。私人通过买卖，对这种土地的获取是永久的，但是获得人要支付一定的租税。支付租税的义务的存在——根据罗马人的法律思维——阻碍了这种土地成为市民法上的所有权的客体。因为处于市民法上的所有权之下的土地，在最严格的意义上，不得从属于任何限制性的义务之下。但是，财务官对于这种土地的授予是否可以撤销，以及获得这样的土地之后，能够拥有何种司法保护措施，情况不太清楚。

财务官田在共和国末期消失了，并且很可能转变为私人赋税田（ager privates vectigalisque）。这一名称主要是在公元前2世纪和公元前1世纪期间内被使用，它的出现与提比略·格拉古所推动的土地改革有关。之所以说它是私人的，也许是为了强调这种形式的对土地的授予，虽然获得授予的人必须负担支付一定租税的义务，但是这种授予土地的行为本身不得被撤销。这是它被称为私人赋税田的原因。对这种形式的土地归属关系如何进行法律上的保护，情况也不清楚。

在罗马共和国的中后期发展历史上，土地问题始终是导致政治斗争和社会紧张的根源之一。这种政治斗争甚至导致共和国本身的终结。在这一过程中，位于意大利的土地的所有权形态最终确定下来。土地改革和社会斗争的结果是私人所有权的强烈扩张以及对公共土地制度的激烈变革。除了占有田在事实上已经消失外，私人赋税田也消失了。这就等于重新确认了罗马人的一个法律原则：拥有土地的人支付某种形式的赋税义务的存在与土地的私人特性是不相容的。任何一种土地归属关系，如果拥有土地的人，必须向国家支付某种形式的赋税，那么就不能认为他对土地拥有私人所有权。

（三）土地的租赁

在市民法上的所有权与裁判官法上的所有权即“善意拥有”之外，在元首制时期，在意大利（此刻它不仅包括意大利半岛，也包括阿尔卑斯山脉以南的整个波河平原），对那些属于公有物的土地，还通过租赁的方式，授予私人进行利用。租赁的期限可以比较短，通常是5年，也可以是以永久的方式，也就是采用一种长期租赁的方式授予土地，但是利用者必须支付租税。同样地，属于罗马城邦的土地（它们既不是公共土地，也不属于公共物），通常也是以租赁的方式加以利用，其期限可以是短期的，也可以是长期的。

如果是永久性质的租赁，那么裁判官就赋予那些拥有公共土地的人以及那些拥有城邦土地的人一个对物之诉。这一诉讼是告示性质的，在结构上模仿了所有物返还之诉，但是在诉讼前书部分则明确写着“依据事实的请求”。这种给予对物之诉的程序保障，在实体法层面上必然产生反射性的效力，由此就奠定了一种实体法层面上的由权利人对赋税田拥有某种性质的所有权的基础。由于存在相当完备并且具有对物效力的司法保障，一般的社会观念就认为，那些对赋税田拥有权利的人所拥有的权利，非常类似于市民法上的所有权人的权利，甚至就等于市民法上的所有权人所享有的权利。由此，处于这种权利之下的土地被认为是一个有体物，可以被转让、概括继承。因为这种土地是略式物，其转让所采用的方式是交付。并且相关的权利人可以通过扩用的方式来行使潜在损害担保、新施工警告、排放雨水之诉以及共有物分割之诉之类的市民法上的保障措施。在赋税田之上可以设立质押，也可以设立具有裁判官法上效力的用益物权。

在行省之中，有关情况则要复杂得多。各个行省在被罗马征服以前存在迥然不同的土地制度。同时，罗马人对意大利之外的征服的领域所采取的组织管理措施也随地域的不同而不同。组织形态中最主要的形式有罗马城邦、拉丁城邦、外邦人的城邦。在外邦人的城邦中又包括与罗马存在条约约束关系的城邦和无条约约束关系，因此在事实上是自由的城邦。

但是，除此之外，更重要的是，行省土地与位于意大利的土地（意大利土地）在法律上的地位是不同的。行省的获得是罗马人军事征服的结果，因此，罗马人对行省的土地享有基于征服而具有的权利。行省的土地作为一个整体，被看做是罗马人的主权的客体，同时罗马可以对其行使经济性质利用的权利。对此，盖尤斯明确宣称，罗马人民对行省拥有所有权。

根据罗马人的统治权的观念，那些处于与罗马结盟的城邦控制之下的土地，由各城邦根据其自有的法律体制来调整土地的所有权。这种所有权不受到罗马人的主权的制约。但是，那些非自治的领土，也就是那些与罗马不存在条约关系，在事实上拥有自主权的城邦的土地，被认为受到罗马人民和皇帝的主权的支配，因此被置于罗马人民的国库或者皇帝的金库的控制之下。对这些土地也同样存在着类似于行省所有权的现象。

对于拉丁城邦而言，情况是类似的。那些坐落在行省土地上的自治市和由罗马市民所创立的殖民地，同样被认为处于人民和皇帝的所有权之下。要在这些土地上存在市民法上的所有权，有关的土地必须被授予“意大利权”（ius Italicum)，也就是具有与意大利土地相同的法律地位的资格。有没有意大利权，在法律上是很重要的，因为这决定了拥有有关土地的人是否承担赋税，并且决定有关的土地是否属于要式物，因此在买卖的时候是否必须采用要式买卖。

（四）行省土地的利用

罗马人对行省土地的利用，在共和国时期，其形式非常多样，并且受到希腊地区的王国的法律体制的重大影响。只是在元首制时期，才产生了一个稳定的制度构架。对某些行省土地，主要是由国库或金库通过短期的租赁（通常是5年）

来进行利用。在这种情况下，对有关的土地，只产生一种通常的承租人的权利。而另外一些土地，则授予私人加以处置，但以支付一定的赋税为前提。在后一种形式的利用中，产生了行省所有权的法律现象。

理论上存在争议的是，国库或金库是否可以采用一种长期租赁的土地利用形式，并且由此产生一种与短期租赁和行省所有权都不同的法律效果。这种性质的租赁通常针对那些属于元首的财产的土地来实施。理论上认为，以这种利用形式为基础，在公元4世纪之后，发展出了一种新的土地利用的制度安排，也就是永佃权。

盖尤斯在其《法学阶梯》中区分了皇帝行省和元老院行省。[20] 在皇帝行省中，行省土地的权利人要支付一种租税（tributaria），因此有关的土地被叫做"纳税地"；在元老院行省中，行省土地的权利人则要支付一种贡赋（stipendium），因此有关的土地被叫做贡赋地。纳税和贡赋的不同并不导致这两种权利在法律性质上的重大差别。通常认为，贡赋与纳税之间的最主要的差别在于，贡赋是定额的，而纳税则采用分成比例制，也就是基于对土地产出的估算，然后抽取一定的比例来缴纳。定额的和比例制的缴纳义务，在风险分配上有些不同，因为对土地产出的估算往往过于乐观，这导致比例制之下的义务人往往负担比较重。但是，根据固定的数额来纳税，也可能因为土地的歉收，并且税收基数无法调整而负担过重。所以，从整体而言，二者在风险的分配上并不存在根本的差别。

另外，贡赋通常是由城邦来承担，这些城邦因此通常被称为纳贡城邦。在西西里岛，直到公元1世纪仍然存在这种类型的城邦。后来，这种贡赋也被具体划分到每个土地所有者的头上。纳税则一直就是直接由土地的权利人来承担。在这一问题上，盖尤斯提到，纳税和贡赋都直接由土地来承担，这一叙述表明，关于贡赋的性质，在元首制早期发生了一次转变，使其更加趋同于纳税。

支付贡赋和纳税的义务体现了在法律层面上对罗马人和皇帝的所有权的承认。这一义务的存在阻碍了行省土地可以成为市民法上的所有权的客体。因为正如上面提到的，根据罗马人的法律，任何存在法律上负担的土地，都不得成为市民法上的所有权的客体。关于行省土地上的权利的非所有权的性质，在盖尤斯的有关论述中也可以看出来。他为了说明对行省土地的绝对的处分，使用的表述是占有和用益。[21] 在该片段的语境下，这些表达并不具有其技术性的意义，而是为了试图表述一个在拉丁法学语汇中没有对应物的表达。由于罗马法学家对于行

---

〔20〕 罗马法原始文献 Gai. 2，21，黄译《法学阶梯》，第84页。

〔21〕 罗马法原始文献 Gai. 2，7，前揭书，第80页。

省的情况一直不太关注，所以在理论上一直没有对上述情况下权利人对行省的纳税地和贡赋地所享有的权利给予一个精确的命名或术语上的概括。

不过，虽然没有一个特别的命名，但是从经济内涵的角度看，获得土地的人的权利与市民法上的所有权是相同的，虽然它们在法律形式上存在不可否认的差异。如果我们把这种权利，或者说法律地位也定义为一种所有权的话，它与罗马市民法中的本来意义上的所有权的最明显的差别是，它负担有缴纳贡税的义务，如果不履行这种义务，可能会导致失去土地。除此之外，二者并无其他的重要差别。对行省所有权的保护也通过对物之诉来进行，其程序保障措施一般出现在行省告示中。后来，通过扩用的方式，其他的市民法上的对所有权的救济措施也得到适用，如潜在损害担保、新施工警告；如果出现了对行省土地共有的情况，也可以通过扩用的方式来行使共有物分割之诉。

就与行省所有权有关的诉讼程序的历史发展而言，程式诉讼和普通的私人诉讼程序之类的具有高度技术性特征的诉讼程序都曾经在行省被采用过。但是随着非常审判（congnitio extra ordinem）程序的兴起，程式诉讼的技术性特征逐渐被忽视。诉讼程序上的变化在元首制后期逐渐导致市民法上的所有权和行省所有权在司法保护上的趋同。

对行省土地的占有和用益，既可以通过生前行为，也可以基于死因行为而转让。由于行省土地是略式物，所以盖尤斯提到可以通过交付来转让其所有权。〔22〕

盖尤斯的论述主要是基于当时广泛存在的惯例，但是他对行省土地流转的法律体制的论述并不完整。事实上，在埃及，统治者就已经组织了一套对不动产的所有权进行公示的体系，这一体系影响了所有权转移的条件和方式。这种制度被称为所有权登记，也就是土地登记簿。根据这一制度，为了达到所有权转移的法律效果，必须将转让的行为进行登记。法学家谢沃拉（Scevola）的一个片段中提到了行省土地的登记〔23〕，这表明，这种形式的转让在当时是相当广泛的。在埃及存在的所有权登记制度属于行省法，它既适用于外邦人也适用于罗马市民。为了进行登记，需要一定的文书作为依据，而在受到希腊文化影响的地区，根据惯例对不动产进行转让时制作的文书就是登记的依据。在这种制度下，交付并没有意义，对物的实际的交付，根据盖尤斯的论述，只是一种典型的转移行省土地所有权的方式。

在行省土地之上，可以设立用益物权。因为在这些土地之上存在着罗马人民和皇帝的所有权，所以设立的方式不得通过市民法上的方式，也就是要式买卖和

〔22〕 罗马法原始文献 Gai. 2，21，前揭书，第84页。

〔23〕 参见罗马法原始文献 D. 32，41，9。

拟诉弃权，而是可以采用简约的方式。基于同样的理由，这些土地也不能适用时效取得制度，而代之以长期时效（lungi temporis praescriptio）。

从术语界定来看，否认权利人对行省土地所享有的几乎是绝对的处分权可以被定义为某种形式的所有权，这主要是基于概念上的原因。因为对于同一个物，不可能认可在其之上同时存在人民和皇帝的所有权和另外一种私人性质的所有权。

五、罗马帝国后期不同类型所有权的统一趋势

在罗马法的发展历史上曾经在很长的时期内存在多元的所有权类型。这既由罗马多元的法律渊源体制所导致，也由罗马人对不同的土地采取不同的法律规制措施所导致。随着产生这些不同类型的所有权的前提条件发生变化，罗马法上的所有权类型也开始趋于统一。

传统的要式物和略式物之间的区分的模糊化导致所有权体制的深刻变化。随着公元212年卡拉卡拉谕令的颁布，罗马市民权进行了极度的扩张。对于土地所有权而言，除了永佃权的变化之外，还出现了另外一个重要的变化，就是将意大利土地也置于缴纳贡赋的义务之下。这一变化是在戴克里先时代发生的，主要是由国家日益窘迫的公共财政所导致。它的出现表明意大利和罗马本身已经丧失了它在先前时代所具有的法律上和事实上的优越性。这一变化直接导致意大利土地和行省土地在法律体制上完全等同，行省土地上的所有权体制开始被整合到一个统一的土地所有权体制之中来。

在这个统一的所有权体制中，原先存在的关于行省所有权的法律规范发挥了重大影响。传来取得以及对不动产设立他物权方面的规范主要是基于行省所有权的模式而建立。在这个过程中，要式物和略式物区分的消失也发挥了重要作用。对不动产而言，长期时效取代了时效取得（优士丁尼对它进行了决定性的发展）。

在这一时期，在所有权所涉及的法律用语中，出现了“世俗化”趋势。在术语的层面上，古典法学家那种精确的法学语言已经不再得到维持。人们已经不再在占有和所有权（dominium）之间进行区分。甚至人们开始用占有来描述所有权的状态本身，并且所有权也被用来描述其他物权。有的时候，所有权这一概念还被用来指一种很含糊的“有权的权利人”的意思。

除了术语层面之外，世俗化并没有导致法律体制的显著变化。所有权的地位和纯粹占有的地位之间本质上的差别还是相当清晰的。颇有意味的是，由于对占有概念的使用过于宽泛，在后古典时期，为了避免占有和所有的混淆，不得不采用进一步的划分，比如说，把所有权叫做“确定的占有”（firma possessio），而把本来意义上的占有叫做“一时的占有”（momentaria possessio）。在实体权利的层面上，需要注意的是，在这一时期出现了“有期限的所有权”，这一制度与用益权并没有严格的区分。同时也开始出现了一些处于用益物权和所有权之间的中间状态的权利类型，比如永佃权。

上述制度在优士丁尼时代中并没有产生很大的变化。在优士丁尼的法典编纂中，他只是简单地在形式上取消了要式物和略式物的划分，以及与之相关的市民法所有权与裁判官法所有权的划分。在皇帝谕令以及在新律的用语中，并没有出现世俗化的趋势。在很多方面，实际上又回到了古典时期法学上的准确的术语和精确的划分。但是在这一现象之外，也存在一些相反的现象。比如说，在对罗马帝国后期的皇帝谕令进行的编纂中，也采用了一些不精确的语言。对此，一般是这样来解释：优士丁尼的法典编纂班子在处理他们自己时代的问题的时候，也不能够避免使用世俗化的语言。

第四节　所有权的内容和对所有权的限制

一、所有权的内容

在罗马法上，所有权人对其所有的物拥有最为广泛的权利。他可以他认为合适的方式来处置物，除非受到来自法律或所有权人自愿施加的限制。

罗马法上的所有权，包括市民法上的所有权、裁判官法上的所有权以及行省所有权，都赋予权利人以最为广泛和最为绝对的权利，以及在行使权利时最广泛的自由。一直到元首制时期还认为，土地所有权所及的空间范围是上达天穹下达地心。就土地与地上的建造物的关系而言，采用的是地上物吸收于土地的原则。基于这一原则，任何建造于某一土地之上的构造物都被土地的所有权人所取得。对于地表以下的范围而言，在整个元首制时期，所有权人都有排他的并且不受任何制约的采矿的权利。在后古典时期，开始承认第三人在得到公共许可时，可以在他人土地上采矿。这种采矿在此之前在公共土地上是被允许的。获得这种采矿权利的条件是，向国家和向土地的所有权人支付一定的对价。这种采矿权可以通过生前行为或死因行为而移转，就像一个长期租赁一样。在这一时期，也并不承认国家对土地之下的矿藏拥有某种优越的权利。但是，由于最重要的金属矿产地通常都处于公共所有权之下，因此可以被国家直接利用。

罗马法上的所有权的绝对性的特征，还表现于它在时间上不受限制这一事实。只是所有权人在行使他的自主权的时候可以与他的物分离开来，而且就一般规则而言，不可能设立一个本身就带有时间上的限制的所有权，也就是“有期限的所有权”。转移所有权的行为本身不允许附带一个始期或终期，对于交付而言，它也不能够被施加以一个终期。这一规则由戴克里先明确予以确认[24]，在优士

〔24〕 Vat. Fragm. 283.

丁尼的法典编纂之中再次得到确认。[25] 不过，事实上，在这一时代，可以看到有期限的所有权的存在。比如说，赋予妇女在婚姻解除之后取回其嫁资的对物之诉就是一个例子；另外一种情形是附有始期的遗嘱解放，由于继承人对奴隶的所有权在一定的期限届满之后停止存在，因此也可以看做是某种形式的有期限的所有权。但是，原始文献并不足以证明在这一时期存在一种具有一般意义的、作为一种制度而存在的有期限的所有权。

处分的自由是所有权的一个本质内容，它潜在地不受任何限制。如果当事人约定某物不得转让，这种约定本身是被允许的，但是禁止转让的约定只具有债权性的效力。在优士丁尼的法典编纂中，却出现了一些相反的趋势，承认禁止转让协议具有物权性的效力。[26]

根据罗马法上的所有权的规则，所有权人在对物进行实际处分时享有绝对的自由。这种自由在中世纪的法学家里甚至有一个非常极端的表述，也就是滥用权（ius abutendi）：所有权人并没有义务为了共同体的利益而使用物，所有权人可以完全不使用物，即使该物是能够用来生产的物。虽然在一些文学文献之中有一些记载说，监察官为此可以介入，但并没有实际案例的记载。在古代后期，依据行省土地的管理模式，如果权利人对土地不进行耕作，而是将土地撂荒，这可能导致在经过一段时间之后，该土地的所有权被赋予那些实际耕作土地的人。

二、所有权的限制

1. 对所有权转让的限制。所有权人对其所有的物拥有最为广泛的权利的同时，也可以受到来自法律或所有权人自愿施加的限制。从这一角度看，把所有权人的权利和拥有治权（imperium）的执法官的权力联系起来不是没有依据的。拥有治权的人也可以他认为合适的方式为了公共利益而行使其权力。

鉴于所有权人的权利是绝对的而且是不特定的，因此对这种权利只能够通过指出它所受到的消极限制来确定其内容。

在罗马法中，有关转让的禁令是法律直接规定的，该规定具有物权性的效力。属于这种情况的主要是，禁止转让未成年人的土地，在这种情况下，损害的是处分人的利益。有的时候这种法定禁止是为了保护第三人的利益，比如说，禁止处分作为嫁资的土地。关于物的转让，还存在一种特殊的限制，也即对处于争议中的物禁止处分。根据盖尤斯的叙述，在《十二表法》中即规定，如果占有人对其获得的对争讼物的临时占有进行处分的话，将受到双倍誓金的处罚。[27]

---

〔25〕 罗马法原始文献 C. 8，54，2，戴克里先和马克西米安皇帝致芝诺，范译《物与物权》，第72页。

〔26〕 参见罗马法原始文献 C. 4，4，51，7。

〔27〕 参见罗马法原始文献 D. 44，6，3。

但是，根据这条非常古老的规范，似乎转让行为本身的效力并不受影响。如果作为非占有人的原告一方试图处分处于争讼之中的物，奥古斯都的一项谕令禁止这样的行为。在这一谕令中，确定了应该向国库支付的罚金，同时，基于这一谕令，裁判官赋予占有人针对提出主张的买受人的一项抗辩。[28]

在古代后期的封闭的经济体制中，与职业和社会地位的世袭制相联系，逐渐确认了与某个人的职业和地位相关的财产不得被转让的规则。在职业行会中，处分行为只有得到整个行会的批准才能进行。同时，构成捐赠的财产以及教会的财产也不得处分。

2. 为公共目的的没收。为了公共目的而获取财产，通常是通过施加政治压力的方式来实现。在理论上，在建造引水渠方面存在一些例外，如某一个元老院决议允许为了获得建造引水渠的材料而强制取得，[29] 但是，这种强制的买卖只涉及土地。

在罗马人的时代，不存在为了公共利益的征收。但是存在作为一种刑事制裁手段的没收财产的处罚。在很早的时代，这种没收导致被没收的财产被献祭给神。在后来，那些导致人格大减等和中减等的刑事制裁中也会出现财产没收的现象。在共和国后期，为进行土地改革所必要的土地来源，主要通过对被占有的公共土地的收回，或通过没收而得到充分的供应。

在罗马帝国后期，随着国家与其属民的关系的转变，在这一方面产生了某些变化。从公元4世纪以后开始出现了一些在本质上属于为了公共利益而征收的情况，但是，这种情况仍然表现为强制性的买卖。不过在事实层面上看，建立在正当的对价的基础上的强制买卖和为了公共利益而征收同时给予补偿，这二者之间并不存在实质的区别。在这些情形中，通常规定要支付被征收物的价值。但是，在习惯上，征收时支付的对价只是象征性的。

对城市或乡村土地所有权人的限制还表现在另外一些方面。这主要体现在为了共同体的利益和邻人的利益对土地所有权施加限制。就前者而言，有一些规则在很早的时代就存在，它们主要涉及公共安全的问题。

在《十二表法》中就存在一条禁止在城市内部焚烧尸体和埋葬尸体的规则。[30] 而关于火化尸体，即使在城外，也必须离一个建筑60步远。在这后一种情况下，显然是为了建筑物所有人的利益。对于动产而言，如果杀死用于祭祀的

---

〔28〕 罗马法原始文献 Gai. 4，117a，黄译《法学阶梯》，第344页。

〔29〕 Frontin. Aquaed. pp. 127～128.

〔30〕 罗马法原始文献《十二表法》（XII Tab.）10，1，周枏：《罗马法原论》，商务印书馆1994年版，第1016页。

动物，也可能导致神圣性质的处罚。

3. 对私有权的限制在相邻关系中的体现。就相邻关系而言，主要还是通过私人之间的自主安排来调整。相邻土地的所有权人可以通过设立地役权来调整相互之间的利益关系。但是，在这一方面也存在一些法定的对所有权的限制。在这些限制中，有些是为了所有权人本身的利益施加的限制，对它们的违反可能会导致公共性质的处罚（有时候是通过民众诉讼来实现）；有的则纯粹通过私人性质的处罚来实现。

前者主要涉及城市土地。在《十二表法》中，已经要求在建筑物之间留出5步的距离。这导致在边界上不能建造墙壁。每个所有人在建造墙壁的时候，都必须离开中间界线2步半的距离。但是，原始文献并没有指出如果违反这一法律上的禁令会导致什么样的后果。在古典时期，毫无疑问是可以在边界上建造墙壁的，但这会导致法定的对界墙的共有。

也存在一些为了私人的利益而对所有权施加限制的情形。这主要是为了解决相邻的两个所有人都具有同样的自由而导致的冲突。在这里有两个相互联系的原则：首先是那些行使权利的行为不被认为是给他人造成损害；其次是无害他人的原则。其实这两个原则在解决相邻关系的问题上是很空洞的。罗马时代对所有权人的自由的尊重，限制了国家规定限制性措施，但是在《十二表法》中以及在祭司法学中就已经承认在一定的情况下要赋予司法救济措施。这构成了对所有权的进一步的、更加严密的保护。通常它禁止邻人从事某些有害的行为，而对于这种行为，如果不加以禁止，就会被认为是属于邻人的权利。例如，关于潜在损害和有害的水的排放，这些问题都已经在法定诉讼中得到救济。在《十二表法》中还处理了树荫遮住邻人的土地，以及果实掉落在邻人土地上的情况。

在这些特殊的情形之外，还有不可称量物的侵入的问题。不可称量物主要是指烟、灰尘、蒸气、潮湿、臭气以及声响。当相邻关系的一方从事有关行为之后，这些不可称量物会侵入到邻人的土地之上。对这一问题，从罗马法学家对具体案件的解决来看，采用的处理方法是，如果有关的侵入来自于对物的通常的使用，那么邻人应该容忍。为此，就必须考察导致入侵的土地本身的经济和社会功能，并且结合具体案件的具体情况，特别是，发生入侵的地点是在农村还是城市，以及承受侵入的土地的用途等因素进行综合考察。

在这里，有对“争斗行为”的禁止。争斗行为，是指某人以对他人造成损害为唯一目的而行使其权利的行为。这一禁止并不只限于相邻关系，而是为了限制上述“行使权利的行为不被认为给他人造成损害”这一原则。对争斗行为的禁止并不能肯定是罗马法上的，这一禁令的前身可以在排放雨水之诉中看出来（D. 39，3，1，12）。如果有关的文本没有被添加的话，相关的做法应该是，根据案件的具体情形来进行判断，而不是表达出一个一般性的原则。而且，即使存在一般原则的话，也难以确定法学家们如何来具体运用和落实对争斗行为的禁止。

4. 对私有权的限制在地役权上的体现。在罗马早期的古典法中，还不认可法定地役权和强制地役权。在法定地役权中，某一土地的所有权人有义务让相邻土地的所有权人从事一定的行为。这种义务直接产生于法律规定。在强制地役权中，相关的义务不是直接来自于法律，而是土地所有权人被强制为其相邻土地的利益而设立地役权。在罗马法中，唯一的类似于法定地役权的情形是墓地通行权，它出现在一个公共法律之中，保障的是享有墓葬权的人。

第五节　共有

一、早期罗马法上中的共有

同一个权利由多个主体享有，即是法律上的共有现象（communio）。就可能涉及共有的领域而言，它可以出现在物权中，也可以出现在继承中，还可以出现在监护中，比如说共同监护人，甚至可以出现在债之中（连带之债和不可分之债）。但是，在罗马法中，关于共有制度不存在一个统一的法律体制。

在罗马法中，就共有制度的起源而言，其最早的形态与遗产继承存在密切的联系。这与罗马人的独特的家庭制度有关。

在遗产继承领域出现共有的现象，始于拉丁王政时期。如果数个处于同一家父权之下的兄弟，依据遗嘱，继承同一家父的遗产，就会产生一个以共有关系为基础的共同体。在这种共同关系中，包括了所有属于遗产的物。后来这种共有甚至还延伸到那些处于这种共有关系中的单个共有人嗣后取得的物品。因此，这是一个概括性质的合伙。

那些不是共同继承人的人之间也可以通过一定的行为来建立这种共有。一般认为，这可以通过拟诉弃权来实现。但是对于从事有关行为的具体细节，如当事人应该说什么话，是由未来的共有人确认对各自的财产享有共同的权利，还是宣称彼此是兄弟，不得而知。但可以肯定的是，通过这种方式建立起来的共有，在法律体制上与原本意义上的共有并不存在差别。

以上所涉及的是早期法上的共有。这种共有形态与古典罗马法时期的共有关系存在根本的差别。在早期的共有中，对于包括在共有之中的物，单个的共有人有一种连带的合法利益。参与共有关系的单个的人可以如同自己是单独的权利人一样去处分有关的物。在第三人有效地取得之后，有关的物就从共有中分离出去，与此同时，其他的共有人对该物失去任何权利。盖尤斯对此所举的例子是对共有的奴隶的解放。[31] 这表明，上述合法权利并不限于有偿行为。由于涉及这一制度的原始文献非常少，因此在这种情况下，其他的共有人是否有否决权并不清楚。

与上述处分上的连带性相对称，连带性也表现在单个的共有人在取得物的时候，他不仅仅是为自己取得，同时也为其他的共有人而取得。对此，盖尤斯认为：在解放奴隶的情况下，所有的共有人都成为被解放奴隶的恩主权的享有者。因此，罗马法早期的共有是一种动态的共有，它与古典时代的静态共有存在区别。由此就不难理解，为什么盖尤斯把它与概括的合伙相类比。处于上述共有关系中的共有人对共有享有相同的份额，这是因为这些被要求参加继承的人在继承中享有相同的份额。关于共有关系中的份额的问题，虽然理论上认为，这在共有共同体中没有什么法律意义，但是，在现实中是不可能不考虑份额的问题的。无论是对孳息和费用的分割和分担还是对共有物的分割，都与份额的问题有关系。而且，即使我们说所有的共有人的份额都相同，这里仍然表明了一种关于份额的观念。

关于这种早期的共有形态，除了通过家产分割之诉来获得分割之外，理论上不知道这种共同体消灭的其他的方式。通说认为，如果共有共同体的某一个成员死亡或者人格减等，就会导致共同体的消灭，这就如同在古典时代中的合伙的消灭原因一样。但是，还是无法弄清楚，一旦这种共有共同体解体以后，对于那些不可分的财产如何进行处理。从原始文献中可以看出，似乎在实践中也不存在一些很大规模的共同体。这可能是因为，必须是同一遗产的共同继承人才能组成这种形态的共同体。

二、古典罗马法时期的共有

以早期的共有形态为基础，罗马法上后来发展出了与早期共有共同体不同的共有形式。在《十二表法》时期，就已经出现了将遗产给予不同的宗亲属的做法。由于这种现象而产生的共有，其调整规则与上述共同体是完全不同的。在大约公元前3世纪（也有学者认为可能是公元前4世纪末期）制定的《李其尼法》（Lex Licinia）已经承认了非遗产继承性质的共有关系。对于这种共有关系，适用的是请求审判员仲裁之诉来获得对共有的司法性质的分割。因此，从起源来看，古典法时期的共有的产生是相当早的，但是理论上不能够精确地确定其历史发展的每个具体阶段。

古典法时期的共有体制，已经与现代法上的共有制度非常类似。共有是由份额的概念所统领的。份额是为了确定每个参与共有关系的人的权利和义务，在观念上

---

〔31〕 罗马法原始文献 Gai. 3，154，黄译《法学阶梯》，第252～254页。

对整个共有物的分割。这种份额只是观念性的，它并不对应于共有物的某一个物质性实体。份额的观念已经在法学家穆齐（Q. Mucio）那里得到认可[32]，它被叫做不可区分的份额，以此与可区分的份额相对，后者是指某一物的实际的份额。

对古典法时期的共有制度具有重要意义的份额的观念在根本上决定了处于共有关系中的单个的共有人的权利、义务与其份额的关系，以及与整个共有物的所有权之间的关系。关于份额和整体的关系问题，在现代法上的共有的理论中是一个核心问题，并且也是一个难题。从逻辑上看，如果严格地认为共有人的权利的客体仅仅限于份额，那么就不知道赋予谁以整个共有物的所有权。为此，现代法的解决方法是：认为共有物的所有权属于所有共有人整体，而这种整体并不是一个法人，而是一个没有被人格化的利益归属者。

罗马法学家则倾向于根据个案的方法来解决不同的问题。所以，不同法学家的具体的决定是根据不同的标准作出的，有的时候认可单个的共有人对份额享有一种权利；有的时候又认为共有人针对整个共有物享有一种连带的权利，不过这一权利受到其他共有人的否决权的限制。在罗马法中，完全不存在对共有物的管理上的多数人的意见居于优势的原则。采用多数决原则，本身就会导致共有本身具有某种程度的实体性。因此，如果共有人对一些重要的问题不能寻求一致意见，那么在罗马人看来，唯一可能的救济方法就是分割共有物。

就对共有物的处分权限而言，单个共有人的权利限于其份额，从这一角度看，他只被认为是份额的所有人。但是，从另外的角度看，有关的法律制度似乎又采用了一种非份额化的整体性原则。基于后一原则，每个共有人的权利潜在地延伸到整个共有物之上。整体性原则突出地表现在增添权（ius adcrescendi）之中。增添权，是指当有一个共有人失去他对份额的权利而这一份额不为其他人所取得——例如，共有人抛弃其份额，解放处于共有之中的奴隶——的时候，这一共有物在份额的范围内成为无主物，它自动地在其他共有人之间按照份额进行分割，并导致其他共有人份额相应的增加。这一现象的存在说明，单个共有人的权利不只限于其所有的份额，否则就不会出现增添权的现象。

增添权也在处于共有之中的奴隶取得财产的时候发生，它使得奴隶的各个共有人按份额获得该奴隶取得的利益，除非该奴隶是依据某一个共有人的命令而从事活动，或者明确指出他们中的一个是其行为的法律效果的承受者。但是，当有关取得行为的效力不可能对某一个共有人产生有利的法律效果的时候——例如，由于主体不适格——这样的获得仍然将增添在其他的共有人的份额之上。

---

〔32〕 参见罗马法原始文献 D. 50，16，25，1。

在份额的限度之内，共有人有权设立他物权，如用益权、使用权或质押权。但是，如果共有人之一从事的行为不可能只具有部分性的效力，而必然涉及共有物的整体，比如说设立地役权或解放一个处于共有之中的奴隶的时候，由单个的共有人所从事的行为无效。由共有人之一所进行的解放奴隶的行为视为对其拥有的份额的抛弃，并且导致其他共有人份额的增添。为了有效地在共有物上设立地役权，需要所有的共有人共同参加（在最初的时候还必须是同时参加设立行为）。

份额对于共同物产生的自然孳息的获取具有法律意义。自然孳息根据各共有人的份额进行分配，但是分配必须在分割时确定。

对共有物的通常意义上的直接的利用，被赋予每一个共有人。这种利用不得导致共有物的经济社会功能的改变，而且必须考虑到其他共有人所拥有的同样的权利。如果违反了这两项限制，其他共有人就可以行使否决权。由于否决权的行使原则上不受到任何限制，如果共有人之间就共有物如何使用，发生无法协商解决的冲突，那么最后的方法就是分割共有物，结束共有状态。

除非另有特殊约定，每一个共有人都有权管理整个共有物。这一特点是罗马法早期的共有体制的残留。对共有物的管理行为，包括维持和改良，也包括生产自然的和法定的孳息。作为管理人的共有人以自己的名义从事行为，并且以自己的名义成为债权人和债务人；涉及的费用和收益，在共有物分割之时进行最终核算。管理中也包括了共有物的改良，不过，管理行为的合法性受到其他拥有同样权利的共有人的否决权的限制。其他共有人的反对是否成立，不取决于反对是否具有正当的理由，一旦共有人表示出反对，那么从事管理行为的共有人的行为就是非法的。以这种方式运作的否决权很可能导致在共有物的管理问题上的死结，而如果出现了这样的情况，那么最终只能通过分割共有物来解决问题。

共有人在份额的限度之内积极地和消极地与共有物有关的诉讼相联系。这主要发生在部分的——也就是针对份额的——所有物返还之诉和潜在损害担保，以及刑事性的和损害赔偿性的诉讼之中。有权提起诉讼、充当原告的是共有物的所有权人；当诉讼的结果不可分时，如确认所有权之诉、排除妨碍之诉、地役权之诉，单个的共有人有权提起针对整个共有物的诉讼。

一般来说，共有物的分割是共有状态的最自然的结局。但如果当事人订立了不行使其共有物分割之诉的约定，一般而言该约定是无效的。但是，也有片段表明，如果这样的约定是基于一个正当的目的，并且是有期限的，那么它是被允许的。[33]

在罗马法原始文献中，很少提到共有人通过协议来分割共有物的问题。共有

---

〔33〕 参见罗马法原始文献 D. 10，3，14，2。

物的分割不被认为是一个典型的法律行为。由于这种分割的方法特别繁琐，因此即使当事人在共有物的分割上不存在争议时，人们还是倾向于寻求通过司法性的方法来进行分割。除了遗产共有之外，从公元前4世纪末期或者是公元前3世纪早期开始，《李其尼法》（Lex Licinnia）使得任何一种类型的共有都可以适用请求审判员或仲裁人之诉，这一诉讼后来被程式诉讼体系中的共有物分割之诉（actio communi dividundo）所取代。就其性质而言，这一诉讼是形成之诉。

在共有物的分割中，要在共有物的现实的物质性的实体中寻找一个与单个共有人的份额的准确对应物是很难的。这就要求必须采用相应的核算、补差，甚至把某个不可分割的共有物整体给予某一个共有人，而该共有人有义务向其他共有人交付与他们享有的份额相应的对价。如果以这样的方式进行分割还是不可能，那么就根据承审员对共有物的审慎的估价，将物卖给一个第三人，然后在共有人中间分割出卖所得的价款。

在共有物分割的判决中还要清算由于共有所导致的一些悬而未决的费用。在这一判决中，各共有人之间清算对共有物造成的损害的赔偿，也获得个人为共有物支出的共益费用的偿还。

第六节　所有权的各种原始取得方式

一、所有权的取得方式的分类

所有权的取得方式，是指任何能够导致某一主体取得某物的所有权的法律事实。在现代法学理论中区分了所有权的原始取得与传来取得，但是这种区分在罗马法学理论中并不存在。不过，罗马法学中也注意到传来取得是建立在一个先前存在的法律关系的基础上，原始取得则不取决于先前的关系，而是基于取得人的单方行为或基于某个自然事件。

在原始取得中，所有权的产生与先前存在的权利没有联系。传来取得则构成一个名副其实的权利转移，它取决于转让人是物的所有人。这一原则在罗马法中得到非常严格的适用，表现为罗马法上的“任何人不得将大于自己所拥有的权利转让他人”这一法律原则。但是现代法中，出于保护交易中的善意第三人的目的，存在诸如善意取得之类的例外。传来取得可以表现为一种个别性的权利继受，也可以表现为创设性的传来取得，也就是说，基于所有权的存在而为了另外一个主体的利益而创设他物权。

在罗马法中，除了权利概括继受的各种情况之外，传来取得的方式主要与所有权转移的体制联系在一起。对通过生前行为的方式取得而言，在早期法和古典法时代主要包括要式买卖、拟诉弃权、交付，以及支付诉讼标的估价（litis aestimatio）。

在这些方式中，只有交付在后古典时期和优士丁尼时期仍然存在；对于死因行为而言，则有直接遗赠和先取遗赠。就对原始取得的方法而言，在罗马法和现代法之间并没有变化，它主要包括时效取得和长期时效、先占、发现埋藏物、各种形式的添附、混同、加工以及收取孳息。虽然现代法的理论上对于时效取得是否为一种原始取得的方式存在争议，但是罗马法学界的通说认为它属于一种原始取得的方式。

在罗马法原始文献中，在所有权的取得方式上，存在另外一种分类方法，也就是依据市民法取得和依据万民法或自然法取得。这种区分主要是根据取得所有权的法律效力是只对罗马市民有效还是也对外邦人有效。该分类既针对原始取得，也针对传来取得。属于市民法上的取得方式包括时效取得、要式买卖、拟诉弃权，其他所有的方式都属于万民法上的取得方式。

万民法上的取得方式对外邦人也产生效力，但并不使他们对有关的客体获得市民法上的所有权，而只是获得外邦人法上的所有权。对这种所有权，在罗马通常由裁判官法进行保护。

二、先占

先占（occupatio）是指通过对一个无所有人的物的占有而获得该物的所有权的原始取得方式。

可以成为先占的客体，首先是那些从来没有一个所有人的物，如野生动物，这种情况主要在狩猎和捕鱼时发生。另外的情况是河流的淤积。在早期法时代，“敌人”的物毫无疑问可以被先占，甚至敌方的自然人也可以被先占，并因此成为奴隶。在很长一段时间内，罗马人获胜的战争中的战利品不能够被士兵进行私人性质的先占，而是国家对其享有一种权利，由军事指挥官来行使。除此之外，敌人的物都可以被先占，比如那些与罗马人民处于战争状态的敌国公民的物，如果处于罗马领土之上的时候，可以被先占。

先占是万民法上的取得方法。因此，从交互性的角度而言，属于一个罗马市民的财产也可以被他的敌人先占。罗马市民被敌人俘获之后也会被敌人先占而沦为奴隶。

先占表现为对物的现实的占取，因此，先占必须符合获得占有的所有前提条件。在通过狩猎而先占野生动物的情况中，罗马法学理论上讨论猎人对已经受伤的动物是否取得了所有权。有法学家认为，狩猎者只要把动物打伤，并且没有停止对猎物的追逐，就取得了所有权。但是占据主导地位的观点认为，在这种情况下，还必须要现实地捕获，才能获得猎物的所有权。[34]

狩猎的地点对于是否适用先占没有影响。土地的所有权人当然可以禁止别人

---

〔34〕 参见罗马法原始文献 D. 41，1，5，1。

进入其土地狩猎。但是，这种禁止并不影响猎手对猎物的所有权的取得，虽然猎手违反禁令进入他人土地从事狩猎行为本身是要受到处罚的。不过，如果某地被保留给私人进行狩猎或捕鱼，古典时代的有些法学家认为，在这种情况下，捕获的野生动物实际上属于孳息，因此不能够被他人通过先占取得所有权。

先占不仅仅适用于那些从来没有过所有人的物，也适用于那些被其所有人抛弃的物。被抛弃的物，就是由其原来的所有人以确定的抛弃所有权的意思予以抛弃的物。

在罗马法中，对抛弃物的所有权的获取，根据有关的物是要式物还是略式物而不同，并且，还要考虑到不同的抛弃方式。在前所有人的所有权何时消灭的问题上，存在不同的观点。萨宾学派认为，先前的所有人的所有权在抛弃发生的时候消灭；而根据普罗库勒学派的观点，抛弃在性质上属于向不特定的人的交付，它的效力只是在被他人现实地先占的时候才发生。对于萨宾学派而言，抛弃物无论是要式物还是略式物，一经抛弃都成为无主物，其所有权由先占人取得；对于普罗库勒学派而言，先占则变成了交付，并且只是针对略式物才取得所有权，对于要式物，仅仅是先占人的占有还是不够的，还必须要经过时效取得所要求的期限。

如果抛弃是由非所有人进行的，那么抛弃无效，有关的物也不成为抛弃物，对其所有权的取得可以通过时效取得来完成。

在后古典时期，随着要式物和略式物区分的消失，先前的不同学者的争论失去了意义。对于抛弃物通过先占取得所有权的情形，不再予以区分。[35] 但优士丁尼的法典编纂者在这一问题上更倾向于采用向不特定人的交付的法律构造来处理。

在古典法时期，抛弃既可针对动产，也可针对意大利土地上的不动产。在行省，无主的不动产由国家取得。在这一制度中也可以看出，抽象的和优越的罗马人民和皇帝的所有权对行省土地的权利归属和性质的影响。在罗马帝国后期，对不动产的抛弃将导致不动产归国家所有。

三、发现埋藏物

与先占相类似的是发现埋藏物（thesaurus）。根据保罗的定义[36]，一个古老的储存钱财的地点，由于人们不再记得谁是储存钱财的人，因此导致它不再有一个所有人。这种情况在当代已经很罕见，但是在古代却很重要。因为，在古代的人经常必须把一些贵重的物品收藏起来，而对于这样的收藏，人们经常失去记忆。

---

〔35〕 罗马法原始文献 J. 2，1，47，徐译《法学阶梯》，第 137 页。

〔36〕 罗马法原始文献 D. 41，1，31pr.，特里弗宁语，范译《物与物权》，第 39 页。

最初，罗马法并不区分土地所有人的权利与在其中发现的埋藏物的权利。因此，无论是事先还是事后发现了埋藏物，埋藏物的所有权总是归于在其中发现埋藏物的土地的所有人。但是，从公元2世纪开始，哈德良皇帝规定[37]，土地所有人如果亲自发现，他就对埋藏物拥有全部的权利；如果埋藏物被他人发现，那么埋藏物在发现人和土地所有人之间平分。这一制度也适用于发现埋藏物的土地属于国库、金库或某个城邦的情形。

关于埋藏物的归属，在后古典时期的不同的皇帝谕令中反复地重申，也由优士丁尼所重申。在公元4世纪末期，有一项革新，据此私人只能获得其发现的埋藏物价值的1/4，其余的归公。但是，这一革新在公元5世纪末被利奥皇帝废除了。

四、添附

添附（accessio）是指属于不同所有人的物被结合为一个统一的新物的情况。在这种情况下，主物的所有人成为新物的所有人。在罗马法学中，人们区分不同类型的添附。这主要包括动产与动产之间，动产与不动产之间，不动产与不动产之间的添附三种类型，它们在法律规范上有一些区别。

对于动产和动产的添附，需要区分确定的添附与不确定的添附。在前者，从物的所有权被主物所有权人取得，即使这样的附合在后来被分离了，仍然维持权属的变动。属于确定的添附的情况有：颜料附着于布料或画板之上；丝与布的附合；很有价值的金线被织在一块布料上之类的情况。在这些情况下，除非毁坏新形成的物，否则分开是不可能的。在其他的情况下，确定的添附只发生在混合之中，也就是两种同质的物品混合在一起并且难以辨别原先的部分的情况。在焊接的情况下，如果一个新的物品被接合到另一个物品上，那么添附的效力是最弱的，属于不确定的添附。这时，主物的所有人取得新物的所有权，但是从物的所有人并不确定地失去其权利，他对物的所有权进入一段特殊的“休眠期”。当有关的物被分离时，他重新获得对从物的所有权。

从物的所有权人可以采取不同的司法措施来保护其利益。如果某人有意地将他人的物与自己的物结合起来，无论这种结合是确定还是不确定的，失去从物所有权的人都可以提出盗窃之诉或赃物返还之诉。如果是不确定的添附，从物的所有权人不能直接提起所有物返还之诉，但是他可以先对占有人提出“出示之诉”（actio ad exhibendum），要求把他的物分离开来，然后再行使所有物返还之诉。在这里，出示之诉是基于这样的事实，即占有着因添附而形成的新物的占有人，阻碍了对该物的一部分享有所有权的人行使所有物返还之诉。

---

〔37〕 罗马法原始文献J. 2，1，39，徐译《法学阶梯》，第133页。

在不同类型的添附中，采取相同的原则来确定何者是主物：那些在确定新物的典型的经济和社会功能上占据了主导性作用的物，被视为是主物，而不一定是那些具有更大经济价值的物。因此，一个戒指的所有人，能够取得戒指上的钻石的所有权，当然这种取得不是一种确定的取得。

对于绘画，适用特殊的规则。根据萨宾学派的观点，根据画板的所有权人来确定画的所有权人；但是，根据普罗库勒学派的观点，应该是从事绘画的人取得画的所有权。后一种观点最终获得了胜利。但是，如果从事绘画的人根据所有物返还之诉来对抗占有已经被绘画的画板的所有人，后者可以通过“欺诈抗辩”来要求获得画板的对价。原来的画板的所有人，可以行使一种扩用的所有物返还之诉，来对抗经过绘画之后的画板的占有人；而绘画的人则可以通过欺诈抗辩来获得画板因为被绘画之后增加的价值。

在熔合的情况下，根据保罗的观点[38]，也可以给予从物的所有人以一项事实之诉。这一片段的真实性受到怀疑，但是也不能排除古典法学家在个案的基础上赋予该类诉讼，在其中，通过抗辩的运用，从物的所有权人可以获得补偿。

如果是动产和不动产的附合，主物显然是不动产。这包括了用建筑材料进行建筑，把一个动产结合到一个已经存在中的建筑物中去，以及播种或移植树苗等情形。这里适用的原则是，地上物附合于土地，不动产的所有权人取得土地上的附属物。

在移植的情况下，要完成附合，必须要求“扎根”，也就是说，被移植的树木的树根必须确定地扎根在土地之中并且从土壤中吸收营养，才被认为附合已经确定地发生了。

移植和播种属于确定的添附，而将某个动产为了装饰的目的与不动产结合在一起，属于不确定的添附；如果某原材料被结合到建筑物中，也如同不确定的附合一样，在后来分离之后，原材料的所有人重新获得所有权。但是根据一条可以上溯至《十二表法》的规则，原材料的所有人不能行使出示之诉，以获得物的分离。但是，他可以提出“添附材料之诉”（actio de tigno iuncto）以对抗那些故意使用他人原材料进行建造的人，而不是去对抗那些并没有亲自从事建造活动的建筑物的所有人。由于故意使用他人材料，在性质上就是盗窃，所以这一诉讼的结果会导致判罚双倍于被使用材料的价值的罚金。就此而言，它具有刑事的性质，这一特征在古典时代仍然得到维持。

---

〔38〕 罗马法原始文献 D. 6，1，23，5，保罗语，范译《物与物权》，第45页。

《十二表法》明确规定[39]，已经被结合到建筑物中去的梁木不得被分离开来，已经被结合到建筑物中去的支撑性的圆柱也不得被分离开来。添附材料之诉最初是被看做一种特殊情形的盗窃之诉，正是因为这一点，在它的构成要件中，一直到古典法时期，仍然要求建筑人是故意使用他人的材料。既然如此，就产生一个问题，为什么不干脆把它作为盗窃来处理呢？理论上对于为什么要单独设立添附材料之诉，并且它相对于盗窃之诉在功能上有什么不同，还没有弄清楚。可以肯定的是，这一诉讼不能被扩展适用于那些善意的建筑人的情形，因为，这与这一诉讼本身所具有的刑事性的特征不相吻合。

不动产和不动产的添附，主要表现为河流的冲淤。冲淤是指处于河岸边上的土地在河流经过长时间的冲淤之后在岸边上添附一块土地的情形。属于冲淤的土地必须是新月形的土地，而不是形状规整的土地。如果是后者，由于冲积而成的土地属于无主物，对此任何人都可以通过先占而获得所有权。

冲淤可以表现为不同的形式。第一种情况是淤积，也就是说，土壤和沙砾由河流搬运然后沉积下来，以不可察觉的方式缓慢增加。在这种情况下，添附是随着这些物质的积累而不断获得的。相反，在另外一种情况下，如果是由于非常湍急的水流把一块相对完整的上游的土地切割开来并且整体搬运到下游的某块土地边上，在这种情况下，必须要一块土地上的树的根延伸到另外一块土地上才算完成添附。

如果在一个公共河流的河床上因泥沙的淤积而出现了一个新的小岛，这时将沿着河流的中心线将小岛分成两个部分，分别属于河流两岸土地的所有人。如果河岸一边有多个所有人，则进一步将其土地的边界线延长，由此延长线与划分岛的中心线相交而得出的区域来划分。如果一个岛屿完全在河流中心线的另外一侧，那么它就全部为该侧土地所有人所取得。如果一个河流改道，原来的河床被遗弃，那么该遗弃的河床就被两岸的所有人以同样的方式所取得。

在上面提到的河流的添附或河流改道之中，获得添附的人并不对因为河流改道而导致自己土地受到损失的人承担责任。因为河流冲淤而导致一个人财产减少和另一人财产增加，法律上对这种利益变动不提供任何司法救济。

五、混同

与添附所产生的法律效力不同的物的结合是混同（confusio，commixtio）。混同是指由两种可替代物混同在一起，如同一种金属或者不同金属混同在一起，或者是，不同的谷物或橄榄油混合在一起。如果混同之后，原先的物能够被很方便

---

〔39〕 罗马法原始文献《十二表法》（XII Tab.）6，8，周枏：《罗马法原论》，商务印书馆 1994 年版，第 1012 页。

地分离开来，那么，原先的所有人的权利不受影响。如果不能分开，或者使其分开的费用过于巨大，那么与添附所不同的是，在这里并不认定存在一个主物，而是认为产生一个共有关系。

对于金钱，采用一个特殊的规则。与现代法上的原则不同的是，罗马人也赋予对金钱的所有权的法律意义。所以，当金钱仍然维持其独特性的时候，金钱的所有人可以行使对物性的诉讼来主张返还，这一诉讼的名称是金钱返还之诉（vindicatio nummorum）。如果是善意地使用他人的金钱，获得金钱的人能够取得金钱的所有权，获得人必须是善意的，否则就属于盗窃。此外，如果占有人将占有的他人的金钱与自己的金钱混同在一起，不能分开来的话，占有人也能够获得对他人金钱的所有权。在这两种情况下，所有人都能够对那些获得金钱或使用金钱的人行使请求给付之诉（condictio）。

六、加工

加工（specificatio）是指通过对他人的物的物质性改变而创造出一个新的物。为此，要构成加工必须通过加工行为产出一个新的物，而且该物在功能上与原材料是不同的。典型的属于加工的情形包括，从一块大理石中雕刻出一个雕像，从一个树木中制作出一个家具，从葡萄中酿造出葡萄酒。在加工物的所有权归属的问题上，存在着加工人的利益和原材料所有人利益的冲突。罗马法上的两大学派对此采用不同的做法。萨宾学派认为，新物如果没有原物就不可能产生，因此新物的所有权仍然属于原物的所有人；普罗库勒学派则强调物的经济社会功能，主张新物的所有权归于加工人，并且由于新物不同于原材料，加工人获得新物的所有权就如同占有人通过先占无主物而取得所有权一样。

对于上述两种观点，法学家保罗提出了一个折中方案。他在一般原则上接受了普罗库勒学派的理论，但是，他主张当加工可以恢复的时候，原材料的所有人可以获得所有权。这主要是指加工物和原材料具有同一性的情形，比如用青铜制作成盾牌，用大理石加工成的雕像之类。这一观点被优士丁尼《法学阶梯》接受。

第七节　时效取得和长期时效

一、时效取得的概述

在所有权的原始取得方式中包括了时效取得。时效取得（usucapio，praescriptio）是指通过长时间地占有某物而取得该物的所有权。时效取得是所有的原始取得方式中从社会经济角度来看最重要的一种取得方式。

关于时效取得是否属于一种原始取得方式，理论上存在争议。但是，怀疑时效取得属于原始取得的一种的观点并没有依据。虽然在时效取得上，所有权的灭失和取得同时发生，但是，这种情况在除无主物的先占取得之外的其他各种原始取得的情形中都存在。因此这不能成为否定时效取得属于原始取得的一种的理由。

在古代的法律体制中，时效取得制度在地中海其他文化区域的法律体制中不存在，但是在罗马社会中早就得到承认，这体现在《十二表法》中。提到这一规则的原始文献是西塞罗的《论题术》，同时其他原始文献也证明了这一规则的存在。《十二表法》第六表第3条的规则是，对于一个土地的取得时效和追夺担保是2年，对于所有其他物的时效取得是1年。追夺担保是用来对抗由要式买卖中产生的原来的所有人追夺其所有物的担保。之所以这两个制度的期限是相同的，是因为，赋予取得人的由让与人所承担的追夺担保责任是2年，而一旦2年过去之后，取得人就依据时效取得的方式获得了物的无瑕疵的所有权，这时物的出卖人所承担的追夺担保责任就没有必要存在了。在古典法时期，时效取得制度仍然与它在起源时期一样。时效取得能够导致取得人获得市民法上的所有权，并且它本身就是严格的罗马市民法上的一项制度，只适用于罗马市民之间。

在《十二表法》中，“时效取得”这一术语等于占有的意思，因此，“usus-capere”的意思就是通过占有而取得。这里的占有是指如同所有人行使所有权的占有权能时那样的典型的占有，是对物的现实的管领。

古典法上的时效取得制度，其主要的功能在于，弥补所有权的取得行为中存在的瑕疵。具体来说，某人通过某一取得所有权的行为获取了物的占有，这一行为本来能够导致他取得所有权，但或者是由于处分该物的人缺乏处分权，这也就是说，是从非所有人处取得，或者是因为转让物的行为本身没有采用特定的形式，比如说对要式物采用了交付的形式，在这些情形中都存在所有权的取得上的瑕疵，而这些瑕疵都必须通过取得时效来弥补。

二、时效取得的要件

罗马法学家对《十二表法》上所规定的时效取得是否要求具备古典法上的时效取得的要件，理论上还存在争议。通常，时效取得的要件包括：物的适格（res habilis）、正当原因（titulus）、善意（bona fides）、占有及其必须持续的期限（possessio e tempus）。

（一）物的适格

从物的适格的角度看，并不是所有的物都能被时效取得。由于时效取得会导致取得人对物获得市民法上的所有权，所以这些制度不适于那些不能够成为市民法上的所有权的客体的物，如非流通物或行省土地。并且，即使那些可以存在市民法上所有权的物，也可能不适用时效取得制度。例如《十二表法》就规定，赃物不能被时效取得。这一禁令在公元前3世纪至公元前2世纪期间被《阿梯尼法》（Lex Atinia）重申。关于这两个法律规定相互间的关系，理论上认为，《十二表法》的规定只是排除小偷可以对赃物进行时效取得，但不进一步排除从小偷手中取得赃物的人进行时效取得；而《阿梯尼法》除了重申《十二表法》的禁令之外，还进一步确定，除非赃物被涤净，也就是说重新回到原所有人处，否则在任何情况下都不得被时效取得。

回到所有人处，赃物才能够被涤净，严格按照字面意思来解释和适用这一规则的话，有关的物必须回到原所有人的支配之下，即使因此会导致其他人的损害也必须如此。如果赃物之上存在裁判官法上的所有权，在进行涤净时，它必须回归于善意拥有人，而不是“裸体的市民法上的所有人”。

根据公元前1世纪的《普劳蒂法》（Lex Plautia）以及一个关于暴力的《尤利亚法》，那些通过暴力而取得的物也不得被时效取得，因为对这些物的现实的支配，是通过暴力而获得的。这一规则主要针对不动产，因为，对于某个动产的暴力占有，属于盗窃，因此所涉及的物属于赃物，本身已经是不可时效取得了。

根据可能是公元前50年的《斯克里波尼法》（Lex Scribonia），地役权也不得被时效取得。这一规定体现了在时效取得的问题上，通常只是有体物才能够被时效取得。因为只有有体物才能被现实地占有，而根据罗马法学家的理论，这也就意味着只有所有权才能被时效取得。这一趋势在古典法时期得到了完全的确认。

（二）正当原因与善意

关于正当原因和善意的要件，需要放在一起进行分析。它们在时效取得制度的发展中具有特殊的重要性，并且二者相互影响。塞维鲁斯时代的法学理论，特别是保罗和乌尔比安认为，这两个要件是相互独立的。现代理论也基本上接受了这样的观点。正当原因（iusta causa）具有客观性的特征。在古典法时期，正当原因可以表现为：时效取得人是基于一个法律行为而获得占有，并且这一法律行为的经济社会功能从抽象角度而言，能够支持占有人取得占有物的所有权。但是，在具体的案件中，由于所有权的转移存在形式上的瑕疵，取得所有权的效力并没有能够产生，例如对要式物采取了交付的方式，或者交付是由一个非所有人进行的，由于非所有人没有处分权，所以无效。从这个角度看，存在不同种类的时效取得。在基于买卖的时效取得中，转移是为了买卖的目的而进行的；此外还有基于赠与的时效取得、基于嫁资的时效取得、基于清偿的时效取得，在后几种情形中，转移是出于赠与、设立嫁资、履行债务等原因。

善意则是主观性的要件，它主要涉及时效取得人的主观心理状态，也即取得人在取得物的占有的时候确信其行为没有损害他人的权利。这就是消极的诚信或者是主观的诚信。这在实践上一般表现为，取得人确信是从那些有权处分物的人那里获得了物。在罗马法中，与现代法一样，取得人只要在起始阶段存在善意就足够了，如果他后来才知道取得占有的行为损害了他人的权利，这并不导致时效取得的中断。这是基于“嗣后的恶意不损害时效取得人”（mala fides superveniens non nocet）的原则。这一原则在现代法中得到维持。但是，在中世纪，教会法体系不采纳这一原则，因为教会法特别强调行为的伦理价值。

原因和善意是两个相互独立的要件。那些从非所有人处购买某物的人，如果明知此事实，那么就是恶意的。但是，他对物的占有存在一个正当原因，是作为买受人而占有，因为这里的确存在一个有效的买卖。但是，在这种情况下并不为其利益而发生时效取得，因为缺乏善意的要件。也可以存在相反的情形。例如那些基于一个想象中的买卖关系而取得物的占有的人，由于在客观上买卖关系并不存在或者无效，这时占有人本身是善意的，也就是说并不知道其占有损害他人的权利，在这种情况下仍不能时效取得，因为在客观的层面上缺乏正当原因。

关于时效取得的这两个要件是该制度经过长期发展之后呈现出来的状态。罗马法上的最初的时效取得制度——反映在《十二表法》中——并不要求有正当的原因，也不要求有善意。这一点体现在作为继承人而时效取得（usucapio pro herede）以及时效取回（usureceptio）之中。在作为继承人进行的时效取得中，在哈德良皇帝改革之前，并不要求有善意，也不要求有正当原因。同时，时效取回是一个非常特殊的制度。

除了这两个情形之外，可以获得的原始文献并不表明，在早期时代中，只要占有（它不是以暴力或隐蔽的方式占有）经过《十二表法》所确定的期限之后就可以获得所有权。在另外一个方面，由于与出卖人的追夺担保存在联系，所以《十二表法》上的规则把时效取得和转移所有权的行为密切地联系在一起，其目的是消除所有权的转移行为中存在的瑕疵。这是时效取得制度发展的起点。

在早期时代，时效取得既适用于存在形式上的瑕疵的所有权转移行为，也适用于出卖人的处分权存在瑕疵的情形。也有学者研究这两种情形中哪一个出现得更早，实际上这二者联系在一起，因此可以看做是同时产生的。因为对于略式物才可以不采用程式化的方式；而对于采用要式买卖等程式化的方式的时候，很难出现非所有人处分的情形。

作为继承人的时效取得制度的存在表明，早期时代的法学理论中并没有考虑善意的因素。对这一现象可以从社会经济层面的角度予以解释。善意之所以不被认为是必要的，是因为那些恶意地接受属于他人的物的人，被认为犯有盗窃行为，对此他自然不能进行时效取得。在当时的情况下，如果采用要式买卖的方式，在实践中很难出现一个很显然不是权利人的人通过要式买卖出让他人之物，而要式买受人对此不知情的情况。在当时的社会经济条件下，买受人很容易知道出卖人的处分权上的缺陷，所以，取得人方面的善意不是一个大的问题。

后来随着经济的发展，这一问题开始出现了。法学理论也开始处理这一问题，但是没有把善意作为一个独立的要件，而是把取得人的恶意作为一个能够排除时效取得具有正当原因的事实。与保罗和乌尔比安所支持的理论不同，在这种理论中，恶意的买受人不是作为买受人的占有人，而是作为占有人的占有人，由于他是恶意的，就是没有正当理由的占有。在这种理论方案之下，善意的问题是在正当原因的层面上出现的。这就解释了为什么在罗马法上存在上文已经提到的“嗣后的恶意无害”的原则，因为当善意被结合在正当原因要件中的时候，它只在取得占有的那一刻发挥作用，嗣后的恶意在占有已经开始之后就不能阻碍时效取得的有效进行了。

在此基础上，法学理论开始罗列出一系列的具有不同的社会经济功能的所有权转移或取得的原因。基于这些原因而产生的是市民法上的占有，其主要的法律效力是产生时效取得。这些原因一般表现为作为物的转移的基础的当事人之间的协议。但是也有某些类型是通过单方面的获取而得到占有，比如说，对于抛弃物的先占，或者对于直接遗赠物的占取。对此，法学家保罗列举了以下原因：买卖、赠与、遗赠、设立嫁资、损害投偿、取得遗产。〔40〕在此之外，还要加上对抛弃物的先占，以及根据其他法学家的论点，对“给”（dare）之债的履行。在上述列举之后，保罗又加上了“为自己的占有”，它与“为他人的占有”相对。这是一个剩余的类型，在其中包括那些适用不那么广泛、也不那么典型，但是在抽象的层面上也能够导致所有权的获得的各种类型。

（三）占有与持续的期间

在正当原因和善意之间的关系上，在公元1世纪和2世纪期间有了新的发展。这主要涉及假想的原因。根据法学家的观点，正当原因必须是现实的，有一个客观的存在。因此，如果占有人主观上认为存在原因，但是这种认识是错误的，在这种情况下仍然是不够的。因此，如果某一正当原因表现在一个双方法律行为之中，那么就要求在取得占有的时候存在当事人双方的协议，并且作为转让的基础（比如说买卖，设立嫁资，清偿等）。作为转让基础的协议，必须是有效的，必须不存在瑕疵（比如说错误或者当事人双方无行为能力等）。

如果是单方面地获取物，对所有权的取得要求有一个先前的行为，那么，如果不存在这个有效的先前的行为，就不存在正当原因。在基于遗赠的时效取得中，有关的物必须是有效地被直接遗赠；在对抛弃物的时效取得中，抛弃物必须被现实地抛弃；在这两种情况中，如果有关的先前行为是由一个不是物的所有权

---

〔40〕 罗马法原始文献 D. 41，2，3，21，保罗语，范译《物与物权》，第206页。

人做出的，那么就不能够合法地被时效取得。

在公元1世纪末期和公元2世纪中期，有一些法学家（包括普罗库勒、内拉蒂、阿富里坎、彭波尼）提出，在有些特殊的情形中，如果占有人确信时效取得存在正当原因，对于时效取得的有效进行来讲，这种确信就已经足够了。这样，就承认了假想的原因。作出了这样一个发展之后，法学家们又进一步主张要根据对具体情况的衡量，来推断占有人在原因的问题上所存在的错误认识是否可以原谅。这就逐渐导致原因的存在究竟是否能够影响时效取得变得模糊不清。不仅如此，在后来，似乎简单的善意——也就是说，不知道其行为损害他人权利——也可以建立在一个可以原谅的错误之上，而时效取得人认为存在一个可以导致时效取得的原因的时候，就认为他的错误是可以原谅的。这种理论实际上混淆了作为主观要件的善意和作为客观要件的原因，如果承认假想的原因也是有效的原因的话，它在事实上就转化为作为主观要件的善意的一个组成内容了。对于这一弊端，罗马法学理论上也有清楚的认识。事实上，塞维鲁斯时代的法学理论又回到了以前的理论，在几乎没有任何例外的情况下，要求原因必须实际存在。

在其他一些情形中，如果占有是基于裁判官的某项措施而获得的，也可以进行时效取得。其中最重要的是遗产占有（bonorum possessio）和财产拍卖（bonorum venditio），以及依令的授权占有（missio in possessionem ex secundo decreto）和潜在损害担保中产生的占有。这一扩展，虽然是由法学理论来完成的，但实际上是立法性质的。因为，当事人之间自愿约定的具有设权性质的正当原因与这些法定的措施是完全不同的。遗产占有的时效取得很类似于作为继承人的时效取得。但是，它不要求后者所具备的条件，并且也不导致获得继承人的资格。从另外一个角度看，对于财产拍卖而言，它似乎与作为买受人的时效取得相类似，但事实上，这里并没有一个名副其实的买卖，因为价金并不表现在金钱之中。所以在这些类型之间的相似性只是大致的，这种相似性使得法学理论能够进行扩张解释和适用。

（四）时效取得的其他要件

对于时效取得的其他要件，一般不存在什么争论。时效取得要求进行占有。在持有的情形中，如果符合其他的所有要件，那么持有人以某个他人的名义对物进行现实的处分的时候，该他人可以进行时效取得。如果占有是不正当的，也就是暴力的、隐蔽的、暂时的，那么就不可能取得所有权。但是在这些情形中，取得所有权的可能性已经在事实上被排除了。因为，具有这些情形的占有要么是缺乏正当原因，要么是缺乏善意。

在整个古典法时期，时效取得所要求的期限仍然是与《十二表法》所确定的期限一样。对于土地和房屋是2年，对于其他的物是1年。如果是作为继承人而时效取得，由于遗产不等于土地，因此即使在其中包括了不动产，它也仍然适用短期的1年的取得时效。

在关于时效取得期间计算的问题上，允许继承人将其占有的期限与被继承人已经进行过的占有期限结合起来，这就是“占有继受”（successio possessionis）。但是在原则上，占有继受只限于概括继受的情形。罗马法学家们不认可特殊的权利继受中，后手取得占有的人能够把其占有与其前手的占有结合起来。

三、长期时效

罗马法上的长期时效（praescriptio longi temporis）制度产生于公元2～3世纪。根据通常的观点，它的出现是为了保护那些对行省土地进行了长期占有的人。由于行省土地不属于市民法上的所有权的客体，所以行省土地不能够被时效取得。

公元3世纪初期的某些原始文献表明，长期时效制度也适用于奴隶。但是，在受到希腊文化影响的东部行省的法律体制中，奴隶的流转采用的体制类似于不动产的流转所采用的体制。这一事实在该制度在后古典和优士丁尼时期的变化中得到证实。在这一时代，长期时效制度在不动产的问题上取代了时效取得。

由于原始文献的欠缺，现代人不能对长期时效制度的具体方面进行精确的描述。关于这一制度，现代人所拥有的唯一的原始文献是一个出土于埃及的纸莎草文献，在其中记载了塞提米·塞维鲁（Settimio Severo）的一个批复。

时效（praescriptio）的发生要求占有和时间的经过，如果双方当事人居住在同一个“城市”的话，占有的期限是10年，如果不是的话，则是20年。但是关于“城市”应该如何来理解存在争议。后来采用的术语是，10年的期限用于“在者”之间。“在者”，主要针对相关的当事人是否同处于一个行省而言。[41]在上述塞维鲁的批复中确认，时效可以由那些有正当原因的人所反对。但是，关于这里所提到的正当原因是否是一种非常严格的法律技术意义上的能够导致时效取得的正当原因和善意则存在争议。

一般认为，在古典法时期，长期时效制度所要保护的是占有人的利益。这种保护通过赋予占有人以对抗对行省土地拥有实际权利的人的一项抗辩来实现。如果实际的权利人为了重新获得对土地的现实的支配，对土地的当下的占有人提出物权性的诉讼，占有人可以提出一项抗辩，抗辩的基础是土地的权利人在长时间内不行使其权利这一事实。但是，占有人通过这种抗辩而得到保护

〔41〕 参见罗马法原始文献 C. 7，33，12pr.。

的占有并不随着时间的经过而对其占有的土地获得行省所有权。一旦失去了对土地的现实支配，占有人将不能够通过行使一个所有物返还之诉来恢复其占有。

在罗马帝国后期，原始文献中很少再继续使用“时效取得”这一术语，立法者使用得更多的是“长期时效”。君士坦丁区分两种形式的时效，前者是10年或20年（取决于是“在者”之间或“不在者”之间）的时效，在这种时效中，明确要求具有原因和善意；后者是在40年内未受到干扰的占有，在该种形式的占有中，不需要前一种占有中必须具备的要件。后来，通过习惯法的作用，40年的期限在公元4世纪减为30年。而30年的时效制度被狄奥多西二世进一步转变为一项具有一般性特征的制度〔42〕：它不仅指向物权性的诉讼，也指向对人权性质的诉讼。在公元4世纪和5世纪，在所有权领域，长期时效开始具有取得性的效力，因此也成为一种取得实体权利而不只限于获得抗辩之保护的方式。这一发展与承认对行省土地也可以存在所有权相联系。取得性的法律效力使得占有人成为权利人，因此，当他失去占有的时候，可以通过行使物权性的诉讼来恢复其占有。

优士丁尼对上述整个制度进行了体系化的处理。〔43〕他仍然保留了时效取得的概念，但是将它限于对动产的取得性的时效，期限确定为3年。长期时效（“在者”之间是10年，“不在者”之间是20年）要求有一个正当原因。关于这里所涉及的原因，或者说是名义，是否可以是假想的，优士丁尼不太支持假想的原因。〔44〕在此之外，优士丁尼还保存了其他一些类型的长期时效制度，在后来的中世纪法上它们被叫做“最长时效”（praescrptio longissimi temporis）。它们一般要求经过30年或40年的占有。这种最长时效适用于那些不具有正当原因的占有的情形，以及那些在优士丁尼意义上的时效取得和长期时效由于占有物的特性而被排除在外的情形。

最长时效也受到一些限制。比如说，配偶之间的赠与的客体就不能通过最长时效来取得。此外，对属于国库的物、属于皇帝的私人金库的物、属于教会的物，以及其他教会机构的财产，甚至规定了长达100年的时效。这显然是为了落实对这些类型的物予以法律上的特别保护的立法政策。

---

〔42〕 罗马法原始文献 C. 4，14，1 和 C. 7，39，3pr.，奥诺里和狄奥多西皇帝致阿施勒比奥多大区长官，黄译《司法管辖权·审判·诉讼》，第32～33页。

〔43〕 罗马法原始文献 C. 7，31，1pr.，优士丁尼皇帝致大区长官乔万尼，范译《物与物权》，第63页。

〔44〕 罗马法原始文献 J. 2，6pr.，徐译《法学阶梯》，第147～149页。

第八节 所有权的传来取得方式

一、概述

在罗马法中，所有权的传来取得方式的体系不同于现代法。在现代法上，关于所有权转移存在着所谓的法国模式。在这种模式下，契约本身即具有导致物权发生转移的效力，因此不再需要另外的单独的转移物权的行为。在这一问题上，罗马法上采取不同的规则。罗马法上的规则通过现代德国潘德克顿法学理论的研究，最终表现在德国民法典的体系中。在罗马法中，有一些典型的以转移所有权为目的的行为：要式买卖、拟诉弃权和交付，而当事人之间达成的协议的效力只是约束转让人有义务从事这样的转让行为。从这个角度看，在罗马法中，区分取得的方式（要式买卖、拟诉弃权和交付）与取得的原因。后者表现为取得所有权的典型的经济社会功能，例如买卖、支付、设立嫁资、消费借贷等，对此双方必须存在合意，但是该合意就其本身而言只具有债权性的效力。

在罗马法上，任何一种转移所有权的方式都有自己确定的适用范围。要式买卖用来转移要式物的市民法上的所有权，交付用来转移略式物的所有权，拟诉弃权则对二者都可以适用。这种区分还对应于有体物和无体物的划分，即交付和要式买卖通常被用于有体物的所有权的转移，而拟诉弃权也可以适用于无体物。在早期法和古典法时代，交付只转移属于略式物之中的有体物的所有权。如果对要式物采取了交付的方法，只能够使接受者获得对物的善意拥有，也就是裁判官法上的所有权。要式买卖适用于有体物和要式物，但是也可用于设立乡村地役权。因为根据该制度本身的历史，乡村地役权最初属于要式物。这一事实的存在使得理论上推测，在其早期形态中，地役权也被认为是一种有限形态的所有权。拟诉弃权可以被用于创设或转移任何受到对物之诉保障的绝对权，这种绝对权既可具有财产性质，也可具有人身性质。因此它可用于要式物、略式物、有体物、无体物。不过，它在实践中主要被用来创设他物权。

二、要式买卖

罗马法上的要式买卖（mancipatio），与罗马法上的要式物的概念存在密切的联系。要式物就是指那些必须通过要式买卖才能够转移其市民法上的所有权的物。要式买卖的具体的程式通过盖尤斯的叙述为人所知，这是一种观念上的买卖，通过同时进行的对物和价金的交换来实现。在古典法时期，要式买卖在5个成年的罗马公民面前进行，加上一个司秤，后者的功能是纯粹形式化的。最初的时候是通过秤来称铜块的重量。铜块是最早期的货币，它承担着价金的功能。要式买卖行为中采用一套固定的话语和仪式，仪式中最重要的话由取得人来说，让与人则保持沉默。在进行要式买卖的时候，买受人以手触摸物，并且说一定的套话："我根据罗马法说此人是我的，我用这块铜和这把铜秤把他买下"，然后他用铜块敲击秤，并将铜块交给卖主，就如同支付价金。如果买卖的是不动产，就要采取不同的形式。盖尤斯说，如果是土地的话，进行要式买卖就不需要把土地带来。但是并不排除在最早的时候，要式买卖就是在要买卖的土地上进行。以这样的方式所进行的要式买卖，后来也被叫做"铜衡式买卖"（per aes et libram）。

仔细分析的话，盖尤斯所描述的上述程式，实际上是自相矛盾的。要式买卖的买受人先已经宣告他是物的所有人，然后才以称铜块的方式来取得物，这种矛盾本身说明了这一制度具有很原始的性质。罗马早期的居民根本就不知道买卖的法律效力产生的先后顺序。但是，确认所有权和对铜块的称重，它们之间的联系也许表明最初要式买卖在结构上的双务性特征。

这一仪式在起源的时候很显然是不同的。使用秤就表明在当时还没有货币，必须要对铜块的重量进行称重。在那个时代，铸铜具有货币的功能，它被用来衡量买卖物品的价值。铜块的使用可能在城邦之前的时代就已经出现了，在王政后期就已经被铜片所取代，当时国家担保铜片的成色，但是不担保它的重量。对作为一种货币的铜币的使用，在公元前 4 世纪初期才开始，由盖尤斯所描述的要式买卖的形式不可能早于这一时期。

在起源的时候，要式买卖是物品和铜块的交换，是现货买卖。这一形式也被用于其他重要物品的买卖。在这一形式中也会产生其他一些效力，比如追夺担保的义务和田亩之诉。

在这一形式的早期时代，要式买卖就已经在功能上被做了多样化的使用，特别是对处于家父权之下的自由人的要式买卖，这种实践表明，最初家父权具有经济性的内涵。同时还使用这种形式来缔结债务口约以及通过这种方式来进行清偿，在后者中，其功能是消灭一个已经存在的责任。

要式买卖作为一种观念上的买卖，它在后来的最重要的发展表现为，它不仅能够转移所有权，也能够转移对人的权利，比如买卖婚。无论基于什么法律上的原因，要式买卖的程式都可以承担一种抽象的转移所有权的功能。因此，它成为一种特别具有弹性的法律工具，被祭司法学和世俗法学广泛加以运用。这种广泛的功能，主要是由于这一行为所具有的抽象性特征。但是，它也有自己的缺陷，也就是使用起来不太方便。这种不便后来被裁判官设法消除。

要式买卖行为本身的抽象性后来有所限制，但是这种限制本身是很有限的。其限制表现为对这种行为的过于严格的程式化的缓和，或者允许当事人在其中做一些增加或保留。例如，由要式买受人所宣告的程式可以有所修改，由此可以更加精确地指出通过这一程式所要转移的物品究竟是什么。

作为转移要式物的市民法上所有权的方式，要式买卖一直存在到塞维鲁斯时代。在戴克里先时代，它仍然在一些大城市的商业实践中被运用。在罗马帝国后期，它最终消失并且被优士丁尼明确废除，在《学说汇纂》和《优士丁尼法典》中，它被交付所取代。但是，在后古典时期，作为纯粹的名字，“要式买卖”这个概念在公证员使用的文书中仍然维持，甚至一直到中世纪晚期还存在。

三、拟诉弃权

相对于要式买卖而言，拟诉弃权（in iure cessio）毫无疑问出现得较晚。但是，根据保罗的说法，在《十二表法》中就已经存在拟诉弃权了。[45] 这是一种运用诉讼程序来达到设权目的的行为。根据盖尤斯的说法，在古典时期，它可以在执法官的法庭前面进行，并且不仅仅是在罗马，也可以在行省进行。如果在罗马，是在裁判官面前进行；如果在行省，则是在行省总督面前进行。在这一程序中，一般由取得人运用所有物返还之诉的程式进行宣告，“我宣告，根据市民法这个奴隶是我的”，而让与人也可以拟制地做出相反的宣告，但是他不采用所有物返还的程式来进行宣告，然后裁判官宣告，把物判决给两人中的一个。如果两个人中有一个认为没有必要去参加判决，也不会有什么差别，这就如同一个对物的誓金法律诉讼一样。这虽然是一个程序，但是当罗马人从实体的角度来看的时候，就逐渐认识到这一程序性质的行为实际上具有设权的法律意义，因此对其进行了改革，让它能够产生当事人直接追求的法律效果。

形式上最为显著的改变是诉请解放。在这一制度的其他适用中，仍然维持了诉讼的形式。比如，拟诉弃权也可以在行省进行，而法定诉讼只能在罗马进行。不能通过拟诉弃权的方式来转移家父权，家父权是一种权力，它本身是不能被转移的。此外还可以通过拟诉弃权的方式转让监护和遗产。

拟诉弃权既可用于要式物，也可用于略式物，作为一种转让所有权的方式，它的运用并不广泛。但是，如果使用拟诉弃权来转让集合物，则更为简便，因为对于这些集合物可以用一个统一的所有物返还之诉来提出主张。

拟诉弃权的最重要的运用还是在于创设和消灭他物权，以及用于转让非财产性的绝对权，比如，以拟诉弃权的形式让与监护和遗产以及诉请解放。在罗马帝国后期，这一制度消失了，甚至连优士丁尼都觉得没有必要再在形式上去废除它。

四、交付

（一）交付的意义

从结构上来看，交付（tdraditio）表现为对物的现实的管领和控制的让渡。交付首先是一种转移占有的方式，如果同时还存在其他一些要件的话，它不仅让

〔45〕 Vat. Fragm. 50.

取得人取得占有，还可以让他取得交付的物的所有权。

手到手的交付（de manu in manu datio），是将某物的管领控制权交给另一个人的最自然的方式。在罗马法学中，这种方式可以追溯到非常久远的时代。其实，即使是要式买卖，它也表现为当事人对物的一种庄重的交付。但是，问题就在于，现代人无法确切地知道，这种带有了浓重的程式化特征的交付形式是怎么发展出来的。对于略式物而言，交付是唯一的（除了后来出现的拟诉弃权以外）转移方式。

在整个古典法时期，交付是转移略式物的市民法上的所有权的方式。但是，至少从公元前1世纪开始，取得人如果通过交付的方式获得要式物，他将取得对物的善意拥有。这种“善意拥有”通过善意占有之诉受到保护，可以对抗任何人，甚至包括物的市民法上的所有权人。这种法律地位也被称为裁判官法上的所有权。

（二）交付的构成要件

在外观的层面上，物的交付就其行为本身而言，其法律内涵并不是唯一的，转移占有的法律意义也是不明确的。因为，交付可以被用来实现对物的非确定性的让渡，比如说借用；也可以是为了实现寄托、保管，甚至是质押。因此，纯粹的交付行为，为了达到转移所有权的目的，还需要具备其他条件。要产生转移所有权的效力的前提条件之一是，让与人必须是物的市民法上的所有人（如果是让与物的裁判官法上的所有权，只需要让与人是善意拥有人就足够了）。此外，还必须让与人有转让和受让人有取得物的占有的意思，因为，交付也是一种转移占有的方式。最后，还必须存在交付的正当原因。

关于双方的意志是否要涉及所有权、涉及占有、涉及对物的确定的管领和支配，理论上存在争议。在一些特殊的情况下，这一问题涉及双方是否必须有产生所有权之转移的法律效果的意思，或者仅仅具有实践上的目的就足够了。一般来说，并不要求双方当事人具有产生转移所有权的意图。占有和对物的确定的管领和支配之间的区分过于复杂，当事人试图让与和取得的占有就是事实上对物的管领。这种管领在社会经济层面上发生效力，对其法律层面上的效果，当事人不可能有一个精确的法律上的认识。

交付原因是当事人就物的现实交付的目的所形成的合意。这是一个双方法律行为，用罗马人的术语来说，它是一个“协议”（conventio），其经济社会功能就是为了落实交付所要实现的转移所有权的效果。这种效果可能就是当事人唯一的目的，例如在买卖、赠与中。但是，也可能被置放在一个更为广泛的法律效果之中，在其中，通过所有权的转移，当事人还要追求进一步的目的。例如，成立消费借贷的目的在于创设一个债，从而约束取得人从事一项特定的行为；或者是清偿，消灭一个已经存在的债；或者是为了设立嫁资等。

交付原因由当事人通过交付所追求的目的的合意所构成，但是这并不表明这一目就一定会得到实现。但是，转移所有权这一直接的法律效果总是能够产生的。如果当事人不能达到交付原因中设定的目的，出让人为了消除所有权已经发生转移这一直接法律效果所产生的经济层面上的影响，他只对受让人拥有对人之诉，而不是对物之诉。这方面的一个典型例子是清偿：在清偿中，交付的原因是当事人试图来履行一个特定的债的合意，这就是清偿原因。但是，如果事实上不存在一个需要履行的债，而这是实现清偿原因的前提，这一事实对因为错债清偿行为直接导致的所有权的转移本身不产生影响，它只能导致产生不当得利的返还请求权。让与人只能通过不当得利返还请求权来消除所有权转移的法律效果在经济层面上的影响。

当事人通过物的交付所追求的目的并不总是存在一个正当的原因。为此，实在法的立法者也要判断当事人所追求的哪些目的能够正当化所有权的转移，而哪些目的则不能得到正当化。撇开当事人追求的目的属于根本不值得受到法律保护的情形不论，法学上主要考虑的是，当事人的目的在客观上是否能够正当化物的确定性的转移。比如说，在寄托或借用合同中也会发生占有的转移，但是由于这些合同具有确定的经济和社会功能，因此在这些情形中，即使当事人试图确定地转移物的所有权，但由于缺乏交付的原因，也不能产生所有权转移的法律效果。在相反的意义上，如果存在正当原因，但是当事人没有转移物的意思，比如说一个代理人（或监护人）转移自己的物，但错误地认为物属于被代理人的，那么出让人的意志中存在着关于所有权的错误，这种错误属于对行为的本质的认识错误，在这里所有权也不转移。

关于正当原因的要求，由于罗马法在这一问题上所提供的原始文献本身就是相互冲突的，所以导致现代理论上关于是否承认无因性原则产生了激烈的争论。在潘德克顿法学中，由于萨维尼理论的影响，交付被看做是一个抽象的具有物权性效力的合同（abstrakter dinglicher Vertrag），因此，只要求交付的当事人双方具有出让和获得所有权的意思就足够导致所有权的转移。同时，当事人所追求的目的被认为是当事人个人的动机，不具有法律上的意义。因此，在这种情况下，即使当事人在关于原因的问题上并不存在合意，也可以导致所有权的转移。例如，出让人认为是基于买卖而转移所有权，而取得人认为是基于赠与而取得，这时所有权仍然发生转移。但是，在意大利著名罗马法学家贝蒂（Emilio Betti）的影响之下，目前罗马法研究的主流理论认为罗马古典法上的交付，事实上是有因的。

由于交付是一种基于获得占有而取得所有权的方式，所以交付行为也具有占有的法律结构，它也受到对物的管领和控制的现实的转移规则的调整。在任何时候，如果认为已经发生了占有的转移，即使这种转移并不具有作为一种转移所有权的方式的交付的其他构成要件，它仍然导致占有的转移。在罗马法原始文献中，作为取得占有的交付和作为取得所有权的交付，二者之间并不存在差别。

（三）通过诉讼标的估价取得所有权

通过诉讼标的估价（litis aestimatio）而获得所有权，是一种特殊形态的交付——实际上是一种简易交付。它的出现与罗马法中的程式诉讼的结构和特征密切联系。由于在程式诉讼中，私诉性质的审判中的承审员在作出判决的时候，其客体总表现为根据对起诉方利益的估价而确定的一定数量的金钱。即使在所有物返还之诉中——这是一个仲裁性质的诉讼——也是如此。被告在是否遵守法官作出的返还争讼物的命令上是自由的。如果败诉的原告不愿意遵守法官命令的话，唯一可行的方法就是对其判罚金钱（condemnatio pecuniaria）。这实际上导致物的原来的所有人被剥夺了物的所有权。这种结果是程式诉讼的一般结构所导致的。对于这一结果，可以通过估价宣誓（iusiurandum in litem）来对物的占有人形成间接的强制，要求他实际地向原告返还物。如果他拒不返还（在罗马法上他是有这个权利的，即可以不遵守法官作出的返还原物的命令），在这时候，法官就可以允许原告方基于自己的信义，在宣誓的基础上来估计自己的物的价值，然后要求被告方向原告方返还估价。在估价宣誓的问题上，宣誓本身在法律层面上是没有意义的，信义也不太可能被违反。这是因为，如果原告方主张他对有关的物具有某种特殊的情感价值，特别想实际地重新获得有关的物，因此他通过估价宣誓确定了一个比该物的市场价值高得多的数额，这种情况并不属于违反信义。为了防止宣誓方漫天要价，法官有权对宣誓者施加一个由他自己估定的限额，并且规定起诉方宣誓确定的估价不能超过这一限额。但是由于起诉方不太可能去确定一个比法官指出的最高限额还要低的价值，所以实践上最终的结果就是，法官确定的最高限额就成为估价宣誓中确定的价值。

通过这种方式，由起诉人确定的估价宣誓就被看作是一种名副其实的价金。而这完全可以看做是已经发生了一次买卖：一旦上述价金得到支付，被告方就以买受人的身份占有物，并且从法律上说，在这里发生了简易交付。对于略式物来说，这样就能够取得所有权，而不需要通过时效取得才能够获得所有权。对于要式物来说，支付了原告宣誓的估价的被告成为时效取得占有人。在这种情况下即使由于司法上的错误，起诉者被判决认定为是所有人，而实际上他并不是真正的所有权人，被告才是真正的所有人，被告还是会成为物的时效取得占有人。

除了物权性质的诉讼，估价宣誓也发生在所有权人基于对人之诉——如租赁之诉或寄托之诉——而要求物的返还的情形中。在这些情况中，物的持有人以他人的名义（此处的“他人”就是指基于租赁或寄托的目的而将物交由他人保管的所有人）持有有关的物，他不能基于对物之诉而被起诉，而只能基于相关的合同而被提出对人之诉。如果在对人之诉中，所有权人受到损害，可以通过估价宣誓而获得保护。

（四）交付在行省的运用以及在罗马帝国后期的发展

罗马法上的转移所有权的体制在行省适用于罗马市民之间。由于交付属于万民法上的取得所有权的一种方法，因此在万民法的范围内，在交付的问题上也适用于外邦人之间。在希腊化的行省，相关的体制受到希腊法律文化的影响，存在很大的不同。在这一文化区域内，并不存在罗马法上的将产生物的转移的债的效力的协议（这是一种典型的合同）与另外一个不同的实现物的所有权的转移的行为区分开来的做法。相反，所有权是基于协议的社会经济功能，同时加上其他一些要件，如在买卖中要支付价金，在转移不动产的时候需要制作书面文件等前提而发生转移。在这样的体制中，物的交付不可能具有任何独立的功能。在买卖中，所有权转移并不需要交付，只需要价金已经得到支付，或者在需要书面文件的时候，书面文件已经被制作。同样，如果没有支付价金，物的交付并不导致出让人失去对出让物的所有权。相比之下，罗马法中的解决问题的方案完全是相反的：以买卖为目的的物的交付就可以产生所有权转移的效力，这在任何意义上均不取决于买卖的价金是否已经支付，即使已经支付价金，买受人也不一定能够取得物的所有权。

在有些行省中，比如埃及，为不动产的转移建立了一套公示体系。它不是建立在罗马法的基础上（在罗马法上，为了转移行省所有权，也需要交付），而是根据希腊人的观念。这一体系作为一种行省的法律体系，适用于所有利益相关人，不管他是否具有罗马市民权。

在公元212年，卡拉卡拉谕令将罗马市民权扩展到帝国境内的所有居民。希腊化的行省中的新的罗马市民激烈抵制罗马法体制的引进，特别是罗马法中将交付作为转移所有权的方式，并且由此认为在买卖中，价金的支付对所有权的转移没有任何法律意义。在整个公元3世纪期间，罗马帝国的官僚机构在这一问题上一直维护罗马古典法的原则。戴克里先时代仍然重新确认[46]物的所有权的转移必须通过交付和时效取得，而不是基于一个简单的协议。[47]

但是，普通民众的法律观念是难以改变的。罗马帝国的法律难以抵抗罗马帝国后期的法的世俗化的趋势。世俗化的趋势的表现之一就是位于希腊文化区域中的行省的实践，深刻地影响了罗马法中关于所有权转移，特别是买卖中的所有权转移的

〔46〕 参见罗马法原始文献C. 2. 3. 20。

〔47〕 罗马法原始文献C. 2，3，20，戴克里先和马克西米安皇帝致马尔赤亚勒，范译《物与物权》，第52页。

法律制度。在君士坦丁时代，希腊文化中的观念在皇帝的立法中最终被接受了。不过，具体到这一制度的转变本身而言，它有些出其不意，更多的是出于税收目的的考虑，并且反映出君士坦丁的立法政策和戴克里先的立法政策之间的广泛对立。

就不动产的转让而言，需要制作一个书面文本，在其中记载当事人双方的协议；此外，还要加上一些进一步的程式性的要求（这主要与税收有关)。罗马法上的导致产生债的效力的协议与直接导致所有权之转移的行为之间的精细区分逐渐被抛弃了。

在罗马帝国后期，要式买卖和拟诉弃权也消失了，交付成为古典法上的所有权取得体系中唯一存留下来的方式。这一时代存在的问题是，需要判断在何种限度内，为转移所有权的目的还需要进行交付。在这一问题上，流传下来的原始文献很难被做出具有内在一致性的归纳。在买卖的问题上，交付似乎没有法律意义。但是，在皇帝关于赠与的谕令中，除了需要制定书面文书（这主要针对那些价值超过500金币，而且需要登记的物品）之外，还需要现实的交付。这也在某种程度上体现了赠与合同的要物性。在实践中还开始出现“占有改定”（constitutum possessorium)，这种交付方式是作为交付人的物的出让人仍然保留对物的物权性的或者债权性的享用权。由于这种权利的存在期限通常很短，所以当事人双方试图避免进行实际的多重交付。

在优士丁尼的法典编纂中，一方面包含了古典法学家的文本，包括到戴克里先时代为止的皇帝谕令；另一方面也包括了罗马帝国后期的皇帝的一般性立法。在后者中，往往反映了其所处时代的特征和文化，因此，仅仅基于包含在《优士丁尼法典》和《学说汇纂》中的原始文献就认为优士丁尼回到了古典法体系(在这里，由于要式买卖和拟诉弃权已经消失了，所以只限于交付)，可能把问题过于简单化了。优士丁尼在买卖问题上的态度与古典法时代的体制完全不同，但是对赠与则仍然要求有交付。这种差别，事实上在后古典时期就已经出现了。

只是在拜占庭时期，才倾向于确认不需要物的现实交付就可以转移所有权。有的时候没有进行任何实际的交付，而仅仅满足于提到交付而已，对法律文书的起草就已经取代了现实的交付。在这一时代，对古典法体系最大的冲击就是以文书的交付来取代物的现实的交付，也即通过文书的交付（tradition instrumentorum)。

第九节 对所有权的保护

一、概述

所有权人有权对抗任何妨碍其行使对物的直接支配权的第三人。保护所有权的这种直接支配权的最典型的法律手段是所有物返还之诉（rei vindicatio)，它保障权利人对物的现实的支配，以及对物的直接的控制。除此之外，所有权人还享有其他一系列的保障措施以保障其对物的完全的享有。这些措施包括排除妨害之诉（actio negatoria），地界调整之诉（actio finium regundorum），潜在损害保证（cautio damni infecti），新施工告令（operis novi nunciatio），制止暴力和欺瞒令状（interdictum quod vi aut clam），修剪树杈令状（interdictum de arboribus caedendis），关于收获果实的令状（interdictum de glande legenda），排放雨水之诉（actio aquae pluviae arcendae）。此外，对所有权的侵害，如果不是作为违反一种消极的不作为义务而受到制裁，而是构成了一个不法行为，从中会产生一个不法行为之债。基于这一债，就会产生对人性质的诉权，在这方面最典型的例子是非法损害（damnum iniuria datum）。

二、所有物返还之诉

所有物返还之诉赋予所有权人诉权以获得其被剥夺的对物的现实的支配。有权提起这一诉讼的主体只能是物的市民法上的所有权人。但是，在这一诉讼的模式基础之上而产生的其他诉讼，也被授予物的善意拥有人，也就是对物拥有裁判官法上的所有权的人和拥有行省所有权的人。

关于所有物返还之诉的消极主体，也就是这一诉讼针对的人，如果撇开对物的誓金法律诉讼不提，通常所有物返还之诉是针对占有人，因为占有人是唯一的能够实现这种返还的主体。

最初，所有物返还之诉的消极主体只限于受令状保护的占有人，因此持有人被排除在外，因为持有人并不以自己的名义进行占有。所以，当某物上同时存在着一个主体的占有和另外一个主体的持有的时候，所有权人必须针对前者提出所有物返还之诉。只是在古典法后期，特别是乌尔比安，才主张也应该允许直接针对持有人提起诉讼。

物的持有人不能够被物的占有人提起所有物返还之诉。在这方面主要是裁判官通过否认所有物返还之诉的方式来进行引导。裁判官更倾向于支持依据对人之诉来起诉持有人，因为这样的话，可以更方便地基于赋予持有人对物的持有的合同的具体内容来做出判断。

可以被起诉的人在后来也被扩展到"拟制的占有"。这一扩展所依据的原则是"恶意取代占有"（dolus pro possessione est），这一原则由中世纪的法学家根据优士丁尼原始文献中的某些论述推断而来。这主要针对那些恶意地放弃占有的人，其恶意放弃的主要目的是为了避免诉讼，以及那些主动构讼的人，也就是指那些虚假地宣告其拥有争讼物，以此来欺骗原告的人。由于在这种情况下，诉讼中消极的被告方事实上不享有占有，所以诉讼徒劳无益，被告人本人最终能够获得解脱，而这种做法的实际的目的却是让那个实际的占有人能够完成时效取得的期限。先前的理论认为，对所有物返还之诉的消极主体的这种扩张，可能并不是罗马古典法的原貌而是原始文献受到添加之后的结果。对于恶意放弃占有的情形，这种判断有一定的依据，因为在古典法时期，这些人如果“不辩护”(indifensio)将会受到出示之诉或禁令的制裁。而将这种情况延伸到所有物返还之诉，之所以会发生，主要是由于出现了非常审判程序。在非常审判中，诉讼程序的进行不再需要被告方的合作，所以“不辩护”制度就消失了。从这个角度看，对物之诉的程序必须建立在对不辩护的惩罚性措施上。

至于将消极主体扩张到掩护性诉讼中的做法，可以上溯到普罗库勒学派最后一个领袖杰尔苏（Celso）。这种看法在古典后期的法学中成为主导性的观点。直到公元2世纪初期，掩护性诉讼行为本身仍然被看做是恶意的行为。因此，当起诉者因此受到一定损失的时候（例如，由于第三方占有人已经完成了时效取得导致其失去所有权），通过不同于所有物返还之诉的其他方式进行保护。对这样的行为人采取的措施通常是欺诈之诉，欺诈之诉针对的是任何欺诈性质的行为，或者基于开释判决中的欺诈条款。

三、所有物返还之诉的发展和演变

在罗马法的诉讼程序发展历史上，所有物返还之诉先后存在三种形式。最古老的是对物的誓金法律诉讼（legis actio sacramento in rem），在这一诉讼中，原告（他是非占有者，但主张自己是物的所有权人）和被告（他是占有人，但是被原告方指称为不是物的所有人）二者的地位不加以区分，因为这二者都做出同样的所有物返还的宣告。在后来，二者的地位开始有了区分，先是由一方宣告，然后由另一方做出对抗性的宣告。但是，由于原始文献的缺乏，现代学理上无法弄清楚，在决定谁是第一个提出主张的人的问题上，究竟是依据某种客观的标准，还是完全是随机的。

在对物的誓金法律诉讼中，在宣告了一定的套话之后，裁判官授予争议双方之中的一方对争议物的临时的占有。获得占有的一方必须担保在其败诉的时候能够返还原物和孳息。但是，基于什么标准来确定这种临时性质的占有，理论上并不清楚。也许要考虑现实的物的占有的状况，也许要考虑根据争议双方在外观上谁表现出拥有更优越的权利，但是也可能取决于谁更主动愿意并且能够提供这样的担保。如果现实地占有物的一方的当事人不愿意出庭，在现实生活中的惯例似乎是，把临时的占有授予那个愿意出庭的一方，但是他也必须提供担保。

在判决中确定进行了宣誓的双方哪一方有道理，哪一方没有道理，通过这种方式就间接地解决了所有权的归属问题。这种判决的运作方式，根据盖尤斯的说法[48]，与程式诉讼中的金钱判付不同。在法律诉讼中，判决本身是对物的，而不是转换为支付一笔金钱的债务。由于原始文献没有说明判决如何执行，因此如果胜诉的一方不是拥有临时占有的一方，很可能这一方就要诉诸为临时占有提供担保的人。

誓约法律诉讼（agere per sponsionem）构成了向所有物返还之诉的诉讼程式过渡的桥梁，但是它曾经与后者一起使用过一段时期。直到公元2世纪，盖尤斯认为它还得到广泛的使用。与誓金法律诉讼（在这一诉讼的程序中，诉讼双方必须允诺在败诉的时候要支付一定数量的誓金）不同的是，在这里，只是作为被告的占有人通过一个誓约允诺，如果原告的确是市民法上的所有人，他将向原告支付一定数量的金钱。如果原告提出对人的誓金法律诉讼，或者请求审判员的法律诉讼（后来是通过请求给付之诉），他则可以以间接的方式确认誓约中提出的金额是否应该给付，并且同时获得一个明确的确认物的所有权归属的判决。

誓约法律诉讼的结构导致物的现实的占有人可以拒绝返还物，除非原告证明自己是物的市民法上的所有人，这也就是说，被告无须证明自己对讼争物拥有权利。这种诉讼结构在后来的所有物返还的诉讼程式中被固定下来。这种诉讼结构具有重要的实体法上的意义，特别是在举证责任的分配上，它解释了为什么决定谁是占有人变得特别重要，因为，占有人可以轻松地充当被告人的角色，让原告来承担证明自己是所有人的负担。在古典法时期，盖尤斯就指出，维护占有令状（interdicta retinendae possessionis）的主要功能就是为了确定谁是占有人。[49]

被告如果是占有人的话，应该提供被告诉讼担保（satisdatio pro praede litis et vindiciarum）。这是一种要式口约性质的担保，取代在先前的誓金法律诉讼中所要提供的誓金。由于法官的判决只表现为支付约定的金钱，因此，胜诉的原告在不能获得被告方自愿的返还的时候，可以基于被告诉讼担保来满足其利益。

在古典法时期，所有物返还主要通过所有物返还请求的诉讼程式来实现。这一程式在《爱布提法》（Lex Aebutia）之后引入，不过在公元前1世纪前半期，就已经出现了这一程式的某些踪迹。所有物返还的诉讼程式是一个仲裁性质的诉讼，它在实际上复制了誓约法律诉讼，宣判（pronuntiatio）所对应的是誓约金额的判决。如果出现了拒绝自愿返还的情况，也采用诉讼标的估价，这有点对应于被告诉讼担保，它们之间的主要区别在于，二者是同一诉讼程序的两个不同阶段，而不是两个不同的程序。

在判决中要确定原告的诉讼请求是否有依据，也即原告是否是有关的物的市

---

〔48〕 罗马法原始文献 Gai. 4，48，黄译《法学阶梯》，第312页。

〔49〕 罗马法原始文献 Gai. 4，148，前揭书，第358页。

民法上的所有权人。而要法官发布返还的命令，还要进一步审查被告是否适格。此处的适格包括，在证讼（litis contestatio）的时候被告是否仍然是占有人（在古典法后期的时候，则要确认他是否是涉讼的人）。如果不是的话，虽然可以证明原告是所有人，仍然不能发出返还的命令。此外，还必须考虑到证讼程序之后的物的情况。如果物的返还已经成为不可能，最初的时候，在任何情况下被告都要负责，但是后来，被告只是在存在故意或过失的情况下才负责，这主要是萨宾学派的观点。但是普罗库勒学派认为，应该坚持传统的解决方法，由被告承担一种客观责任。

返还的命令不仅仅包括原物。如果被告没有在证讼的时候立即返还物，原告不应因此而承受财产损失，为此占有人必须返还在那一时刻以后收取的物的自然孳息，无论他是善意还是恶意。并且，他还要对那些如果他尽到善良家父的注意义务本来可以收取却由于其疏忽而没有收取的孳息负责。

在证讼程序之前，善意占有人可以自行收取孳息，对这一部分孳息，他不承担返还责任，相反，恶意的占有人则对此也要负责。后来，善意占有人的地位有所恶化，因为他也要对这一阶段产生的孳息承担责任。[50] 但是当戴克里先提到这一规则的时候，似乎这一规则早已存在了。有人认为，这一片段被添加了，但是现在对此存在疑问，因为至少在优士丁尼时代，这一原则毫无疑问是存在的。

在证讼程序之前收取的孳息，不被包括在讼争物之中。由于它不直接包括在针对某物的返还之诉中，所以，它必须以与针对原物的相同的诉讼来被要求返还，返还的要求必须在诉讼请求中明确表达出来。这一体制在古典时代的最后时期有明确的原始文献证明。但是，它也可以通过一个单独的孳息返还的诉讼来提出。如果它不再存在了，对于恶意占有人而言，就通过一个请求给付孳息的诉讼来解决，这一诉讼实际上是基于盗窃原因的请求返还之诉的一个运用。优士丁尼还进一步规定，恶意占有人对于证讼之前收取的孳息也要负责，这在程式诉讼中，无论是通过所有物返还之诉还是通过请求给付之诉，都是不可能实现的，但是现在由于非常审判程序的程式更为灵活，它相反成为可能的了。

在古典法时期，只有善意占有人在应该向所有人返还其所有物的情况下可以向法官主张他为该物所支出的费用。在优士丁尼时代，这一制度被扩展到包括恶意占有人在内。关于费用的主张一般通过欺诈抗辩来实现，如果原告不承认这一费用，就被认为是存在欺诈。在成功运用抗辩的情况下，法官可以判决开释没有得到费用返还的所有物返还之诉中的被告。法官并不能够依据其职权对费用的返

---

〔50〕 罗马法原始文献 C. 3，32，22，戴克里先和马克西米安皇帝致迪奥多托，范译《物与物权》，第84页。

还作出扣减，这是因为，罗马法上的抗辩的功能并不是减少判决的数额，而是整个地排除判决。

但并不是所有的费用都可以由占有人提出主张。那些有义务返还孳息的人，如果是为了收取孳息而支出费用，就可以直接从孳息中扣取。乌尔比安进一步将费用分为必要费用、有益费用和奢侈费用。[51] 那些为了避免物的毁损而支出的费用属于必要费用；那些导致物的产出增加的费用——如把一个原来用来放牧的土地转变为种植葡萄或橄榄的土地——属于有益费用；奢侈费用则是指使物更华丽，同时也增加其开支——比如，栽种观赏性的花草树木、设置花坛等——但是不导致物的自然孳息增加的费用。

在非常审判程序中，关于所有物的返还的规则在大体轮廓上仍然与程式诉讼体系中的所有物返还之诉的程式类似。由于后古典时期的一些革新，特别是允许对判决进行强制执行，相关的判决的后果也发生了变化。如果判决中所确定的是返还原物，那么也可以对被告进行强制执行。由此所产生的后果是，金钱判罚只限于在原物的返还已经成为不可能的情况下才适用。

四、对裁判官法上的所有权的保护

裁判官法上的所有权，也就是善意拥有，是由善意占有之诉（布布里其之诉）和物已出卖并交付之抗辩来予以保护。这一诉讼也被授予那些时效取得占有人，并且，占有人在失去占有的时候，能够运用这些措施来恢复对物的占有。但是，即使能够恢复占有，在时效取得期限完成之前，他并不是物的所有权人，因此，他不能行使所有物返还之诉，而只能恢复占有。

善意占有之诉是一种拟制的诉讼，其原型是所有物返还之诉，因此，在这一诉讼的消极主体的确认的问题上，遵从后者的规则；在法官采取的措施和被告的义务的问题上也遵循后者。法律上的拟制，主要表现为要求法官查清物是否基于正当的原因，并且基于善意转移给原告，如果存在这些事实的话，再进一步考虑是否已经超过时效取得的期限。返还的命令（还是基于拟制）在原告应该被认为取得了市民法上的所有权的情况下发出。

这种程式既可以在通过交付转移要式物的情况中适用，也可以在从非所有人处取得的情况下适用。从结构上看，这一程式也可以用来对抗物的市民法上的所有权人。但是，如果是从非所有人处获得，似乎不能够通过善意占有之诉使得真正的权利人在被第三方转移其物的情况下被剥夺所有权。为此，裁判官赋予物的真正所有人一项“正当所有人的抗辩”（exceptio iusti dominii），通过这一抗辩，物的市民法上的所有权人可以排除时效取得占有人提出的善意占有之诉。

---

〔51〕 罗马法原始文献 D. 50，16，79。

这一抗辩涉及被告对物所享有的市民法上的所有权，但是，只是在运用于从非所有人处取得的情况下它才可能是合适的。从理论上说，这一抗辩不仅可以对抗从非所有人处取得的情形，也可以对抗从市民法上的所有人处通过交付的方式获得要式物的情况。为了避免后一种情况，需要裁判官的进一步的干预。为此，裁判官通过赋予原告一个答辩的形式来进一步平衡。那些基于交付的方式受让一个要式物的人在后来可能会被出让人（他仍然是市民法上的所有人）以所有物返还之诉为由起诉。在这种情况下，保护买受人的措施是“物已出卖并交付的抗辩”，它被授予那些善意的基于正当原因通过交付而获得占有的人（在这里，不需要拟制取得时效已经完成）。这一抗辩是一种告示性质的抗辩，它在诉讼程式中一般表现为这样一句话：“除非奥鲁斯没有把物出卖并交付给内杰罗。”如果交付是基于一个不同于买卖的原因，比如说赠与或清偿，那么抗辩中所采用的语句就要根据具体案件的特殊情况来进行调整。这种抗辩所保护的人不包括那些从非所有人处取得物的人。因为，对他们的保护是基于其作为占有人的事实，这种占有可以对抗任何第三人，但是如果某人能够证明他就是物的真正所有权人，对这种占有的保护就要让位于法律上对所有人的保护。

需要进一步研究的是，在保护善意拥有的上述两种不同的裁判官法上的措施中何者产生在先。善意占有之诉和物已出卖并交付的抗辩的法律结构以及进一步的诉讼上的平衡措施，这种发展脉络表明，裁判官最初考虑的情况是由物的市民法上的所有人通过交付的方式让与要式物的情形，这属于最典型的需要裁判官来补充和修改市民法的规范的情况。

不过，善意占有之诉可以很容易地被扩展到从非所有人处取得的情形，并且这一扩展很可能在很早的时期就已经发生了。这一诉讼可以由那些即使已经取得了市民法上所有权，但是试图利用善意占有之诉中的证据规则的人所使用。因为，相比于所有物返还之诉而言，善意占有诉讼对原告更为方便。在这一诉讼中只需要证明占有人基于一个正当原因、善意地获得了物就可以了，并不需要进一步证明出让人也是市民法上的所有权人。

五、对外邦人的所有权的保护

在罗马法中也存在关于外邦人的权利的保护问题。根据一个万民法上的所有权取得方式（如果该外邦人具有通商权的话，他还可以通过要式买卖来取得所有权），一个外邦人可以从罗马市民那里取得对某物的所有权，并且可以在罗马处分其取得的物。但是在这两种情况下，外邦人所取得的所有权都不是市民法上的所有权，因为只有罗马市民才能够取得对某物的市民法上的所有权。为了保护外邦人的所有权，很可能是由外事裁判官通过事实之诉或拟制之诉的方法进行保护。不过，也可能是通过对善意占有之诉做出一些修改之后允许外邦人行使。由于时效取得制度是严格的市民法上的制度，不能对外邦人适用，所以如果一个外邦人取得了意大利土地，那么在意大利的土地之上，不可能产生一个基于外邦人的法而产生的所有权类型。

同样，行省所有权也通过对物之诉来进行保护。在其中，可能有一个基于事实而产生的诉讼程式，并且，有关的诉讼程式也基本上模仿了所有物返还之诉的结构。

第十节 所有权的其他保护方式

一、排除妨害之诉

如果在所有权上存在其他的用益物权，所有权本身就受到限制。当第三人行使用益物权的时候，他就会对所有权人的权利产生影响。这时，所有权人不能够通过行使所有物返还之诉来保护自己的权利，因为在这种情况下，关于其权利的存在并没受到质疑。在地役权的情形中，甚至所有权人对物的现实的支配也没有被剥夺。在这种情况下，通常赋予所有权人以排除妨害之诉（actio negatoria），利用这一诉讼，所有人可以主张那些被他人行使的权利不存在。关于在物上是否存在他物权，罗马法中的举证责任的分担规则是，所有权人只要证明自己是市民法上的所有人，这就足够了；而证明在物上存在用益物权，则要由那些行使用益物权的人自己来证明。

排除妨害之诉的诉讼程式与保护他物权的诉讼完全相反。在否认用益权的情形中，这通常表现为“如果证明内杰罗没有对土地的使用权”这样的表达。这一诉讼不是一个简单的确认之诉，而是一个判决，在其中法官要发布返还的命令，其目的是消除自证讼程序之后继续存在的对所有权的干扰。但是，有时候也提供不侵扰的担保（cautio de amplius non turbando），根据这一担保，被告承担了不再进行侵扰的义务。如果被告不遵守这一命令，就加上一个金钱判罚。但是，在这一判决中要考虑什么因素，存在疑问，可以确定的是，必须要考虑原告一方在证讼程序之后对于排除妨害的利益。但是，在这里要排除诉讼标的估价的取得性的效力。

二、地界调整之诉

关于邻人之间的边界问题上的冲突，罗马法上通常采用地界调整之诉（actio finium regundorum）来处理。在裁判官法所包含的诉讼体系中，它位于家产分割之诉和共有物分割之诉之前，它们的共同之处在于，在程式的内容中包含了分配裁判。

在地界争议中，需要区分已确定分配的土地和仍未分配的土地。前者起源于对公共土地的分配，在不同的土地之间有边界，边界由界石和界路构成，它们本身不被分配，仍然是公共的，其目的是用于通行（但是关于它的法律规则不太清楚）。位于一个已确定分配的地块内部的土地之间并不存在一个共同的边界，它们是通过界线的方式来相互区分，对于这种界线的争议，通过私法性质的司法措施来解决。

与此不同的是毗邻土地，在它们之间只有一条界线将其分开，但是并没有一个界地，这时，相毗邻的部分就受到特殊规则的调整。为此，双方要平等地分割出一个5步距的区域（每个人负担2.5步，大约相当于75厘米，但也有可能是每一方留出5步，总共留出来的就是10步）。在留出来的这一区域内，不能够耕作，也不能时效取得。通常认为，这一区域叫做“界田”，主要是允许耕作用的犁具的通过。

如果界地被用于其他目的，地界调整之诉可以用来维持界地本来的功能。如果先前的地界不能发挥作用的话，法官也被允许确定一条不同于先前的地界的新地界。当事人也可以为了确立新的界地而专门提起诉讼，但是如果当事人一方因为界地的调整而有所获利的话，需要找补差价。

三、潜在损害之诉和潜在损害保证

对于乡村和城市的土地，还存在对潜在损害预防的制度。潜在损害是指损害还没有发生，但是有可能发生。在实践中，由于自然的或者人为的事件，邻居的房屋或者树木有倒塌的危险，这时其相邻土地上的所有人必然要试图避免承受这一可能招致的损失。

盖尤斯指出，在法定诉讼体系中，已经可以提出潜在损害之诉，[52] 这是法定诉讼形式在《关于私人审判的尤利亚法》制定之后仍然存在的两种诉讼类型之一。关于潜在损害的法律诉讼中包含什么内容，现代仍不得所知。盖尤斯提到，在他所处的时代，人们倾向于使用由裁判官赋予的潜在损害保证来解决这一问题。

潜在损害保证属于裁判官法上的要式口约，它是指应利益相关人的请求，裁判官向其土地可能会给邻人造成损害的所有人要求做出一项允诺（该允诺就是要式口约），一旦的确发生了损害，就要向相邻土地的所有人予以赔偿。如果裁判官的此项命令得不到遵守，他就会发布一个授权占有（missio in possessionem），叫做“依第一次命令的授权占有”（ex primo decreto）。基于这一命令，裁判官授权相邻土地的所有人持有可能会造成损害的土地。发布这一命令后，会产生一个所有人的占有和授权占有人的持有之间的并存，后者的持有由裁判官通过禁令来

---

〔52〕 罗马法原始文献 Gai. 4，31，黄译《法学阶梯》，第302页。

予以保护，这其实是一种间接的为了获得担保之提供的强制措施。依授权占有的持有人可以（但不是必须）采取紧急的措施来避免可能发生的损害，并且对他支出的有关费用享有留置权（如果损害事件在持有期间于提供潜在损害担保之前发生的话，该留置权也可以延伸至损害赔偿金）。

如果已经发出了授权占有的命令，所有权人仍然拒绝提供担保，在经过1 年的时间之后（对于这一期限，裁判官也可以确定不同的期限），就可能出现“依据第二次命令的授权占有”（missio ex secondo decreto）。这一次授权占有给予的占有属于善意拥有，它受到善意占有之诉（布布里其之诉）的保护，并且可以通过时效取得而获得市民法上的所有权。这一授权占有不得被撤回，要对抗它必须存在正当的理由，比如说提供了担保，然后才能够获得完整的返还。

潜在损害保证可以由广义上的所有权人请求，因此也包括裁判官法上的所有权人和行省所有权人，也可以由拥有他物权的人提出。有义务做出相应允诺的是所有权人，这包括市民法上的所有权人、裁判官法上的所有权人和行省所有权人。但是，在所有人拒绝允诺的情况下，那些只对土地拥有其他物权的人也可以提供担保。由于他们是针对不属于自己的物进行活动，所以对自己从事的活动必须提供诉讼保证。

四、新施工告令和制止暴力和欺瞒令状

对抗对所有权和地役权有损害的建筑，罗马法上的最初的形式表现为行使否决权（行使否决权的最古老的方式是抛弃石头或砂石）。行使否决权的目的是针对一个外人在他人的土地上建筑，或者供役地的所有权人在其自己土地上建筑但是损害了否决权人的权利的情形。对于早期法中违反否决权应该如何进行制裁，没有确切的资料，很可能采用的是自力救济的方法。

后来，裁判官介入这一问题，引入了新施工告令（operis novi nuntiatio）和制止暴力和欺瞒令状（interdictum quod vi aut clam）。如果邻居是在他自己的土地上进行建筑，那么就适用新施工告令。这主要适用于两种情形：要么是因为相邻土地的所有权人对于从事建筑的土地享有一项地役权，而他认为，由于建筑损害了地役权，所以是非法的；另外一种情形是不存在他物权，但是建筑会在实际上损害告令人对自己所拥有的土地的利益。还有第三种情形：如果某个施工非法地在公共土地上进行的话，任何公民都可以提出告令，制止这样的行为。

根据服务的利益的不同，古典法学晚期的理论相应地区分三种类型的宣告。一种是为了保护我们的利益（iuris nostril conservandi causa）；一种是为了避免一个损害（damni depellendi causa）；另一种是为了保护一个公共利益（iuris publici tudendi gratia）。在这些情形中，只有当建筑仍然在进行过程中才能够行使，宣告的效力是禁止未来的进一步的建造行为。

宣告以司法外的方式进行，不需要任何特定的形式（不过，也不应该排除它可以采取古老的抛弃石块的方式来进行）。不同类型的宣告，产生不同的效力。如果是为了保护我们的权利，这是最古老的一种形式，一旦提出了宣告，继续进行建筑工作本身就成为非法的；宣告人可以通过一个恢复原状的令状来要求拆除在发布令状之后所建造的部分。为了能够继续进行建造而不自动受到相应的令状的制裁，被宣告人应该提供一项担保。基于担保，他允诺一旦被以法定的方式确认他没有权利进行建筑，他就将拆毁建筑，恢复原状。通常关于否决权的行使是否有依据的争议，通过行使确认地役权之诉（它通常由被宣告人来行使）或者通过排除妨害之诉（它通常由宣告人来行使）来进行。为了避免提供担保，被宣告人可以从裁判官那里请求“放弃”（remissio）。放弃，是指暂时搁置关于已经进行的建筑的合法性问题的判断，同时被宣告人放弃继续建筑，如果他继续进行建筑，拆除令状仍然可以针对被宣告人作出；但是在获得“放弃”之后，只有当宣告人证明了他有权禁止被宣告人进行有关建筑之后，法官才可以发布完全的恢复原状的命令，也就是把已经进行的建筑也予以拆除。从这个意义上来说，放弃的功能是以停止进一步建筑为代价，换取让对方承担关于已经进行的建筑属于不法的举证责任。

出于保护自己的地役权的目的而对抗那些在其自己的土地上进行建筑的人，这种类型的宣告在后古典时期似乎被延伸到在他人土地上进行建筑的情形，只要能够证明有关的工程是在被宣告人是占有人、而宣告人是所有权人的地点上进行的就足够了。在这种情况下，宣告的目的是为了保护所有权。

在为了保护某个公共利益的目的而进行的宣告的情况下，可以提供担保。但是，存在疑问的是，在古典时代末期是否就已经将“放弃”制度扩展到这一领域。在为了避免损害而进行宣告的情况下，为了能够继续进行建筑，被宣告人应该提供的不是基于新施工告令的担保，而是潜在损害担保。在这种情况下，不可能诉诸放弃制度。

在优士丁尼时代，建立了提供担保和放弃的程序。基于这个程序，确立了解决新施工告令中发生争议的特别短的期限，期限届满之后，只要被宣告人提供担保，就可以获得放弃。

关于制止暴力和欺瞒令状，它被运用的情况主要包括某人在他人土地上违背他人的已经明确表示出来的反对（这就是暴力）或者违背他人可以推知的意志（这就是欺瞒）而进行建筑。如果是在自己的土地上进行建筑，不适用这一令状，而是可以适用新施工告令。这里所提到的令状是恢复性的，获得这一令状的原告可以要求完全拆除基于暴力或欺瞒而进行的建筑，使其恢复到此前的状态。

五、修剪树杈令状和关于收获果实的令状

在农业社会中，相邻关系中的最典型的问题就是对那些长在边界上的或者离边界很近的花草树木的处置问题。在《十二表法》中，已经有两条不同的规定来处理这类关系。如果某树木长在自己的土地上，但是树枝伸到邻人土地之上，在这种情况下，邻人没有义务容忍来自邻人树木的低于15步（大约是4.5米）高的树枝的遮阴。如果树枝低于这一高度，那么被遮阴一方的土地所有人就可以自行修剪该树枝，并且得到木材。在相反的意义上，如果树木的所有人，其树枝合法地伸入邻人的土地，并且高度在15步以上，果实由这个树枝上掉到邻居的土地上的话，可以隔日去拾取。在古典法时期，这些权利通过修剪树杈令状（interdicta de arboribus caedendis）和关于收获果实的令状（interdicta de glande legenda）予以保护。

六、排放雨水之诉

相邻排水关系中的问题由排放雨水之诉（actio aquae pluviae arcendae）来解决。在《十二表法》中，就已经规范了相邻土地在雨水的排放上的权利和义务。《十二表法》第七表第8a条已经规定了雨水造成损害的情况，不过进一步的具体的情况不太明确。这一制度采用的标准与共和国后期和古典法时期采用的标准是类似的。在后者中，相关土地的所有权人不能够阻碍自然的水流或者雨水的流动。这一规则首先影响的是下游土地所有权人：他不能够阻碍自然的水流，不能够通过人工的方法让水回流到上游土地上去。

在古典法时期，排放雨水之诉是一个对人之诉，也是一个仲裁性质的诉讼。如果某人通过人工的方法改变雨水的自然流向，就可以对其提出这一诉讼，但是对土地本身进行的耕作行为不属于上述人工方法。如果水流受到雨水的显著的影响，它也适用排放雨水之诉。

排放雨水之诉所针对的不是那些亲自进行了人工作业的人，而是针对那些在其所有的土地上进行了这种作业的土地的所有人。从现代法的角度看，这表现为一种准物性的债（obligatio propter rem），因为诉讼的消极主体根据对土地的权利状况来决定，而不是根据从事一定行为的人来决定。在古典法时期，在责任问题上出现了进一步的区分：如果作业人本人成为被告，他就有义务根据法官作出的恢复原状的命令恢复原状，并且费用由其承担；相反，如果作业是由在他之前的某个前手权利人做出的，后手的权利人只承担提供“容受”的义务，也就是说，允许原告以自己的费用来清除有关的人工作业。

排放雨水之诉具有对物执行性质，因此只能够对抗该作业所针对的土地的所有权人。这导致它不同于由土地所有权人的不法行为造成他人损害的情形，因此，罗马法学家在把它放在债的发生根据中遇到困难。事实上，罗马法学家也从

来没有考虑过这种可能性。

根据通常的观点，在古典法时期，排放雨水之诉并不涉及那些取决于土地的自然面貌而形成的雨水的制度。在优士丁尼的法典编纂中，只是通过添加才导致这一诉讼涉及这一问题。在优士丁尼法典编纂的文本中存在一个新的趋势，也就是用这一诉讼来保护接受自然流水的权利。这是因为，在东方的一些地区，水不被认为是一种危险，相反被认为是一种稀缺的财产。对于水的这种功能，罗马古典法上并没有认识到。

第十一节　用益物权

一、概述

在现代法的理论中，物权就其功能而言，可以分为用益物权和担保物权。前者所关注的是物的使用价值，后者关注的是物的交换价值。但是，罗马法学家在物权体系中从来没有区分过用益物权和担保物权，也没有将前者作为一个统一的范畴来对待，虽然在地役权和用益权之间的确存在许多类似的地方。

他物权（ius in re aliena）的概念从古典法时期就已经出现了。但是，它从来没有被用来指一个包括了地役权和用益权的一般范畴。在罗马法上，他物权这一术语的使用主要是用来指地役权。

在优士丁尼的法典编纂中则发展出一个包括所有这些权利的范畴的、在一般意义上而言的役权（servitutes）的范畴，但是在优士丁尼《法学阶梯》的体系中没有出现。原始文献中只有唯一的一个片段对“役权”做出了一个精确的分类，它构成了后来的中世纪法学理论发展的起点，这就是D. 8. 1. 1。该片段的作者是马尔西安，他把整个役权分为地役权和人役权，后者之中包括了用益权、使用权和居住权。

在用益物权中包括地役权、用益权以及其他类似的权利，如地上权和永佃权。这些权利以不同的方式对所有人的权利产生影响。在实践层面上，地上权和永佃权赋予其权利人的权能与所有权中包括的权能是相同的。除了保护所有权人在地上权或永佃权消灭的时候重新获得对物的充分的支配权之外，唯一的实质上的限制在于，前者的权利人需要支付租金。用益权人的权能在使用和收益方面也是非常广泛的，在这时候，名义上的所有权人虽然可以处分其所有权，但实际上只拥有一种在用益权消灭的时候重新获得对物的完全支配的权利。在地役权中，对所有权人的权利的限制虽然不受到时间上的限制，但是这种限制本身是比较少的，而且只限于某些方面的权能。在这样的情况下，所有权人也不被叫做名义上的所有权人，因为他可以从其所有物中获得其他仍然存在的利益。

二、地役权

（一）地役权的意义

地役权（servitudes praediorum）是用益物权中最古老的权利类型。地役权通常的定义是为了一块土地的利益而对另一块土地施加一定的负担。地役权是一种他物权，供役地所有权人有义务对需役地负担不在其土地上从事一定活动的义务（这就是消极地役），或者是允许需役地的所有人在供役地上从事活动的义务（这被称作积极地役）。地役权最本质的特征在于与土地的不可分离性，因此，在供役地和需役地转移的时候，地役权也随同转移。地役权不得被单独让与，单独让与地役权的行为无效。

由于地役权具有物上附随性，所以任何供役地的后手所有权人都处于它的限制之下，这也被称为“消极的附随性”。但这不是地役权的一个特征，而是来自于它是物权这一事实，事实上，任何对物性的负担都具有这一特征。任何需役地的所有权人也可以取得地役权，这被称为“积极的附随性”，这一点是地役权的独特性之所在。

（二）地役权的历史演进

从至少公元前3世纪末期开始，罗马法中已经出现作为一种他物权的地役权。但是理论上一种非常普遍的观点认为，地役权在法学上最初出现的时候与后来的地役权的形式是不同的。在早期的观念中，需役地所有权人被认为对供役地也具有某种形式的所有权。

这种观点主要基于以下事实，罗马法中的最古老的地役权，也就是乡村地役权，在帝政时期仍然被认为是要式物，可以通过要式买卖来创设，而在这一时期，它们已经被认为是无体物了。并且最初地役权也可以时效取得（这种可能性只是被一个相对晚近的《斯克里波尼法》所取消）。而通常对于时效取得而言是不适用于无体物的。在共和国后期和古典法时期，对于汲水地役权，在实践中（这也体现在法学家的作品中）也反映出一种不同于他物权的处理方法，把水源的所有权也赋予需役地的所有权人。最后，最古老的乡村地役权，比如说通行地役、引水地役，完全可以很容易地被处理为另外一种法律形式。

之所以在地役权的问题上出现这一发展过程，主要是因为，在早期罗马人的观念中，很难出现一种精密的他物权的概念。在早期的法律思维中，认为需役地的所有权人对其通行的那一片条状的土地拥有权利，对于他汲水的水源拥有权利，对于他通到自己土地的河岸拥有权利，这是很自然的。因为早期的法律观念，在这一方面，并不能够精确地界定这种权利的性质，所以，自然就认为，需役地所有权人对供役地的行使权利的这一部分也拥有某种形式的所有权。

但是不能因此就认为需役地的所有权人对供役地行使地役权的部分所拥有的

权利是一种排他的所有权或者是一种共同的所有权。很显然，在实践中，这样的一种所有权受到或多或少的明显的限制。比如说，供役地的所有权人使用道路的可能性是不可能被排除的（水源地的所有权则可能有所不同），地役权在原则上不可能与需役地分离开来单独让与。这种视角从实践功能的角度看，很类似于那种功能区分所有权（geteilter Eigentum）。不过在当时的法律规则上对此没有一个精确的认识。

对地役权的这种经验性的理解，后来遇到了危机（在公元前3世纪和公元前2世纪之间）。主要是由于法学技术的发展，以及法律科学的形成，同时也由于新的地役权类型的出现，比如说乡村地役权和用益权，先前的把地役权看作是对供役地的部分地享有所有权的观点就不再能够适应社会现实。因此，从社会变迁中产生出新的处理方法，把地役权看作是一种他物权。

（三）地役权的成立要件

设立地役权需要具备一些前提条件。首先必须要存在需役地的客观的利益。在罗马法中，仅仅因为地役权导致价值的增加是不够的，因为利益还必须与土地的经济社会功能结合起来考虑。对于乡村土地而言，这种利益主要就体现为农业生产。正是在这一基础上，人们才可以理解，比如说“采集白垩和准备石灰的地役权”（ius create eximendae calcisque coquendae），这种地役权只有当石灰本身是用于与需役地有关的劳动而不是为了生产用于出卖的石料时才是被允许的。另外，还可以设立畜群通行权（ius pecoris pascendi），并且只有当需役地是用于放牧时才是被允许的。

与这一问题相联系的是“工业地役权”。在上面提到的生产石料的例子中，还不足以排除地役权的存在，只要需役地主要是进行农业生产，而出卖石料只是个副业。需要指出的是，如果在一个土地上开凿石头，那么可以在相邻土地上设立一个放置开凿出来的石料的地役权。罗马法学家并没有研究是否可以专门为工业生产的目的而设立一个工业地役权，这当然是受到当时罗马的经济发展条件的影响。

需役地的客观利益的要求还导致相关的土地必须是相邻的，以使得行使地役权成为可能。但是，关于毗邻性的判断是相对的。比如说，人们可以在距离自己土地相当遥远的土地上设立一项取水地役权，而同时在水源和需役地之间途经的土地上设立引水地役权。

在罗马法理论中还还存在着“不规则的地役权”的表述。它也是一种他物权，但是其内容很特殊，不表现为用益权及其类似的类型，但是又不能够归入到狭义的地役权中，因为它是为了一个特定的人而设立的。比如说，为了某一个主体的利益而设立的畜群通行权，这里，受益人是一个特定的主体而不是一个相邻的土地。这一权利往往还存在一定的期限，期限通常与需役地土地所有权人的生命相联系。存在争议的是，这一物权类型在后来是否还存在，并且它在裁判官法上是否有法律意义。也许在裁判官法上，通过欺诈抗辩或简约抗辩，它会得到救济。但是，至少对于市民法来说，地役权的设立是为了需役地的现在的和将来的所有权人的利益。

（四）地役权不得表现为供役地所有人的积极作为义务的原则

由于地役权是物权，所以它只能给其法律关系中的消极主体，也就是供役地的所有权人，施加一种消极不作为的义务。如果是消极地役权，它就表现为，不行使某项本来属于所有权的权能；如果是积极地役权，那么就表现为，容忍需役地的所有权人在自己土地上从事某种活动。对于这种特征，彭波尼明确指出，地役权的性质并不表现在某人应该做出某事，而表现为应该容忍某事或者不做某事。[53]

罗马法学家和现代法学理论在地役权的问题上特别强调这一为所有物权所共同具有的原则并不是没有理由的，因为积极的作为义务与物权法律关系的基本特征是相冲突的。但是，由于地役权的特殊性，在实践中最容易出现对供役地的所有权人施加一个积极的作为义务，比如说维持道路的良好的状况，所以在这方面，出现了对上述原则的例外。例外主要出现在支撑地役权（也就是说，把自己的墙倚靠在邻居的墙上面）。在这一方面，与伽卢斯（Gallus）所采纳的严格的概念主义的理解不同，占据优势地位的是苏尔皮求（Sulpicius）的观点，后者认为，供役地的所有权人负担有维护承重墙使其处于良好状态的义务[54]，这是一种能够使作为一种他物权的地役权正常行使的义务。但是，根据物上负担的基本属性，供役地的所有权人完全可以通过简单的对于该土地的抛弃而不承担任何责任，所以，这在实践上就阻止了把这种义务看作是一种对物义务的可能性。

面对这一问题，罗马法学家确认这的确是一个例外。事实上，在其他类型的地役权中，为了使得地役权能够实现所要从事的活动是由需役地所有权人承担的，或者至少是说，与供役地所有权人是无关的。有一种理论认为，这一特殊的制度之所以可能出现，主要是考虑到，供役地所有权人可能因此而获得不当得利，因为主要是他在使用墙壁，而如果让需役地所有权人来承担维护墙壁的主要义务的话，就会出现不当得利的问题。不过这种说法还是不能解释为什么会出现物权的相对人的积极作为义务的问题。因此，正确的理论态度还是应该承认，在关于供役地所有权人承担的一些积极义务的问题上，的确存在例外。

---

〔53〕 罗马法原始文献 D. 8，1，15，1，彭波尼语，范译《物与物权》，第 183 页。

〔54〕 罗马法原始文献 D. 8，5，6，2，乌尔比安语，前揭书，第 183 ~ 184 页。

（五）地役权的典型性

罗马法理论上曾长期讨论地役权的典型性问题。关于地役权的典型性，并不是讨论地役权本身是否是一种典型的物权。对此从来没有人怀疑过。问题在于，在地役权的问题上，当事人是否必须采用由法律体系所规定的典型的地役权，或者当事人可以根据自己的实际需要来确定地役权的具体内容。从原始文献可以看出，没有任何一种地役权仅仅因为不属于某种典型的地役权类型就不被认可，所以在地役权的问题上，并不存在类似于合同的内容那样的典型性原则。由此可以看出，在物权体系中，地役权与其他类型的他物权相比，表现出自己的特征，也即当事人的意思自治在地役权中得到更多的承认。但是，还是要注意到，罗马法学家在此问题上还是基于实践的惯例阐述典型的地役权类型，提供给当事人采用。但是这种类型化并不对地役权的发展构成一种凝固化的效应，如果社会发展出现了需要，就会产生出新的类型的地役权。

惯例和法学家阐述的类型之间有的时候界限是相当清楚的，比如说在通行权上，最早的地役权与引水地役权放在一起，但是传统中区分三种通行地役：第一种是“iter”，它允许的是步行通过；第二种是“actus”，它允许驱畜通过；第三种是“via”，它不仅包括前两种地役权，还包括驱车通过。要在这些类型之间进行区分，并不很容易，比如说，理论上就讨论 actus 是否包括 iter。关于“via”，最近的理论认为，它是后来出现的一种，甚至是后古典时期才出现的，但是这种观点不具有说服力。这些类型的地役权在裁判官的告示中都有相对应的论述。根据勒内尔的理论，对于这几种不同的地役权，有不同的程式与之相对应。

（六）地役权的分类

在罗马法中，就已经出现了一些在现代理论上运用的类型划分。例如，彭波尼在其作品中已经间接地做出了积极的和消极的地役权区分[55]。保罗则在其作品中区分了持续地役权和非持续地役权[56]，前者的行使不取决于需役地所有权人活动的介入，在消极地役权中，一般都是持续的，但是在一些积极的地役权中，比如说支撑地役权，也可以是持续的。但是，非持续的地役权则预示着必须要有地役权人的活动，如通行地役权。现代法上明显地役权（对于它的行使，需要有持续的外观上可见的行为，如引水地役权）和非明显地役权（其他的地役权都属于这种类型，如限制增高地役），在罗马法中尚不存在。

罗马法上最典型的地役权的划分是乡村地役权和城市地役权，二者区分的标准是很清楚的：城市地役权是位于城市的土地上产生的地役权，通常这里所指的

---

〔55〕参见罗马法原始文献 D. 8，1，15，1。

〔56〕参见罗马法原始文献 D. 8，1，14pr.。

土地就是指房屋；乡村地役权涉及的则是乡村土地。古典法学家不再依据所涉及的土地的地理位置或经济功能来区分城市地役权和乡村地役权，只是在罗马帝国后期才主要是根据土地的社会经济功能来进行这种区分。比如说，无论涉及的土地位于哪里，都有通行地役、取水地役、引水地役，这些地役权都属于乡村地役权；而限制增高地役、承重地役、滴水地役，总是属于城市地役权。

最后的问题是，乡村地役权是只包括四种最古老的乡村地役权，也即 iter、actus、via 和引水地役，还是也包括其他的主要在乡村土地上实现的地役权，比如说畜群通行权。这一问题不仅仅是一个分类的问题，因为在地役权的设立和消灭的体制上，乡村地役权和城市地役权是不同的。应该说，关于乡村地役权的列举应该被看做是一种完全的列举。虽然晚近出现的农业性的地役权也被包括在乡村地役权之中，但是，只是最早的三种通行地役、引水地役，还有或许包括汲水地役，被严格地包括在要式物的范畴中，其他的类型则不属于要式物。

三、用益权

（一）用益权的意义与历史演进

关于用益权（ususfructus），根据法学家保罗的界定，是一种直接使用他人的物、收取孳息，但是不改变物的本质，也就是社会经济功能的权利。[57] 与地役权相比，它是一种出现得比较晚的权利类型，其出现的时代不可能早于公元前 3 世纪中期。用益权起源于与遗产继承相关的具有提供生活扶助性质的社会需求。正是基于这一特征，用益权的设立主要是通过直接遗赠的方式。

用益权的出现没有基于任何立法措施或者裁判官的干预，而是基于解释和正在产生的世俗法学的发展。这一时期的法学解释所享有的巨大的自由，解释了为何能够在物权体系中创造出一个新的权利类型。考虑到法学解释所具有的经验性特征，没有必要去分析究竟是基于什么法学技术的考虑，促使法学家试图创造出这一制度。这一制度产生之后，就严格地与公元前 3 世纪和公元前 2 世纪产生的不同的地役权概念紧密地联系在一起，并且作为他物权的一种类型。

在古典法学家的体系中，用益权是一种他物权，它表现在请求返还用益权之诉的诉讼请求中，在其中，确认原告的使用和收益的权利。在古典法时期，并没有将用益权看作是一种有期限的所有权，该理论是在一些现代理论中零星出现的。但是，在罗马法学中，对于罗马法学家是否将用益权看做是物的一部分，存在争议。如果这种理论成立的话，那么，相对于一种从绝对的全面的意义来看待所有权的理论之外，就可以认为，在所有权人和用益权人之间存在一个共有关系，他们对物的不同部分享有权利。事实上，在有些片段中，罗马法学家的确把

---

〔57〕 罗马法原始文献 D. 7，1，1，保罗语，范译《物与物权》，第 151 页。

用益权看做是物的一部分，但是，这些论述只是为了解决具体问题，从这些片段中不能够得出罗马法学家在一般的意义上把用益权看做是物的一部分的观点。

用益权人的地位与所有权人的地位形成对立，后者的权利有期限地受到了限制。对于后者的法律地位，人们一般概括为"虚空所有权"，但是这一名称在原始文献中很少使用。它所指出的是，虚空所有权人只具有处分权和期待着在将来获得对物的完全的处分权。在这种情况下，所有权人的权利在事实上已经被减少到零，在对物的管理的问题上，虚空所有权人不介入，也不进行管理行为。从处分权的角度看，即使将有关的物出卖，也不对用益权人的权利产生影响。

有一个特殊的制度涉及对处于用益权之下的奴隶的解放问题。如果该奴隶由其所有人解放，就等于放弃其所有权，使得奴隶成为无主奴隶。但是，不太清楚的是，出于有利于自由权的原则，在何种限度之内用益权人可以同意这种行为。对于地役权而言，消极的地役权，比如说限制增高地役，如果在不损害用益权人权利的情况下可以设立。否则的话，即使用益权人本人同意也不被允许，因为用益权人本人出于形式上的原因，不能够参加到要式买卖和拟诉弃权中，而它们又是为设立地役权所必要。至于设立积极地役，则可不受任何限制地被允许。

（二）用益权的内容

用益权是使用他人的物并收取孳息的权利，所以用益权人不具有对物进行处分的权利和在物之上设立他物权的权利。但是，他可以订立并履行债权性的合同，基于这一合同，他可以允许别人来使用物，比如说，将物出租并收取租金。用益权人对其拥有的物，就法律资格而言是持有人。

在用益物权中，用益权的内容是非常广泛的，它赋予权利人的权利并没有受到特定的限定，而只是通过消极的方式设立一些限制。最重要的限制表现在这一制度的定义之中，也就是说，权利的行使必须要维持物的实质，不改变用益物的社会经济功能。这里所指的"不改变物的实质"，既包括禁止一种导致物的价值减少的改变，也包括不允许导致物的价值增加的改良。但是对于这后一种情况，优士丁尼时代的限制不那么严格。

用益权人可以开挖沟渠，只要这不损害土地的农业经济价值。在城市的不动产中，在不改变建筑物的结构的情况下，可以进行一些装修，如增加画或者雕塑，但是不能增加建筑物的高度。

与上述限制相联系，所有权人如果对用益权人能否适当地行使其权利存在疑虑，有时候可以要求其提供一个保证。基于这一保证，用益权人必须根据一个善良人的标准（arbitrium boni viri）来使用物和收取孳息。基于这一标准，用益权人在对物进行使用和收取孳息的时候，必须要符合诚信的原则。这一保证是一个裁判官法上的要式口约，被叫做"受益人保证"（cautio fructuaria）。通常只是在通过遗赠设立用益权的情况下，由执法官要求订立。如果受遗赠人不愿意给予这样的保证，裁判官就会否认诉权，或者当受遗赠人起诉要求获得遗赠的时候，赋予其相对人以一项欺诈抗辩。

这种保证的程式表明，用益权是一个遗赠的客体。而这正是这一制度最早的起源。并且，从统计数据上看，在古典法时期，遗赠仍然是最主要的设立方式。不过，毫无疑问的是，如果用益权是通过生前行为而设立，也可以要求提供这样的保证。这时，相应的负担就不是由裁判官来要求，而是由设立人在创设用益权的时候向对方提出要求。

上述保证的程式建立在善良人的用益（arbitrium boni viri uti frui）的基础之上，这也影响到决定用益权人的权利的内容的问题。即使当事人没有提供保证，他也可以根据一个善良家父的标准来使用物，即使所有人曾经以不同的方式使用该物，比如说，用益权人可以把一个书版出租，而所有权人原来是用来自己绘画。但是，从另外一方面来看，一般来说，如果物以前被以某种方式使用，后来也可以同一方式使用，即使这不属于根据善良人的方式的使用。

（三）用益权中的收益

孳息，往往由用益权人通过收取而获得。如果收取孳息与孳息母体的分离不是同时发生的，那么所有权暂时由物的所有人取得。在这方面有一个特殊的制度，如果某人对羊群拥有用益权，对于新出生的羊羔所有权的取得，采用这样的方式：在停止用益权的时候，需要返还的是以数目表现的在设立用益权的时候存在的羊群，所以，新出生的羊羔要取代那些死去的羊羔，这些死去的羊羔被称为“减口”，它们的羊肉和羊皮由用益权人取得。在取代之前，新出生的羊羔的所有权悬置未决，所有权人将取得那些用于填补减口的羊，其他的则属于用益权人所有。

关于奴隶的用益，存在一些特殊规则。根据古典法开始时期的主导观点，女奴隶的子女不是孳息。这一原则在用益权之外也是有效的。根据这一原则，女奴新出生的孩子被物的所有权人取得。

关于女奴的子女的归属问题，从公元前2世纪开始就在法学家中被激烈讨论。参与讨论的有谢沃拉、曼尼流和布鲁图等人，最终布鲁图的观点占据上风。根据乌尔比安的一个片段[58]，布鲁图认为，一个人不能被看做另外一个人的孳息。但是这种说法在当时的语境之下，过于矫揉造作，因为严格地坚持这一观点的话，奴隶制就不应该存在。还有的理论试图从阶级的角度来解决这一问题，但是这也说不通，因为所有权人和用益权人基本上属于同一个阶级。

---

〔58〕 罗马法原始文献D. 7，1，68pr.，乌尔比安语，米译《用益权》，第52页。

关于对奴隶的用益的问题，还存在的问题是，由奴隶本身获得的利益的归属问题。通常认为，奴隶获得的利益归于其所有人所有。在这种情况下，至少在抽象的层面上存在着所有权人的权利和用益权人的权利的冲突。在古典法时期，处于用益权之下的奴隶，如果他的获得是对应于奴隶本身被作为一种经济性的工具的使用的话，那么奴隶所获得的利益归用益权人所有。另外，如果奴隶通过自己的劳动而获得利益的话，他的获得也归用益权人所有。在其他的情况下，如果他是作为所有人的物而获得利益，或者无偿获得利益的话，相关的利益归于其所有人所有。但是，这种分配方法也可以根据所有权人的决定所改变，这也就是说，所有权人也可以以作为用益物的奴隶的取得而取得，一般而言，这种特别的决定不会把本来可以由所有权人取得的利益由用益权人去取得。

理论上存在争议的是，古典法学在何种程度上突破了上述体系。如果奴隶被设定为继承人因而获得遗赠或赠与，如果是预期到用益权人将成为实际的接受人，对于这种情况，拉贝奥认为，在设定继承人的时候需要考虑到死者的意志。在其他的一些文献中认为，基于死者的意志，用益权人可以基于其决定或者指定而取得。但是，一般认为，这些片断中对于死者的意志的重要性的强调，是优士丁尼法典编纂者添加的结果。

（四）用益权的人身性和有期限性

由于用益权具有人身性，因此，在本质上这是有期限的权利。在权利人死亡或者人格减等的情况下，权利也会消失。如果在设立权利的时候，已经确定了一个终期或解除性条件，它就由于上述情况的出现而结束。但是在这一期限到来之前，权利人的死亡或人格减等也会导致权利的消灭。

古典法学家允许在遗赠用益权的时候，遗嘱人可以为了权利人的利益在发生人格减等的情况下重新设立用益权。但是，如果受遗赠人本来就是继承人的话，这种可能性就被排除。

人身性的特征还导致了另外一个结果：如果用益权设立的受益人是他权人，那么它就由对其拥有家父权的家父取得。但是，一部分法学家认为，用益权的存在是根据他权人的生命来决定，并且由于该他权人的人格减等而消灭。

用益权的有期限性也影响到那些为了组织体而设立的用益权。如果向市政府遗赠用益权，由于考虑到组织体的存在是永续的，如果在所有权和对物的享用之间存在着过长的时间上的分离的话，这种分离实质上就会导致所有权本身没有任何价值。有一些法学家认为，不能够向市政府遗赠用益权。盖尤斯则认为可以遗赠，但是只限于100年。这些片段虽然在形式上被作了修改，但是解决问题的方案仍然是古典法上的，因为100年的限制是在裁判官法上来运作的。还有其他的一些方法来解决这一问题，帕比尼安认为，如果用益权因为不使用而结束，那么就可以向团体来遗赠用益权。[59] 莫德斯汀认为，市政府也是可能消失的，所以从理论上来说，接受表现为用益权之授予的遗赠没有问题。[60] 在优士丁尼时代，最终确定了100年期限的解决方案。但是，古典时代法学家提出的导致用益权消灭的原因仍然发挥作用。

用益权的人身性的特征导致它不可能被转移。如果用益权人采用拟诉弃权的方式进行转让，根据最严格的观点，权利本身消灭。但是，根据盖尤斯的观点，只有当拟诉弃权是向所有人进行时，才会产生用益权消灭的后果；在其他情况下，该行为本身不产生任何效力。[61] 优士丁尼《法学阶梯》接受了这后一种方案。[62] 用益权的买卖在原始文献中被看做是用益权人所进行的债权性的买卖，它不让取得人取得用益权，而只是让其在事实上能够行使相关的权利。

（五）用益权的客体

用益权的客体是有体物，并且是不可消耗物。在后者之中，也包括了一些退化物。对最后一种类型的物，在归还的时候，就以其使用之后的状态予以归还，而这种使用必须是基于善良的人的使用。不得对一个消耗物设立用益权，主要是因为，用益权人有义务归还用益物，并保持用益物原来的特性。在这一点上，存在一个例外。用益权有可能针对遗嘱人的所有财产或者一部分财产而设立，而其中也可能包括可消耗物，特别是钱，根据公元前1世纪后期的一个元老院决议，在提供了用益保证之后，用益权人也获得了处置消耗物的权利（这就等于说获得了它的所有权）。如果出现了这种情况，相关的担保中将包括一个返还条款，依据该返还条款，用益权人在用益权结束的时候有义务归还相同数量的物。通过这种方式，相关的法律关系就如同一个债的关系，这被称为“准用益权”。后来古典法时期的法学把“准用益权”扩展到其他的类型之中。

（六）用益权衍生出的类似权利：使用权和居住权

用益权中既包括了使用，也包括了收益。对此，法学理论可以轻易地进行划分。在拉贝奥时期，就允许设立一种仅限于使用的权利，也就是说，直接享用物的权利，但是权利人不拥有收益也就是获得孳息的权利，这就是使用权（usus）。相对于受益而言，使用具有一种更为严格的人身性特征，因为，甚至在它的行使上也不能被转让。但是相关的制度规定，即使在客体上有所不同，使用权基本上还是类似于用益权的。此外，如果把某个人的使用与某一物联系起来，这可以表

---

〔59〕 参见罗马法原始文献 D. 31，66，7。

〔60〕 罗马法原始文献 D. 7，4，21，莫德斯汀语，米译《用益权》，第80页。

〔61〕 罗马法原始文献 Gai. 2，30，黄译《法学阶梯》，第86～88页。

〔62〕 罗马法原始文献 J. 2，4，3，徐译《法学阶梯》，第143页。

现为将对某个房屋的使用遗赠给某人，但是不允许该人将房屋出租，这时权利人可以让其所有的家庭成员来居住，也可让其客人和门客来居住。但是后来的发展趋势是，允许使用人根据其个人的要求使用其居住的土地上的自然的孳息，这就是居住权（habitatio）。

与不规则的地役权的发展相类似，在罗马帝国后期，也出现了一些不同于用益和使用的权利类型。其中最重要的就是对于房屋的居住的权能，它表现得像一个典型的物权一样。在C. 3，33，13，1中，优士丁尼说，他要解决一个古老的争议，把居住权作为一个独立的权利类型加以规定。不过严格说来，这还是一个用益权。因为，居住权人有权出租房屋。但是，这里面有一些差别存在，例如居住权不因为人格减等和不使用而消灭。

四、地役权和用益权的设立、消灭和保护

（一）设立

关于他物权的设立、消灭和保护的问题，各种权利类型间存在一些共同的特征。这是因为，它们都是他物权，是无体物。这一特征导致它们在古典法时期不可能通过交付的方式来设立，一个唯一的例外就是要式买卖。如果通过生前行为来进行的话，通常运用的法律工具是拟诉弃权；如果通过死因行为设立的话，地役权和用益权往往通过直接遗赠来设立。如果所有权人在出卖自己的物的同时试图为自己的利益设立地役权或用益权的话，他可以通过在要式买卖或拟诉弃权中附加权利保留条款的方式来进行；但如果是通过交付的方式，则不允许采用这样的途径。如果要进行保留，由取得人所宣告的程式就要发生变化，他要宣告，物被保留了地役权或者被保留了用益权，这样已经将物转让的人将成为他物权的权利人。

关于乡村地役权，由于它们被认为是要式物，对它们可以采用要式买卖，但是这一归类可能只限于最古老的几种地役权。对于这些权利，限于适用秤铜式的仪式。在另一方面，直到大概是公元前50年的《斯克里波尼法》（Lex Scriponia）规定对于地役权不得时效取得，在此之前，乡村地役权是可以时效取得的。

上面已经提到，采用要式买卖、并且可以适用时效取得，这些情况被用来推论，早期的通行地役权和引水地役权被看做是需役地的所有权人对供役地上他行使地役权的部分拥有某种类型的所有权。后来将这些他物权确认为一种不同性质的权利类型，并没有影响到对其可以适用要式买卖。而后来之所以要通过《斯克里波尼法》来规定地役权不得被时效取得，是因为后来的法学理论认为地役权是

无体物，而无体物不能被时效取得。[63]

在行省土地上设立地役权和用益权，会出现一些特殊的问题。因为这些土地属于罗马人民的公共性质的所有权的客体，因此被排除于市民法上的所有权的客体之外，在其上设立用益权或地役权，既不能通过拟诉弃权，也不能通过要式买卖。盖尤斯指出，针对纳税地和贡赋地设立他物权，主要是通过简约和要式口约。[64] 但也会出现问题，因为这样的话，这类简约和要式口约必须被认可具有物权性的效力，但是，在罗马法体系中，要式口约一般只具有债权性的效力，同时，简约对于所有权的转移没有法律意义。

但是在实践中，通过简约的方式在行省土地上设立他物权，并不像我们所想象的那样产生很多问题，因为，它们并不在市民法的层面上产生法律效力，只是在裁判官法的层面上产生法律效力。而裁判官法有时候可以承认协议具有物权性的效力，比如说，质押协议以及设立地上权的协议。

真正的问题在于，盖尤斯提到，在简约之外还有要式口约，为了产生物权性的效力，只要有简约就够了，因此不能够理解为什么要产生上述效力还必须附带一项要式口约，并且要式口约只可能具有债权性的效力。有理论认为，要式口约的目的仅仅是担保通过简约创设的权利的行使，因此，这里所指的要式口约其实是关于权利的行使的要式口约。所以盖尤斯所提到的法律结构很可能是在实践中通常的做法，而不是法定的要求。在行省土地上设立他物权的时候，在实践中通常具有一个要式口约，但这并不表明要式口约对于物权性效力的产生是必不可少的。

在理论上需要进一步讨论的是，对于通过简约和要式口约创设用益性的他物权是否可以超出纳税地和贡赋地之外。在一些情况之中，不是由于土地位于行省这一事实，而是由于其他的原因不能够运用拟诉弃权，比如说，由在意大利的外国人享有的外邦人的所有权，还有由那些拥有裁判官法上的所有权的人创设的地役权和用益权，由行省所有权人创设的地上权等。理论上推测，由不是市民法上的所有人设立的用益权和地役权，裁判官还是会给予保护。在这些情况下，难以设想出一种不同于通过简约和要式口约的方式来设立这些权利。

在罗马帝国后期，要式买卖和拟诉弃权已经逐渐被弃而不用。这导致产生了如何来设立用益性质的他物权的问题。随着行省所有权向纯粹的和简单的所有权的转变，先前适用于行省所有权上设立他物权的简约和要式口约的方式，反而成

---

〔63〕 罗马法原始文献 D. 8，1，14pr.，保罗语，范译《物与物权》，第189页；罗马法原始文献 D. 41，3，9。

〔64〕 罗马法原始文献 Gai. 2，31，黄译《法学阶梯》，第88页。

为一种通常的设立方式。它甚至也可以适用于在意大利土地上设立地役权和用益权（相类似的发展也可以在长期时效的问题上看出来）。在原始文献中，可以看到，存在一种设立地役权和用益权的“准交付”的方式：容受提供（patientiam praestare）。对于这种方法，先前时代的古典法学家已经讨论过。

在东方行省的习惯中，设立负担于不动产之上的用益性质的他物权，主要是通过起草一个书面文件，在其中记载存在于双方当事人之间的作为原因的协议来实现。这类似于转移不动产所有权的方式。

在优士丁尼时代，又重新允许通过时效取得来取得地役权，对地役权也扩张适用长期时效制度。在优士丁尼法典编纂中，特别是在《学说汇纂》中，似乎出现了一些现代法上的设立地役权的一种方式，这就是“家父的指定”。以这种方式设立的前提是，如果两块土地属于同一个所有权人，那么就在事实上确立了它们相互之间的具有相同内容的地役权。比如说，一个建筑依靠另外一个属于同一主体的建筑，在这种情况下，如果所有权人不同的话，它们之间就会产生一个支撑地役。问题是，如果两块土地之中的一个被转让了，这种事实层面上的地役是否会构成一个名副其实的法律上的地役权。对此，优士丁尼的法典编纂者并没有试图以一般性的方式引进这一制度。理论上存在争议的是，《民法大全》中对这一制度的涉及是否可以追溯到古典法学家，或者它的出现仅仅是由于后古典或优士丁尼时代添加的结果。

（二）消灭

用益性的他物权由于混同而消灭。混同，就是他物权人与所有权人成为一个人。这对应于原始文献中针对地役权确立的一个规则：任何人都不得对自己的物拥有役权（res sua nemini servit）。当供役地和需役地灭失的时候，地役权消灭；另外的消灭原因是，不存在客观利益，权利人的放弃等。但是，需要注意的是，放弃权利必须采用拟诉弃权的方式，这些规则对于用益权也同样适用。存在疑问的是，对属于要式物的地役权类型来说，是否可以通过要式买回的方式来放弃权利。一个简单的协议只可能在裁判官法的层面上有效，因为它会产生欺诈抗辩或基于简约的抗辩，这是对于那些设立在行省土地上的他物权来说唯一可以使用的方式。通过支付诉讼标的估价（在确认之诉中）也可以在裁判官法层面上消灭他物权。

他物权还因为权利人的不作为而消灭。如果权利人对动产拥有用益权的话，他在1年中不行使其权利，就属于不作为；在其他情况下，2年之中不行使权利，视为不作为。在这一方面，罗马法承认两种不同的消灭方式。一种是适用于乡村地役权和用益权的“不使用”；另一种是适用于城市地役权的“解脱负担的时效取得”（usucapio libertatis）。“不使用”，具体表现为权利人不作为，相关的期限从权利人可以行使权利但是不行使其权利开始起算。而在后一种情形，也就是“解脱负担的时效取得”，除了要求权利人不行使其权利之外，还要求在供役地上存在着一项与地役权的内容相反的事实。比如说，在存在限制增高地役的情况下，供役地的建筑事实上被加高到受限制的高度以上。在这种情况下，期限从这一事实出现之后开始起算。此外，还必须有供役地的所有权人占有这一事实状态超过2年。这就解释了为什么它就叫做“解除负担的时效取得”。优士丁尼取代了这两种古典法上的制度，对于他物权，允许长期时效的适用，确定的期限是10年或20年，区分的标准与时效中采用的标准一致。但是这种体制的实质仍然是古典法上的。

用益权的特殊的消灭的原因是，期限届满和解除条件成就，用益权人的死亡或人格减等，物的经济社会功能的急剧的变化等，比如，当处于用益权之下的房屋倒塌，那么用益权不再对土地表面继续存在。这就如同在动产的情况下，如果动产被加工了，也会导致用益权的消灭。

（三）保护

地役权和用益权在司法保护上存在相似之处。如果接受关于地役权的早期发展历史的通常理论，那么早期法上对地役权的保护就通过由地役权人针对供役地上处于地役权之下的部分的土地行使所有物返还之诉来实现。对于这一主张，可以由供役地的所有权人提出一个相应的反主张来对抗。在后来，地役权被看做是一种他物权，那么，相应的司法保护措施的结构就变化了。很可能是通过对物的誓金法律诉讼，由原告主张他拥有不需要得到所有权人同意就可以在供役地上通行的权利，而后者否认这一权利的存在。从另外一个方面看，也可以采用誓约法律诉讼来保护他物权，如果某种地役权的确存在的话，供役地的所有权人允诺向原告支付一定数量的金钱。

这样，就出现了请求返还地役权的程式。在程式诉讼体系中，有一个请求确认地役权之诉。在这一诉讼的诉讼请求中写明原告的权利，“如果证明阿杰里拥有在土地上通行的权利的话”，就如同在其他所有对物之诉中一样，然后是仲裁员条款，最后是判罚。如果被告不消除他对地役权人行使权利施加的阻碍，法官就会基于原告的诉讼保证作出金钱判罚，很显然，这也会导致地役权本身在裁判官法层面上的消灭。

相类似的是，用益权也以一种请求返还用益权之诉来进行保护。它也是一种确认之诉。但是，存在疑问的是，在法定诉讼中，对用益权是否可以采用誓金法律诉讼，或者对这一权利的保护只是通过誓约诉讼来进行。在相关的诉讼程式中，诉讼请求是这样的，“如果证明阿杰里拥有对土地的享用和收取孳息的权利”，在其后是返还条款和金钱判罚条款。相关的诉讼程序与请求返还地役权之诉是相同的。

最初，确认之诉的消极主体仅限于负担有他物权的所有权人，因此这一诉讼具有明显的对人之诉的特征。只是在古典后期，原始文献中（主要是乌尔比安）才出现了请求返还地役权之诉可以针对任何在事实上阻碍了权利之行使的第三人的情形。而在请求返还用益权问题上的相类似的扩展在尤里安那里就已经存在了，并且不排除事实上出现于更早的时代。

对于确认之诉的消极主体的限制，提出了这种法律地位的物权性特征的问题。在现代罗马法学者中，曾经因此而讨论他物权法律关系是否主要是一种存在于所有权人和他物权人之间的相对法律关系。但是，罗马法学家没有涉及这一问题。毫无疑问，这是一种对物之诉，其对物性的特征主要表现在通过返还地役权的令状和返还用益权的令状来制裁那些拒不出庭的人，这些令状的运作方式与返还土地令状是相同的。

对于用益权和其他一些类型的地役权的事实上的行使，是通过令状来保护的。对于针对不动产的用益的保护，主要通过对现状占有令状的扩展适用来实现；对于地役权，则有一些特殊的令状。有权申请采取这种司法保护措施的积极主体，也被扩展到被古典法学家称为“准占有”的类型。

与所有物返还之诉所针对的消极主体中的占有的保护相类似，对于他物权的行使的令状保护，也用来决定是否可以由拥有他物权的人来行使确认之诉（当没有证明存在一个对地役权或用益权的可以受到保护的事实上的行使的时候），或者在相反的情况下，由负担这一权利的一方当事人来行使排除妨碍之诉。

五、地上权和永佃权

（一）地上权的意义和历史演进

在他物权中，也包括地上权（superficies）和永佃权（emphyteusis），这两种类型在许多方面是很类似的。在中世纪的法律术语中，地上权人和永佃权人对土地拥有一种用益性的所有权，与它相对的是所有权人的高级所有权。这种高级所有权，一般来说，表现为向永佃权人和地上权人收取租金以及在永佃权和地上权消灭的时候重新获得完整所有权的期待。

地上权与所有权的水平分割存在联系。它的存在以承认地上建筑的所有权和土地所有权属于不同的主体，以及对于同一建筑的不同层级可以属于不同的人所有为前提。地上权被认为是对于建筑和建筑物的层级拥有的所有权，同时包括了支撑在地面上的权利。

关于土地与地上物的关系，罗马法上采用的原则是，地上物吸附于土地。这一原则没有例外。它表明，只可以对所有权进行水平的分割。这一原则从共和国末期开始就已经与现实生活不相适应，因为这个时代已经开始出现土地和土地之上的建筑属于不同的人所有，以及同一建筑的不同部分属于不同的人所有的情况。对于这样的需求，通过长期的发展，最终在优士丁尼法中确认为一种权利类型。

罗马法中的地上权的发展历史，需要区分两条主线。第一个主线是公共性质的许可，出现于共和国时代的最后两个世纪，它最初表现为在罗马市场上出现的店铺。这些店铺被允许建筑在公共的土地之上，但是它们不能被转让，因为根据地上物吸附于土地的原则，这种转让也会导致公共土地的转让。为此，在公共土地上的建筑被通过长期的租赁交由私人使用；也可以是不定期的租赁，同时由使用人交付租金。第二个主线是由私人进行的许可，它在共和国末期就已经出现，表现为一个长时期的租赁，也必须支付相应的租金。但是，一旦存在一个统一的一次性的租金支付的时候，它也被看做是买卖。在这种情况下，除了要支付价金，地上权人还必须要支付一个租金（solarium）。

在公共性质的租赁中，被许可人并不受到司法性质的措施的保护。面对第三人，在共和国时期就已经产生了一个关于地上权的令状，要获得这一令状，必须要有无瑕疵的占有，必须要支付租金。这种令状体制与维护占有令状是相似的，后者实际上就是用来保护对公共土地的占有，但是这种纯粹占有的保护并不能够解决权利归属的问题。哈德良皇帝的谕令中规定，被许可人可以拥有对物之诉，通过非常审判程序来主张其权利。由于受到的保护趋于严密和有效，其反射性的效力导致一般的社会观念将这种法律地位看做是一个物权类型，开始允许有期限地基于生前行为将这种法律地位进行转让，也允许继承。

在私人关系中，租赁或买卖的合同通过这样的方式得到保护：赋予被许可人一项针对许可人的防护措施，并且以间接的方式对抗任何从事侵扰的第三人。如果存在这样的侵扰的话，被许可人可以提出租赁之诉或买卖之诉来对抗许可人。如果后者向取得人通过在买卖中设立附属的简约的方式来保护地上权人的权利，所有人可以向地上权人转让基于上述约定而产生的买卖之诉；如果他没有转让，就要进行损害赔偿。这种安排似乎表明，地上权不是一种对世权，私人关系层面上的地上权所得到的保护只限于债的关系的层面。不过在此之外，后来加上了关于地上权的令状的扩展适用，这使得其效力有所强化。

虽然说，为了避免严格的土地吸收地上物的原则，罗马法上已经发展出各种法律技术来避免在实践层面上的不便，但即使如此，罗马法学家仍然不太关心对其进行理论上的建构。在后古典时代，也没有这样的企图。在后来，对所有权进行水平层次上的分割在实践上越来越重要的时候，这一问题变得越来越重要，这主要体现在希腊化的行省的实践之中。

在优士丁尼的法典编纂之中，还是没有对这一制度进行概念体系的处理。在原始文献中包括了古典法学家的片段和皇帝的谕令。对这些材料可以进行不同方式的建构。但是，从实质角度看，相关的法律体制仍然维持了古典时代后期的体制。

在《新律》中，地上权似乎被吸收到永佃权之中。但是，这种吸收只针对那些由教会拥有的可用于建筑的土地，而教会只能够通过设立永佃权的方式来处分自己的不动产。因此，这不是一个一般情况，它所表明的只是，永佃权对教会来说可以用来实现地上权所要实现的社会经济功能，这样的一种建构方法并没有被中世纪的法学家继续下去。

优士丁尼法律原始文献的状态，导致现代法上对这一时期的地上权制度的理论认识存在分歧。在这里，需要做出一个区分：一方面是解释者基于原始文献所可能作出的解释；另一方面是优士丁尼时代的法学家自己思考问题的方式。从前一角度来看，由于通过对物之诉保护的地上权人拥有内容极为广泛的权利，这导致可以把这一权利看做是地上所有权，这就能够理解为什么有一部分理论强调的是这样的一种趋势。但是，另外一方面，在优士丁尼的原始文献中，又重申地上物被土地吸收的原则，这表明当时的法学家试图把这一制度处理为一个可以归属于最广义的役权的范畴之中的制度。

（二）永佃权的意义和历史演进

在他物权中，永佃权的出现是最晚的。它主要是在公元3世纪的大危机时代中出现的法律和行政实践中发展出来的，并且它主要是在东罗马得到发展，这体现在芝诺皇帝的一个谕令中。[65] 上文已经提到，那些属于皇帝的财产的土地或者是属于私人的物的土地，以不同的方式被利用。前者被称为纳贡地，后者被称为赋税地，分别由皇帝金库或国库来管理。对于它们的许可使用，导致行省所有权的产生。但是，对于这些土地的短期的租赁来收取租金，从经济上来看并不合理。特别是在公元2～3世纪的危机期间，最主要的问题是找不到合适的人手来种植土地，而之所以人们不愿意来种植，是因为需要支付的租金过于沉重。为了解决这一问题，在实践中就出现了长时期的许可。它们在名称和实质上都是分开的，一个用于对属于皇帝的财产的管理，另外一个用于对私有物的管理。前者是一种长期的租赁，逐渐被叫做“永佃权”（emphyteusis），而后者是不定期的租赁，被叫做“永久权”（ius perpetuum）。在这两种情形中，相关的获得的许可都可以被继承，并且在得到许可方同意的情况下，也可以转让。除了术语上的区别之外，永久权和永佃权的区分主要在于，永佃权更容易被收回。

---

〔65〕 罗马法原始文献C. 4，66，1，芝诺皇帝致大区长官色巴斯蒂亚鲁斯，范译《物与物权》，第150页；罗马法原始文献J. 3，24，3，徐译《法学阶梯》，第389页。

这些制度，就其起源而言是用于对皇帝财产的管理，但是其后续发展非常复杂。从公元4世纪开始，私人的大土地所有人，特别是教会财产，也开始采用类似的方式。后来城邦也开始仿效这一方式，将其土地出租。在公元3世纪后期，短期的租赁之所以转变为永久的许可，主要是由于在惯例上总是无限制地更新这种许可关系。

后来，在西方，随着西罗马帝国的衰亡，导致了土地所有权体制的变化。永佃权、永久权和需要缴纳贡赋的土地所有权之间的区分消失了。在东方，永久权和永佃权被统一起来，统一叫做“永佃权”。设立永佃权的合同，是一种不同于租赁和买卖的典型合同，在其中，最主要的问题是关于风险的分配。一般的风险和例外的风险，由许可人承担；特殊的和其他比较轻的风险，由永佃权人承担。出佃人，这时候指的主要是私人的许可人，而且主要是教会，向永佃权人保障一种可以转移的权利。这一权利可以是永久的，也可以是有期限的。在这里，反映出古老的永佃权和永久权之间的差别仍然还在某种程度上存在。

优士丁尼推动了关于永佃权的立法，接受了实践中形成的规则。在公元529年，规定了在何种限度之内许可人可以撤回其许可，比如说拖欠3年的租金。[66]后来又规定，一旦许可人拒绝接受租金，永佃权人就不需要支付，直到所有人重新向他明确要求支付租金。在公元530年，他又规定永佃权的转移，需要所有权人的同意[67]，并且所有权人享有优先权；在不行使优先权的情况下，可以收取一定的费用。这在中世纪被称之为“批准费”，相当于永佃权转让价金的2%。在原始文献中，并没有关于减免权的规定，而且，关于土地改良的问题，也不很确切。

第十二节　担保物权

一、概述

现代法学理论上所讲的担保物权是指为保障债权人的债权，债务人或第三人以其特定的物作为担保，在债权未得到实现的时候，债权人可就该特定的物的价值优先获得清偿。担保物权的本质特征在于其追及权（ius sequelae）和优先权（ius praelationis），前者使得债权人可以追及作为担保物权的客体的物的所在来实现担保，而不论有关的物是否现实地处于债务人或第三人的支配之下；后者则意味着受到担保的债权人有权相对于任何其他普通债权人就作为担保物权之客体的

〔66〕 参见罗马法原始文献C. 4，66，2。
〔67〕 参见罗马法原始文献C. 4，66，3。

物的价值而优先获得满足。

担保物权是一种特殊的担保形态，在此意义上，它与对债权人的一般性的担保不同。后者是指就潜在的可能性而言，所有的债权人都可以以属于债务人的所有财产为客体来获得满足。基于这种一般担保，债权人可以对债务人的财产提出强制执行之诉，只要有关的财产仍然属于债务人，但是在行使这样的强制执行之诉的时候，其他的债权人享有与其平等的地位。

在现代法学理论中，关于物权性的担保（质押和抵押）在法律体系上是否属于物权的范畴，存在争议。有理论认为，物权性的担保不过是具有程序法上意义的优先权的法律基础而已，它们在性质上不属于物权，因为它们并不给予物权人针对物的一种直接的权利，也不能通过直接占有物和处分物，来满足自己的债权。即使是在质押的情形中，质押人对担保物享有直接的现实的支配，他也只是有权通过程序法上的强制执行的方法将作为担保的客体的物出卖，并且从所得到的价金中优先受偿。虽然这种理论不居于主流的地位，但是它提出的问题是存在的。如果我们将物权所代表的主体法律地位的最基本特征界定为主体在不需要他人的协助的情况下直接支配物，那么担保物权的确并不具有这一特征。但是，罗马法中物权性的担保却恰恰具有物权所具有的直接支配性这一基本特征。在罗马法中，物权性的担保的存在可以导致获得对物的直接支配的对物之诉；拥有物权性的担保的权利人最初的时候可以根据流质约款而直接获得所有权，无需任何他人（包括司法机构）的介入。即使在后来流质约款的效力受到限制，担保债权人必须借助拍卖来实现担保物的价值，债权人具有相当大的自主权。但这些事实的存在可以说明，至少在罗马法中，将物权性的担保归结为物权的传统做法是有依据的。

罗马法上存在的物权性的担保所包括的范围很广。在其中包含了那些在现代大陆法看来实际上并不属于名副其实的担保物权的情况，例如以担保为目的而让与所有权，受让人所获得的一个出于担保的目的的信托性质的所有权，这就是“与债权人的信托”（fiducia cum creditore）。罗马法上还存在另外一些类型的物权性的担保，在其中，获得担保的人并不获得对质物的担保物权人的法律地位，而仅限于获得占有，但是这种占有地位由于受到法律上的保护，所以具有物权性的特征。这构成了对债务人履行债务的间接的强制：如果他不履行的话，就无法从占有人那里获得物的返还。正是在这种意义上，也可以把这种类型的担保归入到物权性的担保之中。

二、信托担保

罗马法中的信托担保（fiducia），就是指为了担保的目的而将某物的所有权转移于债权人。债务人或第三人通过“与债权人的信托”，将担保物的所有权转移给债权人，债权人在名义上获得物的所有权，成为物的所有人，未经其同意，任何人都不能够获得作为信托的客体的物的所有权。相对于其他担保物权而言，这种担保形式给债权人提供了最稳固和最高程度的保障。

由于所有权的让与是以担保为目的而进行的，在债权人与让与人之间存在着信托关系的约束，基于具有内部效力的信托关系，债权人取得的信托所有权所具有的效力仍然只是追及权和优先权，而并不是真正意义上的所有权。当支持信托所有权的特定目的已经不存在或者得到实现的时候，受托人就有义务将相关的物返还给信托人，如果有关的物灭失的话，就要赔偿信托人的损失。但是，这种返还义务是一种在债的效力层面上存在的义务。在罗马法中，信托协议被补充以信托简约，而信托简约可以通过一种起源于裁判官法上的诉讼，也就是信托之诉，来予以保障。

设立与债权人的信托的法律工具是要式买卖和拟诉弃权，交付从来都没有被用来创造某种形态的信托所有权。信托的目的就在于，只要受到担保的债得到了准确的履行，那么受托人就有义务返还信托物。信托物的占有并不必须转移给债权人，特别是在当信托物是不动产的时候，就更不可能转移占有了。因为采用要式买卖和拟诉弃权来设立信托的时候，作为客体的不动产甚至不可能出现在现场。毋庸置疑，不转移占有的信托对债权人而言存在一定的危险，因为，在共和国后期的时候，存在着时效收回。根据这一制度，通过1年的占有（这也针对不动产），信托人将重新获得信托物的所有权，并且这种时效收回不必具有原因和善意。为了避免这一危险，债权人往往选择将信托物以临时占有的方式保留给信托人占有，这样就不会产生时效收回了。

最初，被信托转让的物本身被认为是债权人期待得到债务人履行的债务的等值物。当债权到期的时候，如果没有获得满足，债权人就不再有义务返还信托物，信托所有权就自动地转变为一种纯粹的和真正的所有权，这就是自动的“流质”。自动的流质必然导致，如果信托物的价值与债权的价值不相等的时候，无论是债权人还是债务人，都无权要求找差：对债权人而言，当信托物的价值小于债权的价值的时候，他不能继续要求债务人履行不足的部分；对提供信托物的债务人或第三人而言，当信托物的价值大于债权的价值的时候，他不能要求债权人返还多余部分。由于在债权人与债务人的关系上，后者往往处于劣势，所以这种处理方法在更多的情况下，会给债务人导致损害。为了避免这样的问题，后来当事人在订立信托简约时往往引进一个特别的条款，根据这一条款，在债务人不履行的情况下，债权人必须出卖有关的物，并且以价金来获得满足，而不能简单地获得对信托物的所有权。如果出卖的价金仍然不能使得债权人得到全部的满足，那么，他可以继续向债务人请求余额；但是，如果信托物出卖所得价金高于债权的数额，债务人则有义务向信托人返还超出的部分。上述约款可以看做是当事人之间自愿订立的禁止流质约款。

最初的时候，禁止流质约款只是当事人在设立与债权人的信托时偶然附加的约款，必须要由双方当事人特别约定，它才存在。换言之，如果当事人不特别禁止，流质约款就自动地发生效力；只有在当事人以特别的约定禁止流质约款的时候，才不发生上文已经提到的“流质”的现象。但是，后来，由于对当事人禁止流质的约款在实践中使用非常广泛，导致在古典时代，人们已经认为，禁止流质条款就是信托简约的固有内容。换言之，由偶素变成了常素。这样的发展导致在与债权人的信托的法律效果中，先前本来作为一种常态而存在的流质效力变成了一个偶然性的效力，必须是在当事人特别约定的时候才存在，否则视为不存在。这也就是说，在先前，担保性的信托所有权能够仅仅基于不履行的事实而自动地转变为纯粹的真正意义上的所有权，但是，在发生上述转变之后，流质性的效力必须要在当事人对此有特别的约定的情况下才会发生。如果没有这样的特别约定，债权人就只能通过行使出卖权来从出卖的信托物的价金中获得受偿。

也正是因为这一发展，导致“与债权人的信托”逐渐被质押制度所取代。因为，取消了流质效力之后的“与债权人的信托”，在法律效力上已经非常接近于质押。与债权人的信托，在公元1世纪还得到广泛的运用，在古典后期法学家的作品中还被广泛提及，在公元3世纪末期的时候，它随着要式买卖和拟诉弃权的消失而消失。

三、质押

（一）质押的意义

现代法上严格区分质押和抵押，并且主要以是否转移担保物的占有为标准，将转移担保物的占有的情形称为质押，而不转移占有的称为抵押。但是，在罗马法中，质押（pignus）是指任何不导致作为担保之客体的物的所有权的直接移转的物权性担保，因此，它既包括向债权人转移对物的实际的控制的质押——罗马人称之为“给付质押”（pignus datum），也包括不转移物的占有而仅仅基于当事人双方的抵押协议而设立的物权性的担保。对于后一种情形，罗马人称之为“协议质押”（pignus conventum 或 hypotheca）。“hypotheca”这个词来源于希腊语，在古典后期的一些法学家那里被广泛使用，正是由它发展出后来的现代法上的“抵押”一词。

上述两种质押形态在公元前1世纪就已经存在。在现代法中，通常相对严格地限定质押只能针对动产，而抵押只能针对不动产。但是在罗马法中，采用两种质押之中的哪一种仅仅取决于双方当事人的意愿。因此，可以存在针对动产的抵押，特别是针对奴隶；同时，也可以存在针对不动产的质押。这样的体制在优士丁尼的法典编纂中仍然得到维持。

（二）给付质押

在两种质押形态中，最原始的形态毫无疑问是“给付质押”。它最直观地体现了其担保性的特征，并且为债权人的自力救济提供了最大的可能性，而在人类社会的早期，自力救济是最重要的保障利益的手段。因此，债权人所拥有的权利最初表现为对担保物的现实的控制，并且这样的担保也只有当他在事实上保存了对物的控制的时候才得以持续。与扣押之诉相类似，债权人除非得到满足，否则没有义务返还质物，这构成了对债务人的履行的一个间接的强制。

“给付质押”在最初的时候，债权人是通过保护占有的令状而受到保护，虽然他本身并不是自主占有人。在这一阶段，就其实质而言，给付质押并不是一个名副其实的物权，债权人所拥有的不过是一种受到保护的现实的占有者的地位。当债权人失去对担保物的占有的时候，他无权请求恢复占有。到公元前 1 世纪末期，将塞尔维之诉扩展适用于给付质押。这时，当担保债权人偶然地失去对担保物的占有的时候，他可以获得对物的占有的恢复。由于这种地位的变化，才使得给付质押成为一种名副其实的物权。塞尔维之诉的扩展适用本来是针对协议质押而引入，由于它是一种确认之诉，能够导致物的非现实的占有人获得占有，所以，相对于保护占有的令状而言，它能提供一种更为广泛、也更为有效的保障。在经过了这样的转变之后，这种情形之下的保护占有的令状，就成为一种与对物之诉相联系的进一步的保障手段，因为“给付质押”中的债权人已经获得了出质物的现实的占有。关于对债权人的利益的满足，在公元前 3 世纪末期，当事人已经可以针对“给付质押”来订立流质约款或选择行使出卖权。

（三）协议质押

协议质押最早出现在公元前 2 世纪初期。就该制度的起源而言，它原本是针对土地的承租人为了耕作的目的而带到土地之上去的随带物（invecta et inlata）。当事人双方可以明示或者默示地约定这些物可以用来担保支付租金的义务。与此相类似的情形是，出租人可以将承租人带到其租住的房屋里的物品作为质押的客体。

对于随带物的质押担保，最初的时候也只是占有性质的，即只受到作为现实的占有人而受到的保护。公元前 2 世纪末期和公元前 1 世纪初期引入萨尔维令状（interdictum Salvianum），由于该令状是一种获得占有令状（interdictum adipiscendae possessionis），因此基于该令状，出租人在承租人不履行支付租金的义务时，可以获得对作为担保的客体的物的现实的支配。在其最初的适用中，它只针对承租人，但是理论上讨论在后来它是不是被扩展适用于针对任何其他情形下的不履行债务同时现实地占有着担保物的人。当出租人通过萨尔维令状获得了对随带物的占有的时候，他的法律地位就如同“给付质押”中的债权人一样，可以利用恢复和维护占有令状所提供的各种保护。

但是，在萨尔维令状的保护之下的债权人针对担保物的地位，仍然没有脱离占有人的地位。这种占有性质的地位，朝着成为一种名副其实的担保物权的方向发展，最具有决定性意义的一步是公元前1世纪中期的塞尔维之诉的引入。这一诉讼既可以用来获得，也可以用来恢复对物的现实的支配，并且可以对抗任何占有人。最初，这仅仅针对随带物，但很快就扩展到可适用于任何情形的协议质押。而将此进一步扩展到给付质押，也不存在很大的问题。因为，在给付质押中当事人双方之间必然有一个质押协议，这一协议完全能够被作为塞尔维之诉中的原告请求的基础。由于这样的发展，导致上述两种形态的质押之间的差别逐渐消失。而质押物的占有是否转移只是一个偶然的因素：它所具有的法律意义只在于，在能够转移占有的情况下，转移占有将以更为有效的方法通过债权人对物的现实的支配来担保债权。

（四）质押物的用益

出质物在出质期间，债权人要想能够使用该物或者获取收益，必须要获得出质人的同意。如果当事人约定，由出质物所获得的收益来充抵由被担保的债务所产生的利息，那么这就属于用益型质押（antichresis）。如果在消费借贷中没有约定利息，那么，出借人可以收取质押物的孳息来取代利息。[68] 不过，理论上认为这一规则是后古典时代的创造。

（五）质押权的客体

质押可以由债务人或者第三人来设立，质押所针对的物必须处于其财产之中，无论他们对物享有市民法上的所有权，还是裁判官法上的所有权，还是行省所有权或享有赋税田权。理论上存在疑问的是，当某个人对某物所享有的法律地位能够得到善意占有之诉保护时，该人是否可以对有关的物设立质押，换言之，那些对出质物仅仅享有时效取得之占有的人将其物出质的时候，其相对人（获得质物之占有的债权人）是否可以获得塞尔维之诉的保护。这种情形主要发生于从非所有人处取得物的占有，它不同于采用交付的方法从所有人处获得要式物的占有的情形。

质押的客体可以是任何有体物。在古典法时代，就已经出现了最初的一般抵押的情形，它所针对的是债务人的所有财产。这一现象在后古典时代和优士丁尼时代开始流传开来。这种抵押除了可以由当事人通过协议来设定外，还可以直接通过法律来规定，比如，为了未成年人的利益，针对监护人的财产所设立的针对

〔68〕 参见罗马法原始文献 D. 20，2，8。

监护关系之债（在监护过程中发生的监护人对被监护人承担的债务）的担保；为了担保丈夫履行向妻子返还嫁资的义务而针对丈夫的财产设立的担保等。这样的一般抵押是否可以对抗取得担保物的第三人，罗马法学家之间的意见并不一致。毫无疑问，如果承认可以对抗善意第三人，一般性的抵押将构成对财产流转秩序的损害。

在古典法时期，质押的客体甚至可以是债权。当被担保的债处于不履行的状态时，针对将其债权出质的债务人，裁判官授予一个对人之诉来对抗他。在这一对人之诉性质的诉讼中，诉讼程式经过必要的调整之后与塞尔维之诉的行使相类似。

设立质押必须预示着存在需要担保的债权，这也就是质押的从属性。如果不存在债权，质押也不存在；如果债权消灭，质押也消灭。在这一方面，相关的债是在市民法的层面上，还是在裁判官法的层面上存在无关紧要，甚至只是存在自然债务也就足够了。

（六）质押权的效力

如果针对同一个物，同时为多个债权人设立一个质押权，那么，最初的规则是，这些债权人中那些无论以什么方式获得了对担保物的现实支配的人，相对于其他不现实支配担保物的人，具有优先的地位。这就是“占有者的地位优先”（melior est condicio possidentis）的规则，体现出更多的自力救济的色彩。在古典法后期，采用了更符合法律逻辑的新规则：同时设立的权利之间享有平等的地位。

如果设立质押在时间上存在先后顺序，也就是说有两个或多个的债权人在不同的时间里先后接受了以同样的物提供的质押，那么，债权人就根据设立时间的先后顺序来获得满足，这就是担保物权顺位。在顺位问题上采用“时间在先，权利在先”（prior tempore，potior iure）的规则。但是对这一规则的运作方式的解释，罗马法上经过了一个发展的过程。最初，后设立的质押的效力被认为附加了一个停止性的条件，这一条件就是，只有在它之前设立的质押消灭，它才产生效力。这种解释意味着在后设立的质押要产生效力，必须是先前的受到担保的债已经消灭，并且没有流质约款或行使出卖权。因为一旦发生流质或者行使了出卖权，在后设立的质押就失去了客体，也没有生效的可能性了。后来，随着限制流质效力的约款逐渐被认为是质押权运作的固有内容，上述体制发生了改变：如果设立在先的质押人在针对质押物进行出卖，以出卖所得到的价金受偿之后，仍然存在余额，那么设立时间在后的受担保的债权人，仍然可以针对该余额部分行使其优先权。再后来，居主导地位的观点完全抛弃了附停止性条件的传统处理方法，而是认为，设立时间在后的受担保的债权人从设立担保之初起，担保就已经生效，他们也对整个担保物享有质押权，因此可以行使塞尔维之诉。只不过那些设立质押在先的债权人可以提出一个“物已在先为自己的利益设立担保”（exceptio rei sibi ante pigneratae）的抗辩。在有效地提出了这样的抗辩的情况下，出卖权只授予那些每次都处于优先顺位的债权人来行使。

（七）质押权的实现

在古典法时代，当债务人陷入不履行的时候，债权人有两种方式来满足其利益，一种是流质约款，另一种是出卖权。这两种方法与信托担保债权人满足其债权的方法相类似，但是，严格说来，质押权人对物所具有的法律地位与信托担保债权人对信托物所拥有的权利存在根本的区别：信托担保债权人已经获得担保物的所有权（虽然是信托所有权），而受质押担保的债权人并没有获得用来担保其债权的担保物的所有权。

上文提到，在早期法时代，给付质押表现为对债务人履行债务的间接强制。作为满足自己利益的一种方式，在质押中，最古老的效力形态也表现为流质约款。它在性质上是质押行为所产生的法律效力的偶素，必须由当事人特别约定才能产生。基于流质的约定，当被担保的债没有得到履行的时候，债权人有权直接获得质押物的所有权。在古典法时代，情况有所变化：即使存在流质约款，债权人对质押物的所有权的获取，也不是自动的。债权人必须专门表达他利用流质约款来获得质押物的所有权的意图。如果他不想获得质押物的所有权，即使存在流质约款，也仍然可以主张通过行使出卖权的方式来实现质押权。在这种意义上，债权人实际上就具有了选择权：他可以选择依据流质约款而直接获得质押物的所有权，但如果这样的话，债权人将不能够对于不足部分提出请求；但是，债权人也可以选择放弃利用流质约款，而对债务人提出对人之诉，这时，他就有可能获得全额的满足。

当债权人依据流质约款获得质押物的所有权时，如果是给付质押，那么，先前的转移占有本身就被看作是一种附停止条件的交付，而这个停止条件就是债务人不履行。如果担保物是略式物的话，债权人将立即获得物的市民法上的所有权，如果是要式物的话，他将获得裁判官法上的所有权，并且在取得时效完成之后获得物的市民法上的所有权。在协议质押的情形中，债权人必须先通过行使塞尔维之诉来获得对质押物的现实支配，然后就类似于给付质押的处理方法了。

在质押权的实现的问题上，也存在着限制流质约款而采用通过出卖担保物的方式来实现质押权的趋势。为此，设立质押的私人必须订立一个出卖的简约（pactum vendendi），这一简约的作用就在于排除流质的效力，而要求债权人必须以出卖所得的价金来满足其债权。最初，关于出卖担保物的简约只是设立质押行为中的偶素，必须经当事人特别约定才认为存在，但是它在古典法时代的末期已经转变为设立质押行为的常素，除非当事人明确排除，否则就认为已经存在。基于出卖简约，担保债权人获得处分质押物的权利，这一权利与信托担保中发生的情况不同。担保债权人不是以担保物的所有人的资格来出卖有关的物，在以出卖物所得的价款获得满足之后，债权人有义务向设立质押的债务人或第三人返还余额。这种返还余额的义务通过对人性质的质押之诉（actio pigneraticia in personam）来保障其履行。如果债权人在通过出卖担保物来满足自己债权的过程中遇到很大的困难，他可以向皇帝请求获得其占有的质押物的所有权。这就是“取得质物所有权”（impertratio iure dominii）的权利。这一制度在公元229年就已经存在（C. 8，33，1），但是，对获取质押物的所有权的权利一直受到严格的控制，只有当担保债权人的确不可能通过出卖担保物来满足自己的权利的时候，才被允许。

流质约款在公元320年被君士坦丁在形式上废除。[69] 废除的主要原因是认为该条款对债务人过于苛刻，会使债务人受到过分的损害。流质约款因此成为违反法律的无效约款，并且因为流质约款的无效将导致整个质押的设立无效。但是，债权人对债务人所拥有的对人之诉仍然有效。优士丁尼确认了这一体制[70]，并且对实践中存在的取得质物所有权的权利进行了非常精细的规定，其目的是保护被认为处于劣势地位的债务人或者是提供质押物的第三人。

（八）质押权的保护

作为一种物权的质押由塞尔维之诉（actio Serviana）来保护。塞尔维之诉也被叫做“主张质物之诉”（vindicatio pignoris）或“对物的质押之诉”（actio pigneraticia in rem），一些古典后期的法学家将它叫做“抵押之诉”。这是一种在裁判官法层面上发生效力的对物之诉。它采用依据事实的程式，在其中，原告在请求中提出要求承审员发出返还质押物的命令的各种事实性的前提条件，比如说，质押是为了一个金钱之债而设立，转移占有的质押物属于出质人的财产，金钱之债还没有得到支付，并且有关的债没有以任何其他的方式得到满足等。这些事实描述其实构成对一个有效的质押的各种成立要件的罗列。

根据勒内尔的重构，相关的诉讼程式采用这样的表述：“如果证明在甲和乙之间达成了这样的协议，相关的物是为了甲的利益而设立质押，该质押针对应该向甲支付的一笔金钱，该物在设立质押的协议的时候为乙所有，并且相关数量的金钱没有给付或者没有以其他方式得到满足，并且这不是由甲所导致的，而且质

---

〔69〕 罗马法原始文献C. 8，34，3，君士坦丁皇帝致民众，丁译《契约之债与准契约之债》，第107～109页。

〔70〕 罗马法原始文献C. 8，33，3，君士坦丁皇帝致民众，前揭书，第107～109页。

押物没有被丙所返还，那么承审员就判决，丙向甲支付相当于该物的价值的金钱。”这一诉讼的对物之性的特征很明显，因为在这里，被告丙与提供抵押的乙不是同一个主体。

在发生不履行之后，上述诉讼可以针对任何占有人提起，也可以针对其他的顺位在后的受到担保的债权人。对抗这些债权人的法律工具就是上文提到的“物已在先为自己的利益设立担保”的抗辩，如果在此之前质押人失去了对质押物的占有，那么可以通过占有令状来恢复其占有。

（九）质押权的消灭

质押权具有从属性的特征，质押在担保之债消灭之时随之消灭。理论上关注较多的是，如果某一被担保之债是以不同于清偿之外的其他方式消灭，那么，在何种程度之内也导致质押的消灭的问题。在债务免除的情形中，毫无疑问也会发生质押的消灭。此外，如果当事人订立了不提出请求之简约（pactum de non petendo），或者采用拟制的支付来达到免除债务的目的，效果都是一样的。问题在于，如果债是因为混同而消灭的，是否导致质押的消灭，存在一定的疑问。如果债权已经到期而债权人接受了债务人提供的具有代位性质的措施，比如说，接受了对人性质的担保（保证）或者其他的质押，那么，先前的质押也归于消灭；此外，质押还因为其他的导致他物权消灭的典型原因而消灭，比如说因为混同、长期时效（从公元3世纪开始）而消灭；质押还因为其权利人的放弃而消灭，这主要是通过基于简约的抗辩或其他抗辩来实现；最后，质押也因为债权人对质押物的出卖而消灭。

第十三节　占有

一、概述

在民法理论中，占有一直是一个在法学家之间极其争论的话题。在罗马法研究中，在关于占有的问题上所激发的讨论更是绵延不绝。现代的罗马法学家在对罗马法上占有制度进行研究的时候，曾经主要依据添加学派的学术方法。他们试图寻求对罗马法上占有制度的一个统一的解释模式，如果遇到与自己的理论解释不一致的原始文献，就倾向于认为这些被篡改了。但是，最近的罗马法研究的理论趋向于认为，就占有的问题而言，即使在罗马法学家中间也存在相互对立的立场，甚至同一个法学家，当他在不同的前提条件下论述占有问题的时候，对同一个术语的使用也是存在变化的，因此前后不一致。

由于罗马法原始文献本身的这种内在的冲突，导致现代的学者在关于占有的定义和关于占有保护的立法政策的辩论时产生了尖锐的分歧。发生在萨维尼和耶林之间的著名的关于占有制度的论战，就是来自于对罗马法原始文献的不同解读。

古罗马法学家并没有提出一个明确的关于占有的定义。在保罗[71]的作品中，保罗对占有作出了一个词源学的考察[72]，这种考察实际上来源于拉贝奥[73]；保罗论述占有和所有权之间的关系时，则是受到内尔瓦[74]的启发。

在现代的理论中，对占有和所有权进行界定时，都使用一个共同的表述，那就是"对物的支配"。"支配"这个词所指的就是对物所行使的权利是直接的和绝对的。占有和所有权都是一种支配，在这一点上两者是相同的。由此就有必要区分二者之间的不同。

占有是指对物的事实上的支配，所有权是对物的法律上的支配。占有与所有权的不同主要表现在：占有人对物施加的是一种现实的权利，排除任何其他人，且不考虑这样的事实上的支配是从何而来，是否合法。所有权人对物施加的是由法律保障的对物绝对的支配权利，同时排除任何第三人。即使所有权人偶然地被阻碍行使他对于物的事实上的支配，他仍然享有对物的法律上的支配。因此，在罗马法原始文献中，保罗[75]提出了这样的观点：占有是一种事实层面的东西，而不是法律层面的东西。显然，作为事实的占有和作为法律的所有权之间存在着根本的差别。

但是需要予以明确的是，虽然占有是一个事实层面的东西，占有制度却是受到法律规制的制度。从这一角度看，占有会产生法律效力，它与其他法律制度并没有差别。而在法学理论上，之所以强调占有的事实性层面的特征，是因为占有所具有的法律效力与这种事实状态的持续有关，与对物的现实的支配有关。对占有的事实层面的特征的强调指出了占有制度的一个非常重要的方面：占有的功能与对于物的事实上的支配的存续有关，比如说市民法上的占有可以导致时效取得，而占有的中断导致取得性效力的消失。

当然，对占有是一个事实层面的东西的解读不能绝对化。因为这一说法只是在一定的限度内才成立。例如，在公元前3世纪末期引进的占有令状，允许恢复已经失去的占有。在这种情况下，相关的法律效力与现实的支配并没有联系，而是表现为有权获得占有。这不仅表现在恢复占有令状中，也表现在取得占有令状中，这一制度本来是保护现实的占有，但是，由于存在着瑕疵占有之抗辩，就很

---

〔71〕 公元3世纪的法学家。

〔72〕 参见罗马法原始文献 D. 41，2，1pr.。

〔73〕 公元1世纪的法学家。

〔74〕 公元2世纪的法学家。

〔75〕 参见罗马法原始文献 D. 41，2，1，3。

容易被那些现实中并不占有物的人用来获得物的占有。这一制度的法律意义实际上与某种事实状态并没有直接的联系。的确，这样的一种获得物的权利产生于一个先前的占有状态，并且也不是以绝对的方式受到保护，因此在这一方面，它与所有权不同。但是，它还是很明确地表现出对占有的保护并不仅仅依据当下的事实状态。

在《十二表法》中，并不存在后来才出现的占有的术语（possidere，possessio）。在这一时代，用来指对物的事实上的支配的术语是“usus”，它是在关于时效取得的规范中出现的。Possessio 一词在原始文献中的出现始于公元前 3 世纪末期，它的出现与私人对公共土地的利用有关，主要是占有田（ager occupatorius）。在这一时期，对这种事实状态主要通过令状来保护。后来把令状的保护扩展到所有的对某物——无论是动产还是不动产——的事实性的支配状态的保护，以此为基础而产生的占有制度构成了古典法时代的占有制度的基础。并且在这一发展过程中，《十二表法》上的术语“usus”逐渐消失了，而只有时效取得一词（usucapio）保存下来。

罗马法上的占有制度，在其发展过程中很少受到以立法形式进行的干预，所以很难在其发展过程中勾勒出关于占有的某个居于主导地位的立法政策。现代理论上非常关注与占有制度相关的立法政策。在著名的萨维尼和耶林关于占有的论战中，前者认为，占有之所以得到保护，是为了禁止由于私力救济而导致的社会秩序的混乱；而后者则认为，之所以保护占有，主要是因为，在绝大多数情况下，事实状态与法律状态是相对应的，而占有是所有权的外观。这两位法学家的讨论涉及现代社会中的不同的法律价值判断问题，但是这与罗马法上的占有其实并没有很大的关系。罗马法上对于公共土地的占有，之所以给予占有令状的保护，是为了避免个体占有人运用自力救助而导致混乱，这与萨维尼的理论相一致。但是，盖尤斯在其《法学阶梯》中也提到，现状占有令状和优者占有令状的主要功能就是为所有物返还之诉做准备[76]，这种说法与耶林的观点相一致。因为在这里，占有是作为所有权在事实层面上的表现而得到保护的，那些在与占有有关的争议中胜出的人在所有物返还之诉中就可以利用他作为占有人而享有的优越地位。

二、占有的体素与心素

（一）占有的体素与心素的意义

作为一种事实上的支配状态的占有，其结构上分为两个主要的要素：一个客观性的要素，也就是对物的支配，罗马人将其称为“占有的体素”；另一个主观

---

〔76〕 罗马法原始文献 Gai. 4，148，黄译《法学阶梯》，第 358 页。

性要素，也就是将物排除于任何其他主体支配的意图，罗马人将其称为“占有的心素”，或者更准确地称为“将物作为自己的物而管领”。现代法上所讲的统一的占有制度，在罗马法中并没有一个一成不变的名称，虽然罗马法学家通常将之称为“possession”，但是，它也可以在没有特别指明的情况下指“持有”。为了强调除了对物的现实支配之外的将物作为自己的物而管领的意图（animus rem sibi habendi）的时候，罗马人讲的是自主的占有，它与他主占有形成对立。但是，另外一个术语 possessio pro suo 相对之下则更为狭义，因为它要求存在一个正当原因。

在罗马法中，真正的占有应当由体素和心素共同构成，即主体对物有现实的支配并且有为自己领有物的意图。占有的心素必须由占有人亲自具有，不存在代理。占有的体素则可以通过第三人，也就是持有人来实现，第三人在这种情况下，为了占有人而行使对物的现实的支配。在这两种情形中，对物的现实的支配并不简单地等同于现实的直接的处分权利，只需要有关的物处于主体可以不通过他人就可以处分的状态之下就可以认为是处于占有人的现实支配之下。

这就解释了为什么房屋的占有人即使不在家的时候也还拥有对房屋以及房间之中物品的持续性的占有。只有在其他的人获得了对房间及其物品的现实的支配之后，才导致先前占有人的占有的停止。

占有的心素必须是持续的，只要相关的意志存在，占有就仍然持续。对于这种占有意志的持续性，必须做出一些精确的限定。在取得占有的时候，存在这样的意志，并且在后来不存在能够表明相反意志的事实，那么占有一致的持续性要求就得到了满足。所以，就占有人的打盹而言，从自然的角度来看在打盹的期间不可能有一个为自己管领物的意志，但是这对占有意志的持续没有影响。在此方面，法学家们指出，占有人变成精神病人，失去理智，并不导致他失去占有。[77]当然，精神病人由于不具有行为能力，是不可能自行获得占有的。

（二）持有

如果仅有占有体素而无占有心素，罗马人称之为“自然占有”（possessio naturalis），也称为“他主占有”、“为他人的占有”，现代法学理论则称之为“持有”。例如，某一个主体可能现实地拥有某个物，但是，他并不意图把物当作自己的物而管领，而是为他人而领有该物，也就是针对他人而发生占有的效力，这是一种特殊的主观心理状态，物的领有人的主观意图不是把物当作自己的而领有。杰尔苏将它称作是“他主占有意图”，也就是允许通过自己的行为让别人来占有[78]。这种情形可以出现在保管人、借用人以及用益权人对物的管领中。

〔77〕 参见罗马法原始文献 D. 41，3，4，3。

〔78〕 参见罗马法原始文献 D. 41，2，18pr.。

区分持有与占有，并不考虑管领人主观上的恶意与善意，而只考虑现实的占有人与管领相关的意志。例如，小偷明确知道他盗窃的物属于他人所有，但是，这并不妨碍他对赃物的自主占有的意思，所以，小偷对于赃物的占有也被认为具有占有性质。在此方面，善意和恶意没有影响。

三、占有的类型

罗马法学家所提到的各种占有类型，并没有被梳理为一个严密的分类体系，不同类型的占有多相互交织在一起。罗马法学家所提到的占有类型主要包括：市民法占有、自然占有、自主占有、他主占有、令状占有、善意占有与恶意占有等。

（一）市民法占有

市民法占有（possessio civilis）是指具有法律认可的正当原因并受到诉权保护的占有。市民法占有是最古老的占有类型，也是《十二表法》所承认的唯一的一种占有。它在《十二表法》中的术语是“usus”，在市民法上则表现为“时效取得占有”。在共和国后期和古典法时期，这种占有必须基于正当原因而获得。在最初的时候，这种占有还必须是善意的，这一时代的法学家把原因和善意都作为时效取得的构成要件。但即使不存在善意，法学家们还是认为，如果存在着原因，比如说允许一个恶意的作为买受人的占有，仍然可以成立占有。这可以导致如下的结论：要构成市民法上的占有，只需要具有正当原因。

（二）自然占有、他主占有和自主占有

自然占有（possessio naturalis）是指不具有占有心素的占有，罗马法学家也将其称为“持有”。它不是严格意义上的占有。在这种占有中，虽然存在占有的体素，但是缺乏为自己占有的意图。在古典法时期，持有人在原则上不受令状的保护。自然占有在其他方面具有法律意义，比如说，允许被用来实现简易交付，并且在占有和持有的转化问题上具有法律意义。

在罗马法中，持有有时也可以称之为“他主占有”。但是，他主占有的内涵与自然占有的内涵并不相同。因为，他主占有中包括了所有那些缺乏自主占有意图的情形，甚至也包括了非典型占有，也就是那些其持有人可以成为占有令状的合法的积极主体的占有类型，例如质押债权人对质押物的占有[79]，而自然占有中并不包含这样的占有形态。自主占有很自然地与他主占有形成对立，但是，自主占有并不包含所有那些具有占有的体素又具有为自己占有的心素的类型，而是与市民法上的占有相吻合。

---

〔79〕 参见罗马法原始文献 D. 41，2，13pr.。

（三）令状占有和正当占有

令状占有（possessio ad interdicta）也称为“令状保护的占有”，是指可以获得裁判官令状保护的占有。准确地讲，罗马人并没有一个特别的术语来指称那些所有受到占有获得以及占有恢复令状保护的占有。“令状占有”这一术语在罗马法原始文献中并未出现，通常法学家们用的是“占有”这一术语。在没有特别的相反指明的情况下，它就是指体素与心素均存在的严格意义上的占有。但是，在受到令状保护的占有中，也包括了非典型占有，即持有人（如质押债权人、物的扣押人和物的临时占有人）为别人而处分物的占有。对于这些类型，罗马人将它们归类为他主占有，但是这些类型也受到占有保护令状的保护。

令状占有最初适用于罗马市民对公田的临时使用和占据，其后扩展至符合条件的任何占有。

在讨论令状占有时，我们还应当注意一种被称为“正当占有（possessio iusta)”的类型。这种占有主要是指当某人的相对人提出一个占有令状来对抗自己的时候，其可以以瑕疵占有抗辩予以反对的占有。它包含了那些暴力占有、隐蔽占有、临时占有的相对人。这是一个相对的概念，因为当我们说通过暴力而获得的占有是不正当的占有的时候，这是相对于被暴力剥夺占有的人而言的，但是对于所有其他的第三人而言，它并不存在暴力占有的瑕疵。

（四）恶意占有和善意占有

恶意占有和善意占有的区分标准是占有人在行使对物的事实上的权力的时候是否知道损害他人的权利。

善意占有（possessio buna fides）是指占有人在主观上认为自己有正当权利而实施的占有。与取得时效中所要求的善意不同（在时效取得中，只要求在开始占有的时候具有善意就足够了，嗣后的恶意无害，是这一问题上的原则），在善意占有中善意始终具有重要意义。例如，对孳息的获得，善意和恶意状态之间的嗣后改变会对返还义务的范围产生影响。

恶意占有（possessio mala fides）是指占有人在主观上明知或应当知道而不知自己无正当权利而实施的占有。

该区分对于令状保护的适用没有意义，但是对于孳息的收取、确认对物之诉中被告的责任具有意义。

归纳而言，从术语及其分类的角度来看，后古典时期最显著的变化就是，所有权和占有之间清晰的区分逐渐消失了。占有的术语在经过一系列的改变之后也被用来指对物的法律上的支配。但是，所有权与占有之间在实质上的区分并没有消失。在意识形态上和术语上对于善意越来越加以强调，以及对正当原因的强调，并没有导致占有制度的显著改变，特别是，令状保护方面的体制没有很大的变化。

四、占有的客体

占有的客体是有体物。这就意味着有关的权利必须以为自己进行管领并且排除任何第三人的意图来对物行使。因此，在事实的、外观的层面上，占有就是对所有权的行使。他物权的权利人对于他物权的客体并不进行占有，虽然用益权人或质押债权人对物也具有一种事实上的支配。但是，他们对物行使的权利不同于那些授予所有权人的权利。从这个角度看，这些人只是持有着物，因此他们只是持有人。

从古典法初期开始，在裁判官法体系中开始对那些对应于他物权的存在而行使的事实上的权利给予保护。除了关于地上权的令状之外，在用益权中，这样的保护是通过现状占有令状的扩用的方式来实现的。在一些特定类型的地役权中，则是通过特别的令状来实现。

在这些情形中，事实上的对物的支配的地位受到保护，并且不对权利的拥有状况进行调查。这些令状还有一个另外的功能，也就是为行使返还地役权或用益权之诉做准备，这主要是为了确定某一方是否有必要行使确认之诉，或者由另外一方行使否认之诉。在这样的情况下，令状保护就具有与对有体物的占有的保护相同的功能，由此可以理解盖尤斯和其他的古典后期的法学家使用了“准占有”的术语来指称这些受到令状保护的事实状态。[80]

对于古典法学家来说，准占有的客体总是那些被行使着不同于所有权人的权利的物。这些情况不是占有，但是与占有相类似。在后古典时期和优士丁尼时代，考虑这一问题的角度发生了变化，但是，这一制度的规范体系并没有发生变化。拜占庭时代的法学家使用“权利占有”（possessio iuris）的概念，这时占有的客体就不再是有体物了，而是他物权本身。权利占有这一范畴，其起源可能是古典法时代的请求遗产之诉的消极主体。在公元3世纪，法学家开始用它来指称那些针对不是一个遗产的占有人而提起诉讼的情形。但是，将这一范畴扩展到盖尤斯所定义的准占有，是后古典时代的事情。

五、占有的取得

占有的取得应当发生于占有的体素和心素同时具备的情形。因此，要获得占有，就像要获得权利一样，必须具有基本的辨别能力。所以，精神病人不能取得占有。至于未成年人是否可以取得占有，在原始文献中存在着三种看法：①未成年人不能够取得占有；②未成年人可以单独取得占有；③未成年人在经过监护人的同意后可以取得占有。

原始取得占有的方式主要有先占和交付。罗马法对此作出了比较详细的

---

〔80〕 罗马法原始文献 Gai. 3，139，黄译《法学阶梯》，第246页。

规定。

1. 亲手交付。交付中最通常的方式是亲手交付（traditio de manu in manu）。通过亲手交付，取得人获得占有的体素，如果获得占有的体素的同时又具有占有的心素的话，那么就构成了严格意义上的占有。否则的话，那些拥有对物的现实的支配的人就成为物的持有人。

2. 拟制交付。作为对物的管理的现实的让渡，交付最初主要针对动产的转移。在针对动产的情况下，交付在结构上不存在什么问题，但是，如果在涉及不动产交付的问题上，则存在一些困难。在这一方面，罗马法学家发展出了一些特别的解决方案，比如说，通过奴隶和家子的取得，通过监护人和代理人的取得等，这样就可以通过一个持有人来获得现实的交付。在另一方面，法学上又发展出了另外一些在其中占有的获得并不需要物的现实的转移的交付形态，这就是拟制交付（traditio ficta）。拟制交付这一术语本身不是罗马法上的术语。从中世纪法学理论开始，拟制交付被分为四种基本的类型：长手交付（traditio longa manu）、象征交付（tdatio symbolica）、简易交付和占有改定（constitutum possessorium）。但是，只有简易交付和占有改定在罗马法原始文献中有明确和具体的规则。

（1）长手交付。如果把亲手交付理解为手到手的交付，那么对于土地来讲是不可能采用亲手交付的。所以，对土地的交付，只要当出让人允许取得人进入其土地，并且后者的确进入了土地，就认为已经完成了交付。通过这种方式进行的交付，只有当物的现实的支配被获得之后才获得占有。法学家杰尔苏[81]提到，如果一个出卖者在高塔上向购买者指出了出卖的土地，那么，购买者甚至不需要进入土地就获得对土地的占有。中世纪法学家所说的“长手交付”，与这种情况不尽相同，而是依据杰尔苏另外一个阐述片段作出的总结[82]，在该判断中，杰尔苏提到了“长手交付”。这个术语所指的情形是，出让人把动产放在取得人的旁边，即使这些动产在实际被取得人控制之前也已经被认为是交付了，只要它们进入了取得人可以控制的领域之内就可以了。这种情况与上面提到的从高塔上对待交付的土地的指示并不相同，因为，在高塔上作出指示，甚至也不会导致买受人取得对土地某种可能的潜在的控制。

（2）象征交付。根据帕比尼安的说法[83]，象征交付存在于诸如在仓库面前交付钥匙作为对于仓库里面的货物的交付的替代。在这里，取得人获得一个直接的控制。罗马人坚持钥匙必须在仓库前交付，这与中世纪理论上所讲的长手交付

---

〔81〕 参见罗马法原始文献 D. 41，2，18，2。

〔82〕 参见罗马法原始文献 D. 46，3，79。

〔83〕 参见罗马法原始文献 D. 18，1，74。

还是不同。因为，象征交付总是会导致赋予潜在的支配效果，而实际的、现实的支配是否发生，取决于买受人是否有立即实现其直接控制的意图。

(3) 占有改定和简易交付[84]。这两个名称都是中世纪法学家的创造，它们建立在区分占有和持有的基础上。如果某人无论基于何种名义已经持有了某物，比如说，作为承租人、借用人和用益权人，已经持有了物，同时与占有人达成协议，基于这一协议获得物本身，那么他们就立即成为占有人，并且在具备其他条件的情况下还成为所有权人。这时，这些持有人就不再是为别人而管领相关的物，而是为自己来管领。这时就具有了占有的心素，它与已经存在的占有的体素结合在一起，导致取得人具备了取得占有的两个要件。因此，这样的法律效力的产生，取决于先前的占有人放弃其占有的意图，这种情况就被中世纪法学家叫做"简易交付"。

在罗马法中，持有人原则上而言不能够自行将其持有转变为占有，所以不允许"占有的转换"（interversio possessionis），即使他不再以他人的名义来占有，而是以自己的名义来进行占有。在现代法上，则允许"占有的转换"，《意大利民法典》第1164条即有此规定。

占有改定与上述简易交付刚好相反，占有人试图把占有或所有权转移给其他另外一个主体，同时他还以该他人的名义持有该物。这样的情形发生在，比如说某物在被保留了用益权的情况下进行转让，或者某物在保留了租赁的情况下转让。基于占有改定，占有或所有权由取得人取得，占有人转变为持有人。在这里存在着一个主观要素的变化——先前是自主占有，后来转变为他主占有。

在上述两种情形中，只有占有的心素的变化，并不发生对物的亲手交付。但是，对于取得人来说，都不存在获得占有的体素上的缺陷。在简易交付中，他已经获得了占有，而在占有改定中，是从先前的占有人那里获得占有。

占有可以由家父通过其奴隶和家子而获得。在现代理论中，关于通过这样的方式来获得占有是否必须要限于家父本人必须具有占有的意图存在争论。一种理论认为，家父必须对获得占有存在明确的意图；但是，原始文献也认可即使在家父对于获得占有不知情的情况下也可以产生获得的效力。

罗马法上的占有的获得，也适用罗马法上的关于代理的一个基本原则，即

〔84〕 有关这个问题可在罗马法原始文献 D. 23，3，43，1 和罗马法原始文献 D. 41，2，17，1 中看到相关内容，乌尔比安语。

"我们不能通过外人而获得"。[85] 问题在于，这一原则是否存在例外。在古典时代末期，主导的观点认为，代理人和监护人为本人和未成年人而获得占有，虽然未成年人或本人对此并不知情，这就如同通过他权人取得一样。

在占有的问题上，还存在另外一个原则。只要占有的体素和心素没有缺失，占有就处于持续状态。但是，对于仅仅丧失占有的心素的情形，这一原则不一定能适用。仅仅是主观意图的变化，如果没有伴之以被其他人取得占有，那么占有并不失去。如果某人仅仅以言语表明他想放弃某物的意图，但是仍然将该物处于他的支配之下，那么他的法律地位并不由占有人转变为持有人。

六、占有的丧失

如果占有的心素和体素同时失去——如交付和抛弃——那么就自然导致占有的丧失。如果仅仅失去占有的体素，情况就相当复杂。应该认为，失去了占有的体素，那么对物的现实的支配就同时失去了，比如说，如果某人在他人不在家的时候进入他人的房屋或土地，盗窃房屋中的物品或占有土地上的牲畜的时候，先前的所有权人或占有人就被认为已经失去了对物的现实的支配。但是，对物的现实的支配的失去并不总是导致占有的丧失。对于不动产而言，古典法早期的法学理论已经认为，只有当占有人被阻碍重新进入其房屋或土地的时候，或者他明知别人进入了他的房屋或土地，并且放弃试图重新进入的时候，他的占有才失去。此后，占有仅仅是基于占有的意图而存在，是一种观念上的占有，而不是现实的占有，现实的占有已经丧失。比如说，某个人的奴隶逃跑了，那么，奴隶主仍然通过其占有的意图对该奴隶维持一种仅仅是观念层面上的占有，他对奴隶已经不拥有现实的占有。对此，古典法时代的原始文献认为，逃跑的奴隶为那些对其拥有现实支配的人而保存和取得物的占有。这种解决方案实际上等于确认，原来的所有人由于奴隶逃跑并且处于其他的主体的占有之下，而失去了占有。

对于夏季或冬季的渔棚，情况则不一样。根据习惯，这些渔棚在一年中总是有相当长的一段时间内不会被使用，在不使用期间，其所有人或占有人仅仅因其占有的意思而维持占有，而不必辅之以占有的体素。这是出于实践的目的而发展出来的类型。

七、占有的保护

在整个古典法时代，对占有的保护都是通过令状程序来进行。令状的起源主要是为了保护占有者的法律地位。

---

〔85〕 罗马法原始文献 Gai. 2，95，黄译《法学阶梯》，第 110～112 页；罗马法原始文献 J. 2，9，5，徐译《法学阶梯》，第 169～171 页。

盖尤斯将占有令状划分为获得、维持和恢复三种类型。[86] 获得占有令状的目的并不是保护占有，而是使某人获得占有。

对占有的保护主要是通过维持占有令状和恢复占有令状来实现，前者的目的在于维持现状；后者是获得已经失去的对物的现实支配。维持占有令状中最重要的两种类型是现状占有令状和优者占有令状，它们的主要的目的是确定所有物返还之诉中的原被告角色；而恢复占有令状则是针对被暴力剥夺占有的情况。不过，需要注意的是，现状占有令状的目的并不仅仅是保护当下的占有人，它也可能基于一个更优越的名义，把对物的现实的支配赋予物的前手占有人。所以，现状占有令状和制止暴力剥夺令状二者之间在结构上的差别并不是很大，只不过前者是禁止性的，而后者是返还性的。

理论上认为，对占有的保护最初是为了保护那些占有公共土地的占有人的利益，保护的法律工具就是现状占有令状。这种占有人的占有就其与国家的关系而言，是建立在将公共土地向私人占有人所进行的可撤销的授予的基础上。但是，面对其他的第三人，他享有基于和平的占有的基础之上的占有权，这就解释了为什么占有的保护程序从一开始就具有返还性的功能。

在各种与占有有关的令状中，一般认为，最古老的形式是现状占有令状。这一令状主要针对不动产，基于这一令状，裁判官禁止任何人采用暴力的方式来改变目前存在的事实状态，只要当下的占有不是一种瑕疵占有。禁止的命令针对发生争议的双方当事人作出，因此，它有两个誓约和两个相对应的口约。

现状占有令状的目的是保护现实的占有，但是这一占有必须是合格的占有，也就是正当的占有。换言之，对于令状中的相对人而言，它不应该是一个暴力的占有、瑕疵的占有或临时的占有。在此方面，瑕疵占有抗辩不是一个偶然条款，而是这一令状的固有内容。关于暴力，如果先前的占有人被用暴力剥夺其占有，或者被用暴力阻止其恢复对物的现实支配，就属于暴力；隐蔽，则是指某人盗窃别人的物然后加以占有，或者以违反占有人可以推知的意图的方式占有他人的物。

对瑕疵占有中的瑕疵的认定，不可赋予一种绝对的意义，而是在相对意义上而言，也就是说，必须是针对相对人存在暴力、隐蔽和临时的情况。例如，某人以暴力的方式把某土地的占有人驱逐出去，那么，他的占有相对于那个被采用了暴力的人而言是暴力占有，但是，他的占有对其他的第三人而言则不存在暴力的瑕疵。

现状占有令状不仅限于保护物的现实的占有人来对抗第三方的侵扰，而且它

[86] 罗马法原始文献 Gai. 4, 143, 黄译《法学阶梯》, 第356页。

也可以使争议的双方当事人中那个享有正当占有的一方当事人获得占有，这是它的一个非常重要的功能。现实的占有人只有当他的占有相对于对方当事人而言是一种正当占有，他才能够胜诉，如果不是这样的话，他就会败诉。在这种情况下，令状就具有了一种返还性的功能。如果双方当事人的占有都存在瑕疵，比如说，张三对于李四而言是隐蔽占有，但是张三的这种隐蔽占有又被李四以暴力的方式剥夺了，那么在这种情况下，那个最初没有瑕疵的占有人居于优越地位。在上述情况下，最初的李四的占有是无瑕疵占有，因此他可以获得保护。通过这种方式，现状占有令状实际上允许当事人针对不正当占有人采取自力救济的措施。

优者占有令状适用于动产。它与现状占有令状很不相同，在性质上是一种禁止性的令状。裁判官命令禁止采用暴力阻止那个在过去的一年中占有争议物时间较长的人来取得物，一年时间的起算从发出禁令的时候开始。优者，也就是占有时间较长者。关于占有时间长短的比较是相对的，而不是绝对的，换言之，由争议的双方当事人相互进行比较。如果有一方能够证明自己在过去的一年中对争议物占有的时间比对方长，他就获胜。在计算时间长短时，正当占有人可以将其前手正当占有人的占有时间结合起来，但是如果现实的占有人是不正当的占有人，那么就不能进行这样的合并。很显然，优者占有令状具有一种返还性的功能。

恢复占有令状主要是针对被以暴力或武装暴力剥夺的占有的恢复，这只针对不动产发挥作用。在针对以暴力剥夺占有的情形中，裁判官要求那些以暴力将土地的先前占有人驱逐出去的现实的占有人将土地返还给先前的占有人，除非前者本身也是一个不正当的占有人（并且其占有的不正当性是相对于采用暴力的人而言的）。这一令状可以从发生暴力之日起 1 年内行使。就如同现状占有令状一样，这一令状在制止暴力的同时，也在事实上允许正当占有人为了恢复其对物的现实支配而对不正当占有人采取自力救济。

由此可以提出的问题是，既然在法律规范体制上现状占有令状与禁止暴力剥夺令状几乎完全相同，那么引入制止暴力剥夺令状究竟具有何种实质的理由。可能的解释是，正当占有人可以避免现状占有令状过于复杂的程序。

制止武力剥夺令状与制止暴力剥夺令状不同，前者所指的剥夺不仅仅是暴力剥夺，而且是以武装团伙的形式而采用的暴力。在武力剥夺的情形中，不存在瑕疵占有的抗辩，任何人只要使用了武装团伙的暴力而获得了对物的占有，无论如何都必须剥夺他对物的当下的占有，他采取暴力的相对人的占有是否是瑕疵占有在所不论。之所以有这样的限制，主要的目的是对当事人的自力救济的范围和强度进行限制，不允许当事人通过采用武装团伙的方式来进行自力救济。

令状保护程序的积极主体是占有人，也就是那些具有为自己占有物的意思的人。如果同一物上出现占有和持有并存的情况，对于现状保护的优先利益授予给占有人。在令状保护中，持有人对物的管领没有特殊的利益，他可以通过与占有人之间的债的关系来保护自己的利益。如果持有是基于一个他物权，比如说用益权，那么，现状占有令状也被扩用来保护他物权人的利益。但是，这种扩用是否扩展出不动产的范畴之外，存在疑问。如果存在非典型占有，那么，令状保护也授予物的持有人（如质押债权人、物的扣押人、临时占有人），因为，在这里持有人对物的管领也具有特殊的利益。

在后古典时期，优者占有令状与现状占有令状都衰落了。制止暴力剥夺令状采用了一种新的结构，也被叫做现实占有令状。根据主流的观点，在现实占有令状中，不存在瑕疵占有的抗辩。任何人被采用暴力的方法剥夺其占有时，都可以恢复取得物的现实占有，而不管被暴力剥夺的占有本身是否为瑕疵占有。

可以看出，与古典法的体制相比，新的体制对私人的自力救济施加了更加严格的限制。这与当时的社会环境是相联系的。罗马帝国后期，国家的统治力衰落，地方豪强势力崛起，社会结构已经具有了一种前封建社会的特征，因此统治者感觉特别有必要去抑制任何形态的私人暴力，而加强中央权力。这就解释了为什么在现实占有令状中确定了如下规则：任何以暴力的方式来进行自力救济的人，除了必须返还占有之外，如果他是所有人，他还失去所有权，所有权将归于那个被暴力剥夺占有的人；如果采用暴力的人不是所有人，他必须支付相当于暴力剥夺的物的价值的罚金。这样一来，对于占有的防护，已经开始通过刑罚性质的处罚措施来实现。

在优士丁尼的法典编纂中，关于占有的体制在某种程度上重新回到了古典法时期的术语和体制，在形式上恢复了现状占有令状和优者占有令状，优者占有令状被用来保护现实的正当占有人。在优士丁尼法典编纂中，制止以暴力的方式剥夺不动产的令状采用了古典法时期的制止暴力剥夺令状的名称，但是，接受了后古典时代的现实占有令状的两个最重要的特征。这表现为，《学说汇纂》中将制止武力剥夺令状的体制进行了扩展，完全排除瑕疵占有之抗辩；在《法典》中存在一些皇帝谕令，通过施加剥夺所有权或者判处相当于被侵夺的物的价值的罚金来对采用暴力的人进行处罚。

◎ 第七章 债法概论

第一节 债的意义与要素

一、债的起源和意义

（一）债的起源

根据罗马法学家的考证，犯罪或曰私犯是债产生的真正的和唯一的原因。[1]也就是说，原始债的形式只表现为私犯之债。这种债在外部结构上具有所有原始债的特征，在功能上则表现为惩罚性而不是财产性。

由于原始部族以及家庭间的交换关系都是立即完成的，不会在人们之间引发那种称之为债的拘束的紧张状态，而这种紧张状态恰恰会由某一家庭成员的私犯行为触发，进而使他所在的家族利益受到牵连。要想避免激烈冲突甚至战争，就必须对该成员的私犯行为及其后果进行赔偿。罗马人与世界上所有经历过原始社会的部族一样，在私犯之债的处理上留有原始社会野蛮、残酷的特点，即“同态复仇”。他们几乎无一例外地将加害人交被害人任意处置，只是在将加害人卖为奴隶的情况下作了一些限制性规定。按照罗马市民不得在罗马境内被卖为奴隶的原则，加害人必须在罗马境外出售；如在罗马境内则仅仅处于受奴役状态，即处于被害人家庭的买主权下。当然，即使是在原始债时期，加害人还是可以通过“自愿和解”的方式摆脱受奴役状态或者被卖为奴的命运。自愿和解就是为避免处罚，由加害人向被害人支付一定数量的金钱。这笔钱的数目由双方商定，被称为罚金（pena）。罚金一般由加害人本人支付，如果加害人是家子，没有个人财产或无力支付且其家父不愿代偿时，家父必须将加害人交给被害人，这就是“损害投偿”（noxae dare）。另外，在双方当事人就罚金事宜未达成一致的情况下，也必须“损害投偿”。

氏族时期出现了以罚代刑的倾向，罚金逐渐成为人们处理侵害的方式。在双方当事人就罚金数额协商未果的情况下，国家可以按照习俗中规定的比例加以调解，使“自愿和解”成为“法律和解”。国家权力的介入表明国家对这一现象的

〔1〕 P. Bonfante, *Corso di diritto romano*, *Volume quarto le Obbligazioni*, Milano, 1979, p. 35.

认可。古典法时期，和解已普遍适用于私犯。经过协商在加害人与被害人之间建立的罚金关系使被害人成为加害人的债权人，债务人的人身为债的标的，支付一定数额的罚金则是债的履行方式，这就是最早的债——罚金之债。这一债的关系仍然保留着人身执行的特点，在债务人不支付罚金的情况下，债权人享有对债务人人身执行的权利。这一债务可以由第三人代偿，如家父，这一代偿性对其后产生的其他种类之债均有深刻的影响：即使在违反债务人意愿的情况下代偿其债，法律仍旧承认其清偿效力。这一原始之债除了它的刑罚特点和家族私刑特色外，还具有调解功能。也正是基于这一功能，债才渐渐具有了它的新特性——财产性，这一性质使债成为人们之间进行交换的方式和建立财产关系的中介。

优士丁尼时，私犯几乎完全被公犯所取代。在现代法中，私犯只在作为与契约并列的债的渊源时才被提及。由于作为私犯后果的私刑已不存在，私犯在现实生活中亦荡然无存。至于赔偿，它并不是私犯的特有后果。尽管现代刑法保留了某些自诉（私诉）形式，但它已不再属于私法的范畴了。

契约之债是如何产生的，又是以怎样的形式出现的呢？毫无疑问，契约之债并未经历私犯之债的发展过程，它是一种基于当事人合意而开始并以当事人缔结契约而完成的一种债务关系，契约之债也是由此而得名的。尽管在早期人类社会就已经存在不同形式的以物易物和买卖，但是这些交换并不具有契约的形式，因此，历史上第一个契约之债见于金钱的消费借贷（mutuo）[2]，这一契约之债的结构与私犯之债完全相同。消费借贷者本人（借款人）或他指定的第三人，通常为家子，在缔结契约的同时即处于出借人的买主权下，也就是说，将自己或指定的其他人卖给出借人。这一买卖是以一种古老而庄严的方式进行的，以后演变为要式买卖和拟诉弃权。这一买卖使被卖者成为人质或担保人，被卖者进入出借人的家庭，处于受役状态。我们可以看出，这一债的结构完全是模仿私犯之债损害投偿的方式。在私犯之债中，和解协议的执行是以加害人的人身为担保的；在契约之债——金钱的消费借贷中，借款方的人质，即“人”的买卖以与私犯之债类似的方式为契约的履行提供担保。

近代债的起源可以追溯至公元前326年颁布的废除债奴制的《博埃得里亚法》（Lex Poetelia）。当时，有一个叫Lucio Papirio的年轻人，因其家父缔结的契约而在债权人家中为质，即债奴。由于备受债权人的虐待和欺侮，忍无可忍，从债权人家中逃跑。他的勇气和悲惨遭遇感动了大众，人们自动来到库里亚大会会场，向那些来开会的元老们跪下，让他们看这个年轻人满是伤痕的后背，为他求

---

〔2〕 前揭书，第39页。

情。这一情景使元老们深受触动，于是授权执政官就债奴问题制定一项法律，这就是著名的《博埃得里亚法》。按照这一法律，除私犯仍然沿用人身投偿外，废除债奴制，债务的履行不再以债务人的人身为担保，而改为以债务人的财产担保。应当明确的是，这一改变并不意味着债权人在诉讼阶段亦丧失了对债务人人身请求执行的权利。只是说债务人的人身不再是债的标的，只有当债务人的财产不足以偿债时，债权人才可以通过执行程序对债务人的人身谋求执行。《博埃得里亚法》使债获得了新的意义——财产性意义。债的性质发生了本质的变化——从人身性束缚变为财产性束缚，也就是说，那种原始债务关系中的标的为债务人人身，而偿付金钱为债的履行方式的情况彻底发生了变化。金钱成为了债的标的，债不再是一种人身关系而是一种财产关系了。从此，清偿和诉讼的标的变成了钱款和罚金，陷入受役状态成为一种次要的、补充的执行程序。至共和末期，财产拍卖制度使执行具有了完整的财产性质，并最终完成了从人身执行向财产执行的演进。

（二）债的意义

债是这样一种法律关系：一方面，一个或数个主体有权根据它要求一定的给付，或者说，要求实施一个或数个具有财产性质的行为，在未获清偿的情况下，有权请求相应的赔偿；另一方面，一个或数个主体有义务履行这一给付并以自己的财产对不履行承担责任。

债的本质就是对某一主体的法律约束。在优士丁尼《法学阶梯》中就是这样描述债的："债是拘束我们根据我们城邦的法律向他人为给付的法锁。"[3] 罗马人以其独特的想象力将债的关系比喻为一条锁链（vinculum），这一锁链联结的是特定之人——债权人和债务人，而被锁链束缚的则是债务人。罗马人又以一个定语"法律的"（iura）赋予了这条锁链法律强制力。于是，在这条"法锁"（iura vinculum）的束缚下，债务人必须完成承诺的给付义务。在这里，"给付"是指具有财产利益或性质的给付。

"债"（obligatio）一词源于 ligare，原意为"捆绑"。在债的关系中表现为一种约束，一种依据市民法产生的约束，[4] 一种保障履行义务的法律约束。后来人们开始用它来表示债务人的义务，有时亦指债权人享有的权利。此后，"债"具有了双重意义：根据债的关系，债务人得为一定给付，而债权人则有权请求这一给付。根据债的效力，债权人可以对债务人实行约束，并可在债务得不到清偿时要求债务人承担不履行责任。由于这种债务关系受国家法律的保护，因而成为

---

〔3〕 罗马法原始文献 J. 3，13pr.，*Corpus iuris civilis*，Weidmann 1993.

〔4〕 G. Grosso，*Obbligazioni*，Torino，1966，p. 3.

拘束双方当事人的“法锁”。在罗马法中，与“捆绑”——建立债的关系相对应的术语是solutio、solvere、liberare，原意为“解除”、“摆脱束缚”、“解放”，在债的关系中指清偿和因债务关系的消灭而摆脱束缚，获得自由。

在罗马法原始文献中，我们还可以看到另一个关于债的定义——保罗的定义：“债的实质不是带给我们某物或某役权，而是要他人给予某物、做某事或履行某项义务。”[5] 保罗的定义精辟地揭示了债权与物权的本质区别。债的实质不是在物上设定所有权或他物权，而是迫使他人为我们的利益交付一定的物品、为一定的行为或者履行一定的义务。物权的标的为物，是设立在物上的权利；而债权的标的则是人或曰人的行为，是设立在行为上的权利。由于债权的相对性和特定性，法律赋予债权的保护是“对人之诉”（actio in personam）。

从社会经济的角度来看，债权人追求的是履约，换言之，履约是债权人设立债的目的。而从法律的角度来看，债并不是为附有某种目的的权利提供保证，而仅仅是保证履约，或是在履行不能的情况下给予债权人某种财产性补偿。根据债的这一特性，我们似乎可以这样理解：债是这样一种法律关系，按照这一关系，一方当事人向另一方当事人以他的财产作为履行某项义务的担保。

如果我们不愿放弃清偿作为债务履行的第一要素，我们也可以这样解释债的关系：债是一种法律关系，基于这一关系，一方当事人有权要求另一方当事人为具有财产性质的给付或从社会的角度看可以金钱估价的给付。在未获清偿的情况下，有权请求适当的财产性补偿；而另一方当事人有义务完成上述给付，并以自己的财产作为债务不履行的担保。

根据上述债的定义，我们可以看出，债是由以下要素构成的：作为设立债的基础的法律关系、两个或两个以上主体、该主体享有的权利、承担的义务以及该债务的标的。

二、债的渊源及设立方式

（一）债的渊源

债的渊源也就是债发生的原因或依据。罗马人对于这一问题的认识不尽相同，其分类方法大致有三种，被后世称为二分法、三分法和四分法。

1. 二分法。“现在我们来谈谈债。它划分为两个最基本的种类：每个债或者产生于契约，或者产生于私犯。”[6] 这是盖尤斯在他的著名作品《法学阶梯》中采用的分类方法。尽管这一分类高度概括了债发生的原因，但是这样的划分显然并未穷尽债发生的原因。实际上，正是盖尤斯本人发展、完善了债的渊源，并在

---

〔5〕 罗马法原始文献D. 44，7，3pr.，保罗语，丁译《契约之债与准契约之债》，第3页。

〔6〕 罗马法原始文献Gai. 3，88，黄译《法学阶梯》，第226页。

他的另一部著作《法学阶梯精选》中明确地将二分法改为三分法。

2. 三分法。“债或是产生于契约，或是产生于不法行为，或是产生于法律规定的其他原因。”[7] 其中，第三类“法律规定的其他原因”囊括了除契约和私犯之外的所有其他情况。后来，这些原因被优士丁尼一一纳入了准契约和准私犯之中。

3. 四分法。在优士丁尼《法学阶梯》中将债发生的原因归纳为契约（ex contractu）和准契约（quasi ex contractu）、私犯（ex delicto）和准私犯（quasi ex delicto）四类。[8]

拉丁文 ex 是“依据”、“按照”之意，ex contractu 就是“依据契约”的意思，quasi 的意思是“几乎”、“好像”，这样，quasi ex contractu 希望表达的就是“类似契约”、“宛如依据契约”的意思，这便是准契约之债术语的出处了。至于准私犯，优士丁尼认为，那些类似于审判员的误判的情况应当属于准私犯的范畴，因为，这种或许由于无知而产生的债既不是严格意义上的契约之债，也不是严格意义上的私犯之债。“因此，他被视为根据准侵权行为负责，由审判员按其良心认为公允的数额负责偿付。”[9]

优士丁尼的分类方法为后世所继受。债发生的原因依次为合法行为、准合法行为、不法行为和准不法行为。合法行为产生契约之债和准契约之债，而准契约之债大致包括无因管理、不当得利、错债清偿、海损、共有、监护、保佐等。不法行为产生私犯之债和准私犯之债，准私犯之债包括由家子、奴隶、牲畜或物品等的加害行为产生的债关系，此外，还有审判员的误判，在船舶、客店和驿站中发生的损害产生的债务。

（二）债的设立方式

在罗马法中，债的设立方式包括：要物方式、口头方式、合意方式以及要物和口头的混合方式。此外，债还可以依法或依事实设立。

在罗马法原始文献中，我们可以找到不同时期法学家对债的设立方式的论述。盖尤斯认为：“产生于不法行为的债有：盗窃、强盗、对物品的损害以及对人身、财物的非法侵害及对人身的侮辱。上述债是属于同一种类的，是产生于同一类的不法行为的，都是要物之债。然而契约之债却不同，它不仅可以以要物方式产生，还可以以口头方式或合意方式产生。”[10] 莫德斯汀则认为：

---

〔7〕 罗马法原始文献 D. 44，7，1pr.，盖尤斯语，丁译《契约之债与准契约之债》，第3页。

〔8〕 罗马法原始文献 J. 3，13，2，优士丁尼：《法学总论》，张企泰译，商务印书馆1989年版，第159页。

〔9〕 罗马法原始文献 J. 4，5，1pr.，前揭书，第204页。

〔10〕 罗马法原始文献 D. 44，7，4，盖尤斯语，丁译《契约之债与准契约之债》，第5页。

"我们要么以要物方式、要么以口头方式、要么以要物和口头的混合方式、要么以合意方式、或基于法律、或基于荣誉法、或因必然、或因私犯承担债务责任。"[11]

可见，不法行为之债，或曰私犯之债属于要物之债。而契约之债则可以各种方式设立："契约之债，或以要物方式、或以口头方式、或以合意方式设立"。[12]

要物方式是指"当契约是基于物的交付设立时，就是以要物方式承担债务"。[13] 口头方式是指"当我们对前面的提问以与之相适应的言词回答时，就是以口头方式承担债务"。[14] 混合方式是指"当在提问中加入了物的交付，就是以口头和要物的混合方式承担债务"。[15] 合意方式是指"当我们就某物达成合意时，就是为了实现我们的意愿基于合意承担债务"。[16] "单纯的合意就足以产生债的关系，即使不是用语言表达的。"[17] "许多债均可以用示意所表达的愿望设立。"[18] 可见合意之债可以明示或默示的方式设立。[19]

依法设立是指"当我们根据法律的规定做某事，或违反法律的规定做某事时，就是依法承担债务"。[20] "当我们依据永久性告示或长官告示的命令或禁令去做某事，就是基于荣誉法承担债务。"[21] 依事实设立是指"不允许做除了奉命而做以外的事的人，比如必然继承人的情况，就是承担必然债务"。[22]

三、债的要素

（一）债的主体

1. 债权人。在罗马法原始文献中，债权人（creditor）这一概念"不仅仅是指那些借钱给他人的人，而且也是指那些接受他人基于各种原因履行义务的人"。[23] 盖尤斯在《论行省告示》中的这段定义告诉我们，无论履行方式如何，

---

〔11〕 罗马法原始文献 D. 44，7，52pr.，莫德斯汀语，前揭书，第5页。

〔12〕 罗马法原始文献 D. 44，7，1，1，盖尤斯语，前揭书，第3页。

〔13〕 罗马法原始文献 D. 44，7，52，1，莫德斯汀语，前揭书，第5页。

〔14〕 罗马法原始文献 D. 44，7，52，2，莫德斯汀语，前揭书，第5页。

〔15〕 罗马法原始文献 D. 44，7，52，3，莫德斯汀语，前揭书，第5页。

〔16〕 罗马法原始文献 D. 44，7，52，4，莫德斯汀语，前揭书，第5~7页。

〔17〕 罗马法原始文献 D. 44，7，52，4，莫德斯汀语，前揭书，第5~7页。

〔18〕 罗马法原始文献 D. 44，7，52，10，莫德斯汀语，前揭书，第7页。

〔19〕 罗马法原始文献 D. 50，17，142："保持沉默的人不一定表示承认，但肯定没有表示否认。"保罗语，前揭书，第25页。

〔20〕 罗马法原始文献 D. 44，7，52，5，莫德斯汀语，前揭书，第7页。

〔21〕 罗马法原始文献 D. 44，7，52，6，莫德斯汀语，前揭书，第7页。

〔22〕 罗马法原始文献 D. 44，7，52，7，莫德斯汀语，前揭书，第7页。

〔23〕 罗马法原始文献 D. 50，16，11，莫德斯汀语，前揭书，第7页。

在债的关系中，债权人是享有权利之人。

与现代法不同，罗马法的主体范围经历了一个发展演变的过程，在罗马法中是否享有完全的人格权是决定具有完全行为能力的自然人能否成为法律关系权利主体的首要因素。通常，家父和家子是法律关系的主体，但是，在早期法中，家子只能充当义务主体——债务人，至于奴隶，则是债的客体，是财产。因此，只有享有完全人格权的家父或自权人才是严格意义上的债权人。我们甚至可以在原始债中看到家子作为客体的情况。随着社会经济的发展、特有产制度的建立和完善，家子和奴隶才成为“附条件的”债权人。

乌尔比安揭示了享有主体资格的当事人由于身份、地位的不同而导致在债的关系中享有权利或曰享有法律保护的差别：“债权人应当理解为是那些享有市民法之诉（享有的必须是不会被抗辩驳回的市民法之诉）、荣誉法之诉或事实之诉的人。”〔24〕

2. 债务人。债务人（debitor）是“指那些可以向他们索取财物、即使是违反他们的意愿也可以这样做的人”。〔25〕而一旦“债务人获得适当的、不违背公正原则的抗辩时，就不再是债务人了”。〔26〕

抗辩（exceptio）是裁判官的伟大发明，是赋予债务人的特别保护。债务人享有的抗辩主要有：欺诈之抗辩（exceptio doli）、胁迫之抗辩（exceptio metus）、已缔结简约之抗辩（exceptio pacti conventi）、不得再请求简约之抗辩（exceptio pacti de non petendo）、交付出卖物之抗辩（exceptio rei venditae et traditae）等。

由于自然债务关系不受法律的保护，因此，罗马法认为自然之债的债权人或债务人不是真正意义上的债权人和债务人。

3. 家子和奴隶的法定默示代理。早期市民法中，家子和奴隶没有自己的财产，他们的全部行为都是为了家庭的利益，均需遵从家父或主人的指示。这些行为产生的利益全部归家父或主人所有。这种“代理”就是早期市民法的“默示代理”，习俗使然，无需说明。在罗马法中称为“与处在他人支配权下的人订立的契约”，也就是我们通常所说的他权人契约。

共和国中期特有产出现后，他权人之债发生了变化。按照早期法的规定，家子和奴隶是独立负债的，因为他们只能为家父或主人取得利益而不得以任何方式使家父或主人承担债务。为了使交易更为便捷，裁判官规定在下列情况下家父或主人对家子和奴隶缔结的债务承担全部责任：

---

〔24〕罗马法原始文献 D. 44，7，42，1，乌尔比安语，前揭书，第3页。

〔25〕罗马法原始文献 D. 50，16，108，莫德斯汀语，前揭书，第3页。

〔26〕罗马法原始文献 D. 50，17，66，尤里安语，前揭书，第419页。

（1）债务是家子或奴隶按照家父或主人的命令承担的负担性行为。债权人可以按“依令之诉”（actio quod iussu）向家父或主人提出偿债请求。因为“无疑，在主人命令下所做的事，主人要承担全部责任。因为，在一定意义上，契约是与下命令的人订立的”。[27]

（2）如果家子或奴隶被家父或主人任命为船长，那么，债权人享有“船舶经营者之诉”又称船东之诉（actio exercitoria）的保护。“当某人使用他的奴隶为船长，而奴隶在其经营事务范围内与人缔结契约时，基于这种契约产生对主人的船长之诉。”[28]

（3）如果家父或主人任命家子或奴隶为商行总管，那么，赋予债权人“总管之诉”（actio institoria）对抗家父或主人。“我们从总管的管理行为中获得好处，同样，我们也为由他们为我们缔结的契约承担责任或应诉。”[29]

此外，裁判官还规定，在不是按照家父或主人的命令进行的交易中，如果交易利益归家父或主人所有，那么，债权人可以向家父或主人提起诉讼请求偿债。家父或主人得在所获利益范围内承担责任，这一诉讼称为转化物之诉（actio de in rem verso）。

除上述情况外，家父或主人对家子或奴隶的债务原则上仅在特有产范围内承担责任。按照杜贝龙有关特有产的定义[30]，在承担责任时，家父或主人还可以事先从特有产中将家子或奴隶欠自己的债务扣除，尽管市民法不承认这种债务[31]，但是家父或主人仍然享有这一特权。然而，如果家子或奴隶在家父或主人知晓的情况下用全部或部分特有产从事经营活动，则家父或主人不享有债务扣除权。“主人在由奴隶订立的契约中享有特权。但是，如果主人知道该奴隶是以特有产经营一家商行的，根据这项告示的规定，主人不享有上述特权，而与其他债权人的地位相同。”[32]

对于他权人契约，盖尤斯在《论行省告示》第九编中总结道：“即使与处在他人权力下的人订立契约之人无权提起船舶经营者之诉、总管之诉或分配之诉，行省长官也还是以各种方法使他们可以根据公平善良原则得到赔偿。因此，对遵

---

〔27〕 罗马法原始文献 D. 15，4，1pr.，乌尔比安语，前揭书，第369页。

〔28〕 罗马法原始文献 J. 4，7，2，［古罗马］优士丁尼：《法学总论》，张企泰译，商务印书馆 1989 年版，第159页。

〔29〕 罗马法原始文献 D. 14，3，1，乌尔比安语，丁译《契约之债与准契约之债》，第365页。

〔30〕 罗马法原始文献 D. 15，1，5，4，乌尔比安语，前揭书，共367页：“根据杰尔苏在《学说汇纂》第六编中所阐述的原则，杜贝龙为特有产作了如下定义：特有产是奴隶经主人准许而拥有的、独立于主人财产以外的、扣除他对主人所负债务的那部分财产。”

〔31〕 家父或主人与家子或奴隶之间的债权、债务关系属于自然之债，不受市民法的保护。

〔32〕 罗马法原始文献 D. 14，4，1pr.，乌尔比安语，丁译《契约之债与准契约之债》，第367页。

从他人命令而进行的交易，允许对家父或主人就全部债务提起诉讼；对于不是受命而为的交易，但在从交易中获得的利益归家父或主人所有的情况下，允许对家父或主人在所获利益的范围内提起诉讼。不属于上述两种情况的，赋予特有产之诉。"〔33〕

（二）债的标的

1. 标的的种类。我们知道，债的标的指债权的请求对象。虽然罗马人并未给我们留下有关标的的、类似"给付"概念的概括性术语，但是，从债的定义中我们还是可以看到罗马法将债的标的分为以下三种：

（1）"给"或"交付"（dare）。拉丁文原意是"交到手中、提供"，指以任何名义交付一件物品，包括不转移设定在物品上的权利的单纯交付。换言之，"给"在市民法上是指转移物权的行为，而在万民法中则仅仅是转移占有。当然，在严格意义上或术语意义上，"给"通常指转移所有权或其他物权的行为。

（2）"做"或"作为"（facere）。拉丁文原意"做、干、完成、实现"，指单纯的行为。"做"在广义上可以包含"给"的内容，但在狭义上，尤其是在与"给"相对称的情况下，则仅指"作为"（in faciendo）和"不作为"（non in faciendo），不包含任何物上权的转移。"以作为或不作为为标的缔结要式口约的人，似乎是就一件不确定的事情订立口约的。例如：订约挖一条沟、建造一座房屋、让渡对某物的单纯占有即是以作为为标的的要式口约；而订立'你不能做阻止我通过你土地的事情'、'你不能禁止我占有奴隶艾罗特'这样的要式口约，则是以不作为为标的订立的契约。"〔34〕

（3）"履行"（praestare）。拉丁文原意指"履行、担保、承担责任"等。对于"履行"的意义，罗马法学家争议较大。一些法学家认为，"履行"是所有"善意行为"的标的，包括"给"和"做"；"严法行为"的标的则以"给"和"做"分别表示。而另一些法学家却认为，"履行"仅指私犯之债的标的。因为在这种情况下，"给"和"做"均不适用。较占优势的观点是："履行"泛指任一债务的履行而不问其标的是"给"还是"做"，也就是说，"履行"是一个并不具体指明标的性质的一般性术语，可以代替"给"和"做"成为债的标的。

2. 标的的要件。按照罗马法的规定，债的标的必须具备下列要件：可能性、合法性、确定性和利益性即给债权人带来利益。罗马法学家对这最后一个要件，确切地说，对"给债权人带来利益"的性质颇有争议。这一利益必须是具有财产性质的利益，还是纯精神利益也同样被认为是"给债权人带来利益"？事实

---

〔33〕 罗马法原始文献 D. 14，5，1，盖尤斯语，前揭书，第367页。

〔34〕 罗马法原始文献 D. 45，1，75，7，乌尔比安语，前揭书，第383页。

上，在不同的债务关系中对“给债权人带来利益”的性质有不同的理解。总之，上述四项要件普遍适用于所有债的标的，但在契约之债中表现得尤为突出。具体分析如下：

（1）可能性。在罗马法中，对标的的第一个要求就是给付必须是可能的。也就是说，债的标的应当是可交付的或自然界存在的物品。“对于不能给付的物品不产生债。”〔35〕乌尔比安也认为：“那些不能给付或自然界不存在的物品不能成为交易的标的。”〔36〕

按照不同的标准，罗马法将给付不能分为不同的种类。

第一，法律不能。当事人就神法物、不可交易物或某个法律禁止的行为订立契约即导致法律不能。根据莫德斯汀的观点：“在不明知的情况下，作为私人产业购买了圣地、安息地或公共用地的，买卖无效。买方可以向卖方提起买卖之诉，请求返还被骗走的款项。”〔37〕

第二，事实不能。当事人在缔结契约时承担了一项根本不存在的物品或已灭失的物品的给付义务便是事实不能，对此，保罗解释道：“尽管已就买卖的标的达成了协议，但是如果在出售前标的灭失了，那么买卖不成立”。〔38〕

乌尔比安就禁止交易物的问题指出：“任何人都不能接受自己物品的质押和寄托，也不能购买、不确定占有、赁借贷属于自己的物品。”〔39〕

按照罗马法的规定，给付不能应当是实际发生的和绝对的，也就是说，应当是客观的和完全的。因此，给付不能通常指客观不能，即法律不能和事实不能。

第三，债务人不能。在罗马法中，发生在债务人本身的给付不能是主观不能，主观不能又称为债务人不能或给付困难。威努勒对此的解释是：“值得注意的是，当一个人允诺给付一定数量的金钱时，债务关系是立即产生，还是直到他能给付该数目的金钱时才产生？要是他手头没有钱，又找不到可以借钱给他的人怎么办？我认为，上述情况并不能成为客观障碍而只涉及给付能力。给付能力不涉及承诺给付的物品，而只涉及承诺给付的人有无给付困难。此外，当一个人允诺给付奴隶史蒂古时，我们还要去找史蒂古在什么地方。因此，我们对当奴隶史蒂古在罗马时，他的主人允诺在艾菲斯给付该奴隶没有多大兴趣。因为，这也关系到给付能力问题。我认为，在给付金钱和给付奴隶史蒂古之间有一点是相同的，那就是：现在承诺人都不能进行给付。通常，履行困难多产生于债务人方面而不是

---

〔35〕罗马法原始文献 D. 50，17，185，杰尔苏语，前揭书，第 393 页。

〔36〕罗马法原始文献 D. 50，17，135，乌尔比安语，前揭书，第 393 页。

〔37〕罗马法原始文献 D. 18，1，62，1，莫德斯汀语，前揭书，第 397 页。

〔38〕罗马法原始文献 D. 18，1，15pr.，保罗语，前揭书，第 393 页。

〔39〕罗马法原始文献 D. 50，17，45pr.，乌尔比安语，前揭书，第 393 页。

债权人方面。"[40] "在我和一个人订立了一项要式口约而他不能履行契约，但是，另外一个人能够履行该义务的情况下，萨宾写道：债务关系依法确立。"[41]

第四，部分不能。除客观不能和主观不能以外，在罗马法中还有部分不能。保罗曾经以举例方式对此进行了阐述："我买了一栋房子，我和卖方都不知道房子曾遭受过火灾。内尔瓦、萨宾、卡西认为，尽管地基还在，但是交易无效。买方可以请求返还已付的价款。然而，要是房子的一部分还在，内拉蒂认为，房子被烧了多少，还保存下来多少是问题的关键。如果房子的大部分被烧毁，买方可以不完成购买，甚至可以索回已付的价款。但要是房子的一半或一少半被烧毁，那么，买方就必须完成购买。买方在支付了根据一名公正人士的估价，从原价中扣除因遭受火灾而损失的那部分价款后方可解除义务。"[42]

从这段论述中我们可以看出，在发生部分不能的情况下，契约是否有效取决于部分不能的程度。在实际履行时，如果标的只是一半或不足一半遭到损毁，那么，属于部分不能，契约有效；如果损毁严重，超过了标的的一半，则为事实不能，契约无效。这就是罗马法有关部分不能的一般原则。

由于给付不能是导致契约无效的原因，因此，并不引发严格意义上的契约责任。然而，在能证明给付不能是因债务人的过失造成的情况下，债务人须负赔偿责任，这一赔偿包括可得利益和期待利益。

（2）合法性。当债的内容违反公共秩序或善良风俗时即构成违法，[43] 导致法律行为无效。因为"善意诉讼不应当允许违背善良风俗的给付"。[44] 因此，标的在道德层面上必须符合法律的规定。

为了做一件不道德的事，如扰乱婚礼，或者为致人损害，或者为完成一项本来就该履行的义务而在契约中规定支付报酬是不符合道德规范的。"在明知的情况下，我们不能购买一名自由人；也不能允许附有'当他成为奴隶时'这样条件的买卖契约或要式口约存在。尽管我们说过可以购买未来的物品，但是期望这样的情况的出现是不能允许的。"[45]

（3）确定性。马尔切勒在《学说汇纂》第五编中说："当一个人订立要式口约让他人为自己建造一幢房屋时，只要确定了在什么地方建房，在哪里建房符合

---

〔40〕 罗马法原始文献 D. 45, 1, 137, 4, 威努勒语，前揭书，第 395 页。

〔41〕 罗马法原始文献 D. 45, 1, 137, 5, 威努勒语，前揭书，第 395 页。

〔42〕 罗马法原始文献 D. 18, 1, 57pr.，保罗语，前揭书，第 395 ~ 397 页。

〔43〕 M. Talamanca, *Istituzioni di diritto romano*, Milano, 1990, p. 519.

〔44〕 罗马法原始文献 D. 22, 1, 5, 帕比尼安语，丁译《契约之债与准契约之债》，第 399 页。

〔45〕 罗马法原始文献 D. 18, 1, 34, 2, 保罗语，前揭书，第 399 页。

他的利益，就可以产生债权。"[46] 这说明，一旦当事人对债的标的作出了决定，债即依法成立。

在罗马法中，确定标的的权利属于当事人，只有在当事人无法确定或不愿确定的情况下，才由当事人指定的第三人行使这一权利，而当事人则必须服从他的决定："要是酬金是根据他人的估计泛泛地允诺的，赁借贷不成立。但要是由蒂提来确定酬金的数额，那么，在这种情况下，赁借贷有效。因此，在被指定的人确定了酬金数额的情况下，无论怎样，赁借贷有效，应当根据他确定的数额支付酬金。要是被指定的人不愿意或不能确定酬金的数额，那么，赁借贷不成立。因为，酬金的数额没有确定"。[47]

罗马法对确定性的要求起初是"切实的和绝对的"，也就是说，债的内容必须明确具体。至古典法时，这一要求被表述为"确定的或能够确定的"，即在订立契约时，只要求标的具有相对确定性或曰有确定的可能。原始文献中有这样的表述："如果一个人这样完成购买：我以100元的底价加上当我以高于100元售出该土地后的差额购买一块土地，出售有效并立即完成。因为，有一个确定的底价100元。此后，如果买方想以高于100元的价格售出土地，那么，卖价也就相应地提高了。"[48]

正是这一灵活的规定，使人们得以未来物为标的订立契约。"没有实物的出售，无论是买还是卖，都是令人费解的。然而，以尚未成熟的果实，尚未出生的动物或奴隶为标的的买卖却可以正常进行。一旦动物或奴隶降生，买卖契约从订立之日起生效。如果卖方说动物或奴隶没有出生或没有收获果实，那么，买方可以提起买卖之诉。"[49]

在罗马法中，我们甚至在彭波尼的作品中可以看到有关射幸契约的规定："有时，没有实物的出售也是可以理解的。比如，射幸契约：购买尚未捕到的鱼、尚未猎到的鸟，或是购买奖券，即使什么也没得到，购买却早已完成。因为，这是'希望'的买卖。那些凭奖券取得的物品，即使遭受追夺，亦不因购买而产生债。因为，买卖双方都清楚这项交易意味着什么。"[50]

（4）利益性。按照占主导地位的观点，这一利益应当是财产性利益。换言之，在给付不能或无法实际履行的情况下，这一利益应当是能够用金钱计算并补偿的。

由于设立债的目的是为自己获取利益，而向第三人为给付并不给债权人带来

---

〔46〕 罗马法原始文献 D. 45，1，95，马尔切勒语，前揭书，第401页。

〔47〕 罗马法原始文献 D. 19，2，25pr.，盖尤斯语，前揭书，第403页。

〔48〕 罗马法原始文献 D. 18，1，7，2，乌尔比安语，前揭书，第401页。

〔49〕 罗马法原始文献 D. 18，1，8pr.，彭波尼语，前揭书，第403页。

〔50〕 罗马法原始文献 D. 18，1，8，1，彭波尼语，前揭书，第403页。

利益。因此，罗马法明确规定当事人只能为自己的利益订立契约，任何为第三人约定的事项均无效。“我们依据我们订立的契约所做的事情，除非自始就是为我们自己的利益设立的债务，否则，我们所做的一切均无效。”〔51〕除不得为第三人订立契约外，罗马法还进一步规定任何人亦不得为第三人提供担保：“无论什么人都不得以简约、要式口约、或宣称依据某项法律为第三人提供担保。”〔52〕

不得为第三人订立契约的规则（alteri stipulari nemo potest）是由著名罗马法学家库伊特·穆齐·斯凯沃拉于公元前 1 世纪初创制的，并成为罗马人遵循的基本信条。随着时间的推移，为了满足交易的需要，罗马法承认在能给自己带来好处的情况下向第三人给付的契约的效力：“如果一个人订立了这样一项要式口约：在能给自己带来好处的情况下向第三人给付。那么，在这种情况下，我们认为，要式口约有效。”〔53〕

从上述罗马法学家的论述中我们可以看出：当缔约人与受益人（第三人）之间存在某种利害关系时，或者更准确地说，向第三人给付是一种本来就应当由缔约人履行的给付时，为第三人利益订立的契约有效。因为，这种契约在一定意义上是缔约人为自己订立的。因而，即使契约实际上是为第三人利益订立的，罗马法仍然承认它的效力。

为了不违背“不得为第三人订立契约”的基本原则，罗马法规定这类契约必须采用下列形式：“如果你不给付蒂提一块位于斯特兰的土地，你允诺给我 100 枚金币吗?”从形式上看，100 枚金币是债的标的，而为第三人利益给付一块土地则是契约的附加条件，是履行的方式。因此，尽管实际受益人是第三人，但是，这一契约就形式而言是债权人为自己订立的，并未违反罗马法的基本原则。在债务人不履行契约——给付土地的情况下，债权人仍然能够从契约中获得利益——100 枚金币。

简言之，罗马法规定，原则上任何人不得为第三人利益订立契约，如果确有需要，则必须以主债的形式订立罚金条款以保证债权人的利益。

第二节　债的种类

按照不同的标准，罗马法将债大致分为以下几种：市民法之债与万民法之债、法定之债与自然之债、特定之债与种类之债、可分之债与不可分之债、按份

---

〔51〕罗马法原始文献 D. 44，7，11，保罗语，前揭书，第 365 页。

〔52〕罗马法原始文献 D. 50，17，73，4，库伊特·穆齐·斯凯沃拉语，前揭书，第 411 页。

〔53〕罗马法原始文献 D. 45，1，38，22，乌尔比安语，前揭书，第 413 页。

之债与连带之债、简单之债与选择之债、单一主体之债和多数主体之债、单纯之债与附条件或附期限之债，此外，尚有契约之债、私犯之债、准契约之债、准私犯之债等分类方法。

一、市民法之债与万民法之债

这是依据对债的保护方法为标准进行的划分。受市民法保护的债务关系或曰债权人享有市民法诉权的债务关系为市民法之债（obligatio civilis)，主体为罗马市民。受万民法保护的债务关系为万民法之债，又称裁判官法之债（obligatio honoraria)。

二、法定之债与自然之债

法定之债（obligatio legis）指依法成立并受诉权保护的债务关系，如市民法之债和万民法之债。自然之债（obligatio naturalis）指那些尽管产生某些法律规定的效力，但因欠缺法律规定的要件而不被法律承认亦不受法律保护的债务关系；或曰自然之债是由于某种原因而有瑕疵或被撤销、废除的市民法之债。

至于自然之债的成立是否一定要具有市民法债因，多数法学家认为，市民法债因应当成为自然之债的成立要件，但是并无定论。[54] 简言之，法定之债为有诉权之债；自然之债为无诉权之债。因此，“自然之债的债务人，依据万民法进行给付，基于善意之诉承担责任”。[55]

在罗马法中，自然之债大致包括：因各种原因不受法律保护的债务关系，如家父对家子负有的债务，主人对奴隶负有的债务，被监护人或被保佐人在未经监护人或保佐人同意情况下承担的债务等；因各种原因不再受法律保护的债务关系，如人格减等之人在人格未发生变化前负有的债务，承审员错误地免除债务人的债务，债权人放弃请求权、诉权的债务，被债权人免除的债务以及欠缺法定要件的债务等。

正如罗马法学家保罗阐述的那样：“实际上，即使是赦免了债务，债务人不再是市民法之债的债务人了，但仍然是自然之债的债务人。”[56] 从自然债务的类型中，我们可以看出，自然债务主要涉及家族内部关系，事实上最初亦产生于家族内部，因此，被视为事实之债。

自然之债的效力主要表现在：

(1）自然之债一旦清偿就不得请求返还。“自然之债应当受到重视不仅是因为有专门为自然债务设立的诉讼，而且还因为自然之债一旦清偿就不得请求返

---

〔54〕 P. Bonfante, *Corso di diritto romano*, *Volume quarto le Obbligazioni*, Milano, 1979, pp. 202 ~237.

〔55〕 罗马法原始文献 D. 50，17，84，1，保罗语，丁译《契约之债与准契约之债》，第321页。

〔56〕 罗马法原始文献 D. 12，6，60pr.，保罗语，前揭书，第323页。

还。事实上，虽然在狭义上不认为自然债务人是债务人，但是在广义上他们却仍然是债务人。”[57]

（2）“可以为自然之债设立债务担保人”。[58]

（3）“在自然债务存在的情况下，质权继续有效”。[59]

（4）“自然之债也可以进行抵销”。[60]

（5）可以通过更新将自然之债变更为市民法之债。

至优士丁尼时，除无诉权外，自然之债产生所有债的效力。由于法律允许以自然之债抵销市民法之债，因此，抵销被认为是自然之债产生的最重要的效力。

三、简单之债与选择之债

这是以标的是否具有可选择性为标准进行划分的。不具可选性的是简单之债或单一之债。允许选择的为选择之债（obligatio alternativa），在无特别约定的情况下，选择权属于债务人。“如果债权人不附加任何条件地就接受给付这样或那样物品订立要式口约，那么，就意味着允许债务人直到实际履行前均可随时改变自己以前的决定。因为，表示出的愿望往往与在实际履行时所显示出的愿望不一致。”[61]

在选择之债中，如标的之一灭失，选择之债变为单一之债。在这种情况下，如果债务人享有选择权，第一标的灭失的风险由债务人承担。“如果订立了一项这样的买卖契约：我向你购买奴隶史蒂古或奴隶庞菲罗，并在要式口约中规定由你决定你想出售的奴隶。在这种情况下，如果一名奴隶死了，那么，就要给付还活着的那一个。”[62] 然而，“要是两名奴隶中的一个因债务人的过失而死亡，并且是债务人有选择权，那么，债权人只能请求给付那名还活着的奴隶。无论死亡奴隶的价值如何，债务人均不得给付那名死亡奴隶的价金。因为，这一原则是为债权人的利益制定的，因此，是对债务人不利的。如果嗣后另一名奴隶也死亡了，并且不是因债务人的过失造成的，无论怎样，债权人均不得依据契约对债务人提起诉讼。[63] 因为，在这种情况下，后一名奴隶的死亡不在契约规定的不履

〔57〕 罗马法原始文献 D. 46，1，16，4，尤里安语，前揭书，第323页。

〔58〕 罗马法原始文献 D. 46，1，7，尤里安语，前揭书，第323页。

〔59〕 罗马法原始文献 D. 20，1，14，1，乌尔比安语，前揭书，第323页。

〔60〕 罗马法原始文献 D. 16，2，6，乌尔比安语，前揭书，第325页。

〔61〕 罗马法原始文献 D. 45，1，138，1，威努勒语，前揭书，第341页。

〔62〕 罗马法原始文献 D. 18，1，34，6，保罗语，前揭书，第345页。

〔63〕 后一名奴隶的死亡不是债务人的过失造成的，因此，根据法律的规定，债权人不享有买卖之诉。

行的范围内。然而，不法行为[64]是应该受到惩罚的。[65] 因此，赋予债权人以欺诈之诉的保护是有理由的"。[66] 如果债权人享有选择权，那么，债权人既可以选择第二标的的实际履行，也可以选择请求第一标的的价金。[67] 当然，在标的因非债务人的过失灭失的情况下，第二标的灭失的风险由债权人承担："第一名被出售奴隶的风险由卖方承担，而第二名被出售奴隶的风险则由买方承担。如果两名奴隶都死了，那么，口约中规定的价款要由买方支付。因为，如果有一个还活着的话，则无论怎样，风险都由买方承担。在买方能由自己决定他所想购买的奴隶的情况下，同样适用这一规定。因为，赋予买方的只是决定自己想买什么的选择权，而不是是否要买的决定权。"[68]

当事人可以在契约中将选择权赋予债权人、债务人甚至第三人。按照罗马法的规定，选择权是具有人身性的权利，因此，"如果奴隶或家子订立了如下一项要式口约：你允诺给付这样或那样我想要的物品吗？选择权不属于家父或主人，而属于家子或奴隶"。[69] "上述原则亦适用于第三人享有选择权的要式口约。例如，以这种方式订立的要式口约：给我两件物品中蒂提选中的那件。债权人只有权就蒂提选中的那件物品请求给付。"[70]

此外，罗马法还规定在债权人或债务人享有选择权的情况下，选择权可以继承。在原始文献中有这样一个片段值得关注："如果我就一件或另一件我想要的物品订立了一项要式口约，这一选择权是具有人身性的，可以赋予奴隶或家子。如果债权人在做出选择前去世了，选择权连同债权一起转移给他的继承人。"[71]

四、特定之债与种类之债

特定之债是以特定物或不可替代物为标的成立的债务关系。罗马法规定：特定物灭失的损失由债权人承担。

种类之债（obligatio generis）是以种类物或可替代物为标的设立的债务关系。按照"种类物不灭失"（genus non perit）的罗马法原则，种类物灭失的损失由债务人承担。在种类之债中也存在选择权的问题，与选择之债相同，选择权默示地属于债务人。在实际履行前，当事人有权请求变更选择权。

---

〔64〕 指因债务人的过失造成第一名奴隶死亡的情况。

〔65〕 债权人虽然不能依据买卖契约本身提起买卖之诉，但是，对于因债务人过失造成的履行不能，债权人是有权请求赔偿的。在这种情况下，承审员一律赋予债权人以欺诈之诉的保护。

〔66〕 罗马法原始文献 D. 46，3，95，1，帕比尼安语，丁译《契约之债与准契约之债》，第 345 页。

〔67〕 D. Dalla e R. Lambertini, *Istituzioni di diritto romano*, Torino, 1996, p. 323.

〔68〕 罗马法原始文献 D. 18，1，34，6，保罗语，丁译《契约之债与准契约之债》，第 345 页。

〔69〕 罗马法原始文献 D. 45，1，141pr.，盖尤斯语，前揭书，第 341 页。

〔70〕 罗马法原始文献 D. 45，1，141，1，盖尤斯语，前揭书，第 341 页。

〔71〕 罗马法原始文献 D. 45，1，76pr.，保罗语，前揭书，第 341 页。

由于种类物不会灭失及可替代的属性，债务人可以自由选择标的物，但是，按照罗马人的习惯和善意的要求，作为债标的的种类物，其品质不应低于中等品质。“盖尤斯·卡西写道，一般遗赠，如奴隶的遗赠，应当遵循的原则是：不能遗赠最好的奴隶，也不能遗赠最差的奴隶。这一原则在我们的皇帝和塞维鲁皇帝的批复中得到了确认。其批复如下：在遗赠奴隶时，不得挑选总管。”〔72〕

在谈及物品的消费借贷时，彭波尼认为：“对于用于消费借贷的物品，尽管我们没有在契约中规定要返还同等品质的物品，但是，仍然不允许债务人返还同种类物品中劣于出借物品质的物品。〔73〕例如：借的是陈年葡萄酒而返还的是新酿制的葡萄酒。因此，尽管在契约中没有明确规定，但是，仍应返还与出借物相同种类、相同品质的物品。”〔74〕

对于这些限制性规定，一些人认为具有普遍意义，另一些人则认为应当赋予债务人较大的选择自由，因此，只应适用于遗赠和善意契约。

五、可分之债与不可分之债

这是以标的的性质是否因分割而改变为标准进行的划分。可分之债（obligatio divisibilis）指分割后不改变标的物整体性质之债。因此，可以部分履行。不可分之债（obligatio indivisibilis）指在不改变标的物整体性质的情况下，不能进行分割的债。“在所有这些要式口约中，一些允许部分履行。如：订约给付 10 枚金币。而另一些则不允许部分履行，就像我们就步行权、驾车通行权、骑马通行权订立要式口约时那样。因为，上述权利按照它们的性质不能进行分割。”〔75〕

通常，以“给”（dare）为标的之债是可分之债，因为设立在标的物上的权利可由部分构成。事实上，债的可分割性往往不是指物品的可分割性，而是指设立在物品上的权利的可分割性。在以“给”为标的之债中，唯一的例外是役权的给付，由于役权是不可分割的，因此，我们设立的役权之债是不可分之债。

以“做”（facere）为标的之债通常是不可分之债。“不可分割物在要式口约中亦不能分割。我认为上述原则亦适用于以作为为标的的要式口约。如：交付一块土地、开渠、建造房屋、完成某项劳务或去做其他类似的事情。分割上述物品将导致要式口约无效。”〔76〕但是，那些以可替代的劳动成果为标的的“作为”之

---

〔72〕 罗马法原始文献 D. 30，37pr.，乌尔比安语，前揭书，第 355 页。

〔73〕 按照罗马人的习惯，在消费借贷中，如果返还的物品的品质劣于出借物，那么就认为返还的不是同种类的物品，是违背消费借贷原则的，因此是不能允许的。

〔74〕 罗马法原始文献 D. 12，1，3，彭波尼语，丁译《契约之债与准契约之债》，第 75 页。

〔75〕 罗马法原始文献 D. 45，1，2，1，保罗语，前揭书，第 387 页。

〔76〕 罗马法原始文献 D. 45，1，72pr.，乌尔比安语，前揭书，第 387 页。

债是可分之债。[77]

区分可分之债与不可分之债对多数主体之债有重要意义。在可分之债中，适用按份之债的规则：债权人可为部分请求，债务人可为部分给付；在不可分之债中，则适用连带之债的规则：债权人只能请求全部给付，债务人亦对全部债务承担连带责任。

六、单一主体之债和多数主体之债

这是以主体是否为多数为标准进行划分的。债权人一方和债务人一方均为单数时是单一主体之债；债权人或债务人一方或双方均为多数时是多数主体之债或多数人之债，多数人之债又分为按份之债和连带之债。

七、按份之债与连带之债

这是按照多数主体享有权利或承担义务的情况为标准进行划分的。

（一）按份之债

当债在不同的债务人或债权人之间进行分割，使每个债务人只承担给付总额的一部分或只有权要求给付其中的一部分时，实际上出现的不仅仅是数个债务人或数个债权人，而且出现数个标的。其中每个标的只代表整个标的的一部分，只是考虑到各个标的统一在一个总标的中，这种债相对各主体而言才被称为“按份之债”（obligationes pro parte o pro rata）或“份额之债”。简言之，按份之债指在债务关系中，有数个债务人或数个债权人，而标的却只有一个。该标的得在数个债务人或数个债权人之间进行分割，从而使每个债务人仅就部分债务承担责任而每个债权人仅得就部分债权请求给付。

在这种债务关系中，债权人或债务人享有的是份额权利或份额义务，因此，各主体在自己的份额权内独立地对他方主体承担责任，各多数主体间没有任何关系。

由于连带之债通常是明示的，因此，在当事人未明确规定的情况下，应当认为多数主体之债是按份之债，“有这样一项要式口约：‘尤里斯、卡尔布订立要式口约收取一定数量的金币，安东尼·安哥里与高尔纳卢·提乌为承诺人。’这两个承诺人是就各自的份额承担责任的。因为，没有说明他们二人是作为连带债务人承诺履行全部给付义务的”。[78]

按份之债可以是等份额之债，也可以是不等份额的按比例之债。最常见的份额之债是等份额之债，“当有字据证明一个人与另外一个人一起就接受100枚金币的给付订立了要式口约，但是没有附加说明他们是连带债权人。在这种情况

---

〔77〕 这些劳动成果被形象地称为“可称、量、计数的”，尤其指那些由被解放的奴隶们完成的工作。

〔78〕 罗马法原始文献 D. 45，2，11，2，帕比尼安语，丁译《契约之债与准契约之债》，第357页。

下，似乎应当理解为他们是以均等的份额订立要式口约接受清偿的”。[79]

（二）连带之债

连带之债（obligationes in solidum）指在多数人之债中，对数个债务人或数个债权人而言，债是不可分割的整体，因此，每个债务人得就全部债务承担责任，而每个债权人则可就全部债权请求给付。任一债务人的清偿行为或任一债权人接受清偿的行为均产生消灭债的效力。也就是说，在连带之债中，对于各债务人而言，债是完整的、连带的，每个债务人均有义务履行全部债务；而对各债权人而言，则有权要求完整的给付，因此，债对多数主体表现为选择的方式，即在各不同主体间选择其一，从而使债务或债权一次消灭。从主体的角度，罗马法将连带之债分为连带债务和连带债权。

乌尔比安为我们详细描述了连带债务的情况：“在两个人为连带债务人的情况下，可以向两个人中的任一人为全部给付的请求。因为，对连带债务人而言，每个人均对全部债务承担清偿责任。因此，可以向他们中的任一个为给付请求。无疑，履行了全部债务的连带债务人可向另一个连带债务人追偿。”[80]

在连带债务人均有偿付能力的情况下，罗马法规定，债权人有权选择他认为适宜之人请求给付：“在每个人都有履行能力的情况下，他们应各自就自己的部分承担责任。既然债务人都有能力履行，似乎更为公平的是允许债权人挑选他所愿意的人起诉。只要他愿意向被起诉的债务人转让他的诉权以对抗其他的债务人。”[81]

在连带之债中主体表现为多数，而客体只有一个，标的的单一性和不可分割性是连带之债的特点。尽管连带债务人得就全部债务承担责任，但是，除连带责任相同外，人们不能不承认在连带之债中同样存在数债的事实，并从数债关系的本意上去设想它们。因此，罗马法认为各个不同的债可以采用不同的方式加以调整，也就是说，连带债务人可以不同方式承担债务，“在两个连带债务人中，一个可以是附期限或附条件地承担责任的连带债务人。这一期限或条件不构成向另一个承担单纯债务的连带债务人请求给付的障碍”。[82]

虽然罗马法承认连带之债中的数债关系，但是，以同一行为设立的债，通常更多地被理解为共有之债，而不是份额之债。当然，按照罗马法的规定，共债的成立不仅需要当事人在订立契约时明确指出行为的单一性，还需要当事人有连带

〔79〕 罗马法原始文献 D. 45，2，11，1，帕比尼安语，前揭书，第 357 页。

〔80〕 罗马法原始文献 D. 45，2，3，1，乌尔比安语，前揭书，第 361 页。

〔81〕 罗马法原始文献 D. 19，2，47，马尔切勒语，前揭书，第 363 页。

〔82〕 罗马法原始文献 D. 45，2，7，佛罗伦汀语，前揭书，第 359 页。

举债的意思表示，否则，债将在当事人之间进行划分。

古典法时期，由于罗马法要求各连带债务人之间互为担保，因此，在连带之债中不承认追索权，因为，债务人在清偿全部债务时是在履行一项自己的义务，无论是作为债务人还是作为债务担保人。当然，在债务人为全部清偿后，各共债人可以依据他们之间的另一种关系要求补偿：如果共债人是为合伙目的举债，清偿了全部债务的债务人可以提起"合伙之诉"向其他合伙人求偿；如果共债人是共同继承人，则可以提起"遗产分割之诉"；如是共有人，可以提起"共同财产分割之诉"。至优士丁尼时，追索权得到了普遍承认。

罗马法有关连带之债的规定还有：

（1）"在两个连带债权人中的一人提起诉讼的情况下，债务人向另一个债权人进行给付，给付无效。"[83]

（2）"当两人就同一笔款项承担给付责任而其中一人因人格减等解除债务责任时，另一人并不因此而解除履行责任。"[84]

（3）"如果两个连带债务人不是合伙人，那么，他们中的一人与债权人之间的债权债务的抵销对另一人不发生效力。"[85]

（4）"一名连带债务人的迟延对另一名连带债务人不构成损害。"[86]

（5）在发生混同的情况下，不发生整个债的混同，只解除发生混同的债务人的责任。

八、单纯之债与附条件或附期限之债

未附加任何条件、期限或负担之债是单纯之债。

（一）附条件之债

按照罗马法的规定，当事人可以约定以将来发生的事件决定债的效力的发生或终止，这就是附条件之债（conditio）。对于附条件之债，罗马法规定：在条件成熟之前，不得请求给付。[87]

此外，罗马法对附加条件的时机、内容及效力作了一系列限制性规定：

（1）"条件只有在债设立时加入才有效"，"而不能在债的设立已经完成之后再加入。因为，在这种情况下，当条件成就时，债务人可以依据不得再请求简约或依据欺诈之抗辩拒绝债权人的请求"。[88]

---

〔83〕罗马法原始文献 D. 45，2，16，盖尤斯语，前揭书，第359页。

〔84〕罗马法原始文献 D. 45，2，19，彭波尼语，前揭书，第361页。

〔85〕罗马法原始文献 D. 45，2，10，帕比尼安语，前揭书，第361页。

〔86〕罗马法原始文献 D. 50，17，173，2，保罗语，前揭书，第361～363页。

〔87〕罗马法原始文献 D. 12，1，9pr.，乌尔比安语，前揭书，第75页。

〔88〕罗马法原始文献 D. 44，7，44，2，保罗语，前揭书，第329～331页。

(2) 附加了不可能实现的条件的契约无效，因为“当设立了一个全体都知道是不可能实现的条件时，显然意味着他们并没有设立契约的愿望”。[89]

(3) 不得以债务人必须完成的事项为附加条件。“以要式口约中已经规定了的、无论怎样都会完成的事情为条件的要式口约视为单纯的要式口约。”[90]

(4) 不得附加违反公共秩序或善良风俗的条件。乌尔比安曾经指出：“我们不仅不能在要式口约中附加‘当你去世时’这样的条件，而且也不能附加‘如果你去世了’这样的条件。因为，正如以‘当你出生时’或‘要是你出生了’为条件的要式口约无效一样，以死亡为条件的要式口约亦无效。”[91] 保罗也认为：“在明知的情况下，我们不能购买一名自由人；也不能允许附有‘当他成为奴隶时’这样条件的买卖契约或要式口约存在。尽管我们说过可以购买未来的物品，但是，期望这样的情况的出现是不能允许的。”[92]

(5) 不得附加违反善意原则的条件。在原始文献中有这样一个规则：“附有‘如果我愿意’这样的条件，不产生任何债。因为，如果我不想给你我允诺给你的物品，你不能强迫我进行给付。因此，在这种情况下，我所作的允诺无效。”[93]

(6) 允许附条件地购买属于自己的物品。“我可以附条件地购买现在属于我的物品。这个条件就是‘当它不再属于我的时候’。”[94]

(7) “错误履行的附延缓条件之债，条件未成就时，可以请求返还；条件已成就的，不得请求返还。”[95]

(二) 附期限之债

在契约中，当事人除可以附加条件以外，还可以附加期限（dies），即以未来的某一时刻为开始行使请求权的时间或终止行使请求权的时间。

保罗这样解释期限：“期限应从两方面进行分析：或是附起始期限，或是附终止期限。我们来看一下这样一项允诺：‘你允诺3月1日给我某物吗？’这就是附起始期限之债。根据这一允诺的性质，在这一期限到来之前，不得提出任何清偿请求。然而，要是说：‘你允诺到下个月的一号以前给我某物吗？’就是附终止期限之债。但是，债是不能附加终止期限的，正如遗赠不能附终止期限一样。因为，我们认为，开始约束某个人的这类附终止期限的债务，可以用特定的方式

---

[89] 罗马法原始文献 D. 44，7，31，马尔西安语，前揭书，第333页。

[90] 罗马法原始文献 D. 46，2，9，1，乌尔比安语，前揭书，第331页。

[91] 罗马法原始文献 D. 45，1，46，3，乌尔比安语，前揭书，第331页。

[92] 罗马法原始文献 D. 18，1，34，2，保罗语，前揭书，第399页。

[93] 罗马法原始文献 D. 44，7，8，彭波尼语，前揭书，第333页。

[94] 罗马法原始文献 D. 18，1，61，马尔切勒语，前揭书，第397页。

[95] 罗马法原始文献 D. 12，6，16pr.，彭波尼语，前揭书，第331页。

停止对他的约束：无疑，即使允许在这类债务中附终止期限，期限届满后[96]，债权人会因不得再请求简约，或因欺诈之抗辩而遭拒付。同样，在让渡土地时，如果一个人允诺让渡不包括地表物在内的土地，那么，这一允诺没有任何效力。因为，不让渡的地表物显然是与土地联系在一起的。因此，这样的允诺没有实际意义。"[97]

"期限开始"和"期限到来"是在附期限之债中经常使用的概念。"期限开始指从这一时刻起开始对一笔款项享有权利；期限到来意味着从这一时刻起可以就这笔款项为给付请求。"[98]

按照当事人的约定，期限既可为债权人的利益设立，亦可为债务人的利益设立，当然，同样可以为双方当事人的利益设立。在债权人享有期限利益的情况下，可以放弃期限利益，在期限届满前请求给付，而在债务人享有期限利益的情况下，则不得在期限届满前请求给付；在债务人享有期限利益的情况下，同样可以放弃期限利益立即清偿，债权人不得拒绝受领；如拒绝受领，则构成受领迟延。

在罗马法中，不允许在要式行为中附加期限或条件，"比如：要式买卖、正式免除、接受继承、挑选奴隶的权利、监护人的选任，都将因附加了期限或条件而出现权利瑕疵。但是在有些情况下，为了不使上述行为无效，可以默示地附加期限或条件。比如：在债务人默示地承担了一定条件的情况下作出正式免除，则认为该正式免除有效，就像附条件之债的条件成就了一样。然而，如果在正式免除中明示地附加了上述条件，那么，无疑会导致正式免除无效"。[99]

第三节　债的履行

在罗马法中，履行（solutio）是消灭债的最基本的也是最重要的方式。"Solutio"的本义是"解除"，源于原始之债，指在清偿后，由债权人实际"解除"捆绑债务人的锁链。当"Solutio"开始作为抽象术语使用时，便泛指债务的履行了。乌尔比安对履行的解释是："'履行'一词应当理解为任一方式的清偿。当某人做了他允诺做的事情时，我们说'履行'。"[100]

---

〔96〕期限届满，意味着债权人不再有权请求给付。因为，到这一天债停止履行，成为自然债务。而期限未到，债权人又不得提出给付请求。因此，所附加的终止期限没有实际意义。

〔97〕罗马法原始文献 D. 44，7，44，1，保罗语，丁译《契约之债与准契约之债》，第 329 页。

〔98〕罗马法原始文献 D. 50，16，213pr.，乌尔比安语，前揭书，第 333 页。

〔99〕罗马法原始文献 D. 50，17，77，帕比尼安语，前揭书，第 335 页。

〔100〕罗马法原始文献 D. 50，16，176，乌尔比安语，前揭书，第 421 页。

一、履行原则

罗马法的基本原则是："契约应当按照订约时规定的方式履行。因此，我们订立的要物契约，就应当以交付实物的方式履行。如同我们订立消费借贷契约，应当以归还相同数目的金钱来履行一样。当我们订立口头契约时，我们或是以口头方式，或是以要物方式来履行。以口头方式履行是指债权人口头向债务人声明已经获得了清偿。以要物方式履行则是指实际交付允诺的物品。买卖契约、赁借贷契约的履行亦如此。"〔101〕

二、履行主体

在主体方面，罗马法规定，履行人首先应当是债务人，同时允许任何第三人的替代履行，即不问他与债务人的关系如何，也不必事先得到债权人的同意，甚至在债务人禁止第三人替代履行的情况下同样产生消灭债的效力。因为罗马人认为接受依他人命令进行的清偿即如同接受债务人本人的清偿一样，而债务人委托他人履行契约即如同他本人履行一样。〔102〕"当我的债务人按照我的命令向我的债权人清偿债务之后，我的债务人对我负有的债务、我对我的债权人所负的债务均告解除。"〔103〕只有当债的标的为不可替代物，如以"作为"或"不作为"为标的时，罗马法明确排除第三人的替代履行。

按照罗马法的规定，受领人首先应当是债权人。至于第三人可否替代受领，罗马法认为，只有在债权人明确授权的情况下，第三人方可替代受领，例如接受全权委托的受托人。"向真正的受托人进行清偿是解除自己债务的正确方式。然而，我们应当了解的是，哪些人是真正的受托人。我认为，真正的受托人是那些受到特别委托接受某项债务清偿的受托人和那些接受全权事务管理委托的受托人。"〔104〕向未经授权的第三人清偿，只在债权人追认的情况下产生效力："尽管我向正式受托人之外的人偿还了债务，但是，这一偿债行为得到了委托人的承认，那么，我也就因此而解除了债务负担。"〔105〕此外，罗马法还承认在债务人不明知债权人解除授权的情况下向受托人进行清偿的行为有效。

三、履行时间

至于履行时间，罗马法规定，通常由当事人协商确定。在未明确约定履行时间的情况下，债权人得随时请求给付，但是，"在根据标的物的实际情况能够进

---

〔101〕罗马法原始文献 D. 46，3，80，彭波尼语，前揭书，第419页。

〔102〕罗马法原始文献 D. 46，3，56，保罗语，前揭书，第425～427页。

〔103〕罗马法原始文献 D. 46，3，64，保罗语，前揭书，第425页。

〔104〕罗马法原始文献 D. 46，3，12pr.，乌尔比安语，前揭书，第427页。

〔105〕罗马法原始文献 D. 46，3，12，4，乌尔比安语，前揭书，第271～273页。

行给付之前，不得提出任何给付请求”。[106] 也就是说，根据善意原则，应当给债务人必要的准备时间。“根据单纯的要式口约标的的情况，可以认为是默示地包含了一个履行开始的期限。就像我们以尚未出生的动物或奴隶，尚未成熟的果实、尚未建造的房屋订立要式口约时那样。因为，债是从物品可以实际交付时起生效的。同样，一个人在罗马订立了一项在卡尔塔奇进行给付的要式口约，不言而喻地意味着，履行时间不应包括他可以到达卡尔塔奇的那段时间。同理，以获释奴隶的劳务为标的订立的要式口约，履行时间应从债权人请求履行之日起开始计算。”[107]

四、履行地点

在罗马法中，在当事人于订立契约时未约定履行地点或者根据债的标的无法确定履行地点[108] 的情况下，尽管罗马法对此并无统一规定，但是，原则上实行“在可以为给付请求的地点履行”的原则，即以债务人所在地为履行地。对于遗赠之债，履行地为物之所在地。在罗马法中“物之所在地”规则并未成为普遍适用的原则，仅扩大适用于以转移确定物为标的的要式口约。[109]

五、履行顺序

当同时履行多项债务时，债务人是按照一定原则和默示的清偿顺序进行的。“当债务人就其所负的几项债务付出一笔款项时，并不表明是对上述几项债务的均衡清偿。而是先清偿会受到丧廉耻处罚的那项债务，其次清偿私犯之债，再次清偿设有质权或抵押权的债务。在这一清偿顺序后，则是清偿自己所负的债务而不是他人所负的债务，比如作为要式口约担保人的债务。上述原则是早期法学家们确立的。因为，这一清偿顺序正是每位精明的债务人在安排自己债务的清偿时所共同遵循的。如果所负之债不属于上述任何一种，那么，就先清偿最早的债务。当付出的款项清偿一笔债务有余时，剩余部分应当用于全部或部分地清偿第二笔债务。”[110]

乌尔比安也认为：“每当不加区分地清偿到期债务时，实际上是先清偿较为主要的债务。要是没有较主要的债务（也就是说，在所负债务相似的情况下），则先清偿所负期限较长的债务。有担保之债较之无担保之债似乎是更为主要的债务。”[111] 乌尔比安进一步解释道：“当债务人同时负有几项债务而只履行其中一

---

[106] 罗马法原始文献 D. 50，17，186，杰尔苏语，前揭书，第 421 页。

[107] 罗马法原始文献 D. 45，1，73pr.，保罗语，前揭书，第 397 页。

[108] 通常指以“作为”或“不作为”为标的之债。

[109] M. Talamanca, *Istituzioni di diritto romano*, Milano, 1990, p. 638.

[110] 罗马法原始文献 D. 46，3，97，帕比尼安语，丁译《契约之债与准契约之债》，第 423 页。

[111] 罗马法原始文献 D. 46，3，5pr.，乌尔比安语，前揭书，第 423 页。

项时，由债务人决定他愿意清偿的债务。一旦债务人决定清偿哪项债务，那项债务就会获得清偿。因为是由债务人来决定清偿的先后顺序的。如果债务人没有指定所要清偿的债务，而只向债权人交付了一笔款项，那么就由债权人决定他愿意冲抵的债务。只要所冲抵的债务是债权人处于债务人地位时应当先清偿的债务，或是不会引起争讼的债务，或是由他人担保的债务，或是尚未到期的债务。[112]因为，债权人处理债务人的事务应当像对待自己的事务一样。这本是一件很正常的事情，所以才允许债权人冲抵他愿意冲抵的债务。但是应该当场冲抵，也就是说，一旦接受了清偿，立即进行冲抵。”[113]

六、部分履行

尽管就某些标的而言，可以部分履行，但是，通常罗马法不允许强迫债权人接受部分给付。也就是说，在部分履行的情况下，债权人有权拒绝受领。只有在诉讼中，裁判官方可通过判决令债权人接受部分给付。“有些人认为不能强迫那些要求给付10枚金币的人，先接受5枚金币的给付，以后再请求给付其差额部分；亦不能强迫要求归还自己全部土地的人，在诉讼中只接受部分土地的返还。然而，在上述两种情况下，裁判官似乎都是十分人道地迫使原告接受向他所履行的部分给付。因为，减少争讼是裁判官的职责。”[114]

此外，罗马法认为，在债权人同意免除剩余债务或者准许延期履行剩余债务的情况下，允许部分履行。

七、代物清偿

在履行标的与约定不符的情况下，债权人有权拒绝受领。古典法时，只有在债权人同意的情况下，债务人可以约定以标的外的金钱或物品为给付，这种偿债方式就是“代物清偿”（datio in solutum），又称“易物出售”（aliud pro alio）：“在债务人经债权人同意以金钱替代契约标的清偿了债务的情况下，债消灭。”[115]保罗认为：“在未经债权人同意的情况下，债务人不能以另一件物品替代清偿。”[116]

罗马法规定，“代物清偿”只适用于以“给”为标的的债务关系。后古典法时，允许“必要”情况下的“代物清偿”。例如，债务人没有用于清偿债务的钱款或者无法找到约定的家具而以自己同样的家具替代清偿等。为了与古典法时期经债权人同意的“获准代物清偿”（datio in solutum voluntaria）相区别并且突出其

---

〔112〕 罗马法规定，在没有到期债务的情况下，可以提前冲抵未到期的债务。

〔113〕 罗马法原始文献D. 46，3，1，乌尔比安语，丁译《契约之债与准契约之债》，第421~423页。

〔114〕 罗马法原始文献D. 12，1，21，尤里安语，前揭书，第427页。

〔115〕 罗马法原始文献C. 8，42，17，戴克里先皇帝和马克西米安皇帝致卡西，前揭书，第439页。

〔116〕 罗马法原始文献D. 12，1，2，1，保罗语，前揭书，第63页。

特点，称之为“必要的代物清偿”（datio in solutum necessaria）。

当然，按照契约即法律的规则，当事人可以在契约中明确约定允许代物清偿。“有人问是否可以约定用另一物品替代契约标的清偿债务。既然约定了可以用一件物品替代另一件物品清偿债务，那么，也就不能禁止用一件物品替代已经约定的替代标的了。因此，如果某人负有100元钱的债务，约定偿还等价的小麦，我认为该约定有效。”〔117〕

八、能力利益

能力利益（beneficium competentiae）又称能力限度照顾，是赐予那些以全部财产承担责任的债务人的特别优惠。

按照罗马法的规定，有些债务人是以他们的全部财产承担责任的。“有些被起诉的人是以他们的全部财产（包括债务在内）承担责任的。这些人通常是那些合伙之诉的被告人，也就是说，是共有合伙人和他们的双亲。”〔118〕“当男女恩主、他们的儿子以及他们的双亲被起诉时，如同丈夫因嫁资被起诉一样，要以他们的全部财产承担责任。”〔119〕“同样，当那些在军团里服役的有薪俸的兵士被起诉时，亦以他们所取得的全部财产承担责任。”〔120〕“因赠与而被起诉的人，在他们所拥有的财产范围内承担责任。”〔121〕

保罗指出：“在对那些以全部财产承担责任的人作出判决时，不能夺去他们的全部财产，应当留下一部分让他们维持生活。”〔122〕这就是能力限度照顾。应当明确的是，这一照顾只是减轻对债务人的处罚而不是免除债务人的债务。

第四节 债的担保

债的履行可以通过各种方式加以保障，大致可以分为人的担保和物的担保两大类。在保障力方面，二者间存在着明显的差别，也就是说，以物担保比以人担保具有更强的保障性。〔123〕尽管如此，罗马人似乎更偏爱人的担保。这不仅因为罗马人固有的、尤其在亲友之间的强烈的互助意识，使他们更容易找到担保人，而且还因为一旦担保人承诺提供担保，担保人本人也就成了债务人。因此，对债

---

〔117〕 罗马法原始文献D. 13，5，1，5，乌尔比安语，前揭书，第441页。

〔118〕 罗马法原始文献D. 42，1，16，乌尔比安语，前揭书，第433页。

〔119〕 罗马法原始文献D. 42，1，17，乌尔比安语，前揭书，第433页。

〔120〕 罗马法原始文献D. 42，1，18，乌尔比安语，前揭书，第433页。

〔121〕 罗马法原始文献D. 50，17，28，乌尔比安语，前揭书，第433页。

〔122〕 罗马法原始文献D. 50，17，173pr.，保罗语，前揭书，第433页。

〔123〕 罗马法原始文献D. 50，17，25，彭波尼语，前揭书，第371页。

权人而言，即使主债务人无力清偿，通常也可以从担保人处获得给付。

尽管在共和国时就已经出现宣誓、誓约、诚意允诺和保证等担保形式，但是，这些形式并不是担保所特有的形式，它们也都是并且首先是主债。直到古典法时，才出现将担保之债纳入口头之债并加以规范的倾向。罗马法学家还试图为具有从债性质的担保之债建构一个统一的概念。[124]

人的担保通常是以缔结要式口约的方式完成的，也就是说，以设立一项新债——担保之债的方式完成。由于这项新债的产生和存在均以主债的存在为前提，因而，它在性质上属于从债。自废除债奴制后，担保的设立对于保证债务人履行义务，防止无力清偿情况的发生，确保债权的实现显得尤为重要。

在罗马法中，人的担保，按照其来源不同可以分为来自债务人本人的担保即"自保"和来自第三人的担保即"债务承保"。至于物的担保，则主要指债务人或第三人为债权人通过设立质权或抵押权的方式提供的担保。[125]

一、自保

自保指债务人本人提供的担保，包括：定金、违约金、宣誓和承认债务简约。[126]

（一）定金

定金（arrhae）是债务人向债权人交付的一笔款项或财物以证明契约的成立或保证债务的履行。通常，在买卖契约中交付定金是为了证明契约的成立，称为"成约定金"（arrha confirmatoria）。"在买卖契约中经常要交付定金。这一定金的交付并不是因为不交付定金买卖契约就无效，而是为了更明确地表示缔约双方已就价格达成了合意。"[127]

定金以无特定形式简约设立。如果在未履行契约之前，债务人要求返还定金，那么，债权人可以提起"既定简约之抗辩"（exceptio pacti conventi）驳回债务人的请求。[128]

古典法时，罗马法只规定，在未履行契约的情况下，交付定金的债务人丧失定金。后古典法及优士丁尼时，受希腊的影响，定金开始具有惩罚性，如果收取定金的债权人未履行自己的义务，那么，必须双倍返还收取的定金，才能解除责任，这时，双倍返还的定金被称为惩罚性定金（arrha poenitentialis）。"今后无论契约是否书面缔结，在附有定金条款的情况下，尽管没有特别说明应该履行什么

〔124〕 F. Pastori, *Appunti in tema di sponsio e stipulatio*, Milano, 1961, p. 86.

〔125〕 质权和抵押权属于担保物权的范畴，在此不赘述。

〔126〕 L. Aru e R. Orestano, *Sinossi di diritto romano*, 1955, p. 162.

〔127〕 罗马法原始文献 D. 18, 1, 35pr.，盖尤斯语，前揭书，第 21 页。

〔128〕 L. Aru e R. *Orestano*, *Sinossi di diritto romano*, 1955, p. 162.

义务或在未履行的情况下应当承担什么责任，但是，允诺出售物品的一方，如果没有履行契约，那么，就将被迫双倍返还所收取的定金；而允诺购买物品的一方，在没有完成购买的情况下，将不得请求返还已交付的定金。”〔129〕

（二）违约金

违约金（pena）又称罚金，以附加协议或要式口约订立。附加协议只适用于善意行为。通常将以要式口约方式约定的罚金称作“罚金要式口约”（stipulatio poenae）。

违约金是债务人为保证债务的履行，以订立要式口约的方式，承诺在未履行契约义务的情况下支付的一笔款项或约定的其他财物。当然，债务人也可以这种方式预先规定己方承担责任的范围。通常，按照当事人订立的罚金协议，在发生债务不履行的情况下，债权人不是就债务不履行提起诉讼，而是直接对罚金提出请求，“当依据仲裁协议对罚金提出请求时，谁违反了仲裁协议就判处谁承担罚金责任。至于仲裁裁定的作出是否有利于对方当事人并不重要”。〔130〕

通常，当事人可以选择以下两种方式订立罚金要式口约：①单纯罚金协议（pena convenzionale proria）。“当我们为让他人做某事而订立一项罚金条款时，这样规定：‘在没有这样做的情况下，承担罚金责任。’而当我们为不让某人做某事订立罚金条款时，则如此规定：‘当做了不允许做的事情时，承担罚金责任。’”〔131〕②非单纯罚金协议（pena convenzionale improria）。“要是你订立了这样一项要式口约：‘如果你不给付土地，那么，你允诺给我100枚金币吗?’那么，在这一口约中，只有100枚金币才是契约的标的，而交付土地则是一种用来解除所负100枚金币之债的、可供选择的履行方式。”〔132〕“如果你不给付土地，那么，你允诺给我100枚金币吗?”是典型的以dare（给付）为标的的非单纯罚金协议。通常，当给付标的不能有效成立时，当事人往往求助于非单纯罚金协议以便使契约有效，如为第三人的利益订立的契约。

由于罚金要式口约的标的是金钱，因此，它只适用于除金钱以外的、以dare（给付）、facere e praestare（作为和履行）为标的的债务关系，而且应当注意如下几点：

（1）罚金要式口约是附条件之债，因此，一旦条件成就——债务人不履行债务，要式口约立即生效，债务人必须按照要式口约的规定支付罚金而不问债务

〔129〕罗马法原始文献C. 4，21，17，2，优士丁尼皇帝致大区长官梅纳，丁译《契约之债与准契约之债》第133页。

〔130〕罗马法原始文献D. 4，8，38，莫德斯汀语，前揭书，第483页。

〔131〕罗马法原始文献D. 45，1，71，乌尔比安语，前揭书，第483页。

〔132〕罗马法原始文献D. 44，7，44，5，保罗语，前揭书，第337页。

人是否有过错。[133]

(2) 债务人只能在诉讼赔偿与罚金赔偿之间作出选择。在债权人认为罚金不足以补偿损失的情况下，可以放弃主张罚金要式口约的权利，通过诉讼请求赔偿。但是，如果债权人放弃了罚金要式口约，以债务不履行为由提起了诉讼，嗣后又请求支付罚金，那么，债务人可以提起欺诈之抗辩拒绝履行罚金义务。

(3) 在专门为迟延订立罚金要式口约的情况下，债权人有权同时对损害赔偿与罚金提出主张，两项请求合并审理。

(4) 即使仅仅是迟延，债权人也可以请求支付罚金，但是，在债权人接受了迟延给付又请求支付罚金的情况下，债务人可以提起欺诈之抗辩拒绝履行罚金义务。

(5) 在因不可归责于债务人的事由导致债务不履行的情况下，只要债务不履行亦不可归责于债权人，则债务人仍要履行单纯罚金要式口约。当然，在债务不履行是由债权人的过错造成的情况下，债务人可以提起欺诈之抗辩拒绝支付罚金。

(6) 单纯罚金要式口约是从契约，在主契约无效的情况下，罚金要式口约无效。

(三) 宣誓

宣誓（giuramento）是一种就已经承担的债务附加的保证，是未满25周岁的未成年人作为附加担保为自己订立的契约提供的誓言。

按照罗马法的规定，由于年龄关系，未成年人在某些情况下有权请求恢复原状。“一名被监护人[134]受到了我们的司库官鲁芬的欺骗，匆匆忙忙地以很低的价格订立了一项买卖契约。为此，这名被监护人可以向公共管理机构提起恢复原状之诉对抗国库。”[135] 一旦未成年人订立的契约经宣誓加以保证，即使在完成的交易中遭受了损失，该未成年人亦丧失要求恢复原状的权利。当然，该未成年人订立的契约应当是真实、有效的。

(四) 承认债务简约

承认债务简约（constitutum debiti propri）是债务人本人的承诺，它受裁判官

---

[133] P. F. Girard, *Manuel de droit romain*, 1911, pp. 660～661.

[134] 此处指14岁以上、但尚未满25岁的未成年人。按罗马法的规定，这个年龄段的被监护人可以自行申请恢复原状而无需监护人的介入。

[135] 在私法关系中，国库的地位与其他公民一样。因此可以对国库提起诉讼，要求恢复原状。参见罗马法原始文献C. 2，36（37），1，塞维鲁和安东尼皇帝致隆琴，丁译《契约之债与准契约之债》，第119页。

法保护。在承认债务简约中，债务人承诺按照新的方式、时间、地点等给付先前债务关系中应当支付的财物。

优士丁尼时，将这一担保方式扩大适用于任一标的。在债务人未履行承诺的情况下，债权人可以提起"承认债务之诉"，要求判处债务人支付相当于债务标的半数的罚金。

二、债务承保

在罗马法中，债务承保（intercessiones）是指第三人为债务人提供的担保，既可以采用由第三人承担全部债务，从而使债务人摆脱债务负担的方式进行，也可以采用由第三人与主债务人共同承担债务的方式进行，前者称为免除性承保或代位保证，后者称为合并承保。

（一）代位保证

根据罗马法的规定，免除性承保只发生在同债权人重新缔结契约的情况下，因为不得强迫债权人接受新债务人是罗马法中的一个规则。因此，这种承保实质上是一种债务人的更新，又称代位保证（expromissio）。

（二）合并承保

基于共同承担债务这一特点，以担保他人债务为目的订立的要式口约被称为"副要式口约"，担保人被统称为"副缔约人"[136]，包括立誓人、允诺人、保证人等。合并承保分为共同负债和附加负债两种。

1. 共同负债。这是指第三人与主债务人共同承担债务，并由此产生以债务承保为目的的连带之债。

按照共同负债的特征，罗马法允许两名连带债务人互为担保人："允许两名连带债务人互为担保人是适宜的。如果债权人愿意区分清楚他的诉权（但他并不一定非这样做），那么，他可以对蒂提作为连带债务人之一，同时又是另一连带债务人的担保人提起诉讼。然而，这与分别对两名连带债务人提起诉讼没有什么区别。"[137]

2. 附加负债。这是指第三人以附加债的方式为债务人承保，这才是真正意义上的债务承保，共和国时期有誓约、诚意允诺、保证等。优士丁尼时，以附加债方式设立的债务承保只剩三种：保证、承担债务简约和委任保证。

（1）誓约（sponsio）起初是一种为自己承担债务的形式，以后亦可用于债

---

〔136〕 事实上，在罗马法中，"副缔约人"具有双重意义：一是"缔约人之一"（reu stipulandi），享有债权人的一切权利——接受清偿、免除债务；二是担保人（adpromissor），是债务人之一，与主债务人一同承担连带责任，在此作为担保人使用。A. Guarino, *Diritto privato romano*, Napoli, 1984, p. 748.

〔137〕 罗马法原始文献 D. 45, 2, 11pr.，帕比尼安语，丁译《契约之债与准契约之债》，第373页。

务的担保，是最早的担保契约，以要式口约订立。誓约必须与主债务同时作出，只适用于罗马市民。按照罗马法的规定，也只能为口头契约提供担保。除随主债的履行而消灭外，根据它的人身性特点，在担保人死亡的情况下，担保之债当然消灭。立誓人称为 sponsores。通常，誓约使用的词句是：

“你郑重允诺履行同样的给付吗？”（Idem dari spondes?）

“允诺。”（Spondeo.）

后古典法时，公法的介入限制了誓约和诚意允诺的适用。[138] 至优士丁尼时，誓约和诚意允诺被废止。

（2）诚意允诺（fidepromissio）基本与誓约相同，也是一种较早出现的担保形式。只是在适用范围上，不仅适用于罗马市民也适用于外邦人。允诺人以拉丁文 fidepromissores 表示。订约时使用的词句是：

“你诚意允诺履行同样的给付吗？”（Idem fidepromittis?）

“允诺。”（Fidepromitto.）

为减轻立誓人和允诺人的负担，罗马法以法律不断赋予他们不同的“照顾”。例如，公元前 2 世纪颁布的《有关誓约的富里法》（Lex Furia de sponsu）规定，担保人自订立担保契约之日起 2 年后可解除担保责任。在担保人有数人时，债权人只能向各担保人请求给付其承担的份额。[139] 这一规则就是“分割的照顾”（beneficium divisionis），又称“诉权划分的照顾”。[140]

（3）保证（fideiussio）又称“偿还担保”。保证是晚于誓约和诚意允诺出现的担保形式，产生于共和国后期，也是以“履行相同给付”（idem）为内容订立的要式口约：保证人承诺在主债务人未按期履行债务的情况下，清偿该债务。要式口约采用的形式是：

“对蒂提的债务，你同意依诚意履行同样的给付吗？”（Quod Titius debet, id fide tua esse iubes?）

“同意。”（Iubeo.）

较之前两种担保形式，保证的特点为：①尽管保证也是以要式口约的方式作出，但是，却可为所有形式的契约提供担保，包括自然之债，“应当明确的是，以要式口约形式为他人提供担保的担保人，可以为任何一种债务提供担保，无论是要物之债，口头之债还是合意之债”。[141] “还应当明确的是，以要式口约形式

---

〔138〕 A. Guarino, Diritto privato romano, Napoli, 1984, p. 752.

〔139〕 D. Dalla e R. Lambertini, *Istituzioni di diritto romano*, Torino, 1996, p. 423; F. Pastori, *Appunti in tema di sponsio e stipulatio*, Milano, 1961, p. 163.

〔140〕 M. Marrone, *Istituzioni di diritto romano*, Palermo, 1994, p. 760.

〔141〕 罗马法原始文献 D. 46, 1, 8, 1, 乌尔比安语，丁译《契约之债与准契约之债》，第 371 页。

为他人提供担保的担保人同样可以为根据荣誉法建立债务关系的人提供担保。"[142] ②与誓约和诚意允诺不同，由于采用了"对蒂提的债务，你同意依诚意履行同样的给付吗?"这样的缔约程式，使保证可以于主债之前或之后作出。[143] ③既可以为全部债务提供担保，也可以为部分债务提供担保。④古典法时，即使主债无效，誓约和诚意允诺依然有效；保证则不然，主债无效，保证亦无效，其较之誓约和诚意允诺具有更鲜明的从债特点。[144] ⑤保证之债可以转移给继承人，也就是说，保证人的继承人得继续承担保证义务。⑥保证之债不因保证人的死亡而消灭，即保证之债是永恒之债，保证责任是无期限的。⑦在有数个保证人的情况下，保证人之间承担连带责任，因此，债权人可选择他认为适宜的保证人提起诉讼，请求全部给付。这无疑加重了保证人的责任。⑧在保证人之一履行了全部债务的情况下，不仅对其他保证人无权追索，对主债务人亦不享有专门的诉权进行追索。如果与债务人之间存在委托关系，可以提起对待委托之诉（actio mandati contraria）；如果与债务人之间无委托关系，则可提起无因管理之诉（actio negotiorum gestorum）。

由于保证亦可无差别地适用于罗马公民和异邦人，加之上述优势，较之誓约和诚意允诺，人们往往更多地采用保证。另外，古典法时，保证人的地位也发生了变化，共和国时给予立誓人和允诺人的照顾渐渐扩大适用于保证人。公元2世纪，哈德良皇帝才在饬令中规定：在数个保证人均有偿付能力而债权人仅向其中一人请求全部给付的情况下，该保证人得拒绝履行全部债务。也就是说，哈德良皇帝最终将"分割的照顾"赋予了保证人："应保人和承保人的继承人不承担责任，除非我们谈的是作为异邦人的承保人，而且他的城邦有不同的规定。至于担保人，他的继承人则承担责任。应保人和承保人，根据《富里法》，在两年后解脱，在可以要求偿还钱款时他们是多少人，债就划分为多少份额，并且每个人将承担一个份额的债。担保人永远承担责任，所有的担保人都单独地承担连带责任。因此债权人可以自由地按照其意愿要求其中某人偿还全部债。但现在，根据哈德良皇帝在一封书信中的规定，债权人只能要求各个具有支付能力的担保人按其份额实行清偿。这封书信在以下问题上偏离《富里法》：如果应保人或者承保人中的一人没有支付能力，该人的责任不转到其他人身上；但对于担保人来说，如果其中一人具有支付能力，其他人的责任也转到该人身上。"[145]

---

〔142〕 罗马法原始文献 D. 46，1，8，2，乌尔比安语，前揭书，第371页。

〔143〕 古典法时，这一程式为誓约和诚意允诺采用。

〔144〕 M. Marrone, *Istituzioni di diritto romano*, Palermo, 1994, p. 761.

〔145〕 罗马法原始文献 Gai. 3，121，黄译《法学阶梯》，第238~240页。

除“分割的照顾”外，保证人还享有“转让诉权的照顾”（beneficium cedendarum actionum），即在清偿全部债务后，保证人有权要求债权人转让他对主债务人享有的诉权。优士丁尼时，第一次赋予保证人[146]“顺位照顾”或“后诉照顾”（beneficium ordinis），又称“检索照顾”（beneficium excussionis）。根据这一照顾，受到起诉的担保人可以向债权人提出抗辩，要求他先向主债务人求偿。其后，优士丁尼又将“转让诉权的照顾”普遍适用于所有担保人。

至此，优士丁尼完成了全部改革，使担保之债真正具有了附加行为的特点——从属性和补充性：只有在主债务人无力清偿或因缺席而无法清偿的情况下，债权人才能向保证人求偿；保证人也只对未清偿的部分承担清偿责任。这样，在优士丁尼法中，担保人最终得到了更确实有效的保护。

在下面的片段中，罗马法学家以实例为我们详细解释了在优士丁尼法中担保契约生效的条件：“如果一个人就给付奴隶史蒂古订立了一项要式口约并取得了如下担保：‘你以信誉担保给付奴隶史蒂古或10枚金币吗？’尤里安说，在这种情况下，担保人不承担责任。因为，他承担的债务将会重于主债务人：一旦史蒂古死了，担保人就要为此付出10枚金币。马尔切勒进一步指出，在这种情况下，担保人不承担责任不是因为他承担了重于主债务人的债务，而是因为他不是对本债，而是对另外的债务承担了担保责任。因此，即使是对于允诺给付10枚金币的人也不能取得或者给付10枚金币或者给付奴隶史蒂古这样的担保。尽管在这种情况下，担保人的责任无论怎样都不会重于主债务人，[147] 但是仍然不能取得这样的担保。”[148]“尤里安说：某债务人订立了一项给付一名奴隶或10枚金币的要式口约并取得了如下的担保：‘你允诺给付我想要的奴隶或10枚金币吗？’这项担保无效。因为，担保人的责任重于主债务人。”[149]“副缔约人可以说得少，但不能说得多。因而，如果我在要式口约中说给10塞斯特兹，他可以说给5塞斯特兹；却不能说得更多。同样，如果我只缔结了简单的要式口约，他可以在要式口约中附加条件；相反的作法则不能。这种关于多少的规则，不仅适用于数量，而且也适用于时间。实际上，立即给付某物是多，在一定的时间之后给付是少。”[150]

由此，我们可以看出担保契约生效的条件是：①担保人不得为除本债以外的其他债务提供担保，也就是说，担保人必须履行与主债务人的给付义务相同的义

---

〔146〕 优士丁尼时，保证人取代了立誓人和允诺人成为唯一的以要式口约提供担保的副缔约人。

〔147〕 债的标的是10枚金币，因此，没有灭失的危险。在这种情况下，担保人的责任轻于主债务人。

〔148〕 罗马法原始文献D. 46，1，8，8，乌尔比安语，丁译《契约之债与准契约之债》，第349页。

〔149〕 罗马法原始文献D. 46，1，8，9，乌尔比安语，前揭书，第349页。

〔150〕 罗马法原始文献Gai. 3，113，黄译《法学阶梯》，第236页。

务；②担保人的责任不得重于主债务人，即担保人不能按照比主债务人更苛刻的条件承担责任。

（4）承担债务简约。承担债务简约（constitutum debiti alieni）又称“关于他人债务的协议”。它与承认债务简约相似，以简约设立。第三人以简约承诺以新的方式履行他人的债务，是独立于主债的承诺，并不对主债发生更新的效力：“当一个人允诺为另一个人清偿债务时，后者并不因这一允诺而解除债务。”〔151〕

在优士丁尼法中，承担债务简约更趋向于保证，对承诺人亦给予“分割的照顾”。

（5）委任保证。委任保证（mandatum pecuniae credendae）又称“委托贷款”或“特定委托”。以委托作为金钱消费借贷的担保形式出现于共和国后期。担保是以这样的方式完成的：担保人承担委托人的角色，债权人则是受托人，“委托之债”的内容是受托人以金钱消费借贷的名义向第三人支付一笔款项，委托人与第三人一起对偿还贷款承担责任。债务人偿还款项的行为当然解除担保人的责任；而担保人履行了债务，并不能解除债务人的责任。

一旦贷出款项，依据委任保证，债权人不仅有权因金钱的消费借贷（贷款）对债务人提起诉讼，而且还可以因委托对担保人提起诉讼。因此，债权人可以选择适宜之人——债务人或担保人提起诉讼，并且不因对其中一人提起的诉讼而丧失对另一人的诉权。总之，委任保证是一种以拟制的委任关系为金钱消费借贷提供担保的契约。

在优士丁尼法中，为了使委任保证更趋向于保证，对担保人亦给予“分割的照顾”和“检索照顾”。

总之，在债务承保中，优士丁尼规定，妻子为丈夫提供的担保以及缺少三名证人签字的担保依法无效；但是，在上述情况下可以提出抗辩。〔152〕

第五节　债的转移

一、债的转移的沿革和基本原则

在罗马法中，债的转移是在两个不同层面上展开的：因继承的转移和非因继承的转移或曰特定转移。

最初，鉴于早期债极其鲜明的人身性特征，表现为特定当事人之间“法锁”

---

〔151〕按照罗马法的规定，只有当允诺人清偿了债务人的债务后，债务人才能解除债务责任。参见罗马法原始文献 D. 13，5，28，丁译《契约之债与准契约之债》，第 373 页。

〔152〕F. Pastori，*Appunti in tema di sponsio e stipulatio*，Milano，1961，p. 165.

的债是绝对不允许转移的，也就是说，无论是债权还是债务都不得转移。同时，债亦不得以继承的方式向继承人转移，[153] 即在早期债中，罗马法也不承认债的死因转移（mortis causa）。

根据罗马家庭、继承制度的固有属性，继承是家父人格的延续，权利的延续，其中当然应该包括债权和债务。至《十二表法》时，死因转移率先获得了法律的认可，[154] 但是，除死因转移外，在市民法中，依旧不允许以任何方式对债的主体进行变更。因此，债不得以除继承外的其他方式在不同主体间转移，即禁止债的生前转移（inter vivos）是罗马法关于债的转移的最初原则。“为了解决早期法的争论，我们规定：一般地讲，每项要式口约的权利义务应当转移给经特别指定的或未经特别指定的债权人的继承人或债务人的继承人。这一原则适用于以给付方式、作为方式、给付与作为的混合方式履行的所有要式口约。为什么要式口约对缔约双方当事人有效而对他们的继承人无效呢？当然，上述原则无疑适用于以给付方式履行的要式口约。在继承人能够履行契约的情况下，也适用于以作为方式履行的要式口约。事实上，应当摒弃那种认为不能由他人替代债务人本人履行契约的观点。因为，这种观点是挑剔并且无益的。”[155]

随着社会经济的发展，债逐渐显示出其财产性特征。禁止债生前转移的规则在罗马法的历史发展进程中也不得不对贸易需求作出让步。为了不违背市民法的既定原则，罗马人巧妙地采用了一系列变通的方法使债可以在不同的当事人之间转移。首先在裁判官法中，例如在遗产占有和购买破产人财产时，以拟制诉讼的方式使债发生转移，从而突破了上述原则。[156] 这些变通的方法大致包括更换或替代、更新、自我事务代理等。

二、债的转移方式

（一）更换

更换（delegatio）是泛指债的任一主体的变更，债权人或债务人。需要明确的是：由于主体变更时，原担保、附加的条件或期限与前债一同消灭并且中断前债利息的计算，[157] 因此，在罗马法中，更换不是债的转让，而是债权人和债务

---

〔153〕 L. Aru e R. Orestano, *Sinossi di diritto romano*, 1955, p. 156.

〔154〕 参见罗马法原始文献《十二表法》（XII Tab.）5，9，周枏：《罗马法原论》，商务印书馆 1994 年版，第 1011 页。

〔155〕 罗马法原始文献 C. 8，37（38），13pr.，优士丁尼皇帝致大区长官尤里安，丁译《契约之债与准契约之债》第 491 页。

〔156〕 D. Dalla e R. Lambertini, *Istituzioni di diritto romano*, Torino, 1996, p. 425.

〔157〕 M. Marrone, *Istituzioni di diritto romano*, Palermo, 1994, pp. 729 ~ 730; M. Talamanca, *Istituzioni di diritto romano*, Milano, 1990, pp. 647 ~ 648.

人一同与第三人创设一项新债，从而使前债依法消灭。按照罗马法的规定，无论是更换债权人还是债务人，不但需要以更新债务为目的，而且必须经对方协助方可实现。因此，任何无更新意向或者违背对方当事人意愿的更换无效。

1. 债权人的更换。债权人的更换（delegazione attiva）应当按照以下方式完成：如果蒂提希望让卡伊将欠自己的债向山普罗尼偿还，那么，可以在自己授意下使卡伊向山普罗尼允诺承担相同的债务。这样就使山普罗尼替代自己成为债权人，从而完成了债权人的更换。"实际上，如果我想把某人欠我的东西给你，我绝不能采用那些据以向他人转让有形物的方式，而必须让你在我的准许下同他人达成要式口约；这样将使得他人摆脱与我的债关系并且开始向你负债；这被称为债的更新。"[158]

为保护原缔约人的利益，罗马法规定，在更换，即新债生效前，原债仍然存在并产生相应的效力："如果，将要取代你的债权人尚未正式取代你，也就是说，在债权人的代位尚未完成的情况下，那么，你就仍然保有诉权。尽管为了获得清偿你已向将取代你的债权人转让了诉权，但是在争讼开始前，无论是将替代你的债权人已经接受了部分清偿，还是你已经将代位的情况通知了你的债务人，你都可以向你的债务人请求债务的清偿，以便使将替代你的债权人无法向你的债务人索债。如果这一代位已经完成，那么，你就基于代位解除了责任。因此，你不必再担心替代你的债权人在未获得清偿的情况下会转而向你请求清偿。因为，在口头协议中表达的代位意向已使你解除了契约责任。"[159]

2. 债务人的更换。乌尔比安这样定义债务人的更换（delegazione passiva）："债务人的更新是指第三人取代债务人的地位向债权人或向债权人指定的人履行债务。"[160]

如同债权人的更换一样，债务人的更换按照以下方式完成：如果蒂提的债务人卡伊希望让自己欠蒂提的债改由山普罗尼偿还，那么，可以在自己授意下使山普罗尼向蒂提允诺承担相同的债务。这样就使山普罗尼替代自己成为债务人，从而完成债务人的更换。

（二）债的更新

起初，罗马法将所有形式的债的转移或主体变更统称为债的更新（novatio）。因此，更新是指通过创设一项新债来解除前债（旧债）。正如乌尔比安定义的那

---

[158] 罗马法原始文献 Gai. 2，38，黄译《法学阶梯》，第90页。

[159] 罗马法原始文献 C. 8，41（42），3pr.，高尔迪安皇帝致穆齐安，丁译《契约之债与准契约之债》，第487页。

[160] 罗马法原始文献 D. 46，2，11pr.，乌尔比安语，前揭书，第435页。

样："更新是前债向市民法之债或自然法之债的转移和改变。也就是说，基于前债的原因，以消灭前债为目的，设立一项新债。之所以称为更新，是因为后债包含新的要素并产生新的债务关系。"[161]

罗马法规定，当事人可以采用要式口约对任一债务进行更新："无论是自然之债，还是大法官法之债、市民法之债；无论是以口头方式，还是以要物方式或合意方式订立的契约，也就是说，无论前债是哪一种形式的债务，均可以用要式口约对前债进行更新，只要更新后的债是市民法之债或自然之债。"[162]

在罗马法中，债的更新是有条件的：

（1）新债必须包括前债（旧债）的给付，即对前债（旧债）的标的不得有丝毫更改，因此，不允许部分更新。

（2）相对前债（旧债），新债必须有某些新的成分（aliqui novi）。与前债（旧债）完全相同的更新无效；因为，罗马人的名言是"两次同样的允诺，仅就其一承担责任"[163]。也就是说，必须以增加、减少或替换的方式使新债具有新的内容或性质，如市民法之债变更为自然之债，或者在主体、条件、期限、担保等方面做出变更。

（3）新债必须以取代前债（旧债）为目的，也就是说当事人必须具有更新的意向（animus novandi）。[164]"古人一贯主张，只有在以更新的意图负担第二次债务时，始发生更新。……朕公布宪令明确规定，更新的发生，必须当事人明白表示他们是为了更新前债而缔结新债务的，否则原来债务依然有拘束力，而第二次债务则是一种附加。"[165]

应当说，在相当长的历史时期内，罗马人是通过主体的更新使债在不同主体间进行转移的，也就是说，更新是普遍适用的转移债的方法。优士丁尼时，对更新的条件做了调整，允许新债对前债（旧债）的标的进行变更。这样，在债的更新中就包括了两大类更新——主体的更新和客体的更新。

（三）自我事务代理

自我事务代理（procuratio in rem suam）指打算向他人转让债权的人，将受让人设立为诉讼代理人，准许他为本身的利益行使转让人的权利以获清偿。这种特殊的代理人被称作自我事务代理人。

---

〔161〕 罗马法原始文献 D. 46，2，1pr.，乌尔比安语，前揭书，第 435 页。

〔162〕 罗马法原始文献 D. 46，2，1，1，乌尔比安语，前揭书，第 319 页。

〔163〕 M. Talamanca, *Istituzioni di diritto romano*, Milano, 1990, p. 648.

〔164〕 事实上，古典法时，更新意向（animus novandi）并不是更新的条件，这一要求是优士丁尼的杰作。

〔165〕 罗马法原始文献 J. 3，29，3，优士丁尼：《法学总论》，张企泰译，商务印书馆 1989 年版，第 189 页。

尽管较之更换和更新，自我事务代理更实用、便捷，但是，它也有其致命的缺陷。由于在争讼开始前，出让人仍旧是债权人，因此，债务人可以随时向其债权人为清偿，以避免作出对自己不利的判决。在这种情况下，受让人欲通过诉讼获得债权清偿的希望就落空了。因为，一旦债权人接受了清偿，对受让人的委托即告结束——委托总是可以撤销的。另外，在债权人死亡的情况下，委托之债随债权人的死亡而消灭，由于受让人不能对债务人提起诉讼，不得不承受由此造成的损失。

帝国时，为了弥补上述缺陷，法律规定，委托成立后，受让人可以通知债务人不得直接向其债权人清偿。受让人向债务人发出的是“完成转让通知”，其作用就是阻止债务人向其债权人为清偿。另外，在债权人死亡或者撤销委托的情况下，为保护受让人的权利，允许受让人提起扩用之诉：“接受他人诉权的人是那些希望从诉权中获得债权转让的人。如果一个人为此支付了金钱，那么，他将得到一项诉权的让与。根据该项让与，他可以提起被转让的诉讼。”[166]

三、发生债的转移的原因和对债的转移的限制

（一）发生债的转移的原因

在罗马法中，发生债的转移的原因有：由当事人决定的自愿转移和法律规定的法定转移或必然转移。

在自愿转移中要求出让人和受让人以正当原因为依据达成协议。这里说的正当原因包括买卖、赠与等。

法定转移则是以法律的明文规定为依据。按照法律的规定，当事人在特定情况下必须转移自己的权利。如在遗嘱人遗赠了一项债权的情况下，继承人有义务将有关诉权转移给受遗赠人。

（二）对债的转移的限制

一般地讲，除法律明文禁止的情况以外，无论债产生于何种原因均可以转移。然而，按照罗马法的规定，下列债不得转移：①不得向可能妨害或压迫债务人的较强者转移债权[167]；②不得转移有争议的诉权；③监护人或保佐人不得转移对受其保护者所享有的诉权。

此外，由于东罗马帝国曾发生债的转移的滥用，通过购买诉权而最终取得债权几乎变成了一种真正的职业。“有些人出于贪婪，以压低价格向参加诉讼的债权人购买诉权的方式谋取债权人的钱财和物品”，[168] 然后再采用各种手段迫使债

---

〔166〕 罗马法原始文献 C. 4，35，22，1，阿那斯塔皇帝致大区长官艾乌斯塔，丁译《契约之债与准契约之债》，第 489 页。

〔167〕 D. Dalla e R. Lambertini，*Istituzioni di diritto romano*，Torino，1996，p. 427.

〔168〕 罗马法原始文献 C. 4，35，22pr.，阿那斯塔皇帝致大区长官艾乌斯塔，丁译《契约之债与准契约之债》，第 487 页。

务人清偿全部债务。为了制止这种行为，罗马法针对那些通过购买诉权谋取高额回报的人，作出了明确的规定——“不得通过更新谋利”。

至公元506年，阿那斯塔皇帝在致大区长官艾乌斯塔的批复中重申了这一的原则：“依据这项法律，我们规定今后不允许这样做。……受让人只能要求返还为取得诉权的让与而支付的款项以及该款项产生的利息。这一原则适用于所有契约。”〔169〕

按照这一规定，在上述情况下，债务人享有“阿那斯塔法抗辩”对抗诉权买受人。而受让人除要求返还为取得诉权的让与而支付的款项以及该款项产生的利息外，不得再为其他请求。

四、债的转移的效力

（1）在债权的移转是以买卖或其他有偿方式进行的情况下，出让人对受让人承担权利瑕疵责任。

（2）在赠与的情况下，出让人对受让人不承担任何责任。

（3）对债务人的清偿能力，出让人对受让人不承担任何责任。

（4）债务人可以在受让人实行通知前向出让人清偿；但在接到通知后，向出让人进行的清偿不具有解除债务的效力。

（5）受让人作为出让人的诉讼代理人享有出让人的一切权利。

（6）债务人可以向受让人提起他本人可向出让人提起的诉讼和抗辩。

第六节 债的消灭

彭波尼在《论库尹特·穆齐》第四编中向我们清楚地讲述了罗马法债消灭的一般原则，即债必须以与它设立时相同的方式消灭：“债应当按照缔结时规定的方式消灭。因此，我们以要物的方式设立债，就应当以交付实物的方式消灭。如同我们订立消费借贷契约，应当以归还相同数目的金钱来消灭一样。当我们以口头方式设立债时，我们或是以口头方式，或是以要物方式来消灭它。以口头方式消灭是指债权人口头向债务人声明已经获得了清偿。以要物方式消灭则是指实际交付允诺的物品。买卖契约、赁借贷契约的消灭亦如此。由于上述债务关系也是基于纯合意方式设立的，因此，也可以只基于意向的不一致而消灭。”〔170〕

按照上述规定，由于债的标的不同，消灭债的方式也不同。以要式口约等口头方式设立的债务必须以口头方式消灭。“口头之债或以自然方式，或以法律方

〔169〕 罗马法原始文献C. 4，35，22，1，阿那斯塔皇帝致大区长官艾乌斯塔，前揭书，第489页。

〔170〕 罗马法原始文献D. 46，3，80，彭波尼语，前揭书，第419页。

式消灭。自然方式是指清偿，或是要式口约的标的在债务人无过失的情况下灭失。法律方式则是指基于正式免除或当债权人和债务人成为同一个人时的情况。"[171]

合意之债依相反合意而消灭。"没有比这更自然的了：债的消灭要以与它设立时相同的方式进行。因此，口头之债要以口头方式消灭，纯合意之债要以与缔约相反的合意消灭。"[172] 同样，"依法订立的契约，依据相反的法律规定而解除"。[173]

至于债消灭的原因，按照市民法和裁判官法的双轨制模式，罗马法将债消灭的原因分为依法消灭和依抗辩消灭。这种划分方法在优士丁尼法中已无实际意义。

依法消灭指依据市民法的规定直接、彻底地消灭主债及从债的效力。依抗辩消灭则是在程式诉讼中，在某些特定情况下，裁判官赋予债务人以抗辩的保护，抵销债权人的诉讼，从而间接地消灭债的效力。"马尔切勒说过，当债务人获得适当的、不违背公正原则的抗辩时，就不再是债务人了。"[174]"如果债权人在订立要式口约后，又有可能在行使诉权时被抗辩驳回，那么，就不能认为他将会得到清偿。"[175]

尽管罗马法并未对债消灭的方式进行系统分类，但是，现代法债消灭的方式在罗马法中均能毫不费力地找到：履行、替代给付、提存、混同、更新等是债权人已经获得清偿的消灭方式；不可抗力、免除、时效等是未获清偿的消灭方式；抵销则是另类的消灭方式即依判决消灭。[176]

在罗马法中，消灭债的最正常的方式就是清偿，也就是说，债务人按照约定履行自己的债务，以一次满足债权人的方式消灭债务关系。对于视名誉如同生命的罗马人来说，遵守诺言是再自然不过的事情了，因此，清偿被罗马法学家称为消灭债的自然方式。

一、履行

按照罗马法的规定，消灭债的最基本的也是最直接的方式就是履行（solutio）或曰清偿，"'履行'一词指以任一方式实现的债务负担的解除，较之金钱

---

〔171〕 罗马法原始文献 D. 46，3，107，彭波尼语，前揭书，第417～419页。

〔172〕 罗马法原始文献 D. 50，17，35，乌尔比安语，前揭书，第445页。

〔173〕 罗马法原始文献 D. 50，17，100，盖尤斯语，前揭书，第445页。

〔174〕 罗马法原始文献 D. 50，17，66，尤里安语，前揭书，第419页。

〔175〕 罗马法原始文献 D. 50，17，115，1，保罗语，丁译《债·契约之债》，第162页。

〔176〕 优士丁尼时成为债依法消灭的方式。

的给付它更注重契约标的本身的给付。”[177]

尽管不同的标的有不同的履行方式，但是，我们可以用一句话来概括，那就是“做了他允诺做的事情”。[178] 这正是乌尔比安对“履行”一词的理解，它包括任何方式的清偿，正如乌尔比安所说的那样：“我们应当认识到，履行了义务的人，不仅仅是指那些完成了给付的人，也是指那些因判决解除了旧债并设立了新债的人。”[179]

无论怎样，履行都是以满足债权人为前提的消灭债的方式。

二、免除

免除（acceptilatio）是指任一放弃债权请求权的行为，包括正式免除和非正式免除。正式免除属于市民法免除，非正式免除则是万民法免除。除上述分类以外，罗马法按照产生时间的先后，将免除分为铜衡式免除、正式免除和简约免除（又称不得再请求简约）。前两者是正式免除，简约免除是非正式免除。在债权人解除债务人履行义务的情况下，债因免除而消灭。

（一）铜衡式免除

这种免除主要适用于债务口约和要式买卖。是一种要式行为，最初是一种清偿方式，以后成为正式免债方式，开始用于解放债奴。在硬币替代了铜块后，铜衡式免除就被罗马法学家称为“想象清偿”了。其具体运作表现为“需使用不少于五位的见证人和一位司秤。然后，被解脱者应当这样说：‘由于我被判罚向你给付若干千的钱，为此我使用这块铜和这个秤向你清偿。我根据公共法律向你过秤’，然后，他用阿司（货币）敲秤，并将其交给债权人，就像实行清偿一样。”[180]

古典法时，铜衡式免除甚至可以用来免除既判之债。然而，随着时间的推移，债务口约在共和国初期被废止，后古典法时，要式买卖也消失了，至优士丁尼时，铜衡式免除最终失去了用武之地。

（二）正式免除

正式免除是一项市民法制度，因此，通过正式免除消灭的债务关系是依法消灭。正式免除采用的程式是债务人和债权人的问答：

“我允诺给你的物品，你收到了吗？”（Quod ego tibi promisi habesne

---

[177] 罗马法原始文献 D. 46，3，54，保罗语，丁译《契约之债与准契约之债》，第417页。

[178] 罗马法原始文献 D. 50，16，176，乌尔比安语，前揭书，第421页。

[179] 罗马法原始文献 D. 42，1，4，7，乌尔比安语，前揭书，第417页。

[180] 罗马法原始文献 Gai. 3，174，黄译《法学阶梯》，第262页。

acceptum?)

"收到了。"(Habeo.)

这显然是以拟制的方式由债权人向债务人宣布债已获得了清偿。通过这种方式达到免债的目的。与铜衡式免除一样，罗马法学家也将正式免除称为"想象清偿"。按照罗马法债消灭的一般原则，正式免除只能用于免除以要式口约或其他以口头方式设立的债务关系。正如乌尔比安指出的那样："正式免除只适用于口头之债。因为，用口头方式只能免除那些以口头方式设立的债务。而正式免除本身正是口头作出的，因此，它只能免除口头之债。"[181]

至于免除的效力，按照罗马法的规定，"一个解除了债务负担的人，可以认为他已经清偿了债务"。[182] 因此，免除与清偿具有同样的效力，也就是说，债得因免除而消灭。然而，由于正式免除是一项要式行为，一旦形式不符合规定或有其他瑕疵，免除无效。

导致正式免除无效的原因通常是没有遵守订立正式免除的程序或将正式免除用于免除非口头之债。在上述情况下，该项免除虽然不能作为正式免除而具有效力，但是，由于在实质上它具有当事人双方的免债合意，[183] 因此，基于善意应赋予其效力。也就是说，可以作为一项不得再请求简约使用。

古典法时，较之程序，法学家们似乎更注重当事人的合意，因此，尤里安也认为如果正式免除中包含免债合意，那么，免除有效。[184]

由于在有免债合意的情况下无效的正式免除可以作为不得再请求简约使用，因此，正式免除最终冲破了形式主义的禁锢适用于一切债的免除。

(三) 不得再请求简约

这是债权人与债务人缔结的一种简约，旨在使债权人在一定时间内或在一定情况下，当然，也可以约定在任何情况下或者永远不得向债务人请求履行。是一种非正式免债的方式，其作用与正式免除类似。这一简约分为对人简约和对物简约，"一些简约是对物的，另一些是对人的。当我们在简约中泛泛规定不得再请求时，就是对物订立的简约，当我们在简约中规定不得再向某一特定之人，例如不得再向卢奇·蒂提请求时，就是对人订立的简约"。[185]

在缔结简约后债权人又提出履行请求的情况下，债务人享有"已缔结简约之

---

[181] 罗马法原始文献 D. 46，4，8，3，乌尔比安语，丁译《契约之债与准契约之债》，第449页。

[182] 罗马法原始文献 D. 50，17，115pr.，保罗语，丁译《债·契约之债》IV·1，第162页。

[183] 罗马法原始文献 D. 46，4，8pr.，乌尔比安语，丁译《契约之债与准契约之债》，第59~61页。

[184] 罗马法原始文献 D. 18，5，5pr.，尤里安语，前揭书，第59页。

[185] 罗马法原始文献 D. 2，14，7，8，乌尔比安语，前揭书，第449页。

抗辩”（exceptio pacti conventi）的保护。

按照罗马法的规定，简约免除可以附条件或附期限。另外，无效的正式免除在某些情况下可以作为不得再请求简约使用，“无论正式免除因何种原因无效，似乎均应作为一项默示订立的不得再请求简约使用”。[186]

三、提存

早期法并无提存（depositum）制度，因此，在发生债权人迟延受领或拒绝受领的情况下，为避免增加债务人的负担，如支付保管费、租金等，或加重债务人的责任，在一些债务关系中，允许债务人抛弃标的物。但是，债务人在抛弃标的物之前必须履行告知义务。

其后，根据善意原则，法律鼓励债务人在不对自己不利的情况下尽量维护买方的利益。在债务人可以抛弃但未抛弃标的物的情况下，有权要求债权人补偿己方在债权人迟延期间为保管标的物支出的费用和因此遭受的损失。[187]

此后，罗马法不断改进有关提存的规定，在债权人怠于行使权利的情况下，债务人可以将标的物置于公共场所或者交私人保管从而解除债务负担。

在债权人迟延的情况下，债务人同样可以将标的物或金钱提存以免除债务。债权人的迟延使应支付利息或孳息的债务从债权人迟延之日起停止计算，“争讼开始后，你向债权人偿还因消费借贷使用的本金和法定利息，如果债权人不接受清偿，那么，你可以将钱封好后存放于某公共场所，从这一时刻起停止计算法定利息。[188] 在这种情况下，公共场所是指神殿或其他由负责该项诉讼的承审员指定的场所。”[189]

从上述罗马法原始文献中我们可以看出提存的效力为：①从提存之日起停止计算利息或孳息；②从提存之日起债消灭；③债务人不再对风险承担责任；④债权人也不再对质物享有权利。

四、抵消

莫德斯汀说：“抵消是债权和债务的相互消除。”[190] 也就是说，在当事人双方互为债务人并且认为无相互清偿必要的情况下，可以通过抵消结清债务，使互负之债消灭。在两债数量或金额不等的情况下，罗马法规定实行抵消后，债务人

---

〔186〕 罗马法原始文献 D. 2，14，27，9，保罗语，前揭书，第59页。

〔187〕 罗马法原始文献 D. 18，6，1，3，乌尔比安语，前揭书，第141页。

〔188〕 罗马法原始文献 C. 4，32，19pr.，戴克里先皇帝和马克西米安皇帝致奥莱莉娅·伊莱娜，前揭书，第429页。

〔189〕 罗马法原始文献 C. 4，32，19，1，戴克里先皇帝和马克西米安皇帝致奥莱莉娅·伊莱娜，前揭书，第429页。

〔190〕 罗马法原始文献 D. 16，2，1，莫德斯汀语，前揭书，第443页。

仅对差额部分承担责任，即在付清差额后，债消灭。

事实上，在罗马法中不承认法定抵消，希望对债务进行抵消的当事人一般通过和解的方式进行，称为自愿抵消或协议抵消。

在早期法中也不允许诉讼抵消。[191] 因为按照罗马诉讼制度，每一债务关系均有专门的诉讼加以保护，因此，原则上不能合并审理。互为债权、债务人的当事人双方只能各自提起相应的诉讼，请求给付。共和国末期，考虑到实际需要和公平原则，在程式诉讼中，在某些情况下开始允许通过诉讼实现抵消。

至古典法初期，在善意诉讼中允许抵消。通常是在承审员的主持下，将被告所负之债与原告欠被告之债实行抵消，因此，抵消是依判决消灭债的一种方法。然而，抵销只在某些特殊情况下适用，如钱庄主与顾客互负之债、破产财产的买受人与破产人互负之债、家父或主人与家子或奴隶互负之债。

后来，根据马尔古·奥列留皇帝（Marco Aurelio）的批复，提起要求返还之诉或要式口约之诉的原告与被告互负之债可以实行抵消，并赋予被告欺诈之抗辩的保护。这样，在严法诉讼中也可以进行抵消了。

后古典法时，抵消成为普遍适用的消灭债的方法。在原告提起诉讼的情况下，允许被告主张抵消。优士丁尼时，抵消成为债依法消灭的方法之一。

在罗马法中，抵消是有条件的：①标的必须具有同一性，即欲实行抵消之债的标的必须是同种类、同品质的物品，[192] 并且必须是产生于同样原因的债务关系；②债权必须是合法、有效并且可以请求的。

按照罗马法的规定，下列债务不得抵消：私犯之债、寄托、对市府的遗赠、税款等。此外，抵消只是债的消灭方式，不能用于其他情况。[193]

优士丁尼时，罗马法学家认为，抵消应当作为法定事实，独立于诉讼，成为债消灭的方式。也就是说，一旦确认双方互负债务，自动进行抵消，判决只起辅助的查证作用。可见，优士丁尼时的抵消已经具备了近代法定抵消的基本元素。

五、协议解除

协议解除又称相反合意（contrarius consensus）。按照罗马法的规定，依据当事人双方的合意缔结的契约，同样可以依合意解除。“没有比这更自然的了：债的消灭要以与它设立时相同的方式进行。因此，口头之债要以口头方式消灭，纯

---

〔191〕 M. Marrone, *Istituzioni di diritto romano*, Palermo, 1994, p. 734.

〔192〕 由于程式诉讼的判决均体现为金钱，因此，放宽了对标的同一性的要求，即实行抵消之债的标的可以一个是某一确定的物品，另一个是钱款。

〔193〕 罗马法原始文献 D. 17，2，23，1，乌尔比安语，丁译《契约之债与准契约之债》，第467页。

合意之债要以与缔约相反的合意消灭。”[194]

通常，在契约尚未履行时，尤其在买卖契约、委托契约中允许实行协议解除。

有些罗马法学家认为，即使在已经履行的情况下，根据善意原则仍然可以解除契约，使双方的法律关系回到未缔结契约前的状态，如买卖契约、合伙契约等，因为“在买卖、赁借贷之债以及其他类似的债务关系中，在尚未履行的情况下，基于缔约双方的合意，可以解除债务关系。阿里斯多将这一原则扩大适用于其他的情况。他认为，我按买卖契约的规定交付了我应该交付的物品，那么，你就负有向我支付价款的义务。这时，我们商定，如果你退还我已经给付的全部物品，那么，也就不必再向我支付价款了。在这种情况下，一旦你退还了全部物品，也就不再对支付价款承担责任了。因为，买卖、赁借贷契约所依据的善意同样承认这样的简约的效力。至于是在尚未履行的情况下，我们商定撤销契约，还是在我已经履行了契约义务后，我们又决定在你退还我已交付的物品后就不再对我承担契约责任，使我们双方的关系恢复到缔约前的状态并不重要。但是，这一旨在撤销契约的简约不能迫使我向你履行新的给付，因为，那就不是撤销以前的契约，而是在我们之间设立新的债务关系了”。[195]

至于部分解除，在罗马法中颇有争议。有些人认为部分解除属于更新的范畴，但无论怎样，根据善意原则应当允许。“在善意诉讼中就包含了由与修改契约有关的、在契约订立以后缔结的简约产生的抗辩。例如，在买卖诉讼中(当然，在其他善意诉讼中也如此)，在尚未履行的情况下，可以取消契约。既然整个契约都允许改变，那么，为什么不能通过简约改变契约的一部分呢？彭波尼就这一问题作了如下论述：这一原则也适用于为债权人的利益订立的简约。因此，在尚未履行的情况下，基于同样的原因，可以依据简约赋予债权人以诉权。既然整个契约都可以废除，为什么不能修改呢？为什么不能使契约好像是以某种方式更新了呢？当然，这种差别是很细微的。因此，我赞成彭波尼在教科书中支持的观点——完全可以以一项简约部分地废除已经订立的买卖契约。也就是说，部分地更新买卖契约。在买方有两个继承人的情况下，当卖方与其中一个继承人为废除契约订立了简约，尤里安说，简约有效，并部分地为废除买卖契约。另一继承人亦基于这项简约取得抗辩权。上述作法均符合尤里安与彭波尼的观点。”[196]

---

[194] 罗马法原始文献 D. 50，17，35，乌尔比安语，前揭书，第445页。

[195] 罗马法原始文献 D. 2，14，58，内拉蒂语，前揭书，第447页。

[196] 罗马法原始文献 D. 2，14，7，6，乌尔比安语，前揭书，第445页。

六、撤销

按照罗马法的规定，通常不允许单方撤销契约，“你希望解除基于双方合意缔结的契约。这个理由不能成为解除契约的原因。因为，即使卖方给买方双倍于价款的补偿，也不应强迫买方违背自己的意愿解除契约”。[197]

对于某些契约，按照契约的性质，即使在已经开始履行的情况下，同样允许单方解除，即赋予某些当事人以撤销权，使债依法消灭。如合伙人退伙，[198] 受托人放弃委托[199] 等。

七、混同

当债权、债务集于一身时发生混同（confusio），只不过在罗马法中，在某些情况下混同不是自然发生的，而是为了某种目的人为发生的。“接受遗产有时会发生债权人与债务人混同的情况。比如：当债权人接受了债务人的遗产，或是相反，债务人接受了债权人的遗产。有时也可以为履行债务而指定债权人为继承人。如：债权人在未得到未成年人的监护人许可的情况下，借钱给该未成年人，可以成为他的继承人。在这种情况下，债权人不仅能得到借给未成年人的、而未成年人尚未使用的金钱，而且还可以从遗产中得到全部债务的清偿。有时，也会出现一项无效的债务以接受遗产的方式得到承认的情况。例如，当继承人根据特列伯利安元老院决议返还了遗产而又成为该遗产信托人的继承人时的情况，或者当一名妇女为蒂提提供担保，尔后又成为他的继承人时的情况。”[200]

当然，在罗马法中，当债务人与保证人同为一人时，也发生混同，主债继续有效，担保之债消灭。斯凯沃拉、乌尔比安对此均提出了他们的看法：“在债务人指定自己的担保人为继承人的情况下发生债的混同。也就是说，当一项从债与主债在一个人身上竞合时就发生债的混同。这是一项一般性原则。然而，在两项债务均为主债务并且在就这两项债务一起提起诉讼的情况下，不发生债的混同，

---

[197] 罗马法原始文献 C. 4，44，6，戴克里先和马克西米安皇帝致盖雅努，前揭书，第 183～185 页。

[198] 罗马法原始文献 D. 17，2，65，3，保罗语，前揭书，第 247 页：“如果只有一个合伙人要求退伙呢？卡西写道：如果一个合伙人向合伙表示希望退伙，那么，合伙解散。其他合伙人就不再向要求退伙的合伙人承担责任了。然而，要求退伙的合伙人仍旧要对合伙承担责任。”按照罗马法的规定，在合伙清算完成之前，该要求退伙的合伙人仍要就欺诈和过失向合伙承担责任。

[199] 罗马法原始文献 D. 17，1，22，11，保罗语，前揭书，第 265～267 页：“任何人都可以自由选择是否接受委托。然而，受托人一旦接受了委托，那么，他就必须完成所委托的事项，除非受托人放弃所委托的事项。受托人可以在尚未开始执行委托事项之前放弃所委托的事项，由委托人交给另外一个人执行委托事项。”

[200] 罗马法原始文献 D. 46，3，95，2，帕比尼安语，前揭书，第 325 页。

而是两项债务之诉的合并审理。”[201] 而“当要式口约担保人成为被担保人即债务人的继承人时，只作为债务人的继承人承担责任，而解除他作为要式口约担保人的责任”。[202]

从以上论述中我们可以看出：罗马法原则上承认主从债义务主体混同的效力——从债消灭；在两项债务均为主债务的情况下，不发生债的混同；在就这两项债务一起提起诉讼的情况下，因主体同为一人，可以合并审理。

八、意外履行不能或意外超负担

意外履行不能是指因突发的、不可归责于债务人的事由导致的履行不能。在这种情况下，债因客观不能而消灭，例如，“一个人租了一栋住宅，租期为一年，并且已经预付了全年的租金。半年后，房子倒塌了或因火灾而被全部烧毁，在这种情况下，麦拉写道，承租人可以提起承租之诉，请求返还多付的租金”。[203]

按照罗马法的规定，在不可抗力导致标的灭失的情况下，债消灭。但是，这一给付不能必须是由不可归责于债务人的事由造成的，并且未约定就意外事变或不可抗力承担责任，否则，债务人不能解除债务负担，债务持续存在。[204] 对不可抗力，盖尤斯是这样解释的：“不可抗力就是希腊人称之为 Θεου βιαυ 的力量，即神之力。如果这种自然力是不可抗拒的，那么，给果实造成的损失，承租人不承担责任。”[205]

在罗马法中，消灭债的方式还有：和解、[206] 最长时效、[207] 债务人人格减等、[208] 当事人死亡、[209] 原因竞合[210] 等。

---

〔201〕 罗马法原始文献 D. 46，3，93，2，斯凯沃拉语，前揭书，第453页。

〔202〕 罗马法原始文献 D. 46，1，5，乌尔比安语，前揭书，第451页。

〔203〕 罗马法原始文献 D. 19，2，19，6，乌尔比安语，前揭书，第455页。

〔204〕 债务持续制度指一切可归责于债务人的过错造成的债务不履行将导致债务的持续存在。

〔205〕 罗马法原始文献 D. 19，2，25，6，盖尤斯语，前揭书，第457页。

〔206〕 和解是当事人以消灭债为目的达成的协议。古典法时，和解是通过缔结不得再请求简约实现的。

〔207〕 最长时效是由狄奥多西皇帝创制的，指债权人从债务可请求之日起经过30年仍未提出履行请求，债消灭。从消灭之日起停止支付利息、免除尚未履行的部分债务、债权人丧失诉讼保护。

〔208〕 尽管按照罗马法的规定，市民法之债因人格减等而消灭，成为自然之债，但是，在发生债务人人格减等的情况下，裁判官往往赋予债权人扩用之诉以保护债权人的权利。此外，私犯之债不因人格减等而消灭。

〔209〕 通常，私犯之债因当事人的死亡而消灭。在契约之债中，与债务人人身联系紧密的债务关系因当事人的死亡而消灭，如委托、雇用、合伙等。

〔210〕 原因竞合指当债的标的是已经特定化的种类物，而债权人因其他原因已经获得了该物品的情况。由于债权人不能两次获得同样的物品，因此导致债的消灭。在优士丁尼法中，这种消灭方式仅适用于债权人无偿取得标的物的情况，否则，债务人仍需承担向债权人支付标的物价金的责任。

◎ 第八章 契约之债

第一节　契约的一般原理

一、契约的意义及其演进

(一) 契约的意义

"契约"一词在罗马法中是用拉丁文 contractus 表示的，本义为"拉紧、捆紧"。在罗马法原始文献中，我们很难找到一个统一的定义。因此，我们说罗马法有关契约的概念直到优士丁尼时均表现为一个发展、完善的过程。尽管在这一过程中当事人的合意最终战胜了在相当长的时期内一直占据主导地位的形式要件成为订立契约不可缺少的基本要件，但是，拉丁文 contractus 一词并未包含任何合意的内容，仅仅表示在当事人之间建立一种联系——它形象地被罗马人称为约束双方当事人的"锁链"，与当事人的主观愿望没有任何关系。

因此，contrahere 、contractus 最初并不是一个法律术语。虽然没有任何法学家敢于说亲属关系是契约关系，在婚姻是否也是一种契约的问题上，法学家们也一直争论不休，然而，在拉丁文中 contrahere sponsalia（订立婚约）、contrahere matrimonium（缔结婚姻）、contrahere adfinitatem（设立收养）的表述却俯拾皆是。即使在债的范围内，contrahere 也是一个一般性词汇，缔结契约时，既不问债因为何，也不管有否合意，也就是说，合意不是契约成立的必备要件。在罗马法中，"建立债务关系"（contrarre obbligazione）却是法律术语，指因财物或因行为而处于负债状态。

在广义上，契约是协议的同义词。当然，也有一些学者试图将契约与协议相区别，给予它们不同的意义，将契约一词限定在债的范围，而将在债以外形成的合意称为协议。这一尝试并未得到法学家的认同。事实上，在罗马法中，简约是契约的同义词，通常用来表示具有特定内容的契约，如专门对行为方式进行约定的简约。另外，合意也不是契约的特有要件。按照罗马法的规定，转移所有权、设立用益权或地役权、债的更新或撤销都必须具有当事人的合意。

在狭义上，尤其在古典法中，契约是与私犯相对称的术语，用来表明债的起因。在此意义上，契约是"进行交易"的同义词，特指基于某一交易而使自己受到债务束缚。契约是市民法承认的债因，契约的成立以交易的存在为必要条件，合意则不在考虑的范畴，至少不是契约成立的法定要件。当然，在这种情况下，为实现交易，当事人双方应当达成一致。也就是说，尽管未明确规定应当具有当事人的合意，但是，这是不言而喻的事情。因此，罗马法最初的契约主要指产生债的效力的协议，即：契约 = 债 + 合意。我们不仅可以在罗马法原始文献中读到应当赋予某一合意或协议以债的效力的论述，也同样可以读到推崇合意作为契约成立要件的论述："'协议'一词是一个一般性用语，指为取得一致或达成和解而在当事人双方间商定的一切事项。就像我们说'汇合'是指那些来自不同地方的人向同一个地点聚集一样，'汇合'在另外一个意义上也是指不同的意向变为相同的意向，即达成一致。'协议'一词是广义的，正如贝蒂在他的论述中恰当使用的那样：所有契约，无论是以口头方式设立的还是以要物方式设立的，都必须包含一项协议，否则不产生任何契约关系或债的关系。因此，口头达成的要式口约在缺少合意的情况下亦无效。"〔1〕

按照乌尔比安也赞同的贝蒂的观点，合意是契约应当具备的要件，即便是要式行为，如要式口约，在缺少合意的情况下同样无效。这一观点为优士丁尼所继受。当然，比较合理的解释似乎是，贝蒂希望特别指出在那些采用口头程式或以交付物的方式设立的契约中也应当有一个协议，这个协议应当包括当事人双方均同意的设立债的目的以及为了各自的利益愿意履行的义务。

保罗则认为："金钱从属于一个人变为属于另外一个人尚不足以产生债，还要有基于设立债的愿望而去为给付和接受给付。因此，如是一个人出于赠与而把他的钱给了我，虽然赠与人完成了给付，他的钱成了我的，但这对我并没有任何约束。因为在我们之间不存在任何债的关系。"〔2〕 保罗的这一论述也以同样的方式强调，即使是以交付物的方式设立的要物契约——金钱的消费借贷，也要具有当事人的合意。

据史料记载，第一个尝试将契约作为包括许多不同债因的独立类别进行定义的罗马法学家是拉贝奥（公元1世纪），我们可以在乌尔比安的著名片段中读到他的构想："拉贝奥在《论内事裁判官》第一编中如此定义道：我们说'做某事'、'管理某事'、'订立契约'。'做'是一个在口头之债或要物之债中使用的一般用语，就像我们通常在要式口约中或支付现金的契约中使用的那样，'订立契约'是指相互间建立债的关系，即希腊人称之为'双务'的那类契约，如买

---

〔1〕 罗马法原始文献 D. 2，14，1，3，乌尔比安语，丁译《契约之债与准契约之债》，第9页。

〔2〕 罗马法原始文献 D. 44，7，3，1，乌尔比安语，前揭书，第15页。

卖、赁借贷、合伙。'管理'则是指不需要明示的意思表示而去做某件事情。"[3]

从以上论述中我们可以看出，拉贝奥试图按照行为结果——支付一笔款项(做某事)、产生双务之债(订立契约)和由一方当事人的行为引发的单务之债(管理)，对债进行重新分类。拉贝奥认为，契约是按照当事人的意愿对双方产生债的效力的行为。[4]

毫无疑问，拉贝奥对契约的定义较之盖尤斯在其《法学阶梯》中的定义范围要窄许多，只涉及双务契约。在盖尤斯看来，契约不仅应当包括拉贝奥所称的"双务"契约，而且还应当包括实物契约、口头契约和文书契约，他写到："现在我们来谈谈债。它划分为两个最基本的种类：每个债或者产生于契约，或者产生于私犯。我们首先看看那些产生于契约的债。这样的债有四种：债的缔结或者是通过实物，或者是通过话语，或者是通过文字，或者是通过合意。"[5]

当然，盖尤斯也并未穷尽所有契约发生的原因，我们可以在莫德斯汀《论规则》第二编中看到三种盖尤斯未涉及的情况："基于法律、或基于荣誉法、或因必然"[6]订立的契约。莫德斯汀的这一贡献为近现代法所继受，使法定契约最终成为契约大家族中的一员。

(二) 契约的演进

在《十二表法》时期，我们只能找到为数不多的几种契约类型：用于金钱消费借贷的债务口约、要式买卖、允诺、解放奴隶允诺、嫁资口约等。从上述契约中我们可以看出，这些契约均为口头契约，其中，债务口约是最早的契约形式，而嫁资口约的出现不早于公元前4世纪上半叶。

自《十二表法》至整个公元前4世纪，契约的发展极为缓慢。公元前4世纪末，国际贸易、运输的快速增长，促进了契约体系的发展。裁判官首先在涉外裁判中承认了欠缺形式要件但具备双方当事人合意的契约的效力，其后又扩大适用于罗马市民，就是这样产生了万民法上的合意契约。公元前3世纪至公元前2世纪，在市民法中出现了文书契约；在万民法中则出现了实物契约。至此，罗马法契约表现为具有自己名称的、受专门诉讼即与契约同名称的诉讼保护的典型契约，契约种类也是相对固定的。无疑，这种由确定种类的典型契约构成的严谨的契约体系在很大程度上限制了契约当事人确定契约内容和相互关系的自由。较之其他内容确定的典型契约，要式口约的"广普"性显得尤为可贵。按照罗马法

---

[3] 罗马法原始文献 D. 50，16，19，乌尔比安语，前揭书，第9页。

[4] D. Dalla e R. Lambertini, *Istituzioni di diritto romano*, Torino, 1996, p. 337.

[5] 罗马法原始文献 Gai. 3，88～89，黄译《法学阶梯》，第226页。

[6] 罗马法原始文献 D. 44，7，52pr.，莫德斯汀语，丁译《契约之债与准契约之债》，第5页。

的规定，以要式口约的方式设立债的关系的当事人享有较多的确定契约内容的自由，不仅可以约定各类交易、规定利息、设立担保，甚至可以约定承担契约责任的方式和范围，因此，要式口约在罗马法中几乎是万能的契约形式。

公元前1世纪，裁判官就简约发布了专门告示，承诺给予那些未违反法律规定和善意原则的简约以保护。然而，裁判官对简约的保护不是赋予简约当事人以诉权，而是在善意诉讼中通过“已缔结简约之抗辩”加以保护。因此，简约的效力是受限制的。除有名契约和简约外，在共和国末期（公元前1世纪）又出现了无名契约。至此，罗马法契约体系已具雏形：有名契约（口头契约、合意契约、文书契约、实物契约）、无名契约和简约。

公元前1世纪下半叶，在罗马法学家的著作中我们可以读到不少有关 contractus 或 contrahere 的论述。罗马法学家们不仅尝试对契约进行定义，而且还尝试对契约进行系统分类。萨宾学派的法学家们甚至将因单方适法行为引发的债务关系，如盖尤斯在其《法学阶梯》中谈到的错债清偿（如不当得利，solutio indebiti）也归入了契约，从而使罗马法契约体系得到了进一步的扩展。[7]

这一时期，在法学理论上也出现了将单方行为纳入契约范畴的倾向，从而降低了合意在契约中的作用。事实上，与后古典法、优士丁尼法不同，古典法时期，法学家们提出的四大契约种类——口头契约、合意契约、文书契约、实物契约中的划分依据口头、文书和实物并不是形式要件，不是合意的补充要件，而是契约的构成要件。只有在合意契约中，由于合意是产生债的原因，因此，当事人双方的合意才是契约成立的要件。应当说，除对契约进行体系化以外，古典法学家们并未构筑起契约的一般理论。

后古典法时期，法学家们受到盖尤斯三分法[8]的启示，从结构上将契约的属性定义为双方行为，而将那些不具有这一属性的适法行为引发的债务关系，包括错债清偿一并划入了准契约的范畴。在这一时期，合意受到了空前的重视，即使是万能的要式口约，在无合意的情况下同样无效。至此，合意终于冲破了形式主义的藩篱，成为契约的实质要件。

二、契约的分类

（一）分类标准

在罗马法的发展进程中，按照不同的标准，相继出现的契约分类有：市民法契约和万民法契约（又称严法契约和宽法契约）、双务契约和单务契约、有偿契

〔7〕 M. Talamanca, *Istituzioni di diritto romano*, Milano, 1990, p. 536.

〔8〕 “债或是产生于契约，或是产生于不法行为，或是产生于法律规定的其他原因。”参见罗马法原始文献 D. 44, 7, 1 pr.，盖尤斯语，丁译《契约之债与准契约之债》，第3页。

约和无偿契约、要式契约和略式契约、有名契约和无名契约（又称典型契约和非典型契约）等。

古典法时，以契约享有的诉讼保护为标准，将契约分为市民法契约和万民法契约。这些契约大多表现为法律规定范围内的典型契约。每一典型契约均有与之相对应的构成要件，如果欠缺法定要件，即使具有合意，同样不产生约束当事人的效力。此外，除法律承认的典型契约以外，古典法后期开始出现非典型契约。由于典型契约均有自己的名称，又被称为有名契约，而非典型契约却没有法定名称，因此，非典型契约又称无名契约。

按照债的关系是有利于一方当事人还是有利于双方当事人，契约可以分为单务契约和双务契约。严格地讲，在双务契约中，当事人双方互为债权、债务人，并由此产生对待诉权；有时，在某些单务契约中，债权人也要承担一定的义务，这些单务契约又被称作不完全的双务契约。此外，按照契约是否有偿，又可将契约分为有偿契约和无偿契约，通常，双务契约是有偿契约，单务契约是无偿契约。按照契约是否依据规定的程式做出意思表示，又可将契约分为要式契约和略式契约，通常，口头契约、文书契约为要式契约，要物契约、合意契约和简约为略式契约。

在罗马法中，有些契约被优士丁尼称作善意契约或宽法契约，这类契约是指那些在古典法中受善意诉讼保护的契约。在善意诉讼中，承审员根据善意原则和公平原则对双方当事人各方面情况及各种因素，甚至是某些市民法不予考虑的因素，如契约当事人的欺诈行为、主契约的附加简约等进行全面衡量，从而做出更公正的判断。当然，善意契约的分类在优士丁尼法中已无实际意义，因为，所有种类契约的争讼都必须根据善意原则和公平原则进行审判。严法契约或严正契约是指那些在古典法中受严法诉讼（actio stricti iuris）保护的契约。

应当说，在罗马法中，较传统的、并且为优士丁尼沿用的分类方法是盖尤斯在其《法学阶梯》中使用的方法，即按照契约订立的方式将其分为四类：口头契约（contractus verbis）、文书契约（contractus litteris）、实物契约（也称要物契约，contractus re）和合意契约（contractus consensu）。[9]

1. 口头契约指通过口头方式完成的、庄严的、以固定程式缔结的契约，例如："通过话语缔结的债是以询问和回答的方式达成的，比如：'答应给付?''我答应'。'你给付?''我给付'。'你允诺?''我允诺'。'你应保?''我应

---

〔9〕 罗马法原始文献 Gai. 3, 89，黄译《法学阶梯》，第226页："我们首先看看那些产生于契约的债。这样的债有四种：债的缔结或者是通过实物，或者是通过话语，或者是通过文字，或者是通过合意。"

保?'。'你担保?''我担保'。'你做?''我做'。"[10]

按照出现的先后顺序，口头契约大致包括债务口约、允诺、要式买卖、嫁资口约和解放奴隶允诺。

2. 文书契约是以特定文书为依据成立的契约。[11] 文书契约最早见于家父的收支账簿，因此，文书契约主要有债权登记簿、收据和借据。债权登记簿在古典法后期废止，收据于后古典法时废止。优士丁尼时，文书契约不再有固定的形式，只是可以供当事人选择的一种契约形式，因此，文书契约也只不过是一个名称而已。

3. 要物契约指通过物的交付成立的契约。[12] 在要物契约中，如果不以让渡、如数给付、转让、转移所有权等方式设立契约，那么，契约关系自始不成立。当然，要物契约中指的"交付"在不同契约中的意义是不同的：在消费借贷和信托中指转移所有权；在扣押寄托中仅指转移占有；而在一般寄托和使用借贷中只转移持有。

根据契约性质的不同，要物契约的效力也不尽相同，但是，要物契约的共同特征是返还契约标的物，即使某些契约规定返还是附条件的。要物契约包括信托、消费借贷、使用借贷、寄托 、质权。

4. 合意契约又称诺成契约，是依据当事人双方的合意产生的契约，即"在买卖、租赁、合伙、委托中的债是通过合意而形成的。"[13] "我们说在这些情况下通过合意缔结债是因为：不需要任何特殊的话语或者文字，只需要实施交易行为的人相互同意。因此，这种交易也可在未出席者之间缔结，比如通过书信或者传信人；相反，口头债则不可能在未出席者之间缔结。"[14]

合意契约依据双方当事人的合意产生，也同样可以依据双方当事人的合意解除。合意契约包括买卖、赁借贷、合伙和委托。

（二）有名契约、无名契约和简约

在罗马法中，除盖尤斯的分类方法以外，在法学理论上较常用的还有将契约分为有名契约（contractus nominalis）、无名契约（contractus sine nomine）和简约（pactum）的分类方法。

1. 有名契约。有名契约又称典型契约，盛行于古典法时期。由于法律对每一类型的契约均规定了相应的构成要件和保护措施，即赋予每一典型契约专门的

---

〔10〕 罗马法原始文献 Gai. 3，92，前揭书，第 228 页。

〔11〕 罗马法原始文献 Gai. 3，134，前揭书，第 246 页。

〔12〕 罗马法原始文献 Gai. 3，90，前揭书，第 226 页。

〔13〕 罗马法原始文献 Gai. 3，135，前揭书，第 246 页。

〔14〕 罗马法原始文献 Gai. 3，136，前揭书，第 246 页。

诉讼保护，因此，这些类型化的契约被称为典型契约，而这些典型契约通常具有自己的名称，较之那些法律未为之命名的契约又被称作有名契约。有名契约均为受市民法或万民法保护的契约。[15]

2. 无名契约。无名契约又称非典型契约，出现于古典法后期。应当说，在罗马契约法的演进过程中，无名契约的出现和发展是极具光彩的一笔。

正如乌尔比安所说，在罗马法中，无名契约的数量远远多于有名契约。[16]其最初的形式大致为四类：互易、换工、以物换工、以工易物。这是一系列内容相似的、以获得对待给付为目的的协议：一方当事人交付某件物品或完成某一行为，同时获取对方当事人交付的另外一件物品或完成的另一行为。

上述"协议"在早期法中不产生市民法效力。因此，如果当事人未采用要式口约的形式承担债务，那么，在他履行了自己的义务而未得到对待给付的情况下，得不到任何诉讼的保护，也就是说，他无权通过诉讼主张对待给付。当"协议"的标的为确定物时，法律能够给予的唯一救助就是通过提起要求返还之诉追回已经履行的给付。而当"协议"的标的为"作为"时，当事人只能提起欺诈之诉请求已为给付的价值，而不是违约赔偿。由于这类"协议"不受诉讼的保护，而且不是总能提起要求返还之诉或欺诈之诉，致使履行了契约义务的当事人常常处于不利的地位、受到不公正的对待。

随着贸易的发展，在司法实践中开始承认那些没有自己名称的"协议"具有契约的效力。也就是说，法律允许由不被法律禁止的原因形成的任一合意在当事人之间产生债的效力。在一方当事人已经履行了义务的情况下，可以提起对待给付之诉请求对方当事人履行义务。[17]

优士丁尼时，无名契约不仅得到了法律的承认而且还出现了某些无名契约试图成为有名契约的倾向。

除互易、换工、以物换工、以工易物四类无名契约外，在罗马法中，属于无名契约范畴的契约还有：交换、行纪、和解和不确定占有（又称临时让与、临时受让或容假占有）。

3. 简约。在罗马法中，除有名契约和无名契约以外，尚有一类契约被称为

---

〔15〕 罗马法原始文献 D. 2，14，1，4，乌尔比安语，丁译《契约之债与准契约之债》，第 9 页。

〔16〕 罗马法原始文献 D. 19，5，4，乌尔比安语，前揭书，第 11 页。

〔17〕 罗马法原始文献 D. 2，14，7，2，乌尔比安语，前揭书，第 11 页："即使是那些没有自己名称的契约，只要存在产生契约的原因，阿里斯多对杰尔苏的答复是：那么就产生债的关系。比如，我给你一件物品是为了让你给我另外一件物品或是为了让你为我制作一件物品，也就是说是一种交换。但这同样也是一种契约，并由此产生市民法之债。……事实上，阿里斯多称之为交换的也是一种契约，并由此产生这一诉权。"

"简约"。在罗马法原始文献中，简约指二人或二人以上之人形成的合意，乌尔比安解释到："'简约'一词来源于'协定'，也来源于'和平'。"[18]"简约是两个或两个以上当事人就共同感兴趣的事务达成的合意。"[19]

在早期法中，如此形成的合意只有在具备市民法规定的形式或万民法承认的债因的情况下才产生债，否则，对当事人不发生任何效力。当然，裁判官法和帝国法在相当程度上承认欠缺法定形式要件、但是未违反法律和善意原则的简约的效力。因为正如乌尔比安在《论告示》第四编中阐述的那样："告示的公正是显而易见并符合自然法则的。有比遵从那些在人们之间已经商定的事更符合人类的本意吗?"[20]

按照罗马法的规定，法律只对债权给予相应的诉权，而"裸体简约不产生债，只产生抗辩"是罗马法为简约制定的基本原则,[21] 因此，为了维护法律的既定原则，对于作为主契约使用的简约，裁判官只能通过赋予被告以"已缔结简约之抗辩"的方式保护当事人的利益。

在后古典法和优士丁尼法中，较之典型契约，简约的用途更为广泛。简约不但可以作为从契约，附加于任一形式的主契约，也可以作为主契约设立债权甚至设立某些物权。[22] 此外，当事人还可以简约订立产生物权效力的契约：设立质权、在行省设立役权和用益权。

对于附加简约，罗马法学家给予了特别的关注，将附加简约分为"与主契约同时订立的简约"和"嗣后订立的简约"。乌尔比安认为，在主契约为善意契约的情况下，对于那些与主契约同时订立的简约应当视为主契约的一部分而享有与主契约相同的保护——诉讼保护；而在主契约为严法契约，如要式口约的情况下，简约则不能得到与主契约相同的保护，因为要式口约是口头订立的契约，而简约只是当事人的单纯合意。对于那些嗣后订立的简约则视为独立简约，按照简约的性质或享有诉讼保护或享有抗辩保护。

另外，随着程式诉讼的废止、市民法和万民法的融合以及契约范围的扩展，简约与契约已无实质差别。优士丁尼法时，法律允许那些不享有专门诉讼保护的、依据简约为给付的当事人提起"对待给付之诉"，请求对方当事人履行义务。在这种情况下，简约等同于无名契约。

中世纪罗马法学家，在附加简约以外，按照"协议"是在后古典法时得到

---

〔18〕 罗马法原始文献 D. 2, 14, 1, 1, 乌尔比安语，前揭书，第 297 页。

〔19〕 罗马法原始文献 D. 2, 14, 1, 2, 乌尔比安语，前揭书，第 297 页。

〔20〕 罗马法原始文献 D. 2, 14, 1pr., 乌尔比安语，前揭书，第 295 页。

〔21〕 M. Marrone, *Istituzioni di diritto romano*, Palermo, 1994, p. 672.

〔22〕 L. Aru e R. Orestano, *Sinossi di diritto romano*, 1955, p. 195.

法律承认，还是仅仅获得裁判官法保护为标准，又将简约分为法定简约或钦定简约和裁判官简约。那些优士丁尼法中无需采用要式口约形式的赠与和设立嫁资是法定简约；承认债务简约、承担债务简约和承保简约是裁判官简约。

三、契约的订立方式及成立要件

（一）契约的订立方式

出现在罗马法演进过程中的契约形式多如繁星，正如不同种类的契约享有不同的诉讼保护一样，契约的订立方式也取决于具体契约的性质和所属类别。

在早期法中，契约多为要式契约，如口头契约和文书契约，当事人必须完成特定的程式，契约方可成立。在略式契约出现后，除要物契约必须以物的交付为契约成立的标志外，一般而言，合意契约和简约只需要具有当事人的合意即可成立。

尽管不同的契约有不同的订立方式，但是，我们可以看出在这些方式中都不同程度地存在着一种共同的、实质性的内容，即通过“要约”与“承诺”达到产生债的目的。在口头契约中，“要约”与“承诺”是通过当事人双方的一问一答实现的；在文书契约中则是以书面方式记录的；在要物契约中是以交付和接受交付体现的；而在合意契约和简约中则是通过双方当事人的意思表示传达的。

尽管罗马法并未将“要约”与“承诺”的理论系统化、概念化，但是，从以下论述中我们不难发现，罗马法学家不但提出了契约订立的基本模式，还对“要约”与“承诺”的基本规则作了详尽的规定，这些规则几乎全部为后世所效仿。[23]

（二）契约的成立要件

虽然我们在罗马法学家的著作中无法找到有关契约要件的系统阐述，而且不同时期法律对契约要件的规定也不尽相同，但是，我们还是可以从罗马法原始文献中看出契约成立的要件大致有：

---

〔23〕 罗马法原始文献 D. 45, 1, 137, pr.，威努勒语，丁译《契约之债与准契约之债》，第 19 页：“承诺人的承诺应当在要约人发出要约后立即作出。当然，应当允许在要约与承诺之间有一段正常的间隔，但是，应当立即回答要约人。然而，如果承诺与要约不相符，那么，即使承诺是在要约发出的当天作出的，亦不产生任何效力。”罗马法原始文献 D. 45, 1, 1, 1，乌尔比安语，前揭书，第 19 页：“如果要约人在发出要约后得到答复前离去，那么，不产生任何效力。但是，如果要约人在发出要约后立即离去，在他回来后得到了答复，那么，要约有效。事实上，一段微不足道的时间间隔不使债产生瑕疵。”罗马法原始文献 D. 45, 1, 1, 3，乌尔比安语，前揭书，第 19 页：“如果受要约人简单回答：将会完成。那么，他不会因此受到约束。如果受要约人被这样问及：在本月 15 日以前？回答：我会在 15 日以前。他同样不会因此受到约束。因为承诺与要约不相符。如果要约是附条件的而承诺则未附条件，应当说他也不会受到约束。在作出承诺时，如果承诺人增加或减少了某事项，那么，债是有瑕疵的，但是，要约人立即对承诺人的修改表示同意的情况除外。然而，在这种情况下，应当说缔结的是另一项要式口约。”

1. 两个或两个以上当事人。

2. 具有当事人的合意。在合意成为契约要件后，法律要求订立契约不仅必须具有当事人的合意，而且在合意形成过程中不得存在欺诈、胁迫或错误。在罗马人的观念里，欺诈、胁迫、错误不仅违背公平善良的基本原则，也是道德不允许的。

（1）欺诈（dolus），在罗马法原始文献中，我们可以看到罗马法学家将欺诈分为善意诈欺（dolus bonus）和恶意诈欺（dolus malus）两种。“裁判官不满足于只讲欺诈，还要在欺诈前面加上‘恶意的’这一形容词加以限定。因为，早期法学家们使用过善意欺诈这一术语。他们使用这一术语是出于深刻的洞察力，尤其是指为对付敌人和窃贼而使用的情况。”[24]塞尔维是这样定义恶意欺诈的：“以欺骗他人为目的，制造假象或使用诡计。即表面上假装做某事而实际上却是在做另一件事。拉贝奥说，可能会出现并无假象而仅有恶意的欺诈；同样，也可能会出现没有欺诈的恶意仅有制造假象的情况。比如，为维护自己或他人的利益而用一种表面现象掩盖一个实质行为。拉贝奥的定义是这样的：恶意欺诈是任何一个使他人上当、受骗的阴谋、诡计和骗局。拉贝奥的定义是正确的。”[25]

按照罗马法的规定，任何以欺诈方式订立的契约无效。[26]但是，只有在欺诈成立的情况下方可以欺诈为由主张无效。按照罗马法的规定，欺诈成立必须同时具备两个条件——欺诈意图和欺诈结果。[27]

（2）胁迫（metus）被罗马法学家界定为“是一种无法抗拒的强大的制约力”。[28]由于任何事都不像胁迫与恐吓那样如此违背善意诉讼所依据的合意，因此，罗马人认为，容忍胁迫和恐吓属于违背善良风俗的行为。[29]因此，“对于被胁迫而做的事，在任何情况下裁判官都不会承认它的效力”。[30]

至于胁迫是身体胁迫还是精神胁迫则不重要，因为“恐惧是为自身还是为孩子，这对适用告示中的规定并不重要。因为，从感情上讲，父母更担心的是孩子而不是自己”。[31]

按照罗马人的理解，导致契约无效的恐惧应当是“某人对可能给他带来的一

〔24〕 罗马法原始文献 D. 4，3，1，3，乌尔比安语，前揭书，第19页。

〔25〕 罗马法原始文献 D. 4，3，1，2，乌尔比安语，前揭书，第39页。

〔26〕 罗马法原始文献 D. 42，8，1，2，乌尔比安语，前揭书，第53页。

〔27〕 罗马法原始文献 D. 42，8，15，尤里安语，前揭书，第55页。

〔28〕 罗马法原始文献 D. 4，2，2，保罗语，前揭书，第33页。

〔29〕 罗马法原始文献 D. 50，17，116pr.，乌尔比安语，前揭书，第33页。

〔30〕 罗马法原始文献 D. 4，2，21，1，保罗语，前揭书，第35页。

〔31〕 罗马法原始文献 D. 4，2，8，3，保罗语，前揭书，第35页。

定程度的灾祸所产生的惧怕，而不是随便哪种惧怕”。[32]

(3) 错误，显然不是真实的意思表示，按照乌尔比安的解释，“基于误解不产生合意”，[33] 所以，基于错误而缔结的契约无效。

从以上论述中我们可以体会出，罗马法学家认为导致契约无效的错误应当是严重的、实质的、足以影响当事人做出正确选择的。在罗马法中，还有因“不知”导致意思表示错误的情况，一般分为两种：法律不知和事实不知。

对于法律不知，罗马法学家认为：“法律不知给所有的人都带来损害，而事实不知却不给人带来损害。现在我们来考察一下法律不知和事实不知的情况。我们已事先规定了允许不满25岁的未成年人出现法律不知的情况；允许妇女在一些情况下因其性别的柔弱而出现法律不知。因此，对于他们，在没有违法行为的情况下，仅仅是因法律不知而出现的侵权，对自己不构成损害。按照这一原则，一名未满25岁的未成年人借钱给家子，不发生任何借贷的效力。”[34] “拉贝奥认为，对于法律不知构成损害的原则应当这样理解：一个人为了解法律，在与法学家交往或在得到了法学家的指导后，仍旧出现法律不知的情况，对他构成损害。因为，这种情况是极少出现的。”[35]

对于事实不知，罗马法学家认为：“仅仅是事实不知，对任何人都不构成损害，除非这个人被认为有重大疏忽。城里所有人都知道的事情，为什么只有他一个人不知道呢？拉贝奥准确地定义道：人对事物的认识程度应为既不是最细致周到的，又不是最粗枝大叶的，而是通过一般的注意就能获得的。”[36]

事实上，在罗马法中，除法律特别规定的情况外，法律不知不视为错误，因此，当事人不得以法律不知为由主张契约无效或撤销；由于“不知”通常是作为归责事由使用的，因此，当“不知”作为主观免责事由时，只有在当事人能够证明“不知”是“正当的和可证明的”或者“正当而合理的”情况下方可被视为错误。[37]

3. 具有合法债因（causa obligandi）。我们在罗马法原始文献中经常可以看到这样的表述“iusta causa traditionis”，或“iusta causa usucapionis”，我们不禁要问，什么是合法债因？

在罗马法中，古代法学家将原因分为市民法原因和债因。市民法原因指契约

---

〔32〕 罗马法原始文献 D. 4，2，5，乌尔比安语，前揭书，第33页。

〔33〕 罗马法原始文献 D. 50，17，116，2，乌尔比安语，前揭书，第27页。

〔34〕 罗马法原始文献 D. 22，6，9pr.，保罗语，前揭书，第45～47页。

〔35〕 罗马法原始文献 D. 22，6，9，3，保罗语，前揭书，第47页。

〔36〕 罗马法原始文献 D. 22，6，9，2，保罗语，前揭书，第47页。

〔37〕 罗马法原始文献 Gai. 3，160，黄译《法学阶梯》，第256页。

是否具有法律规定的形式——要物、口头、文书或合意，后来这一理论被否定，因为契约采用的形式并非契约订立的原因。罗马法中的债因与现代法的债因完全不同，在罗马法中，原因（causa）一词等同于现代法上的"关系"。现代法的债因指主观原因，是抽象的和心理学上的——当事人设立债的动机；而罗马法的债因指客观原因，是具体的和社会学上的——法律承认的当事人之间客观存在的"关系"。[38]

4. 具有法律规定的形式。如前所述，罗马契约法的演进经历了一个从形式主义到意思主义的发展过程，一般而言，订立市民法契约必须完成法定程式，形式是必备要件，而合意则不是要件；订立万民法契约，合意为契约成立要件，对契约形式一般没有特别要求，但按照契约的性质应当采用一定方式的，应当遵守。

需要特别指出的是，上述要件是后古典法和优士丁尼法中契约成立的要件。

第二节　各类主要契约

一、要式口约

要式口约（stipulatio）是从市民法的口头契约"允诺"（sponsio）发展而来的，是罗马法最重要的契约形式之一，以口头方式订立。"要式口约是由一套固定的词句构成的，以便使一个人以要式口约的词句形式提问，另一个人以同样的形式回答是否给付被问及的物品或去做被要求的事情。"[39]

在要式口约中，提问人是债权人，回答人是债务人。由于要式口约是以问答方式设立的，因此，法律规定丧失听力或不能说话的聋人、哑人或者无法理解问答内容的精神病人和幼儿不得成为要式口约的当事人。在订立要式口约时，可以使用拉丁语或希腊语进行问答，但提问与回答应当连续进行不得中断，问答的内容必须完全一致，任何形式上的瑕疵或内容上的答非所问均导致要式口约无效。

古典法时，严格的形式主义趋于缓和，合意开始受到重视。人们开始在要式口约中使用书面材料，也就是说，以文字记录要式口约的订立情况以资证明。尽管在要式口约无效的情况下，书面材料没有任何价值，但是，这种做法仍然十分普遍，称为要式口约约据。后古典法时，要式口约当事人不必遵守严格的程式，可以采用任何话语缔结契约，在答非所问、问非所答的情况下，允许当事人进行补救。这样，在形式上，要式口约与简约没有实质的区别。至公元472年，列奥

〔38〕 P. Bonfante, *Corso di diritto romano*, *Volume quarto le Obbligazioni*, Milano, 1979, p. 288.

〔39〕 罗马法原始文献D. 45, 1, 5, 1, 彭波尼语，丁译《契约之债与准契约之债》，第109页。

一世[40]颁布宪令废止了词句的严格形式，“只要当事人双方相互了解而且有相同的意思即可，不问用于表达的是哪些词句”。[41]

当就要式口约的内容产生疑问时，罗马法规定：①“应当作不利于债权人的解释”；[42] ②在对契约进行解释时，“应理解为是就履行契约所作的肯定的表述”；[43] ③在当事人未确定契约应当遵循的规则的情况下，应当“遵循契约签订地通常使用的规则”；[44] ④在无法确定契约应当遵循的规则的情况下，应当依据契约签订地的规则，“使债务人所承担的债务降到最低限度”。[45]

从上述规定中我们可以看出，罗马法是以要式口约为例阐述意思表示解释的规则。此外，与买卖契约不同，以要式口约订立的出售物品的契约产生转移出售物所有权的效力。罗马法规定，依据要式口约出售的物品应该是具有最完整权利的物品，不允许有任何瑕疵或负担，因此，如果在出售物上设有其他权利，那么，这显然不符合要式口约规定的原则。[46]

要式口约是万民法制度，不仅适用于罗马市民也同样适用于外国人。要式口约的标的可以是物品、金钱，也可以是“作为”。从公元前3世纪中叶开始，要式口约逐渐成为适用范围最广的契约形式。不但可以要式口约规定任一典型契约调整的债务关系，如买卖、借贷等，还可以规定任何一项不属于典型契约调整的债务关系，换言之，任何一项“协议”或“合意”均可因采用了要式口约的形式，或曰纳入要式口约而获得法律效力。按照罗马法的规定，要式口约可以用于：缔结婚姻、设立嫁资、返还嫁资、实行赠与、设立担保、更新债务、免除债务、订立仲裁协议、约定利息、约定契约责任（罚金要式口约）等；在诉讼中，被告可以采用要式口约允诺出庭、允诺执行判决等，要式口约几乎无所不能。在程式诉讼中，要式口约的当事人受要式口约之诉的保护。

二、嫁资口约

嫁资口约（dotis dictio）是设立嫁资的口头允诺，形式庄严，词句固定。允诺人一般是待嫁女子的父亲、祖父等父系长辈或该女子的债务人，当待嫁女子为自权人时，允诺人为该女子本人；受诺人为该女子的未婚夫。

---

〔40〕 Leo I，东罗马帝国皇帝，公元457～474年在位。

〔41〕 罗马法原始文献J. 3，15，1，［古罗马］优士丁尼：《法学总论》，张企泰译，商务印书馆1989年版，第161页。

〔42〕 罗马法原始文献D. 45，1，38，18，乌尔比安语，丁译《契约之债与准契约之债》，第21～23页。

〔43〕 罗马法原始文献D. 45，1，80，乌尔比安语，前揭书，第23页。

〔44〕 罗马法原始文献D. 50，17，34，乌尔比安语，前揭书，第23页。

〔45〕 罗马法原始文献D. 50，17，34，乌尔比安语，前揭书，第23页。

〔46〕 罗马法原始文献D. 45，1，38，3，乌尔比安语，前揭书，第159～161页。

嫁资口约的标的可以是动产或不动产。未婚夫对口约中确定的嫁资财产享有债权。在设立嫁资后，未婚夫是否立即对嫁资财产享有所有权或另一种绝对权利的问题一直存在争论。

后古典法时，嫁资口约日趋衰落，至优士丁尼时废止。取而代之的是嫁资简约。

三、解放奴隶允诺

解放奴隶允诺（promissio iurata liberti o ius iurandum liberti）是指由被解放的奴隶作出的庄严允诺。[47] 解放奴隶允诺的内容是，被解放的奴隶承诺在获得解放后为解放他的主人完成某些工作。[48] 至于作出允诺的时间，罗马法并无统一规定，既可以是获得解放的同时，也可以是获得解放之后。[49]

当然，允诺通常是由被解放的奴隶在获得解放后立即作出的。实际上，允诺是被解放的奴隶对其在奴隶状态时为获得解放所做宣誓的确认。因为，按照罗马法的规定，奴隶是权利的客体，不能为获得解放而对主人作出任何具有法律效力的允诺。然而，在宗教层面上是没有自由人和奴隶的分别的，奴隶同样可以按照教义宣誓承担义务。因此，奴隶在获得解放后作出的允诺只是使先前的誓言获得法律效力。解放奴隶允诺在优士丁尼法中仍然适用。

四、消费借贷

消费借贷（mutuum）是要物契约。依据契约，一方当事人（出借人，mutuo dans）向他方当事人（借用人，mutuo accipiens）交付一定数量的金钱或可替代物并转移所有权，同时商定借用人于契约届满时按照约定的方式向出借人返还同质同量的同种类物。[50]

从消费借贷的定义中我们可以看出，消费借贷属于单务、无偿契约，因为，只有借用人承担返还同等数量种类物的责任。契约的无偿性还表现在借用人返还物品时不但不得超过接受的数量，而且还可以约定以少于接受的数量进行返还，少还的部分视为赠与。

此外，根据契约的性质，消费借贷的标的只能是种类物，因此，罗马法规定契约当事人不得就特定物订立消费借贷，“能作为消费借贷标的的是那些能够称量计数的物品。这样，我们就可以用物品的交付来设立债权；用偿还同种或同类的物品来履行契约。我们不能就除上述物品外的其他物品订立消费借贷契约，因

---

〔47〕 罗马法原始文献 D. 38，1，7pr.，乌尔比安语，前揭书，第109~111页。

〔48〕 罗马法原始文献 D. 38，1，7，3，乌尔比安语，前揭书，第111页。

〔49〕 罗马法原始文献 D. 38，1，7，2，乌尔比安语，前揭书，第111页。

〔50〕 罗马法原始文献 D. 12，1，2pr.，保罗语，前揭书，第63页。

为，我们不能违背债权人的意愿，以向他借一件物品而返还另一件物品的方式来履行契约”。[51]

（一）消费借贷契约的基本构成要件

（1）当事人设立消费借贷的愿望。

（2）交付标的物。按照罗马法的规定，消费借贷以交付完成产生所有权转移的效力。[52]

实际上，在罗马法中，并不要求出借人亲自履行交付义务，只要借用人按照出借人的意愿、以消费借贷的名义取得物的所有权就足够了。因此，我们可以看到由第三人向借用人进行交付的情况：“对于以金钱为标的的消费借贷则有特殊的规定。例如，我们命令我的债务人向你为金钱的给付。虽然不是我向你为的给付，但你却是向我承担债务责任。这一原则亦适用于下面的情况：基于委托契约，你向我负有一笔款项的债务，但我决定将这笔钱作为消费借贷留在你手中，如同你已经将钱还给了我，而我又将这笔钱作为消费借贷借给了你一样。”[53]

在当事人对交付物品的原因理解不同的情况下，不产生任何效力。因为“如果我为了寄托交给你一笔款项，而你却以为是作为消费借贷给你的，那么，既不产生寄托的效力，也不产生消费借贷的效力。同样，如果你是作为消费借贷交给我一笔钱，而我以为是使用借贷，同样不产生任何效力。但是，如果在上述任何一种情况下使用了金钱，那么，出借人就享有不包括欺诈之抗辩在内的返还之诉的保护”。[54]

（二）借用人的义务

根据契约，借用人的主要义务是在契约届满时返还契约标的物。按照罗马法种类物不灭的规则，即使物品灭失了，借用人仍应承担返还责任。

按照罗马人的习惯，在消费借贷中，如果返还的物品的品质劣于出借物，那么就认为返还的不是同种类的物品。这种返还是违背消费借贷原则的，因此，是不能允许的。[55]

（三）有关利息的规定

由于消费借贷契约是无偿的，因此，不得约定利息。如果契约当事人欲就消费借贷收取利息，则必须：

（1）以要式口约对消费借贷进行更新，对本金和利息一并进行规定，称为

〔51〕罗马法原始文献 D. 12，1，2，1，保罗语，前揭书，第63页。

〔52〕罗马法原始文献 D. 12，1，2，2，保罗语，前揭书，第63~65页。

〔53〕罗马法原始文献 D. 12，1，15，乌尔比安语，前揭书，第65页。

〔54〕罗马法原始文献 D. 12，1，18，1，乌尔比安语，前揭书，第65页。

〔55〕罗马法原始文献 D. 12，1，3，彭波尼语，前揭书，第75页。

本金和利息口约。

（2）就支付利息专门订立要式口约，[56] 称为利息口约。然而，法律却允许当事人用简约规定向出借人返还用于消费借贷的物品的孳息。

（四）优士丁尼法中有关利息和利率的规则

从罗马法原始文献中我们可以看到，优士丁尼对法律有关利息和利率的规则进行了整理并作出了较为详细的规定：

（1）按照借贷主体以及借贷性质的不同，规定了不同的利率标准：①对于有社会地位之人的借贷：利率不得超过4%；②其他人的非商业借贷：利率不得超过6%；③主持及经营合法事务之人的商业借贷：利率不得超过8%；④海运及海运借款契约当事人的海事借贷：利率不得超过12%。[57]

（2）禁止索取两倍以上的利息，即利息不得为本金的两倍。[58]

（3）禁止索取复利。[59]

（五）海运借款契约

在罗马法中，有一种特殊的消费借贷形式——海运借款契约，“用于海洋运输的借款称为海运借款。事实上，如果所借款项是打算在当地使用的，那么就不是海运借款了。此外，还应当考察使用借款购买的商品是属于哪一种法律调整的范围以及在海运中是否应由债权人承担风险的问题。只有在商品采用海运的情况下，所使用的款项才是海运借款”。[60]

罗马法规定：海运借款契约的风险，从船舶离岸之时起，由债权人承担，并且这一风险在船舶抵达目的港之前不得向债务人转移。也就是说，债务人对海难造成的损失不承担责任。债务人仅在船平安抵达目的港的情况下承担偿还借款的责任。法律允许当事人以简约规定借款利息并且其利率可以超过法定利率。[61]

此外，罗马法除规定禁止以消费借贷的名义借钱给家子以外，还规定行省长官及其随从在所辖省内不得经商、不得进行金钱的消费借贷或海运借款，也就是说，家子、行省长官及其随从不得成为消费借贷契约的主体。

---

〔56〕 罗马法原始文献 D. 19，5，24，阿富里坎语，前揭书，第79页。

〔57〕 罗马法原始文献 C. 4，32，26，3，优士丁尼皇帝致大区长官梅那，前揭书，第377页。

〔58〕 罗马法原始文献 C. 4，32，27，4，优士丁尼皇帝致大区长官梅那，前揭书，第377页。

〔59〕 罗马法原始文献 C. 4，32，28pr.，优士丁尼皇帝致大区长官德莫斯德内，前揭书，第379页。

〔60〕 罗马法原始文献 D. 22，2，1，莫德斯汀语，前揭书，第89页。

〔61〕 海运借款是源自希腊的契约形式，在早期法中，为平衡出借人承担的巨大风险，法律允许出借人收取甚至等于本金的高额利息。优士丁尼为海运借款规定的利率是12%，并且不允许当事人做出超过法定利率的约定。

五、使用借贷

使用借贷（utendum datum o commodatum）是要物契约。依据契约，一方当事人（出借人）向他方当事人（借用人）交付供其无偿使用的、不可消费的动产或不动产，同时商定借用人于契约届满时按照约定的方式向出借人返还该物品。

（一）使用借贷契约的特征

（1）出借人向借用人转移的既非所有权亦非占有权，而仅仅是持有，如同彭波尼和乌尔比安分别指出的那样："当我们借出使用借贷物时，我们仍旧保留对该物的所有权和占有权"，[62]"没有人通过使用借贷转移所有权"。[63]

（2）出借人可以是物的任一持有人而不问其权利的来源：按照罗马法的规定，在使用借贷中只转移持有，因此，出借人可以是物品的所有人、占有人甚至持有人，包括小偷或强盗，因为保罗说过"即使是小偷或强盗进行使用借贷，他们也同样依据契约享有使用借贷之诉的保护"。[64]

（3）使用借贷的标的物一般为不可消费的特定物：由于使用借贷只转移持有，因此，按照契约的性质，除在使用中能被消费掉的物品以外，一切物品均可成为契约的标的。[65]

在罗马法原始文献中，我们可以读到一些以可消费物进行使用借贷的情况，当然，这样订立的契约的目的与正常的使用借贷契约不同，例如：为研究钱币或者为了充门面而进行借贷。在这种情况下，当事人通常以附加简约特别约定不得使用借贷标的。也就是说，以种类物订立使用借贷时，不得以使用为目的。[66]

（4）使用借贷契约的本质特征是它的无偿性，如果收取费用，那么，就是物件赁借贷了。[67]

（5）使用借贷是不完全的双务契约，保罗指出："这个开始只是基于单方提供便利及单方意愿的行为，在交付了使用借贷物后，就成为了双务契约并享有市民法之诉了"。[68]

（二）当事人的义务

1. 借用人的义务。

（1）在使用过程中，通常，借用人须尽善良家父的注意义务。在古典法时，

---

〔62〕 罗马法原始文献 D. 13，6，8，彭波尼语，丁译《契约之债与准契约之债》，第93页。

〔63〕 罗马法原始文献 D. 13，6，9，乌尔比安语，前揭书，第93页。

〔64〕 罗马法原始文献 D. 13，6，16，马尔切勒语，前揭书，第93页。

〔65〕 罗马法原始文献 D. 13，6，15，保罗语，前揭书，第93页。

〔66〕 罗马法原始文献 D. 13，6，3，6，乌尔比安语，前揭书，第95页。

〔67〕 罗马法原始文献 D. 13，6，17，3，保罗语，前揭书，第95页。

〔68〕 罗马法原始文献 D. 13，6，17，3，保罗语，前揭书，第95页。

借用人对借贷物承担看管责任；优士丁尼时，对轻过失承担责任。我们可以看一下盖尤斯和保罗的论述。盖尤斯在其作品中讲到："对于以使用为目的接受了物品的借用人，如果遭受了非人力所能抗拒的灾难，例如：火灾、山崩、海难，而使物品灭失了，那么，接受物品的人将不对此承担责任。然而，接受物品的人要承担对物品尽最勤谨注意的责任。这一责任不仅止于应尽如同使用自己物品一样的注意，而是要尽所有其他家父所能尽的最勤谨的注意。在遇到不可抗力时，如果是由于接受物品之人的过失造成了物品的灭失，那么，他要对此承担责任。例如：为了请朋友吃饭而借了银器并带着这些银器长途旅行。如果在途中遇到海难或受到海盗或敌人的袭击使物品灭失了，那么，接受物品的人要对此承担责任。"〔69〕保罗则认为："卖方对出售物应承担与使用借贷契约中的当事人一样的看管责任。这一责任就是：要尽对待自己物品一样的最精确的注意。"〔70〕

（2）在使用过程中，借用人承担保护、维修借用标的物的义务。

（3）借用人不得超出正常使用范围或约定范围使用物品，否则视为盗用（furtum usus）。

（4）借用人承担于约定期限届满时或应出借人的请求返还借贷物、附属物以及可能产生的孳息的义务。〔71〕

（5）在使用过程中，尽管借用人对正常损耗不承担责任，但是，在发生物品损坏的情况下，借用人须承担赔偿责任。〔72〕

2. 出借人的义务。由于使用借贷的无偿性，通常，出借人对借用人不承担任何义务，但是，按照契约的性质和善意原则：

（1）出借人须保证借贷标的物具有适宜使用的良好品质或状况。

（2）出借人须对借贷标的物给借用人造成的损害承担赔偿责任。

（3）出借人承担使用中发生的标的物的正常磨损或损耗以及意外灭失的风险。

（4）出借人对借用人为保管标的物支出的、超出正常范围的费用承担返还的责任。〔73〕

（5）在交付标的物后，出借人不得任意缩短使用期限或提前索回用于使用借贷的物品。〔74〕

---

〔69〕罗马法原始文献 D. 44，7，1，4，盖尤斯语，前揭书，第75～77页。

〔70〕罗马法原始文献 D. 18，6，3，保罗语，前揭书，第147页。

〔71〕罗马法原始文献 D. 22，1，38，10，保罗语，前揭书，第481页。

〔72〕罗马法原始文献 D. 13，6，3，1，乌尔比安语，前揭书，第95页。

〔73〕按照罗马法的规定，保管标的物的正常支出由借用人承担，如为奴隶提供的食物、牲畜的饲料等。

〔74〕罗马法原始文献 D. 13，6，17，3，保罗语，丁译《契约之债与准契约之债》，第95页。

六、寄托

寄托（depositum）是要物契约。依据契约，一方当事人（寄托人）向他方当事人（受托人）交付一项动产，受托人承担保管寄托物并应寄托人的请求返还该物品的责任。乌尔比安指出："寄托是指以保管为目的、将物品交给他人的行为。这样说是因为物品是托付于他人的。寄托一词是由'托付'加上前缀'de'构成的。de起强调托付的作用，表明一切有关交付保管的物品的事宜均托付于对保管人的信任了。因为，这是有关物品寄托的协议。"[75]

（一）寄托契约的特征

（1）与使用借贷契约一样，寄托人向受托人转移的既非所有权亦非占有权，而仅仅是持有。

（2）与使用借贷契约一样，寄托人可以是物的任一持有人而不问其权利的来源，因此，寄托人可以是物品的所有人、占有人或持有人。由于持有人也可以成为寄托人，因此，即使是小偷寄托盗窃物，受托人也只能向寄托人（小偷）承担返还寄托物的责任，而不得在寄托物的所有人请求寄托物的情况下向所有人返还寄托物。优士丁尼时，按照公平原则，在寄托物的所有人能够证明自己权利的情况下，允许受托人向所有人返还寄托物。

（3）寄托物是可以交付的动产。

（4）寄托契约的本质特征是它的无偿性，如果收取费用，那么，就是劳务赁借贷了。然而，法律允许寄托人以奖励或表彰的名义向受托人支付一定的钱款。

（5）寄托契约是不完全的双务契约。

（二）当事人的义务

1. 寄托人的义务。通常，寄托人对受托人不承担任何义务，但是寄托人仍旧承担以下责任：

（1）寄托人对受托人为保管标的物支出的合理费用承担返还责任。

（2）在标的物给受托人造成损害的情况下，寄托人对受托人承担赔偿责任。

（3）在失窃或第三人损毁寄托物的情况下，损失由寄托人承担。

2. 受托人的义务。

（1）妥善保管寄托物。

（2）寄托是以保管为目的的契约，因此，受托人不得使用寄托物，否则构成盗用。如果受托人使用了寄托物，那么，即使在因意外事变造成物品灭失或损毁的情况下，受托人均须承担赔偿责任。

---

〔75〕罗马法原始文献 D. 16，3，1 pr.，乌尔比安语，前揭书，第99页。

(3) 受托人承担于约定期限届满时或应寄托人的请求返还寄托物、附属物以及可能产生的孳息的义务。[76] 按照罗马法的规定，在受托人不返还寄托物的情况下，由于受托人是无偿提供保管并且是由寄托人亲自挑选的，因此，寄托人只能请求赔偿寄托物的价值。因为，从某种意义上讲，寄托人也是对自己的选任过失承担的责任。[77] 古典法时，如果寄托人未偿还费用，那么，受托人享有留置权（ius retentionis）；优士丁尼时，留置权基本废止。法律规定在任何情况下受托人均得返还寄托物。

(4) 由于寄托契约是无偿的，因此，古典法时，受托人仅对故意和重过失承担责任；优士丁尼时，受托人承担的责任扩大至具体轻过失。

(三) 罗马法中的三种特殊寄托

在罗马法中，除普通寄托外，还有三种特殊形式的寄托——必要寄托（depositum necessarium）或紧急寄托（depositum miserabile）、非常寄托（depositum irregulare）和托管（depositum in sequestrem）。

1. 紧急寄托。由于紧急寄托通常发生在寄托人遇到危难时，所以又称灾难寄托或必要寄托。紧急寄托指在暴乱、火灾、水灾等情况下进行的寄托。

在危难中，寄托人迫于形势只能将物品交给未经挑选的受托人，因此，在受托人不返还寄托物或故意造成物品灭失的情况下，按照裁判官告示的规定，寄托人可以得到双倍于寄托物价值的赔偿。[78]

在受托人故意不返还寄托物并且死亡的情况下，受托人的继承人仅承担返还寄托物的责任；如果继承人故意不履行义务，那么，将承担双倍返还的责任。[79]

2. 非常寄托。非常寄托是后古典法时期出现的契约形式，又称“变例寄托”或“不规则寄托”。非常寄托的标的是钱款或可替代物。

在非常寄托中允许受托人使用寄托物，受托人通常是钱庄主。受托人承担于约定期限届满时或应寄托人的请求返还同种类的物品和可能产生的孳息或利息的义务。

非常寄托是一种十分常用的契约形式，与其说是寄托，不如说是消费借贷。古典法时，非常寄托的作用与消费借贷并无实质差别。在收取利息的问题上，与消费借贷不同，非常寄托只要求当事人就利息达成一致而无需以要式口约另行约定，因此，较之消费借贷，非常寄托显然更加便捷、实用。

---

〔76〕 罗马法原始文献 D. 22，1，38，10，保罗语，前揭书，第481页。

〔77〕 罗马法原始文献 D. 16，3，1，4，乌尔比安语，前揭书，第101页。

〔78〕 罗马法原始文献 D. 16，3，1，4，乌尔比安语，前揭书，第101页。

〔79〕 罗马法原始文献 D. 16，3，1，1，乌尔比安语，前揭书，第99页。

3. 托管。托管是数个当事人就争议标的，可以是动产或不动产于托管人处进行保管达成的协议，又称“保管寄托”或“提存寄托”。[80]

托管人承担按照判决向寄托人之一返还标的物的义务。“协议托管也是一种寄托。因为，协议托管是数个当事人同意在一定条件下将物品寄托于第三人处，并在条件成就时，接受返还寄托物的协议。”[81]

托管人对标的物享有占有权，对此，佛罗伦汀的解释是：“寄托物的所有权及占有权属于寄托人。但是，如果物品是存放于托管人处，那么，托管人对托管物享有占有权。因为，在托管期间，存放物品的任何一方当事人均无权占有托管物”。[82]

从以上论述中我们可以看出，托管是多数人的寄托，托管标的是归属不明的争讼物。在托管中，数个寄托人为连带寄托人，因此，在非因判决解除托管的情况下，托管人应于全体寄托人在场时返还托管物。

七、买卖

买卖契约（emptio venditio）是双务、合意契约，是万民法制度，适用于罗马市民与外邦人建立的商务关系。依据契约，一方当事人（卖方）承担向另一方当事人交付物品、转移占有的义务，另一方当事人（买方）则承担支付价金的义务。

由于买卖契约是合意契约，当事人的合意可以任何形式表达——明示、默示，口头、书面，因此，契约可以采用任何方式订立。[83]

然而，按照罗马人的习惯，买卖契约往往通过交付定金的方式加以确认。[84] 除定金外，罗马人还以制作书面文件的方式对契约的订立进行确认。古典法时，这一文书只起证明作用。后古典法时，在当事人约定制作书面文件的情况下，买卖契约于文件制作完毕时完成。如果文件词句含混难以判断，那么，按照罗马法的规定，对于表述不明的条款，应当作不利于卖方的解释，“因为他们在起草简约时本应该书写得更为清晰、明了”。[85] 应当特别指出的是：依据买卖契约只在双方当事人之间产生对待给付义务，也就是说，只产生债权，而不发生转移出售物所有权的效力。按照契约的规定，卖方对价金享有请求权，买方则有权受领出售物。

---

〔80〕 罗马法原始文献 D. 16，3，17pr.，佛罗伦丁语，前揭书，第101页。

〔81〕 罗马法原始文献 D. 16，3，6，保罗语，前揭书，第101页。

〔82〕 罗马法原始文献 D. 16，3，17，1，佛罗伦汀语，前揭书，第101页。

〔83〕 罗马法原始文献 D. 18，1，1，2，保罗语，前揭书，第129页。

〔84〕 罗马法原始文献 Gai. 3，139，黄译《法学阶梯》，第246页。

〔85〕 罗马法原始文献 D. 2，14，39，帕比尼安语，丁译《契约之债与准契约之债》，第23页。

（一）主体

由于买卖契约是不产生物权效力的契约，因此，按照契约的性质，无论是出售物的所有人还是占有人均得成为契约的主体。〔86〕但是，根据公平善良原则，罗马法规定，下列人员不得成为契约的主体：

1. 在行省担任军、政职务的人。这一限制性规定在莫德斯汀的作品和优士丁尼皇帝的批复中均有体现："在行省担任军、政职务的人，不得取得该省的土地。除非是由国库拍买的他本人的祖产"，〔87〕"尽管一些权威人士曾经准许某些下列取得，但是，我们对行省官员仍绝对禁止之。这一限制不仅包括不得接受任何赠与，而且还包括不得在所辖省内购置任何动产或不动产（食品、服装及私人住房除外）。尽管在离职5年以后或是在离职以后才得到赠与人或卖方的同意，这种赠与和取得仍不能获准"。〔88〕

2. 行省官员的奴隶和门客。优士丁尼皇帝认为："对上述物品的取得的禁止性规定还应扩大适用于行省官员的奴隶和门客。我们还应当说，通过第三人的取得无效。尽管他实现这一取得没有任何风险。"〔89〕

3. 监护人、保佐人、诉讼代理人以及管理他人事务的管理人。保罗提出："监护人不得购买被监护人的物品。这一规定亦适用于其他类似的情况。例如保佐人、诉讼代理人以及管理他人事务的管理人。"〔90〕

然而，罗马法规定，例外的是，允许监护人在拍卖中购买被监护人的财产并且通过时效取得物品的所有权。"监护人在拍卖被监护人的财产时购买了一件物品。塞尔维认为，监护人可以通过时效取得该物品。按照塞尔维的观点，即使监护人与被监护人的关系较亲近，也不会因此使被监护人的处境更糟。因为，正像如果是另外一些人以不正当价格购买了该物品，卖方可以提起买卖之诉一样，如果监护人以不正当价格购买了被监护人的物品，那么，作为卖方的被监护人可以提起监护之诉。这也正是我们的皇帝图拉真在宪令中规定的原则。"〔91〕

（二）客体

按照罗马法的规定，买卖契约的客体范围十分广泛，动产、不动产，有体物、无体物，现有物、未来物，总之，只要不是法律禁止交易的物品均可成为契

---

〔86〕罗马法原始文献D. 18，1，28，乌尔比安语，前揭书，第123页。

〔87〕罗马法原始文献D. 18，1，62pr.，莫德斯汀语，前揭书，第111页。在家父不能按期缴纳年税的情况下，国库收回土地并且公开拍卖该土地。由于该土地原本可以继承，所以规定允许购买。

〔88〕罗马法原始文献C. 1，53，1，2，优士丁尼皇帝致大区长官梅那，前揭书，第113页。

〔89〕罗马法原始文献C. 1，53，1，3，优士丁尼皇帝致大区长官梅那，前揭书，第113页。

〔90〕罗马法原始文献D. 18，1，34，7，保罗语，前揭书，第113页。

〔91〕罗马法原始文献D. 41，4，2，8，保罗语，前揭书，第113～115页。

约的标的。[92]

在古典法中，以不存在的物品或禁止交易的物品为标的订立的契约无效。[93]但是，在契约订立后物品交付前不可交易物成为可交易物，契约是否有效的问题上，罗马法学家存在争议。优士丁尼时，在买方不明知购买了禁止交易物的情况下，不导致契约无效，只根据契约产生卖方的赔偿责任。

按照罗马法的规定，不仅物品可以买卖，作为无体物的权利也同样可以成为买卖契约的标的，“通常，可以附条件或附期限地买卖某项债权。因为，如同物品一样，债权也是可以买或者卖的”，[94]“如果转让的是债权，那么，正如杰尔苏论述的那样：转让人不必证明债务人是否具有清偿能力，而只需指出谁是债务人。因为，其余的事与交易无关”。[95]

此外，法律还规定出售债权的人“无论是否知晓、是否愿意，均应向买方转让他所享有的诉权”。[96]出售债权的人还“应当将他依据这一债权取得的一切利益转移给买方”，[97]包括“对质物享有的诉权以及此后卖方基于这一债权取得的物品”。[98]不仅债权可以出售，诉权也同样可以出售，包括对人之诉和对物之诉。在罗马法原始文献中我们还可以看到出售其他权利的情况，例如：“当你卖给我一项用益权时，我认为，重要的是要分清你卖给我的是你享有的用益权还是你拥有所有权的物品的用益权。在第一种情况下，即使卖方在缔约后不久、交付用益权之前去世了，卖方的继承人不向买方承担任何责任。但是，如果是买方去世了而卖方还活着，那么，卖方将向买方的继承人承担转移用益权的责任。在第二种情况下，如果买方去世了，那么，卖方将不向买方的继承人承担转移用益权的责任。然而，如果卖方去世了，那么，卖方的继承人将向买方承担责任”，[99]“通过钱庄或其他人出售在公共用地上建造的店铺的人，出售的不是土地，而是土地的用益权。如果出售的店铺也是公有的，那么，使用权属于个人”。[100]

---

〔92〕 罗马法原始文献 D. 18，1，34，1，保罗语，前揭书，第 119 页。

〔93〕 罗马法原始文献 D. 18，4，1，彭波尼语，前揭书，第 125 页。

〔94〕 罗马法原始文献 D. 18，4，17，乌尔比安语，前揭书，第 125 页。

〔95〕 罗马法原始文献 D. 18，4，4，乌尔比安语，前揭书，第 125 页。

〔96〕 罗马法原始文献 C. 4，39，3，亚历山大·奥古斯都皇帝致昆莱安和蒂莫特，前揭书，第 127 页：“通常，出售债权的人，无论是否知晓、是否愿意，均应向买方转让他所享有的诉权。”

〔97〕 罗马法原始文献 D. 18，4，23，1，赫尔莫杰尼安语，前揭书，第 127 页：“出售债权的人，应当将他依据这一债权取得的一切利益转移给买方。”

〔98〕 罗马法原始文献 D. 18，4，6，保罗语，前揭书，第 127 页：“还应当向购买债权的人转让对质物享有的诉权，以及此后卖方基于这一债权取得的物品。因为，卖方取得的利益应当属于买方。”

〔99〕 罗马法原始文献 D. 18，6，8，2，保罗语，前揭书，第 123 页。

〔100〕 罗马法原始文献 D. 18，1，32，乌尔比安语，前揭书，第 125 页。

在罗马法中，未来物的买卖还分为“希望”的买卖和“希望物”的买卖。在第一种买卖中，即使买卖的“希望”落空了，买方仍然应当按照契约的规定支付价金，因为这一买卖的实质是购买运气。[101] 在第二种买卖中，买卖被视为附条件的买卖，在契约标的物未按希望产生的情况下，买卖不成立。[102]

对于出售共有物的共有人，契约部分有效的，买方取代卖方的地位成为出售物的共有人。[103] 以属于买方的物品为标的订立的买卖契约无效，彭波尼指出：“无论是明知还是不明知，购买属于自己的物品无效。但是，如果是不明知，那么，可以请求返还已经支付的款项，因为，债务关系根本不存在。”[104]

如果在契约订立后物品交付前标的灭失，那么，买卖不成立，“尽管已就买卖的标的达成了协议，但是如果在出售前标的灭失了，那么，买卖不成立”。[105]

在发生部分灭失的情况下，契约是否有效取决于标的物的损毁情况：如果一半以上的标的物遭受损毁，那么，契约无效，买方可以请求返还已付的价款；但是，如果仅有一半或不到一半标的物被损毁，那么，契约有效，买方可以请求按照物品的损毁程度减少价金。[106]

（三）价格

价格应当是确定的或可以确定的，一旦买卖双方就物品和价格达成一致，契约成立。因此，无论何种原因致使价格无法确定，契约不成立。另外，价格应当是真实的并体现为一定数量的金钱。如果价金不是用金钱支付的，那么就不是买卖而是交换了。[107]

公元1世纪，在是否承认基于合意的物与物之间的交换是一种特殊买卖的问题上存在很大争议。萨宾派的法学家们倾向于承认具有当事人合意的以物易物也是买卖，而普罗库勒派则认为这种行为不是买卖，不能赋予当事人买卖之诉的保护。在发生争议的情况下，当事人只能提起事实之诉。

保罗在《学说汇纂》第十九编第四章第一段头条中详细讲述了买卖与交换的区别。从保罗的剖析中我们不难体会出罗马法学家对价格性质（体现为一定数

---

〔101〕 罗马法原始文献 D. 18，1，8，1，彭波尼语，前揭书，第403页。

〔102〕 罗马法原始文献 D. 18，1，8pr.，彭波尼语，前揭书，第403页：“没有实物的出售，无论是买还是卖，都是令人费解的。然而，以尚未成熟的果实，尚未出生的动物或奴隶为标的的买卖却可以正常进行。一旦动物或奴隶降生，买卖契约从订立之日起生效。如果卖方说动物或奴隶没有出生或没有收获果实，那么，买方可以提起买卖之诉。”

〔103〕 罗马法原始文献 D. 18，1，18pr.，彭波尼语，前揭书，第123页。

〔104〕 罗马法原始文献 D. 18，1，16pr.，彭波尼语，前揭书，第395页。

〔105〕 罗马法原始文献 D. 18，1，15pr.，保罗语，前揭书，第393页。

〔106〕 罗马法原始文献 D. 18，1，57 pr.，保罗语，前揭书，第395～397页。

〔107〕 罗马法原始文献 D. 18，1，1pr.，保罗语，前揭书，第115页。

量的金钱）的重视。除商品以外，当事人在就价格达成一致的情况下，买卖成立。“在买卖契约中，一个人买，另一个人卖，因此，一个是买方而另一个是卖方；一个人得到价款，另一个人得到商品。然而，在交换中则无法区分哪个是买方，哪个是卖方。交换的履行方式与买卖也有很大差别。在买卖契约中，如果买方未付钱给卖方，那么，买方基于买卖之诉向卖方承担责任，而卖方则只负责向买方转移对出售物的占有并保证不被追夺以及无欺诈。如果出售物未被追夺，则卖方不承担任何责任。交换则不同，要是像买卖那样加以区分的话，那么，无论哪种物品代表价款，都必须相互转移所有权，而代表商品的则不向任一方转移所有权。由于在买卖中必须有一个是商品，另一个是价款，因此，交换不可能是买卖。因为，在交换中，人们无法区分哪一个是商品，哪一个是价款。同样，也不能说一件物品既是出售的商品，又是购买商品的价款。”[108]

正如合伙份额可以由第三人确定一样，商品的价格也可以依据当事人的合意由第三人确定。法律规定，在按照第三人确定的价格订立买卖契约的情况下，价格一旦确定，契约成立。[109]

如果在指定第三人后，由于第三人的原因未确定价格，那么，买卖契约不成立，[110] 因为，该买卖契约是附条件的契约，这一条件就是按照第三人确定的价格订立契约。

按照罗马法的规定，价格也可以是相对确定的。尽管没有明确的数额，但是，在以下情况下，价格显然是可以确定的，因此，以这种方式订立的契约有效。“一项以这样的方式完成的购买有效：我以你购买这件物品的价格买下这件物品，或是以我现有的钱购买这件物品。在一项如此明确的出售中，价格是没有疑问的。实际上，不清楚的只是以何种方式进行购买，而不是物品的有无。”[111]

另外，法律规定，在订立买卖契约时允许价格浮动，“如果一个人这样完成购买：我以 100 元的底价加上当我以高于 100 元售出该土地后的差额购买一块土地，出售有效并立即完成。因为，有一个确定的底价 100 元。此后，如果买方想以高于 100 元的价格售出土地，那么，买价也就相应地提高了”。[112]

古典法时，只要无欺诈、无胁迫，不违背法律和道德的规定，法律并不要求价格必须与标的物的价值相符。另外，法律还规定，以赠与为名、价格极其低廉的买卖有效。因为是以赠与为由，所以该买卖必须含有赠与的性质，也就是说，

---

〔108〕 罗马法原始文献 D. 19，4，1pr.，保罗语，前揭书，第 185～187 页。

〔109〕 罗马法原始文献 C. 4，38，15，1，优士丁尼皇帝致大区长官尤里安，前揭书，第 409 页。

〔110〕 罗马法原始文献 C. 4，38，15，2，优士丁尼皇帝致大区长官尤里安，前揭书，第 409 页。

〔111〕 罗马法原始文献 D. 18，1，7，1，乌尔比安语，前揭书，第 401 页。

〔112〕 罗马法原始文献 D. 18，1，7，2，乌尔比安语，前揭书，第 401～403 页。

出售物的价格一定要低于实际价格。由于罗马法禁止夫妻间的赠与，因此，夫妻间以赠与为由的买卖亦无效。[113]

优士丁尼时，法律规定，如果出售的不动产的价格低于实际价值的一半，那么，卖方享有撤销权，买方愿意补足差价的情况除外，这一规则就是“非常损失规则”（laesio enormis）。

在价金超过实际价值一半的情况下，法律规定，不存在公平价格与不公平价格的问题。也就是说，交易是公平的。因此，无需法律救助，不必补足，例如削价出售的情况。

（四）买卖契约的完成

买卖契约于双方当事人就物品和价金达成合意时完成，因此，在未附条件或期限的情况下，物品灭失的风险自契约完成之时转移给买方，这就意味着，即使标的物在交付前灭失了，买方仍需承担支付价金的责任。

在附条件的情况下，条件不成就，买卖不成立；如果条件成就了，那么，风险于条件成就之时转移给买方。[114]

法律规定，在买方承担标的物灭失风险的同时，在契约订立后至标的物交付前依据契约取得的所有利益也归买方所有，也就是说，买方在承担风险的同时也享有出售物带来的一切利益，如利息、孳息、添附等。因为，使承担风险者享有利益是公平的。[115]

按照罗马法的规定，当契约标的为种类物并且尚未与卖方的物品分离时，风险由卖方承担直至契约标的物被分离，风险始得向买方转移。将契约标的与卖方物品进行分离的过程称为商品的“特定化”。盖尤斯告诉我们：“我们注意到，对于那些可以称、量、计数的物品，如小麦、葡萄酒、橄榄油，银器等，一旦就价格达成了协议，买卖契约似乎就告完成。但是，应该说，在就价格达成了协议之后，还须在物品被称、量、计数之后契约才算完成。如果是成批地出售葡萄酒、橄榄油、小麦、银器的，那么，无论数量多少，价格只有一个。所适用的规则与出售其他种类物品所适用的规则相同。然而，如果葡萄酒是按瓶出售的，就

---

〔113〕 罗马法原始文献 D. 18，1，38，乌尔比安语，前揭书，第 49 页。

〔114〕 罗马法原始文献 D. 18，6，8pr.，保罗语，前揭书，第 131 页。

〔115〕 罗马法原始文献 D. 18，6，7pr.，保罗语，前揭书，第 149 页：“在买卖契约缔结之后，由于河水的冲击而使土地增加所带来的利益或是使土地减少所造成的损失均属于买方。因为，在契约缔结之后，即使土地全部被河水淹没，风险仍旧由买方承担。因此，取得的利益也应当属于买方。”或参见罗马法原始文献 C. 4，49，13，戴克里先和马克西米安皇帝致亚历山大，前揭书，第 151 页：“在法律上完成了契约的缔结之后，孳息归买方所有是适宜的。因为，从这时起，买方就要为土地向国家上缴税款。”

像橄榄油以升、小麦以斗、银器以磅计量出售的一样，而且价格也是以每瓶为单位确定的，那么，什么时候买卖契约才算完成呢？对于计算数量的物品还会提出类似的问题。例如，应当怎样确定成批计算数量的物品的价格呢？萨宾和卡西认为，当对物品进行称、量、计数后，买卖契约完成。因为，这类的买卖契约似乎是附有这样的条件订立的：在就每升、每斗、每件商品称、量、计数之后，买卖契约完成。"〔116〕

从盖尤斯的这段论述中我们可以看出：商品的特定化是种类物买卖完成的标志，而商品的特定化是以称、量、计数的方式完成的。因此，一旦买卖双方将出售的商品称、量、计数以后，契约即告完成，种类物转化为特定物，风险随之由卖方转移给买方。然而，在商品特定化以前，根据"种类物不灭"的原则，风险由卖方承担。

葡萄酒是一种特殊的种类物，它的品质只有通过品尝才能确定。为此，罗马法规定：一旦买方品尝了葡萄酒，买卖契约即告完成。〔117〕因此，即使买方将装酒的罐子或瓶子作了标记，但是，由于买方未进行品尝，买卖契约未完成，风险仍由卖方承担。

可见，在种类物的买卖中，风险的承担遵循自己独特的规则：在契约订立后至商品特定化前（即契约完成前），商品灭失的风险由卖方承担；而在商品特定化之后交付前，商品灭失的风险则由买方承担，另有约定的除外。

（五）买方的权利和义务

买卖契约是双务契约并由此产生相互独立的诉权。为实现自己的权利或解决任一与买卖契约有关的争议，买方都可以向卖方提起买物之诉。

根据契约，买方取得标的物的占有权，享有在契约订立后至商品交付前依据契约取得的所有利益。古典法时，如果出售物不是要式物并且卖方是出售物的所有人，那么，买方于契约完成之时成为出售物的所有人，买卖契约为正当让渡原因。如果出售物为要式物，则在完成时效取得前，买方对出售物只享有占有权。在此期间，买方为善意占有人，享有裁判官法所有权，受"普布利西安之诉"（Actio Publiciana）或曰"善意占有之诉"的保护。优士丁尼时，要式物和略式物的区分不复存在，转移所有权的庄严程式也被废止，在卖方享有出售物的所有权的情况下，通过简单让渡即可使买方取得出售物的所有权。

按照契约的规定，买方承担下列义务：

1. 支付价款。乌尔比安认为："在上面提及的卖物之诉中，卖方可以请求买

〔116〕罗马法原始文献 D. 18，1，35，5，盖尤斯语，前揭书，第 131～133 页。

〔117〕罗马法原始文献 D. 18，6，4pr.，乌尔比安语，前揭书，第 181～183 页。

方偿还下列物品：首先是出售物的价款，其次是自交付出售物之日起未付价款的利息。因为买方已经取得了出售物，因此，让他支付未付价款的利息是公正的。”[118]

从乌尔比安的这段论述中我们可以看出，在买方接受交付时未付价款的情况下，买方向卖方支付自接受交付之日起价金的利息，这也是买方的固有义务。

2. 支付迟延利息。按照罗马法的规定，如果买方在向卖方支付价款时迟延了，那么，他将承担向卖方支付迟延利息的责任。[119]

3. 偿还为出售物支付的各种费用。

（1）为保存出售物支付的费用。“如果确定了一个称量葡萄酒的期限，而在该期限内未进行称量，那么，允许卖方将酒倒掉。然而，卖方不能在期限届满后立即将酒倒掉，也就是说，卖方未在证人面前通知买方受领葡萄酒或使买方知晓卖方准备倒掉他购买的葡萄酒之前不能那样做。但是，在卖方已经可以倒掉葡萄酒的情况下而没有将酒倒掉，我们说，这种做法是值得推崇的。因此，如果腾出买方占用的葡萄酒瓶可以给卖方带来好处，例如，卖方打算将它们租给其他人使用或卖方必须租用别人的瓶子为买方装酒，那么，卖方可以请求买方支付瓶子的租金。除非买方不支付瓶子的租金，租用瓶子而不将酒倒掉是适宜的。在善意出售葡萄酒的情况下，也就是说，在不对自己不利的情况下尽量维护买方的利益，那么，任何可能出现的损失均对买方不利。”[120]

（2）在订约后、交付前，奴隶的治疗费或培训费。“依据卖物之诉还可以请求偿还为出售物支付的费用。例如：为售出的房屋所支付的费用。拉贝奥和特雷巴蒂均写道，可以依据卖物之诉请求返还所付费用。这一诉讼同样适用于要求返还在订约后、交付前，为治疗在农村干活的奴隶所支付的费用或是买方愿意支付的为培训奴隶所可能支付的费用。”[121]

（3）在订约后、交付前发生的奴隶的丧葬费。“如果发生非卖方过错的奴隶的死亡，依据这一诉讼，卖方还可以要求偿还为死亡的奴隶支付的丧葬费。”[122]

---

〔118〕罗马法原始文献 D. 19，1，13，20，乌尔比安语，前揭书，第 137 ~ 139 页。

〔119〕罗马法原始文献 D. 18，6，20（19），赫尔莫杰尼安语，前揭书，第 139 页。此处涉及“可期望的利益”问题，罗马法认为，如果卖方是商人且经常从事商业活动，那么，用这笔价款可获取的利益是确定的。然而，如果卖方并不经常从事商业活动，那么，这一赢利就是不能确定的。此外，尚有许多可能发生的事情妨碍这一可期望的利益。因此，《阿奎利亚法》规定，对于未来利益不予考虑，由于这种利益本身所具有的不确定性而使它仅仅是“可期望”的。

〔120〕罗马法原始文献 D. 18，6，1，3，乌尔比安语，前揭书，第 141 ~ 143 页。

〔121〕罗马法原始文献 D. 19，1，13，22，乌尔比安语，前揭书，第 141 页。

〔122〕罗马法原始文献 D. 19，1，13，22，乌尔比安语，前揭书，第 141 页。

（六）卖方的权利和义务

依据买卖契约除产生买物之诉外，还产生卖物之诉。为解决争议，敦促买方履行债务，卖方可以提起卖物之诉。按照契约卖方享有受领价金的权利，在买方迟延的情况下，有权请求支付迟延利息。

此外，按照罗马法的规定，在买方已经支付了部分价款的情况下，卖方可以留置部分出售物作为质押而无需提起卖物之诉。

最初，卖方的义务仅限于交付标的物，即使出售的是他人的物品，出售物有被追夺的危险，卖方也不承担任何责任。至古典法时，按照契约的规定，卖方承担下列义务：

1. 交付标的物，转移占有。[123] 按照罗马法的规定，卖方向买方转移的占有应当是安全的，以让渡完成。

2. 对追夺提供担保。只有在出售他人物品的情况下，才涉及对追夺提供担保的问题。卖方使买方处于随时会被物品的所有人提起请求返还之诉的危险之中，因此，根据罗马法的有关规定，卖方在买卖契约缔结之后，买方对出售物实行时效取得之前，要就追夺向买方提供担保。[124]

卖方通常采用附加要式口约对追夺提供担保，较常采用的是“双倍赔偿要式口约”（stipulatio duplae），即卖方承诺一旦发生追夺即向买方支付双倍于价款的赔偿。或者在担保要式口约中规定，在发生追夺的情况下，卖方不但向买方返还价款而且支付一定数额的罚金。

如果双方有约定，那么，则依据契约承担相应的责任。如果没有约定，则只承担一般的责任。即在没有损失的情况下，卖方只承担返还价款的责任；如果买方受到了损害，那么，承审员将根据善意诉讼的原则个案分析，决定赔偿范围。

至此，除交付标的物以外，在发生追夺的情况下，卖方向买方承担赔偿责任，直至价款的两倍。这样，对追夺提供担保也就成了卖方的主要义务。

3. 对出售物承担隐瑕疵责任。[125] 通常，卖方以同一要式口约对追夺和隐瑕

---

〔123〕罗马法原始文献 D. 18，1，25，1，乌尔比安语，前揭书，第 143 页：“以买卖契约出售土地的人，不必向买方转移土地的所有权。但是，以要式口约出售土地的人，则必须向买方转移所有权。”

〔124〕罗马法原始文献 D. 19，1，11，2，乌尔比安语，前揭书，第 143 页：“首先卖方应该交付标的物本身。即交付那件本来属于卖方而现在要转归买方所有的物品。如果卖方对出售物不享有所有权，那么，就要对追夺承担责任。”

〔125〕罗马法原始文献 D. 21，1，14，10，乌尔比安语，前揭书，第 165 ~167 页：“如果卖方没有明确说明被出售的奴隶患有何种疾病或有哪种缺陷，但是，该种疾病或缺陷是一目了然的。例如：出售的是一名瞎眼的奴隶或在头上或在身体的其他部分带有明显伤疤的奴隶，那么，凯其里认为，卖方将不对此承担隐瑕疵责任。同样，卖方对其他明显的疾病亦不承担隐瑕疵责任。因为，市政官告示表明，它只适用于那些被人们忽视或可能被人们忽视的疾病和缺陷。”

疵提供担保。按照《市政官告示》的规定，在以奴隶或牲畜为标的订立买卖契约时，在发现隐瑕疵的情况下，市政官赋予买方“退货之诉”，解除契约；如果买方只希望相应减少价金，那么，可以提起“估价之诉”或“减价之诉”。后来，优士丁尼将“退货之诉”、“估价之诉”或“减价之诉”扩大适用于不动产的买卖。

按照罗马法的规定，买方可以选择提起退货之诉或减价之诉追究卖方的隐瑕疵责任。买方提起退货之诉的期限为 6 个月，提起减价之诉的期限为 1 年。[126] 按照罗马法的规定，卖方承担赔偿责任的范围仅限于直接损失。[127] 在发生隐瑕疵的情况下，买方除可以提起退货之诉和减价之诉以外，还可以提起“买物之诉”。事实上，古典法时，法律允许买方提起“买物之诉”就隐瑕疵请求赔偿。因为，依据“买物之诉”，买方可以请求卖方履行一切义务。

4. 对出售物承担看管责任。盖尤斯认为：“如果售出的物品失窃了怎么办？首先我们应该考察买卖双方是如何就出售物的看管进行协商的。如果未作任何约定，那么，卖方应当承担看管责任。也就是说，卖方应当对物品尽一位善良家父的勤谨注意。这也正是我们遵循的原则。即使物品失窃了亦无需担心。因为卖方应向买方转让请求返还之诉和请求返还原物之诉。”[128]

按照盖尤斯的解释，这一责任是完全的看管责任，止于不可抗力，“我们来看一下，在物品称、量、计数之前卖方应承担怎样的看管责任。是完全的看管责任，当然，这一责任是包括勤谨注意在内的，还是仅就恶意承担责任呢？我认为，卖方应尽勤谨注意的责任。这一责任只有在遇到不可抗力和无法避免的损失的情况下才可以免除”。[129]

5. 对迟延承担责任。内拉蒂认为：“我不仅要向你转让我通过奴隶取得的物品，而且应该对你丧失的、如果我按规定期限交付了奴隶，你本可以通过该奴隶获取的物品进行补偿。”[130]

从内拉蒂的论述中我们可以看出，在卖方迟延的情况下，承担赔偿责任的范围不仅包括直接损失还包括间接损失。因为是卖方的过失致使买方遭受了损失、丧失了机会，因此，使卖方就间接损失承担赔偿责任是公平的。

（七）在买卖契约中附加的简约

1. 择优解除简约。按照择优解除简约的规定，在买卖双方约定的期限内，

---

[126] 罗马法原始文献 D. 21，1，19，6，乌尔比安语，前揭书，第 167 页。

[127] 罗马法原始文献 D. 19，1，21，3，保罗语，前揭书，第 155 页。

[128] 罗马法原始文献 D. 18，1，35，4，盖尤斯语，前揭书，第 121 页。

[129] 罗马法原始文献 D. 18，6，2，1，盖尤斯语，前揭书，第 147 页。

[130] 罗马法原始文献 D. 19，1，31，1，内拉蒂语，前揭书，第 155 页。

如果有人提出了更为优惠的购买条件，那么，买卖契约自动解除。优惠的购买条件通常为更高的购买价格，当然，买方更及时、更简便地支付价款，较为适宜的付款地点，不要求卖方为出售标的提供担保，甚至后一个买主放弃了前一个买主在契约中向卖方提出的苛刻条件均为更优惠的购买条件。

一旦出现条件更为优惠的买主，意味着向卖方提出新的要约，在卖方接受新条件并做出承诺的情况下，新契约成立。在卖方做出承诺前，应当通知前买主，该买主可以与新出现的买主展开竞争，从而使卖方得到更多的利益。

由于择优解除简约是为卖方的利益订立的，因此，在出现更优惠的条件的情况下，法律允许卖方自由选择——接受或拒绝。以择优解除简约方式缔结买卖契约的买受人享有买卖契约当事人的所有权利：在约定期限届满前对出售物实行时效取得、获取出售物产生的孳息和添附。当然，风险也同样由买方承担。

至于在第一契约解除后到第二契约缔结前这段时间内出售物产生的孳息的归属问题，罗马法学家认为，在这段时间内产生的孳息归卖方所有是适宜的。〔131〕

2. 解除约款简约。彭波尼写到："当出售土地的人在契约中如此写道：'如果在某一约定期限到来前未收到买方为土地交付的价款，那么，卖方就不再出售该土地了'。'不再出售该土地'应当这样理解：卖方只希望在所约定的期限内售出该土地。显然，这一条款是为卖方的利益订立的。"〔132〕

该简约规定：如果在一定期限内买方未支付价款，那么，就认为买卖契约解除，出售标的物归还卖方。其作用是卖方为自己保留在一定条件下解除契约的权利。

尽管这一条款是为卖方的利益订立的，但是，在某些情况下，买方可以利用该简约规避本应由自己承担的风险。例如，在契约中约定出售的土地上的一栋乡间小屋被烧毁了，依据规定，损失应由买方承担，但是，买方可以用在约定期限内不付价款的方式导致契约解除，从而避免了他本应承担的风险。

在契约订立后完成购买前，从出售物中取得的收益归买方所有，但是，在买方放弃购买的情况下，卖方可以提起诉讼索回买方取得的收益。〔133〕因为解除约款简约是为卖方的利益订立的，所以，卖方可以根据实际情况决定主张简约的权

---

〔131〕罗马法原始文献 D. 18，2，6，1，乌尔比安语，前揭书，第 177 页。

〔132〕罗马法原始文献 D. 18，3，2，彭波尼语，前揭书，第 177 页。

〔133〕罗马法原始文献 D. 18，3，5，内拉蒂语，前揭书，第 179 页："对于买方在订约后到完成购买前这段时间内从土地中取得的收益应当这样理解：买方有权取得在这段时间内获取的孳息。然而，如果买方放弃购买，那么，阿里斯多认为，应赋予卖方以索回孳息之诉对抗买方。因为，对背信弃义的人，不应让他继续保留从他背弃的契约中取得的利益。"

利或者放弃简约。[134]

3. 不满意简约。不满意简约也是一种经常在买卖契约中附加的简约，是为买方的利益订立的。按照简约的规定，如果在规定期限内，买方对出售物不满意，那么，则认为买卖契约未曾缔结或已经解除。“如果有一份如此缔结的契约：‘如果买方在规定期限内对出售物不满意，那么，可以向卖方退回该出售物。’我们说，如同萨宾认为的那样，这一契约将受到买物之诉或类似买物之诉的事实之诉的保护。”[135]

4. 买回、赎回简约。在某一确定期间内，卖方保留从买方处依照约定价金买回原物的权利；而买方保留依照约定价金向卖方出售原物的权利。在卖方或买方未遵守承诺的情况下，买方和卖方可以提起买物之诉或卖物之诉请求退还价金或退还出售物。

八、赁借贷

赁借贷（locatio conductio）是双务、合意契约。依据契约，在收取一定报酬的情况下，一方当事人承担允许他方当事人使用一件物品、为其提供一系列服务或者完成某一确定任务的责任。

古典法时，赁借贷分为以下几种主要形态：物件赁借贷、劳务赁借贷、承揽赁借贷和货物运输赁借贷。其中物件赁借贷是基本形式，劳务赁借贷和承揽赁借贷以及货物运输赁借贷是特殊形式。

（一）物件赁借贷

物件赁借贷指在收取一定报酬的情况下，一方当事人向他方当事人交付一件物品并供其在一定期间内使用。提供物品的一方是出租人，使用物品的一方是承租人。

物件赁借贷的标的可以是任一不可消费的物品，动产或不动产。出租人可以是物品的所有人、占有人或持有人，因此，在第三人或出租人占有承租人物品的情况下，如因质押、用益而占有物品，物件赁借贷的标的甚至可以是承租人自己的物品。

当事人可以协商或者按照习惯确定使用期限。期限届满后，如果出租人未请求返还承租物，那么，承租人可以继续使用该物品，直至出租人提出返还请求，赁借贷契约视为默示展期。出租乡村土地的赁借贷契约的默示展期一般为 1 年并

---

〔134〕 罗马法原始文献 D. 18，3，6，2，斯凯沃拉语，前揭书，第 179 页：“如果在解除约款的简约中规定的期限届满后，卖方收到了买方购买物品时所欠的款项，那么，我认为，如果出现了在规定的交付购买物品的欠款的期限届满后，卖方不愿意按照解除约款的规定解除契约并且收取了所欠价款，那么，似乎意味着废除了该简约。”

〔135〕 罗马法原始文献 D. 18，5，6，保罗语，前揭书，第 179～181 页。

且允许连续展期。此外，法律也允许承租人为自己和继承人的利益订立无确定期限或无期限的物件赁借贷契约，当然，在这种情况下，出租人和承租人可以随时终止契约。无确定期限和无期限的物件赁借贷契约通常可以向继承人转移。

承租人通常应当用金钱支付报酬，当然也可以在双方同意的情况下用其他物品支付报酬，如承租物产生的孳息。在以乡村土地为标的的赁借贷中，承租人称为佃农；在以城市不动产为标的的赁借贷中，承租人称为房客。出租乡村土地的出租人通常在契约中规定以孳息作为报酬——实物地租。在因不可抗力致使孳息遭受严重损失或全部灭失的情况下，承租人只可以请求按月、按季或按年度免除地租而不得请求赔偿损失。最后要明确的是：种子的损失由承租人承担。[136]

另外，罗马法规定，如果承租人请求减免地租，那么，应当综合考察受灾当年以及前后几年的收成情况，否则不得减免。[137]

古典法时，罗马法规定，在承租期限届满前，如果承租人无正当理由抛弃承租土地，那么，仍应支付全部承租期限的租金。后古典法时，承租人仅就由此给出租人造成的损失承担赔偿责任。在无特别约定的情况下，承租人可以进行转租。

在物件赁借贷中，承租人应当根据善良家父的勤谨注意使用承租物，对承租物承担看管责任，在承租期限届满时，按照接受物品时的状态完整无损地返还承租物。在未按约定用途使用承租物或因其他可归责于承租人的事由造成物品损坏或灭失的情况下，承租人承担赔偿责任。此外，承租人承担按照约定支付报酬的义务，报酬可以一次性支付，也可以分期支付。因不可归责于承租人的事由造成承租物损坏或灭失的，承租人享有请求减少报酬或免除支付报酬的权利。古典法时，承租人还享有请求偿还为保管承租物支出的必要费用的权利，优士丁尼时，承租人可以请求偿还为保管承租物支出的有益费用。

出租人承担向承租人提供能够享用、收益的物品的责任并且保证承租人在承租期间持有承租物。如果明知承租物有瑕疵而出租，那么，出租人对给承租人造成的损失承担赔偿责任；如果不明知，那么，丧失收取报酬的权利。在明知承租

---

〔136〕 罗马法原始文献 D. 19，2，15，7，乌尔比安语，前揭书，第 193 页。

〔137〕 罗马法原始文献 D. 19，2，15，4，乌尔比安语，前揭书，第 191 ~ 193 页："要是因为颗粒无收，出租人只同意免除承租人一年的地租，承租人在以后的几年中连续获得大丰收，那么，承租人不得以免租为由继续不缴纳地租，而应当上缴包括被免租那年在内的全部地租。这一原则亦适用于以上缴年税方式承租的土地。在无收获的情况下，即使出租人是以赠与的方式免除承租人地租的，同样适用上述原则。因为，这显然不是赠与，而是让步。如果无收获而被免租的那一年是去年呢？最好还是理解为，既然前几年都是丰收年，而且出租人也了解这一情况，承租人就不应该再就去年的损失要求减租了。"

物有可能被追夺仍为出租的情况下，出租人向承租人承担债务不履行责任；如果不明知，那么，出租人不承担责任。如果出租人在承租期间出售承租物，那么，对由此给承租人造成的损失承担赔偿责任。

（二）劳务赁借贷

劳务赁借贷又称雇佣赁借贷，指在收取一定报酬的情况下，一方当事人向他方当事人提供（出租）自己的劳务。提供劳务的一方是出租人（雇工），接受劳务的一方是承租人（雇主）。劳务赁借贷源于奴隶为主人提供的劳务。劳务可以是体力的或脑力的，但是，通常是奴隶能够提供的体力劳动。

劳务赁借贷的标的是：诚实的、但非自由的服务。罗马人不认为自由服务即职业服务或智力服务可以作为赁借贷的标的。因为，这种服务是自由提供的，不受任何约束，通常是自由人，如医生、律师、教师等，根据利害关系人的请求自愿并且逐次提供的，自主性和无偿性是这种服务的特点，因此，不能依法请求报酬。[138]

按习惯，这类工作的报酬是以社会上的义务性捐款来调整的。帝国时，这类关系开始通过“非常诉讼”由法律加以调整。[139]

在劳务赁借贷中，雇工承担按照契约规定在雇佣期间亲自提供劳务或服务的义务。雇主承担支付报酬的义务，因雇工的故意或过失导致债务不履行的情况除外。然而，罗马法规定，因不可归责于雇工的事由造成债务不履行的，雇主仍需承担支付报酬的义务。

由于劳务赁借贷的标的是雇工的工作，具有人身性，因此，不得向继承人转移，在雇工死亡的情况下，契约消灭。然而，由于雇主的主要义务是支付报酬，在雇主死亡的情况下，雇主的权利和义务得向继承人转移。

（三）承揽赁借贷

承揽赁借贷指在支付一定报酬的情况下，一方当事人向他方当事人交付一件物品使其提供一定服务或完成一定行为，从而取得预定的成果。交付物品的一方是出租人（定作人），接受物品的一方是承揽人。

在罗马法中，承揽赁借贷是适用范围很广的契约形式，其标的是有一定技术含量的工作，如清洗、保管、搬运、修复、改造、配制、运输，甚至培训奴隶。因此，承揽人通常应当是具有一定技能之人。

---

〔138〕 罗马法原始文献 D. 50，13，1，5，乌尔比安语，前揭书，第205页：“对于民法教师也不适用这一有关报酬的诉讼。因为，传授民法知识是一件非常重要的事情。不应用金钱来衡量，亦不能为他们的工作标价而使他们丧失荣誉。因为，对某些工作而言，收取酬金并没有什么不光彩，然而，如果到法庭请求支付酬金，却是一件丢脸的事情。”

〔139〕 罗马法原始文献 D. 50，13，1pr.，乌尔比安语，前揭书，第203～205页。

一些罗马法学家将承揽赁借贷分为两类：①一方当事人向他方当事人交付一件物品并就该物品完成一定行为，如让人清洗一件衣服或让人切割一块宝石；②一方当事人按照他方当事人确定的方案或提供的式样完成一项工作，如建造房屋或船只。

事实上，按照承揽赁借贷的定义，早期法只承认承揽人以自己的技术将出租人（定作人）提供的原材料或物品加工、改造取得成果的情况是承揽赁借贷，而将出租人（定作人）未提供原材料或物品的情况视为买卖。[140]

古典法时，将第二种承揽赁借贷，即出租人（定作人）未提供原材料或物品的承揽赁借贷称为非常承揽赁借贷。"我以赁借贷的方式请人盖一栋房子。承揽人用自己的钱完成了全部工作，并且已经向我转移了房屋的所有权。但是，这也是赁借贷，因为，我们是就承揽人的工作缔结的契约。这一工作是他应该完成的。"[141]

毫无疑问，在第一种情况下，出租人（定作人）承担提供原材料或物品和支付报酬的义务；在第二种情况下，出租人（定作人）只承担支付报酬的义务。

在上述两种情况下，承揽人的义务是按照约定期限，在未规定期限的情况下，按照习惯和行业标准完成承揽工作并向出租人（定作人）交付工作成果。承揽人通常只对过失承担责任，而因原材料或物品本身的品质问题造成的损失由出租人（定作人）承担。[142]

按照罗马法的规定，在某些情况下，承揽人还要对出租人（定作人）提供的原材料或物品承担看管责任。此外，在承揽赁借贷中，承揽人既可以亲自完成也可以利用第三人完成承揽项目，第三人可以是奴隶也可以是自由人。此外，承揽人也可以采用转包的方式履行契约。[143]

承揽赁借贷不因当事人的死亡消灭，但是，在承揽工作具有不可替代性的情况下，承揽赁借贷因承揽人的死亡消灭。

---

〔140〕 罗马法原始文献 D. 19，2，2，1，盖尤斯语，前揭书，第 189 页："买卖与赁借贷是那样地相似，以致在一些情况下，人们常常会提出这样的疑问：这究竟是买卖呢？还是赁借贷呢？例如：一名金匠同意用他的金子为我打造一只一定重量、一定形状的戒指，要价三百，这是赁借贷呢？还是买卖呢？当然，只可能是一项交易，因此，我们更倾向于是买卖。要是由我提供原料并就加工戒指订好酬金，那么，在这种情况下，无疑是赁借贷了。"

〔141〕 罗马法原始文献 D. 19，2，22，2，保罗语，前揭书，第 195 页。

〔142〕 罗马法原始文献 D. 19，2，13，5，乌尔比安语，前揭书，第 199 页；罗马法原始文献 D. 19，2，62，拉贝奥语，前揭书，第 199 页。

〔143〕 罗马法原始文献 D. 19，2，13，10，乌尔比安语，前揭书，第 197 页："如果在承揽赁借贷契约中包括这样的条款：'如果在某一规定期限内不能完成所承揽的项目，那么，允许将项目转包。'那么，第一承包人只有在规定期限届满后才能进行转包，并且必须以与自己承包时相同的条件向他人转包。"

(四) 货物运输赁借贷

在罗马法中，还有一种特殊的赁借贷形态，就是货物运输赁借贷。在货物运输赁借贷中，承揽人承担过失责任。

在货物运输赁借贷中，最重要的就是海运契约，又称海洋运输赁借贷。由于承揽人（船长）和出租人（货主）的相互关系受承租之诉和出租之诉的调整，因此，将其划入赁借贷的范畴。

有关海洋运输的事项同样受海商法的调整，其中最重要的规则就是《罗迪法》（Lex Rhodia）。《罗迪法》规定了海损分摊的规则，“为减轻船的重量而抛弃商品是为所有人的利益进行的，因此，损失应当由全体分摊”。[144]

在发生海损的情况下，遭受损失的货主可以向船长提起出租之诉请求分摊；船长同样可以向未遭受损失的货主提起承租之诉请求分摊。[145]

按照罗马法的规定，承揽人不得就运输过程中自己遭受的损失请求分摊，出租人自愿分摊的情况除外。[146]

九、合伙

合伙（societas）是合意契约，依据契约，为完成一项或一系列具有经济价值的运作，两个或两个以上当事人相互承担将各自的财产或劳务合并在一起以获取合法的利益，并且按照约定的标准分享赢利、分担亏损。

公元前3世纪中叶，为顺应地中海贸易发展的需要，合伙产生了。合伙是万民法制度，有关合伙的争议，由外事裁判官受理，后来扩大适用于罗马市民。[147]

合伙的起源可以追溯至早期的家庭共同体。这种共同体是在家父死亡时自动形成的，是家子们以分得的财产“设立”的。家庭共同体是市民法的概念，只适用于罗马市民。当合伙由外事裁判官引入之后，即为万民法的合伙所替代。仿照家庭共同体，合伙人之间也享有兄弟权。[148]

古典法时，合伙得到了极大的发展，成为人们普遍采用的契约形式。

(一) 合伙成立的条件

1. 2人以上。这是合伙在主体人数上的基本要求。

---

〔144〕 罗马法原始文献 D. 14，2，1，保罗语，前揭书，第213页。

〔145〕 罗马法原始文献 D. 14，2，2pr.，保罗语，前揭书，第211页。

〔146〕 罗马法原始文献 D. 14，2，2，1，保罗语，前揭书，第211页：“如果保全了货物但船体受到了损坏或是被迫抛弃了缆索，那么，不应作任何损失的分摊。因为，为船本身配备的物品与那些收取了运费的货物是不同的。如同手艺人不能因弄坏了自己的砧子或锤子而与委托他加工物品的人分摊损失一样。但是，如果货主们或是出于自愿或是由于对可能出现的损失的恐惧而提出分摊损失，那么，允许对船的损失进行补偿。”

〔147〕 罗马法原始文献 Gai. 3，154，黄译《法学阶梯》，第252~254页。

〔148〕 罗马法原始文献 Gai. 3，154，前揭书，第252~254页。

2. 当事人有持续的设立合伙的合意。由于合伙是合意契约，因此，无论是对合伙目的，还是对出资比例以及其他事项意见不一致，合伙不成立。当然，在一人希望组建合伙，另一人希望订立其他契约的情况下，合伙亦不成立。[149]

此外，与其他合意契约不同，当事人不仅必须有设立合伙之合意，也就是说，必须有在相互间产生债关系的初始合意，而且该合意在合伙经营中应当是持续的，一旦当事人不再有继续经营合伙的愿望，合伙解散。[150]

3. 适当出资。出资是合伙的物质性基础。"我们通常用全部财产或者为实行某项行为，如买卖奴隶，而合伙"，[151]"人们所组织的合伙，或者包括双方的全部财产，这种合伙希腊人特称之为'共同体'，或者为了经营某种特定业务，例如买卖奴隶、油、酒或小麦"。[152]

4. 目的合法。除持续合意、适当出资以外，法律还特别规定，违法或者违背道德设立的合伙无效。"彭波尼认为，在不违法及不违背社会道德的情况下，合伙才能成立。这点是不容忽视的。如果合伙是为非法目的设立的，那么，合伙不成立。因为我们总是这样说，违背公德设立的合伙无效。"[153]

总之，按照罗马法的规定，合伙成立的条件是：2 人以上、持续合意、适当出资和目的合法。

（二）合伙的种类

在罗马法中最主要的合伙形式有两种：共有合伙（又称概括合伙，societas omnium bonorum，societas totorum bonorum，societas universarum fortunarum）和个物合伙（又称单项合伙或特业合伙，societas unius rei，societas unius negotii，societas unius negotiationis）。

1. 共有合伙。共有合伙源于市民法的家庭共同体，在共有合伙中仍然保留着早期制度的痕迹——家庭成员间的信任与依赖。

共有合伙的合伙人承担以全部财产经营合伙的义务，全体合伙人按照约定比例享有赢利、分担亏损。尽管合伙的性质是共有合伙，但是法律并不要求合伙人因此成为共有人，只要合伙人将自己具有经济价值的物品集中在一起用于合伙经

---

〔149〕 罗马法原始文献 D. 44，7，57，彭波尼语，丁译《契约之债与准契约之债》，第 27 页。

〔150〕 罗马法原始文献 J. 3，25，4，［古罗马］优士丁尼：《法学总论》，张企泰译，商务印书馆 1989 年版，第 180 页："合伙在合伙人维持原意时一直继续存在；但如其中一人退出，合伙即行解散。"罗马法原始文献 Gai. 3，151，黄译《法学阶梯》，第 252 页："只要在合伙者之间仍然保持着合意，合伙就存续。"

〔151〕 罗马法原始文献 Gai. 3，148，黄译《法学阶梯》，第 250 页。

〔152〕 罗马法原始文献 J. 3，25 pr.，［古罗马］优士丁尼：《法学总论》，张企泰译，商务印书馆 1989 年版，第 179 页。

〔153〕 罗马法原始文献 D. 17，2，57，乌尔比安语，丁译《契约之债与准契约之债》，第 217 页。

营就足够了。“在共有合伙中，合伙一经成立，合伙人的全部财产立即为全体合伙人所共有。”〔154〕

按照罗马法的规定，“全部财产”是指现在的和将来的全部财产，也就是说，不仅在设立合伙时，合伙人应当将全部财产投入合伙，而且在合伙存续期间，合伙人取得的所有财产或权利同样得投入合伙用于经营，“应当特别指出的是，共有合伙的合伙人在合伙设立后取得的遗产、遗赠、赠与、或以任一方式获得的利益亦归合伙所有”。〔155〕这里，“以任一方式获得的利益”还包括合伙人取得的各种赔偿：“内拉蒂认为，如果你是共有合伙的合伙人，那么，你应当将你拥有的全部财产交给合伙。为此，合伙人亦应将因遭受某种损失或侵辱而取得的赔偿、或是因他本人的人身或他的孩子的人身受到了某种伤害而取得的赔偿、亦或是因受到了在《阿奎利亚法》中规定的伤害而取得的赔偿全部交给合伙。”〔156〕

此外，按照罗马法的规定，为实现合伙目的，共有合伙的合伙人还必须以诚信严格履行合伙义务、从事合伙经营，如转让债权、出售物品、取得财产、偿还债务等。

2. 个物合伙。其指除共有合伙外的其他种类的合伙。个物合伙是在贸易交往中产生的合伙形式，是以单一事项或特定事项为标的设立的合伙，如某类商业活动、开发事项、海上贸易或任一赢利行为。个物合伙的合伙人按约定份额分享从各自经营活动中取得的利益。个物合伙区别于共有合伙的主要特征就是合伙人在出资范围内从事经营活动。

个物合伙大致有商事合伙（又称商业合伙，societas quaestuaria）、征税合伙（societas vectigalis）、贸易合伙（又称普通合伙，societas universorum quae ex quaestu veniunt）、钱庄合伙、航海运输业的船舶经营者合伙、为买卖奴隶而设立的奴隶贸易合伙等形式。

商事合伙，按照罗马法的规定，是以营利为目的的合伙，是适用范围十分广泛的合伙形态，在无特别约定的情况下，个物合伙通常为商事合伙。〔157〕商事合伙的合伙人按约定独立从事经营活动并且按份额分享从各自经营活动中取得的利益。对于商事合伙而言，非经营活动取得的利益不属于赢利的范畴，归合伙人个人所有。

---

〔154〕罗马法原始文献 D. 17，2，1，1，保罗语，前揭书，第 221 页。

〔155〕罗马法原始文献 D. 17，2，3，1，保罗语，前揭书，第 221～223 页。

〔156〕罗马法原始文献 D. 17，2，52，16，乌尔比安语，前揭书，第 223 页。

〔157〕罗马法原始文献 D. 17，2，7，乌尔比安语，前揭书，第 223 页。

征税合伙，按照罗马法的规定，为公共利益的需要，在获准设立的为国家征收税款的合伙中，不仅继承人可以继承合伙人地位，而且征税合伙还于设立之时依法取得法人资格。

（三）合伙的法律地位

在罗马法中，法人资格的授予是受到严格限制的。通常，法律不赋予合伙以法人资格，在合伙目的涉及国家利益或公共利益的情况下，合伙才能经过特别批准取得法人资格，如征税合伙等。盖尤斯指出："不是所有的合伙、商业社团或是其他类似的团体都能取得法人资格。因为，无论是依据法律还是依据元老院决议或是皇帝的谕令，这一资格的授予都是在被限制之例。只有在极少数情况下才允许授予这一资格。例如：获准设立的为国家征收税款的合伙以及金、银、盐矿的合伙。"[158]

（四）合伙期限

按照罗马法的规定，允许附期限或附条件地设立合伙，附期限合伙的最长限期可以是合伙人的终身，也就是说，允许以合伙人的终身为期限设立合伙，但是"永远存续的合伙无效"。[159]

在罗马法中，有些合伙根据性质无法确定期限，如工业或商业合伙，[160] 因此，这种合伙是无确定期限的合伙；而另一些合伙，根据合伙目的无需附期限，如为完成某些确定的事务设立的合伙，一旦合伙目的达成，合伙消灭。

（五）出资

出资的性质可以是财产性的，[161] 也可以是非财产性的，[162] 但是，出资应当是具有财产价值的，这样，可以方便地计算每个合伙人的出资。

合伙人既可以按均等份额出资，也可以按不同份额出资。出资可以在合伙设立之时完成，也可以在合伙成立之后完成，因为合伙是合意契约而不是要物契约，只要具备当事人设立合伙的合意，契约即告成立。

古典法时，出资时合伙人承担转移出资财产所有权的责任。至于共有合伙，则只需具有转移所有权的合意而不必实际履行转移程序。

罗马法规定，在当事人未特别约定的情况下，合伙人按均等份额出资；在合

[158] 罗马法原始文献 D. 3，4，1pr.，盖尤斯语，前揭书，第225页。

[159] 罗马法原始文献 D. 17，2，70 和 D. 17，2，1pr.，保罗语，前揭书，第221页。

[160] 在罗马法中，奴隶贸易合伙、钱庄合伙、放贷合伙就是典型的无确定期限的合伙。

[161] 财产性出资可以是有体物，如牲畜、奴隶、房屋等；或无体物，如债权、使用权、用益权等。

[162] 如合伙人的智慧和劳动。

伙存续期间，允许当事人以合意变更所持份额。[163]

在罗马法中，出资份额既可以由当事人协商确定，也可以由当事人共同指定的第三人确定。在由第三人决定出资份额的情况下，份额一旦确定，当事人不得以任何理由反对第三人的决定，因为，请第三人确定出资份额是当事人双方的共同愿望。

（六）合伙人之间的关系及其权利义务

由于多数合伙不享有法人资格，也没有法定代表人对外代表合伙，因此，在合伙中，无论出资多少，合伙人的地位平等，法律不允许设立某一合伙人对合伙财产或对其他合伙人的财产享有特别处分权的合伙。所有合伙人都享有为合伙利益独立从事经营的权利。在经营活动中，在与第三人建立关系的同时，该合伙人与其他合伙人之间也建立了某种关系。这种内部关系在该合伙人接受明确委托的情况下，受委托之诉的保护；如果未经委托，则受无因管理之诉的保护。在一个合伙人被指定为商行总管或航海事务总管的情况下，与总管缔结契约的人可以提起总管之诉（actio institoria）或船舶经营者之诉（actio exercitoria）对抗其他合伙人。

合意契约遵循的善意要求不得违背合伙人的意思，迫使他接受任一第三人为合伙人，无论该第三人是己方合伙人的合伙人，还是他的继承人或者他收养的人。为此，罗马法规定：合伙人的身份不能继承。即使继承人在被继承人生前参与或管理过合伙事务，那么，这也只是继承人与被继承人之间的一种附期限的委托行为，与合伙无关。然而，法律允许合伙人的继承人就入伙事宜与其他合伙人进行协商，取得合伙人身份。[164] 罗马法的这种做法既不违背法律基本原则又顺应了实际的需要。从法律角度看，是重新组建了合伙，继承人被接纳为合伙人。从社会、经济的角度看，一切都没有改变，仍旧是原来的合伙。此外，罗马法还规定，当某个合伙人与第三人设立合伙时，这个新合伙与原合伙不发生任何关系，因为，合伙是合意契约，挑选合伙人是每个人的权利。[165]

与出资比例一样，法律允许当事人约定不同的取得赢利的比例，甚至允许订

---

〔163〕 罗马法原始文献 D. 17，2，29pr.，乌尔比安语，丁译《契约之债与准契约之债》，第231页："如果合伙人在设立合伙时未对合伙人的份额作出规定，那么，显然这一合伙是按均等份额设立的。合伙设立后，如果双方同意一人占两份或三份而另一人只占一份，那么，该合伙是否仍然有效呢？我认为，合伙有效。因为，占多数份额的合伙人或是以金钱或是以劳务抑或以任一形式为合伙做出了比另一合伙人更多的贡献。"

〔164〕 罗马法原始文献 D. 17，2，37，彭波尼语，前揭书，第219页。

〔165〕 罗马法原始文献 D. 17，2，19，乌尔比安语，前揭书，第217页。

立一方只分享赢利而不承担亏损的合伙契约。[166] 在当事人未做约定的情况下，推定按出资比例分享赢利、承担亏损。[167] 但是，不允许订立被罗马人称为"狮子合伙"的合伙，也就是说，尽管法律允许一人只分享赢利而不承担亏损，但是，另一人只承担亏损而不分享任何赢利的规定不仅违背公平善良原则，也背离了合伙的目的，因此，这样的合伙无效。此外，根据公平原则，法律规定，当事人约定合伙人按某一比例享受赢利而按另一比例承担亏损的合伙无效。[168]

按照罗马法的规定，在合伙存续期间，无论是合伙的债务，还是维持经营的费用都应用合伙财产支付。[169]

在无相反约定的情况下，每个合伙人都应当为实现合伙目的独立从事经营活动。如果合伙人为合伙事务使用了自己的财物，那么，有权请求补偿；在垫付了金钱的情况下，还可以请求支付利息。

法律规定，合伙人可以提起合伙之诉或共同财产分配之诉请求偿还为管理合伙支出的费用，或请求获得由合伙财产产生的孳息。但是，只能提起两个诉讼中的一个，因为，在合伙人根据同一理由提起两个诉讼中的一个时，另一诉权即告消灭。

对于经营活动中的欺诈行为，合伙人可以提起合伙之诉或欺诈之诉，提起其中的一个诉讼并不消灭提起另外一个诉讼的权利。尽管任何人都可以按照自己的愿望行使处分权，但是，法律规定，任何合伙人都不得转让超过自己份额的财产。

（七）能力利益照顾

合伙之诉（actio pro socio）是善意诉讼，是调整合伙人相互关系的诉讼。在

---

[166] 罗马法原始文献 D. 17，2，29，1，乌尔比安语，前揭书，第231页："卡西认为同样允许设立这样的合伙：合伙人之一只分享赢利而不承担亏损。正如萨宾所赞同的那样，如果你提供的劳务与你给合伙造成的损失相等，那么，这样设立的合伙有效。因为，往往是合伙人的智慧为合伙创造了比金钱更多的价值。同样，如果你单独航海或长途旅行，那么，风险也是由你独自承担的。"

[167] 有些法学家认为，在当事人未做约定的情况下，无论出资比例是否相同，都推定按相同的比例分享赢利、承担亏损。

[168] 罗马法原始文献 D. 17，2，30，保罗语，丁译《契约之债与准契约之债》，第231～233页："穆齐在《民法》第14编中这样写道：不得设立合伙人按某一比例享受赢利而按另一比例承担亏损的合伙。塞尔维在评注穆齐这一论点时说：的确，不允许设立这样的合伙。因为，如果不扣除每一笔亏损也就谈不上纯赢利，反之亦然，如果没有扣除赢利，也就无从说实际亏损。然而，允许设立这样的合伙：在分别计算了纯赢利和实际亏损的比例后，合伙人可以按赢利和亏损的比例分别享有赢利，承担亏损。也就是说，可以在这笔交易中只享有赢利，但是，在下笔交易中要按上次赢利的比例承担亏损。"

[169] 罗马法原始文献 D. 17，2，27，保罗语，前揭书，第253页。罗马法原始文献 D. 17，2，52，15，乌尔比安语，前揭书，第235页。

裁判官审理案件时，对赔偿数额享有自由裁量权。尽管裁判官可以根据情况自行作出判决，但是，按照罗马法的规定，在提起合伙之诉的情况下，裁判官在作出判决时，不能夺去合伙人的全部财产，应当留下一部分让他们维持生活，这就是能力利益照顾。

起初只有共有合伙的合伙人享有这一照顾，后来扩大适用于所有合伙人。它的作用是减轻对债务人的处罚，避免财产拍卖或人身执行。另外，对于享有能力利益照顾的合伙人，罗马法规定，在合伙人欺诈其他合伙人转移或挥霍财产的情况下，不适用能力利益照顾。

（八）合伙人的责任

在经营活动中，合伙人独立承担责任，也就是说，对外独立享有权利承担义务。在内部关系中，合伙人承担将经营所得转移给合伙的义务。当然，在遭受损失的情况下，合伙人有权从合伙得到补偿。

古典法时，合伙人仅对故意承担责任，与某一合伙人交易的第三人无权对其他合伙人提起诉讼；优士丁尼时，合伙人承担的责任扩大至具体轻过失并且允许第三人向其他合伙人请求履行。

合伙人在经营活动中应当尽到的注意义务并非最精确的注意而是管理己物的注意。也就是说，只有在未尽到契约要求的注意等级的情况下，合伙人才对合伙承担责任。[170]

按照罗马法有关契约责任的规定，在因不可抗力造成损失的情况下，合伙人不承担责任。然而，按照“意外事变无过失”的原则，当合伙人有过失时不得免责。[171]

（九）合伙的消灭

由于合伙是合意契约，合伙的存续依赖于合伙人维持合伙的持续合意，一旦这一合意以任一方式终止，合伙消灭，因此，与其他合意契约一样，合伙首先因合伙人的意向不一致而消灭。除来自合伙人的原因以外，合伙还因财产灭失、提起诉讼而消灭。[172]

由此可见，在罗马法中，合伙消灭的原因大致分为四类：

1. 人的原因。

（1）合伙人死亡。“合伙也因合伙人死亡而解散，因为组织合伙的人为自己

---

〔170〕 罗马法原始文献 J. 3，25，9，［古罗马］优士丁尼：《法学总论》，张企泰译，商务印书馆 1989 年版，第180～181 页。

〔171〕 罗马法原始文献 D. 17，2，52，3，乌尔比安语，丁译《契约之债与准契约之债》，第 245 页。

〔172〕 罗马法原始文献 D. 17，2，63，10，乌尔比安语，前揭书，第 245 页。

选择的是特定人。"[173] 当合伙人为多人时，在其中一人死亡的情况下合伙是否消灭的问题上，罗马法学家的意见并不一致。有些人认为，在多人组建的合伙中，合伙不因一人的状况改变而消灭；另一些人则认为，在无特别约定的情况下，任一合伙人状况的改变都意味着全体合伙人意思的改变，因此，合伙消灭。

（2）人格减等。"人们说，合伙也因人格减等而解散，因为，从民事的角度看，人格减等等同于死亡；但是，如果他们仍然愿意合伙，在任何情况下均被看做开始了新的合伙。"[174] 按照罗马法的规定，在人格减等的情况下丧失主体资格，在法律上等同于死亡。因此，在发生合伙人人格减等的情况下，合伙消灭。显然，这里涉及的人格减等指人格大减等和人格中减等。罗马法学家认为，当合伙人因被收养而发生人格小减等时，合伙继续存在。[175]

2. 物的原因。在合伙财产以任一方式不再属于合伙所有的情况下，合伙消灭。"同样，如果某个合伙人的财产被共同体或者私人借钱给出卖，合伙解散。"[176] 在罗马法中，由于物的原因合伙消灭的情况有：

（1）合伙人的财产灭失。

（2）合伙人破产。

（3）合伙人的财产被拍卖。

（4）合伙人的财产突然成为不可交易物，如被作为神圣物贡献了。

（5）合伙人的财产被没收或充公。

（6）合伙目的违法等。

3. 意思的改变。除某些单项合伙是附期限的合伙外，合伙多为无确定期限或无期限的合伙，因此，合伙意向是决定合伙存亡的重要因素。在罗马法中，意思的改变（ex voluntate）包括全体合伙人的意向不一致和单一合伙人的退出。

（1）宣告解散。指全体合伙人一致同意解散合伙。在罗马法中，合伙除因全体合伙人的意向不一致宣告解散外，还有基于全体合伙人的默示合意解散合伙的情况。[177]

（2）退伙。合伙人请求退伙的，在其他合伙人知晓前不产生效力。如果就在某一确定期间内不得退伙进行了约定，那么，仅在有正当理由的情况下允许退伙。[178]

---

〔173〕 罗马法原始文献 Gai. 3，152，黄译《法学阶梯》，第 252 页。

〔174〕 罗马法原始文献 Gai. 3，153，前揭书，第 252 页。

〔175〕 罗马法原始文献 D. 17，2，65，11，保罗语，丁译《契约之债与准契约之债》，第 251 页。

〔176〕 罗马法原始文献 Gai. 3，154，黄译《法学阶梯》，第 252 ~ 254 页。

〔177〕 罗马法原始文献 D. 17，2，64，卡里特斯拉特语，丁译《契约之债与准契约之债》，第 247 页。

〔178〕 罗马法原始文献 Gai. 3，151，黄译《法学阶梯》，第 252 页。

罗马法规定，在合伙清算完成之前，要求退伙的合伙人仍要就欺诈和过失向合伙承担责任。因此，在恶意退伙的情况下，退伙无效。恶意退伙的合伙人向合伙承担返还所取得利益的责任。[179]

此外，在附期限设立的合伙中发生合伙人要求退伙的情况下，罗马法规定，在合伙期限届满前，退伙人对合伙的损失仍要按确定的份额承担责任。[180]

（3）期限届满。按照罗马法的规定，附期限设立的合伙，期限届满后，合伙并非自动解散。如果合伙人仍旧在一起从事经营，那么，意味着新的合伙意向的产生。然而，一旦期限届满，合伙人有权自由选择是继续留在合伙中，还是离开合伙，而不必因退出合伙承担任何责任。[181]

（4）目的达到。按照罗马法的规定，对于单一业务合伙，如放牧合伙、贩卖奴隶合伙等，合伙因任务完成或目的达到而解散。[182]

4. 诉讼。罗马法学家在合伙是否因提起合伙之诉而消灭的问题上一直存在争论。有些法学家认为，一旦提起合伙之诉，会导致合伙经营出现危机，也就意味着合伙解散。当然，在为追究合伙人的责任而提起合伙之诉的情况下，由于合伙赖以存在的信任受到了威胁，因此，合伙消灭也在情理之中。然而，在其他情况下，应当具体问题具体分析，根据合伙人的相互关系和不同利益综合考虑作出决定。此外，在因采用要式口约变更合伙而提起合伙之诉的情况下，合伙消灭。

十、委托

（一）委托概述

1. 意义。委托（mandatum）是合意契约，依据契约，一方当事人（受托人）承担根据他方当事人（委托人）的指示为其无偿完成一项或数项任务的责任。

2. 演进。委托作为独立的契约形式产生于共和国时期，引入程式诉讼之后。在古典法中，委托和代理是两个相互区别、各自独立的概念。委托是仅就单一事项做出的指示，于受托人完成该任务后，委托消灭；代理则是就一般事项做出的无确定期限的委托，换言之，是就管理全部财产进行的委托，受托人通常被称为“全部事务代理人”，享有广泛的代理权。委托人通常是主人，而受托人是被主

---

〔179〕 罗马法原始文献 D. 17，2，65，3，保罗语，丁译《契约之债与准契约之债》，第247页。

〔180〕 罗马法原始文献 D. 17，2，65，6，保罗语，前揭书，第249页。

〔181〕 罗马法原始文献 D. 17，2，65，6，保罗语，前揭书，第249页。

〔182〕 罗马法原始文献 J. 3，25，6，［古罗马］优士丁尼：《法学总论》，张企泰译，商务印书馆1989年版，第180页。

人解放的奴隶——解放自由人。[183] 事实上，古典法时就已经出现将代理人视为一般委托人的倾向，至优士丁尼时，委托和代理逐渐融合，只在某些情况下需要特别委托，如转让物品、起诉或应诉等。

这样，在罗马法中，委托就分为一般委托和特别委托，“如同诉讼代理一样，委托也分为一般委托和特别委托。然而，无论是接受一般委托的人，还是接受特别委托的人均有权提起对待委托之诉”。[184]

在罗马法中，还有一种特殊的委托形态——委任保证，又称“委托贷款”或“特定委托”。

3. 标的。罗马法规定，只要委托事项不违反法律规定和善良风俗，委托的标的可以是任何工作。[185] 也就是说，委托事项既可以是产生法律效力的行为，如订立契约、处分权利、出庭等；也可以是事实行为，如管理事务、建造房屋、清洗物品等。总之，是为委托人或第三人的利益完成委托中规定的事项。交托事项之人为委托人，接受任务之人为受托人。

4. 追认。按照罗马法的规定，在第三人按照委托人的意愿完成某一任务并且事后得到了委托人承认的情况下，委托人的追认等同于委托。为此，第三人享有对待委托之诉的保护。[186]

（二）委托的性质

1. 利益性。按照委托契约的性质，罗马法规定，单纯为受托人的利益进行的委托无效，但是，允许为委托人与受托人的共同利益或者第三人与受托人的共同利益实行委托，“如果我为了你而向你实行委托，这种委托是多余的；你应当根据你的想法为你自己做事情，而不应当根据我的委托。因而，如果我劝说你把家中不用的钱款拿来搞借贷，即便你借出钱后不能从借款人那把款收回，你也不能对我提起委托之诉。同样，如果我劝你买了某样东西，即便买这件东西并未对你有益，我也不因此以委托的名义对你负债”[187]，“委任契约的缔结有五种不同方式：某人或只为他自己的利益，或为他和你的利益，或只为第三者的利益，或为他和第三者的利益，或为你和第三者的利益，而委托你。专门为了你的利益的

---

〔183〕按照罗马人的习惯，奴隶是主人的“法定”代理人，在奴隶获得解放后，主人通常需要通过委托的方式使被自己解放的奴隶为其服务。这样，委托人为庇主（恩主），受托人为被解放的奴隶，即解放自由人。

〔184〕罗马法原始文献 D. 17，1，12，7，乌尔比安语，丁译《契约之债与准契约之债》，第265页。

〔185〕罗马法原始文献 Gai. 3，157，黄译《法学阶梯》，第256页；罗马法原始文献 D. 17，1，22，6，保罗语，丁译《契约之债与准契约之债》，第269～271页。

〔186〕罗马法原始文献 D. 46，3，12，4，乌尔比安语，丁译《契约之债与准契约之债》，第271～273页。

〔187〕罗马法原始文献 Gai. 3，156，黄译《法学阶梯》，第254页。

委任，完全是多余的，因此你们之间既不发生任何债务，也不发生委任诉权”。[188]

2. 无偿性。无偿性是委托契约的本质属性，受托人接受委托是出于友谊、忠诚或帮助他人，因此，如果收取费用，那么，就是承揽赁借贷了。当然，法律允许以奖励、津贴或赠品的名义向受托人支付一定的钱款。[189]

（三）当事人的义务

1. 受托人的义务。

（1）完成委托事项。受托人不仅应当完成委托事项，而且必须按照委托规定的范围完成委托事项。[190]

按照罗马法的规定，受托人不得超过委托规定的范围执行委托事项，否则，承担由此给委托人造成的损失并且不得请求返还支付的费用；在委托人未规定范围的情况下，按照符合委托人利益的方式执行委托事项。事实上，法律只要求委托事项相对确定，在执行委托事项时受托人享有一定的自由裁量权。另外，罗马法还规定，受托人可以不亲自执行委托事项。[191]

（2）受托人承担将执行委托事项过程中取得的一切利益包括孳息、利息转移给委托人的责任。[192]

（3）受托人承担向委托人报告账目的责任。[193]

（4）受托人在执行委托事项时应当尽善良家父的注意义务。[194] 古典法时，受托人只对故意承担责任；优士丁尼时，承担轻过失责任。委托契约是不完全的双务契约，委托人享有委托之诉的保护，败诉的受托人将受到丧廉耻的处罚。优士丁尼时，受托人享有对待委托之诉对抗委托人。

2. 委托人的义务。

（1）委托人向受托人承担返还因执行委托事项支出的费用及其利息。[195]

（2）在因执行委托事项给受托人造成损害的情况下，委托人向受托人承担

---

〔188〕 罗马法原始文献 J. 3，26 pr.，［古罗马］优士丁尼：《法学总论》，张企泰译，商务印书馆 1989 年版，第 181 页。

〔189〕 罗马法原始文献 D. 17，1，1，4，保罗语，丁译《契约之债与准契约之债》，第 253 ~ 255 页。

〔190〕 罗马法原始文献 D. 17，1，5pr.，保罗语，前揭书，第 257 页。

〔191〕 罗马法原始文献 D. 17，1，8，3，乌尔比安语，前揭书，第 259 页。

〔192〕 罗马法原始文献 D. 17，1，8，10，乌尔比安语，前揭书，第 259 ~ 261 页。

〔193〕 罗马法原始文献 D. 2，13，9 pr.，保罗语，前揭书，第 243 页。

〔194〕 罗马法原始文献 D. 17，1，8，10，乌尔比安语，前揭书，第 259 ~ 261 页。

〔195〕 罗马法原始文献 D. 17，1，27，4，盖尤斯语，前揭书，第 265 页：“为执行委托事项而花费的金钱，只要是基于善意支出的，必须全部返还。尽管如果由委托人自己管理，可能花费得较少，但是，仍应如数返还。”

赔偿责任。

（3）委托人对受托人订立的契约承担责任。虽然，对第三人而言，受托人以自己的名义享有权利、承担义务，但是，按照罗马法的规定，第三人享有扩用之诉对抗委托人；委托人也享有扩用之诉对抗第三人。

（四）委托契约的消灭

1. 委托事项执行完毕。委托之诉自委托人开始受益之时起生效，而当委托人不再受益时，委托之诉终止。[196]

2. 当事人撤销委托的合意。一个已合法实行的委托，如果在事情尚未变化时被撤销，则丧失其效力。[197]

3. 委托人撤回委托。按照罗马法的规定，在受托人尚未开始执行委托事项的情况下，委托人可以撤回委托；但是，如果受托人已经开始执行委托事项，而委托人撤回委托的，委托人应当向受托人承担返还垫付费用的责任。撤回委托自受托人知晓之时起生效。

4. 受托人放弃委托。接受委托是自愿行为。然而，一旦接受了委托，除有正当理由外，不得放弃委托事项。[198] 法律允许放弃委托的情况是：①在尚未开始执行委托事项时；②在受托人因被欺诈而接受委托时。

受托人放弃委托的，应当立即通知委托人，在受托人欺诈委托人放弃委托并给委托人造成损失的情况下，要向委托人承担赔偿损失的责任。

5. 委托人或受托人死亡。“在尚未开始执行委托事项时，委托因委托人的死亡而消灭”，[199] “只要受托人本人尚未开始执行委托事项，委托还因接受委托之人的死亡而消灭。因此，尽管受托人的继承人完成了委托事项，但继承人仍旧不享有委托之诉的保护”。[200]

尽管委托因委托人的死亡而消灭，但是，在受托人不知晓并执行了委托事项的情况下，罗马法规定，受托人享有对待委托之诉对抗委托人的继承人。[201]

由于委托因当事人的死亡而消灭，因此，古典法时，对身后事项进行的委托无效，因为，按照罗马法的规定，无论是债权人还是债务人均不得为其继承人设立债务。至优士丁尼时方允许在委托人承担费用的情况下，对身后事项进行委托。

---

〔196〕罗马法原始文献 D. 17，1，8，6，保罗语，前揭书，第257页。

〔197〕罗马法原始文献 Gai. 3，159，黄译《法学阶梯》，第256页。

〔198〕罗马法原始文献 D. 17，1，22，11，保罗语，丁译《契约之债与准契约之债》，第265～267页。

〔199〕罗马法原始文献 C. 4，35，15，戴克里先和马克西米安皇帝致阿戴纳埃，前揭书，第269页。

〔200〕罗马法原始文献 D. 17，1，27，3，盖尤斯语，前揭书，第269页。

〔201〕罗马法原始文献 D. 17，1，26pr.，保罗语，前揭书，第269页。

十一、契约责任[202]

契约责任，是基于当事人之间缔结的契约而产生的责任，是指契约当事人一方不履行契约义务或未按契约规定履行义务时所应承担的责任。然而，在罗马法中，这一概念却是泛指一切基于适法行为之债产生的责任，它包括契约责任和准契约责任。

面对罗马法种类繁多的归责标准、责任形态和责任等级，我们不禁要问：罗马法是依据怎样的标准来划分不同类型契约的责任，又是依据怎样的标准来确定同一种类契约的不同责任呢？这是一个困扰了无数法学家、甚至也曾深深困扰过罗马人自己的问题。

莫德斯汀认为，尽管这是一个十分复杂的问题，但是在众多的影响这一责任确定的因素中，契约利益（utilitas contrahentia）无疑是最基本的、也是最重要的因素。正是这一因素在立法以及执法过程中起着主导的和决定的作用。其他标准或优惠制度都可以说是利益原则的衍生物。

莫德斯汀在研究、比较了大量史料后认为，古典法是按照下列方法来确定契约当事人责任的：如果债权人享有全部契约利益，那么，债务人的责任止于故意（如委托契约和寄托契约）；如果债务人享有全部契约利益，那么，债务人要尽最精确注意的义务（如使用借贷契约）；如果由契约双方当事人分享契约利益，那么，债务人要就过失承担责任。优士丁尼将莫德斯汀的三分法改为二分法：如果契约是为契约双方当事人的利益设立的，那么，债务人要对过失承担责任；如果契约是为单方利益设立的，那么，另一方当事人仅就故意承担责任。

可见，罗马法是依照双方当事人在债的关系中可获利益的大小对过失进行分类，进而确定债务人法定责任的不同等级的。在确定责任类别和等级时，罗马人遵循的是“利益与注意义务相一致”原则，即债务人从债务关系中获取的利益越大，应尽的注意义务就越多，承担的法定责任也就越重；反之，债务人从债务关系中获取的利益越小，应尽的注意义务就越小，承担的法定责任也就越轻。

罗马人巧妙地运用这一原则在错综复杂的债务关系中成功地确定了各种不同类型契约的基本责任，即法定责任。然而，当基于契约双方当事人的意愿而改变了某一契约的固有属性时，例如，本应享有契约利益的一方，在订约时放弃了该利益（如为出借人的利益订立的使用借贷契约），或本来不享有任何利益的当事人得以从契约中获取某种利益（如付报酬的寄托契约），我们就可以看到法定责任随着利益的变化而作出相应的改变：不再享有任何契约利益的借用人的责任止于故意（法定责任为过失——最精确的注意义务），而收取酬金的受托人的责任

---

〔202〕 参见丁玫：《罗马法契约责任》，中国政法大学出版社1998年版。

则由法定故意责任扩大至过失。就是这样，在同一种类的契约中，由于当事人之间关系的不同而产生了不同种类的责任形态。这就是罗马人基于公平理念灵活运用利益原则的实例，从而有效地维护了契约当事人之间的利益平衡。

（一）罗马法契约责任的一般原则

罗马法是按照某一类契约或某一契约的性质，以赋予当事人不同诉权的方式来规定当事人所应承担的责任的。因此，在乌尔比安之前，有关契约责任的规定散见于或依市民法或依裁判官法赋予各契约当事人的诉讼中，并且错综复杂、因案而异，没有统一的原则性规定。是乌尔比安以科学的方法对这些包含在诉讼中的规定加以筛选、归纳并使之逻辑化、系统化，最终形成了罗马法契约责任的一般原则，从而完成了这一责任体系从个别到一般的发展过程。"一些契约规定只对欺诈承担责任，而另一些则规定要对欺诈和过失承担责任。寄托和不确定占有只承担欺诈责任；委托、使用借贷、买卖、质权、赁借贷，还有嫁资、监护、无因管理均要求尽勤谨注意；合伙及共有则要对欺诈和过失承担责任。上述规定是一般性原则。在契约中订有加重或减轻欺诈和过失责任条款的，遵从该条款的规定。因为，我们应该遵守在订约时就规定了的原则。实际上，契约条款本身就已经规定了应该遵守的法律。杰尔苏认为例外的是：如果订立了对欺诈不承担责任的条款，那么，该条款无效。因为，这是违背善意诉讼原则的，而善意诉讼原则正是我们所采用的。根据善意诉讼原则，没有人对野兽的行为、对无过失发生的死亡、对通常不受监视的奴隶的逃亡、对掠夺、对叛乱、对火灾、对水灾、对强盗的袭击承担责任。"[203]

乌尔比安的这段论述是罗马法契约责任的一般原则，它可以分作三个部分。第一部分（从开头至"上述规定是一般性原则"）是罗马法契约责任的一般归责标准——故意和过失标准，也是罗马法较重要的契约的法定责任形态。

乌尔比安按照从轻到重的顺序，从故意到轻过失、从抽象过失到具体过失，将罗马法各类最重要的契约的基本责任形式简单明了、整齐有序地呈现在我们面前：乌尔比安先以第一个分号将只就故意承担责任的契约（寄托和不确定占有）与对故意和过失承担责任的其他契约区分开来；然后又以第二个分号在对故意和过失承担责任的契约中将对具体过失承担责任的契约（合伙和共有）与其他对抽象过失承担责任的契约加以区别；最后以"还有"一词将同是对抽象过失承担责任的契约分为应尽勤谨家父的勤谨注意义务的契约（委托、使用借贷、买卖、质权、赁借贷）和应尽最勤谨注意义务的契约（嫁资、监护、无因管理），这些就是法律规定的各类契约的责任形态，也就是通常我们所说的当事人应该承

---

[203] 罗马法原始文献 D. 50，17，23，乌尔比安语，丁译《契约之债与准契约之债》，第463页。

担的法定责任。在此，需要特别指出的是：在契约责任领域里，勤谨注意和过失是相互对立的两个概念。在契约当事人未尽契约规定的注意义务的情况下，当事人就会被认为犯有过失并且将因此产生契约责任。反之，当尽了契约规定的注意义务时，则不认为当事人有过失并且可以此为由提起免责抗辩。因此，勤谨注意并不是归责的要素而是免责的原因。

在第二部分中（从“在契约中订立加重或减轻”至“而善意诉讼原则正是我们所采用的”），乌尔比安在指出法律赋予契约当事人以协议改变法定责任的权利之后，又以引述杰尔苏观点的方式指出了这一权利的界限——不得订立对欺诈（故意）不承担责任的条款。也就是说，当事人除不得以协议方式改变欺诈（故意）责任以外，可以不受任何限制地约定任何过失责任。然而，实际上，在罗马法中还有一条对契约当事人协议责任的限制性规定，这就是：当事人之间加重或减轻法定责任的约定不得违背契约的性质。例如，放牧合伙契约的一名合伙人与另一合伙人订立了一项估价简约，这一简约意味着负责放牧的合伙人要就一切风险承担责任。然而，这种由一名合伙人承担全部损失的约定违背了合伙契约的固有属性。[204] 因此，对于当事人之间的这一约定，只能理解为负责放牧的合伙人要对牲畜尽看管责任，也就是对一般失窃承担责任。此外，从乌尔比安的这段论述中我们似乎还可以得出如下结论：在当事人提起诉讼的情况下，在认定债务人是否有过错以及应当依据怎样的标准进行归责时，首先应考虑当事人的约定。有约定的，以当事人的约定为准，也就是说，以当事人在契约中约定的标准进行归责；只有在当事人未作任何约定的情况下，才适用法律的规定。

最后应当指出，尽管法律禁止就对故意不承担责任进行约定，但是，这并不意味着也禁止契约当事人放弃诉权。优士丁尼在他的法典中对当事人预先放弃诉权的合法性和有效性给予了充分的肯定。也就是说，如果债权人以放弃诉权的方式免除债务人无论是故意还是过失的责任，那么，法律不予干涉。

在第三部分中（从“根据善意原则”至结束），乌尔比安援引善意原则指出：法律规定当事人不对事变承担责任，即债务人的责任止于事变。

显然，这段文字是有关债务人的不履行行为的不可归责性的规定。乌尔比安认为，如果给付不能是由债务人以外的、并且是债务人不能预见和不能抗拒的原因造成的，或者说是由不可归咎于债务人的客观障碍造成的，那么，债务人不承担责任。

在不同的责任形式中，意外事变的内涵是不同的：同一事变的发生对于只承

---

〔204〕“利益共享，风险分担”是罗马法合伙契约的基本原则，因此，罗马法不允许设立这种一人承担全部损失的合伙。

担故意责任的债务人来说，是意外事变，而对于那些要就过失承担责任的债务人来说就不是意外事变。为此，罗马人将意外事变定义为：导致债务人在已经尽了契约规定的注意义务的情况下，仍无法履行契约义务的事件。并且规定，在债务人能证明自己在事变中尽了契约所要求的注意义务仍不能预见并且阻止事变发生的情况下，可以免除债务人的责任。为此，在优士丁尼法中，意外事变和不可抗力不是作为中断债务人行为与给付不能之间的因果关系的事由规定的，而是作为任一等级的勤谨注意截止的界限规定的。

值得注意的是，乌尔比安在这段论述中的“死亡”一词前使用了“无过失发生的”这一定语，从而突出了罗马法的另一项重要原则——“意外事变无过错”。尽管乌尔比安只在这一单项事变前冠以“无过失”的字样，但是，应理解为这一原则适用于所有的事变。最后，需要说明的是：对事变不承担责任的原则与在第一部分中规定的法定责任一样，都允许当事人以协议的方式改变，这就是通常我们所说的协议风险。

从以上分析中我们不难得出下列结论：①优士丁尼契约责任体系采用过错原则为主、风险原则为辅的双轨制。通常，债务人只对由于己方的过错造成的给付不能承担责任。②对故意一律承担责任：当事人不得以简约排除对故意承担的责任。③当事人可以以简约加重或减轻法定责任、约定风险责任，甚至改变法定风险的承担方。④发生争议时，有约定的，遵从当事人的约定，未作约定的，适用法律的规定。⑤对不可归责于债务人的原因导致的给付不能，债务人不承担责任。

（二）罗马法契约责任的种类和等级

1. 故意（dolus）责任。罗马法有两种过错形态：故意和过失。过错是相对责任而言的，责任产生于过错，没有过错通常也就没有责任。“注意”（又称勤谨注意）则是相对义务而言的，是债务人依法或依约定，除“给付”以外所应履行的另一项契约义务。在未尽这一注意义务或所尽义务未达到契约规定的注意等级的情况下，认为债务人有过失，进而引发契约责任。

按照罗马法，过错首先是一种法律认为应受谴责的行为；其次是引起损害的原因；再次是债务人所处的一种状态。债务人的这种应受谴责的行为可以是故意的，也可以是过失的。

故意（恶意、欺诈）作为契约责任的一种形态，可以说自罗马城邦建立起就已经存在了，并且带有较强的刑事色彩。作为契约责任，它是对善意的违反，其后果是丧廉耻。在优士丁尼法中，只要债务人的不履行行为是明知故犯的，不必具有某种程度的主观恶意即可被认定为故意。它作为契约责任的突出特点就是它的不可免责性。

故意是行为人主观意愿上的欠缺或曰意思瑕疵，而过失则是行为人理解力上的欠缺，广义的过失是包括故意在内的。在优士丁尼法中，过失不仅是与故意并列的两大过错形态之一，也是最常见的并且最不易准确判断的过错形态。

2. 过失（culpa）责任。早期罗马法十分重视人与人之间的关系，因此，契约的缔结往往是基于信任和友情，一般不存在疏忽大意的问题，只有对信任的辜负和背叛。然而，由于社会生活中非故意的不履行行为不断增加，故意责任已经不能像以前那样为债权人提供充分、有效的保障了，于是在契约领域里出现了另外两种责任形态：重过失和具体过失。这两种责任形态都是为加重只对故意承担责任的债务人的责任而设立的。

应当特别出的是：这两种责任形态的出现并不意味着已经将过失作为一种契约责任形态使用了。因为，真正意义上的过失责任产生于《阿奎利亚法》。在这部法中，过失责任是在有关造成他人物品损害的规定中首次使用的。此后，受《阿奎利亚法》的启发，在契约责任范畴内，罗马人首次在以给付为标的的要式口约中使用了过失责任。那时，这一过失仅指债务人的疏忽，并且只限于由债务人本人的疏忽直接造成债权人损失的情况。

因此，这一过失的概念被定义为：一种直接或间接地给债权人造成损害的、债务人本人的疏忽行为。它由三个基本要素构成：①积极或消极的行为；②债务人本人的行为；③立即产生后果的行为。由于这一过失仅指疏忽，因此，又被称为简单过失并沿用至今。此后，陆续出现的过失种类还有缺乏谨慎和拙劣无能、[205] 保管物品中的过失、管理事务中的过失和选任过失。

我们说，故意是对善意的违反，过失是对勤谨注意义务的违反。按照这一原则，优士丁尼根据契约当事人对不同程度的注意义务的违反，又将过失分为重过失、轻过失和最轻过失三个等级。

（1）重过失是指债务人极其懒惰自私，对他人利益全然不关心的状态。指行为人欠缺一般人应当具有的起码注意，被罗马人定义为："不知晓所有人都知晓的事情"。[206] 在法律上，重过失的后果与故意相同。因此，在罗马法中经常出现"重过失等同于故意"（"Culpa lata dolo aequiparatur"或"Lata culpa dolo comparatur"）的说法。

（2）轻过失是指未尽到一般的注意。这是一种最常见的过失形态，通常，在罗马法中，当未特别指出过失的种类或等级时，就是指这一过失。

---

〔205〕 罗马法原始文献 D. 17，2，52，2，乌尔比安语，丁译《债·契约之债》，第114页。

〔206〕 罗马法原始文献 D. 50，16，213，2，乌尔比安语，丁译《契约之债与准契约之债》，第463～465页。

（3）最轻过失是指未尽最勤谨、最精细的注意。应当指出，在契约责任领域中，最轻过失这一过失等级只在理论上存在，并未在实际中应用，因为，最轻过失是属于《阿奎利亚法》调整的范畴。[207]

然而，在契约责任领域里，法律亦规定某类就轻过失承担责任的债务人在履行契约义务时要尽最精细的注意义务。例如，监护人、嫁资管理人、失踪人财产管理人、质权人、使用借贷契约的借用人等。这种责任实际上就是古典法时期与故意责任、风险责任并列的三大责任之一——看管责任。

3. 看管责任。看管（receptum）责任适用于以保管或管理应返还的他人物品和保管应交付的标的物为内容的债的关系。这一责任适用于借用人、质权人、受委托人、用益权人、无因管理人、出售物品的人等。

这一责任要求债务人对由非暴力第三人造成的标的物的失窃及损坏承担责任。也就是说，债务人要对不取决于他本人的、然而却是在他权力所及范围内的第三人的盗窃或损坏标的物的行为承担责任。这一责任不仅意味着债务人在保管物品和管理活动中应尽最勤谨、最精细注意的义务，而且还意味着债务人应对标的物给予超出一般人所能给予的特别看守和照管。这种对标的物的特别的、直接的照管主要是针对可能出现的第三人的不法行为而言的。

此外，看管责任是专门为债务人设立的一种给付义务，在债务人未履行这一义务的情况下，就会产生"未尽看管义务的责任"。可见看管既是一种义务，又是一种责任——由看管义务产生的责任。按照罗马人的解释，看管义务主要包括以下两个方面：①预防盗窃的发生；②采用契约要求的注意程度。应当特别说明的是，债务人是对一般盗窃（furto semplice）承担责任，也就是说，债务人不对使用暴力或欺骗手段的失窃承担责任。

4. 无过错责任。众所周知，这一责任是船长、客店主、驿站主在旅客的财物失窃或受到损坏的情况下依法向旅客承担的一种赔偿责任。这一责任最初产生于当事人之间订立的协议，以后由裁判官告示加以调整。[208]

这一责任体系是由三个裁判官告示组成的。第一个告示是关于损害赔偿的事实之诉；第二个告示是关于损坏物品的事实之诉，是刑事诉讼；第三个告示则是有关盗窃的事实之诉，也是刑事诉讼。让我们以船长的责任为例先来看一下第一个告示是如何规定的。

告示规定：①这一责任无需特别约定直接产生于物品的交运，即始于物品的交运，终于物品的返还；如果债权人欲免除船长的某项责任（如不对失窃承担责

---

〔207〕 A. Burdese, *Manuale di diritto privato romano*, Roma, 1990, p. 602.

〔208〕 罗马法原始文献 D. 4，9，1，8，乌尔比安语，丁译《契约之债与准契约之债》，第105页。

任），那么，必须以专门协议加以规定。②这一责任的承担者是船的所有人或船的经营者。③债权人是随船旅行的乘客或交运物品的发货人。④这一责任的范围不仅包括责任者本人的行为造成的损害，而且还包括所有船上的船员和乘客的行为造成的损害；这种行为可以是盗窃，也可以是交运物品的损坏或灭失。⑤对货损的赔偿不仅涉及交运的物品，而且还包括这些物品的附属物以及旅客随身携带的私人物品。⑥除协议免责外，允许责任人在由意外事变或不可抗力造成损害的情况下提起免责抗辩。仅从这点上我们就不难看出罗马法的无过错责任恰恰是依据过错原则确立的。

在第二个和第三个告示中，债权人享有的损害赔偿之诉和盗窃之诉对船长的处罚是两倍于交运物品的罚金。但是，裁判官规定，只有在这一损害是由船员造成的情况下才适用这一诉讼，也就是说，船长不对乘客的行为承担刑事责任。

从以上规定中不难看出债务人就交运物的失窃或损坏、灭失承担的这一责任是无过错责任：告示未规定债务人应尽某一等级的勤谨注意的义务，因此，承担责任的依据不是债务人的过错，而是告示规定的事实的发生。也就是说，在归责时根本不考虑债务人的主观因素，一旦发生规定的事件，立即产生归责的效力。从由告示调整这一法律关系开始，裁判官允许债务人在遇到不可抗力或意外事变的情况下提出免责抗辩。

总之，按照罗马人的理解，这种既不是依据债务人的过错而承担的、又不得在发生失窃或标的物损坏的情况下因无过错而提起免责抗辩的、基于告示规定的事实所承担的责任就是无过错责任。

5. 迟延（mora）。

（1）迟延的意义。在罗马法中，有两种债务不履行的情况：履行不能和履行不适当。履行不能又分为：绝对不能或根本不能和相对不能或暂时不能。后者指的就是迟延。迟延是一种“在应当履行的情况下，债务人未履行契约，但是，债务是可以履行的”状态。〔209〕

可见，迟延表现为：没有任何给付障碍；债务人已经准备好随时给付；未给付。从“没有任何给付障碍”和“债务人已经准备好随时给付”中我们可以得出债务人有过错的结论，此处的“未给付”指迟延。这一迟延显然是由债务人的过错造成的。当代罗马法学家彼德罗·彭梵得在《罗马法教科书》中就是按照这样的思路定义迟延的：“迟延就是有过错地不按照规定时间履行债或者有过错地拒绝接受给付，分为履行迟延和受领迟延。”〔210〕

---

〔209〕 罗马法原始文献 D. 19，1，3，4，彭波尼语，前揭书，第477页。

〔210〕 ［意］P. 彭梵得：《罗马法教科书》，黄风译，中国政法大学出版社1992年版，第329页。

（2）迟延的种类。在罗马法漫长的发展进程中先后出现的迟延形态有：债务人迟延或曰履行迟延、债权人迟延或曰受领迟延和对物迟延（物的迟延）。

所谓债务人迟延（mora debitoris）又称债务迟延或给付迟延，指债务人无正当理由而到期不履行债务的行为。[211] 在古典法时期构成债务迟延的要件主要包括：

第一，债务必须到期。“债务到期”应当理解为债务有效并且债权人可以为给付请求。这意味着：首先，除即付之债外，附期限之债必须到期，附条件之债的条件必须成就，即债务处于可以随时请求履行的状态。如果债权人尚未提出催告，那么，也就谈不上迟延。[212] 其次，债权人享有并且可以行使诉权，即债务为可诉之债。按照罗马法的规定，如果债权人不能提起诉讼或者债权人提起的诉讼可能被抗辩驳回，那么认为债权人实际上不享有诉权。[213]

第二，债务人未在约定期限内履行债务，即债务人在履行契约时发生了迟延。

由于法学家们认为迟延是一种应当具体案件具体分析的事实行为，因此并没有为迟延规定统一的判断标准。较权威的论述是马尔西安下面的这段话，它简要概述了公元3世纪以前的主要法学观点：“应当认为迟延不是发生在物品（契约标的）或客观外界方面，而是发生在人（债务人）的方面，也就是说，迟延是指债务人在被催告后仍未按规定履行契约的情况。债务人的这一行为将由承审员来作出判断。事实上，正如彭波尼所说的那样，迟延这类事是很难判断的，我们的皇帝安东尼·庇乌在给杜里·巴尔伯的批复中说，不能依据某一谕令或依据法学家的论述来确定债务人迟延了或者没有迟延。因为迟延与其说是一个法律问题不如说是一个事实问题。”[214]

从迟延时复杂多样的债务人的表现中法学家们找出了它们的共性或曰本质特

---

[211] 罗马法原始文献 D. 45，1，23，彭波尼语：“如果依据遗赠或要式口约，你应向我给付一名确定的奴隶，但是由于你的原因而没能将他活着交给我：例如，在我催告下你仍未将奴隶交给我或者你将他杀死了，那么，你将因他的死亡向我承担责任。” *Corpus Iuris Civilis*, Weidmann 1993.

[212] 罗马法原始文献 D. 50，17，88，斯凯沃拉语，丁译《契约之债与准契约之债》，第461页。

[213] 罗马法原始文献 D. 12，1，40，保罗语：“如果债权人由于有效抗辩的存在而不能向债务人请求给付，那么，不能认为债务人迟延。” *Corpus Iuris Civilis*, Weidmann 1993.

[214] 罗马法原始文献 D. 22，1，32pr.，马尔西安语：“应当认为迟延不是发生在物品［契约标的］或客观外界方面，而是发生在人［债务人］的方面，也就是说，迟延是指债务人在被催告后仍未按规定履行契约的情况。债务人的这一行为将由承审员来作出判断。事实上，正如彭波尼在《书信集》第12编中所说的那样，迟延这类事是很难判断的。我们的皇帝安东尼·庇乌在给杜里·巴尔伯的批复中说，不能依据某一敕令或依据法学家的论述来确定债务人迟延了或者没有迟延。因为迟延与其说是一个法律问题不如说是一个事实问题。” *Corpus Iuris Civilis*, Weidmann 1993.

征：债务迟延是由债务人的过错造成的，并且在法律上是应当受到谴责的。

在优士丁尼时代，构成债务迟延的要件主要包括：

第一，债是有效的并配有诉权，因而在纯自然之债中无迟延。

第二，债务必须到期或曰债是可以请求之债。

第三，债务人未在约定期限内履行债务。

第四，迟延通常以催告为原则。“罗马原有习惯，债虽到期，如不催告，即视为债权人自愿对债务人予以宽容而不遭受损失。”[215]

第五，债务人未履行债务是由可归责于债务人的事由所致，即债务人主观上有过错。

债务人迟延的主要后果表现为：

第一，债务持续（perpetuatio obligationis）。[216] 债务持续制度适用于那些以给付（datio）为标的（此处应理解为以转移所有权为标的之债）或交付确定物品的债务关系，其作用是使迟延债务人承担迟延期间标的物意外灭失的风险。在特定物意外灭失的情况下，判处迟延债务人支付灭失标的的价金以及迟延利息。

第二，赔偿损失。这一赔偿包括债权人因嗣后履行已无利益而拒绝受领所遭受损失的赔偿和支付迟延利息。[217]

所谓债权人迟延（mora creditoris）或曰受领迟延是指债权人未接受（或拒绝接受）债务人的恰当给付。由于债权人是债的给付利益的享有者，因而，迟延的后果也并不导致债权人因此受到惩罚，仅仅是产生不利于债权人的结果而已。

债权人迟延的构成要件：

第一，为债权人的利益确定的清偿期限已经届满。

第二，债务人已经按照契约规定的时间、地点并且以适当的方式全面提出给付：债务人提出的给付必须是实际给付，而不仅仅是口头给付。

第三，债务人提出给付之前已事先催告债权人。

第四，债务的履行需要由债权人协助完成。

第五，债权人无正当理由拒绝接受给付。

因此，债权人在期限届满前拒绝受领或者因债务人提出的给付不符合契约的规定而拒绝受领的行为均不视为迟延。

---

〔215〕 周枏：《罗马法原论》，商务印书馆 1994 年版，第 653 页。

〔216〕 罗马法原始文献 D. 45，1，82，1，乌尔比安语：“如果在允诺交付奴隶的债务人迟延后该奴隶死亡了，那么，债务人如同奴隶未死亡一样不能免除责任。” *Corpus Iuris Civilis*，Weidmann 1993.

〔217〕 罗马法原始文献 D. 22，1，17，3，保罗语：“利息的支付不是要使债权人赢利，而是因为债务人的迟延。” *Corpus Iuris Civilis*，Weidmann 1993.

从债权人迟延的构成要件中我们可以看出，债权人迟延只发生在需要债权人协助才能履行的债务关系中。此外，应当特别指出：在债权人随后做好了接受给付准备的情况下，不认为债权人迟延。

债权人迟延的后果表现为：

第一，债权人迟延后，债务人可将标的物或金钱提存以免除债务。债权人的迟延使应支付利息或孳息的债务从债权人迟延之日起停止计算。“负有利息给付义务的债务人向债权人给付利息时，如果债权人不愿接受给付，那么，债务人可以将该款项提存。从提存之日起不再计算利息。此后，如果债务人被起诉，要求给付利息而未给付，那么，从此时起开始计算迟延并应支付迟延利息。”〔218〕

第二，减轻债务人原先承担的责任：债权人迟延后债务人只对故意和重过失承担责任。〔219〕

第三，债权人迟延后，非债务人过错造成的标的物的意外毁损或灭失的责任由债权人承担，并且不能免除债权人对待给付的责任。也就是说，债权人迟延使标的物意外灭失风险的承担方发生了改变：由债务人转移给债权人。〔220〕

第四，种类物之债视为特定物之债。在债权人受领迟延的情况下，种类物灭失的风险由债权人承担。〔221〕

第五，在一些债务关系中，债务人在通知迟延债权人之后有权抛弃标的物。如果债务人没有抛弃标的物则有权要求债权人补偿己方在债权人迟延期间为保管标的物所支出的费用和因此遭受的损失。〔222〕

---

〔218〕 罗马法原始文献 D. 22，1，7，帕比尼安语，丁译《契约之债与准契约之债》，第375页。

〔219〕 罗马法原始文献 D. 18，6，18（17），彭波尼语，前揭书，第461页。

〔220〕 罗马法原始文献 D. 45，1，105，雅沃伦语：“你允诺向我交付奴隶戴摩或奴隶艾洛特：你向我交付奴隶戴摩时，由于我不想要这名奴隶，于是我就迟延了。在这之后，奴隶戴摩死了。您认为我可以提起要式口约之诉吗？［法学家］回答说：依据马苏里·萨宾的观点，我认为你不能提起要式口约之诉。事实上，萨宾分析问题的方法是十分正确的。他说，如果债权人在接受履行时没有迟延，那么，债务人就已经解除了债务负担。” *Corpus Iuris Civilis*, Weidmann 1993.

〔221〕 罗马法原始文献 D. 46，3，72pr. 马尔切勒语：“如果负有交付10元钱义务的债务人向债权人履行债务，债权人没有正当理由拒绝接受这笔钱，此后，这笔钱不是由于债务人的过失意外灭失了，即使债务人在债权人先前催告时没有清偿，那么，债务人亦可提起欺诈之抗辩。事实上，让债务人承担这笔钱意外灭失的风险是不公平的。因为，如果债权人接受了清偿，那么，债务人就不必承担任何责任了。因而，应当认为在债权人迟延的情况下，债务人已经履行了债务。当然，如果丈夫向［离了婚的］妻子交付嫁资奴隶，［前妻拒绝受领］，后来该奴隶死亡了；或者丈夫给前妻相当于奴隶价值的金钱，她没有接受，这笔钱随后灭失了，那么，［在上述情况下］丈夫将依法解除债务负担。” *Corpus Iuris Civilis*, Weidmann 1993.

〔222〕 罗马法原始文献 D. 19，1，38，1，杰尔苏语：“如果是由于买方的原因而未交付奴隶，塞斯特·艾里和特鲁斯说，那么，卖方可以通过仲裁程序索取实物补偿费。我认为他们的观点非常正确。” *Corpus Iuris Civilis*, Weidmann 1993.

应当说，上述迟延后果从本质上讲，是债权人风险主义的反映。法律一方面规定在债权人迟延的情况下，减轻债务人的责任；另一方面由于债权人是契约利益的享有者，因此，给予债权人的“惩罚”也仅仅是使其丧失应得利益而已，其后果就是：根据风险与利益相一致的原则，受领迟延后，非因债务人过错造成的损失由债权人承担。

所谓对物迟延是罗马法中有关迟延规则中的第三种情况。尽管法学家们认为迟延是债务人的一种行为，涉及的仅仅是人而不是物，但是，在司法实践中却经常会出现完全与债务人的行为无关的、然而其后果（主要指支付迟延利息和孳息）却与迟延相同的情况。后古典法时，法学家们将这类现象归纳为一种新的迟延类型，为了与涉及人的行为的迟延相区别而称为“对物迟延”（mora in re）或“物的迟延”（mora ex re），从而进一步完善了罗马法迟延体系。

根据现在所掌握的资料，这一提法首先出现在塞第米·塞维鲁皇帝[223]的一项裁决中。在这项裁决中塞维鲁皇帝作为一般性原则规定道：在为未满25岁的未成年人设立的以金钱为标的的遗产信托中，债务人的继承人在任何情况下，即使没有发生债务人的迟延，也同样要向未成年人支付利息。优士丁尼时期，优士丁尼将在善意之债、遗赠之债、遗产信托中应当向未成年人支付利息作为一般原则确立。此外，优士丁尼还将待继承遗产的情况，也就是说，没有可以被提起诉讼的债务人的情况规定为“对物迟延”。

乌尔比安将塞维鲁皇帝在上述措施中规定的情况称为“物的迟延”：“显然，在这种情况下对未满25岁的未成年人也应当提供救助，因为在这种情况下实际上是发生了物的迟延。塞维鲁皇帝也是为了同样的理由而在有关为未满25岁的未成年人设立的、以金钱为标的的遗产信托的裁决中提出了物的迟延。”[224]

法学家们之所以将上述情况称为“物的迟延”，是因为这并不是真正的、严格意义上的迟延，仅仅是因为它的效力和法律后果与迟延相同而借用了迟延这一术语。在法学理论上人们则将这种情况称为“准迟延”（quasi mora）。

乌尔比安在《论告示》第三十四编中再度使用了这一术语：“有时我们甚至会看到在物上发生迟延的情况，例如：出现没有可以被提起诉讼的债务人的情

---

[223] Septimius Severus，塞第米·塞维鲁皇帝，公元193~211年在位。

[224] 罗马法原始文献D. 40，5，26，1，乌尔比安语：“显然，在这种情况下对未满25岁的未成年人也应当提供救助，因为在这种情况下实际上是发生了物的迟延。塞维鲁皇帝也是为了同样的理由而在有关为未满25岁的未成年人设立的、以金钱为标的的遗产信托的裁决中提出了物的迟延。”*Corpus Iuris Civilis*，Weidmann 1993. 按照罗马法的规定，对于为未满25岁的未成年设立的以金钱为标的的遗产信托从可以请求之日起视为迟延。

况。"[225] 这段论述本来是乌尔比安针对"返还嫁资之诉"中所涉及的问题而发表的，在《学说汇纂》中由于编纂者们删除了原文中的背景而使乌尔比安的这一观点具有了一般规则的意义。《学说汇纂》编纂者们的目的是显而易见的：使用"物的迟延"这一术语概括指那些迟延效力的发生与债务人的行为无关的客观事件。戴克里先皇帝在他的一项宪令（公元294年）中将偷盗家畜的人在返还家畜时向家畜的所有人支付利息的情况也称为"物的迟延"。在合伙人挪用公款为自己谋利的情况下，同样应当向合伙支付利息。[226]

综上所述，被认定为物的迟延的情况大致有以下几种：①法定利息之债（如向未成年人支付的利息）；②不法行为之债（如偷盗家畜）；③债务人无故失踪而无法进行催告；④对教会或慈善团体有利的遗赠；⑤债务人使用不属于自己的款项为自己谋利的情况。

（三）风险责任

在罗马法契约责任基本原则——《学说汇纂》第五十编第十七章第23条中，我们没有看到风险作为归责标准的任何论述，换言之，在优士丁尼法中，尽管优士丁尼在当事人协议自由的范畴内，向契约当事人敞开了选择风险标准的大门，确认了协议风险的效力，但是，不能否认，风险作为法定归责标准曾有的辉煌已经一去不复返了。

在罗马法中，"风险"一词有多种意义。

首先，意味着可能遭受的损失："在买卖契约缔结之后，由于河水的冲击而使土地增加所带来的利益或是使土地减少所造成的损失均属于买方。因为，在契约缔结之后，即使土地全部被河水淹没，风险仍旧由买方承担。因此，取得的利益也应当属于买方。"[227]

其次，意味着债务人在给付不能的情况下可能承担的风险责任，"在圆木竖起，搬运以及重新放倒的过程中，圆木断裂的风险由承揽运输圆木的人承担。由于承揽人或承揽人雇佣的人的过失造成损失的风险亦由承揽人承担。如果承揽人是按照一个最谨慎的人的方法操作的，那么，将不认为他有过失。这一原则同样适用于木桶及木料的运输承揽赁借贷。同时，亦可扩大适用于其他物品的运输承揽赁借贷。"[228]

从本质上讲，承揽人是就自己的过错承担的责任。因为，罗马法规定自然风

---

〔225〕 罗马法原始文献 D. 22，1，23，1，*Corpus Iuris Civilis*，Weidmann 1993.

〔226〕 罗马法原始文献 D. 22，1，1，1，帕比尼安语："在合伙人将合伙的金钱据为己有或者为自己的利益使用了该款项的情况下，无论怎样，即使并没有发生债务人迟延，亦应判处合伙人向合伙支付利息。" *Corpus Iuris Civilis*，Weidmann 1993.

〔227〕 罗马法原始文献 D. 18，6，7pr.，保罗语，丁译《契约之债与准契约之债》，第149页。

〔228〕 罗马法原始文献 D. 19，2，25，7，盖尤斯语，前揭书，第209页。

险由债权人承担，而契约风险，由债务人承担。事实上，债务人通常只在有约定和己方有过错的情况下承担风险责任。因此，除法律规定或当事人约定债务人承担风险的情况以外，债务人承担的风险始终是与债务人的过错相联系的，换言之，债务人通常是因己方的过错而承担风险责任的。债务人承担的这一风险可以是一般风险，也可以是特定风险。其中，特定风险除由法律或由当事人特别指定的风险以外，主要是指专业技术人士由于不熟悉业务或技术欠佳而产生的风险责任。〔229〕

最后，是指那些与当事人的过错没有任何联系的，由法律规定或由当事人约定的风险，“在支付价金前，购买奴隶的人可以请求卖方允许他以赁借贷的方式拥有该奴隶。但是，买方不享有通过该奴隶获取的利益。因为，卖方尚未依据买卖契约向买方交付这名奴隶，因此，该奴隶仍属卖方所有，而买方只不过是以赁借贷的方式持有该奴隶而已。如果卖方在交易中没有进行欺诈，那么，风险由买方承担”〔230〕，“当你出售麦苗时，这样对买方说：除遇到不可抗力或暴风雪以外，你必须履行契约。以后，如果大雪使这些麦子遭受了损失，而且遇到的是一场特大暴风雪，那么，买方就可以依据契约对抗你的履行请求”。〔231〕

显然，这一损失总是先由债权人承受的。只有在给付不能是由债务人的过错造成的情况下，这一损失才能依法转移给引发风险的债务人。

总之，无论是在古典法时期还是在优士丁尼时期，风险作为归责标准的特点是它的绝对性。这一绝对性首先体现在它的归责自动性上：就单纯的不履行事实承担责任。任何其他因素，如债务人的主观过错、客观行为、这一行为与损害之间的因果关系、是否具有可归责性等，在归责时都不能影响这一责任的确定。其次体现在它的没有任何免责的可能性上：不考虑导致债务人给付不能的原因，即使是通常得以免责的法定事由也不予考虑。然而，这一责任的绝对性并不妨碍立法者或当事人对它的范围作出必要的限定。这样也就产生了绝对风险责任或曰无限风险责任（如借用人以估价条款对标的物所承担的风险责任）和相对风险责任或曰有限风险责任（如借用人对看管标的物的失窃或损坏承担的风险责任）、一般风险责任（如对地震、海难等承担的责任）和特定风险责任（如卖方对葡萄酒变酸承担的责任）的分类。

（四）免责事由的适用

1. 适用免责事由的领域。

（1）在适用一般归责标准——过错标准的情况下，由于举证责任由债权人

---

〔229〕 罗马法原始文献 D. 19，2，13，5，乌尔比安语，前揭书，第199页。

〔230〕 罗马法原始文献 D. 18，6，17（16），雅沃伦语，前揭书，第147～149页。

〔231〕 罗马法原始文献 D. 18，1，78，3，拉贝奥语，前揭书，第137页。

承担，因此，只有当债务人提出反证——抗辩时，才涉及免责事由。

（2）在适用推定过错标准的情况下，举证责任由债务人承担，债务人举证的内容就是己方享有法定或约定的免责事由。

2. 免责事由。在优士丁尼法中，除法定的一般免责事由——无过错的事变以外，优士丁尼还承认下列免责事由：

（1）由于债权人的原因而导致物的丧失，可以免除债务人的责任。罗马法规定，按照“各负其责”（de se queri debet）原则，[232] 债权人要对自己行为造成的后果承担全部或部分责任。也就是说，在由于债权人的轻率、不谨慎或有过错的行为而使债务人不能履行契约义务的情况下免除债务人的责任，如由于购买人的懒惰（或漫不经心、疏忽等）而撂荒了已经开始计算占有时效的土地，从而导致了占有的丧失。又如在债权人无正当理由拒绝受领的情况下，物由于不可归责于债务人的事由灭失了。

在某些情况下，即使不能全部免除债务人的责任，也可以部分“抵销”债务人的过失，即债务人承担轻于依据利益原则本应承担的法定责任。这就是优士丁尼的“过错抵消原则”。[233]

（2）在不要求承担看管责任的契约中，标的物的失窃也是正当免责事由。“但是，接受寄托物的人不负有看管责任，而且，只有当他恶意地实施了行为时，才被追究责任。因此，如果物被窃取，由于他不负有以寄托名义返还物的责任，维护物的安全与他无关，因此他不能对盗窃提起诉讼，该诉讼应当由所有主提起。”[234]

（3）在债务人能证明即使按时履行契约义务，标的物在债权人处也同样会灭失的情况下，可以免除债务人的责任。

（4）在债务人无过错或者能证明已经尽了契约要求的注意义务的情况下，可以免除债务人的责任。[235]

---

[232] Betti, *Imputabilità dell' inadempimento dell'obbligazione in diritto romano*, Roma, 1958, p. 180.

[233] 罗马法原始文献 D. 21，2，56，3，保罗语：“如果买方能够依据时效取得土地的所有权而未使时效继续，显然是买方有过失，那么，对由此产生的追夺卖方不承担责任。” *Corpus Iuris Civilis*, Weidmann 1993.

[234] 罗马法原始文献 Gai. 3，207，黄译《法学阶梯》，第276页。

[235] 罗马法原始文献 D. 18，6，12（11），阿尔芬语：“如果一栋已经售出的房屋被烧毁了，那么，不可能是没有任何过失而导致房屋被毁的。对于这一事件，我们应当依照怎样的原则来确定责任呢？法学家说：由于火灾不是由出售房屋的家父的过失而是由奴隶的疏忽引起的，而且从奴隶的疏忽中也不一定能推断出主人有过失。如果卖方［出售房屋的家父、奴隶的主人］在照管房屋时尽到了一个智慧勤谨之人的注意义务，那么，他将不对发生的火灾承担责任。” *Corpus Iuris Civilis*, Weidmann 1993.

总之，罗马法契约责任经历了古典法时期、后古典法时期的发展、完善，至优士丁尼时期才最终形成了一整套完备的、以过错为归责原则的、简明、严谨、可操作性强的责任体系。在这一责任体系中，过错责任是主导原则，风险责任是辅助原则，而随看管制度的建立产生的无过错责任则是这一体系中的特殊情况。

按照契约自由的原则，优士丁尼规定契约当事人除不得预先免除债务人对故意承担的责任以外，可以修改或免除债务人对过失承担的责任、改变法定风险的承担方、约定风险责任。

此外，为了适应社会经济发展的需要，也为了加强对不法企业主惩罚的力度，优士丁尼在涉及航海运输业、旅店业以及驿站业的企业主的责任中创立了"无过错责任"。优士丁尼在创立这一责任时，未为债务人规定与之相对应的注意等级，而是规定船长、旅店主和驿站主的责任直接产生于债务不履行行为，并且规定只有在由意外事变或不可抗力造成债务不履行的情况下才能免除债务人承担的责任，也就是说，船长、旅店主和驿站主不能以使用了契约要求的善意或注意等级为由提起免责抗辩。

尽管在优士丁尼契约责任体系中存在过错责任、推定过错责任、无过错责任和风险责任等责任形态，但是，在推定过错责任中，允许债务人提起免责抗辩，也就是说，在债务人无过错的情况下，或者更确切地说，在债务人使用了契约要求的善意（指仅对故意承担责任的债务人）或注意等级（指对各类过失承担责任的债务人）的情况下，免除债务人的责任。而在无过错责任中，尽管债务人不得以使用了契约要求的善意或注意等级为由提起免责抗辩，但是，仍旧允许债务人在意外事变或不可抗力造成债务不履行的情况下提起抗辩，换言之，也就是在债务人绝对无过错的情况下免除债务人的责任。可见，在优士丁尼契约责任体系中，除风险责任以外，其他责任形态就其本质而言，都属于过错责任。因此，我们似乎可以说，如果优士丁尼契约责任体系的特征能够用一句话概括，那么，这句话就是：过错归责，无过错免责。

第三节　准契约之债

一、概述

优士丁尼是这样解释准契约之债（obligatio quasi ex contractu）的："现在谈那些正确说来不是根据契约发生的，但又不是由于侵权行为产生的债务，这种债务被认为仿佛是根据契约发生的。"[236]

由于与契约一样，这类债务是依据适法行为发生的，只是欠缺契约中当事人的合意，因此，优士丁尼将这类既非根据契约，亦非根据侵权，然而"仿佛是根据契约"而发生的债称作准契约。这类债务的共同特点是产生于法律规定的事实。

准契约之债的分类方法应当归功于优士丁尼法典的编纂者们，是他们在盖尤斯提出的债的分类方法——三分法的基础上发展完善而来的，属于被盖尤斯称为依据"法律规定的其他原因"发生的那类债务关系，"如果某个人从实行了错误的给付的人那里接受了不应接受的东西。他也通过实物而负债。'如果查明他应当给付'，可以对他提起请求给付之诉，就像他接受了消费借贷一样。有些人由此认为：如果未经监护人准可向未成年人或者妇女错误地给付了不应给付的东西，则不得对其提起要求给付之诉，就像在消费借贷中不得提起此诉讼一样。但是，这种债看起来不是根据契约而成立的，因为怀着清偿的意愿实行给付的人，与其说希望缔结某一交易，不如说希望解除它"。[237]

盖尤斯以错债清偿为例向我们解释了什么是既非根据契约，亦非根据侵权而发生的债务。显然，错债清偿之债产生于物的交付，是"要物"之债，与消费借贷十分相似，不能将它归入契约之债的范畴仅仅是因为这一债务关系不是基于当事人缔结债务的意愿，而是基于错误给付产生的。正如盖尤斯所说，当事人交付物的动机不是设立债务，而是恰恰相反，为了解除债务。

就是这样，罗马人在依据适法行为产生的债务关系中分出了一类不具有契约特点的、主要是欠缺合意的债务——非合意之债。

二、种类

按照罗马法的规定，准契约之债大致包括无因管理、不当得利（错债清偿）、意外共有（非合意共有）、监护、保佐、海损等。

（一）无因管理

无因管理（negotiorum gestio）指在未接受委托的情况下管理他人事务。管理他人事务之人是管理人，管理的受益人是本人。

起初，只在个别情况下承认无因管理的效力，由裁判官赋予本人"无因管理之诉"（actio negotiorum gestorum）对抗管理人，而管理人则可以对本人提起"无因管理对待之诉"（actio negotiorum gestorum contraria）。"无因管理之诉"和"无因管理

[236] 罗马法原始文献 J. 3，27，1pr.，［古罗马］优士丁尼：《法学总论》，张企泰译，商务印书馆 1989 年版，第 184 页。

[237] 罗马法原始文献 Gai. 3，91，黄译《法学阶梯》，第 226 页。

对待之诉”属于善意诉讼。因此，在诉讼中，被告可以主张抵消，而不必另行起诉。总之，涉及无因管理的所有争议均可在一次诉讼中全部解决。共和国末年，法律承认了无因管理之债的法律效力，基于无因管理产生的债务关系受裁判官法的保护。[238]

无因管理除无合意——委托以外，在当事人的权利义务、法律后果等方面与委托有许多共同之处。无因管理也是双务之债。无因管理的突出特点是管理行为的自动性和主动性。

1. 无因管理的成立要件。

（1）对他人事务进行了有效的管理。这一行为可以是对他人某一项事务的管理，也可以是对多项事务，甚至是对他人全部事务的管理；可以是一般事务的管理，如照顾生病的奴隶，收割已经成熟的小麦；也可以是产生法律效力的事务的管理，如偿还债务，出庭应诉。

（2）被管理的事务具有可转让性。

（3）未经他人明确授权。

（4）为本人的利益进行管理。在罗马法中，指管理人进行管理的事务应当是本人本应完成的行为，而不要求管理必须使本人获得利益。另外，对本人有利，应当理解为至少在管理人着手进行管理时对本人有利，即罗马人所说的应当具有起始利益。

（5）管理人具有管理他人事务的愿望。主要指管理人应当为他人的利益而不是为自己的利益进行管理。优士丁尼时，这一要求有所变通，即允许管理人为自己的利益进行管理，但是本人必须从管理行为中获得利益。本人仅在获利范围内承担责任。

2. 管理人的义务。

（1）管理人应当完成已经着手进行的管理行为。“蒂提在世时，我已经开始对他的事务进行管理，在他去世后，我亦不应中断管理，但也没必要进行其他新事务的管理，而应当完成已经开始了的事务并维持现状，如同合伙人死亡时发生的情况一样。实际上，应当去完成那些已经开始了的事务而不必考虑需要多少时间。”[239]

（2）向本人说明管理的情况、报告管理账目。“当然，管理人应当讲明他管理事务的理由。作为管理人，在管理事务时，管理行为失当或侵占被管理人的财

---

[238] 罗马法原始文献 D. 3，5，2，盖尤斯语，丁译《契约之债与准契约之债》，第 303 页。

[239] 罗马法原始文献 D. 3，5，20（21），2，保罗语，前揭书，第 303 页。

产，均应当受到指控。”[240]

（3）向本人转移管理行为产生的利益。

（4）在管理中尽善良家父的勤谨注意，对管理行为承担轻过失责任。在紧急情况下进行管理的管理人只对故意和重过失承担责任；而对本人经常管理的事务进行管理的管理人，罗马法规定，管理人的责任扩大至意外事变。

3. 本人的义务。

（1）承认管理人的管理。

（2）本人以自己的名义承担管理人缔结的债务，从而解除管理人的债务负担。

（3）偿还管理费用；在因管理行为给管理人造成损失的情况下，承担赔偿损失的责任。[241]

按照罗马法的规定，在本人知道他人对自己的事务进行管理而未提出异议的情况下，无因管理转化为委托。然而，如果本人提出异议，在古典法中，法学家们对管理人是否因管理享有诉权或者在怎样的范围内享有诉权的问题存在争议；优士丁尼时，则完全否定了在本人提出异议情况下管理人的诉权，但是，本人对管理人管理行为的承认等同于委托。

在罗马法中，不是出于怜悯为他人办葬礼是特殊的无因管理。管理人享有丧葬之诉（actio funeraria）的保护，即使遭到反对，也可以请求偿还因葬礼支出的费用并对遗产享有优先受偿权。[242]

（二）不当得利

不当得利（arricchimento ingiustificato）又称错债清偿（indebiti solutio），指误以为负债而履行了并非自己的债务，通常是错误地认为某人是自己的债权人而向他交付了一件物品或一笔款项。在这种情况下，受清偿人为不当得利人，负有返还不当得利的义务，也就是说，接受了不当清偿之人承担返还原物及其添附和孳息的责任。[243]

由于在清偿时已经向“债权人”转移了标的的所有权，清偿人又不能提起返还原物之诉，因此，赋予清偿人“返还不当得利之诉”请求返还错误交付的物品。

按照罗马人的理解，不当得利不仅包括清偿了那些根本不应清偿的情

---

〔240〕罗马法原始文献 D. 3，5，2，盖尤斯语，前揭书，第 303 页。

〔241〕罗马法原始文献 D. 3，5，2，盖尤斯语，前揭书，第 303 页。

〔242〕罗马法原始文献 D. 11，7，1，乌尔比安语，前揭书，第 305 页。

〔243〕罗马法原始文献 D. 12，6，1pr. －1，乌尔比安语，前揭书，第 305 页。

况——清偿了根本不存在的债务，如条件尚未成就的附条件之债，法律上不存在或已经不再存在的债务（如自然债务和享有抗辩的债务）。“我们所说的不当得利，不仅指清偿了那些根本不曾承担的债务，而且也包括清偿了那些得被永久性抗辩驳回的债务。因此，除明知享有抗辩仍为清偿者外，在上述情况下均可请求返还。”[244] 还包括因任一原因错误地清偿了他人债务的情况，“不当得利不仅是指那些根本不应清偿的情况，也是指负了这个人的债而向另外一个人清偿债务的情况，或是一个人负了债而由另一个人像清偿自己的债务一样，清偿了该项债务的情况”。[245]

总之，按照罗马法的规定，由于非正当原因而处于他人控制下的物品都可以请求返还，“萨宾一向赞同早期法学家的下述观点：对于所有由于非正当原因而处于他人控制下的物品，都可以请求返还。这一观点也正是杰尔苏的观点”。[246]

然而，罗马法规定，如果不是由于误解而是明知自己享有抗辩或并不负债，那么，如同自然债务一样，一旦清偿，不得请求返还。这一清偿行为视为赠与，“如果由于误解，给付了一件物品，可以请求返还；然而，如果是出于自愿则是赠与”。[247]

另外，在罗马法中，当清偿超过应付的数额时，超出的部分也视为不当得利，可以请求返还。[248]

由于发生不当得利的原因不同，法律给予的救济也不尽相同：①因给付的请求返还之诉（condictio ob causam datorum），在优士丁尼法中，又称未获对待给付的请求返还之诉（condictio ob rem dati re non secuta）：为获得对待给付而交付物品之人在接受物品之人未履行义务的情况下，清偿人可以提起该诉讼请求返还已经给付的物品。②无债因的请求返还之诉（condictio sine causa）：当履行清偿义务后，发现根本不存在履行原因时，可以依据该诉讼请求返还不当给付的物品。③因秽行的请求返还之诉（condictio ob turpem causam）：为使他人实施不道德行为而履行的给付，在他人未实施指定行为的情况下，可以提起该诉讼请求返还已经支付的款项。④无正当原因的请求返还之诉（condictio ob iniustam causam）：在无正当原因获得清偿的情况下，清偿人可以向不当得利人提起该诉讼请求返还。

（三）其他准契约之债

在罗马法中，无因管理和不当得利是最常见的也是最重要的准契约之债。在

---

〔244〕 罗马法原始文献 D. 12，6，26，3，乌尔比安语，前揭书，第 305 页。

〔245〕 罗马法原始文献 D. 12，6，65，9，保罗语，前揭书，第 305 页。

〔246〕 罗马法原始文献 D. 12，5，6，乌尔比安语，前揭书，第 307 页。

〔247〕 罗马法原始文献 D. 50，17，53，保罗语，前揭书，第 305～307 页。

〔248〕 罗马法原始文献 D. 50，17，84pr.，保罗语，前揭书，第 307 页。

优士丁尼法中，其他准契约之债还有：

1. 遗赠之债。“严格说来，继承人不是根据契约而对受遗赠人负担债务的，因为受遗赠人从未同继承人或被继承人缔结任何契约；但是由于继承人也不是根据侵权行为负担债务的，所以被认为根据准契约而负有债务。”〔249〕 事实上，继承人是依据法律规定的事实承担债务的，也就是说，在接受继承的同时按照被继承人的愿望承担了向受遗赠人交付遗赠的义务，这就是遗赠之债。继承人接受继承的行为在继承人与受遗赠人之间产生债务关系：受遗赠人是债权人，继承人是债务人。

2. 监护和保佐。监护人“并不是根据契约而负担义务的，因为监护人和受监护人间根本未缔结任何契约。但是他显然也不是根据侵权行为负担债务，所以他被认为是根据准契约而负责。这里，双方相互享有诉权，不但受监护人对监护人享有监护诉权，另一方面，如监护人在管理受监护人财产时支出费用或负担债务，或以自己财产向受监护人的债权人提供担保，他对受监护人得提起监护反面诉讼”。〔250〕 按照罗马法的规定，在对被监护人财产的管理方面，监护人与被监护人之间产生的债务关系为准契约之债。被监护人享有“监护之诉”（actio tutelae）的保护。古典法时，监护人只能提起无因管理之诉请求偿还为管理被监护人的财产支出的费用。优士丁尼时，监护人享有监护对待之诉的保护。

在罗马法中，保佐与监护一样，适用同样的规则。精神病人、浪费人和未成年人的保佐人可以提起无因管理扩用之诉请求偿还因管理支出的费用。优士丁尼时，保佐人享有“保佐扩用之诉”（utilis curationis causa actio ）的保护。

3. 意外共有。在罗马法中，不是根据当事人的合意而是依据事实发生的共有即意外共有，又称非合意共有。如因继承、遗赠而成为某物品或某项权利的共有人。尽管共有人之间的关系十分类似于合伙人，但是，由于欠缺当事人的合意，共有人不是合伙人，不得提起合伙之诉调整相互关系。然而，共有人可以提起“共同财产分割之诉”（actio communi dividundo）。〔251〕

在因继承而成为共有人的情况下，共同继承人可以提起“分割遗产之诉”（actio familiae erciscundae）分享利益、分担费用和损失。

优士丁尼时，共有人还可以提起无因管理之诉。

---

〔249〕 罗马法原始文献 J. 3，27，5，［古罗马］优士丁尼：《法学总论》，张企泰译，商务印书馆 1989 年版，第 185 页。

〔250〕 罗马法原始文献 J. 3，27，2，前揭书，第 184 ~ 185 页。

〔251〕 罗马法原始文献 J. 3，27，3，前揭书，第 185 页：“又如两人或数人并无合伙关系而共有一物，例如共同接受物的赠与或遗赠，其中一人由于单独收取了或因他人为共有物支出了必要费用，他人可对其提起共有物分割之诉。严格说来，他的债务不是根据契约而来的，因为他们之间并无任何契约存在，但是由于他不是根据侵权行为负担债务的，所以被认为根据准契约而负有债务。”

◎ 第九章 私犯之债

第一节 私犯与私犯之债

一、私犯的意义

“私犯”（delictum）[1] 一词，在罗马法历史文献中，先后出现过三种不同的意义：

1. 在《十二表法》中，私犯（delicta）是指一系列的不法行为。其外延相对较广，有盗窃、侵辱、损害他人财产、高利贷等十余种行为。

可以看出，在《十二表法》中，私犯被定位为犯罪行为之一。与私犯相对应的是公犯（crimen）。区别私犯与公犯的标准是两者所侵犯的法益的不同：私犯所侵犯的是私人的利益；而公犯所侵犯的则是国家、社会的利益。

《十二表法》中所罗列的“私犯”，就其所侵犯的对象来看，并不完全是私人的利益。私犯的法律后果既包括私人的报复、归属受害人的罚金，也包括不名誉丧失作证资格。总而言之，这部法律中的“私犯”并不是一个真正的法律意义上的范畴，更像一个杂项的结合体。后世学者研究的重点，也是单个的私犯类型，而鲜有整体论述《十二表法》中的私犯的。

值得注意的是，《十二表法》关于不法行为的这一章的标题是“私犯”而非私犯之债，这也说明了当时的立法者并没有从“债的发生原因”的角度来看这些不法行为。

2. 盖尤斯在其《法学阶梯》中以两分法来论述“债的发生原因”时，认为私犯是产生“债”这一法律后果的不法行为，即私犯是债的发生原因之一。其外延的范围比《十二表法》要狭小的多，仅指四种类型化的不法行为。

盖尤斯把“私犯”定位于“债之发生原因”之一，他的观点对于整个罗马法债法体系的形成起了非常重要的作用。从整个法律体系来看，这一定位将私犯纳入了私法——债法的领域；从债法的内部体系来看，则是构建了契约之债与私犯之债这一两分法。

---

〔1〕 拉丁语“delictum”是单数形式，其复数形式为“delicta”。在现代意大利语中，对应的用词为“delitto”（单数）与“delitti”（复数）。

3. 优士丁尼《法学阶梯》大体继承了盖尤斯的归纳。但是，在优士丁尼的《法学阶梯》中，多出了一个与之相近的概念——准私犯（quasi - delictum）。确切地说，准私犯的概念并不是优士丁尼时期的创新，古典法时期的法学家早已在四种经典的私犯之外发展出一些新的产生“债的法律后果”的不法行为。优士丁尼对此前的所有准私犯做了选择与归纳，当然从整个罗马法来看，准私犯外延的范围实质上不止优士丁尼《法学阶梯》中所列举的四种。

近现代人在研究罗马法私犯之债时，很多时候并不如优士丁尼那样区分私犯之债与准私犯之债，而是笼统地讲“私犯之债”泛指“私犯”与“准私犯”引起的债。因此，最为广义的私犯，是指所有产生债的法律效果的不法行为。

私犯之债通常是指产生于四种典型私犯的债，这四种典型类型分别为：“侵辱”（iniuria）、“盗窃”（furtum）、“抢劫”（vi bona rapta）、和“非法损害”（damnum iniuria datum）。

二、私犯之债的体系与特征

（一）私犯之债的体系

1. 私犯之债的外部体系。私犯之债的外部体系是指私犯之债在罗马法上所从属的法律制度或法律概念以及与私犯之债相平行的法律制度或法律概念。

对私犯之债的外部体系最早做出界定的是盖尤斯。上文已经提到过，盖尤斯在其《法学阶梯》3.38 这个片段中将私犯界定为债发生的原因之一。盖尤斯对于私犯之债的外部体系，做了一个很明确的体系定位：私犯之债属于债法的一部分；私犯之债与契约之债相对应，共同组成债法。这就是罗马法上的债的两分法。但是，盖尤斯自己也很快认识到了“两分法”的不足，提出了更为确切的“三分法”，即私犯之债、契约之债以及产生于其他原因的债。“三分法”中的第三类是一个杂项，囊括了私犯之债与契约之债以外的所有类型的债。到了优士丁尼时期，罗马法上发展为“四分法”：“接下来的划分是分成四种：事实上，（债的产生）或根据契约、或根据准契约、或根据非行（maleficium）、或根据准非行（quasi - maleficium）的……”[2] 这里所谓的非行（maleficium），就是私犯（delictum），只不过用语不同而已。

从“两分法”到“四分法”，只不过是从最初的私犯发展成为私犯与准私犯并列，[3] 从私犯之债的体系定位来看，并没有发生本质的改变。

因此，可以用一句话来归纳私犯之债的外部体系：私犯之债属于债法的一部分，与其相对应的法律概念是契约之债。

---

〔2〕 罗马法原始文献 I. 3，13，2，徐译《法学阶梯》，第343页。

〔3〕 这属于私犯的内部体系问题，容后再述。

2. 私犯之债的内部体系。私犯之债的内部体系是指私犯之债的具体内容及其架构。根据优士丁尼的《法学阶梯》，私犯之债的内部体系是：私犯之债由狭义私犯之债与准私犯之债构成。

如前所述，私犯之债是指产生于四种典型私犯的债。这四种典型类型分别为："侵辱"（iniuria）、"盗窃"（furtum）、"抢劫"（vi bona rapta）和"非法损害"（damnum iniuria datum）。从法制史发展来看，这四种典型狭义私犯，是先后产生的。盗窃和侵辱这两种私犯类型早在《十二表法》中就有明确的规定，因此出现的时间最早；非法损害这一私犯类型则是由公元前3世纪的《阿奎利亚法》确立的；而抢劫这一私犯类型出现的时间相对最晚。

准私犯之债是指产生于上述四种狭义私犯类型之外的不法行为的债。准私犯的类型很多，至少包括以下几种：①审判员错误地审判案件或者作出错误的裁决（qui litem suam facerit）；②放置物或者悬挂物致害（positum et suspensum）；③落下物或者投掷物致害（effusum et deiectum）；④船东、旅馆业主和马厩商的责任（receptum nautarum cauponum stabulariarum）。以上为优士丁尼《法学阶梯》所确认的四种。近现代的罗马法学家普遍认为准私犯之债并不止上述四种类型，还包括贿赂奴隶（corruptio servi）、侵犯陵墓（sepulchrum violatum）等。从法律渊源的角度看，所有的准私犯之债，都是裁判官们通过赋予受害人一个新的类型的诉权而产生的。从时间上看，则是在上述四种狭义私犯之后才出现的。

从私犯之债的内部体系的划分来看，这种狭义私犯之债与准私犯之债的划分，历史上没有任何关于其划分标准的记载，后人也没有找到一个合理可信且有理论意义的划分标准。[4] 唯一比较可信的解释是：狭义私犯是最先发展起来的

---

〔4〕"对于私犯与准私犯的划分标准问题，已经争论了几个世纪，虽然后世法学家们经过努力，提出了很多标准，但还是没有找到完全令人满意的答案。第一种标准：私犯是有意的不法行为，而准私犯则仅仅是粗心大意的不法行为。对这种回答的明显反驳是这一事实：作为私犯形式之一的非法损害并不要求主观上的故意这一要件。第二种标准是：准私犯的本质是替代性责任，即在自己没有不当行为之时的责任。但是，把审判员误判致害看做是替代性责任显然是解释不通的。审判员因自己参与到一方当事人的请求之中而承担该方当事人的责任。第三种标准是：准私犯的本质是严格责任，即无过错责任。但审判员误判致错的情况又是对此回答的否认。因为有关文献把审判员的误判致错至少归咎于他的轻率或者缺乏技巧。在罗马法中，缺乏技巧一直被视为一种过失"。参见［英］巴里·尼古拉斯：《罗马法概论》，黄风译，法律出版社2000年版，第235页及以下。在意大利罗马法学界，最为常见的一种说法是：私犯的主观构成要件只能是故意，而准私犯则包括过错。但是这个观点有很大的硬伤：最初非法损害确实只能由故意构成，但是到了优士丁尼时代，过失行为早已被认为能够构成不法行为；此外，审判员错判致害，现在一般认为只能由故意构成。还有一种观点认为，四种私犯最初是由市民法规定的，而准私犯则是根据荣誉法来规范的。但是我们需要注意到的一点是，在优士丁尼《法学阶梯》中，只是在某些准私犯中裁判官才授予一项罚金诉或者混合诉性质的荣誉法上的诉权。也就是说，并不是所有的由荣誉法确认的不法行为都被纳入准私犯的范围之内。

四种引起债的法律效果的不法行为，在盖尤斯确定两分法之后，狭义私犯成为一个封闭的概念。因此，其后发展起来的类似的不法行为，归为准私犯。如果认可这种解释，也就意味着认可两者的划分是偶然性的、其划分并没有理论支持。

从私犯之债的内部体系我们可以看出，这是一个缺乏理论支持的体系。或者更确切地说，只是将一系列并没有多少共性的不法行为罗列在一起。从近现代法的角度来看，罗马法私犯之债并不存在一个一般原则，更没有一个一般条款来规范所有因私犯而产生的请求权（或者说救济权），而是对各种不法行为进行若干分类，然后相应地赋予受害人某种诉权。这样，私犯之债在形式上是由一组没有多少共同特征的诉权组成，每一个诉权都有自己的适用范围和适用规则。

（二）私犯之债的特征

现在我们考察的是整个罗马法上的私犯之债，其前后经历了近1000年的历史发展，因而研究对象本身就不可能是完全静态的。因此，本部分对于私犯之债特性的考察，也采用了一个动态的视角。

还必须提出的是，根据上文对于私犯之债内部体系的分析，得出的结论是，各个类型私犯或准私犯之间并非完全相同。这也决定了这里所谓的私犯之债的特性，只是从一般意义上进行的考察，如果深入到私犯之债不同类型的内部，肯定会发现其各自不同的特性。但是从一般意义上对私犯之债的特性进行考察，对于我们了解私犯之债十分重要。

1. 私犯之债的惩罚性。现代法上一般认为：惩罚性是刑法等公法的特性，作为私法的侵权行为法，不应该承认私人之间的惩罚性；恢复受害人被侵犯的利益为侵权法的主要功能。但是，在罗马法上，私犯之债带有明显的惩罚性。私犯之债的惩罚性，表现在以下几个方面：

（1）私犯之债的数额往往大于受害人的损害。在狭义私犯中，在因盗窃而产生的罚金之诉中，罗马法规定或4倍或2倍的罚金。在因抢劫而产生的罚金之诉中，罗马法规定了4倍的罚金。在因侵辱而发生的罚金之诉中，根据罗马法上“不得对自然人的身体进行估价”的原则，罚金完全与损害无关。在准私犯之中，对于倒泼或投掷责任（effusum et deiectum）规定授予2倍于损害额的诉权。可见，私犯之债的首要功能是惩罚不法行为人，而不是对受害人的损害进行救济。

（2）可以以民众诉讼（actio popularis）的形式提起罚金诉讼。受害人本人不提出诉讼时，其他人可以提起民众诉讼，并且最后能够获得被告在此诉讼中最终支付的罚金。[5] 在民众诉讼的情况下，罚金根本与受害人、损害无关，不具有

---

〔5〕 Antonio Guarino, *Ragguaglio di diritto privato romano*, Jovene Editore Napoli, 2002, p. 347.

现代法上的补偿性，而纯粹是一种惩罚性。

(3) 共同私犯之时债务人之间债务的独立性（cumulatività）。[6] 如乌尔比安所言："如果同时发生数个私犯行为，决不给其中的任何私犯行为以赦免。事实上，一个私犯行为，也不因其他私犯行为而被减少刑罚。"也就是说，在数人共同造成私犯之时，每一个不法行为人都是独立地向受害人承担支付罚金的义务。比如，3 个人合谋进行非现行盗窃（furtum nec manifestum），受害人可以分别对他们提出 2 倍罚金之诉，也就是说最后受害人获得的是 6 倍的赔偿额。这样的做法，是为了让每一个不法行为人承担完整的罚金之诉。[7]

(4) 私犯之债的惩罚性，还表现在私犯之债的人身附随性上。惩罚性是罗马法私犯之债的一个根本特征。我们可以确切地说，不能将受害人从诉讼中获得的那笔金钱看做是对损害的赔偿——即使客观上填补了受害人的财产损失，而应当将之看做是一种对不法行为人的惩罚。这种惩罚是私法性质的，因为罚金最后归于受害人。

为什么私犯之债具有惩罚性？对于这个问题，可以从两个不同的角度来解释。

(1) 法制史的解释。从私犯之债的产生历史来看，私犯之债最初主要是指罚金。在《十二表法》中我们可以看到，关于盗窃和侵辱，规定的都只是罚金。为什么称作罚金而不是赔偿呢？并不仅仅因为赔偿额高于损害这一表面现象。首先，从词源来看，拉丁语罚金[8]一词为"poena"，来源于希腊语（poiné），其基

---

〔6〕"cumulatività"这一术语，徐国栋教授翻译成"累积性"，笔者翻译成"独立性"，尽管对这个词的解释是唯一的。这个词是现代法的产物，在作者有限的阅读范围之内，并没有发现罗马法上直接用这个词，而是用一段话来阐述。如果从债权人的角度来看，在一定意义上确实是若干独立债权的累积；如果从债务人的角度来看，则是债务的独立性。现代法上，在共同侵权中，债务人之间是连带关系，从绝对的角度来看，债务人的债务并不是独立的，在一定程度上取决于其他债务人履行与否。现代法用了累积性这样的一个术语，恰恰反映了权利本位思想。而本文认为，私法之债主要是义务本位的法，因此选用了一个不同的翻译。

〔7〕从债权人的角度看，是一项累计性多数人债权，而不是连带性的。可见，私犯之诉是根据债务人来建构的，所谓的多倍罚金，都是针对债务人的，而债权人则完全获得超过法定额的赔偿额。如上述案例中，债权人最终获得了 6 倍的赔偿。这正是私犯之债"义务本位"的体现。

〔8〕这里本文要简单的介绍一下罚金制度的来源。家庭之间的私犯，最初是完全的自力救济，即受害人所在的家庭，在财产受损的情况下，用武力进行恢复原状，如果恢复原状不可能，就以武力进行复仇。在人身伤害的情况下，受害人所在的家庭就依靠武力进行复仇。这种复仇并不一定遵循同态复仇的规则。以上是第一阶段。后来发展到了第二阶段，在此阶段，由于城邦的初步干涉，要求交出不法行为人成为受害人所在家庭的权利，作为妥协，复仇必须遵循以同态复仇为限的规则。到了第三阶段，城邦要求家庭之间和解，以和解代替复仇，以罚金来替代复仇。但是，以上三个阶段并不是严格、精确划分的。参见 Giuseppe Grosso, *Lezioni di storia del diritto romano*, G. Giappicheui Editore, Torino, p. 136；以及 Mario Talamanca, *Istituzioni di diritto romano*, Milano, A. Giuffre, 1990, p. 634.

本含义是“赎回的价格”，而不是“赔偿的价格”。其次，从作用上看，不法行为人所在家庭交付这笔财物的目的主观上是为了避免交出可能被同态复仇的不法行为人，而不是为了填补对方遭受到的损害（尽管在客观上也有这样的作用）。最后，在《十二表法》中，我们可以看到罚金与其他身体刑相并列作为私犯的法律后果，这种并列也可以说明他们具有共同性质——惩罚性。后来由于罚金符合“债”的特征，而被认为是债的一种，但是其本质并没有改变。追溯历史起源，我们可以明白为什么私犯之债具有惩罚性。

（2）私犯之债的义务本位性决定了对私犯行为的惩罚只能由私犯之债来完成。“义务本位”是指从义务出发来构建法律关系。法律关系中，首先确定义务人和义务，然后从对应的角度来确定权利人和权利。在罗马法上，根据这种确定权利义务关系的规则，在犯罪行为发生之后，首先是确定行为人为义务人，然后相应地将受害人确定为权利人，两者据此构成一组法律关系。因为一个行为最多只能受一次惩罚，即只能对义务人课以一次义务，这也就决定了只有一个相应的权利主体。根据这样的规则，要么国家是权利人（即构成公犯），要么私人是权利人（即构成私犯），原则上不可能同时构成公犯或者私犯，否则对于行为人而言将承受两次义务。但是，由于行为的恶劣性，必须要求予以惩罚。在这些行为构成私犯的情况下，就由规范私犯的法律制度来进行惩罚。因此私犯之债也承担了惩罚的功能。

从义务本位也可以完美地解释私犯之债独立性的特点。因为根据义务本位，法律关系的建构从义务出发，因而法律关系的消灭也必须以义务人本人的履行为前提，因此，每一个人都必须自己履行义务。而在现代法上，由于是权利本位，法律关系的建构从权利出发，法律关系的消灭以权利实现为前提。根据现代侵权法，数人共同侵权，构成连带责任。某一义务人的履行，如果满足了权利人的所有权利要求，那么所有的义务都消灭。

从上文的分析中，我们可以看出，私犯之债具有惩罚性，一方面可能是因为与罚金制度的起源相关，另一方面也与当时的义务本位的法律观念相关。私犯与公犯的划分，也是义务本位的法律观的产物或者说体现。现代法上，侵权法与刑法的划分，则是权利本位法律观的产物。

2. 私犯之债的投偿性。损害投偿（noxae deditio）[9] 责任在现代立法中基本

---

〔9〕 损害投偿，在周枬先生以及郑玉波先生等人的著作中，称为“委付”。在黄风、徐国栋等学者的译著中，则翻译成损害投偿，本文从之。特此说明。

消失,[10] 在法学研究中也逐渐被遗忘。作为罗马法上私犯之债的一个特点，我们有必要对其进行考察和分析。

要了解损害投偿责任，首先要了解一下什么是损害投偿制度。所谓损害投偿制度，是指在他权人或者牲畜致人损害的情况下，家长或者所有人将有关的加害人、牲畜交给受害人处理以代替偿付罚金，而家长或所有人就此免除责任的制度。

损害投偿在私犯之债产生之后，在法律上表现为家长的投偿责任。根据罗马家庭制度，家长是家庭中唯一的自权人，任何家庭成员因私犯行为而产生的私犯之债，其债务人都是家长，而不一定是直接不法行为人。根据私犯之债最初的一般规则，家父应当支付罚金。但是，从《十二表法》开始，罗马法就赋予家长另外一种特权，即家长也可以通过把不法行为人交出来获得免责，罗马法上称为家长的投偿责任。损害投偿责任对于家长而言是一种可选择的责任：要么交出不法行为人，要么承担罚金。损害投偿责任与支付金钱的责任是相互替代性的，不能同时适用，两者都是私犯之债的消灭方式。

最早对损害投偿作出规定的是《十二表法》，并且《十二表法》对此的规定是非常全面的。《十二表法》的第八表第6条规定：“牲畜使他人受损害的，由其所有人负责赔偿，或把该牲畜交与被害人。”从而引入了一个名为“action de pauperie”的诉讼，根据该诉讼，家畜的主人，如果不愿意赔偿家畜对他人造成的财产损害，可以将肇事的家畜交给受害人而得到豁免。《十二表法》的第十二表第2条规定：“家属或奴隶因私犯而造成损害的，家长、家主应委付被害人处理或者赔偿所致的损失。”根据这一补充的条款，除了对动物的投偿，家长还可以对奴隶和家子进行投偿。

对于《十二表法》上的损害投偿责任的规定，有两点值得我们关注：①由于《十二表法》所处的时间比较早，私犯之债还没有脱离早期社会报复思想的影响。因此，在《十二表法》中，进行损害投偿的目的，可能并不仅仅是为了替代罚金，特别是在奴隶被投偿的情况下，也有进行肉体报复的可能。②《十二表法》对家长承担损害投偿责任的构成要件没有作任何细致的规定。因此，不管家长对于损害的造成是否事先知情，也不管家长能否阻止这种损害的发生，家长都能以投偿不法行为人而获得豁免。因此，对于家长来说，有很大的自由选择的余地。

在优士丁尼的《法学阶梯》中，第4卷第8题对损害投偿责任作了专门的规

---

〔10〕 从形式上看，根据1982该州修订的版本美国 Louisiana 州民法典中还保留着对动物的投偿。参见 *Louisiana Civil Code*, 1983 edition, West Publishing Co., 1982.

定。但是并不限于此，在私犯之债的其他规定中，也提及了损害投偿责任。相对于《十二表法》中简单而粗糙的规定，优士丁尼《法学阶梯》和《学说汇纂》中对此的规定则要详细多了，从中我们也能得到非常多的信息：

（1）优士丁尼明确废除了家长对家子的投偿。在 I.4，8，7 中说道："但古人确实承认如上所述也适用于家子和家女。然而，新一代人的观点已正当地认为，这样的粗野必须唾弃，而它就从所有的共同习惯中完全消失了。事实上，谁能忍受把自己的儿子，尤其是女儿作为加害人交给他人，以至于可以说在肉体上父亲要比儿子承受更大的危险，而在交出女儿的情况下，恰恰以此彻底地排除了贞操的利益呢？因此已决定，损害投偿诉权必须只用于奴隶，因为朕很经常地在古法的评注者中发现，人们说，家子本人可因自己的私犯行为被诉。"

（2）对于奴隶的投偿也做了很大的限制。比如在"堆置与悬挂物件的责任之诉"中，根据《学说汇纂》，"……如果奴隶们放置了物，而主人允许放置，主人不是按损害投偿诉权，而是以他自己的名义承担责任"。[11] 即如果主人知情，则应以自己的名义承担私犯之债的责任。

（3）《法学阶梯》也规定了对动物的损害投偿责任。但是，由于因动物而产生的私犯之债本身内容的发达，《法学阶梯》对此作了专门的规定，即第九题"四足动物被主张致人损害的情况"。在该部分中，与《十二表法》的简单规定相反，根据《法学阶梯》的规定，"……然而，这一诉权就反自然的冲动发生。当然，如果野性是与生俱来的，停止适用这一诉权"。这也即意味着如果在不是违反自然本性的情况下造成损害，主人不能对其进行投偿。因此适用该诉有了一定的限制。

为什么罗马法会赋予家长以损害投偿责任这种优待性的选择权呢？[12] 法制史上和现代罗马法学家主要有两种说法。有部分法学家从历史的角度来观察，认为这是原始社会直接报复制度的一种残留。他们认为，投偿责任赋予家长的选择权是家长的所有权和对方的报复权的一种妥协，[13] 只是这种妥协的平衡点更加靠近家长（因为有选择权的是家长而不是受害人一方）。另一种说法则依据于优士丁尼的《法学阶梯》中的规定："基于最高的理由，人们被允许以交出加害人解脱自己。事实上，其犯罪行为给主人造成的损害超过其身体的价值，将是不公正的。"[14] 该条的后半句，对前半句中"最高的理由"的含义作了解释：所有权

〔11〕 罗马法原始文献 D. 9，3，5，10。

〔12〕 这对于家长似乎是一种特权，而对于受害人可能会造成不公平。

〔13〕 持这种观点的有 Antonio Guarino。

〔14〕 罗马法原始文献Ⅰ. 4，8，2，徐译《法学阶梯》，第493页。

利益原则，即所有权带来的最大风险不能超过其利益。

3. 私犯之债的人身附随性。人身附随性是指私犯之债附随于私犯行为的直接当事人自身这一特性。人身附随性是私犯之债的一个重要特性。

私犯之债的人身附随性，根据当事人的不同，可以分为两个方面。从债权人方面看，私犯之债的债权附随于受害人，受害人死亡后，债权消灭，并不能为其继承人所继承。从债务人的角度看，私犯之债的债务附随于行为人，行为人死亡后，债务消灭，行为人的继承人不必为此负责。人身附随性针对的是行为人而不是债务人。在他权人（或奴隶）致人损害之时，从法律上看，债务人是家长（或奴隶主）而不是行为人。人身附随性则仅仅体现在行为人身上，家长（即债务人）的更替并不影响债务的存在。罗马法上有一句拉丁语叫做“noxa caput sequitur”，其含义为：行为人如果某种原因更替了家长或主人（比如家子脱离一个家庭而进入另外一个家庭，或者奴隶的买卖），行为人先前致人损害而产生的私犯之债，如果前一家长没有就该债务进行清偿，也转移给新的家长。

私犯之债的人身附随性，从奴隶的角度看，是附随于奴隶身上的一种负担，类似于现代物权法中物上的负担。这种负担，随着奴隶所有权的转移而转移。例如《学说汇纂》中讲到：“内拉蒂说，所有人都同意你可以出售一名他人的奴隶。但是，这名奴隶必须是没有偷盗或其他私犯行为的奴隶。否则，买方将因此享有买物之诉。这一诉讼可以使买方从卖方那里获得对追夺的担保以及转移对出售物的占有权。”[15]

私犯之债的人身附随性除了体现为奴隶身上的负担之外，还体现在债权、债务的不可继承性上。最初，无论是私犯之债的债权，还是私犯之债的债务，都被认为是不可继承的。但是，这种私犯之债的人身附随性的消极影响是显然的：一旦债务人因故死亡而来不及提出罚金之诉，那么将会造成不法行为人的意外解脱。这与最初惩罚不法行为人的立法本意相违背。于是，罗马法对此做了一定的修正，承认受害人的继承人也可以提起“罚金之诉”，而不是仅限于只能由受害人本人提出。再后来，法学家们又发现了一个问题：当不法行为人死亡之后，其继承人可能会获得被继承人因私犯而获得的利益，这显然是不公平的。于是，后来的法律在这方面做了一定的调整，赋予债务人一项新的诉权，使其可以对不法行为人的继承人诉讼，请求继承人返还因被继承人私犯行为而获得的利益。必须指出的是，对于继承人的诉权，并不是一项罚金之诉的诉权，而是一项不当得利诉权，以继承人获得的利益为限。例如在盗窃的情况下，这项诉权称作“要求返还被窃物之诉”（condictio ex causa furtiva）。因此，严格来说，罚金之诉还是具

〔15〕 罗马法原始文献 D. 19，1，11，8，丁译《契约之债与准契约之债》，第145页。

有强烈的人身附随性的。

最能表现出私犯之债的人身附随性的是因侵辱而产生的私犯之债。由于侵辱所损害的对象是人身，因而损害是非物质性的。这种非物质性决定了不法行为人的继承人不可能因此而获得物质利益，也即不会产生任何不公平的问题。因此，在因侵辱而产生的私犯之债，只能对行为人本身提出罚金之诉，保持了强烈的人身附随性。

严格来说，私犯之债的人身附随性主要体现在罚金之诉的人身附随性上。在罗马法后期，罚金诉的性质逐渐淡化，私犯之债的人身附随性也逐渐淡化，表现之一是诉权往往可以为继承人所继承。

第二节　私犯行为的类型

确切地说，四种被优士丁尼《法学阶梯》列为私犯的不法行为，很早就已经存在了。从古典法时期，法学家们就将盗窃、抢劫、侵辱与非法损害这四种不法行为列为不法行为之典型，将它们称为私犯。

一、盗窃

（一）概述

盗窃（furtum）是最为古老的私犯类型之一。罗马法关于盗窃的最早的法律规定，是公元前5世纪的《十二表法》。《十二表法》第八表关于盗窃的规定较为简单。在罗马法不同的历史时期，关于盗窃这一私犯的概念、外延等内容的具体规定也是有差别的。盖尤斯对何为盗窃没有作直接的规定，而优士丁尼《法学阶梯》则做了一个定义："盗窃是诈欺地接触物，不论是物本身还是其使用权或占有权，它是自然法禁止实施的行为"。

盗窃这一私犯的产生，其前提条件之一就是私人所有权被法律制度所承认。盗窃这一私犯类型的发展，可以解读为对私人所有权保护的不断完善的一种表现。

（二）盗窃的构成要件

盗窃行为的主观因素只能为故意（dolus），过失行为不能构成盗窃。罗马法学家们用两个拉丁短语来形容这一主观构成要件："animus furandi"或者"lucri faciendi"，前者是指行为人明知自己是无权获得该财产的，后者是指有从不法行为中"获利"的意图。

关于盗窃行为的对象，一般认为只能是动产。当然也有少部分法学家认为不动产也能成为盗窃的对象。到了古典法时代，法学家们认为处于他人权力之下的他权人自由人——如家子——也可以成为盗窃的对象。

（三）盗窃意义的演进

上文提到过，在不同的历史时期，罗马法对盗窃的认识是不同的。在早期罗马法中，盗窃被认为是一种将物偷偷地从他人支配下拿走的行为，因此这是一个相对狭义的概念。

盗窃这一概念在前古典法时代（età preclassica）有了很大的扩展。在前古典法时代，任何故意妨碍他人对其财产支配的行为都被认为是“furtum”。这一阶段的“furtum”所包括的内容，远远广于现代法上盗窃的概念，但恰恰与当时的法学家对所有权的理解——所有权即所有主对物的自由支配——相辅相成的。

这一过于宽泛的概念在罗马早期时代即古典法时代得到了“精简”。在古典法时代，原本由盗窃之诉所承担的功能，有一部分分别划入了“恶意之诉”与“阿奎利亚法之诉”调整的范围。在这样的背景下，在古典法时代形成了一个较为成熟的概念。如保罗所言，盗窃是以获利为目的支配物的行为，这种故意的行为或是窃取他人之物，或是窃用，或是窃占。[16] 这一概念一直延续到了优士丁尼时期，优士丁尼《法学阶梯》对于盗窃定义如下：“盗窃是欺诈地[17]支配物，无论是物本身还是物的使用权或者物的占有，它是为自然法所禁止的行为。”[18]

古典法时代的盗窃的外延，远比现代法要宽泛。除了为现代法所普遍承认的“窃取”这一类型之外，还包括以下各种行为：①将原本合法占有的某物据为己有的侵占行为；②窝藏盗贼或者盗赃物的行为；③恶意利用他人非债给付的行为；④偷偷使用他人之物的窃用行为（furtum usus）；⑤将为他人合法占有的自己之物偷偷取回的行为（furtum rei suae o possessoionis）。

（四）关于盗窃的诉讼主体资格

在现行盗窃之诉（actio furti manifesti）中，诉讼的被告只能是窃贼本人；而在非现行盗窃之诉（actio furti nec manifesti）中，诉讼的被告，除了窃贼本人之外，如果有共谋或者教唆者，也可以将共谋者与教唆者列为被告。

因盗窃这一不法行为而提起诉讼的人，一般就是被盗物的所有权人。在早期罗马法中，也只有所有权人才能够提起盗窃之诉。从前古典法时代开始，罗马法学家们逐步承认所有权人之外其他人提出盗窃之诉的资格。所有权人之外的人，必须满足以下两个条件才能成为盗窃之诉的原告：①对被盗之物具有利害关系；②向所有权人负有看管义务。只有满足了这两个条件，才能够成为原告。比如说承租人、占有出质物的债权人、漂洗匠与裁缝，但是保管人从来都没有被承认过

---

〔16〕 罗马法原始文献 D. 47，2，1，3。

〔17〕 这里“欺诈地”是直译，应当理解为明知未必是受害人的意愿。

〔18〕 罗马法原始文献 I. 4，1，1，徐译《法学阶梯》，第419页。

为人支付4倍于被抢劫之物价值的一笔罚金；1年之后，只能要求不法行为人支付相当于被抢劫之物价值的一笔罚金。在古典法时期，受“盗窃之诉”的影响，一般认为，抢劫之诉也可以与要求返还“被窃物之诉”（condictio ex causa furtiva）一并提出。而优士丁尼则做了改革，认为“四倍罚金之诉”是一项混合性质的诉讼（actio mixta），在抢劫之诉中，其中的3倍是罚金，而另外的那部分则相当于对被抢劫之物的赔偿。

三、侵辱

（一）概述

侵辱（iniuria）是为市民法最早承认的私犯之一。从侵辱（iniuria）一词的构成来看，是由否定前缀“in”与词根“iuria”结合而成，其最初的、或者最根本的含义是“违反法律规定”、“不合法”。但是在罗马法中，特别是在古典法时期及以后，iniuria作为一种独立的私犯，被认为是侵犯他人人格的一种不法行为。由于侵犯他人人格行为的类型是多元化的，其结果也是多样化的。因此，要从这些侵犯他人人格的不法行为中找出一个共同的因素非常困难。法学家们最后只能用“iniuria”一词来统一概括这些行为。Iniuria一词在其基本意义——“不合法”——之上，获得了一个特定的含义。

（二）《十二表法》关于侵辱的规定

一般认为，古典法时期关于侵辱的规定来源于《十二表法》。在《十二表法》之中，我们能够找到三条相关的规定，那就是第八表的第2、3、4款的规定：第2款规定，如果损害他人肢体使之丧失功能而不能和解的，受害人一方可以进行同态复仇（Si membrum rupit, ni cum eo pacit, talio esto）；第3款规定，打断他人骨头的，如果受害人是自由人的，处以300阿司（asse）的罚金；如果受害人是奴隶，则处以150阿司的罚金（Manu fustive si os fregit libero, CCC, si servo, CL poenam subit sestertiorum）；第4款规定，对侵犯其他人格的、程度相对较轻的不法行为，处以25阿司的罚金（si semplice iniuriam alteri faxsit, XXV poenae sunto）。

《十二表法》关于侵辱的规定，具有以下几个特点：

（1）保留了早期社会侵权法的一些特征，比如允许在损害他人肢体而没有达成和解的情况下进行同态复仇，因此具有相当的野蛮性。这说明了在当时侵权法还未完全进入财产责任的时代，早期的人身责任还有残留。

（2）规定较为笼统，三种不同的亚类型之间的分类明显缺乏逻辑性。第八表第2款规定的损害肢体与第3款规定的造成骨折这两种不同的不法行为之间存在着大量的重合的情形；第4款所谓的“不法行为”，具体包括哪些，没有定论。而且，第3款规定了伤害奴隶也可以适用同款规定，但是对于第2、4款的规定是否只限于对自由人的伤害，仍存在着争议。

(3) 严格来说，所谓的对他人人格的侵犯，主要是指人身伤害。套用现代法的术语来说，对精神性人格的侵犯尚未进入法律调整的领域；正因为如此，在第3款中，对奴隶——在罗马法上被认为是没有主体资格的自然人——的伤害也被纳入调整的范围。

(4) 适用固定罚金制度，也就是说罚金的多少与损害的程度之间缺乏关联性。

当然，考虑到《十二表法》制定于公元前5世纪，人类文明还处于较为初级的阶段，法学也不可能特别昌盛发达，这些特点也是当时时代文明与社会状况的反映。

(三) 古典法时期的侵辱

随着罗马社会的发展，一方面，同态复仇不再为社会文明所容忍；另一方面，原先的货币阿司（asse）遭受了严重的贬值。在这样的背景下，《十二表法》的规定显然已经不再适应时代的需要了。裁判官陆续颁布了一系列的告示，根据这些告示以及法学家的解释，形成了古典法时期的侵辱这一私犯类型。

在古典法时期，侵辱这一制度与其在早期的《十二表法》时代的情形相比，在以下两个方面有了较为重大的发展：

1. 侵辱的类型不再限于人身损害，而且也包括侵犯其他精神性人格的不法行为。在具有公法性质的《关于侵辱罪的科尔内利法》（lex cornelia de iniuriis）颁布之后，严重的侵犯人身的不法行为都由该法所调整。[24] 所以，从古典法开始直到优士丁尼时代，侵辱所调整的主要是侵犯人格的不法行为，当然也不排除侵犯人身的不法行为。由于奴隶不具有法律上的人格，对奴隶的人身伤害开始由《阿奎利亚法》调整。侵辱这一不法行为的受害人，只能是具有法律人格的自由人。

比如盖尤斯在其《法学阶梯》中说道："实施侵辱（iniuria），不仅发生在某人用拳头或棍子实行殴打或者进行鞭挞之时，也发生在某人受到辱骂、某人明知他人不欠自己任何东西却公开宣布该人是自己的债务人，某人书写谤文或者打油诗诽谤他人或者某人长期追逐一位家母或者少年等许多其他的情形之中。"[25]

2. 数额固定的罚金制度被摈弃了，取而代之的则是一种灵活的罚金制度。

---

〔24〕 这部法律颁布于公元前1世纪，主要规定了对严重人身损害、侵犯他人住宅的行为的法律制裁。对这部法律的性质存在着争议，许多法学家认为是一部公法，但不可否认的一点是，能够根据该法提起诉讼救济的，只能是受害人或者受害人家属。

〔25〕 罗马法原始文献 G. 3，220，黄译《法学阶梯》，第204页。

在具体的案件中，先由原告根据自己的受害情况进行“估计”，而承办案件的法官（recuperatores）则根据原告的请求以及案件的具体情节作出自由裁判，确定一个罚金的数额。这种灵活的罚金制度，能够适应个案的复杂性，显示出惩罚与不法行为严重程度之间的相关性。

关于侵辱之诉（actio iniuriarum）只能在侵辱这一不法行为实施后1年内提出。侵辱之诉属于典型的罚金之诉，只能由直接当事人提起，也就是说，只能由受侵辱人本人提出；在其死亡之后，不得由其继承人提出。被告一方只能针对行为人本人提出；行为人死亡之后，就不得再对其继承人提出该诉。这是因为侵辱是对人格的侵犯，不是对财产的侵犯。因此对它的救济，不具有财产性质，不得被继承。现代各个侵权法几乎都规定了精神损害赔偿请求权不得被继承，与罗马法关于侵辱之诉不得被继承具有相当的渊源关系。

（四）侵辱的构成要件

1. 主观条件。在主观条件方面，强调行为人必须有侵犯他人人格的故意。同为伤害他人奴隶的行为，如果不法行为人的意图是损害他人财产（即奴隶），那么只能适用《阿奎利亚法》作为对奴隶主人的财产损失的救济；相反，如果伤害奴隶的意图在于侮辱该奴隶的主人，那么该不法行为构成侵辱，[26] 适用侵辱之诉。

2. 客观条件。在客观条件方面，强调行为人有侵辱他人的行为，至于侵辱的手段因为其多种多样而在所不问，即不仅限于暴力行为，也包括尾随名誉良好的家母、诽谤等。

从保护的客体来看，侵辱之诉保护的范围较为广泛。特别是经过多年的发展，在优士丁尼编撰的《学说汇纂》第47卷中，我们可以看到，不但名誉等现代法上的精神性人格权得到了保护，而且对于恶意有损死者名誉的行为，对于侮辱尸体的行为，都可以适用侵辱之诉来进行保护。

现代部分法学家认为，任何不直接侵犯对方当事人的财产的不法行为，都可以适用侵辱之诉进行救济。从功能上看，它与阿奎利亚法之诉是相辅相成的：阿奎利亚法之诉保护的是财产利益，而侵辱之诉保护的则是所有非财产性的利益。[27]

四、非法损害

（一）意义与历史渊源

非法损害（dannum iniuria datum），也被称作阿奎利亚法损害（damnum legis

---

[26] 在罗马法中，虐待他人奴隶被认为是一种典型的侮辱奴隶的主人的行为，因此该行为构成侵辱。

[27] 我国学者周枏将侵辱“iniuria”翻译成“对人私犯”，将下文的非法损害（damnum iniuria datum）翻译成“对物私犯”。

Aquiliae)，因为关于非法损害的规定，主要来自于《阿奎利亚法》。由于历史资料保存不够完整的原因，《阿奎利亚法》具体的制定时间已经不可考了，通说认为是公元前286年（至少不早于公元前286年）由保民官阿奎利亚提出的，该法也因此而得名。

非法损害是指那些不法地侵犯他人财产的一项私犯。其实早在《十二表法》中就有关于侵犯他人财产的规定，比如第八表中规定了不法砍伐他人树木将导致25阿司的罚金，还规定了动物损害之诉（actio de pauperie）、放牧损害之诉（actio de pastu pecoris），但这些只是对个案的规定，没有对侵犯他人财产权作出一般性的规定，因此作为独立的私犯制度，通说认为非法损害（damnum iniuria datum）来源于《阿奎利亚法》而非源于《十二表法》。无论如何，《十二表法》是最早对侵犯他人财产的行为进行法律规范调整的法律，这一点是不容否认的。《阿奎利亚法》则是系统地调整侵权他人财产的不法行为的法律。

（二）《阿奎利亚法》的主要内容

完整的《阿奎利亚法》文本至今尚未被考证出来，但是通过收集零散地分布于原始文献中的记载，后人大体还原了该部法律。

根据通说，《阿奎利亚法》的规定分为三章，其中第二章涉及的内容是债权的保护，并且在该法颁布后不久就逐渐不适用了，对此本书不做论述。关于非法损害（damnum iniuria datum）的规定主要由《阿奎利亚法》第一章与第三章加以调整，其内容分别如下：

第一章规定，如果某人非法杀死一名他人的奴隶或者属于牲畜的他人四足动物，他将被判罚按照该物在当年的最高价值向所有主赔偿。[28]

第三章涉及的是一切其他的损害。[29] 如果造成他人奴隶或者畜群中的一头四足牲畜受伤害，或者杀害了第一章规定之外的其他动物，或者损坏了他人的其他财产，那么应当赔偿标的物在此前30天内的最高价值。

因此，相对于第一章而言，第三章的规定适用的范围更为广泛。后来的法学家们也正是在此基础之上发展了损害赔偿的一般规则。

《阿奎利亚法》引入了损害（damnum）的概念。但是对损害这一概念的理解，法学家们的观点并不一致。一种观点是主观说，即认为在《阿奎利亚法》中，损害是指主人所遭受的财产损失；另外一种观点是客观说，即认为根据该法，损害是指对物的物理性的毁损本身。这两种观点都能在罗马法原始文献中找

---

〔28〕 罗马法原始文献G. 3，210，黄译《法学阶梯》，第201页。

〔29〕 罗马法原始文献G. 3，217，前揭书，第203页；罗马法原始文献I. 4，3，13，徐译《法学阶梯》，第441页。

到对应的论据，通说认为，客观说出现的时间相对较早。赔偿（risarcire）这个动词的本意，是指将破碎的物品重新黏合在一起。部分法学家据此认为，最初的损害赔偿，所关注的损害，不是主人的财产损失，而是具体物的毁损。

从内容上看，《阿奎利亚法》最重要的一项进步是引入了过错这一概念。从 damnum iniuria datum 一词的构成来看，damnum 是指“损害”，iniuria 一词原指“不法”，法学家们正是从这个词上发展出过错的概念，datum 是过去分词，是指“造成的”。如果回到早期的《十二表法》，虽然其中也有损害他人财产的规定，但是在《十二表法》中我们并没有找到任何关于行为人故意或者过错的规定。因此，《阿奎利亚法》的意义，不在于它保护财产的功能之上，而在于它引入了过错的概念，使得通过“过错”这一机制，将事实上的不利后果与应当得到赔偿的损害区别开来。

（三）非法损害的构成要件

根据《阿奎利亚法》的规定，只有符合以下构成要件才能适用阿奎利亚法之诉进行救济：

1. 存在损害。通过法学家对法律规定的解释，确立了第一个构成要件：对他人之物造成了有形损害，比如杀死或伤害了一个动物，或对房子、船只、衣服等造成破坏或损坏。

随后这一要件被扩充解释并最终涵盖下列损害：即由于物的破坏或价值贬损而带来的可期待利益及财产性权利的损失，以及因不法行为而需要额外支付的相关费用。例如，由于奴隶的死亡而无法获得该奴隶原本可以继承他人的财产；[30] 或一份遗嘱[31] 的损坏而造成的权利的丧失；杀死四驾马车中的一匹马，从而带来的其他马匹的价值贬损；[32] 为医治受伤奴隶需要支出的费用。

经过进一步的发展，即使不是由于物的破坏或损坏，而是由于自由人的人身损害或死亡而造成的可期待利益及财产性权利的损失，以及支付的相关费用，也被认为是损害的一种（比如，因为造成自由人残疾而使得其家父或者其本人的收入的减少；[33] 或者因自由人受伤而支付的治疗费用）。

损害指财产的“减少”或“价值贬损”，[34] 即现实财产状况与如果不发生损害事实所将拥有的财产之间的差额。法学家保罗曾经总结道：“在阿奎利亚法

---

〔30〕 罗马法原始文献 D. 9，2，51，2，尤里安语，米译《债·私犯之债·阿奎利亚法》，第45页。

〔31〕 具体指遗嘱，罗马法原始文献 D. 9，2，41，乌尔比安语，前揭书，第40页。

〔32〕 罗马法原始文献 D. 9，2，22，1，保罗语，前揭书，第18页。

〔33〕 罗马法原始文献 D. 9，2，7pr.，乌尔比安语，前揭书，第8页。

〔34〕 罗马法原始文献 D. 39，2，3。

之中，我们说的损害，是指那些我们失去的，或者我们被迫支付的那部分价值。”[35]

2. 当事人主观上存在故意或者过失。不法行为的可谴责性或者是因为故意，或者是因为无经验、疏忽、轻率、违反行为规则。所谓的可谴责性要视具体的情形而定，亦即要权衡不同类别的活动的危险与否，是否需要特殊的技能等。例如，医师或牲畜管理者的无经验；甚至由于后者的力量不足，因为他应预见到自己无力驾驭它，或者由于疏忽驮着货物在打滑的路面上行走，货物掉落损害到了他人等。[36]

3. 行为与损害结果之间具有直接的因果关系。对行为与损害结果之间具有直接的因果关系（damnum corpore corpori datum）的认识，有一个过程：“损害事实”最初是指由一个特定的行为所引起的后果，该行为限于行为人与被损害之物的直接接触行为。但是后来将所有造成损害结果的作为或不作为都包括了进来。这一扩张解释引发了对因果关系的理论讨论。

罗马法上对因果关系的讨论，已经达到一个相当成熟的水平。除了讨论单一行为与单一结果之间的因果关系之外，罗马法学家们也讨论其他较为复杂的情况：①在具体情形下考察行为与导致的后果之间的因果关系，比如，轻微地打击一个虚弱的人导致严重的后果，行为人须为此承担责任，因为打击的后果因具体情形之不同而迥异。[37] ②简单多因一果，如果所有的原因均属可谴责的行为，即使任何单独一个原因都不会导致该损害结果的发生，所有的行为人都必须承担连带责任。比如，某人被一群人殴打致死，但不能证明是由于哪一个击打行为而导致死亡的。[38] ③在多个原因相继发生的情况下，后面的原因实际上阻碍了对前面原因引起的损害的证实。例如，在遭受致命性伤害之后，由于不可抗力或又受到其他伤害从而加速了死亡；[39] 或者一名伤员遇到了医术不精的医生；或由于治疗中的失误而导致了死亡。[40]

4. 不存在法律上的抗辩事由。不存在法律上的抗辩事由旨在强调该行为不具有正当理由，即是说法律上不存在任何类似下述正当理由的情况下实施这一行

---

〔35〕 罗马法原始文献 D. 9，2，33pr.，保罗语，米译《债·私犯之债·阿奎利亚法》，第36页。

〔36〕 罗马法原始文献 D. 9，2，7，8，乌尔比安语，前揭书，第10页；罗马法原始文献 D. 9，2，8pr.，保罗语，前揭书，第10页。我们注意到，这里并没有规定举证责任倒置。

〔37〕 罗马法原始文献 D. 9，2，7，5，乌尔比安语，前揭书，第9页。

〔38〕 罗马法原始文献 D. 9，2，51，1，尤里安语，前揭书，第45页。

〔39〕 罗马法原始文献 D. 9，2，15，1，乌尔比安语，前揭书，第12页；罗马法原始文献 D. 9，2，51pr.，尤里安语，前揭书，第45页。

〔40〕 罗马法原始文献 D. 9，2，52pr.，尤里安语，前揭书，第47页。

为，如正当防卫（如针对一个持械行凶之人进行自卫），[41] 自助行为（如驱赶在自己田地中吃草的动物），[42] 紧急避险（如为防止火势的蔓延推倒一所建筑物[43]），行使自己的权利（如在自己的土地上从事危险行为而不采取任何预防措施[44]）。但是，若在实施上述行为时存在行使权利过当（如杀死一个已经被捕获或逃跑的盗贼；在将动物从自己田地赶跑的过程中故意伤害之；在靠近行人经过道路的自己的土地上，从事危险活动），[45] 或实施过程中存在错误（行为不同于意愿的错误，即行为的对象不是其所想针对的对象，如正当防卫的过程中伤害了第三人），[46] 则均不能排除其可谴责性。

可以看出，这部法律所规定的损害赔偿的构成要件是相当严谨的。

（四）《阿奎利亚法》之后的发展

制定于公元前3世纪的《阿奎利亚法》，不可避免地带着早期法严格、僵化的特征。随着罗马社会的发展，随着法学的进步，随着新的保护需求的出现，严格适用最初的《阿奎利亚法》已经不切实际了。法学家的解释活动与裁判官的介入，使得对财产损害赔偿救济的范围大大地扩大了。其具体表现为：

1. 根据最初的规定，适用非常严格的因果关系规则，而根据这一规则，很多损害就无法得到救济。比如将他人的牲畜关在某个地方，让其饿死。"关"这个动作与牲畜的死亡之间没有直接的因果关系；或者唆使他人的奴隶爬到枯树已经腐烂的树枝上，不知情的奴隶因此掉下来摔死。在这些案件中，《阿奎利亚法》所严格要求的直接因果关系无法满足。但是裁判官通过赋予受害人扩用之诉（actiones utiles）或者事实之诉（actio in factum）的诉权方式，对他们的财产损失进行救济。

2.《阿奎利亚法》最初只是保护所有权——严格来说只是市民法上的所有权——的一种法律手段，也就是说除了市民法所有权人之外，其他人不得要求通过适用该法来保护自己的财产利益。后来以尤里安（Giuliano）与杰尔苏（Celso）为代表的法学家们通过采用扩用之诉（actiones utiles），首先赋予荣誉法上的所有权人，其次赋予用益权人、使用借贷人、善意占有人、承租人等其他利害

---

〔41〕 罗马法原始文献D. 9，2，4，盖尤斯语，前揭书，第5页；罗马法原始文献D. 2，5pr.，前揭书，第6页。

〔42〕 罗马法原始文献D. 9，2，39，彭波尼语，前揭书，第39页。

〔43〕 罗马法原始文献D. 9，2，49，1，乌尔比安语，前揭书，第44页。

〔44〕 罗马法原始文献D. 9，2，31，保罗语，前揭书，第35页。

〔45〕 罗马法原始文献D. 9，2，5pr.，乌尔比安语，前揭书，第6页；罗马法原始文献D. 9，2，39，彭波尼语，前揭书，第39页；罗马法原始文献D. 9，2，31，保罗语，前揭书，第35页。

〔46〕 罗马法原始文献D. 9，2，45，4，保罗语，前揭书，第42页。

关系人以诉权来保护他们受损害的财产利益。

3. 根据自由人不得估价的原则，对自由人的伤害，如果不属于侵辱（iniuria）这一私犯，就无法得到私法上的救济。侵辱是故意侮辱他人人格的行为，因此范围很狭窄。在过失伤害自由人的情形下，在古典法时代之前，受害人无法得到救济。在古典法时代，如果家子因他人的不法行为受伤，家父可以通过阿奎利亚法之诉（actio legis Aquiliae）就财产损失向加害人要求赔偿，[47] 可以请求赔偿支出的医疗费与因伤而无法劳动带来的损失，但是不包括现代法上的精神损害的赔偿。这一点，是由阿奎利亚法之诉是对财产损害的救济这一性质决定的。

4. 在主观要件方面，在共和时代早期，只能是故意，并不包括过失。到了共和时代晚期，在法学家们的解释下，过失行为也进入阿奎利亚法调整的范围之中。在 iniuria 概念中，过失（culpa）也被包括进去了。根据穆齐（Q. Mucio）的说法，如果原本谨慎一些就可以预见但实际上并没有预见的，那么当事人就有过错（culpam esse quod，cum a diligente provideri poterit，non esset provisum）。到了古典法时代，乌尔比安认为，在《阿奎利亚法》中，即使是最轻微的过错也予以考虑（in lege Aquilia et lievissima culpa venit）。

5. 最初根据法律规定，在计算损害赔偿的额度时，参照的是被损毁物的客观价值，即市场价值；但是从尤里安开始，参照的标准不再是物的价值，而是不法行为给受害人带来的实际利益损失。这个新的标准更符合损害赔偿的精神：例如在伤害了马戏团用于表演的动物的情况下，应当赔偿的是马戏团主人因无法组织表演所遭受的损失，而不是受伤动物本身的价值。

6. 阿奎利亚法之诉原本为罚金之诉，后来损害赔偿之诉的性质则越来越明显。到了优士丁尼时代则明确将之定位为混合之诉，即诉讼要求支付的金钱，既有罚金的性质，也有损害赔偿的性质。

从公元前 3 世纪进行制定起，经过几百年的发展，从后古典法时代开始，阿奎利亚法损害（damnum legis Aquiliae）成为了契约外损害的代名词，几乎所有非契约性质的财产损害，都能通过适用该法而得到救济。

（五）阿奎利亚法之诉

阿奎利亚法之诉（actio legis Aquiliae）最初属于罚金之诉。该诉的惩罚性表现如下：①不是按照损坏的实际价值，而是按照被损坏之物在前一段时间内的最高价值进行估价，因此受害人从该诉中得到的价值往往超过实际损坏；②如果存在多个加害人，每个加害人都独立地承担完全的责任，因此有几个加害人，受害

〔47〕 根据罗马法原始文献 D. 9，2，5，3 与 D. 9，2，7pr.，家父可以向不法行为人请求赔偿支出的医疗费与因伤而无法劳动所带来的损失。

人获得的就是几倍的罚金；③该诉只能针对加害人本人而不得针对加害人的继承人提出，如果加害人死亡，那么对其继承人只能在其获得的利益的范围之内提出不当得利返还之诉；④如果加害人在诉讼中否认指控，那么一旦查实就要承担双倍的责任。[48]

最初，作为罚金之诉，阿奎利亚法之诉可以与原物返还之诉一并适用；到了古典法时代，受害人只能在阿奎利亚法之诉与原物返还之诉之间选择一项来适用；到了后古典法时代，阿奎利亚法之诉的罚金之诉性质更加弱化；优士丁尼将该诉定位为“混合之诉”，既肯定其传统的罚金之诉性质，又肯定其损害赔偿之诉的性质。因此，在整个罗马法时代，阿奎利亚法之诉一直经历着一个“去刑事化”的过程。

第三节　准私犯

一、准私犯的意义

准私犯是指通过裁判官赋予诉权、产生于市民法规定的四种私犯行为类型之外的不法行为。准私犯行为主要包括审判员错误地审判案件或者作出错误的裁决（qui litem suam facerit）、放置物或者悬挂物致害（positum et suspensum）、落下物或者投掷物致害（effusum et deiectum）、船东、旅馆业主和马厩商的责任（receptum nautarum cauponum stabulariarum）等。准私犯行为都是裁判官们通过赋予受害人一个新的类型的诉权而产生。

实际上，广义的私犯包括狭义私犯与准私犯，准私犯也是债产生的原因。而且，私犯与准私犯的划分，可能是一个偶然的历史事件，并没有理论意义。无论是私犯，还是准私犯，都属于为法律秩序所不容许的不法行为，都是私犯之债发生的原因。

二、准私犯的类型

罗马法中，较为常见的准私犯包括以下几种：

（一）放置物或者悬挂物致害

放置物或者悬挂物致害（positum et suspensum）强调，某物被放置在或者悬挂在面对公共道路的建筑物外，将该物放在此位置的人，即使尚未造成实际的损害，只要对公共道路造成危险，均可受到“放置物或悬挂物致害之诉”的追究，并且将被课以一笔固定数额的罚金。

---

〔48〕关于这一点是否属于惩罚性的表现，学者们意见并不一致。现在很多法学家都认为，这是程序法上的惩罚，本质上并不属于受害人应得的实体利益。

（二）落下物或者投掷物致害

落下物或者投掷物致害（effusum et deiectum）强调，如果从建筑物落下或投出任何物品在公共场所或者公共道路上并且造成损害，住户无论是否具有过错，均可受到“落下物或投掷物致害之诉”的追究。

以上两个诉权都具有当时的时代特色。其目的主要是为了保证公共场所与公共道路的安全。这些不法行为主要发生在多层的、以出租为目的的房屋中。在罗马社会，独户居住的房子一般没有面向外面的阳台等结构。

关于这两种不法行为的责任，应区别三种不同的情况：如果造成他人财产的损害，则要求双倍赔偿损失；如果造成一名自由人死亡，将处以50金币的罚金，该诉是民众诉讼，任何人都有权提起诉讼；如果造成自由人伤害，审判员有权根据案情决定应当支付的赔偿额。

（三）审判员错判致害

审判员错判致害（iudex qui Litem suam fecerit）强调，如果审判员作出一项错误的判决，他应当向受害方进行赔偿。通说认为只有在审判员故意错判的情况下才能追究其责任，也就是说在过失的情况下，此项不法行为不成立。赔偿的金额，由法官根据正直与公平（in bonum et aequum）来裁定。

（四）船东、旅馆业主和马厩商的责任

船东、旅馆或者客栈的主人对由他们属员进行的盗窃或者损坏旅客物品的行为负双倍赔偿的责任（receptum nautarum cauponum stabulariarum）。从不法行为的类型来看，主要是盗窃或者非法损害，但是并不适用盗窃之诉或者阿奎利亚法之诉，其原因是该诉并不是直接针对行为人本身提出的，而是向行为人所服务的经营者提出的。对这种责任的性质，存在着争议。中世纪的罗马法学家们认为，对经营者来说，这也是过错责任，属于经营者的选人过错（culpa in eligendo），因为他们没有选择诚实、正直的人作为他们的下属员工。当今更为通行的观点认为，这纯粹是一种为他人行为——无论这种行为是故意还是过失——负责的客观责任。

（五）侵犯陵墓之诉

如果某人恶意破坏他人的陵墓，那么陵墓的主人就可以提起侵犯陵墓之诉（actio de sepulchro violato），法官根据案情自由裁量一定数额的罚金；如果陵墓的主人由于客观原因无法提出该诉，或者主观上不想提起诉讼，那么该诉可以成为民众诉讼（actio popularis）。在民众诉讼中，不法行为人将被课以一笔固定数额的罚金，这笔罚金归提起诉讼者所有。

（六）腐蚀奴隶之诉

如果某人故意教坏别人的奴隶，使得该奴隶在精神上或者伦理上堕落，使得该奴隶容易逃跑、酗酒或者欲图实施不法行为，那么奴隶主可以向这个教唆者提起腐蚀奴隶之诉（actio servi corruptio）。该行为严格来说是对他人财产的侵犯，但是不能适用阿奎利亚法之诉，因为不法行为人并没有物理性地接触奴隶，且奴隶的身体也没有发生物理性的毁损。为了保护奴隶主的利益，产生了这一诉权，以弥补阿奎利亚法之诉的局限性，该诉属于“两倍罚金之诉”。

◎ 第十章 继 承

第一节 继承制度概述

一、继承的意义与特征

(一) 继承的意义

对继承(hereditas)的认识在罗马社会已经产生。在罗马社会早期,人们已经注意到,如果一个人因为成为他人的继承人、收养了他人或娶一位女士为妻等,均会产生前者接替了后者全部权利与义务的后果。[1] 如果这一后果在活着的人之间发生,如自权人收养、作为自权人的妇女归顺夫权,罗马人将其称为"在活者之间的继承"(inter vivos),以强调一个活着的人接替了另一个活着的人的全部权利和义务甚至是法律地位;如果这一后果是因自然人的死亡而发生,罗马人将其称为"死因继承"(mortis causa)。

"在活者之间的继承"实质上是一种身份继承,继受人通过收养自权人等行为而在法律上取得了被继受者的法律地位与人格,这是由在当时占主导地位的罗马家庭的性质和宗亲社会的存在需要所决定。至共和国末期,罗马家庭的作用日渐衰弱,宗亲社会逐渐被简单商品经济社会所替代,"在活者之间的继承"逐渐消失。相反,死因继承在罗马市民法中逐渐形成了一个较为完整的法律制度。基于自然人死亡这一前提性原因,根据自然人的遗愿或者法律的直接规定而将死者的遗产在相关的人之间给予分配的法律制度,即为死因继承制度。

我们现在所分析的遗产继承制度就是死因遗产继承制度。对罗马法中的遗产继承制度,可以从如下方面加以理解:①遗产继承制度是罗马市民法中主要制度之一。因此,在相当长的时间内,继承法律关系的主体是具有罗马市民身份的自然人。在公元212年以后,因罗马人身份已经被普遍化而不再作为特权的象征,所以,是否具有罗马市民身份已不重要。团体是否能够作为继承人,存有争议。②遗产继承制度设计的目的是将死者的财产在活着的相关自然人之间进行分配。

---

[1] 罗马法原始文献 Gai. 2, 98,黄译《法学阶梯》,第112页。

(二) 继承制度的特征

罗马法中的继承制度与近现代法上的继承制度相比较，具有自己的明显特征：

1. 从概括继承（successio in universum ius）演进到财产继承。概括继承是罗马继承制度中基本概念之一，它意指对死者的权利义务甚至法律地位的全部继受。在罗马社会早期，继承并非以财产继承为核心，而是以死者的身份或法律地位作为继受核心，以财产继受作为辅助而形成的对死者人格的继受。因此，继承是对死者身份、地位、权力、财产权利与义务的概括继承。在概括继承中，首要的是身份的继承，其次才是财产的继承。究其历史和制度原因，我们可以发现，最初的继承制度是为宗亲集团或家族最高权力的转移而非是为财产转移服务的。设立继承人的目的是将该继承人作为宗亲集团或家族最高权力的继承人，而他作为财产继承人，仅仅是附带发生的一个结果。这样，宗亲集团或家族的统一不会因为该集团或家族首脑的死亡而发生解体。[2] 因此，即使是遗嘱继承，从遗嘱人转移给继承人的是“各种权利和义务的集合体”[3]。著名学者梅因据此认为，概括继承是继承权利和义务的整体。[4] 这个整体由“属于一个特定人的一切权利和一切义务所组成”。[5] 因此，可以说，继承人是概括继承了死者的法律地位，因为概括继承最内在和最重要的特点是：被继承人原来的关系依然继续存在，因而那些本不能以其他方式转移的权利也得到继承，而且对于一切被取得的权利来说，被继承人的取得名义依然在继承人身上保持不变。[6]

但是在共和国末期，伴随着社会经济的发展，这种情况发生了巨大的变化。罗马人基于长期的对外战争，掠夺了大量的土地，同时有大量的战俘作为奴隶，原有的家长奴隶制经济的基础逐渐瓦解，宗法社会让位于商业社会，加之人们宗族观念日益淡泊，被继承人人格和身份继承制度逐渐丧失了存在的客观基础，财产继承逐渐将其替代。以身份继承为主要内容的概括继承变为以财产为唯一内容的遗产继承。虽然在此时期继承死者人格以绵延家祀的观念依然存在，但是，作为继承制度的客体不再是死者的人格和法律地位，而是其财产性遗产。[7]

2. 遗产中包括债务。遗产中包括债务，被罗马法原始文献记载的古罗马法

---

〔2〕［意］P. 彭梵得：《罗马法教科书》，黄风译，中国政法大学出版社 1992 年版，第 420 ~421 页。

〔3〕前揭书，第 108 页。

〔4〕［英］梅因：《古代法》，沈景一译，商务印书馆 1984 年版，第 101 页。

〔5〕前揭书，第 101 页。

〔6〕［意］P. 彭梵得：《罗马法教科书》，黄风译，中国政法大学出版社 1992 年版，第 420 页。

〔7〕周枏：《罗马法原论》，商务印书馆 1994 年版，第 434 ~435 页。

学家们的阐述所证实，如盖尤斯一方面强调继承人继承的遗产是概括性的权利[8]，但是，另一方面又指出遗产继承不仅指可以给继承人带来利益的遗产，而且包括“有害的遗产继承”，即遗产是一大笔债务[9]，他强调：除继承人是未满25岁的人以外，其他任何人在决定接受继承后均无权随意放弃遗产继承，即使遗产是一大笔债务。再如下面原始文献所记载的内容亦体现了这点：“对遗产而言，如果它是有支付能力的遗产[10]，则要向法定继承人支付之，只要没有替补继承人即可。如果它是无支付能力的遗产[11]，奴隶作为被指定的必然继承人，同时拥有自由和遗产。”[12] 由此可见，将“in universum ius”理解为包括权利与债务也是有一定实证基础的。

所以，我们需要根据“概括继承”在罗马法原始文献中的具体内容来考察它所欲表达的思想。

二、遗产继承制度的体系

遗产继承制度是罗马社会最早的法律制度之一，在公元前450年的《十二表法》第五表中，就有关于遗产继承的规定。[13] 死因继承制度也是罗马法中最重要的法律制度之一，不同时期的法律文献中均有相当多的篇幅规定了遗产继承的内容，除了《十二表法》对遗产继承的内容在第五表中专门给予规定外，在盖

---

〔8〕 罗马法原始文献D. 50，16，24，盖尤斯语，费译《婚姻·家庭和遗产继承》，第235页。

〔9〕 罗马法原始文献Gai. 2，163，黄译《法学阶梯》，第138页。

〔10〕 拉丁文“hereditas solvendo esse”，又称为“增益遗产”、“积极遗产”。

〔11〕 拉丁文“hereditas non solvendo esse”，又称为“损益遗产”、“消极遗产”。

〔12〕 罗马法原始文献C. 6，27，6，优士丁尼皇帝致大区长官乔万尼，费译《婚姻·家庭和遗产继承》，第307页。

〔13〕《十二表法》第五表的原文如下：

第五表 继承和监护

一、除威士塔（Vesta）修女外，妇女受终身的监护。

二、在族亲监护下的妇女，其所有要式移转物（Res mancipi）不适用时效的规定；但妇女转让其物时，曾取得监护人同意的，不在此限。

三、凡以遗嘱处分自己的财产，或对其家属指定监护人的，具有法律上的效力。

四、死者未立遗嘱，又无当然继承人（heredes sui），其遗产由最近的族亲（agnatio）继承。

五、如无族亲时，由宗亲（gens）继承。

六、遗嘱未指定监护人时，由族亲为法定监护人。

七、精神病人（qusiosus）无保佐人时，对其身体和财产由族亲保护之，无族亲时，由宗亲保护之。浪费人（Prodigus）不得管理其财产，应由其族亲为他的保佐人。

八、解放自由人（Libertus）未立遗嘱而死亡时，如无当然继承人，其遗产归恩主所有。

九、被继承人的债权和债务，由各继承人按其应继分的大小比例分配之。

十、遗产的分割，按遗产分析诉处理。

十一、以遗嘱解放奴隶而以支付一定金额给继承人为条件的，则在付给该金额后，该奴隶即取得自由；如该奴隶已被出卖，则在付给买受人以该金额后亦即取得自由。

尤斯的代表作《法学阶梯》中，有关遗产继承的内容占了全书的1/3，在优士丁尼《法学阶梯》中，有关遗产继承的内容亦占全书的1/3。此外，遗产继承制度也是罗马法中最具影响的法律制度之一，后世著名学者梅因正是在对罗马法的遗产继承制度进行了详细分析之后提出了极为有名的结论：社会的发展是一个"从身份到契约"的过程。

遗产继承制度的体系由遗嘱继承和无遗嘱继承两大部分构成。在遗嘱继承中，以遗嘱为主线，分别涉及立遗嘱人、遗嘱继承人及其替补人、遗嘱证人、遗产范围、遗赠和遗产信托。在无遗嘱继承中，以遗产为主线，分别涉及遗产范围、法定继承人、无遗嘱之遗产占有、财产合算、继承的接受与放弃、财产分割、因"不配"而丧失遗产、继承人的时效取得、要求继承之诉和遗产分割之诉等。

就罗马法遗产继承制度体系的渊源而言，主要包括：《十二表法》、盖尤斯的《法学阶梯》、优士丁尼的《民法大全》以及有关遗产继承的法律、皇帝谕令、裁判官告示等。

三、继承人的指[14]

（一）意义

继承人的指定（delatio，institutio）是指直接依法律规则或者依死者意愿确定继承人。在罗马社会早期，人们注意到，人的死亡导致死者对自己身份和财产控制权的消失，由此有必要设立将死者身份和财产转移给继承人的制度。罗马法中继承人指定的制度就是在这样的背景下产生的。

（二）原因与法律效果

在罗马法关于指定继承人的规则中，一个人之所以能够成为他人的继承人，存在着两个原因：法律规定和遗嘱[15]。

1. 法律规定。这是产生指定继承人的原因之一，它是在没有遗嘱或遗嘱无效的情况下，根据法律规定而产生的指定继承人的效果。在这里，法律不仅包括《十二表法》，还包括裁判官法、元老院决议和皇帝的谕令。依法律规定而被指定的继承人被称为"必然继承人"（heres necessarius）。我们现代法将这样的继承人称为"法定继承人"。

因法律规定产生的继承人指定，在其法律效果上，初始时具有当然性，后来变化为可能性。制度之初，被指定的继承人不得拒绝指定，是当然的、肯定的产

---

〔14〕参见［古罗马］优士丁尼：《法学阶梯》，徐国栋译，中国政法大学出版社2005年版，第195～203页；［古罗马］优士丁尼：《法学总论》，张企泰译，商务印书馆1989年版，第86～90页。

〔15〕Pasquale Voci, *Diritto Ereditario Romano*, *Giuffre*, 1967, p. 490.

生指定继承人的效果，继承人没有依自己的意愿选择是否接受的可能性。这一现象渊源于当时的人们将继承看做是被继承人人格延续的观念。后来，裁判官法作出矫正，允许继承人拒绝继承。由此，依法律规定产生的指定继承人在法律效果上就从当然性变为可能性。

2. 被继承人通过遗嘱表达出的意愿。被继承人的意愿是产生继承人的基础，依被继承人有效遗嘱所表达的意愿而被指定的继承人，称为“自愿继承人”（heres voluntarius，也称为“任意继承人”）。我们现代法将这样的继承人称为“遗嘱继承人”。

因遗嘱产生的继承人指定，其法律效果实质上是一种可能性，即该指定因继承人的接受或同意而产生预期效果的可能，同时也存在着因继承人拒绝或放弃而无法产生预期效果的可能。

上述有关指定继承人的原因是通行的说法，但是，在罗马学者的学说中，对指定继承人的原因有不同认识。例如，按照盖尤斯的观点，除了上述两个原因外，自然人被指定为继承人还有一个原因，即某人与被继承人的关系。如家子和处于父权之下的妇女，他们与被继承人在家庭中的关系极为密切，由于他们是直接在家父权下并在父亲死亡后成为自权人的家属，因此不可抗辩地，当然地要继承父亲的遗产。这些人被称为“当然继承人”（heres suus），当然继承人在其本质上依然属于根据法律直接规定产生的继承人指定。

此外，在罗马社会晚期，又产生了一种不同于前面所述的原因，罗马人将其称之为“对抗遗嘱的指定继承人”（delatio contra tabulas），主要发生在某些人与遗嘱人有特殊亲属关系的情况下。例如，遗嘱人在立遗嘱指定继承人时，遗漏了自己的子女或遗腹子时，就发生对抗遗嘱的指定继承人。从对抗遗嘱的指定继承人效果上看，它实质上也是一种依法律规定产生的指定。

（三）遗嘱指定继承人

在罗马社会经验中，指定继承人多采取通过遗嘱指定继承人的方式，法律的规则也多涉及遗嘱指定继承人的问题。在优士丁尼《法学阶梯》第2卷中，用了三编的内容专门阐述遗嘱指定继承人的问题。根据罗马法原始文献的内容，在遗嘱指定继承人方面有如下内容需要关注：

1. 优士丁尼时代遗嘱指定继承人的原则。

(1) 凡自然人均可被指定为继承人。优士丁尼《法学阶梯》十分明确地强调“允许指定自由人和自己的或他人的奴隶为继承人”。[16] 这意味着，在继承人的

---

〔16〕 罗马法原始文献 J. 2，14pr.，［古罗马］优士丁尼：《法学总论》，张企泰译，商务印书馆 1989 年版，第 86 页。

指定上，凡是自然人均可以被指定为继承人。法律尊重遗嘱人的选择并且不考虑遗嘱人选择继承人的动机，因为这是遗嘱人自己的事情。

（2）自由与继承同步。由于自然人中有奴隶的存在，必然要考虑奴隶是否能够通过被指定为继承人的途径而成为自由人的问题。关于这个问题，有一个变化过程[17]：在最初指定奴隶为继承人时，按照多数人的意见，必须先使奴隶成为自由人，而后才能够指定他为继承人。因此，奴隶成为继承人的正当性来源于这样的程序：第一步，以书面形式将奴隶解放使之成为自由人；第二步，将该自由人指定为继承人。

但是，到优士丁尼时代，根据优士丁尼及其同一时代法学家们的看法，优士丁尼专门发布谕令[18]，允许在未附加给予自由权的情况下也可以指定奴隶为继承人。因为按照优士丁尼的观点，指定奴隶为继承人本身就意味着已经使奴隶被解放了，所以在遗嘱生效之时，被指定的奴隶就成为自由人和必然继承人。优士丁尼强调："采用这一规则，不是出于革新，而是因为它更公平。"同时，指定奴隶为继承人的方式也不再限于书面形式，口头形式的指定同样产生效力。

（3）指定的意思表示必须明确。指定继承人是遗嘱中不可或缺的内容之一，对继承人指定的意思表示必须要明确。对此，乌尔比安在《论萨宾》第五编中有一个清晰的阐述："每当遗嘱人想要写上一个继承人的名字，但是由于他认错了人（例如我的兄弟、我的保护人）而写成了另一个继承人时，则被认为他写的这个人不是继承人，因为缺乏指定的意愿；他想指定的那个人也不是继承人，因为遗嘱人没有写出他的名字。"根据这个片段的内容，我们可以获知：如果遗嘱人已经指定的人并不是他要指定的人，则由于这个意思表示并不是遗嘱人的意愿而不会有效力；但是遗嘱人要指定的人，又由于遗嘱人自己的错误而没有被指定出来，则欲指定某人为继承人的内心想法因为没有表示出来，也当然不会有指定的效力。所以，指定继承人的意思表示必须要明确。

（4）指定的意思表示不要求程式化。罗马早期指定继承人需要有一定的程式。但是至优士丁尼时代，指定继承人的程式已经不再重要。书面形式或口头形式均可以产生指定继承人的效力，即"指定继承人无论是以口头形式或是以书面形式均可为之"[19]。当然，如果是用口头形式指定继承人，为了确保遗嘱人意思表示的真实性，需要有证人加以证明。如同乌尔比安所说明的那样，如果以口

---

〔17〕 罗马法原始文献 J. 2，14pr.，前揭书，第 86 页。

〔18〕 参见罗马法原始文献 C. 6，27，5。

〔19〕 罗马法原始文献 D. 28，5，1，1，乌尔比安语，费译《婚姻·家庭和遗产继承》，第 273 页；罗马法原始文献 D. 28，1，21pr.，乌尔比安语，前揭书，第 273 页。

头形式指定继承人应当明确地（palam）为之。如何理解“明确地”？显然不是要他当众表达，而是要求他大声地说以使其他人能够听清楚。要哪些人听见？不是所有的人，只要有足够的法定人数的证人们听见即可。

事实上，优士丁尼时代的制度设定在其之前已经开始，例如君士坦丁皇帝在其公元339年2月1日的谕令中就已经强调这样一个观念：“因为过分拘泥于对形式规则的遵守而导致死者的遗嘱和最终遗愿变成无效是不公道的。我们规定：当以直接命令式语句或者间接形式指定继承人时，要消除这些不切实际的、于指定继承人没有必要遵循的特殊言词。”[20]在他看来，遗嘱人在遗嘱指定继承人时，用“我指定继承人”（heredem facio）、“我指定”（istituo）、“我想”（volo）、“我委托”（mando）、“我渴望”（cupio）、“他是”（esto）或者“他将是”（erit）等用词都不重要。因为当遗嘱人决定继承人时，无论以何种语言或者以何种表达方式进行表述，只要通过这种语言或者这种方式可以明确表达出遗嘱人的意愿，就可以产生效力。至于语言的格式以及运用的是强有力的、或是软弱无力的甚至是不连贯的语言，这些都不是必要条件。[21]

2. 替补指定。替补指定（substitutio）继承人是遗嘱人指定候补继承人，以便在第一指定继承人未进行遗产继承的情况下由该候补继承人进行继承的制度。例如，“鲁奇乌斯·提莰乌斯是继承人；如果他没有成为我的继承人，则塞伊乌斯是我的继承人；如果他没有成为我的继承人或者他是我的继承人但在适婚期之前死亡，则盖尤斯·塞伊乌斯是我的继承人。”这是罗马人为防止继承目的落空而设计的一种制度。罗马人的法律对继承人是否接受继承，在历史演进中采取了由强制接受逐渐走向自愿接受的制度整合，随之产生了一个不容回避的问题，即如果被指定的继承人拒绝接受遗嘱人的指定，则遗嘱人的遗嘱目的就会落空，虽然遗产依然可以通过无遗嘱继承方式获得分配，但是，这已经与死者遗愿的实现没有任何关系了，其后果是使遗嘱人产生不安全感。因此，罗马人在制度中就产生了一种填补性制度，这就是替补指定继承人的制度。遗嘱人通过分别指定第一继承人、第二继承人等不同顺位的继承人，确保自己立遗嘱的目的获得实现。即使指定的第一顺位继承人拒绝接受继承，由于已有指定的后面顺位继承人，指定继承人的目的依然可以实现。奥古斯都时代曾经有一个规定，如果遗嘱因继承人拒绝继承或无继承能力而导致无效时，死者的遗产归国库所有。该规定从客观上促使指定替补继承人成为了一种普遍流行的行为。

替补指定继承人主要有一般替补指定、未适婚人替补指定等类型。

---

〔20〕 罗马法原始文献 C. 6，23，15pr.，前揭书，第275页。

〔21〕 罗马法原始文献 C. 6，23，15，1，前揭书，第277页。

（1）一般替补指定。一般替补指定（substitutio vulgaris）是指遗嘱人在指定继承人之外，又指定了候补继承人，以便被继承人因各种原因没有进行继承的情况下，由候补继承人进行替代。一般替补指定在继承人替补指定中是最常见的情形。

一般替补指定的特点是：

首先，替补继承人顺序的复数性。即允许遗嘱人指定多个顺序的继承人，例如，“提乌斯是继承人；如果提乌斯不能成为继承人，则马艾里乌斯是继承人；如果马艾里乌斯不能成为继承人，则塞姆布罗尼乌斯是继承人……”通过这种方式，遗嘱人可以按照自己的意愿指定若干个不同顺位的替补继承人。甚至为了确保指定继承人的目的实现，法律不禁止遗嘱人在最后一个顺位上指定一个奴隶为必然继承人。[22]

其次，替补人与被替补人的可互性。即被指定的继承人之间可以相互进行替补。此外，也允许指定几个人来替补一个继承人，或者指定一个人来替补几个继承人。[23]

再次，遗产份额的承继性。即在没有对替补继承人的继承份额作出其他安排的情况下，如果被指定的继承人是相互替补的，而且他们各自继承份额不均等，则他们在替补继承中将获得被替补者的份额。这个规则在皮乌斯皇帝时代开始确立。[24]

最后，第三人取得遗产的双份性。根据塞维鲁斯皇帝和安东尼鲁斯皇帝作出的批复，当两个以上的人被指定为共同继承人，其中一个人又被指定为另一个共同继承人的替补者，而某个第三人被指定为替补者的替补继承人时，如果两个共同继承人均未进行继承，第三人可以获得两个份额。[25] 例如，甲和乙被指定为共同继承人，其中乙又被指定为甲的替补继承人，而第三人丙被指定为乙的替补继承人，那么，当甲和乙由于各种原因如死亡、拒绝或丧失继承资格而未进行继承时，第三人丙可以获得甲和乙两个人的份额。这是因为在该情形下，罗马法就替补继承产生了一个默示替补原则，对此，张企泰先生持有明确见解：“如甲先死，丙替补后死之乙，其理甚明。如乙先死，丙得根据默示替补原则补甲，而取

---

〔22〕 罗马法原始文献 J. 2，15pr.，［古罗马］优士丁尼：《法学总论》，张企泰译，商务印书馆 1989 年版，第 90 页。

〔23〕 罗马法原始文献 J. 2，15，1，前揭书，第 90 页。

〔24〕 罗马法原始文献 J. 2，15，2，前揭书，第 90 页；罗马法原始文献 C. 6，26，1，费译《婚姻·家庭和遗产继承》，第 319 页。

〔25〕 罗马法原始文献 J. 2，15，3，［古罗马］优士丁尼：《法学总论》，张企泰译，商务印书馆 1989 年版，第 91 页。

得甲的部分。”[26]

（2）未适婚人的替补指定。未适婚人替补指定（substitutio pupillaris）是指遗嘱人将自己未适婚的子女指定为继承人，而后在遗嘱中为这些未适婚人指定替补继承人。

未适婚人替补指定的出现是针对两方面的顾虑而产生的解决方案：

第一方面的顾虑：如果未适婚人在达到适婚年龄之前过世，即使在过世之前已立遗嘱，该遗嘱也会由于其是未适婚人和他权人而无效，因此，被继承人的遗产会落入法定继承人处，甚至会成为国库财产的一部分。

第二方面的顾虑：如果家父死亡，未适婚的子女成为自权人，且他们处于不能为自己立遗嘱的年龄，通常他人不能直接替代未适婚人立遗嘱。

为了避免违背法律规则，也为了避免有悖遗嘱人意愿的现象发生，遗嘱人可以按照一般替补指定的规定，在被指定为继承人的未适婚人死亡的情况下，为未适婚人指定替补继承人。实际上，这种替补指定具有通过为未适婚人指定替补继承人而实现为未适婚人代立遗嘱的客观效果。

未适婚人替补指定，与一般指定替补继承人有所不同，具体表现在未适婚人替补指定的条件上：

首先，在生前对自己未适婚的子女享有家父权的人，方可以为未适婚人指定替补继承人。在罗马共和国时期，市民法即十分强调家父权的重要性，在罗马帝国时代，法律依然强调为自己未适婚子女指定替补继承人的基础是家父权。

其次，被指定为继承人的未适婚人必须在死亡时依然未达到适婚年龄。为未适婚人指定替补继承人的前提是被指定为继承人的人是未适婚人，他们自己无能力立遗嘱。由于这些未适婚人已经被指定为继承人，为了防止对他们的指定因这些无法立遗嘱的未适婚人的死亡而变为法定继承，更重要的是为了尊重遗嘱人的意愿，所以设计了为未适婚人指定替补继承人的制度。因此，如果被指定为继承人的未适婚人，在他死亡时已经成为有立遗嘱能力的适婚人，则不再适用有关未适婚人替补继承人的规定。

在优士丁尼时代，针对被指定的继承人虽然达到适婚年龄但却在心神状况上有瑕疵的情况，出现了一种准未适婚人的规定。优士丁尼发布了一个谕令并将其编入了《优士丁尼法典》中[27]，该谕令规定：如果某人有不论性别如何、亲等如何的子女、孙子女或曾孙子女心智不健全，根据有关未适婚人替补指定的先例，允许为这些已达适婚年龄的人指定替补继承人。然而，如果他们的心神状况

---

〔26〕 前揭书，第91页。

〔27〕 罗马法原始文献C. 6，26，9pr.，费译《婚姻·家庭和遗产继承》，第329页。

上的瑕疵状态消失，则上述替补继承人指定失效。由于这是根据未适婚人替补继承人的先例，对精神病人等心神状况有瑕疵的人所专门作出的规定，因此，被称之为“准未适婚人替补继承人”（substitutio quasi pupillaris）。

最后，立遗嘱人自己的遗嘱必须有效。遗嘱人就未适婚人的替补继承人立遗嘱的，可以单独立遗嘱，也可以在一个遗嘱中特别为未适婚人进行替补继承人的指定。如果是在一个遗嘱中进行，则法律有明确的规则：遗嘱人应当在遗嘱的前面部分公开地指定一般替补继承人，针对作为未适婚人的儿子成为了继承人却在未达适婚年龄之前死亡而需要指定替补继承人的情况，遗嘱人应当将这部分内容写在遗嘱的较后部分。对这一部分内容，遗嘱人应当用专门的绳子和专门的蜡将其封好，而且在遗嘱的前面部分载明：在儿子生存期间和处在未适婚期间，遗嘱的后面部分不得开启。〔28〕事实上，在一个包含为未适婚人指定替补继承人内容的遗嘱中，实际上包括两个不同内容的遗嘱：第一个是为遗嘱人自己指定继承人的遗嘱；第二个是为未适婚人如儿子指定继承人的遗嘱，“仿佛儿子本人为自己指定了继承人”。因此，第一个遗嘱必须有效，第二个遗嘱方可有效。否则，第一个遗嘱内容无效也将导致为未适婚人指定替补继承人的遗嘱内容随之无效。因此，优士丁尼《法学阶梯》中提出了一个见解，认为这是“为两份遗产立遗嘱〔29〕”。但是，如果“一个人除非也为自己订立了遗嘱，决不可为其子女订立遗嘱”。〔30〕

四、遗产

（一）意义与特征

罗马人以拉丁文“ereditas”、或者“asse”、“as”来表达“遗产”，尽管表达的用词不同，不过它们的内容是一致的。即遗产是指已故者的一切财产和权利，其中包括消极财产即债务。盖尤斯、阿富里坎和彭波尼对遗产继承的解释中对此已有阐述〔31〕：“遗产继承（hereditas）不是别的，而是对已故者的权利之概括承受（successio in universum ius）”，〔32〕“如同‘遗产继承’一样，遗产占有（bonorum appellatio）是指对全部财产和权利而不是对单一财产（singulae res）的承受”，〔33〕“无疑，‘遗产’（hereditas）一词中还包括‘消极遗产’（damnosa

---

〔28〕 罗马法原始文献 J. 2，16，3，［古罗马］优士丁尼：《法学总论》，张企泰译，商务印书馆 1989 年版，第 93 页。

〔29〕 罗马法原始文献 J. 2，16，2 和 J. 2，16，5，前揭书，第 92～93 页。

〔30〕 罗马法原始文献 J. 2，16，5，前揭书，第 93 页。

〔31〕 参见费译《婚姻·家庭和遗产继承》，第 235 页。

〔32〕 罗马法原始文献 D. 50，16，24，盖尤斯语，费译《婚姻·家庭和遗产继承》，第 235 页。

〔33〕 罗马法原始文献 D. 50，16，208，阿富里坎语，前揭书，第 235 页。

hereditas）在内”。[34]

当然，如前所述，罗马法中的遗产范围在不同时期有着特定的解释。在罗马社会早期罗马人的遗产继承受到概括继承观念的影响，遗产的内容不仅包括财产，而且包括身份或法律地位，并以此为核心。在共和国末期以后身份或法律地位的继承才退出遗产范围。

罗马法中的遗产具有如下法律特征：①遗产具有概括性，即包括利益内容的财产和权利，也包括没有利益却是负担的债务。因此遗产是利益与负担共存。②遗产是有形财产与无形财产的结合。例如，有体物是有形的，而财产权利和身份是无形的。盖尤斯在他的《法学阶梯》中分析到：“有体物是那些可以触摸的物品，例如：土地、人、衣服、金子、银子以及其他无数物品”，“无体物是那些不能触摸的物品，它们体现为某种权利，比如用益权、以任何形式缔结的债权等”。遗产中是否包含有形物，从土地上获得的孳息是否有形，根据某项债而应向我们支付的物品是否通常是有形的（如土地、人或者钱款），这些都无关紧要；实际上，用益权和债权本身都是无形的。对城市土地和乡村土地的权利同样属于无形物。[35]

（二）遗产的范围

1. 有体物。在罗马法中，有体物（res corporales）作为遗产是极为常见的情况。

盖尤斯在其《法学阶梯》中认为：“有体物是可以触摸的物，例如土地、奴隶、衣服、金子、银子以及其他无数的物品。”[36] 在有体物中，包括动产与不动产。

（1）动产。罗马法中的“动产”（res mobiles）是指能够依靠自己的力量或者利用外力进行移动的物，前者如奴隶、四足动物和由人驯化的动物；后者如衣服、用具等。[37] 这一认识被《法国民法典》继受并得到发展，法国人将“动产”的概念扩大，“可以移转场所的物体，不问如动物以自力移动，或如无生物依他力变换位置，均依其性质为动产”。[38]《瑞士民法典》则将其表述为：“性质可移动的有体物以及法律上可支配的不属于土地的自然力，是动产所有权的标的物。”[39] 此外，我们在《德国民法典》、《日本民法典》、《意大利民法典》和

---

〔34〕 罗马法原始文献 D. 50，16，119，彭波尼语，前揭书，第235~237页。

〔35〕 罗马法原始文献 Gai. 2，14，黄译《法学阶梯》，第82页。

〔36〕 罗马法原始文献 Gai. 2，12，黄译《法学阶梯》，第82页。

〔37〕 周枏：《罗马法原论》，商务印书馆1994年版，第283页。

〔38〕 李浩培译：《法国民法典》第528条。

〔39〕《瑞士民法典》第713条。

许多大陆法系国家的民法典中以及英美法系国家的私法中均可以看到有关动产与不动产的划分[40]，鉴于此，尽管古代罗马人有关动产的认识迄今已逾两千年，但是其理性观念依然存于现代法中。自然，社会的发展亦使人类社会对动产的认识进一步加深，故而动产的范围在不断扩大，尤其是证券、股票、信托基金以及诸如提单等表明权利的抽象物，被法学家们当作了动产的组成部分。[41] 动产无论在罗马法中还是在现代法中，均被作为遗产继承的客体之一。

（2）不动产。“不动产”（praedium，res immobiles）作为术语在罗马早期法律中是没有的，它只是被具体地称为“土地”、“房屋”、“建筑物”、“地面附属物”等，如在《十二表法》的第五、六、七表中即有这些表达。至公元2世纪，盖尤斯在其《法学阶梯》和《论行省告示》中提出了城市不动产地役权（Urbanorum preadiorum iura）阐释[42]，此后，乌尔比安和马尔西安在他们的作品中均分别对不动产的问题进行了阐述[43]，而优士丁尼钦定的具有法律效力的法学教材《法学阶梯》中更是明确了动产与不动产的划分：“如果该物为动产，在任何地方均在1年内取得；如果是不动产，在2年内取得，但是以在意大利境内的为限（si mobilis erat，anno ubique，si immobilis，biennio tantum in Italico solo usucapiat，ne rerum dominia in incerto essent）。”[44]

但是，凡存在下列情况的，无论动产或不动产均不能成为罗马法上的遗产：动产和不动产属于神法物而非人法物；动产和不动产属于公有物或共用物而非私有物。

2. 无体物。根据盖尤斯的解释，无体物（res incorporales）是不能触摸的物，它们体现为用益权以及以任何形式缔结的债权等权利。无体物是有体物的对应语。虽然无体物无法以直接触觉方式被人们触摸到，但是它能够给人们带来确实的利益。应当说，当时的罗马法学家们已经清楚地意识到，社会生活的复杂性要

---

〔40〕［英］阿瑟·库恩：《英美法原理》，陈朝壁译，法律出版社2002年版，第184页。

〔41〕《德国民法典》第1362条规定：“无记名证券和载有空白背书的指示证券，视为动产。”此外，亦可参阅：［英］F. H. 劳森、B. 拉登：《财产法》，施天涛等译，中国大百科全书出版社1998年版，第15页。

〔42〕参见黄译《法学阶梯》，第82页；罗马法原始文献D. 8，2，2，盖尤斯语，范译《物与物权》，第180页。盖尤斯认为：“城市不动产地役权包括下列内容：‘建筑物加高役权、禁止建筑物加高役权、妨碍邻居采光役权、将滴水排向或禁止将滴水排向邻居房顶或地上的役权以及将支梁插于邻居墙上的役权，最后还有建造伸出物、遮盖物及与此类似的其它物的役权。’”

〔43〕罗马法原始文献D. 8，1，1，马尔西安语，范译《物与物权》，第180页；罗马法原始文献D. 8，3，1 pr.，乌尔比安语，前揭书，第180～181页。

〔44〕罗马法原始文献J. 2，6，［古罗马］优士丁尼：《法学总论》，张企泰译，商务印书馆1989年版，第65页。

求遗产继承的客体必须体现社会需要，如果仅仅将遗产限定在有体物上，显然不能充分发挥遗产继承的制度功能。由此可见，在距离我们十分遥远的时代里，罗马法学家们已经注意到认识法律现象的基本方法论，即对物的分析不应当仅仅停留在物的外在表现形式上，而应当注意透过表面现象分析其实质性质。

根据罗马法原始文献的内容，能够成为遗产的无体物是具有支配权性质并可以被转让的用益权、地役权[45]、地上权[46]等。

3. 债务。在遗产继承中，债务是具有消极财产性的遗产，也称为负债遗产或损益遗产（damnatio hereditas）。

对于债务能否成为遗产，罗马法学家们有关遗产的理论中有肯定与否定两种不同观点。如乌尔比安认为债权和债务均构成遗产[47]；而彭波尼则认为，在确定继承人能够获得的遗产之前，必须先将债务扣除[48]，显然，他所指的遗产并没有包括消极遗产在内。

罗马法对债务遗产继承给予了一定限制：

（1）处于家父权下的人不得被要求继承债务遗产，“一个处于他人权力之下的人，不能在处于父权下的人不情愿的情况下通过继承强迫他承担遗产债务，因为父亲不被强迫承担该遗产债务”。[49]

这段原始文献表明，在继承关系中，如果继承人是处于家父权之下的人，则财产（包括积极财产和消极财产）的主人不得以包括设立遗嘱在内的任何方式要求继承人承担债务，因为根据罗马法的规定，家父不得被强制承担遗产债务。

（2）被监护人未经监护人同意不得继承债务遗产，“根据我们城市的惯例，男女被监护人没有监护人的准许不能承担义务。该原则更适用于传给我们的债务遗产，尤其是在遗产是消极遗产的情况下”。[50]

也就是说，被监护人在继承遗产时，根据市民法的规定（该规定来源于罗马城市的惯例），在没有监护人同意的情况下，被监护人不得继承债务遗产。

（3）数个继承人要合理分担债务。当债务继承人为数个人时，该数个人应

---

〔45〕罗马法原始文献 D. 8，3，4，帕比尼安语，范译《物与物权》，第 186 页；罗马法原始文献 D. 8，1，17，彭波尼语，前揭书，第 186 页；罗马法原始文献 D. 33，2，1，保罗语，前揭书，第 187 页。

〔46〕参见罗马法原始文献 D. 43，18，1，7；P. *Voci*，*Diritto Ereditario Romano*，Giurffre，1967，p. 208.

〔47〕罗马法原始文献 D. 37，1，1，乌尔比安《论告示》第三十九编：“遗产占有包括债权遗产（commeda）和债务遗产（incommeda）以及遗产中的物之所有权（dominium rerum），因为，所有这些财产都与遗产相关联。”费译《婚姻·家庭和遗产继承》，第 357 页。

〔48〕罗马法原始文献 D. 50，16，165，彭波尼《论萨宾》第五编：“当未扣除债务时，不能确定转归继承人的遗产。”前揭书，第 585 页。

〔49〕罗马法原始文献 D. 29，2，6pr.，乌尔比安语，前揭书，第 485～487 页。

〔50〕罗马法原始文献 D. 29，2，8pr.，乌尔比安语，前揭书，第 489 页。

当合理地分担债务，在必要的情况下，也可以由法官实施债务遗产的分配。对此，盖尤斯在其作品中进行了阐述："无疑，将债务和债权全部分配给继承人中的每个人，有些时候确确实实是法官的职责，因为共同继承人之间由于支付（solutio）和要求支付（exactio）所导致的严重不利并不少见。但是，这一分配并非是一个人拥有全部的债权或是全部的债务，而是如果一个人提起诉讼，一部分以他的名义，一部分以作为共同继承人的代表的名义；如果是被提起诉讼，则宜于一部分以他的名义，一部分以作为共同继承人的代表的名义承担责任，因为，虽然允许债权人们享有以个人身份对每个共同继承人提起诉讼的权利，但是，共同继承人们亦有权将根据法官判决被要求承担诉讼负担的人指定为他们的代表。"[51]

（4）遗产债务的清偿仅以遗嘱人积极财产为限。清偿遗产债务的财产范围限于遗嘱人积极财产范围内，不涉及继承人自己的财产，"同样应当明白，有一点是众所周知（vulgo placere）的：如果遗嘱人的遗产中剩余了一些财物，继承人的债权人可以用这些财物来清偿他们的债务。但是，遗嘱人的债权人不能用继承人自己的财产进行债务清偿"。[52]

此外，在罗马社会，遗产不仅包括具有财产性的物，也包括不具有财产性的客体，如身份、家庭祭祀等。

身份继承的原意是指继承人在法律上取得被继承人的地位，即继承被继承人的人格，使之得以延续。因此，在罗马社会中，遗产继承的客体以身份继承为主，以财产继承为辅，继承的目的是保持家族或有关集团的权力和利益在死者与生者之间的平稳过渡。

家庭祭祀的继承。家庭祭祀（sacra）是一种具有宗教色彩的祭拜活动。家庭祭祀是用以纪念家族同胞之谊的祭祀和礼仪，是家族永存的誓约和见证。无论家庭祭祀的性质如何，它们均被用来誓证家族关系的神圣性。当家父的变化可能危及罗马家庭延续生存时，家庭祭祀便显得特别重要。[53] 同时，"sacra"又有圣物的意思。圣物是指祭司向神隆重奉献的东西。[54] 因为家父是家庭祭祀的祭司，故当家父死亡时，其祭司的地位不得空缺。因此，当涉及罗马家庭的家庭祭祀时，有这样一个规则是必须遵循的：鉴于罗马家庭对社会政治生活的介入及持续存在的观念之影响，在家父死亡时，必须要通过继承家庭祭祀来体现家庭观念的

---

〔51〕罗马法原始文献 D. 10，2，3，盖尤斯语，前揭书，第 537 ~ 539 页。

〔52〕罗马法原始文献 D. 42，6，1，17，乌尔比安语，前揭书，第 507 页。

〔53〕［英］梅因：《古代法》，沈景一译，商务印书馆 1984 年版，第 109 ~ 110 页。

〔54〕罗马法原始文献 J. 2，1，8，［古罗马］优士丁尼：《法学总论》，张企泰译，商务印书馆 1989 年版，第 49 页。

持续。“家庭祭祀”的继承是通过对“圣物”的继受而实现，即通过对圣物的继承来继受罗马家庭祭祀活动。

在继承中，圣物的继承并非是给继承人带来经济利益，而是与之相反，给继承人带来的是经济上的负担。由于获得积极遗产与完成家庭宗教祭祀的负担之间所存在着的明显差异，所以继承圣物的负担被定位在继承人继承的消极遗产之中。〔55〕

在家庭祭祀继承中，不仅涉及圣物，而且还涉及下位阶的墓葬权（ius sepulchri）。墓葬权是墓地权和葬于特定墓穴之权的总称。墓穴是家庭和家族祭祀的要素，因此早期罗马法中它也是遗产的要素。但是，家庭祭祀不涉及非自家继承人。〔56〕

家庭祭祀的继承在罗马法的发展过程中逐渐被抛弃，仅留下继承圣物的内容。〔57〕

五、继承关系的主体

继承关系涉及的主体包括被继承人、继承人和其他相关主体。有遗嘱时，被继承人就是立遗嘱人，而继承人则是遗嘱继承人。

（一）被继承人

在罗马法中，由于继承的首要目的是对被继承人权利的概括继承，所以被继承人资格的判断十分重要。如果被继承人的资格存在瑕疵，则不可能发生权利概括继承的法律后果。

在罗马法中，被继承人应当符合如下条件：

1. 被继承人是自由人。在罗马社会中，自由人是相对于奴隶而言的特定术语，凡自由人均具有除受到自然力限制和法律阻却之外的得以依自己意志进行活动的能力。〔58〕被继承人的核心活动是处分自己的事务与财产，因而必须是自由人。无自由者，包括被判死刑的人和被判为角斗士的人，不能成为被继承人，同时也没有立遗嘱资格。〔59〕

2. 被继承人是市民。这在罗马早期社会中是十分重要的被继承人的条件之

---

〔55〕 罗马法原始文献 C. 6，27，6，费译《婚姻·家庭和遗产继承》，第307页。

〔56〕 罗马法原始文献 J. 2，1，7～9，［古罗马］优士丁尼：《法学总论》，张企泰译，商务印书馆1989年版，第49页；罗马法原始文献 D. 1，8，6，4，马尔西安语，范译《物与物权》，第6页；也可以参见罗马法原始文献 D. 10，2，30；D. 10，3，6，6；D. 11，7，6。

〔57〕 我们可以从［古罗马］优士丁尼：《法学总论》，张企泰译，商务印书馆1989年版，第49页第7、8、9点的内容中清晰地观察到这个问题。

〔58〕 罗马法原始文献 J. 1，3，1，前揭书，第12页。

〔59〕 罗马法原始文献 D. 28，3，6，6，乌尔比安语，费译《婚姻·家庭和遗产继承》，第333页。

一。因为市民身份是罗马早期社会中一种具有特权的身份，法律对具有市民身份的自然人的保护高于对没有市民身份的自由人的保护。市民身份是一种社会地位的象征。因此，罗马殖民地的拉丁人（也称“尤尼亚拉丁人”，Latinus Junianus）虽然也生活在罗马国家内，但是他们不能像罗马市民那样成为被继承人。至优士丁尼时代，被继承人的市民身份已经淡如虚化。

3. 被继承人是能够支配自己财产的自权人。自权人（sui iuris）是具有独立人格并受自己权力支配的人〔60〕，其独立人格主要体现为依自己的意志处理事务并拥有财产所有权。能够以被继承人身份按照自己意愿处理事务与财产是自权人资格的典型体现之一。

自权人作为被继承人是早期罗马法的产物。在社会演进过程中，被继承人必须是自权人的基本条件发生了愈来愈多的例外：

（1）家子的被继承人资格。在罗马早期社会中，家子由于是处于他人权力支配下的人即他权人，因而不能够成为被继承人。这源于早期罗马法不允许家子有自己的财产，所有的财产均属于作为自权人的家父。后来，法律适应社会的发展，规定家子可以有自己的特有产。至优士丁尼时代，法律遵循社会对私权保护的价值判断，允许家子可以对自己特有产进行死后处置，从而使之具有了成为被继承人的可能。

（2）妇女的被继承人资格。妇女的被继承人资格是随着立遗嘱资格从无到有的演进而发展起来的。最初妇女没有立遗嘱权，也就不可能成为被继承人。至西赛罗时代，法律允许妇女以实施买卖婚后被退婚并被解放为代价，获得立遗嘱的权利，我们可以从盖尤斯的《法学阶梯》第一编的内容中读到有关该问题的原始规定之记载。〔61〕在哈德良时代，这一变化更为扩大，一项基于哈德良的批准而制定的元老院决议，允许妇女在不实行买卖婚的情况下立遗嘱，只要她们的年龄不小于12岁。当然，那些尚未摆脱监护的妇女并非是完全自主地立遗嘱，而是必须根据监护人的许可实施立遗嘱行为。〔62〕但是无论如何，妇女的被继承人的资格已经被初步认可。至优士丁尼时代，由于妇女与男人一样具有立遗嘱的资格〔63〕，则妇女的被继承人资格也因此而进一步完善。

4. 被继承人有可供继承的财产。被继承人具有支配权的财产即成为可资继承的财产。但是，在罗马法中，可供继承的财产并不当然仅限于被继承人个人的

---

〔60〕罗马法原始文献 J. 1，8pr.，［古罗马］优士丁尼：《法学总论》，张企泰译，商务印书馆1989年版，第17页。

〔61〕罗马法原始文献 Gai. 1，115，黄译《法学阶梯》，第42页。

〔62〕罗马法原始文献 Gai. 2，112，前揭书，第118页。

〔63〕Pasquale Voci, *Diritto Ereditario Romano*, Giurffre, 1967, p. 394.

财产，还包括被合算的他人财产[64]以及罗马法所允许的其他财产。

家子、拉丁人、妇女在很长时间内不能成为被继承人的主要原因之一就是他们没有自己的财产。如拉丁人，他们的法律地位只稍强于奴隶，他们除了可以享有一些特有产外，其余的财产均属于殖民地主人。被判处死刑的人不能成为被继承人，也是因为被判处死刑人的财产同时也必须根据法律加以没收，仅仅基于仁慈而将财产的1/4 留给子女。[65]

5. 被继承人必须有继承人或有资格指定继承人。继承人的存在是实现继承目的的基本要素。被继承人通过继承人实施的继承行为而实现自己身份与财产的延续，尤其在遗嘱继承中，遗嘱人只能通过遗嘱继承人的继承行为来实现自己的意愿。

在罗马社会的无遗嘱继承中，并非任何人均可以有自己的继承人，根据当时的法律规定，除了家子、妇女不能有继承人之外，奴隶、人格最大减等或中减等的人、被判处死刑的人和战俘也无权拥有继承人：

（1）奴隶无权拥有继承人是因为奴隶不是自由人。奴隶既没有婚姻资格也没有交易资格，没有自己的财产，总之奴隶没有法律承认的主体地位，因此也就不可能有自己的继承人。

（2）人格最大减等或中减等的人无权拥有继承人是因为丧失自由权和市民权之一或全部而导致法律地位恶化的结果之一。根据市民法规定，人格最大减等和人格中减等的法律效果“等同于市民法上的死亡”[66]。这意味着人格最大减等或中减等者尽管依然是自然意义上的人，但是在市民法上，该自然人已经死亡。作为市民法上已经死亡的人，自然也就没有继承人可言。

（3）被判处死刑的人无权拥有继承人是被判处死刑的后果之一。因为根据罗马法律，被判处死刑人的财产将没收，其继承人也就没有了存在的必要。

（4）战俘无权拥有继承人是源于罗马人的一种观念，即凡被敌人俘获的人即成为敌人的奴隶，他们不得有自己的继承人。但是《考奈利法》作出了一项例外规定：如果他在沦为战俘时死亡，也就是说在为自由人的最后时刻死亡的，可以有继承人。

在罗马社会的遗嘱继承中，也不是任何人都能够有资格立遗嘱以指定自己的继承人，因为无论是市民法或是裁判官法，乃至后来的优士丁尼时代的法律，对

---

〔64〕 有关“财产合算”的问题，请参阅本书第七章的内容。

〔65〕 罗马法原始文献 D. 48，20，1pr.，伽里斯特拉杜斯语，徐译《债·私犯之债（Ⅱ）和犯罪》，第209 页。

〔66〕［意］P. 彭梵得：《罗马法教科书》，黄风译，中国政法大学出版社 1996 年版，第41 页。

立遗嘱人的资格均有明确的条件与限制。例如，在没有承认家子、妇女有立遗嘱资格的时代，家子、妇女不能有自己的继承人。此外，根据罗马法的规则，未成年人因为其缺乏必要的判断能力、发病期间的精神病人因缺乏理智、禁治产人因其肆意挥霍无度、聋哑人因其意思表示的困难等[67]，均不能立遗嘱，因而无法有自己的继承人。

（二）继承人及其继承能力

鉴于罗马人对继承的理解，罗马社会的法律十分关注继承关系中的继承人资格问题。当我们在阅读盖尤斯的《法学阶梯》、优士丁尼的《法学阶梯》和《学说汇纂》等罗马法原始文献时，都可以发现在这些原始文献中，对继承人及其继承能力的规定在继承的内容中占了相当多的篇幅。这说明当时的罗马人十分理智地意识到，继承人的问题是设计继承制度的基础和实现制度价值判断的保证。

1. 继承人的意义。保罗在其《论告示》第十九编中对继承人（heres）作了如下解释："对已故者的权利进行概括继承的人被称为继承人。"[68] 从保罗给出的定义中，我们可以得知如下信息：

（1）继承人是对死者权利和法律地位的继受。在罗马法原始文献中，"继承"（successio）这一术语往往与"权利"、"地位"联系在一起，其拉丁文的表达分别是"successio in ius"（意为"权利继承"）、"succession in locum"（意为"地位继承"）、"succession in locum et in ius"（意为"地位和权利的继承"）。[69] 其术语的表达折射出罗马人对继承制度的思考。罗马继承制度的初始目的就在于对死者的法律地位的继受，这有别于现代法将继承定位于财产继受的认识。

（2）继承人是概括性继受。继承人对死者法律地位的继受是概括性的，其表现为不仅继受死者的权利，实际上也同时继受了死者的义务。

（3）继承人是自然人。在罗马法中，虽然团体制度比较发达，但是，由于对死者法律地位延续的关注，继承人被限定在自然人范围内。团体可以根据法律规定接受遗赠。

综上，罗马法中的继承人可以理解为：根据法律规定对死者法律地位实施概括继承的自然人。

2. 继承人的类型。根据盖尤斯的阐述，罗马法中的自然人作为继承人时，被分为三类：当然继承人（heres suus）、必然继承人（heres necessarii）和任意

---

〔67〕 参见［古罗马］优士丁尼：《法学总论》，张企泰译，商务印书馆 1989 年版，第 2 卷第 12 编的内容。

〔68〕 罗马法原始文献 D. 50，17，128，1，保罗语，费译《婚姻·家庭和遗产继承》，第 235 页。

〔69〕 P. Bofante, *Istituzioni di diritto romano*, Giuffre, 1987, p. 187.

继承人（heres voluntarius）。“继承人或者被称为必然继承人，或者被称为当然继承人，或者被称为任意继承人。”〔70〕这种划分既考虑了继承人与被继承人的关系，又考虑了继承行为与继承人愿意之间的关系，应当说该划分具有合理基础。

但是，在学理上，罗马法的研究者们更加关注继承人资格演进的轨迹和继承人的意愿在继承行为中的作用，故在学理上通常将继承人划分为两类：必然继承人和任意继承人。〔71〕

（1）必然继承人。必然继承人，意指直接根据法律进行继承且不得拒绝的继承人。继承制度之始，人们视继承为死者人格的继续，继承直接依法进行，无需考虑继承人接受或放弃的意思表示。

最初的必然继承人包括家子和处于父权之下的妇女。他们与被继承人在罗马家庭中关系十分密切，因此，他们又被称为“正统必然继承人”（heredes sui atque necessarii）。鉴于他们是直接在家父权下并在父亲死亡后成为自权人的家属，因此不可抗辩地、当然地要继承父亲的遗产。后来伴随着以遗嘱形式解放奴隶并将该奴隶立为继承人的做法流行，则将“必然继承人”作狭义解释，拉丁文为“i necessarii tantum”，仅指被主人解放同时被立为继承人的奴隶。他们与正统必然继承人的共同之处是：不得拒绝继承并在被继承人（主人）死亡时直接依法取得遗产。〔72〕后来裁判官法规定继承人可以拒绝继承，即允许继承人不参加继承利益分配，但是“必然继承人”的名称则沿用下来〔73〕。

正统必然继承人由于是家庭内部的继承人，况且在家父活着的时候他们也在一定意义上被视为主人，故，即使某人死亡时未立遗嘱，他的子女依然首先享有继承资格。同时，之所以将他们称为必然继承人，皆因为无论在什么情况下，无论是否有遗嘱，无论他们是否愿意，他们均是继承人。正统必然继承人的规定始于《十二表法》。凡于被继承人死亡时，直接受其权力支配的人，并因其死亡而成为“自权人”者，均为正统必然继承人。例如死者的子女、处于死者夫权下的妻子、没有父亲的孙子女等。〔74〕与正统必然继承人相同的资格还给予了下列人员：

第一，在被继承人成为战俘时出生的遗腹子和家子〔75〕。

---

〔70〕罗马法原始文献 Gai. 2，152，黄译《法学阶梯》，第 134 页。

〔71〕M. Marrone, *Istituzioni di diritto romano*, Palumbo, 1989, p. 800.

〔72〕前揭书，第 801 页；周枏：《罗马法原论》，商务印书馆 1994 年版，第 433 页；陈朝壁：《罗马法原理》（下），商务印书馆 1944 年版，第 550 页。

〔73〕陈朝壁：《罗马法原理》（下），商务印书馆 1944 年版，第 550 页。

〔74〕前揭书，第 552 页。

〔75〕罗马法原始文献 Gai. 3，4，黄译《法学阶梯》，第 192 页。

第二，前家子的卑亲属。这些卑亲属之所以成为继承人，首先是因为他们自身就处于祖父的父权之下，但是更为重要的是因为他们的父亲在祖父活着的时候已经不再是自家继承人，或者由于突然夭折或其他任何原因而脱离了父权的支配，故实际上这些卑亲属是接替了其父亲的地位[76]。

至于必然继承人（i necessarii tantum），如前所述，他们是被主人以遗嘱方式解放并在他的遗嘱中被设定为继承人的奴隶。[77] “必然继承人是随着解放而被设立为继承人的奴隶，之所以这样称呼是因为，无论他愿意还是不愿意，在遗嘱人死后，他都将立即被解放并且成为继承人。”[78]

我们应当注意的是，该类继承人的设立与保护继承人权益的宗旨应当说没有太大关系，相反，罗马法中确定这种继承人的目的在于避免使被继承人陷于非名誉状态，例如，其财产被强制拍卖。“因此，那些其财产状况尚有疑问的人通常使他的一名奴隶得到解放并且将其设立为第一、第二或者随后顺序的继承人，这样，如果债权人得不到满足，首先被拍卖的将是继承人的财产，而不是遗嘱人的财产，也就是说，因遗产拍卖而产生的耻辱将首先落在继承人身上，而不是遗嘱人身上；虽然人们从富非第那里得知萨宾认为：继承人应当免于耻辱，因为他不是由于自己的问题而是由于法定的必要性而遭受遗产拍卖的……”[79] 所以，将奴隶指定为继承人，是遗嘱人唯恐其遗产不足以清偿债务，因此使奴隶成为继承人以代其承担债务清偿责任，而被解放的奴隶不得拒绝。但是，在社会发展进程中该规定发生了变化。因为遗嘱人的这种目的显然太过于露骨，立法者不能不考虑是否能够体现法律的公平、正义之本旨，基于此，盖尤斯的书中记载了当时的法律对此给予必然继承人以补救的措施：“为了补偿这一不利之处，也为他提供了一些好处，即在庇主死后由自己取得的东西，无论是在遗产拍卖之前还是之后取得的，均由其自己保留；而且，虽然是按照债务的份额进行拍卖，然而他的财产将不因遗产继承而被拍卖第二次，除非某些财产是因遗产继承的原因而取得的。”[80] 在优士丁尼时代，更是进一步修正了这种规定。

（2）任意继承人。任意继承人（voluntarii）是指上述继承人以外的人。“任意的”在罗马法中意指根据接受的意思表示获得遗产，以及相反，根据放弃的意思表示而能够放弃获得遗产。由于任意继承人不是死者的家子，故又称为“家外

〔76〕 罗马法原始文献 Gai. 3，156，前揭书，第254页。

〔77〕 罗马法原始文献 Gai. 2，153，前揭书，第134页。

〔78〕 罗马法原始文献 Gai. 2，154，前揭书，第134页；罗马法原始文献 D. 28，1，12，尤里安语，费译《婚姻·家庭和遗产继承》，第243～245页。

〔79〕 罗马法原始文献 Gai. 2，154，黄译《法学阶梯》，第134页。

〔80〕 罗马法原始文献 Gai. 2，155，前揭书，第134～136页。

继承人”。该类继承人除有拒绝继承的意思表示外，应当为接受的意思表示。

在罗马法中，由于法律制度的创设特点，在本质上相同的民法概念——继承人，在裁判官法中却有另外的称谓——遗产占有人。但是继承人和遗产占有人被本质上相同的规范所调整。在没有另外的情况下，对其中一个的讨论，也将对另一个有效。这如同在裁判官法领域内受遗赠人作为继承人被讨论一样。〔81〕

3. 团体是否为继承人。在罗马法理论研究中，意大利罗马法学家们肯定了在罗马法原始文献中记载了享有继受遗产资格的人，既包括自然人，也包括团体〔82〕。从君士坦丁到优士丁尼，均承认国家、城邦、教会和慈善组织拥有继承权。最后，优士丁尼在一份谕令中承认所有的团体享有继承权。〔83〕

但是，如同现代社会的法人制度中所依然没有解决的难题一样，团体并不被认为有继承人资格，但是可以有受遗赠的资格，而受遗赠的资格同样被包含在有权继受遗产的范围之内。因为团体若具有继承人资格，则存在下列难点：

团体制度的不同导致团体类型是不同的。在团体中，存在着公法意义上的国家、公共团体以及私法意义上的团体。但是在继承法中，继承人则通常被禁止设定为非特定的人。事实上，就国家的继承资格而言，罗马人已经注意到有关国家是否为继承人的问题，实质上已经超过了私法范畴，应当由公法给予调整；〔84〕同时人们很难去证明罗马人从罗马法律制度调整以外的人那里获得遗产并享有外国人国家待遇的可行性。

在罗马法中，公法意义上的公共团体，如自治市、市政府等，它们可以解放奴隶，但是实际上并不能成为继承人。不过，在奥古斯都时代即已经存在自治市作为罗马人的团体得以接受赠与的规定。获得赠与资格的原因可能是这样的：萨宾学派的学者们认为，至少根据比较古老的理论，赠与的获得无需特别的接受行为。

私法意义上的团体有着与公法团体类似的资格：①根据元老院的决议享有接受遗赠和信托的资格；②社团可以解放自己的奴隶，但是没有可能实施无遗嘱继承，因为它没有作为继承人的资格。

（三）不配者

1. 意义。“不配者（indegno）”制度是罗马法中创设的一个对侵犯死者生

---

〔81〕 Pasquale Voci, *Diritto Ereditario Romano*, Giurffre, 1967, p. 401.

〔82〕 ［意］P. 彭梵得：《罗马法教科书》，黄风译，中国政法大学出版社 1996 年版，第 455 ~ 456 页；Pasquale Voci, *Diritto Ereditario Romano*, Giurffre, 1967, p. 401.

〔83〕 ［意］P. 彭梵得：《罗马法教科书》，黄风译，中国政法大学出版社 1996 年版，第 455 ~ 456 页。

〔84〕 ［古罗马］西赛罗：《论共和国·论法律》，王焕生译，中国政法大学出版社 1998 年版；罗马法原始文献 D. 2，15，40；D. 16，41，42；D. 17，44。

命、名誉或实施诈欺、胁迫等行为的人给予制裁的法律制度。不配者是法律对有错误者的一种谴责，作为法律结果，不配者将丧失继承权或遗赠权，其所涉及的遗产将归于国家[85]。马艾西安在其作品《论规则》一书中对不配者进行了解释，他指出："正如马尔切勒在《学说汇纂》第十二编中引用的那样，比友皇帝曾下谕令曰：有着十分明确的证据证明，由于他（注：指继承人）的过失和故意（negligentio et culpa）造成被指定为继承人的妇女死亡，那么，他被认为是'不配者'（indignus），不能继承遗产"。[86]

有关不配者的基本规范，历经君主时代、元老院时代和帝宪时代逐渐建立起来。

2. 设立不配者制度的目的。在法律上设立不配者制度的目的，并非是要使设立继承人的行为发生无效，而是由于继承人存在成为不配者的行为，导致其被排除在得以实施继承权的继承人之外，其应当继承的遗产转归国库所有。有的书上谈到国库从不配者处得到遗产时，将其称为"继承"。[87] 笔者认为在这里用"继承"一词似不妥，因为"继承"作为一个法律术语已经具有其特定意义。国库不可能继承财产，因为它不可能取得死者的权利。因此，国库仅是继受不配者的财产，与法律特有的术语"继承"并非同一性质。国库继受自然人的财产，仅在特定情形下：即没有继承人或者继承人成为不配者，而其他人没有获得该遗产的资格，为避免本应属于特定继承人的财产不会因为主体的缺位而成为权利归属不明之财产，故对这些继承落空的财产，法律规定由国库直接取得所有权。

3. 构成不配者的行为。构成不配者的行为主要包括：在已故者死亡之前，侵害其生命、损害其名誉或实施诈欺、胁迫等行为。不配者的出现与被继承人的死亡、或者与继承人不适当行为或挑衅行为有关联。

不配者必须以存在主观过错为前提，即不配者在实施上述行为时，在主观上有故意或过失。

4. 不配者制度的价值判断。不配者制度的设立，一方面旨在维护死者的权益，另一方面旨在对实施侵犯死者的生命、名誉或实施诈欺、胁迫等行为的人以制裁。具体表现为：

（1）使对被继承人实施不尊重行为的人得到制裁。例如，如果继承人提起否定被继承人身份的诉讼，该继承人将不得获取被继承人留下的遗产。这在乌尔

---

〔85〕 Pasquale Voci, *Diritto Ereditario Romano*, Giurffre, 1967, p. 465.

〔86〕 罗马法原始文献 D. 34，9，3，马艾西安语，费译《婚姻·家庭和遗产继承》，第 507 页。

〔87〕［意］P. 彭梵得：《罗马法教科书》，黄风译，中国政法大学出版社 1996 年版，第 520 页。

比安的阐述和有关遗嘱继承中涉及到。[88] 在无遗嘱继承中，其规范亦是相同的。

(2) 对直接妨碍遗嘱人进行正常意思表示的行为人加以制裁。根据法律或遗嘱被指定为继承人的人，凡胁迫或诈欺地妨碍被继承人立遗嘱或变更遗嘱的，将成为不配者，具体表现为：①当着被继承人的面，被指定为继承人的人妨碍被继承人立遗嘱或修改遗嘱。[89] ②继承人妨碍遗嘱生效。[90] ③继承人未按照遗嘱给付遗赠物。

5. 成为不配者的范围与原因。

(1) 范围。成为不配者的人主要有：遗嘱继承人和无遗嘱继承人、受遗赠人、全部或部分受信托人。在比友皇帝的规定中，甚至还包括丧失自由的人，当然，这属于例外规定[91]。

(2) 原因。根据《学说汇纂》的记载，成为不配者的原因主要有：①脱离父权的儿子以被疏漏的继承人身份对父亲的遗产实行对抗遗嘱的遗产占有，并作为未适婚人的替补继承人获得遗产。他将被剥夺所有的遗产并将这些财产收归国库。[92] ②一个人违背《训示》娶了他任职所在省的女子为妻，他因此从妻子的遗嘱中获得了一些财产。塞维鲁和安东尼皇帝批复道：他不能获得该遗产。这就如同一个监护人违反了《元老院决议》将一个女被监护人娶入他家里一样。

在上述两种情况中，尽管该人被指定为概括继承人甚至已经接受了遗产，但是这些遗产都要归于国库，因为，根据罗马人的法律，这些人的行为已经使其成为"不配者"，他们继承的遗产必须被剥夺[93]。

第二节　遗嘱继承

一、遗嘱与遗嘱继承

在遗嘱继承（successio secundum tabulas）中，遗嘱（testamentum）是一条主线，将不同的主体联系在一起围绕着遗嘱所涉及的遗产进行活动。遗嘱是一种包容多个行为的体现意志的活动。遗嘱人在自己的遗嘱中可以进行遗嘱继承人的指定、遗赠甚至遗产信托等。在罗马社会中，一个人在死前没有遗嘱，被认为是

---

〔88〕 参见罗马法原始文献 D. 34，9，2，2。

〔89〕 参见罗马法原始文献 D. 29，6，1pr. 和 D. 36，1，3，5。

〔90〕 参见罗马法原始文献 D. 29，6，2pr. 和 D. 36，1，3，5。

〔91〕 参见罗马法原始文献 D. 34，9，5，15。

〔92〕 罗马法原始文献 D. 34，9，2pr.，马艾西安语，费译《婚姻·家庭和遗产继承》，第 507 页。

〔93〕 罗马法原始文献 D. 34，9，2，1，前揭书，第 509 页。

十分不幸甚至是耻辱的事情。因此，围绕着遗嘱产生了一系列的制度设计，并在漫长的演进过程中形成了罗马法中最具逻辑体系的制度之一。

（一）《十二表法》中的遗嘱

公元前450年被公示在罗马城内广场上的《十二表法》已经包含了若干对遗嘱继承的规定。该法第五表的主要内容之一是“继承”，涉及遗嘱的具体内容如下：

> “…………
>
> 三、凡以遗嘱处分自己的财产，或对其家属指定监护人的，具有法律上的效力。
>
> 四、死者未立遗嘱，又无当然继承人（heredes sui），其遗产由最近的族亲（agnatio）继承。
>
> …………
>
> 六、遗嘱未指定监护人时，由族亲为法定监护人。
>
> …………
>
> 八、解放自由人（libertus）未立遗嘱而死亡时，如无当然继承人，其遗产归恩主所有。
>
> …………
>
> 十一、以遗嘱解放奴隶而以支付一定金额给继承人为条件的，则在付给该金额后，该奴隶即取得自由；如该奴隶已被出卖，则在付给买受人该金额后亦即取得自由。”

从上述内容中，我们至少可以获得如下信息：

（1）以遗嘱方式处分自己的财产或指定监护人的意思表示，受到市民法的保护。

（2）遗嘱继承的效力优先于无遗嘱继承的效力。

（3）立遗嘱人包括生来自由人和解放自由人。

（4）遗嘱可以作为判断死者有解放奴隶的意思表示的依据。

（二）遗嘱的意义与特征

1. 遗嘱的意义。遗嘱（testamentum）是自然人生前单方的、安排自己身后财产的和非财产事宜并于死亡时生效的意愿。就拉丁语的表达而言，遗嘱产生于

"testatio mentis"的表达，其意是指确定意思表示的证据[94]。这种意思表示还应当符合法律的要求。对此，罗马时代著名的法学家莫德斯汀特别强调："'遗嘱'是我们对希望在自己死后做的事情的意愿之合法表示（iusta sententia）"。[95]

2. 遗嘱的特征。罗马法中的遗嘱特征表现为：

（1）自愿性。自然人对自己身后的事宜如何安排，是否利用遗嘱进行安排，这完全取决于自然人自己的意愿。无论是罗马市民法还是万民法抑或裁判官法，均没有强制自然人必须在死亡之前立遗嘱。

（2）死后生效性。遗嘱的生效完全取决于立遗嘱人死亡的发生。遗嘱人死亡的时间就是遗嘱生效的时间。

（3）单方行为性。罗马法关于遗嘱的规范均强调遗嘱是遗嘱人的单方意愿表示。在立遗嘱时，不需要他人作出如同缔结契约时的相互呼应的意思表示。

（4）指定继承人为首要目的性。与现代遗嘱相同的是，罗马法中的遗嘱对继承人、财产、监护等诸多问题均可以作出意思表示。但是与现代遗嘱不同的是，罗马人的遗嘱将继承人的指定作为遗嘱首要内容，这与罗马人利用遗嘱来确认罗马家庭中的家父地位继承人有着密切联系。虽然在罗马后期家父作用明显削弱，但是关注继承人的遗嘱制度传统却没有太大的改变。在罗马人的遗嘱中，如果没有指定继承人或指定继承人不明确，将直接导致遗嘱的无效。这一规则被现代法律所继受。

我们在观察罗马人遗嘱的特征时，不能不关注到罗马社会的遗嘱在其演进中所表现出来的特征：

（1）由公开性走向秘密性。最初的遗嘱是根据罗马市民法的要求而立。遗嘱人必须当着民众会议参加者的面、或当着其他军人同伴的面、或当着证人的面宣布自己的遗嘱内容。公开遗嘱内容是为了保证遗嘱的真实性，但其弊端是无法尊重遗嘱人希望让他人在自己死后得知遗嘱内容的愿望。裁判官法开始矫正这个问题，至优士丁尼时代，则完全尊重遗嘱人意愿而对遗嘱内容保密。他人未经遗嘱人同意不得擅自打开遗嘱以探知遗嘱内容。当然，依遗嘱人意愿在其生前公布遗嘱内容的情形，法律也并不禁止。

（2）从程式性走向自由性。由于早期遗嘱必须公开，市民法确认了一系列用于公开遗嘱内容的程式，未符合该程式要求的遗嘱为无效遗嘱。随着裁判官法以及后来的法律确立遗嘱内容可以不公开规则，市民法规定的立遗嘱程式不再成

---

〔94〕罗马法原始文献 J. 2，10 pr.，［古罗马］优士丁尼：《法学总论》，张企泰译，商务印书馆 1989 年版，第 75 页。

〔95〕罗马法原始文献 D. 28，1，1，莫德斯汀语，费译《婚姻·家庭和遗产继承》，第 249 页。

为必须遵循的规则，在法律没有特别要求的情况下，遗嘱人可以按照自己的意愿自由决定立遗嘱的方式。

(3) 从不可变性走向可变性。最初的遗嘱因为必须按照程式公开内容，导致遗嘱内容事实上难以修改。市民法的这一规则也被后来的法律所矫正。遗嘱人在完成立遗嘱行为后，可以根据情势变化和自己意愿的改变对遗嘱内容进行调整。最后变更的遗嘱为有效遗嘱，被变更的遗嘱随之失效。当然，法律另有规定的情形除外。

(三) 遗嘱继承制度的架构及其演进

遗嘱继承是罗马社会中一项十分重要的法律制度。早期罗马法中所保护的遗嘱与经漫长时间的演进并被优士丁尼以立法形式确认和保护的遗嘱是不同的。

在罗马法中，从《十二表法》始即确定了一系列的基本规则：①遗嘱继承优于无遗嘱继承；②立遗嘱行为首先不是私行为而是公法上的行为，因为遗嘱是使死者地位得以延续的重要途径，至于财产的移转，仅是死者地位延续的财产性标志；③立遗嘱的目的首先不是为了分割财产，而是为了指定继承人。没有指定继承人或者指定的继承人不具有效性的遗嘱当然无效。

伴随着罗马社会经济的发展，遗嘱继承的基本规则亦而逐渐发生一定的变化，如立遗嘱行为不再被认为具有公法行为性质，而是一个典型的私法行为，是遗嘱人处理自己身后的财产走向的意愿表示。但前述第一个和第三个基本规则依然被保留下来，迄今为止，现代法中的遗嘱继承制度依然保持着“遗嘱继承优于无遗嘱继承”的规则，同时，任何没有指定继承人的遗嘱依然是没有效力的遗嘱，所不同的是，指定继承人不再是为了继承死者的地位，而是确定死者遗产的去向。

在罗马遗嘱继承制度中，同样自《十二表法》始，经过漫长的历史演进而形成了该制度的基本架构：①立遗嘱人的资格；②遗嘱继承人的范围；③遗嘱的形式；④遗嘱的证人；⑤遗嘱的开启和宣读；⑥遗嘱无效的认定；⑦遗嘱继承与债务承担；等等。

这些基本架构中的内容有一个逐渐演进的过程，如遗嘱人资格，最早仅是罗马家庭中的家父有权立遗嘱，因为家父是具有人格的人，而家子等则是没有独立人格的自然人，当然也就没有设立遗嘱的资格。再如遗嘱继承人的范围，更是伴随着社会进步而逐渐扩大。遗嘱证人从单纯由市民法加以规制逐渐走向由市民法、裁判官法共同规制的道路，使得该制度趋于进步。应当说，罗马法遗嘱继承制度的架构是相当成熟的，乃至于许多国家现代法中的遗嘱制度的基本架构往往摆脱不了来源于罗马法的“嫌疑”。欧陆国家的遗嘱继承制度所涉及的遗嘱“几乎肯定是罗马的”[96]，德国法学界试图在遗嘱继承制度中将原来由本民族习惯所组成的部分从罗马法的外来要素中分离出来，结果发现在其民族的古典法中并没有遗嘱的痕迹，凡含有遗嘱的法律，均来自于罗马法[97]。由此可见，了解罗马法中遗嘱继承制度的架构对我们进一步认识现代法中的遗嘱继承制度是十分必要的。

二、遗嘱类型

根据不同的标准，遗嘱被划分为不同类型，例如，根据遗嘱的表现形式不同而划分为口头遗嘱和书面遗嘱，根据遗嘱是否符合法律规则而划分为合法遗嘱和不合法遗嘱等。但是，最能够体现罗马社会遗嘱特点的则是我们将在下面分析的内容。

（一）公元前2世纪之前的遗嘱类型

1. 会前遗嘱。会前遗嘱（testamentum calatis comitiis）是指在祭祀长主持的专门用于立遗嘱的民众会议上，某人当着民众之面所立遗嘱。该民众会议每年举行两次。

会前遗嘱的产生，有其历史的必然性。罗马家庭的全部财产均集中在家父一人。家父死亡前，可以根据自己的意愿指定遗产继承人。但是，由于继承人继承的是已亡家父的地位，则遗嘱指定必须要通过特别民众会议进行确定，所以该遗嘱被称为“会前遗嘱”。由于这种遗嘱必须通过特别民众会议加以确定，所以罗马人认为它只能适用于和平时期。

会前遗嘱本质上首先不是私法行为，而是一种更偏重于宗教和公法性质的行为。

为使遗嘱产生预期的约束力，遗嘱人必须符合下列要求：①准备好自己的遗嘱内容，如继承人的指定与废除等重大事项；②在民众会议主持人的主持下，遗嘱人当着参会者的面公布自己遗嘱的内容；③参会者依公平的原则进行评议。但是，他人对遗嘱人的遗嘱内容进行评议的程序后来被取消，因为这有悖于遗嘱人自由表达自己意愿的目的。此后参会者是作为遗嘱证人来了解遗嘱的内容。

凡依上述程式设立的遗嘱，对遗嘱人、遗嘱继承人及其他相关人员产生约束力。

2. 战前遗嘱。战前遗嘱（testamentum in procinctu）是指军人在准备作战之前当着同伴的面所立遗嘱。该遗嘱适用于参加作战的军人。在战争期间，准备上战场的人没有可能出席一年两次的专门为立遗嘱而召集的民众会议。军人一旦进入战场，将面临着随时可能丧失生命的危险，遗嘱对军人而言又有着特别重要的意义。鉴于此，在早期罗马法中出现了不同于和平时期的战前遗嘱。

---

〔96〕［英］梅因：《古代法》，沈景一译，商务印书馆1984年版，第112页。

〔97〕同上。

有效的战前遗嘱要求遗嘱人必须符合下列规则：①准备好自己的遗嘱；②在军队整装待发前，当着将士的面公布自己的遗嘱。

战前遗嘱虽然不具备和平时期立遗嘱的形式要求，但是依然具有市民法所承认的遗嘱效力。亲耳听见遗嘱内容的众将士们，则具有遗嘱证人的身份。

战前遗嘱与会前遗嘱均属于在《十二表法》之前的年代中已经存在的遗嘱类型，至盖尤斯时代之前已被弃置不用。盖尤斯认为这两种遗嘱形式是罗马市民法中最早的遗嘱形式。[98]

战前遗嘱与会前遗嘱有着部分共同特点：①必须公开性。遗嘱人必须在特地召集的民众会议上、或在出征前当着军人同伴的面将自己的遗愿公开表示。这使得遗嘱不能被任意撤销。②口头性。在民众会议上或出征前，遗嘱人仅以口头形式即可以有效地表达自己的遗愿。③遗嘱证人众多性[99]。从客观角度而言，当着众人的面公开遗嘱内容，使得会前遗嘱和战前遗嘱当然具有了诸多的证人。从主观角度而言，以无法保存的口头形式立遗嘱也需要有足够的证人作证以确定遗嘱的真实性。因此，会前遗嘱和战前遗嘱不易产生非真实性问题。

战前遗嘱与会前遗嘱的不同特点：会前遗嘱制度实质上因其仪式的隆重而并非是为一般民众所设定；战前遗嘱则是为即将出征的将士所设定，一旦战事结束，将士退役，其所立遗嘱在其退役一年后失效[100]。

上述两种遗嘱在公元前1世纪前后退出了历史舞台。

3. 要式买卖遗嘱。要式买卖遗嘱（testamentum per aes et libram），又名铜衡式遗嘱、称铜式遗嘱。它是以铜和秤作为立遗嘱的必备物，按照要式买卖的方式设立的遗嘱。通过这种遗嘱，“那些既未立下会前遗嘱又未立下战前遗嘱的人，如果突然感到自己濒临死亡，则将自己的财产以要式买卖的方式给予一位朋友，并且要求该朋友在自己死后将该财产给予他所希望给予的人”。[101] 称铜式遗嘱具有一定的信托性质。

根据盖尤斯和优士丁尼分别所著的《法学阶梯》的记载，要式买卖遗嘱是为了给那些既未立下会前遗嘱又未立下战前遗嘱的人给予救济而设立，属于罗马市民法的内容。

盖尤斯在其《法学阶梯》中具体描述了立称铜式遗嘱的过程：“那些既未立下会前遗嘱又未立下战前遗嘱的人，如果突然感到自己濒临死亡，则将他的家

---

[98] 罗马法原始文献 Gai. 2，101，黄译《法学阶梯》，第112页。

[99] Pasquale Voci, *Diritto ereditario romano* (II), Giuffre, 1967, p. 50.

[100] ［古罗马］优士丁尼：《法学总论》，张企泰译，商务印书馆1989年版，第75页。

[101] 罗马法原始文献 Gai. 2. 102，黄译《法学阶梯》，第112～114页。

产，即他的财产，以要式买卖的方式给予一位朋友，并且要求该朋友在他死后将该财产给予他所希望给予的人。这种遗嘱被叫做称铜式遗嘱，显然，这是因为它是采用要式买卖的方式进行的。”[102] “这种立遗嘱的程序是：同在其他要式买卖活动中一样，立遗嘱的人聘请5位成年的罗马市民作为证人并聘请1位司秤，他先书写遗嘱，然后在形式上将他的家产以要式买卖的方式卖给他人；为此，家产买主使用这样的词句：‘你的家产和钱款被托付给我并且由我看管，为了使你根据公法可合法地立遗嘱，我用这块铜（有时还加说）和这把秤将其买下’；然后，他以铜敲秤，并且把铜交给遗嘱人充当价金。随后，遗嘱人手持遗嘱这样说道：‘我按照这份写好并且蜡封好的文书实行给付、进行委托并且立下遗嘱，我请你们这些罗马人为我作证’；这被称为公告，公告实际上相当于公开地确认，显然，这被看做是采用一般语言指出和确认遗嘱人在遗嘱中具体写下的事项。”[103]

只有按照盖尤斯所描述的程式设立遗嘱，才如同要式买卖一样具有被法律保护的可能。要式买卖遗嘱不仅是旨在从制度上对那些既未立下会前遗嘱又未立下战前遗嘱的人给予救济，同时也使《十二表法》中6，1[104] 和5，3[105] 的内容得到了发展。

至公元前2世纪末，依市民法所确认的要式买卖遗嘱方式所存在的缺陷日趋明显：①由于其设立遗嘱的方式极为繁琐，使遗嘱依然难以被撤销。如果遗嘱人不再面临生命濒临逝去的情形，但是却难以使自己撤销先前所立遗嘱的效力。这对遗嘱人而言是不公正的，也实难以适应社会发展的需要。②遗嘱人的财产是否真正交给遗嘱人的继承人，只能依赖于受托人的内心自律，但是由于没有制度上的保障而难以获得法律上的救济。因此，通过裁判官告示的形式，对遗嘱形式的要求发生了重大变化。

（二）公元前2世纪至帝国时期之前的遗嘱类型

该期间的遗嘱类型是裁判官遗嘱。

1. 意义。裁判官遗嘱（testamentum praetorium）是依裁判官在告示中的规定而形成的遗嘱。该规定允许遗嘱人在立遗嘱时可以不再考虑必须遵循5名证人、1名司秤以及必须表达固定的格式语言等市民法所规定的繁杂程式，只要继承人

---

〔102〕 罗马法原始文献 Gai. 2，104，前揭书，第114页。

〔103〕 罗马法原始文献 Gai. 2，102～103，前揭书，第112～114页。

〔104〕《十二表法》XII Tab. 6，1 的内容是：“凡以抵押自己（nexum）或要式买卖（mancipium）方式缔结契约的，所作出的诺言就是法律。”

〔105〕《十二表法》XII Tab. 5，3 的内容是：“凡一个人临终时处分自己财产或为他权人指定监护人的表示，就是法律。”

能够提交盖有至少7名证人印章的密封遗嘱，裁判官就会赋予遗嘱中指定的继承人享有对遗产的权利，该权利体现为请求占有遗产权。由于这种遗嘱是裁判官根据社会生活的实际需要，取消了要式买卖遗嘱的繁琐形式而创设的一种新而便捷的简式遗嘱，因此人们将其命名为“裁判官遗嘱”。

2. 效力。依裁判官法获得的遗产权利终究不同于依市民法获得的遗产权利，因此，为示区别，依裁判官遗嘱获得的遗产权利被称为“依遗嘱的遗产占有”(bonorum possessio secundum tabulas)〔106〕。“如果遗嘱上带有7位证人的封印，裁判官可以允许写在遗嘱中的继承人根据遗嘱实行遗产占有。”〔107〕

裁判官给予依简式遗嘱请求继承的人以特殊保护，但是，由于根据裁判官法规定实施的是遗产占有，根据当时“市民法所有权优于裁判官法占有”规则，即使继承人依裁判官法的规定获得遗产占有，却并不能获得市民法上的财产所有权，如果被继承人有其他的法定继承人，则他依然对该项财产享有继承权，可依市民法的规定要求遗产占有人交还遗产，这样，依裁判官法获得遗产占有的人，依然不能获得该遗产的所有权，因为在裁判官法与市民法之间存在着一个鸿沟，使得该遗产占有的所有权效力存在瑕疵，罗马法的学者们将其称为“不发生完全效力的遗产占有”(bonorum possessio sine re)〔108〕。

鉴于裁判官遗嘱能够反映社会发展的需要，同时并非当然地完全与市民法遗嘱相对抗，只要没有遗产占有人的存在，市民法的法定继承人依然保有其继承权，故而，安东尼·比友皇帝以谕令的形式赋予实施遗产占有的继承人以一项权利：凡是依简式遗嘱被指定为继承人的，获得对遗产的占有。当他面临市民法的法定继承人要求交还遗产的请求时，遗产占有人得以遗产已经由被继承人指定他来继承为理由，拒绝法定继承人的请求〔109〕。从此，由于该项谕令弥合了裁判官法与市民法之间的鸿沟，裁判官法创设的简式遗嘱形式被确认具有了完全法律效力。这种以简单方式立遗嘱的做法，被优士丁尼的法律所继受。

综上所述，无论是程式繁琐的要式买卖遗嘱或是程式简单的裁判官遗嘱，遗嘱人依然必须遵循市民法或者裁判官法的规则立遗嘱。尽管它们对遗嘱行为要式性的繁简要求不同。

---

〔106〕 罗马法原始文献D. 37，11，1，1和D. 37，11，2，9，乌尔比安语，费译《婚姻·家庭和遗产继承》，第363～369页。

〔107〕 罗马法原始文献Gai. 2，119，黄译《法学阶梯》，第120页。

〔108〕 Pasquale Voci, *Istituzioni di diritto romano*, Giuffre, 1996, p. 603.

〔109〕 罗马法原始文献Gai. 2，120，黄译《法学阶梯》，第120页。盖尤斯在其《法学阶梯》第二编中写道：“安东尼皇帝在一项批复中指出：如果某人根据不是以法定方式订立的遗嘱要求遗产占有，他可以针对那些要求实行无遗嘱继承的人采用诈欺抗辩为自己辩护。”

(三) 帝国时期后的遗嘱类型

在帝国时期以后尤其是优士丁尼时代，于继受裁判官法规定的同时亦采纳了有利于保障遗嘱真实性的市民法和皇帝谕令的有关规定，使得遗嘱在意思表示形式上既能够满足保障遗嘱真实性和安全性的需要，又能够满足尽可能简化的要求。

根据优士丁尼时代的立法，遗嘱被划分为两大类：私式遗嘱和公式遗嘱。

1. 私式遗嘱。私式遗嘱是指遗嘱人自行制作无需在官府备案的遗嘱。私式遗嘱分为书面和口头的两种形式。

(1) 私式书面遗嘱。它是以书面形式表现的私式遗嘱，优士丁尼将其称为"三源遗嘱"(testamentum tripertitum)〔110〕。"三源遗嘱"的说法来自于优士丁尼对该类型遗嘱有三个法律渊源的判断：①遗嘱证人必须始终在场，这渊源于市民法的规定；②遗嘱人和证人必须在遗嘱上签字，这渊源于皇帝的谕令；③证人的人数和证人必须实施盖章行为，这渊源于裁判官法的规定。〔111〕

私式书面遗嘱在形式上的要求：

第一，遗嘱人当着 7 名证人的面，将遗嘱一次性完成，不过这并非意味着必须将内容公开。后来允许遗嘱人事先作好遗嘱的准备，但是有关继承人的名字，依然必须由遗嘱人当着证人的面或者由证人亲笔书写。有这样一个片段可以说明这一点——狄奥多西皇帝和瓦伦丁尼安皇帝致大区长官佛罗兰迪奥："通过这项极为深思熟虑的谕令，我们规定：如果被允许以书面形式(per scripturam)立遗嘱的人不希望任何人知道遗嘱的内容，他出示给证人们的可以是封好的、或是被束好的、或仅是被合上卷好的遗嘱。遗嘱由遗嘱人本人或者其他人手书而成。遗嘱文本交给 7 名具有罗马市民身份的、全部都是适婚人的证人以便于封印盖章和签字。但是，遗嘱人要当着证人们的面申明该已有的文书是他的遗嘱，要当着证人们的面在已卷好的遗嘱的空白处签字。证人们随即进行签字和盖章，遗嘱生效。不能因为证人们不知道遗嘱中的内容而废除遗嘱。"〔112〕

第二，遗嘱人要在遗嘱上亲笔签名。

第三，由 7 名证人共同在密封的遗嘱外面签字并盖印章。这些要求被意大利罗马法学家沃奇教授(P. Voci)称为"必要条件"(requesiti)。〔113〕

在君士坦丁一世时期，根据他所发布的谕令，曾经出现过自书遗嘱(holog-

〔110〕 周枏先生将其称为"三合遗嘱"，陈朝壁先生将其称为"复式遗嘱"。

〔111〕 罗马法原始文献 J. 2，10，3，[古罗马] 优士丁尼：《法学总论》，张企泰译，商务印书馆 1989 年版，第 76 页。

〔112〕 罗马法原始文献 C. 6，23，21pr.，费译《婚姻·家庭和遗产继承》，第 259～261 页。

〔113〕 Pasquale Voci, *Diritto ereditario romano* (II), Giuffre, 1967, p. 61.

rapha)，其法律特征与现代法中的自书遗嘱完全一样，即遗嘱完全由遗嘱人自己书写；无需证人在场作证；一旦书写完毕，遗嘱人签字盖章即告生效。瓦伦丁尼安三世以谕令的形式亦肯认过自书遗嘱的效力。但是在优士丁尼时代，因为害怕发生诈欺，影响遗嘱的真实性，法律拒绝了无需证人的自书遗嘱，要求即使是遗嘱人自己书写的遗嘱，依然必须要有一定的证人作证方可产生法律效力。所以在优士丁尼钦定的法律中，我们不再看到有关自书遗嘱自动产生法律效力的规定。

在罗马法中，书面遗嘱允许有副本的存在。佛罗伦汀曾经阐述到："一个人可以有多份同样内容的遗嘱，有时这样做是必要的。例如：当立遗嘱人外出航海时，他带走一份遗嘱，其余的副本留在家中。"〔114〕罗马人防患于未然，一个遗嘱有多个副本，使得丢失的风险被降低到最小程度。但是，遗嘱的正本与遗嘱的副本在遗嘱人意思表示上必须完全一致。

（2）私式口述遗嘱。它是以人的发音器官进行空气振荡形式表现的遗嘱。法律要求口述遗嘱的形式条件是：

第一，遗嘱人以口头形式表达自己遗嘱的内容。

第二，遗嘱人的口头表达必须当着7名证人的进行。

第三，证人可以将遗嘱人口头表述的内容记录下来，但是，单纯的记录不得作为遗嘱。只有证人们均在记录上签字盖章，证明其真实性，方可具有法律效力。有两个原始文献的片段记载了这一规定，狄奥多西皇帝和瓦伦丁尼安皇帝致大区长官佛罗兰迪奥："同样，我们对非书面遗嘱作出规定：除非在同一时刻有7名证人共同听取不愿以书面形式立遗嘱的人的意愿，否则，该遗嘱没有法律效力。"优士丁尼皇帝致大区长官梅那："对于以非书面形式立的遗嘱，我们取消所有的形式规则。这样，7名证人作证之后，只要能够得知男女遗嘱人就指定他的继承人，抑或就遗赠，抑或就遗产信托（fideicommissa），或者就他要解放的奴隶做出的意思表达即足矣。尽管遗嘱人做出上述安排没有遵守格式语言，但是他将证人们聚集在一起，让他们听取了他的意愿和他的非书面形式遗嘱。"〔115〕

2. 公式遗嘱。公式遗嘱是指由政府机构保管或者在政府机构备案的书面遗嘱。它包括两种情形：

（1）御存遗嘱（testamentum principi oblatum），这是指遗嘱人将自己的书面遗嘱呈请皇帝保管，皇帝将该遗嘱交予执法官备案保管的一种遗嘱形式。〔116〕

---

〔114〕罗马法原始文献D. 28，1，24，佛罗伦汀语，费译《婚姻·家庭和遗产继承》，第263页。

〔115〕罗马法原始文献C. 6，23，21，4和C. 6，23，26，前揭书，第261页~263页。

〔116〕Pasquale Voci, *Istituzioni di diritto romano*, Giuffre, 1996, p. 604；Matteo Marrone, *Istituzioni di diritto romano*, Palumbo, 1989, p. 850；罗马法原始文献C. 6，23，19。

（2）公证遗嘱（testamentum apud acta conditum），这是指遗嘱人在行省或者内事裁判官的办公室内，证明自己在遗嘱中表达的意愿是真实的，由裁判官等作出笔录并存档的一种遗嘱形式。[117] 应当说，公证遗嘱的形式十分接近现代法中公证遗嘱的方式。

优士丁尼时代有关遗嘱形式与类型的规定，主要来源于法律昌明时期已经基本定型的法学理论和法学实践，同时又带有公元4世纪中叶（公元439年）狄奥多西二世和瓦伦丁尼安三世以及后来优士丁尼本人进行必要变更的痕迹。其具体体现为：

（1）保留了有关遗嘱证人资格审查的规则，但是废除了市民法对遗嘱证人苛刻的要求，允许受遗赠人以及与他们有关系的人等作为证人。优士丁尼特别赋予这些人担任证人的资格，因为他们并不继承死者的权利。[118]

（2）遗嘱是否为遗嘱人所亲自书写并不重要，在这点上保留了传统规则。但是根据狄奥多西皇帝和瓦伦丁尼安皇帝439年的谕令和优士丁尼皇帝530年的谕令，要求遗嘱人必须当着证人的面在遗嘱上签字，同时证人们亦必须在遗嘱上签字。

3. 特殊遗嘱。在优士丁尼时代，除了私式遗嘱和公式遗嘱之外，还有一些“特殊遗嘱”（testamenti speciali）。这些遗嘱特殊点表现在：或是立遗嘱程式较一般遗嘱要简单或者复杂；或是在立遗嘱程式上没有一定之规。这些遗嘱包括：

（1）军人遗嘱。军人遗嘱（testamentum limitis）是指任何现役军人无需依照一定的方式所立遗嘱。它是从罗马古代的战前遗嘱演进来的一种遗嘱形式。乌尔比安在其作品中曾经描述过军人遗嘱演进的过程：“尤里·凯撒（Iulius Caesar）皇帝第一个允许军人自由地立遗嘱。但是，这一允许是临时性的。而后，狄托（Titus）皇帝第一个就此给予了规定。在多米第安（Domitianus）皇帝亦作出同样的规定之后，内尔瓦（Nerva）皇帝扩大了对军人的照顾。而图拉真（Traianus）遵循了这一规定。因此，他将这一规定放入了《训示集》（Mandatum）中。《训示集》的主要内容是：‘许多人向我提出了有关军人遗嘱的问题，因为，如果严格地遵循法律规定会引起不少的冲突。本着帮助我的非常忠诚的和非常善良的士兵们的精神，我允许他们的遗嘱遵守简单的程式即可。无论他们以何种方式立遗嘱，他们的意愿应得到尊重。因此，他们按自己的意愿立遗嘱；他们以

---

〔117〕 参见罗马法原始文献 C. 6，23，19，1。

〔118〕 罗马法原始文献 J. 2，10，11，［古罗马］优士丁尼：《法学总论》，张企泰译，商务印书馆1989年版，第77页。

能够用的方式立遗嘱；只要对遗产的分配确实是遗嘱人的想法即足矣。’”[119]在罗马法的原始文献中，这是一个有关军人遗嘱的重要规定。它告诉了我们两方面的信息：

第一，军人遗嘱产生背景和立法演进。军人遗嘱产生的背景是：连续不断的战争，需要士兵的勇敢与忠诚，那么就必须给士兵以一定的利益，其目的是要给予对非常忠诚的和非常善良的士兵们以帮助。但是，现有的市民法的规定束缚了对士兵的照顾，故须有必要的突破。尤里·凯撒皇帝（Iulius Caesar，公元14～37年在位）第一个允许军人自由地立遗嘱。但是，这一允许是临时性的。而后，狄托皇帝（Titus，公元69～79年在位）第一个就此给予了规定；内尔瓦皇帝（Nerva，公元96～98年在位）扩大了对军人的照顾；而图拉真皇帝（Traianus，公元98～117年在位）继续保持了这一规定。

第二，军人遗嘱的特点。从图拉真皇帝《训示集》的内容可知，军人遗嘱最大的特点是：摒弃了一般遗嘱设立的严格程式化。具体讲：①允许军人依自己选择的方式设立军人遗嘱，因为军人立遗嘱会由于战事而难以遵循严格的程式，故允许军人以其能够使用的方式立遗嘱；②简易化的程式不影响军人遗嘱所体现的真实意愿。在这里，对军人遗嘱所体现的立遗嘱人的意愿是否真实，已经不将立遗嘱的程式作为判断的主要依据。所以，罗马法的原始文献中强调了有效军人遗嘱须具备的三个条件：①立遗嘱人按自己的意愿立遗嘱；②立遗嘱人以能够用的方式立遗嘱；③只要对遗产的分配确实是立遗嘱人的想法。

从另一个角度而言，这亦是皇帝们为了鼓励将士们在前线为国家和民族利益冲锋陷阵所采取的一种方法。皇帝们通过法律给了军人以一定的特许：①军人遗嘱的非严格程式化。军人无需像一般人那样被严格的立遗嘱程式所困扰。②允许军人在遗嘱中对自己的财产一部分作出处理。通常遗嘱必须将立遗嘱人的全部财产作出处理，不允许部分处理财产。[120]

对于何人可以被认为是法律所称的军人，根据乌尔比安的观点，罗马法中所称的军人必须是被载入军队花名册的职业军人。没有载入该花名册的人，即使是新兵或领取国家俸禄的人，均不是军人。只有军人方可根据兵役法的规定立军人

〔119〕 罗马法原始文献D. 29，1，1pr.，乌尔比安语，费译《婚姻·家庭和遗产继承》，第265～267页。

〔120〕 罗马法原始文献D. 29，1，6，乌尔比安语，前揭书，第267页：“如果一名军人仅就一座田宅写了一名继承人，至于其他财产，人们认为死者对之未立遗嘱，因为军人在死亡时可以就一部分遗产立遗嘱，而对另一部分遗产不立遗嘱。”

遗嘱，享受法律给军人遗嘱的特许。[121] 此外，通常军人遗嘱应当是为现役军人时所立，但是，如果某人立遗嘱时是非军人，而后成为军人，其在非军人时所立遗嘱是否有效？比友皇帝为一名先立遗嘱而后成为职业军人的人作出了一项批复，规定：如果军人愿意，这个遗嘱依兵役法有效。也就是说，只要是他的真实意愿，该遗嘱的性质即发生变化，由非军人遗嘱变为军人遗嘱，受到法律保护。[122] 那么，如果军人遗嘱设立之后，立遗嘱者由军人变为非军人，其所立遗嘱是否依然产生军人遗嘱的效力？根据公元 2 世纪的法学家阿富里坎的观点，军人遗嘱设立后，遗嘱人由军人变为非军人，其所立军人遗嘱的效力将在法定期间届满时失效，即军人遗嘱的有效期截止于退役后的 1 年。[123]

在优士丁尼皇帝之前，诸皇帝们对立军人遗嘱的时间并没有作出限制。但是优士丁尼认为，军人不应在战时和平时均可以享受军人遗嘱的特许，否则难以体现出对军人的特别照顾，遂于公元 529 年发布一个谕令，规定：对军人的特许和照顾仅涉及军人作战期间的最后意愿。[124]

此外，根据谕令的内容，对于那些不能依兵役法立军人遗嘱的一般人，如果他们被敌人捕获并死于敌人处，则严格军人遗嘱的规定扩大适用于他们。他们可以同样享有军人的待遇，有权以他们可能的方式立遗嘱，只要确实是他们的意愿即可。[125]

（2）盲人和聋哑人遗嘱。盲人和聋哑人遗嘱（testamentum caecis，surdis et mutis）是优士丁尼于公元 521 年发布的一个谕令中所规定的一种特殊遗嘱类型。[126] 由于遗嘱人在听觉器官或视觉器官等方面存在缺陷，他们在立遗嘱时就必须有 7 名证人和 1 名公证人在场见证。证人们必须要准确了解遗嘱内容。遗嘱人在完成书面遗嘱之前或之后必须将内容公布。7 名证人和 1 名公证人均必须在遗嘱上签字盖章。

---

〔121〕 罗马法原始文献 D. 29，1，42，乌尔比安语，前揭书，第 267 页：“一名军人能够依兵役法（iure militari）立遗嘱，这始于他被列入军队的职业军人花名册时而不是在此之前。因此，那些没有被列入军队职业军人花名册的人，即使是新兵以及是领取国家薪禄（ publicis expensis）的人都不是职业军人。因为职业军人必须被列入名单中。”

〔122〕 罗马法原始文献 D. 29，1，9，1，乌尔比安语，费译《婚姻·家庭和遗产继承》，第 269 页。

〔123〕 罗马法原始文献 D. 29，1，21，阿富里坎语，前揭书，第 269 页。

〔124〕 罗马法原始文献 C. 6，21，17，优士丁尼皇帝致大区长官梅那，前揭书，第 269 页：“为了使人们不会认为军人在任何时候都能够以他们喜欢的方式立遗嘱，我们规定：上述照顾只涉及军人作战期间的最后意愿。529 年 4 月 12 日，于君士坦丁堡。”

〔125〕 罗马法原始文献 D. 29，1，44，乌尔比安语，前揭书，第 267 页：“皇帝的谕令表明：所有依兵役法不能立遗嘱的人，无论是行省执政官或是其他任何人，如果被敌人捕获并且死于敌人处，他临死前可以根据自己的意思以可能的方式立遗嘱。”

〔126〕 参见罗马法原始文献 C. 6，28，8。

(3) 文盲遗嘱。文盲遗嘱（testamentum litteras nesciret）是公元439年狄奥多西和瓦伦丁尼安皇帝的一个谕令所规定一种特殊遗嘱类型。该谕令针对遗嘱人不会写字的情况，要求他在立遗嘱时，除有7名证人外，还必须由第8个人将遗嘱人所述内容书写下来，然后由书写者与7名证人在遗嘱上共同签字盖章。

(4) 传染病期间的遗嘱。传染病期间的遗嘱（testamentum tempore pestis）是戴克里先皇帝在公元290年的一个谕令所规定的一种特殊遗嘱类型。[127] 该遗嘱类型特别强调：当遗嘱人患有传染病时，证人可以不与遗嘱人接近，仅在已经作出书面形式的遗嘱上签字即可。这与罗马帝国时期发生的鼠疫有关。在帝国后期，意大利半岛一度鼠疫蔓延，人人自危。一旦发现病情，便立即将周边地区封锁起来。在这种情况下，只能适用传染病时期立遗嘱的规定，证人们无需接近遗嘱人，以避免传染上疾病。

(5) 乡人遗嘱。乡人遗嘱（teatamentum ruri conditum）是优士丁尼公元534年的有关谕令所规定的遗嘱类型。通常乡村偏僻，道路难行，人口稀少，且识字的人不多。在原则上讲，乡人立遗嘱同样适用必须有7名证人的要求，但是，在没有可能找到7名证人的情况下，5名证人即可。当其中有证人不识字时，可以由其他证人代为签字，但是他必须要了解遗嘱的内容。甚至法律允许在遗嘱人死亡后，证人们以宣誓的方式证明遗嘱。

罗马法有关特殊遗嘱的规定，从一定的角度体现了罗马人在立法上的求实思想，它确实是将法律作为衡平和维护主体利益的手段，这是值得我们加以借鉴的。

三、遗嘱关系人

(一) 遗嘱人

盖尤斯在其《法学阶梯》中提示我们："如果我们想审查遗嘱是否有效，首先我们应当看看立遗嘱的人是否具有立遗嘱的资格。"[128] 可见，当时的法学家已经清醒地意识到立遗嘱能力（testamenti factio attiva）对遗嘱的有效性起着至关重要的作用。立遗嘱能力是指特定主体依法律之规定有权通过遗嘱形式指定继承人的资格。

遗嘱人需要具备如下条件：

1. 立遗嘱人应当具有独立的人格和完全行为能力，也就是说，立遗嘱人不得是处于父权之下的人。在罗马法中，立遗嘱人必然是自然人，但是，并非任何自然人均有独立人格和完全行为能力。依早期罗马法的规定，仅家父是具有独立人格和完全行为能力的人，处于父权之下的罗马家庭成员，如家子、家女等并没

---

[127] 参见罗马法原始文献C. 6，23，8。

[128] 罗马法原始文献Gai. 2，114，黄译《法学阶梯》，第118页。

有独立人格，是依附于家父的自然人。至于奴隶，则是没有婚姻资格和交易资格的自然人，根本不可能有独立人格。尽管随着社会的发展，对处于父权之下的人给予愈来愈多的法律行为的资格和法律救济，但是，在立遗嘱的资格上，却始终被严格限制。在盖尤斯的作品所记载的内容中十分清楚地体现了这点。无论是市民法的规定，还是行省告示均明确强调："处于父权之下的人没有遗嘱权。即使家父允许他立遗嘱，但是，他不能合法地为之"〔129〕。到优士丁尼时代，这一规定依然十分严格，在优士丁尼皇帝致大区长官乔万尼的批复中，我们可以看到这样一段话："我们在任何情况下都不允许任何一个处于父权之下的人立遗嘱。纵观有关家子的旧法，如果并非特殊情况，不允许他们以任何方式立遗嘱的原则同样适用于已依法被赋予了遗嘱能力的人"〔130〕。在这个原始文献的片段中，不仅强调了优士丁尼以前的法律所设立的遗嘱人资格的原则，而且强调：在并非法律规定的特殊情况下，即使那些被依法赋予在特殊情况下有遗嘱权的人依然要遵循一般原则，不得立遗嘱。被依法赋予在特殊情况下有遗嘱权的人是指那些占有军役特有产和准军役特有产的人，他们可以依法立遗嘱，但是，遗嘱所涉及的标的物仅限于军役特有产和准军役特有产范围内。同时，这些在特殊情况下有遗嘱权的人又被依法赋予了一项特权：他们的遗嘱不因为"不合义务遗嘱之诉"而失效。〔131〕

有立遗嘱能力的人，也就享有了立遗嘱权。在罗马法的原始文献中，对遗嘱权的性质，帕比尼安有一个著名的观点："遗嘱权（testamenti factio）不是一种私权，而是一种公法之权。"这是一个引起人们思索的看法。为什么帕比尼安提出这样一个十分肯定性的结论？其理论分析是怎样的？可惜，在罗马法的原始文献中我们均不能找到直接的答案，但是，彭梵得对这一问题的分析或许可以给我们一定启发。他认为之所以帕比尼安将遗嘱权认为是公法之权，就在于：无论是立遗嘱的能力或是依遗嘱继承的能力，任何当事人的意愿和遗嘱能力表现的形式均不得违背法律原则的规定。基于这一公法目的，罗马法排斥任何继承协议。〔132〕如果将罗马法的这一立法现象和观点与我国现行《继承法》中有关遗赠扶养协议的规定相比较，它们在立法目的上的差异即表现得十分清楚：前者立法的初始目的是转移死者的法律地位，故严格禁止、取缔死者与他人缔结的继承协议，因为当事人之间的继承协议必然给罗马法所要保护的制度带来损害或者有带来损害之虞。相反，后者则将遗产继承作为在相关当事人发生财产帮助的重要途径，因

〔129〕 罗马法原始文献 D. 28，1，6pr.，盖尤斯语，费译《婚姻·家庭和遗产继承》，第 241 页。

〔130〕 罗马法原始文献 C. 6，22，11，1，前揭书，第 241 页。

〔131〕 罗马法原始文献 C. 3，28，37，1f，前揭书，第 243 页。

〔132〕 P. Bonfante, *Corso di Diritto Romano – le successioni*, p. 371.

而法律不禁止死者在生前与他人就遗产的处分进行约定。在大陆法系国家的近现代继承法中，允许继承约定的存在是相当普遍的现象。但是立法者关注的并非是“公权”，而是对人的意愿的尊重。

2. 市民身份。在公元212年之前，罗马法对行为人的市民身份的关注随处可见，且放在十分醒目的位置。立遗嘱人的资格亦概莫能外。市民身份的存在对于确定遗嘱的效力十分重要，非市民身份人所立遗嘱被认为是无效的，或者是不能适用市民法给予保护。但是自公元212年卡拉卡拉皇帝宣布给在罗马境内的所有非罗马人以罗马市民身份，这一规定的重要性也就逐渐消失了。

3. 届满法定年龄。年龄在法律行为中始终是一个被格外关注的问题。在现代法中，年龄与民事行为能力密切相连，它是判断行为人是否具有民事行为能力的重要标准之一。罗马法在规定遗嘱人能力时，同样注意到了立遗嘱的年龄问题。罗马法的立遗嘱年龄与其所规定的适婚年龄相吻合，即“男性满14岁，女性满12岁显然更为恰当”[133]。同时，乌尔比安在他的作品《论萨宾》中进一步分析了这个问题：“问题是：就立遗嘱而言，男性是必须超过14岁还是刚满14岁即可立遗嘱？例如：出生于1月1日的男性，在他14岁生日这一天立了遗嘱，那么该遗嘱是否有效？我认为它有效”。[134] 这说明，在罗马法学家的有权解释中，届满法定年龄的当日被计入在有立遗嘱资格的年龄之内。

4. 立遗嘱人应当有可供其处置的财产。财产的存在是实现继承目的的重要媒介，没有财产，遗产继承也就失去了其存在的意义。因此，无论是为了实现死者法律地位的延续而以一把剑作为象征转交给继承人，还是遗嘱人为了解决指定继承人的经济困境而交付其一笔数额巨大的金币，这些目的的实现不可能离开“剑”或“金币”等诸多表现形式的财产。即使是依特别法的规定在一定范围内享有立遗嘱权的人，其权利范围依然突出地体现在财产上，如依皇帝的特别许可，作为军人，尽管他是处于父权下的家子，但是他可以摆脱一般法律的约束而立遗嘱，不过，他只能是就自己占有的军役特有产或准军役特有产立遗嘱，超过这一个财产范围，其所立遗嘱无效。

（二）立遗嘱资格受到限制的人

1. 聋哑人和失明人。自然人因其听觉器官或者发音器官存在生理上的缺陷，致使其听觉器官不能正常接收来自于他人发音器官的空气振荡，或者其发音器官不能正常进行空气振荡使他人感知自己的意思，这在医学上称之为聋者（il sordo）或哑者（il muto）。这些人在其实施法律行为时，不可避免地会遇到法律上

〔133〕罗马法原始文献 D. 28，1，5，乌尔比安语，费译《婚姻·家庭和遗产继承》，第241页。

〔134〕罗马法原始文献 D. 28，1，5，乌尔比安语，前揭书，第241页。

的障碍。在早期罗马法中，明确规定："聋者与哑巴不能立遗嘱。"[135] 尤其罗马法中最早的遗嘱形式是民众会议遗嘱和战前遗嘱，均要求立遗嘱人当着众人的面以语言的形式阐释或者宣读自己的遗嘱；至于后来的称铜式遗嘱，更要求立遗嘱人必须说固定的语言。这显然是聋者和哑者所不能做到的。"显而易见，哑人既不能提出要式口约，也不能在要式口约中承诺。同样的规则也适用于聋人；因为提出要约的人需要听取承诺人的回答，承诺人也同样需要听取要约人的话语。"[136] 但是，至优士丁尼时代，这一限制发生了变化，"聋哑人不总是不能立遗嘱的。聋子指完全丧失听觉而不是听觉有困难的人，哑巴指根本不能说话而不是说话有困难的人。其实，学识渊博的人，由于各种偶然事故，往往也会丧失听说能力。因此，本皇帝谕令给这些人予以救助，允许他们按照谕令的规定，在一定场合和采取一定方式立遗嘱"[137]。在该原始文献的片段中，我们发现：优士丁尼将聋哑人的意义进行了缩小解释，强调完全丧失听觉或语言能力，这对于那些并非真正完全丧失听觉或语言能力的人而言，依然可以在法律允许的范围内立遗嘱。此外，正如盖尤斯和优士丁尼均指出的那样：如果在遗嘱人立遗嘱之后，由于疾病或者由于任何其他特殊的原因如发生事故等，使立遗嘱人变成了哑者或聋者，其所立遗嘱依然有效。[138]

"失明人"，是指丧失视觉的人。依优士丁尼《法学阶梯》的规定，除了按照优士丁尼一世法律所规定的方式以外，不得立遗嘱。[139]

2. 被敌人俘虏的人。在罗马法中，被敌人俘获的人在被俘获期间丧失自由权和罗马市民身份，其民事行为能力因此被认为存在瑕疵[140]，如果他"在敌人处立了遗嘱，尽管他已返回家园，但是，该遗嘱无效"[141]。但是，如果他在被敌人俘获之前已经立了遗嘱，那么尽管他在战时被俘，不过后来又逃离敌营返回罗马，则基于"复境权"[142] 而视为从未丧失其自由，他所立的遗嘱依然有效。此

---

[135] 罗马法原始文献 D. 28，1，6，1，盖尤斯语，前揭书，第243页。

[136] 罗马法原始文献 Gai. 3，105，黄译《法学阶梯》，第234页。

[137] 罗马法原始文献 J. 2，12，3，［古罗马］优士丁尼：《法学总论》，张企泰译，商务印书馆1989年版，第82页。

[138] 罗马法原始文献 Gai. 3，105，黄译《法学阶梯》，第134页；罗马法原始文献 J. 2，12，3，［古罗马］优士丁尼：《法学总论》，张企泰译，商务印书馆1989年版，第82页。

[139] 罗马法原始文献 J. 2，12，4，［古罗马］优士丁尼：《法学总论》，张企泰译，商务印书馆1989年版，第82页。

[140] 民事行为能力的享有以自由权和罗马市民身份的享有为重要条件。

[141] 罗马法原始文献 D. 28，1，8pr.，盖尤斯语，费译《婚姻·家庭和遗产继承》，第243页。

[142] "复境权"（ius postliminii）是罗马法中的一项法律制度，它是指当被敌人俘获的罗马人以任何方式返回祖国并重新定居下来时，其原来享有的罗马人的权利被恢复。"复境权"一词的拉丁文是由"post"（权）和"limina"（入境之后）所构成。

外，根据《扩尔耐利亚法》（Lex Cornelia）[143]，如果被敌人俘获的人死于敌人处，其在被俘获之前所立遗嘱有效。对此，法学家尤里安和优士丁尼皇帝在他们的作品中均有阐述，如尤里安认为："根据《扩尔耐利亚法》（lex Cornelia），在敌人处死亡的人立的遗嘱，如同他没有被敌人俘虏时一样要被确认是有效的。所以，遗嘱人的遗产归属于各个继承人。因此，奴隶被死于敌人处的人以遗嘱的形式指定为继承人，无论他是否愿意，他都成为解放自由人和继承人。……在敌人处死亡之人的儿子即使不愿意也要强迫他继承遗产。尽管我们不能将他们称为'自家继承人'（heres suus），因为当在敌人处的人死亡时，该继承人不处在他的父权之下。"[144]

3. 被处刑罚的人。在任何社会中，较之一般人而言，被处以刑罚的人都会在法律救济上受到相当大的限制。这似乎是被处以刑罚者在承受被明确宣布的刑罚之外必然要另外受到的迁延性处罚。在罗马法中，这个问题被解决得十分干脆："如果某人被放逐，他在被放逐之前和之后所立的遗嘱无效，而且在被判处放逐时他的财产亦要被没收；或者，如果这些财产不产生收益，则被给予债权人。"[145]"被判处监禁或者斗兽者或者采矿劳役之人将丧失自由而且其财产充公。因此，他们显然要丧失立遗嘱的能力。"[146]

4. 身份不明者。"身份不明者"，是指在罗马市民法上，某人是自由人、抑或是处以父权之下的身份没有被确定，存在着疑问或者极易导致他人误解，则根据比友皇帝的批复，这样的人不能立遗嘱。[147]

5. 精神病人。《十二表法》规定精神病人不得独立实施对自己的身体和财产加以处置的行为，要为其设立保佐人，《十二表法》第五表第 7 项规定："精神病人无保佐人时，对其身体和财产由族亲保护之，无族亲时，由宗亲保护之"。凡精神病人不得立遗嘱，这是因为其缺乏理智，不能理解他所做的事情，用现代语言讲：精神病人因为在精神健康状态上存在瑕疵，使得他对自己的行为缺乏相应的预见力和判断力。在罗马法原始文献中，我们不仅可以读到盖尤斯关于"精神病人不能实施任何行为"的观点，还可以在《优士丁尼法典》中看到优士丁

---

〔143〕 公元前 18 年在扩尔耐利亚·苏拉统治期间通过的民众会议决议，其主要内容之一是规定了：立遗嘱能力的丧失不影响在有能力时所立遗嘱的有效。

〔144〕 罗马法原始文献 D. 28，1，12，尤里安语，费译《婚姻·家庭和遗产继承》，第 243～245 页；罗马法原始文献 J. 2，12，5，［古罗马］优士丁尼：《法学总论》，张企泰译，商务印书馆 1989 年版，第 82 页。

〔145〕 罗马法原始文献 D. 28，1，8，1，盖尤斯语，费译《婚姻·家庭和遗产继承》，第 245 页。

〔146〕 罗马法原始文献 D. 28，1，8，4，盖尤斯语，前揭书，第 245 页。

〔147〕 罗马法原始文献 D. 28，1，15，乌尔比安语，前揭书，第 247 页。

尼就这个问题给大区长官尤里安的批复，该批复强调："尽管先人们对精神病人在其头脑清醒时是否可以决定其最终意愿存有疑虑，但是，我和过去的皇帝认为是可以的。现在，我们应当就另一个亦使古人疑虑的问题即遗嘱人开始立遗嘱时变为精神病人的情况作出规定"，" 我们规定：一名遗嘱人在其实施立遗嘱行为时变为精神病人，其所立的遗嘱无效。但是，如果是在他头脑清醒时立了遗嘱或者表达了最终意愿，或者上述行为是在他头脑清醒的时间内开始所为而行为结束时他的精神病状态尚未治愈，我们认为他的遗嘱或者最终意愿之表达应当有效。当然，他要遵守法律规定的立遗嘱的规则"。[148] 也就是说，精神病患者在患病间歇期间所立遗嘱是有效的，因为此时他的神志是清醒的。

6. 浪费人。浪费人是指因其挥霍无度而被禁止管理自己事务的人。在其被禁止管理的事务中，包括禁止他对自己的财产进行管理和处分的行为，因此，浪费人不能立遗嘱。但是，在被禁止管理自己事务之前所立的遗嘱，依然有效。[149]

7. 未成年人。乌尔比安明确在其作品中强调：未成年人不能立遗嘱。[150] 这是因为他们过小的年龄极大影响了他们对行为的判断力和预见力。盖尤斯也认为："实际上，幼儿和少年与精神病人没有很大差别，因为那个年龄的未成年人不具有任何识别能力。"[151] 在社会经济交易活动中，如果未成年人在获得监护人许可的情况下，他可以合法地进行一切交易，比如他使自己负债[152]，但是鉴于立遗嘱行为不仅被罗马法学家认为是一种公法上的能力，而且确实对立遗嘱人的财产去向至关重要，故必须加以严格限制。

8. 妇女。在罗马法中，妇女被作为一个另类。也就是说，法律的一般规定并不当然适用于妇女。其原因在于：在早期罗马法中，妇女被列为限制民事行为能力人，即使是成年的女性，依然要始终处于男性的监护之下——为女儿时处于父亲的监护之下，出嫁后处于丈夫的监护之下，丈夫死了处于成年儿子的监护之下。这种制度的立法价值取向据说是"妇女因心灵轻浮而常常容易受骗，因而通过监护人的许可对她们加以指定是公正的"[153]，对这种说法，盖尤斯嗤之以鼻："这种规定看起来是华而不实的"，"似乎没有什么扎实的理由支持这个观点"[154]。

---

〔148〕 罗马法原始文献 C. 6，22，9pr.，-1，前揭书，第 247~249 页；［古罗马］优士丁尼：《法学总论》，张企泰译，商务印书馆 1989 年版，第 81 页。

〔149〕 罗马法原始文献 J. 2，12，2，［古罗马］优士丁尼：《法学总论》，张企泰译，商务印书馆 1989 年版，第 82 页。

〔150〕 Ulp. Fragm. 20. 10.

〔151〕 罗马法原始文献 Gai. 3，109，黄译《法学阶梯》，第 234 页。

〔152〕 罗马法原始文献 Gai. 3，107，前揭书，第 234 页。

〔153〕 罗马法原始文献 Gai. 1，190，黄译《法学阶梯》，第 70~72 页。

〔154〕 罗马法原始文献 Gai. 1，190，前揭书，第 70~72 页。

但是这种制度却实实在在地在罗马法发展的过程中存续了数百年。

其后，该制度因继承的新的财产功能和新的需求。法律开始确认“圣洁的女子”有立遗嘱权。[155] 不过在西赛罗时代妇女仅在一个条件下可以立遗嘱：即该妇女脱离了与她的家庭的关系而依附于一个家外人的权力之下。这就是罗马法中有名的买卖婚。这种买卖婚与我国所理解的“买卖婚”不同，在罗马法中，“买卖婚”是通过要式买卖这样一种虚拟的买卖形式，使妇女归顺夫权。它需要至少5名以上的成年罗马市民作为证人，并且有1位司秤参加，买妇女者对其获得夫权。在罗马法有关买卖婚的规定中，允许妇女不仅可以同自己丈夫实行买卖婚，而且也可以同外人实行。因而人们说实行买卖婚或者是为了结婚，或者是为了信托。如果一个妇女同自己丈夫实行买卖婚以便获得其女儿的地位，人们认为她是为结婚而实行买卖婚。如果妇女是为了其他原因，比如为了避免监护，而同自己丈夫或者某一外人实行买卖婚，人们则说这种买卖婚是为信托而实行的。例如：如果某个妇女希望摆脱她现有的监护人并且得到另一个监护人，经现有的监护人的许可而对自己实行买卖；然后买者将她退卖给她所希望的人，她通过诉请解放的方式由后者解放，并把她的解放人作为监护人。这种监护人被称为信托监护人。在一定时期内，实行这种信托买卖婚的目的就是为了立遗嘱，因为当时的妇女实际上不拥有立遗嘱的权利，除非她们在实行买卖婚后又被退卖并且被解放[156]。

后来，元老院根据哈德良皇帝的倡议取消了实行这种买卖婚的必要性并允许妇女在没有实施买卖婚的情况下立遗嘱，只不过要求立遗嘱的女子之年龄不得小于12岁，但是那些尚未摆脱监护人的妇女必须经监护人的许可立遗嘱。这显然是一个相当大的进步。盖尤斯甚至认为这样的规定似乎使得女性比男性处于更加优越的条件之中，因为不满14岁的男性不能立遗嘱，即便他希望在监护人的许可下立遗嘱依然是幻想，但是女性在12岁后即获得了立遗嘱权[157]。但是，由于可供女性处分的财产和权利极为有限，这种立遗嘱权的较早获得的价值并不是很大。

（三）遗嘱继承人

现代社会的继承法对于遗嘱继承人的考虑，主要涉及这样几个方面的问题：①哪些人可以成为遗嘱继承人；②被指定为遗嘱继承人的人是否丧失继承资格；③成为遗嘱继承人的效力。显然，这些考虑均产生于继承是取得财产所有权的重要途径之一的视角。但是，在罗马法中，考察遗嘱继承的视角却不是一个，而是两个：①身份延续的需要；②财产所有权转移的需要。加之罗马法所处的特定历史时

---

〔155〕 P. Bonfante, *Corso di Diritto Romano – le Successioni*, p. 376.

〔156〕 罗马法原始文献 Gai. 1，113 ~115a，前揭书，第42页。

〔157〕 罗马法原始文献 Gai. 2，113，前揭书，第118页。

期，使得我们对罗马法中遗嘱继承人的能力之分析，不得不带有当时的历史色彩。

在罗马法中，遗嘱继承人的能力（testamenti factio passiva）是指继承人依遗嘱进行继承或者受遗赠的资格。罗马法学家彭波尼认为："可以肯定：家子、他人的奴隶、遗腹子和聋者都有继承的能力。尽管他们不能够立遗嘱，但是，他们能够通过遗嘱为自己或者为他人获得遗产。"[158] 这似乎向我们表明：连家子、他人的奴隶、遗腹子和聋者都有依遗嘱进行继承的能力，更何况他人呢？但是，实际上享有依遗嘱继承遗产的主体被设置了严格的条件，尽管罗马法在其规定中也确实肯定了家子、他人的奴隶、遗腹子和聋者的遗嘱继承能力，但它是附条件的。具体分析如下：

1. 对遗嘱继承人的一般要求。[159]

（1）是遗嘱指定的特定人。在罗马法的基本规则中，强调遗嘱继承人必须由立遗嘱人在其遗嘱中明确指定，非特定的人不得成为继承人。[160]

早期罗马法强调立遗嘱时继承人必须是特定的，且必须以直接命令式等十分明确的方式指定遗嘱继承人，例如遗嘱人在其遗嘱中写明："我的儿子铁提为我的继承人。"这种指定具体而又确定，任何人都不会对何人为继承人产生误解。但是，如果遗嘱人所表达的内容是："被选为执政官且娶我女儿为妻的，就是我的继承人"，这在早期罗马法中被认为是不符合"特定"的要求而无效。

公元1世纪以后，罗马法对"特定"的解释要较为宽松，允许对继承人的指定可以扩展至一定范围内的人，其特点是：立遗嘱时所涉继承人的范围内的诸人均是遗嘱人所熟悉的特定之人。但是，该范围附加条件，即不仅遗嘱人完全熟悉这个范围内的所有人，而且肯定是该范围内的有限的诸特定人之中的一个，例如："在我的表侄中，或者在我们的文艺社中有愿意娶我女儿的，我就立他为我的继承人。"该时期的罗马法注意到了社会现实中存在着纷繁复杂的情况，不可能将一个未来发生的事实固定在一点上而不得发生任何变化，这不仅不会实现法律的目的，而且往往会使遗嘱人的意愿落空。当时的法学家和立法者已经清醒地意识到：在一定程度上适当放宽指定继承人的范围，给遗嘱人一个选定继承人的空间，同时又不会导致对何人为继承人的误解和歧异，这是法律的进步和立法目的进一步实现的途径。

至优士丁尼一世皇帝时期，对"特定"的理解更加宽泛，其特点是：立遗

---

〔158〕 罗马法原始文献 D. 28，1，16pr.，彭波尼语，费译《婚姻·家庭和遗产继承》，第249页。

〔159〕 参见［意］P. 彭梵得：《罗马法教科书》，黄风译，中国政法大学出版社1994年版，第428页；周枏：《罗马法原论》，商务印书馆1994年版。

〔160〕 罗马法原始文献 Gai. 2，238～242，黄译《法学阶梯》，第168～170页；罗马法原始文献 Gai. 2，287，黄译《法学阶梯》，第186页；P. Voci, *Istituaioi di diritto romano*, Giuffre, 1996, pp. 413～414.

嘱时继承人不特定，但是待遗嘱人指定的条件发生时，继承人成为特定人即可。例如，遗嘱人在其遗嘱中确定："凡是愿意与我的女儿结婚的，我就立他为我的继承人。"显然，在立遗嘱时，对于遗嘱人而言，何人为继承人是不特定的，但是，一旦遗嘱人的规定的特定行为——结婚行为发生时，实施该特定行为的人即为继承人，故此时，继承人的资格取得不仅取决于其意愿，而且更取决于特定行为的发生。

（2）具有罗马市民身份。这个要求取决于罗马法对于财产权的规定。根据罗马法的一般原则，财产权的获得，必须符合罗马市民法的规定，其中最重要的内容就是财产权利人必须具有罗马人的身份。有了罗马人的身份，该主体即具有了享有财产权的重要资格之一，因而也就具有了接受继承和遗赠的重要资格之一，否则，接受遗嘱继承的能力因存在瑕疵而无效。因此，具有罗马市民身份可以使继承人享有了获得遗产财产权的基础，同时也正因为这个缘由，某些主体将根据罗马市民法的规定而不具备遗嘱继承能力，例如，罗马法强调异邦人不得有遗嘱继承能力，因为外国人不得依罗马市民法获得遗嘱继承能力，他们只能根据其本国法或者罗马万民法的有关规定进行遗嘱继承和遗赠。

（3）具有自权人身份。具有遗嘱继承能力的人应当是自权人，这意味着奴隶和处于父权下的家子等人并不能取得遗产的所有权，尽管在发生继承时，一旦他们被指定为继承人，则无论他们是否愿意，均必须接受继承，但是，这并非意味着他们具有遗嘱继承能力，相反，他们对依继承所取得的财产，并没有所有权。财产所有权归于他们的主人或者家父。当然，根据罗马法的规定，也存在着一些另外情形，例如在继承开始之前，奴隶被解放，则该解放自由人对其依遗嘱继承的财产享有所有权。

（4）人格没有瑕疵。在罗马法中，人格瑕疵通常是指有人格者发生了人格减等的情况。

（5）继承权没有被剥夺或者被限制。如前所述，在罗马法中，继承权被作为公法之权，因而它与现代法不同。在现代法中，继承权被作为一项十分重要的私权，不能被剥夺，而是在发生法律规定的情形时，继承人将自动丧失继承权。显然，"剥夺"与"丧失"不是同一语，"剥夺"是由某个主体对他主体施加的主动性行为，而"丧失"则是该他主体因存在法律直接规定的情形而导致自动失去继承权的情况。在"丧失"中，不存在一主体对他主体主动施加行为的情况，而仅存在对"丧失"继承权的争议进行认定的法院，其他任何社会组织均无权确认某人丧失继承人。但是，在罗马法中，则强调继承权被剥夺的问题。例如，在优士丁尼的法律中，敌对分子的子女、因叛逆罪而被判刑的人的子女、脱教者和异教徒如摩尼教徒被剥夺继承权，同时这也意味着他们没有了遗嘱继承能力。

在继承权被限制的情况中，还有一种情况是丧失作证能力的人，其继承权被限制。根据罗马法中《十二表法》等规定，丧失作证能力的情况主要包括：证人拒绝证言[161]、有污名（turpitudo，这是指虽无法律上的规定，但其行为卑鄙为人们所不齿，即被人们公认为不名誉的人）。

2. 对遗嘱继承人的特别规定。鉴于在罗马社会中，家子、他人的奴隶、遗腹子和聋者被认为是与一般遗嘱继承人有所不同的群体，罗马法律对他们是否具有遗嘱继承能力有特别规定。

彭波尼认为："可以肯定：家子、他人的奴隶、后生子（包括遗腹子在内）和聋者都有继承的能力（testamenti factio）。尽管他们不能够立遗嘱，但是，他们能够通过遗嘱为自己或者为他人获得遗产。"[162] 这说明，有关遗嘱继承能力的一般规定并不当然适用于家子、他人的奴隶、遗腹子和聋者。究其原因，就在于这些人或是处于父权下，或是处于他人的权力之下，或是其自身存在着被法律关注的特殊情况。这些情形共有一个结果，即这些人根据法律往往不能立遗嘱，没有立遗嘱的能力，但是，罗马法学家们已经注意到：接受遗嘱并依遗嘱实施继承，其结果无论是对遗嘱人愿意的实现、或是对被指定的继承人的财产帮助、或是对整个社会的稳定均有着明显的益处。尽管在罗马法中将"立遗嘱的能力"和"依遗嘱接受继承的能力"统称为"遗嘱能力"（testamete factio），但是，不能机械地要求两个能力必须同时具有，因为这两种能力终究所要解决的问题是不同的；此外，伴随着社会的发展，继承的功能愈发集中在财产扶助上。由此我们可以知道，彭波尼有关对家子、他人的奴隶、后生子和聋者的遗嘱继承能力的观点，有其产生的社会背景。

这些人虽然有遗嘱继承能力，却并不意味着他们与一般遗嘱继承人那样，伴随着依遗嘱实施继承行为的完毕，有遗嘱继承能力的人即享有了所继承遗产的所有权。相反，与一般遗嘱继承人相比，这些人所处的法律地位决定了他们在继承能力上存在着瑕疵，他们的遗嘱继承能力的存在，必须以立遗嘱人在遗嘱中专门地、明确地指定其为继承人或者受遗赠人为前提条件，同时，这些人作为继承人所取得的财产，由于他们没有自己独立的人格，故而他们仅是遗产的接受者，却不是遗产的所有者。他们是在为自己的家父或主人取得遗产，遗产的所有权完全归于家父或者主人，除非在继承开始前，家子摆脱了父权、奴隶被解放。

在罗马法中，对主人仅在遗嘱中指定自己的奴隶为继承人却没有解放他的遗

---

〔161〕 罗马法原始文献《十二表法》（XII Tab.）8，周枏：《罗马法原论》，商务印书馆2004年版，第1015页。

〔162〕 罗马法原始文献 D. 28，1，16pr.，彭波尼语，费译《婚姻·家庭和遗产继承》，第249页。

嘱认定无效。

（四）遗嘱证人

遗嘱证人（testis）能力是指证明遗嘱是否依法成立的资格。罗马法对遗嘱证人的能力要求甚严，同时要求遗嘱证人应当是专司证明，不宜有与遗嘱有关的其他身份。

1. 遗嘱证人的条件。

（1）与所证明的遗嘱没有法律规定的利害关系。在这里，"利害关系"通常是指与遗嘱的指定有着某种利益关联。如果有这种利益关联的人做证人，将会因有利害关系而导致对遗嘱的作证无效。罗马法禁止诸如遗嘱中被指定的继承人、处于遗嘱人的支配权下的人做遗嘱证人。这在乌尔比安的作品《论萨宾》第一编中可以读到："谁在遗嘱中被指定为继承人，谁就不能成为同一遗嘱的证人。相反，受遗赠人（legatarius）或者被写明是监护人的人可成为证人。除非他们有诸如是未适婚人、是处于立遗嘱人的支配权下的人的障碍。"〔163〕但是针对军役特有产立遗嘱的人之父亲和兄弟可以成为证人，这是法律给予军人的特别保护〔164〕。

（2）已是适婚人且精神状态正常。罗马法强调证人在作证时必须是已届满适婚年龄且头脑清醒之人。至于在作证之前或之后的精神状态是否健康，对遗嘱的有效性不产生影响。对此，乌尔比安在《论萨宾》第一编中已经明确告诉了我们："精神病人在其精神状态不正常时不能作证。但是，当他头脑清醒时他可以作证。在他患精神病之前作过证的遗嘱有效，并且依该遗嘱发生遗产占有。"〔165〕

（3）必须是在为遗嘱作证进行签字时有资格。在罗马法中，强调遗嘱证人的资格须在遗嘱上签字之时，至于在签字之前或者签字之后证人是否有作证的资格，在所不问。甚至遗嘱证人在作证之后丧失了证人的资格，亦对其已经签字作证的遗嘱不产生影响。〔166〕

（4）遗嘱证人作证范围是仅限于立遗嘱行为。乌尔比安对这一条件有所阐述："在遗嘱中，被指定为证人的人不能被要求对非遗嘱行为作证。对这一原则应这样理解：如果证人被要求对立遗嘱之外的行为作证，而后他们又被告知要为

〔163〕 罗马法原始文献 D. 28，1，20pr.，乌尔比安语，前揭书，第253页。

〔164〕 罗马法原始文献 D. 28，1，20，2，乌尔比安在《论萨宾》第一编中写到："相反，人们可以问道：可对军役特有产立遗嘱的人之父亲是否能够被遗嘱人指定为遗嘱的证人。马尔切勒在《学说汇纂》第十编中写道：'他可以这样做。'他的兄弟亦可以被指定为遗嘱证人。"

〔165〕 罗马法原始文献 D. 28，1，20，4，乌尔比安语，前揭书，第253页。

〔166〕 罗马法原始文献 D. 28，1，22，1，乌尔比安在《论告示》第三十九编中写道："我们应当分析证人在签字时而不是在遗嘱人死亡时的身份和资格。他在遗嘱上签字时有资格作证人，而后丧失了证人的资格，这对他已签过字的遗嘱之效力没有影响。"费译《婚姻·家庭和遗产继承》，第255页。

立遗嘱的行为作证，那么，他们只能对立遗嘱的行为作证。”[167]

（5）遗嘱证人的活动必须遵守法律的规定。无论是遗嘱作证的程序还是诸如必须要在遗嘱人在场的情况下进行遗嘱作证等，均必须遵守有关遗嘱的法律规则，否则，该遗嘱无效。在戴克里先皇帝和马克西米安皇帝致巴特罗克莉娅的批复中，十分清楚地载明了这点：“如果未经你的祖国授予特权而不遵守有关立遗嘱的规则，以及证人们在遗嘱人缺席的情况下履行自己的证明职责，该遗嘱没有任何效力。”[168]

2. 遗嘱证人的人数。遗嘱证人的人数，只能是一个还是可以有多个？根据乌尔比安的观点，遗嘱证人的人数并不限于一个，而是可以有多个：“我们可以有数个证人，其中可以包括诸如我和我的父亲以及处于同一支配权下的其他人。”[169] 这对于确保遗嘱的真实性以及数个遗嘱证人的证言相互印证是非常必要的。

3. 遗嘱证人作证形式。遗嘱证人在实施作证行为时，必须既要有签字，又要用封印盖章，缺一不可。“如果证人中有一名证人未签字，而是以封印盖了章，则他不再是证人。如同许多人经常做的那样，证人签了字但未盖印，同样亦不认为他是证人。”[170] 在罗马时代，封印以腊封的形式表现，其形状有环形、方形等多种，在实际生活中，人们多用刻有字符的环形印章。根据罗马法的规定，一份遗嘱必须有 7 个证人作证。在罗马法的原始文献中，我们可以读到这样一个片段：“戴克里先皇帝和马克西米安皇帝致马特洛尼娅：如果 7 名证人中有 1 名证人未出席，或者当着遗嘱人的面，全体证人们没有用自己或他人的封印蜡封遗嘱，则依法该遗嘱无效。”[171]

4. 遗嘱证人资格的限制。在罗马法中，有两类人的遗嘱证人资格是被限制的。

（1）奴隶。“奴隶未经庄严的仪式，宜被认为不能作证，因为奴隶不能与自由人共同适用市民法或者裁判官告示。”[172] 尽管这个理由在我们现在看来是十分荒唐的，但是，在罗马法中，奴隶的遗嘱作证能力受到限制是客观存在的。如果奴隶要获得遗嘱作证能力，依照有关惯例举行一个庄严的仪式是必经程序，甚至

---

〔167〕 罗马法原始文献 D. 28，1，21，2，乌尔比安语，前揭书，第 255 页。

〔168〕 罗马法原始文献 C. 6，23，9，戴克里先皇帝和马克西米安皇帝致巴特罗克莉娅，前揭书，第 257 页。

〔169〕 罗马法原始文献 D. 28，1，22pr.，乌尔比安语，前揭书，第 255 页。

〔170〕 罗马法原始文献 D. 28，1，22，4，乌尔比安语，前揭书，第 257 页。

〔171〕 罗马法原始文献 C. 6，23，12pr.，戴克里先皇帝和马克西米安皇帝致马特洛尼娅，前揭书，第 259 页。

〔172〕 罗马法原始文献 D. 28，1，20，7，乌尔比安语，前揭书，第 255 页。

我们可以认为这个仪式具有使奴隶被他人看来似乎已经“被洗礼”的功能。

(2) 妇女。对于妇女的遗嘱作证能力，应当说在《尤里亚法》之前，妇女没有遗嘱作证资格。但是在《尤里亚法》之后，对妇女的遗嘱作证资格放宽了。该法规定，“禁止由于通奸而被判刑的女性被指定为证人或者进行作证”[173]。由此可见，凡不存在《尤里亚法》所禁止的行为，则妇女可以为遗嘱进行作证。

5. 被禁止做遗嘱证人的人。有两类人不得作为遗嘱证人：

(1) 处于家产买主或者遗嘱人支配权下的人不得作为证人。因为，根据早期法，整个这些为立遗嘱而进行的活动均被认为是在家产买主和遗嘱人之间进行的。因此在这种事情中排斥家庭内部的证人。

(2) 如果某个处于父权之下的人被用来担任家产买主，则该人的父亲不能作为证人。就连处于同一支配权下的人，比如该人的兄弟，也不能当证人。如果儿子在退伍后为军营特有产立遗嘱，他的父亲以及处于同一父权之下的人也不能合法地担任证人。[174]

第三节 无遗嘱继承

一、无遗嘱继承概述

(一) 无遗嘱继承的意义

“无遗嘱继承”(successione ab intestato)，顾名思义，其遗产继承的前提是没有任何遗嘱的存在。但是，在罗马法中，“没有遗嘱”，并非完全是指死者在死亡之前没有立遗嘱，其真正的意思是指死者在死亡前没有立遗嘱，或者虽然立了遗嘱但没有效力，或者由于被指定继承人拒绝接受遗产而导致遗嘱实际没有发生效力等诸种情况。优士丁尼的《法学阶梯》强调了这点：“任何人死亡时不留遗嘱，是指他根本未立任何遗嘱，或立了不发生任何法律效力的遗嘱，或所立的遗嘱被撤销或成为无效，或没有任何人根据遗嘱成为继承人。”[175]

因此，我们可以这样给罗马法中的无遗嘱继承下定义：无遗嘱继承是指在死者于死亡前没有立遗嘱，或者虽然立了遗嘱但因不符合法定要件而没有效力，或者因遗嘱被撤销而无效，或者由于被指定继承人拒绝接受遗产而导致遗嘱实际没有发生效力的情况下，死者的遗产由法律规定的继承人予以继承的一项法律制度。

---

[173] 罗马法原始文献 D. 28，1，20，6，乌尔比安语，前揭书，第253~255页。

[174] 罗马法原始文献 Gai. 2，105~106，黄译《法学阶梯》，第114~116页。

[175] 罗马法原始文献 J. 3，1pr.，[古罗马] 优士丁尼：《法学总论》，张企泰译，商务印书馆1989年版，第125页。

（二）无遗嘱继承制度的演进

1. 市民法的规定。《十二表法》中已经开始具有继承制度的雏形性规定，例如《十二表法》第五表第4条规定："死者未立遗嘱指定其继承人，又无正统继承人（heredes sui），其遗产由最近的族亲（agnarius proximus）继承。"

在这个内容中，我们可以获得三个信息：①无遗嘱继承适用于死者没有立遗嘱指定继承人的情况；②正统继承人是第一顺序继承人；③最近的族亲是第二顺序继承人。

正统继承人（heredes sui），其拉丁文的字面意思是"本人的继承人"，在法律上的解释应当是这样：正统继承人指在被继承人死亡时，直接受死者权力支配并因其死亡而成为"自权人"的人。由于这些人与被继承人有着十分密切且直接的关系，如血缘关系、婚姻关系等，故他们根据法律直接继承死者的遗产，而无需履行任何程式化的手续。具体包括三种人：①死者的子女，无论是亲生的或是收养的，但是已经缔结有夫权的婚姻的女儿，不属于死者的正统继承人；②处于死者夫权下的妻子，因为她处于夫权之下，被认为与处于家父权下的子女是同等地位，但是，如果不是处于父权之下的妻子则不是正统继承人；③没有父亲的孙子女，被继承人之子由于已经脱离父权、或由于先于被继承人死亡，则该子的子女，即被继承人的孙子女成为正统继承人。但是如果没有前述条件，即被继承人之子没有脱离父权、或没有先于被继承人死亡，则不发生孙子女成为正统继承人的情况。同时，应当注意的是，没有辈分的限制，可以是被继承人的孙子女、曾孙子女；也没有是否亲生的限制，是亲生或是收养，在所不问。陈朝壁先生认为现代法中的代位继承制度就滥觞于此。[176]

至狄奥多西二世皇帝（公元408～450年）时，他发布了一个谕令，决定允许私生子可以成为库里亚成员，这一决定使得这些私生子具有了与婚生子同样的法律地位。但是，根据史料的记载，这一决定的思想基础不是追求私生子与婚生子的法律地位平等，而是为了解决当时库里亚成员人丁及财产不足的情况。因为虽然作为库里亚成员是十分荣耀的，但是其所承担的负担亦很大，故而人们为了躲避过重的负担而想方设法地不成为库里亚成员，使得空额愈来愈多。为了解决这个问题，狄奥多西二世皇帝作出了此决定，但是要求其生父必须给他相当的财产，以确保他能够承担对国家的责任。

由此可见，在这一决定中所体现的非婚生子与婚生子法律地位平等的思想火花只是一个副产品，后来才被法学家们挖掘、重整、提炼成为一个理论原则。

上述三类人处于同一继承顺序，没有先后之分，但是在继承份额上有多与少的

---

〔176〕 陈朝壁：《罗马法原理》，商务印书馆1944年版，第552页。

区别。前两种人是按照人数的多寡分配，即实行“人头原则”（per capita），每一人头一份；而第三种人则是按照“按支原则”（per stipers），即被继承人的孙子女所继承的遗产仅限于他们的父亲应当继承的部分。因此，他们继承的份额取决于参与继承的被继承人的孙子女人数的多少。参加继承的人数与每个人得到的财产数成反比：参加的人多，则每人得到的少；参加的人少，则每人得到的多。[177]

“最近的族亲”（agnarius proximus），在罗马法中是指在族亲当中与被继承人在亲等上最近的人。“最近的族亲”是《十二表法》所确认的第二顺序法定继承人。在《十二表法》以及后来的市民法中，有关族亲继承的规定主要特点是：族亲继承人的范围限于死者死亡时最近的族亲。族亲是通过男方即父系所联系起来的血亲，而不问是否为同母所生。因此，例如同父所生的兄弟之间、叔伯与兄弟所生儿子之间、兄弟各自所生的儿子之间以及如此类推的人之间，均为族亲关系。

2. 裁判官法的改革。在无遗嘱继承制度的发展过程中，裁判官的改革发挥了极为重要的作用，其最为突出的就是裁判官创设了“遗产占有制度”。根据罗马法原始文献的记载，裁判官在无遗嘱继承中所采取的具体改革措施主要涉及下列方面：

（1）关于给予被解除家父权的子女以遗产占有。被解除家父权的子女，根据自《十二表法》始的市民法的规定，没有任何继承资格，也没有任何其他权利使之得以继承遗产。他们不是正统继承人。因此，当被继承人死亡时的两个子女，一个在其家父权之下，另一个则已经脱离了家父权，那么根据市民法的规定，只有在家父权下的人方可成为法定继承人，他是唯一合法的法定继承人。但是，根据自然法和公平的理念，裁判官给已经脱离家父权的人以救济，赋予他主张遗产占有的权利，使得他与正统继承人处于同样的继承地位。[178]

（2）关于给予被解除父权又自愿被他人收养的人以遗产占有。罗马市民法规定，凡被解除父权的人，无论如何，不得成为法定继承人，而且对在被继承人死亡时依然在其收养者家中的人，裁判官亦拒绝其对生父的遗产实施占有。但是，如果在家父死亡之前已经解除收养关系的，裁判官给其以救济，仍允许其占有生父的遗产，如同没有被收养一样。

对此，优士丁尼《法学阶梯》强调，根据市民法和裁判官法规定，“养子女的权利比不上亲生子女的权利，因为亲生子女在被解除家父权后，由于裁判官的恩典，依然可以保持他们根据市民法业已丧失的子女地位。但是养子女一旦被解

---

〔177〕 罗马法原始文献J. 3，1，6，［古罗马］优士丁尼：《法学总论》，张企泰译，商务印书馆1989年版，第126～127页。

〔178〕 罗马法原始文献J. 3，1，9，前揭书，第127～128页。

除家父权，则根据市民法的规定丧失子女的地位，又不能获得裁判官的救济”。优士丁尼认为：“这一区别是正确的，因为市民法不能毁灭自然权利，不能因为他们不再是正统继承人，也就不再是子女或孙子女了。养子女一旦被解除家父权，即成为家外人，因收养而产生的子女的名义和权利，亦因解除家父权而丧失。”[179] 未被指定为继承人又未被正式取消继承人资格的子女，称之为“被遗漏的子女”，裁判官赋予其实施对抗遗嘱的遗产占有，但是对于在被继承人死亡时已经进入他人家庭被收养的人而言则没有这样的资格。因此，被他人收养的人，一旦被养父解除了家父权，则既不能继承无遗嘱死亡的养父的遗产，也不能实施对抗遗嘱的遗产占有，因为解除收养关系意味着养父子之间关系的消失。[180]

（3）关于给予被解除父权又被他人收养的人以血亲继承权。在生父无遗嘱死亡时被他人收养的人，或者在生父死亡后被养父解除家父权的人，根据裁判官的告示不得实施遗产占有。但是，显然对他们没有任何救济也是有问题的，故裁判官在另外的告示中允许这些人作为被继承人的血亲主张继承。但这是无遗嘱继承的最后顺序。根据裁判官法的规定，第一顺序是正统继承人和被继承家父权的子女；第二顺序是《十二表法》所确认的法定继承人；最后是最近亲等的血亲继承人，这一资格适用于没有正统继承人被继承家父权的子女宗亲的情况。

（4）关于给予有族亲关系的女性以遗产占有。在市民法中，如前所述，将除了姊妹之外的其他女性均排斥在族亲遗产继承之外，其不公平性是显而易见的。故裁判官法以告示的形式规定了一种新的法定继承顺序，允许女性根据血缘权利，以近血亲名义实施遗产占有，取得允许她们取得的遗产。这样，裁判官法一方面创设了一种新的继承顺序，即血亲得以按照亲等远近实施继承，另外一方面对市民法狭隘的、充满着不公平的排斥女性的做法给予了矫正。但是，这一矫正并非充分，因为根据裁判官法的规定，女性欲以近亲名义主张取得遗产占有，则前提条件是：必须任何族亲或更近的血亲存在。这是一个大的缺憾，因为如果按照这样的规定，女性依然难以公平获得法定遗产继承的保护。

（5）关于给予族亲以血亲身份实施继承。市民法中由于规定后一顺序的亲等不得替代前一拒绝或者死亡的继承人的位置实施继承，使得后一顺序亲等的继承人难以实现其权利，故裁判官法作出补充，允许族亲依然可以作为具有血亲关系的人进行继承，但是他们要被排列在族亲继承之后。

此外，《德尔图里安元老院决议》和《奥尔菲茨安元老院决议》对无遗嘱继承人的规定，对完善母亲与子女之间遗产继承权的问题发挥了一定的积极作用。

---

〔179〕 罗马法原始文献 J. 3，1，11，前揭书，第 128～129 页。

〔180〕 罗马法原始文献 J. 3，1，12，前揭书，第 129 页。

它所体现出来的逐渐摒弃身份的影响而注重血缘权利的理念对我们现代法有一定的影响。

3. 优士丁尼法的改革。优士丁尼的改革，是通过他发布的一系列的有关谕令、在他的《法学阶梯》以及《新律》中体现出来。此时，优士丁尼已经甩开了早期罗马法所遗留下来的以家父为核心的“罗马家庭”这一社会政治化组织为基础的继承制度，确立了遗产继承制度的根据是自然家庭的观念，因而该制度所关注的继承主体的依据是三个关系：血亲关系、婚姻关系，以及根据对收养制度于社会之重要的认识所保留的收养关系。

优士丁尼对无遗嘱继承制度的改革主要表现为：

（1）扩大了婚生子女的范围。根据优士丁尼的规定，如果子女是在父母结婚前所生，则其法律地位与父母婚后所生子女相同。他们均是合法的且处于家父权之下，因而他们与婚生子女一样具有无遗嘱继承人的资格。

（2）变更了古法对被收养人的继承资格的规定。鉴于儿子被他人收养，导致其既因为被他人收养而不能继承生父的遗产，又因为收养关系极易被解除而丧失继承养父遗产的权利，故优士丁尼对此加以变革，规定：凡生父将其儿子给予他人收养，则儿子的全部权利均保留，不因收养而发生变化，如同在生父的家父权之下一样。同时，任何养父是无遗嘱而死亡，被收养人依然可以继承养父的遗产。这与现代法中的规定何其相似：现代法规定，与养父母有共同生活关系的养子女既对其生父母的遗产有继承权，同时又对养父母的遗产有继承权。

（3）将父系和母系所出的孙子女、曾孙子女置于平等地位上。这一平等不限于参与继承的机会平等，而且份额平等，同时均排斥族亲的参与。即“如果女儿所生的孙子女、曾孙子女或任何其他女系卑亲属还存在的话，族亲[181]即无任何继承权可言，以免来自旁系的亲属优先于直系卑亲属。”这些继承人的份额分配依然遵循“按支原则”，不是按人头分配，这是优士丁尼的法律对其之前的法律所给予的改革之一。

（4）允许男系卑亲属，无论男女，一律按照亲等的远近主张无遗嘱的法定继承权。优士丁尼在详细考察了《十二表法》、《十二表法》以后的市民法以及对市民法作出矫正的裁判官法的有关规定之后，认为：在男系卑亲属继承的问题上，对女性的排斥体现了市民法的狭隘与不公平，需要矫正，而裁判官法给女性以遗产占有，其一片好心值得赞美。但是，这并没有提供一个完备的纠正缺陷的

〔181〕在张企泰翻译的《优士丁尼法学总论》中，将族亲译成宗亲，但是，拉丁文原文是“cum adhuc dubitatio maneret inter adgnatos et memoratos nepotes”。笔者赞同周枏先生的分类，将宗亲置于族亲之后，因为宗亲的范围要远远大于族亲的范围。

办法。故而，优士丁尼决定："凡是具有男系卑亲属这一法定身份的人，无论男女，一律可以按照亲等的远近主张在无遗嘱的情形下的法定继承权，不得因其不具备姊妹所有的父系血缘权利而将其排斥在外。"〔182〕

（5）在无遗嘱继承中，设立了以一个亲等为单位的继承人范围。这是优士丁尼的改革之一，将亲等作为一个单位来确定继承人的范围，例如死者的兄弟姐妹是一个亲等，在死者死亡而留有其兄弟姐妹的情况下，其兄弟姐妹继承其遗产；如果死者没有活着的兄弟姐妹，则由其先故去的兄弟姐妹的子女进行继承，那么无论是其兄弟的子女，还是其姐妹的子女，均有权参与继承。在该种情形下，遗产的分配是依照"人头原则"，而非按照"支"来进行分配。

在数个族亲亲等同时并存的情况下，优士丁尼恢复了《十二表法》的规定，只能由最近的亲等进行继承。

（6）允许族亲继承人依次替补继承。对于裁判官法对市民法有关族亲继承遗产不得发生依次替补的情况之矫正，优士丁尼认为是极为不完善的，故而他认为：应当根据公平原则和保护继承人权利的目的，要肯认族亲有权依次替补继承。〔183〕

二、无遗嘱继承人

（一）继承人资格的判断

在罗马法中，对无遗嘱继承人资格的判断遵循着如下规则：

1. 必须于无遗嘱继承开始时确定无遗嘱继承人资格。这与现代法是不同的。在现代法中，是否具有无遗嘱继承人资格，均是从被继承人死亡时开始。但是在罗马法中，却是从无遗嘱继承开始时进行无遗嘱继承人资格的判断。这主要是因为两个原因：

（1）罗马人强调无遗嘱继承与遗嘱继承相比较而言具有次位性，即在这两种继承方式中，遗嘱继承处于首位，无遗嘱继承处于次位。必须是在肯定不发生遗嘱继承的情况下，方可实施无遗嘱继承。

（2）在被继承人死亡时，并不能肯定是否必然发生无遗嘱继承。因为无遗嘱继承的前提是根本不可能发生遗嘱继承，具体情形包括：①死者根本没有立遗嘱；②死者的遗嘱因为不符合法定形式要求而无效；③死者的遗嘱因为被撤销而无效；④死者所立遗嘱是附条件生效遗嘱，而该条件肯定不会成就；⑤死者立了遗嘱，但是因为全部的继承人拒绝接受继承，导致遗嘱没有产生效力的主体对象，则发生无遗嘱继承。

---

〔182〕罗马法原始文献 J. 3，2，3，前揭书，第133页。

〔183〕罗马法原始文献 J. 3，2，7，前揭书，第134～135页。

这样，就死者死亡时而言，人们尚无法准确判断是否发生无遗嘱继承，尤其是第③、④和⑤的情况。故而罗马人将对无遗嘱继承人的资格的判断放置于发生无遗嘱继承时。

同样，如果遗嘱继承人在遗嘱人死亡后继承开始前死亡的或者丧失继承能力的，其死亡时间或者丧失继承能力的时间即为肯定发生无遗嘱继承时，则在此时即可判断何人为无遗嘱继承人。

2. 确定无遗嘱继承人资格所依据的法律是市民法、裁判官法和万民法。这同样也是与现代法所不同的。也就是说，罗马法在无遗嘱继承人资格的判断上所适用的法律渊源是多元的。

（二）无遗嘱继承人的范围和顺序

1. 无遗嘱继承人的范围。在优士丁尼以前的市民法中，被法律确认的无遗嘱继承人包括：

（1）正统继承人。具体包括：处于即将死亡者支配权下的卑亲属如亲生的或收养的儿子或女儿、孙子或孙女、重孙子或重孙女；处于丈夫的夫权之下的妻子也是丈夫的正统继承人，因为她被视为女儿；处于儿子的夫权之下的媳妇也是正统继承人，因为她被视为孙女，但是，只有在儿子当父亲死亡时不处于其支配权下的情况下，儿媳妇才是正统继承人。[184]

在孙子女、重孙子女接替其父亲的地位进行继承时，他们是代位继承人。由于是接替其父亲继承遗产份额，其遗产是按支分配，而不是按人头分配，例如，父亲死亡，一个儿子获得遗产的一半，由另一个儿子生的两个或者两个以上的孙子则获得遗产的另一半。同样，如果存在由两个儿子生的孙子，比如由一个儿子生的一个或者两个孙子和由另一个儿子生的三个或者四个孙子，那么，遗产的一半归前面那一个或者两个孙子，另一半则归后面三个或者四个孙子。[185]

（2）族亲。法定族亲关系是通过男性而相互联系的亲属关系。由同一父亲所生的兄弟相互之间亦是族亲，他们也被叫做同父兄弟，而不问他们的母亲是否是同一人；同样，叔叔和其兄弟的儿子互为族亲；叔伯兄弟之间，即由两个兄弟所生的儿子之间，也互为族亲。《十二表法》允许那些在可以肯定某人未立遗嘱而死亡时与其亲等最近的族亲者实施继承，而非所有的族亲。

（3）宗亲。如果没有任何族亲，《十二表法》规定让宗亲来继承遗产，但是后来被抛弃。

2. 无遗嘱继承人的顺序。我们现代人看到的无遗嘱继承人的顺序是在优士

---

〔184〕 罗马法原始文献 Gai. 3，2~4，黄译《法学阶梯》，第 192 页。

〔185〕 罗马法原始文献 Gai. 3，7~8，前揭书，第 192~194 页。

丁尼时代被确立的，但它是在吸收古老的市民法和裁判官法的精髓且历经一千多年的演进而形成。具体顺序如下：

（1）第一顺序：所有的直系卑亲属。这些全部的直系卑亲属，不分性别，也无论他们是血亲关系或者拟制血亲关系如收养关系，均是尊亲属的第一顺序继承人。当有数个第一顺序继承人时，则按照与被继承人亲等的远近来确定继承的先后顺序，近亲等的在先，远亲等的在后。第一亲等的数人按照“人头原则”分配遗产，第二亲等的按支分配遗产。法律允许孙子女的代位继承，但是如果该孙子女的父母放弃继承权，则法学理论上认为孙子女们的代位继承权亦消失[186]。如果子女是非婚生，鉴于子女与生父或生母是法定的自然血亲关系，非婚生子女对生父或生母的遗产享有继承权。

（2）第二顺序：最近的直系尊亲属和同父母的兄弟姐妹及他们的子女。直系尊亲属包括父母、祖父母、外祖父母等。当存在数个直系尊亲属时，按照与被继承人亲等的远近确定继承顺序，近亲等的在先，远亲等的在后。父母属于同一亲等，均分被继承人的遗产。第二亲等以后的，先按照支分配，在支的内部按照人头分配遗产。

同样，如果子女是非婚生，鉴于子女与生父或生母是法定的自然血亲关系，生父或生母对非婚生子女的遗产享有继承权。

同父母的兄弟姐妹，又称全血缘的兄弟姐妹。在他们实施无遗嘱继承时，无论这些兄弟姐妹是否在世，则均参加继承，留有子女的先于被继承人死亡的兄弟姐妹，他们的份额由其子女代位继承。

当直系尊亲属和同父母的兄弟姐妹均参加继承时，与被继承人最近亲等的直系尊亲属与其兄弟姐妹共同继承，份额平均分配。

（3）第三顺序：同父异母或同母异父的兄弟姐妹及他们的子女。同父异母或同母异父的兄弟姐妹，又称半血缘的兄弟姐妹。当他们有数人参加继承时，遗分配按照“人头原则”，同时允许先于被继承人死亡的人的子女实施代位继承。但是，如果这些兄弟姐妹全部先于被继承人死亡，则他们的子女不得实施代位继承，而只能以被继承人的其他血亲身份作为第四顺序继承人参加继承。

（4）第四顺序：被继承人的其他旁系血亲。被继承人的旁系血亲相当多，除了被继承人的同父母或者同父异母或同母异父的兄弟姐妹外，其他的诸如被继承人的叔、伯、姑、舅、姨、堂兄弟姐妹、表兄弟姐妹等均是旁系血亲。他们的继承顺序以同被继承人亲等的远近而确定，近亲等的排斥远亲等的。同一亲等有数人时，按照“人头原则”分配遗产。

---

〔186〕 周枏：《罗马法原论》，商务印书馆 1994 年版，第 512 页。

旁系血亲不存在代位继承。旁系血亲原则上以六亲等为限。[187]

3. 特殊的无遗嘱继承人。根据优士丁尼的法律，下列几类人作为特殊继承人参与无遗嘱继承：①在实施继承行为时不知自己患病的精神病人；②处于摆脱俘获状态之人的父权下的儿子，因为如果父亲被敌人俘获，其家子无继承资格，但是，父亲自敌人处返回，根据复境权的规定，处于该人父权下的家子作为正统继承人有权继承父亲的遗产[188]；③胎儿。当祖父死亡而其孙子女为胎儿时，根据法律的规定，如果孙子女在祖父死亡之前已经成胎，在其死亡后出生，那么当其父亲已经死亡，而祖父的遗嘱又被继承人放弃，则该孙子女即为其祖父的正统继承人。[189]

第四节 遗产占有

一、遗产占有的理解

在罗马古典法时期，在市民法规定的遗产继承制度的体系业已存在的情况下，裁判官又创设了一个新的遗产继承制度，这就是遗产占有制度。

“遗产占有”（bonorum possessio）是指对死者享有的遗产或者某遗产物要求占有的权利。[190] 这是罗马法中所记载的并非很多的定义之一，从该定义中我们可知：①遗产占有是一种权利；②该权利是请求权人要求实施占有，而非市民法上的继承；③遗产占有的客体是死者的遗产。

“遗产占有制度”是指裁判官法创设的一种遗产继承制度，该遗产继承制度的目的不是彻底否定市民法的遗产继承制度，而是裁判官根据公平原则，对那些被市民法所排斥的没有继承权的人给予救济，使得他们通过被允许实施遗产占有而获得与市民法上的继承人同样的法律地位即获得死者遗产所有权的一种制度。

早期的市民法遗产继承完全是构筑在以政治性的各种罗马家庭关系的基础上。但是伴随着罗马家庭的性质从政治性转向自然性、罗马家庭的功能急剧衰退、家庭组织结构的变化、早期遗产继承的宗旨业已丧失其存在的基础。就无遗嘱继承而言，在继承人范围与顺序已经存在明显的不公平现象。因此，遗产继承应当让有着最密切的血缘关系的人去取得遗产，应当以自然家庭为基础的

---

〔187〕 前揭书，第516页。

〔188〕 罗马法原始文献J. 3，1，4~5，［古罗马］优士丁尼：《法学总论》，张企泰译，商务印书馆1989年版，第126页。

〔189〕 罗马法原始文献J. 3，1，8，前揭书，第127页。

〔190〕 罗马法原始文献D. 37，1，3，2，乌尔比安语，费译《婚姻·家庭和遗产继承》，第357页。

观念逐占上风。[191] 裁判官对继承制度的改革，便在这样的背景下产生了。

较之市民法，遗产占有有其明显的进步与益处，这在当时著名罗马法学家保罗的作品中有具体介绍："遗产占有的裨益（beneficium）在于其多重性。因为，有时对抗遗嘱人的意愿实行遗产占有；有时根据死者的遗愿实行遗产占有；有时那些有着合法继承权的人（ius legititum）或者因人格减等不享有继承权的人被准许实行无遗嘱继承之遗产占有。因为，根据市民法，子女们由于人格减等而不再是'正统继承人'。但是，出于衡平，裁判官可撤销他们的人格减等。有时，裁判官为了维护法律亦可给予遗产占有。"[192]

二、市民法的遗产继承与裁判官法的遗产占有之异同

（一）相同点

1. 在目的上相同。无论是市民法上的遗产继承，还是裁判官法上的遗产占有，在它们的目的上是一致的，即实施遗产继承。按照乌尔比安的说法，就是"遗产占有适用于每一个被视为是继承人的人（vice heredum）"[193]。

2. 基本原则的共同适用。在市民法的遗产继承制度中，确立了一些颇具影响力的基本原则：①广义遗产原则，即遗产不仅是指具有支付能力的财产，即可以给继承人带来利益的物和债权；而且还包括无支付能力的财产，即不能给继承人带来利益反而带来负担的债务。②接受遗产的权利不能转让给自己的继承人的原则。这是指一些继承人放弃继承权、或者不能取得继承权，或者在接受继承之前死亡，他们的权利不得转让给自己的继承人。③增添权原则。这是指在发生继承人自己不能继承，其权利又不能转让给自己的继承人时，落空的遗产部分由参与继承的共同继承人按照每个人的继承份额的比例进行分配。这些基本原则同样适用于遗产占有。

3. 在弃权效力上，无论放弃遗产占有还是放弃继承，其效力相同。

（二）不同点

1. 对遗产继承性质的认识不同。市民法将继承看做是继承人社会地位的继续；遗产占有则被看做是财产权利由被继承人转移给继承人。

2. 继承人的地位不同。在市民法中，继承人根据法律的规定享有继承权；但是在裁判官法的遗产占有中，获得遗产的人在法律上并未被确认享有继承权，因此，在罗马法原始文献和学说中，遗产占有人被称为"准继承人"，以示与市

---

[191] [意] P. 彭梵得：《罗马法教科书》，黄风译，中国政法大学出版社1996年版，第441～442页。

[192] 罗马法原始文献D. 37，1，6，1，保罗语，费译《婚姻·家庭和遗产继承》，第357页。

[193] 罗马法原始文献D. 37，1，2，乌尔比安语，前揭书，第357～359页。

民法上的遗产继承人是有区别的。[194]

3. 继承人顺序不同。对遗产占有人的顺序，裁判官创设了一个模式，它与市民法的遗产继承所注重的族亲家庭不同，它将族亲与血亲共同纳入遗产占有人的范围。在无遗嘱继承中，裁判官法确认了四个实施遗产占有的顺序：①自由人；②法定继承人；③血亲；④配偶。显然，遗产占有所涉及的主体范围要宽于市民法，因为血亲范围宽于族亲范围。

由于遗产占有的渊源和性质区别于市民法根深蒂固的传统，故而人们认为裁判官法在形式上创设了一个新的财产继承制度。

三、遗产占有的类型

根据罗马法的原始文献内容，遗产占有的类型主要包括：

（一）有遗嘱的遗产占有

有遗嘱的遗产占有强调遗产占有的前提是存在市民法上的遗嘱，其具体划分为：

1. 依照遗嘱的遗产占有。这是指裁判官对在合法遗嘱中被指定的所有继承人，同样也赋予他们遗产占有的资格。其目的在于对市民法所确认的继承人从裁判官法上给予认可。但是这样的认可附加了具体的条件：

（1）所依据的遗嘱必须是最后体现死者意愿的遗嘱。[195]

（2）遗嘱因故不能出示不影响遗产占有的实施。[196]

（3）对立遗嘱人的资格要求是：必须在立遗嘱时和弥留之际都有立遗嘱资格，但是禁治产人除外。[197]

（4）遗嘱应当被密封并有7名证人的印章。“根据裁判官告示，依遗嘱进行遗产占有，只要有7名证人的封印即可，这是毫无疑问的。”遗嘱必须被密封，如果是用麻绳束扎遗嘱，在麻绳被他人割断且该行为不违背遗嘱人意愿时，不影响遗产占有的实施，但是如果是遗嘱人自己割断了束扎遗嘱的麻绳，则裁判官认为该遗嘱没有密封，不得依该遗嘱要求实施遗产占有。[198]

（5）遗嘱内应当对继承人进行指定不确定遗产分配的份额，其目的在于有利于遗产占有的实施。“根据遗嘱，遗产占有首先是给指定的继承人，如果他们没有要求遗产占有，才由替补继承人或是替补继承人之替补继承人进行。允许按

---

[194] 罗马法原始文献 Gai. 3，32，黄译《法学阶梯》，第200～202页。

[195] 罗马法原始文献 D. 37，11，1，1，乌尔比安语，费译《婚姻·家庭和遗产继承》，第363页。

[196] 罗马法原始文献 D. 37，11，1，2，乌尔比安语，前揭书，第363～365页。

[197] 罗马法原始文献 D. 37，11，1，8，乌尔比安语，前揭书，第365页；罗马法原始文献 D. 37，11，1，9，乌尔比安语，前揭书，第365页。

[198] 罗马法原始文献 D. 37，11，1，10，乌尔比安语，前揭书，第365～367页。

替补顺序转移遗产占有。在遗嘱中被首先写出的人，被认为处于第一顺序。不过，在实行遗产占有时，他们也要像近宗亲属接受遗产占有的顺序一样来实行遗产占有。”“要求遗产占有要根据被指定继承人的份额进行之。但是，如果没有其他人要求遗产占有，则他可以单独实行遗产占有。然而，继承人中的一个人要求遗产占有，另一个人被给予了一定的时间以便于考虑是否要求遗产占有，那么，正在考虑者的遗产占有份额不转移给他的共同继承人。”〔199〕

2. 对抗遗嘱的遗产占有（in contra tabulas possessione）。它是指裁判官针对依市民法所立遗嘱遗漏的子女所采取的一种救济性的遗产占有。其结果是与遗嘱人的意愿不一致，但是这种不一致被裁判官认为符合公平精神。这样的遗产占有主要适用于：①既没有被指定为继承人，也没有被剥夺继承权的子女〔200〕；②遗腹子；③脱离了父权的子女及其直系卑亲属〔201〕；④胎儿。乌尔比安对此强调了其制度价值：“我们不怀疑裁判官亦应给胎儿以救济。很显然，给胎儿的照顾要远多于给未适婚人的照顾。给胎儿以照顾是为了他们的出生；给未适婚人以照顾是为了他们被家庭所接受。胎儿之所以应当被照顾，是因为孩子的出生不仅仅符合父母的利益，而且亦符合国家的利益。”〔202〕

但是，对抗遗嘱的遗产占有不适用下列情况：①女性所立遗嘱，因为她们没有“正统继承人”；②市民法、元老院的决议和皇帝的谕令规定的不得取得遗产的禁止性情形。

（二）无遗嘱的遗产占有

无遗嘱的遗产占有（intestati bonorum possessio）是指死者未立遗嘱，或者虽然立遗嘱但不能阻却遗产占有发生的情形。〔203〕

在无遗嘱继承中，市民法的遗产继承与裁判官法的遗产占有的区别较大，主要表现在获得遗产之人的范围和顺序上。〔204〕

在无遗嘱的遗产占有中，所涉及的遗产占有人及其顺序如下：子女、法定继承人、血亲和配偶。

---

〔199〕 罗马法原始文献 D. 37，11，2，4，乌尔比安语，前揭书，第 367 页；罗马法原始文献 D. 37，11，2，2，乌尔比安语，前揭书，第 367 页。

〔200〕 罗马法原始文献 D. 37，4，1pr.，乌尔比安语，前揭书，第 371 页。

〔201〕 罗马法原始文献 D. 37，4，1，6，乌尔比安语，前揭书，第 371 页。

〔202〕 罗马法原始文献 D. 37，9，1，15，乌尔比安语，前揭书，第 385 页。

〔203〕 罗马法原始文献 D. 38，15，1，1，莫德斯汀语，前揭书，第 453 页。

〔204〕 Vittorio Scialoja，*Diritto ereditari romano*，Anonima romanna editoriale，1934，p. 70.

第五节 财产合算

一、财产合算的意义

“财产合算”（collatio）[205] 是指在共同继承中，为达到公平的目的，参与继承的继承人依法将不属于遗产的财产提交出来与其他的继承人一起分享的法律制度。但是，在罗马社会中对财产合算的理解相当简单，正如意大利罗马学家巴斯夸雷·沃奇（Pasquale Voci）教授所述的那样：“collatio 可以被理解为一种很具概括性的定义：一名继承人将财产提交给其他继承人以便于参与遗产分配”[206]。

财产合算制度是罗马社会裁判官法对人类法学发展的一个重要贡献。该制度是被裁判官所创设，后来在优士丁尼的法律中被确认。裁判官在处理继承问题时，面临着一个如果不加以解决则在遗产继承上将会存在着明显的不公平的情况：即在罗马法的继承人中，有一些人处于家父的权力支配之下，被称为“他权人”，而另外一些人则在家父死亡之前，通过各种方式已经摆脱了家父的支配权的控制，被称为“脱离父权人”。当家父死亡时，他权人是正统的必然继承人，肯定有权继承家父的财产，所以家父在立遗嘱时必须要指定他权人为继承人，如果不愿指定，则必须明确表示该他权人没有继承权的意思表示，否则遗嘱无效。而对于脱离父权人，家父在遗嘱中，可能指定其为继承人，也可能明确表示其没有继承资格，也可能在遗嘱中将其疏漏。如果发生遗漏的情况，根据裁判官法，裁判官允许脱离父权人主张对抗遗嘱的遗产占有。但是在这种情况下，主张对抗遗嘱的遗产占有的脱离父权人与他权人在实施继承时便处于不平等的地位上。作为脱离父权人，其因为已经不再受到家父权的支配，所以其所得归他自己；与此同时，作为那些没有脱离父权的他权人，由于其没有独立的财产主体资格，其所得均属于家父，在家父死亡时，他的所得均包括在即将被继承的家父遗产之内。如果脱离父权人参与继承，实质上他所继承的财产中包括了他权人的所得，这显然对他权人是不公平的。鉴于此，裁判官在处理他权人与脱离父权人之间于继承

---

[205] “collatio”在我国有不同的译法：周枏先生在其著作《罗马法原论》中，将该词译为“加入”，但是在其《罗马法概要》一书中，又将其译为“返还”。在我国台湾地区学者处，该词被称为“扣还”或者“归扣”。在黄风先生译的《罗马法教科书》中将其译为“财产合算”。在大陆法系国家的民法典中，亦有“collatio”一词，在《法国民法典》中，该词被译为“返还”（第六章），在《德国民法典》和《瑞士民法典》中，称之为“结算义务”（德法第五编第四节；瑞法第十七章第三节）。在《日本民法典》的译本中，将“collatio”放入到“应继份”中加以规定，称为“特别受益人的应继份”。无论何种名称译法，其本意都未离开“将财产进行提交”这一中心点。笔者认为“财产合算”一词较为恰当，故采之。

[206] Pasquale Voci, *Diritto ereditario romano*（Ⅱ）, Giuffre, 1967, p. 756.

上的关系时，设立了强制脱离父权人将自己的财产提交出来，共同作为继承标的的“财产合算”的制度。乌尔比安在评析裁判官有关这个问题的告示以及阐述这个制度的宗旨时指出：“告示的这一内容体现着公平原则。因为，裁判官在准许脱离父权的人实施对抗遗嘱的遗产占有时，要使脱离父权的人与处于父权下的人对父亲的财产平等地享有权利，裁判官考虑的结果是：请求占有父亲遗产的人也要将他们自己的财产放入到父亲的财产中去。”[207]

对于财产合算制度的本质以及财产合算的主体，意大利罗马法学家比雍多·比雍狄（Biondo Biondi）认为：“财产合算是对他权人的照顾，是对脱离父权人的一个负担。因此，作为财产合算不可能存在于脱离父权人之间。”[208]

就该制度的本质而言，仅在脱离父权人要求遗产占有从而产生与他权人的财产竞争时，方产生财产合算的必要。如果脱离父权人没有可能取得死者的遗产，或者脱离父权人没有要求遗产占有，或者脱离父权人虽然要求遗产占有但是并没有与他权人产生财产上的竞争，则并不发生财产合算。

脱离父权人应当是在死者死亡之前脱离了他的支配权，而且该死者既是支配参加继承的他权人的家父，同时又是脱离父权人过去的家父。

二、财产合算制度的特点

罗马法中的财产合算在其发展过程中实际上已经形成为一种制度，其具有如下的特点：

（一）追求公平性

公平是法律所应当始终奉行的一种价值观。而公平作用之发挥又常在于“矫正自法规普泛性所生之弊端”[209]。在最初的罗马继承中，只有为保持家父地位的持续性而确立的继承制度，因为“原始的遗产继承是为了这种最高权力的转移而不是为财产的转移服务的”[210]。即使后来这种继承的性质由身份转为财产，仍将继承人限于市民法指定的范围之内。为矫正这一偏差，裁判官以告示的形式确立了具有获得遗产所有权之实质性内容的“遗产占有制”，在承认市民法指定的继承人的同时，裁判官依公平原则允许其他的人对死者的遗产实行依遗嘱的遗产占有和对抗遗嘱的遗产占有。但是，由于脱离父权者的参加定然将使未脱离父权之人遭受损失。鉴于此，为了维持公平起见，裁判官突破了市民法规定的遗产分割以被继承人死亡时为准的界限，创建了“财产合算”制度。在共同继承中，裁

---

〔207〕 罗马法原始文献 D. 37，6，1pr.，乌尔比安语，费译《婚姻·家庭和遗产继承》，第463页。

〔208〕 Biondo Biondi, *Diritto ereditaria romano*, Giuffre, 1954, pp. 439 ~ 440.

〔209〕 ［日］穗积陈重：《法律进化论》，商务印书馆1929年版，第66页。

〔210〕 P. Benfante, *Istituzioni di diritto romano*, Giuffre, 1987, p. 421.

判官允许已脱离父权者和已出嫁者参与遗产的分割，但是他们必须要将自己在脱离父权和出嫁期间的劳动所得或者获得的其他财产提交出来，放入死者的遗产中，与其他继承人共同对之进行继承。

(二) 从补偿性到平等性

裁判官在强调公平理念时，亦肯定这一补救措施是针对其他继承人因脱离父权人和出嫁女子的参与而受到的损失进行补偿，换言之，该制度以补偿已嫁女子及脱离父权人以外的继承人的损害为目的。对这一点乌尔比安在《论告示》第四十编中已作明确揭示："当由于脱离父权之人的参与而使处于父权之下的人遭受不利时，便发生'财产合算'；相反，如果不是这样的情形就不发生'财产合算'。"[211] 由此可见，补偿性是财产合算制度的一个重要特点。

不过，在罗马社会发展过程中，财产合算制度逐渐发生了一些变化，如以卑亲属财产合算替代脱离父权人的财产合算和出嫁女子的嫁资合算。在拜占庭时代，利奥皇帝要求所有的直系卑亲属须将从尊亲属处得到的财产都并入合算。优士丁尼皇帝在《新律》中规定：在无遗嘱继承和遗嘱继承中，对直系卑亲属均实行财产合算。包括嫁资、婚前赠与、因取得职位而得到的钱款；如果没有，则一般的赠与物亦可以为之。[212] 卑亲属财产合算的理论依据是："尊亲属对卑亲属有着同等的慈爱，其感情是一样深的，因而在继承时应当一视同仁，平等分配……"[213] 这使得财产合算制度的特点从对一些人的补偿走向了对所有参与继承的人的平等。

三、财产合算的类型

(一) 脱离父权人的财产合算

脱离父权人财产合算（collatio bonorum o emancipati），是裁判官旨在矫正在他权人与脱离父权人之间因继承家父遗产而可能发生的不公平之现象而设立的。发生脱离父权人财产合算的条件是："当由于脱离父权人的参与而使处于父权之下的人遭受不利时，便发生'财产合算'；相反，如果不是这种情况，则不发生'财产合算'。"[214] 比如脱离父权人所请求的遗产恰恰是他在作为他权人期间通过自己的劳动所获得的、所有权归家父的财产。那么此时，他的介入并非可能给他权人造成不利，则在该情况下没有必要发生财产合算。其特点是：

(1) 凡主张对家父的遗产实施对抗遗嘱的遗产占有的脱离父权人，均必须

---

[211] 罗马法原始文献 D. 37，6，1，5，乌尔比安语，费译《婚姻·家庭和遗产继承》，第465页。

[212] [意] P. 彭梵得：《罗马法教科书》，黄风译，中国政法大学出版社1996年版，第488页。

[213] 周枏：《罗马法原论》，商务印书馆1994年版，第436页。

[214] 罗马法原始文献 D. 37，6，1，5，乌尔比安语，费译《婚姻·家庭和遗产继承》，第465页。

参与财产合算。

（2）凡是脱离父权人从家父处或者从他人处获得的利益，例如：劳动所得、债权以及受遗赠物均进行财产合算。需要注意的是，脱离父权人所提交的财产应当是没有债务的财产，否则，这一提交没有任何实际意义。[215]。

但是，根据裁判官法的规定，有一些财产不属于被合算的标的：①从军者所享有的军役特有产或准军役特有产；[216] ②从军者获得的用于表彰其荣誉的财物；③脱离父权人的妻子带来的嫁资；④没有被分割的财产，因为此时无法界定所有权的归属。

（3）财产合算必须以要式口约形式进行。当时的著名罗马法法学家彭波尼、乌尔比安认为以要式口约形式进行财产合算具有必要性。彭波尼还提出了另外一个防止脱离父权人在提交自己的财产进行合算时存在故意隐瞒真实情况的方法，即要求脱离父权人在允诺进行财产合算时要进行抵押（pignus），这被称之为"担保要式口约"（cautio）[217]。

（二）嫁资合算

嫁资合算（collatio dotis）与脱离父权人财产合算一样，是财产合算制度初期产生的表现形式。依罗马法的规定，女子一旦缔结了有夫权的婚姻，即丧失对其家父的财产继承权。为了弥补她因此所受到的损失，市民法规定她有权而且必

---

〔215〕 罗马法原始文献 D. 37，6，2，1，保罗在《论告示》第四十一编中阐明："有一点是明确的：儿子自己拥有的财产是扣除债务之后的财产。"费译《婚姻·家庭和遗产继承》，第 471 页。

〔216〕 罗马法原始文献 D. 37，6，1，15，乌尔比安《论告示》第四十编："无论是军役特有产还是准军役特有产都不被用来同兄弟们进行'财产合算'，因为，在许多的谕令中都规定这些财产应是所有权人享有的财产。"费译《婚姻·家庭和遗产继承》，第 467 ~469 页。

〔217〕 有关财产合算意思表示的形式，在罗马法原始文献中有这样几个片段可供参考：

罗马法原始文献 D. 37，6，1，9，乌尔比安《论告示》第四十编："裁判官规定：进行财产合算要通过要式口约进行。彭波尼也认为这种允诺（satisdatio）要以提供要式口约的方式进行。我们考虑：是否可以在允诺时附带抵押（pignus）？彭波尼在《论告示》第七十九编中写道：被告可通过附加抵押的方式允诺进行财产合算。我亦是这样认为的。"

罗马法原始文献 D. 37，6，1，11，乌尔比安《论告示》第四十编："虽然裁判官告示谈到了担保要式口约（cautio），但是，彭波尼在《论告示》第七十九编中写道：物品也能够被用于财产合算。因为，他认为：无论是交付实物或是担保要式口约都适用于财产合算。为此，他认为：如果一个脱离父权人将他的财产同兄弟的财产一起分配，尽管没有给予担保要式口约，但交付了合算的财产，同样符合告示的规定。不过，如果一些财产被分配，另一些财产被给予了担保要式口约，我们同样认为这符合告示的要求。但是，尽管要将财产进行分配，由于没有给予担保要式口约，他可能会将一些物品隐藏起来，致使相当多的财产未进行财产合算。鉴于此，如果合算各方对哪些是脱离父权人的财产很清楚，则财产合算只要进行分配即可；如果不清楚哪些是脱离父权人的财产，但是能够讲出一些财产不是被共同进行分配的财产，那么鉴于有疑问而必须要设立担保要式口约。"

须自家父处获得嫁资。但是，后来裁判官法规定，有直系血亲关系的出嫁女子对原家父的财产依然享有继承权，这意味她将从家父那里获得双份财产，显然，在保护了出嫁女子利益的同时，对那些虽然创造了财富但是所有权归家父的“正统必然继承人”而言，是不公平的。故而，在乌尔比安分析裁判官告示的作品中载明了这样一个内容：“尽管在父亲死亡后，只有当女儿要求遗产占有时裁判官才强迫她进行嫁资合算，但是，即使她不要求遗产占有，只要她参与了对父亲的遗产进行管理，也应将嫁资进行合算。对此，比友皇帝给乌尔比奥·阿德里亚诺批复道：在‘分割遗产之诉’中，对没有要求遗产占有的女儿，法官亦可强迫其进行嫁资合算。”[218]

根据罗马法原始文献的内容，产生嫁资合算的情况主要有下列情况：①当出嫁的女儿要求对已故父亲的财产实施遗产占有时；②当出嫁的女儿参与了对父亲的财产管理时，即使她没有要求对父亲的遗产实施遗产占有，但是裁判官依然要强制其进行嫁资合算；③嫁资是要式口约的标的，哪怕仅是允诺。不论该要式口约是她自己所订抑或是由他人所订，均必须要进行合算。但是，如果该要式口约是为他人所订，则不发生合算。[219]

在嫁资合算的问题上，应当注意两个问题：①在进行嫁资合算时，应当将为进行合算所支出的必要费用加以扣除；[220] ②对于参与继承的共同继承人而言，有嫁资合算，固然可以最大限度地公平保护诸继承人尤其是他权人的利益，但是同时也有一定的风险，即如果参与继承的女子已经离婚，而其丈夫在离婚时没有能力归还她的嫁资。这一风险将要由共同继承人们一起承担。如果她的丈夫在离婚时可以归还一部分嫁资，则仅仅对她能够得到的嫁资进行合算。[221]

在进行嫁资合算时，其意思表示的形式依然必须是要式口约的方式。

（三）卑亲属财产合算

在罗马法的理论研究中，通说认为有关卑亲属财产合算（collatio descen-

---

〔218〕罗马法原始文献 D. 37，7，1pr.，乌尔比安语，费译《婚姻·家庭和遗产继承》，第473页。

〔219〕罗马法原始文献 D. 37，7，1，1，乌尔比安《论告示》第四十编：“当嫁资是要式口约的标的时，如果要式口约是妇女自己订立的或者是由他人为她订立的，她同样要进行合算。事实上，如果要式口约是为他人订立的，则不发生合算；如果嫁资仅是被允诺，同样要进行合算。”费译《婚姻·家庭和遗产继承》，第473～475页。

〔220〕罗马法原始文献 D. 37，7，1，5，乌尔比安《论告示》第四十编：“当进行嫁资合算时，要将必要支出加以扣除，其它费用则不必扣除。”费译《婚姻·家庭和遗产继承》，第475页。

〔221〕罗马法原始文献 D. 37，7，1，6，乌尔比安《论告示》第四十编：“如果妇女已经离婚而丈夫没有能力归还她的嫁资，不应将全部嫁资都进行合算，而仅仅对她能够得到的，也就是丈夫能够在其所有权范围内归还于她的嫁资进行合算。”费译《婚姻·家庭和遗产继承》，第475页。

dentium）的规定主要渊源于优士丁尼的《新律》的规定：在无遗嘱继承和遗嘱继承中，对直系卑亲属均实行财产合算。包括：嫁资、婚前赠与、因取得职位而得到的钱款均应当被合算。那些既未得到嫁资又未得到婚前赠与的人也应当把一般的赠与物拿出，与以其他名义实施财产合算的直系卑亲属共同分享。[222] 但是，在此之前，优士丁尼的一些谕令实际上已经包含了有关卑亲属财产合算的内容。[223]

概括起来，卑亲属财产合算有如下特点：

1. 参加财产合算的卑亲属包括已脱离父权人和未脱离父权人，甚至在遗嘱中被指定的继承人。但是，被继承人明确表示不要求他进行财产合算的人除外。

2. 被继承人无论是否为家父均不重要，只要他是直系尊亲属即可。因为在优士丁尼时代，家父的概念已经发生了较大的变化，同时已经被作了相对淡化处理。

3. 被提交进行合算的财产除了嫁资、婚前赠与和劳动所得之外，凡直系尊亲属为直系卑亲属立业而给予的赠与，均包括在合算的财产之中，但是，一般性的赠与不含于内。[224]

---

〔222〕［意］P. 彭梵得：《罗马法教科书》，黄风译，中国政法大学出版社1996年版，第488页。

〔223〕罗马法原始文献C. 6, 20, 19, 3，优士丁尼皇帝致大区长官梅那，费译《婚姻·家庭和遗产继承》，第475～477页。

〔224〕费安玲："论罗马继承法中的'财产合算'制度及其对后世民法的影响"，载《罗马法·中国法与民法法典化》，中国政法大学出版社1995年版。

主要参考文献

一、汉译罗马法原始文献

1. ［古罗马］优士丁尼：《买卖契约》（学说汇纂第18卷），刘家安译，中国政法大学出版社2001年版。
2. ［古罗马］优士丁尼：《学说汇纂》（第1卷），罗智敏译，中国政法大学出版社2008年版。
3. ［古罗马］优士丁尼：《用益权》（学说汇纂第7卷），米健译，法律出版社1999年版。
4. ［古罗马］优士丁尼：《法学阶梯》，徐国栋译，中国政法大学出版社2005年版。
5. ［古罗马］盖尤斯：《法学阶梯》，黄风译，中国政法大学出版社2008年版。
6. ［意］桑德罗·斯奇巴尼选编：《正义和法》，黄风译，中国政法大学出版社1992年版。
7. ［意］桑德罗·斯奇巴尼选编：《人法》，黄风译，中国政法大学出版社1995年版。
8. ［意］桑德罗·斯奇巴尼选编：《婚姻·家庭和遗产继承》，费安玲译，中国政法大学出版社2001年版。
9. ［意］桑德罗·斯奇巴尼选编：《物与物权》，范怀俊译，中国政法大学出版社1999年版。
10. ［意］桑德罗·斯奇巴尼选编：《法律行为》，徐国栋译，中国政法大学出版社1998年版。
11. ［意］桑德罗·斯奇巴尼选编：《债·契约之债》，丁玫译，中国政法大学出版社1992年版。
12. ［意］桑德罗·斯奇巴尼选编：《债·私犯之债·阿奎利亚法》，米健译，中国政法大学出版社1992年版。
13. ［意］桑德罗·斯奇巴尼选编：《债·私犯之债（Ⅱ）和犯罪》，徐国栋译，中国政法大学出版社1998年版。
14. ［意］桑德罗·斯奇巴尼选编：《司法管辖权·审判·诉讼》，黄风译，中国政法大学出版社1992年版。
15. ［意］桑德罗·斯奇巴尼选编：《公法》，张礼洪译，中国政法大学出版社2000年版。

16. ［意］纪尉民等编：《罗马刑事法》（学说汇纂第48卷），薛军译，中国政法大学出版社2005年版。
17. ［英］巴里·尼古拉：《罗马法概论》，黄风译，法律出版社2000年版。

二、教科书

1. 周枏：《罗马法原论》（上、下），商务印书馆1994年版。
2. 江平、米健：《罗马法基础》，中国政法大学出版社1991年版。
3. 陈朝壁：《罗马法原理》，法律出版社2006年版。
4. 黄风：《罗马私法导论》，中国政法大学出版社2003年版。
5. 黄右昌：《罗马法与现代》，北京大学出版社2008年版。

三、史学

1. 杨共乐：《罗马史纲要》，商务印书馆2007年版
2. ［古罗马］塔西佗：《罗马帝国编年史》，贺严、高书文译，中国社会科学出版社2007年版。
3. ［意］格罗索：《罗马法史》，黄风译，中国政法大学出版社1994年版。
4. ［意］彭梵得：《罗马法教科书》，黄风译，中国政法大学出版社2005年版。
5. ［葡］叶士朋：《欧洲法学史导论》，吕平义、苏健译，中国政法大学出版社1998年版。
6. ［美］M. 罗斯托夫采夫：《罗马帝国社会经济史》（上、下），马雍、厉以宁译，商务印书馆1985年版。
7. ［德］蒙森：《罗马史》，李嫁年译，商务印书馆2004年版。
8. ［英］格兰特：《罗马史》，王乃新、郝际陶译，上海人民出版社2008年版。
9. ［法］德尼兹·加亚尔等：《欧洲史》，蔡鸿滨、桂裕芳译，海南出版社2000年版。
10. ［俄］科瓦略夫：《古代罗马史》，王以铸译，上海书店出版社2007年版。

四、论文集

1. 《罗马法·中国法与民法法典化》（第一届“罗马法·中国法与民法法典化”国际研讨会论文集），中国政法大学出版社1995年版。
2. 《罗马法·中国法与民法法典化——物权与债权之研究》（第二届“罗马法·中国法与民法法典化”国际研讨会论文集），中国政法大学出版社2001年版。
3. 《罗马法·中国法与民法法典化——物权法、侵权行为法、商法及文献研究》（第三届“罗马法·中国法与民法法典化”国际研讨会论文集），中国政法大学出版社2005年版。

五、其他

1. 费安玲：《罗马继承法研究》，中国政法大学出版社2000年版。

图书在版编目（CIP）数据

罗马私法学／费安玲主编．—北京：中国政法大学出版社，2009.5

ISBN 978-7-5620-3486-5

Ⅰ.罗...　Ⅱ.费...　Ⅲ.罗马法－私法－研究　Ⅳ.D904.1

中国版本图书馆CIP数据核字(2009)第080470号

出版发行　中国政法大学出版社

经　　销　全国各地新华书店

承　　印　固安华明印刷厂

787×960　16开本　29.75印张　560千字

2009年6月第1版　2009年6月第1次印刷

ISBN 978-7-5620-3486-5/D·3446

定　价：42.00元

社　　址　北京市海淀区西土城路25号

电　　话　(010)58908325（发行部）　58908285(总编室)　58908334(邮购部)

通信地址　北京100088信箱8034分箱　邮政编码 100088

电子信箱　zf5620@263.net

网　　址　http://www.cuplpress.com （网络实名：中国政法大学出版社）

2. 戴东雄：《中世纪意大利法学与德国的继受罗马法》，中国政法大学出版社 2003 年版。
3. 丁玫：《罗马法契约责任》，中国政法大学出版社 1998 年版。
4. [古罗马] 西赛罗：《论共和国·论法律》，王焕生译，中国政法大学出版社 1997 年版。
5. [古罗马] 西赛罗：《论义务》，王焕生译，中国政法大学出版社 1999 年版。
6. [古罗马] 奥列留：《沉思录——一个古罗马皇帝的人生独白》，宗雪飞译，中国致公出版社 2008 年版。
7. [法] 孟德斯鸠：《罗马盛衰原因论》，婉玲译，商务印书馆 1962 年版。
8. [法] 古朗士：《古代城市：希腊罗马宗教、法律及制度研究》，吴晓群译，上海人民出版社 2006 年版。
9. [美] 汉密尔顿：《罗马精神》，王昆译，华夏出版社 2008 年版。
10. [德] 耶林：《罗马私法中的过错要素》，柯伟才译，中国法制出版社 2009 年版。